POURQUOI HITLER ?

Ron Rosenbaum

POURQUOI HITLER ?

Traduit de l'américain par Philippe Bonnet

JC Lattès

Titre original
Explaining Hitler
Publié par Random House
Aux États-Unis en 1998

Photos de la couverture :
© MacMillan / © Fotogram-stone

À ceux qui ont survécu, et à ceux qui ne sont pas revenus.

« Ces gens ne doivent pas savoir qui je suis. Personne ne doit savoir d'où je viens. »

Adolf Hitler

« Plus j'en apprends sur Hitler et moins je comprends. »

Alan Bullock

« Il n'y aura jamais d'explication satisfaisante... À peine a-t-on entrevu une possibilité d'expliquer Hitler qu'on s'aperçoit soudain que rien ne saurait l'expliquer. »

Emil Fackenheim

« Que Hitler soit explicable en principe ne signifie pas qu'il ait été expliqué. »

Yehuda Bauer

« J'estime qu'Il [Dieu] me doit des explications. »

Un rescapé de l'Holocauste
à Auschwitz, 1985

INTRODUCTION

LES PHOTOS D'ENFANT ET L'ABÎME

Au royaume de la chronique hitlérienne, on l'a baptisé le « mythe de la survie[1] », et même si personne n'y croit plus aujourd'hui, il a fortement marqué l'opinion publique de l'après-guerre. L'idée que Hitler se serait échappé — échappé de son bunker de Berlin, échappé du brasier où il est censé avoir péri, soustrait au *jugement* — et qu'il aurait survécu a exercé une étrange fascination, inspirant une foule de récits, des moins raffinés (les épisodes du célèbre feuilleton de la *Police Gazette*, HITLER VIT EN ARGENTINE !) aux plus cérébraux (l'audacieuse parabole de George Steiner, *Le Transport de A. H.*). Une fascination qui reflète peut-être le sentiment que, même s'il ne nous a pas échappé physiquement, le dictateur n'en a pas moins réussi, dans une large mesure, à se mettre hors de portée. Le mythe de la survie serait alors révélateur d'un malaise persistant : la conscience que, d'une certaine manière, Hitler s'est dérobé à toute explication.

Non moins révélateur est le débat apparu en 1995 à propos de la découverte, dans les archives de Moscou, de fragments d'os blanchâtres donnés comme provenant du crâne du chef nazi[2]. La controverse quant à l'identité de ces débris — d'une importance non négligeable, car ils pourraient nous éclairer sur les circonstances de son suicide, le dernier acte significatif de son existence — n'est peut-être que le symptôme d'une vérité plus gênante : quel que soit le sort subi par son crâne, toute certitude concernant son esprit lui-même nous a assurément échappé.

La recherche du vrai Hitler — de ce qu'il fut, de ce qu'il croyait être et des motifs qui l'ont poussé à agir comme il l'a fait — a représenté une expédition dans des régions bien plus inaccessibles que celles des forêts tropicales de l'Argentine ou des lointaines haciendas du Paraguay qui d'après le mythe de la survie lui auraient servi de refuge. Une recherche pour découvrir, non pas où Hitler se cachait, mais ce qu'il cachait en lui-même. Une recherche dans l'univers nébuleux de son intimité, déformé par ses propres mensonges, pris dans un maquis d'indices contradictoires, un enchevêtrement de souvenirs et de témoignages douteux, de rumeurs trompeuses, de légendes et d'affabulations biographiques. Une *terra incognita* d'ambiguïtés et d'incertitudes, où des armées de spécialistes s'entrechoquent, au milieu d'un brouillard de preuves, en tentant de saisir les ombres fantomatiques du passé de Hitler et les mystères délirants de sa psyché.

Est-il concevable que, plus d'un demi-siècle après la mort du dictateur allemand, après tout ce qui a été dit et écrit à son sujet, nous continuions à errer, tels des chasseurs désemparés, dans cette étendue désertique, dans ce jardin aux allées zigzagantes, sans même avoir aperçu le gibier ? Ou plutôt, hélas, après en avoir vu trop : loin d'aboutir à une image cohérente et universellement admise du dictateur, cette quête nous a rapporté un nombre assez considérable de Hitler, de Hitler incompatibles, incarnations contradictoires de visions opposées. Des Hitler qui n'auraient probablement pas fraternisé au point de se saluer d'un *Heil* s'ils s'étaient croisés dans l'autre monde. L'imposteur décrit à l'origine par Alan Bullock ne se serait sans doute pas reconnu dans le prophète fanatique, le sombre messie au pouvoir magnétique de H. R. Trevor-Roper [3]. Pas plus que le Hitler au rire méprisant esquissé par Lucy Dawidowicz dans les années 1970 ne se serait trouvé de points communs avec l'indécis, le versatile Hitler-Hamlet de Christopher Browning, son dernier avatar des années 1990 [4].

De fait, si l'on a énormément écrit, bien peu a été établi.

Et certains éléments ont disparu ou sombré dans l'oubli. Parmi les nombreux points restés obscurs, on peut citer la question de l'origine de l'antisémitisme de Hitler et celle de sa « sincérité » (croyait-il vraiment à ses idées, comme n'a cessé de le prétendre H. R. Trevor-Roper, ou n'était-il qu'un opportuniste sans scrupules qui s'est simplement servi de la haine contre les Juifs pour satisfaire ses ambitions, comme l'affirment Alan Bullock et le théologien Emil Fackenheim ?) Non moins incertains des aspects aussi fondamentaux que son ascendance (avait-il réellement peur d'avoir été « infecté » par du sang juif ?), sa sexualité (et l'influence qu'elle a pu avoir, si elle en a eu, sur son délire politique), ou les circonstances de sa mort (a-t-il fini « en soldat », en se tirant lui-même une balle de revolver, ou « en lâche », par une sorte de suicide assisté commis au moyen d'une ampoule de cyanure et avec l'aide d'un valet, ainsi que le laisse entendre un rapport d'autopsie russe des plus controversés ? [5]). Si sa mort suscite des interrogations, son ascension ne fait pas davantage l'unanimité : était-elle inévitable ou aurait-on pu l'empêcher ? Les crimes de Hitler sont-ils la conséquence de forces historiques irrésistibles ou celle d'une volonté personnelle implacable ?

Au cœur de telles interrogations se trouve le fugitif, sinon insondable objet de cette recherche de Hitler : la nature de son « univers mental ». Était-il, comme le soutient avec énergie Trevor-Roper, « convaincu de sa propre rectitude », persuadé, par quelque logique foncièrement tordue, de faire le bien ? Ou parfaitement conscient de sa fourberie, comme s'efforce de le montrer le philosophe Berel Lang ? Au-delà de cette question épineuse apparaît le débat encore plus épineux concernant l'aspect exceptionnel du personnage : Hitler s'inscrit-il dans la lignée des auteurs de massacres qui l'ont précédé et de ceux qui l'ont suivi ? Est-il explicable à l'intérieur du même cadre, à l'extrémité du même spectre de la nature humaine que celui que nous sommes censés partager avec Jeffrey Dahmer et Mahatma Gandhi ? Y a-t-il un Hitler en nous, comme d'aucuns se plaisent à le dire ? Ou bien faut-il le ranger, en dehors de toute grille, de toute appartenance au continuum humain, dans une catégorie à part, comme le déclare Emil Fackenheim, qui rejette la notion de « Hitler intérieur » ?

Subsiste également la question du rôle et de la responsabilité précise de Hitler dans l'Holocauste. Plusieurs courants majeurs au sein des études contemporaines ont contribué à réduire l'importance de ce rôle. Une première tendance consiste à faire de lui l'instrument de forces historiques et sociales plus vastes et prétendument plus « profondes », qui auraient rendu l'Holocauste « inéluctable », avec ou sans son intervention. Le président Bill Clinton s'est lui-même fait l'écho de ce point de vue, lorsque, à l'occasion de l'inauguration du Mémorial américain de l'Holocauste, il évoqua cette « culture [allemande] qui a produit Goethe, Schiller et Beethoven, puis a donné le jour à Hitler et à Himmler[6] » — Hitler comme produit culturel plutôt que comme agent (im) moral.

Une tendance concomitante consiste à juger beaucoup trop simpliste toute argumentation qui rappellerait de près ou de loin la théorie du « grand homme », face à une explication par de grandes abstractions, comme le « racisme occidental », l'« antisémitisme éliminationniste » ou même (une fois de plus) le « matérialisme dialectique ». Pour les tenants de ces grandes abstractions, il ne fait aucun doute que, « si cela n'avait pas été Hitler », de telles forces auraient produit « un individu semblable à lui » afin de mettre en œuvre la solution finale (comme me le déclara Daniel Goldhagen).

C'est là une vision qui conduit à déprécier ou à tenir pour relativement négligeable ce que nous connaissons effectivement des intentions et de la psychologie de Hitler, de son être intime, de sa propension au meurtre. Ce courant a été vivement combattu notamment par Milton Himmelfarb, polémiste éminent, qui stigmatise les théories des grandes abstractions dans un article remarquable, intitulé « Pas de Hitler, pas d'Holocauste[7] », écrit en 1984. Dans ce texte, il s'en prend en particulier à la thèse selon laquelle l'antisémitisme chrétien serait la véritable source de l'Holocauste. Pour lui, l'hostilité abstraite, idéologique ou théologique, ne constitue pas une explication suffisante : « Ce phénomène [la persécution chrétienne des Juifs] aurait été le même qu'il était aussi facile, voire plus facile, à Hitler de ne pas massacrer les Juifs. Il avait davantage intérêt à resserrer l'étau de l'oppression, comme l'avaient fait par le passé les tyrans antisémites », sans engager (et presque mener à son terme) l'extermination totale. Cette décision fut le seul fait de Hitler, insiste Himmelfarb : « Hitler a massacré les Juifs non pas parce qu'il y était contraint », poussé par des forces historiques abstraites qui rendaient la chose inévitable, mais parce que tel était son désir, « parce qu'il le voulait[8] ».

Il le voulait. On peut s'étonner que la volonté de Hitler soit devenue un sujet aussi controversé ; en fait, c'est là un des points cruciaux qui ont mobilisé les esprits, en particulier au cours des dix dernières années : à quel point Hitler était-il déterminé à procéder à l'extermination et à quel moment précis — quel jour, de quelle semaine, de quelle année — a-t-il donné le signal irrévocable de passer à la mise en application de la solution finale ?

Cette affaire de dates est bien plus qu'un simple chipotage à propos de jours et de semaines : ceux qui avancent différentes échéances proposent en réalité différents Hitler, différemment motivés, obéissant à des priorités et à des mentalités nettement divergentes. Là encore, les études contemporaines ont eu tendance à diminuer son rôle comme élément moteur. À minimiser son goût du carnage, à le décrire comme une figure peu enthousiaste, irrésolue, ou même pusillanime, hésitant, à cause des multiples nécessités imposées par la guerre — peut-être même en raison de scrupules quant à l'« énormité » du crime, ainsi que me le suggéra Christopher Browning —, à donner le dernier coup de pouce.

À cette thèse s'oppose l'argument développé en 1975 par Lucy Dawidowicz dans *The War Against The Jews* (La Guerre contre les Juifs), à savoir que Hitler avait fait de ces tueries sa mission, sa priorité principale dès novembre 1918, lors de son séjour à l'hôpital militaire de Pasewalk sur le front occidental. Là, au cours d'un épisode demeuré énigmatique (selon le récit auquel on se réfère) — cécité provoquée par les gaz, dépression nerveuse, manifestation hystérique, crise hallucinatoire au cours de laquelle il aurait entendu des « voix » (peut-être même celle de son psychiatre après une séance d'hypnose), ou encore intervention divine (d'après la version de Hitler) —, il résolut de venger le « coup de couteau dans le dos » qu'il croyait avoir causé la défaite allemande en exterminant les Juifs, responsables à ses yeux. Tous les Juifs.

La polémique concernant l'épisode de Pasewalk s'inscrit elle-même dans un débat plus large opposant les biographes, celui de l'évolution ou de la métamorphose : est-il possible de déceler dans les faits, plutôt minces et hautement controversés, de l'existence de Hitler avant son arrivée au pouvoir, une phase de mutation, un événement traumatisant, une rencontre déterminante avec un personnage à la Svengali — un moment de métamorphose qui aurait fait de Hitler Hitler ? La raison d'une telle spéculation réside dans l'absence d'un tableau cohérent et suffisamment crédible du développement psychologique du leader nazi, qui expliquerait la transformation du timide adolescent aux goûts artistiques, de l'hôte morose des asiles de nuit viennois, du caporal docile mais totalement obscur, en un homme qui, de retour de la guerre, à Munich, ferait soudain son entrée sur la scène de l'histoire sous les traits d'un orateur des rues à l'éloquence brûlante et terriblement efficace. Un homme qui prendrait la tête d'un parti dont les membres ne dépassaient pas quelques dizaines et qui l'utiliserait pour s'emparer du pouvoir et régner sur une nation de plusieurs millions d'habitants. Qui ferait de cette nation l'instrument de sa volonté, bouleversant le monde et laissant dans son sillage quarante millions de cadavres. Une telle lacune, si j'ose dire, peut nous aider à expliquer ses photos d'enfant.

Si je devais choisir un seul moment significatif dans ce travail d'enquête et de réflexion sur la recherche de Hitler, peut-être serait-ce la soirée où je fus témoin — elle s'adressait à moi — de la tirade acerbe du cinéaste français Claude Lanzmann à propos de ces fameuses photos d'enfant. Témoin de la manière dont le célèbre réalisateur du documentaire de neuf heures et demie sur l'Holocauste brandit en quelque sorte ces photos, brandit l'*idée* scandaleuse de telles photos, telle une arme, une pièce à conviction, dans son combat personnel, obsessionnel, contre la question « pourquoi ». Ce moment me révéla à la fois la passion se dissimulant derrière la polémique sur la possibilité d'expliquer le comportement du dictateur et l'essence même de la question.

Il peut sembler surprenant à certains que l'idée d'essayer d'expliquer ce que fut Hitler représente une tâche non seulement difficile en soi, mais dangereuse, interdite, presque sacrilège. Et de fait, Lanzmann incarne une position extrême, le point ultime d'une certaine logique, ce que j'appellerais le troisième degré de désespoir. Le point où le désespoir se change en hostilité ouverte à l'encontre du désir d'explication. Le point où la recherche de Hitler se retourne contre les chercheurs eux-mêmes.

La profondeur et l'extrémité du désespoir que j'ai rencontré dans mes entretiens avec les biographes de Hitler ont été l'une des plus étonnantes découvertes qu'il m'ait été donné de faire en écrivant ce livre. J'avais eu un avant-goût de ce que l'on peut appeler le premier degré de désespoir, ou l'absence de preuves tangibles, à travers les déclarations inattendues de plusieurs autorités sur le sujet, comme Alan Bullock et H. R. Trevor-Roper. Cinquante ans après, affirme Trevor-Roper, Adolf Hitler « demeure un effrayant mystère[9] ». Et un demi-siècle plus tard, Alan Bullock ne peut que confesser : « Plus j'en apprends sur lui et moins je comprends[10]. » Alvin Rosenfeld, spécialiste des études juives, est encore plus catégorique : « Aucune représentation d'Adolf Hitler n'a, semble-t-il, été capable de montrer l'homme ou de l'expliquer de manière satisfaisante[11]. »

Mais personne ne résume mieux et de manière plus tranchée ce désespoir dû à l'absence de preuves que Yehuda Bauer, fondateur des études sur l'Holocauste, considéré comme l'historien le plus compétent sur la question. Hitler n'est pas inexplicable, du moins *en théorie*, m'assura Bauer dans son bureau de l'Université hébraïque de Jérusalem. Expliquer Hitler n'est pas impossible, il est peut-être seulement trop tard. Trop tard, parce que trop de témoins importants ont disparu sans laisser de traces, trop de documents capitaux ont été détruits, trop de souvenirs se sont fanés, trop de vides dans le dossier ne seront jamais comblés, trop d'ambiguïtés ne pourront plus être levées. « Hitler n'est pas inexplicable » en théorie, me dit Bauer. « Mais le fait que quelque chose soit explicable en principe ne signifie pas qu'il ait été expliqué. »

C'est également à Jérusalem que je fus initié au deuxième degré de désespoir — touchant non pas l'absence de preuves, mais l'illusion épistémologique — par Emil Fackenheim, principal « théologien de l'Holocauste » (comme le qualifie un article de la revue *Commentary*). Contrairement à Bauer, Fackenheim affirme que Hitler n'est pas explicable même « en théorie », que nous aurions beau disposer de tous les faits, il resterait d'une certaine manière en deçà des explications. Qu'aucune somme d'éléments biographiques et psychologiques relatifs à une enfance difficile ou à un dysfonctionnement familial, aucune accumulation de traumatismes ou d'altérations, aucune combinaison d'agressivité et d'idéologie pernicieuse ne sauraient suffire. Suffire à expliquer pleinement l'énormité des crimes de Hitler. Que tous les systèmes d'explication, historiques et psychologiques dont nous nous servons pour rendre compte d'un comportement humain, si excessif soit-il, ne peuvent expliquer celui de Hitler. Qui représente, estime Fackenheim, le « mal radical », une « irruption du diabolisme dans l'histoire », ce qui le place au-delà de l'extrême limite du champ de la nature humaine. Ce qui fait de lui, non seulement un individu totalement dépravé, dans le sens de la dépravation humaine ordinaire, mais autre chose encore, une chose totalement autre, située ailleurs, dont il nous faut chercher la signification, non pas dans la psychologie, mais dans la théologie. Et dont l'explication, si elle existe, est seulement connue ou comprise par Dieu.

Mais Claude Lanzmann va plus loin, plus profond, jusqu'au troisième degré de désespoir — la révolte contre l'explication elle-même, le rejet viscéral de la question « pourquoi ». D'après Lanzmann, essayer d'expliquer Hitler n'est pas simplement illusoire, mais immoral. Et de qualifier cette idée d'« obscénité en soi ».

« Il y a des photos de Hitler enfant, n'est-ce pas ? On a même fait un livre sur l'enfance de Hitler... une telle tentative d'explication est une obscénité en soi [12] ! »

Une obscénité ? Je voulus explorer avec Lanzmann la force d'une conviction qui l'incitait à utiliser le terme obscénité pour stigmatiser des chercheurs qui, si aveugles fussent-ils, n'en étaient pas moins bien intentionnés. Pourquoi le réalisateur d'un documentaire de neuf heures et demie sur les camps de la mort se mettait-il en rage au sujet d'un livre sur l'enfance de Hitler ? Qu'avaient donc ces photos d'enfant ? Je sentais qu'elles le dérangeaient, le scandalisaient, non pas parce qu'elles évoquaient une théorie spécifique relative à l'enfance de Hitler, mais parce qu'elles nous montraient un Hitler innocent, Hitler avant qu'il devienne Hitler, « un Hitler sans victimes », pour reprendre l'expression d'Alvin Rosenfeld. Un Hitler dont le visage poupin à l'air candide nous entraîne dans une voie que condamne Lanzmann, nous incite à échafauder des théories sur la transformation d'un enfant innocent en assassin de masse, des explications qui sont, prétend-il, des rationalisations forcément obscènes, pas seulement des disculpations, mais, à peu de chose près, des justifications.

On remarquera que Lanzmann parle de « photos d'enfant », alors qu'il n'en existe qu'une en réalité. Une photo qui n'est pas sans avoir joué un rôle intéressant dans la fabrication par Hitler de sa propre image, dans la mise en scène de son personnage. Ce cliché apparut pour la première fois dans un livre du photographe personnel de Hitler, Heinrich Hoffmann, publié en 1932 sous le titre rien moins qu'innocent : *Hitler wie ihn keiner kennt*[13] (Hitler, cet inconnu).

En dépit de son titre alléchant et des révélations qu'il promettait, cet ouvrage n'avait d'autre but que de démentir les ragots et bruits calomnieux, les faux Hitler évoqués à voix basse — ragots alimentés par les origines autrichiennes et donc étrangères du leader nazi, en même temps que par le vague sentiment d'avoir affaire à un individu singulier, dégageant, pour bon nombre d'Allemands, quelque chose de malsain, auxquels venaient s'ajouter les rumeurs entourant sa vie privée, son statut de célibataire endurci, et les scandales provoqués par les débauches notoires de ses plus proches collaborateurs. Le livre de photos de Hoffmann représentait un leurre, une sombre manœuvre visant à montrer que le *vrai* Hitler, le Hitler inconnu, était — ô surprise ! — un parangon de vertus domestiques, de sain esprit de camaraderie germanique : le point de vue favori de Hitler sur Hitler. Et, en un sens, on peut dire que sa stratégie a réussi : il demeure, à bien des égards, une figure inconnue.

Dans cette stratégie, la photo d'enfant servait un dessein bien précis. De même que les portraits guindés et quelque peu sinistres de ses parents, elle était destinée, au moins en partie, à faire taire les commérages prétendant que Hitler était un enfant illégitime (ce qui était effectivement le cas de son père), qu'il existait quelque honteux mystère autour de ses origines familiales, du « sang juif » peut-être. La photo en question semble avoir été prise alors que Hitler avait moins de deux ans. Dans une tenue d'une blancheur immaculée, bottines comprises, on aperçoit un enfant au visage rond, aux joues vermeilles, un chérubin légèrement pensif. On pourrait, compte tenu de ce que l'on sait de son avenir, chercher dans sa physionomie des signes du monstre futur. On pourrait, par une « intuition rétrospective », selon le terme employé par Michael André Bernstein [14] pour désigner cette douteuse mais si séduisante habitude de penser, discerner dans ses sombres yeux interrogateurs, dans ses lèvres serrées en ce qui ressemble à une moue ou à un pincement, une mélancolie prémonitoire, voire une mine soucieuse et peinée. On pourrait projeter sur ce visage de bambin impressionnable les premiers symptômes de quelque profond trouble émotionnel. Mais on pourrait aussi bien ne voir là aucun diabolisme en germe, seulement une sorte de douceur et de sensibilité. On pourrait aussi bien prédire que cet enfant deviendra Albert Schweitzer.

Dès lors, on devine pourquoi Lanzmann perçoit dans la malléable plasticité de cette photo d'enfant une incitation fatale au projet tabou d'explication, un encouragement à se lancer dans le fascinant labyrinthe de la ratiocination, la promesse trompeuse qu'il est possible de comprendre. Parce que, au cœur du labyrinthe, le fruit défendu sur cet arbre particulier de la connaissance dissimule le fameux adage : « comprendre, c'est pardonner ». Se lancer dans la tentative de comprendre Hitler, de comprendre tous les processus qui ont transformé cet enfant innocent en un tueur féroce, c'est courir le risque de rendre ses crimes « compréhensibles », et par conséquent, laisse entendre Lanzmann, admettre la possibilité illicite d'avoir à lui pardonner.

Or on ne doit pas le faire, affirme-t-il, on ne peut pas le faire. Tout en arpentant son bureau, il s'écria : « Prenez toutes les raisons, tous les types d'explication que vous voudrez... chaque explication peut être vraie, et aussi tous les types d'explication réunis... Et même si elles sont toutes nécessaires, elles ne sont pas suffisantes : un beau matin, en vous réveillant, voilà que vous vous mettez à tuer... à tour de bras [15]. »

Non, insiste Lanzmann, il est impossible de passer d'ici

à là. Il est impossible de « déduire le massacre, l'exécution massive, l'extermination de six millions de personnes » à partir de cette photo d'enfant. Aucun nombre fini d'indices — traumatismes psychologiques, problèmes familiaux, dérives politiques, dysfonctionnements personnels — ne peut rendre compte de l'immensité du mal présent chez Hitler et auquel il a donné forme. Aucune explication ni série d'explications ne peut combler le fossé, expliquer la transformation d'une photo d'enfant en tueur d'enfants, de millions d'enfants. Ce n'est pas seulement un fossé, proclame Lanzmann, c'est un *abîme*.

Les lunettes sanglantes de Fritz Gerlich

Ce livre est consacré à ceux qui ont tenté de franchir l'abîme. À ceux qui jettent avec passion des passerelles explicatives, à ceux qui s'efforcent de les brûler, aux images que nous projetons sur la surface du gouffre, à ceux qui ont disparu dans ses profondeurs en poursuivant Hitler. Et dont certains ont littéralement disparu de notre mémoire. Je pense notamment à ces premiers exégètes, du moins est-ce ainsi que j'en vins à les considérer : les héroïques journalistes antihitlériens de Munich qui, de 1920 à 1933 (date à laquelle la plupart avaient été jetés en prison ou assassinés), remplirent avec courage la tâche quotidienne d'essayer d'avertir le monde de l'étrange personnage qui avait émergé des rues de la ville et du genre de menace qu'il représentait.

Mon intérêt pour ces figures largement oubliées, ces reporters qui furent les premiers à enquêter sur la vie publique et privée, sur les forfaits et les méthodes infâmes de Hitler et du « parti hitlérien », comme ils l'appelaient astucieusement, s'éveilla lorsque je découvris des traces fragmentaires, dissimulées dans les notes de bas de page d'historiens de l'après-guerre, de ceux qui tentèrent de sauter en quelque sorte la barrière presque infranchissable séparant le Hitler d'Auschwitz du Hitler de Munich, du Hitler de Weimar dont serait issu l'assassin de masse.

Cet intérêt ne fit que s'accroître lorsque je découvris une collection presque complète des numéros, vieux de soixante-dix ans, jaunis et friables, de l'antihitlérien *Münchner Post* se désagrégeant dans les sous-sols des archives du musée

Monacensia à Munich. Ils ont été microfilmés depuis, mais combien il était précieux de pouvoir communier avec les exemplaires réels, même en lambeaux, du journal que Hitler avait surnommé « la cuisine aux poisons », où celui-ci apparaissait comme une figure vivante, hantant chaque page, et qui me donnèrent aussitôt le pressentiment de l'insupportable frustration à la Cassandre qui avait dû être celle des reporters du *Post*. Avant les autres, ils avaient discerné la nocivité potentielle du mal hitlérien... et constaté l'obstination avec laquelle le monde ignorait les mises en garde désespérées qu'ils lançaient dans leurs articles.

En tant que journaliste, je me sentis gagné par une admiration grandissante pour ce qu'ils avaient accompli, pour les risques qu'ils avaient courus, en même temps que m'apparaissait l'oubli presque total dans lequel ils étaient tombés. Ils avaient été les premiers à tenter de sonder les tréfonds du phénomène hitlérien alors qu'il commençait tout juste à se déployer sous leurs yeux. Une des choses que je voulais faire dans ce livre, c'était de commencer, de manière modeste, à arracher aux limbes de l'oubli le souvenir, et la vision de Hitler, de ces chercheurs primitifs. Une vision obscurcie ensuite, de manière sans doute compréhensible, par celle de l'Holocauste, qui met avant tout l'accent sur le Hitler de Berlin, le Hitler d'Auschwitz. La vision de ces premiers biographes est en effet celle d'hommes et de femmes qui furent les témoins directs du spectacle, aujourd'hui perdu, de Hitler devenant Hitler.

À côté des intrépides reporters et rédacteurs du *Post*, il y en eut d'autres, comme Konrad Heiden, Rudolf Olden et Walter Schaber, ce dernier installé à présent à Washington Heights, où je l'interviewai alors qu'il avait quatre-vingt-douze ans. Et Fritz Gerlich, personnage énigmatique, mélange d'intelligence, de courage et de contradiction. L'iconoclaste rédacteur en chef d'un journal d'opposition conservateur, antimarxiste et antinazi, intitulé *Der Gerade Weg* (Le droit chemin), célébré en son temps comme l'un des plus féroces adversaires de Hitler et aujourd'hui largement oublié. Assassiné à Dachau pour avoir tenté de publier un article préjudiciable au Führer cinq semaines *après* que les nazis se furent emparés du pouvoir et eurent étranglé le reste de la presse d'opposition. Une figure fascinante que ce

Gerlich, polémiste déversant sur Hitler un humour à la causticité swiftienne et possédant des vues étonnamment perspicaces sur la dynamique de son délire racial. Esprit sceptique féru d'histoire, Gerlich en vint pourtant à croire aux pouvoirs de divination d'une soi-disant et probablement fausse illuminée bavaroise, et trouva en elle une des sources de la foi qui l'amena à risquer sa vie dans une suprême tentative pour abattre le dictateur au moyen de sa plume et de sa presse typographique. Avec le papier du siècle, espérait-il, un ultime éditorial qui provoquerait dans l'opinion publique un tel sursaut d'indignation qu'il obligerait le président Paul von Hindenburg à limoger le chancelier nazi récemment nommé avant qu'il soit trop tard.

C'était un pari sans espoir et qui échoua. Le 9 mars 1933, des membres des sections d'assaut firent irruption au siège du journal de Gerlich, arrachèrent des presses le fameux article, battirent à mort son auteur et l'expédièrent à Dachau, où il fut assassiné un an plus tard durant la Nuit des longs couteaux. Quant aux révélations qu'il s'apprêtait à publier — et qui concernaient, selon certains, le rôle joué par Hitler dans la mort, à son domicile, de sa demi-nièce Geli Raubal, pour d'autres l'incendie du Reichstag de février 1933, ou encore les fonds reçus de l'étranger par le leader nazi —, elles sont, de fait, perdues pour l'histoire ; c'est une des pistes matérielles que j'ai suivies jusqu'au bout.

Mais il y eut un moment, au cours de cette poursuite, qui cristallisa pour moi le sens de ce que j'étais en train de faire dans ce qui ressemblait à une quête chimérique de chimériques révélations sur Hitler : ce que je voulais retrouver autant que les révélations elles-mêmes. J'avais réussi à mettre la main, à Munich, sur un des derniers collègues de Gerlich, Johannes Steiner, ancien éditeur âgé de plus de quatre-vingt-dix ans, qui avait été son confident et l'un des actionnaires de son journal dédié à la lutte antihitlérienne, *Der Gerade Weg*. Steiner ne gardait qu'un souvenir assez confus de cette terrible époque, notamment des derniers jours de Gerlich, alors qu'ils étaient tous en cavale. Toutefois, un épisode était resté gravé dans sa mémoire avec une effrayante netteté pendant six décennies. Celui de la Gestapo et des lunettes de Gerlich. Parmi ceux qui le connaissaient à Munich, les lunettes à monture d'acier de Gerlich étaient devenues une sorte de symbole de l'homme de presse intrépide, presque un emblème de sa volonté de fer et de sa clairvoyance.

Mais après un an passé à Dachau, après que la Gestapo l'eut tiré de sa cellule et abattu d'une balle dans la tête lors de la Nuit des longs couteaux, les séides de Hitler eurent recours à un cruel et terrifiant procédé pour informer l'épouse du journaliste, se souvenait Steiner. « Ils ont renvoyé à sa veuve, Sophie, les lunettes de Gerlich tout éclaboussées de sang. »

Image saisissante que cet aveu que Gerlich était un homme qui en avait vu trop, qui en savait trop pour rester en vie, que ce témoignage de la crainte et de la haine inspirées aux proches du dictateur par l'idée qu'il les ait vus tels qu'ils étaient. Un peu de cette image demeura en moi après que mon interlocuteur l'eut évoquée, me maintint à Munich pendant des semaines, à parcourir les derniers et fragiles numéros du journal de Gerlich et ceux du *Münchner Post*. Me fit désirer mieux connaître — de l'autre côté de l'abîme si possible — ces hommes qui connaissaient Hitler si intimement. Me donna le désir de restituer la vision qu'ils avaient de lui : Hitler vu à travers les lunettes ensanglantées de Fritz Gerlich.

Le roi de l'évasion

En un sens, ce livre porte tout autant sur les lunettes, les verres filtrants à travers lesquels nous regardons Hitler, que sur Hitler lui-même. Sur la façon dont ces lentilles colorent, modifient et façonnent notre perception. Sur la façon dont elles projettent nos propres a priori et nos propres motivations sur l'obscure et insaisissable personnalité de Hitler. Sur le fait que, bien souvent, ce dont nous parlons en parlant de Hitler, ce n'est pas du Hitler historique, mais de la signification du mal. Le mal, non pas comme quelque entité surnaturelle, mais comme une capacité de la nature humaine. Hitler représente-t-il une extension, peut-être sans précédent, de cette capacité ? Ou, plutôt qu'un saut qualitatif, n'est-il qu'une figure dont la spécificité et l'importance en la matière ont été enflées à cause du nombre de ses victimes ?

À bien des égards, peu importe quel terme nous appliquons à Hitler. L'emploi ou non du mot « mal » ne change rien à ce qui s'est passé, au nombre de morts. Pourtant, s'il ne modifie aucun fait de l'histoire, reste qu'il est lui-même un fait, une facette, un reflet culturels : la manière dont nous pensons Hitler et le mal, et les choix de celui-ci, relève en effet d'hypothèses et de distinctions culturelles fondamentales concernant la conscience individuelle et la causalité historique : l'éternel conflit entre la libre volonté, le déterminisme et la responsabilité propre à chaque individu.

Que certains choisissent d'utiliser le mot « mal » pour caractériser les choix de Hitler (dont on ne peut douter que les actes aient été malfaisants au sens où ils étaient horriblement, indiscutablement mauvais ; ce qui est en cause ici, c'est l'état d'esprit et les mobiles de leur auteur) et que d'autres s'y refusent ne rend pas les premiers plus vertueux que les seconds. Plusieurs historiens, dont John Lukacs, ne cachent pas leur répugnance à discuter d'un tel terme et de ses implications par rapport à Hitler. Tandis que d'autres, y compris un athée comme Yehuda Bauer, spécialiste de l'Holocauste et ennemi de toute « mystification », n'hésite pas à s'en servir. Pour Bauer, Hitler représente, me dit-il, le « mal presque ultime », et son choix des mots « presque » et « ultime » est aussi mûrement réfléchi que celui du mot « mal ».

De tels choix, les motifs qu'ils renferment, les croyances qu'ils reflètent, me semblèrent non moins dignes d'attention que les âpres discussions sur les ancêtres et la sexualité de Hitler. En fait, si de telles discussions m'ont intéressé, c'est précisément parce qu'elles étaient la manifestation, déguisée, d'un autre débat — celui de notre manière d'appréhender le mal, ou de l'esquiver.

Dans tous les cas, ce terme se révéla au moins utile sur un plan heuristique : comme une catalyse, un test, un moyen de mettre au jour des oppositions cruciales et des schismes révélateurs.

C'est ainsi que je fus surpris, en parlant avec les biographes de Hitler, de m'apercevoir que Bauer appartenait visiblement à une minorité. Il me parut remarquable, au début du moins, qu'un si grand nombre de spécialistes éprouvent une réticence prononcée à qualifier le dictateur d'être malfaisant. Cela peut sembler curieux, alors que Hitler est devenu un tel symbole, une telle incarnation, un tel substitut du mal extrême dans le discours populaire. Mais c'est une réticence qui révèle l'imprécision de notre pensée au sujet du mal, un reflet de la difficulté que nous avons — philosophes ou pas — à définir ce qu'est le mal, en dépit de notre sentiment qu'il existe et certainement chez Hitler.

« Si lui n'est pas malfaisant, alors qui ? » s'exclama Alan Bullock au cours de notre entretien. C'est là une manière quelque peu paradoxale de dire les choses, mais qui laisse entrevoir une sorte de vide définitionnel en vertu duquel Hitler se voit convoqué pour sauver un terme qui ne peut être défini ou défendu sans lui. Et pourtant, l'interrogation péremptoire de Bullock déroge au principe de la plupart des discours contemporains sur Hitler et le mal, discours où Hitler, éternel roi de l'évasion, échappe à cette catégorie. Certes, Hitler est devenu une personnification du mal dans la culture populaire, au point que certains philosophes en arrivent à déplorer ce qu'on nomme à présent l'*argendum ad Hitlerum*, le recours à Hitler comme argument final de toute discussion, qu'il s'agisse de la peine capitale (« Hitler ne l'aurait pas volé ») ou du régime végétarien (« Cela n'a quand même pas arrangé son caractère »).

Mais au royaume du savoir, il est intéressant de constater combien les penseurs de tous bords, même parmi les plus subtils, semblent peu enclins à élaborer une théorie, fondée sur des critères rationnels, qui permettrait de qualifier Hitler d'être malfaisant, au sens strict de celui qui fait le mal *consciemment*. En ce domaine, la littérature philosophique opère une distinction entre les *actes* manifestement mauvais, par exemple des tueries, et la nature, pas toujours évidente, de l'*intention* à l'origine de ces actes, préférant le terme plus précis de « perversité » pour qualifier le fait de commettre des actions mauvaises avec le désir de nuire. Si j'en suis venu à m'intéresser à cette littérature philosophique concernant la connaissance du mal (comme l'essai logico-symbolique d'Alvin Plantinga sur la théodicée de la « dépravation universelle » [16]), c'est à la suite d'un autre moment déterminant de mes rencontres avec les biographes de Hitler. Ma conversation, à son club de Londres, avec H. R. Trevor-Roper, ancien professeur d'histoire à Oxford et l'un des premiers et des plus respectés analystes du phénomène hitlérien. Je lui avais posé la question, apparemment simple, que j'avais commencé à poser à ses confrères : « Pensez-vous que Hitler avait conscience d'être mauvais ? Qu'il savait qu'il faisait le mal ? »

« Absolument pas, me répondit Trevor-Roper d'un ton catégorique. Hitler était convaincu de sa propre rectitude. » Autrement dit, il avait tort, affreusement tort, d'avoir cette certitude, ses actes étaient nuisibles, mais il les accomplit en croyant, de manière sincère bien qu'erronée, qu'il prenait des mesures héroïques pour sauver la race humaine du fléau biologique que constituaient pour lui les Juifs. En adoptant cette position, Trevor-Roper ne fait que résumer le point de vue de vingt-trois siècles de philosophie occidentale sur la question du mal. Un point de vue d'abord exprimé par Platon dans le *Protagoras*, où Socrate affirme qu'aucun homme ne fait le mal en le sachant, mais uniquement sous l'effet de l'ignorance, d'une illusion ou d'une croyance sincère en des principes faux.

Et Trevor-Roper n'est pas le seul dans son cas. L'écho peut-être le plus surprenant de cet argument de la « rectitude » — ce qui montre qu'il ne s'agit pas là d'une simple querelle de chapelle — est celui que je découvris dans les propos passionnés du principal chasseur de nazis en Israël, Ephraïm Zuroff, directeur du Centre Simon Wiesenthal de Jérusalem. Lorsque je posais à Zuroff, un grand et solide émigré de Brooklyn au franc-parler, la fameuse question — Hitler avait-il conscience de faire le mal ? —, il fut encore plus catégorique que Trevor-Roper. « Bien sûr que non ! me répondit-il presque en hurlant. Hitler se prenait pour un médecin ! Tuer les germes ! C'est tout ce que les Juifs étaient pour lui ! C'est comme ça qu'il parlait d'eux ! Il croyait bien faire, pas mal faire ! » Le mal authentique est une notion que Zuroff réserve aux genres de criminels de guerre qu'il pourchasse : les cadres moyens de l'Holocauste, ceux qui participèrent au génocide sans conviction, non pas par une « banale » malveillance, mais par intérêt, pour des motifs carriéristes, de froides ambitions personnelles.

Toutefois, la manière contemporaine la plus caractéristique d'éviter de qualifier Hitler d'être malfaisant, d'éviter de voir en lui un agent consciemment responsable, est l'échappatoire thérapeutique, qui le fait apparaître moins comme un criminel conscient que comme une inconsciente victime. Si le mal se définit par le fait de savoir que l'on commet une action mauvaise, alors, me dit le psychanalyste et psychohistorien de l'UCLA Peter Loewenberg (auteur de plusieurs essais sur le traumatisme collectif souffert par le peuple allemand après la défaite de la Première Guerre mondiale), on ne peut prétendre que Hitler était conscient de sa nocivité, dans la mesure où il se trouvait totalement prisonnier de ses pulsions inconscientes, obscures forces chtoniennes qui le poussèrent à l'extermination. Selon lui, seule une personne ayant l'absolue maîtrise, la pleine conscience de ses pulsions peut choisir librement le mal — ce à quoi on serait tenté de répondre que, dans ce cas, seuls les clients des disciples de Freud ayant bénéficié d'une analyse complète et réussie seraient à même de faire le mal ici-bas.

Un des thèmes qui affleurent sans cesse dans les conversations de ces chapitres, c'est précisément ce malaise, cette hésitation de tant de penseurs à accuser Hitler de malfaisance. Un problème qui n'est pas seulement une question de termes et de noms : le problème de savoir qui était vraiment Hitler, quelle était sa propre attitude à l'égard des crimes qu'il a commis.

C'est pourquoi mon attention fut spécialement attirée par les efforts d'un certain nombre de philosophes et de théologiens rigoureux pour trouver une manière de ramener Hitler au mal (ou à la « perversité »). Comme la critique du projet d'explication avancée par le théologien Emil Fackenheim, ou le long et impressionnant plaidoyer fait par le philosophe Berel Lang afin de replacer Hitler dans une « histoire du mal ».

Malgré tout, combien était fascinant l'embarras manifesté par tant de penseurs à l'idée d'appeler Hitler un scélérat conscient. Il me semble en deviner la raison, une hypothèse qui me vint à l'esprit alors que je songeais au refus énergique exprimé par Trevor-Roper d'envisager que Hitler ait fait le mal consciemment. Je me dis que, derrière la logique platonicienne d'une telle position, existait peut-être un rejet humain, voire émotionnel, bien compréhensible de la possibilité — tout bonnement insupportable — que quelqu'un se mette à exterminer sans avoir le plus petit sentiment, si délirant soit-il, de faire le bien. Que quelqu'un puisse agir de cette manière par pure haine personnelle, en sachant parfaitement combien est mal ce qu'il fait. La position de Trevor-Roper serait alors bien plus qu'une affaire de logique, bien plus qu'une théorie sur la nature du mal : un article de foi sur la nature humaine, le refus de l'idée d'une nature humaine capable d'un tel degré de malignité. Ce fut pour moi la première indication du rôle consolant que peut avoir l'explication.

Je n'ai pas la prétention d'apporter dans ce livre des réponses définitives à des problèmes aussi ardus. J'ai plutôt voulu me pencher sur la palette de solutions proposées par un échantillonnage d'êtres humains réfléchis. En mettant en particulier l'accent sur la manière dont ils interprétaient la subjectivité de Hitler, son intériorité, son « univers mental », selon le terme bien pratique employé par Albert Schweitzer pour décrire l'objet de son ouvrage *Le Secret historique de la vie de Jésus*. De fait, si ce travail a un modèle, c'est l'étude de Schweitzer, publiée il y a presque un siècle, alors largement connue et aujourd'hui quelque peu délaissée, dont je découvris un vieil exemplaire chez un bouquiniste de Jérusalem à l'époque de mes entretiens avec le théologien Emil Fackenheim et l'historien Yehuda Bauer. Un ouvrage qui m'aida à préciser ce qui me fascinait tant dans les polémiques sur Hitler où je m'étais plongé. Il s'agit d'une analyse des théories élaborées pour expliquer une autre figure de l'histoire, également plus grande que nature, Jésus, et dont les aspects à la fois mythiques, apocryphes et surnaturels ont peu à peu coloré, recouvert et obscurci les quelques faits contradictoires que nous possédons concernant son existence réelle, comme dans le cas de Hitler.

Sans doute la mention d'Albert Schweitzer évoquera-t-elle à de nombreux lecteurs l'admiration fervente pour le saint docteur qui préféra au confort de l'Europe une léproserie de l'Afrique équatoriale. Mais il existe un autre Schweitzer, le brillant et corrosif historien de la théologie qui déclencha une controverse mondiale lors de la publication en 1906 de son ouvrage consacré aux études sur Jésus. Avant même de devenir médecin, ce Schweitzer fut un esprit chirurgical : il joua du bistouri dans deux siècles d'efforts visant à « expliquer » Jésus par les méthodes de la pensée moderne, en particulier le positivisme « scientifique » de la critique protestante allemande.

Par contraste, le travail explicatif de Schweitzer semble imprégné de pessimisme, sinon de désespoir. D'après lui, il se pourrait bien que l'objet de cette quête du Jésus réel — à chercher derrière sa transfiguration par dix-neuf siècles de doctrines ultérieures, derrière ce que firent de lui tous ceux qui vinrent ensuite, pour arriver à celui qu'il pensait être, à la perception qu'il avait de lui-même — soit devenu introuvable en dépit de toutes les enquêtes historiques, si sérieuses soient-elles. En revanche, il suggère que les tentatives faites pour expliquer le personnage de Jésus valent la peine d'être examinées, moins pour les vérités qu'elles sont susceptibles d'apporter sur Jésus lui-même que pour les vérités qu'elles révèlent sur les auteurs de ces théories et leurs cadres culturels, ainsi que sur les divers besoins auxquels répondent leurs explications.

Ce que faisaient le plus souvent les théologiens, estime Schweitzer, ce n'est pas d'expliquer Jésus, mais d'éliminer de sa biographie les éléments problématiques et dérangeants pour la sensibilité moderne — en particulier, ceux qui (d'après ce que Schweitzer pense être les premières sources) faisaient paraître Jésus trop juif, trop primitif, trop apocalyptique, trop rebelle à la « religion rationnelle », à la spiritualité ésotérico-pragmatique du protestantisme libéral germanique du XIXe siècle.

Si bien que leurs portraits de Jésus devenaient, en réalité, des autoportraits. Le vrai Jésus ressemblait presque comme deux gouttes d'eau à un protestant libéral allemand, une fois qu'ils s'étaient débarrassés de ces petits tracas. De la même façon, les explications à propos de Hitler peuvent être vues, me semble-t-il, comme des autoportraits culturels ; les formes que nous projetons sur les taches d'encre rorschachiennes de la psyché de Hitler sont souvent des autoportraits en négatif. Ce que nous disons quand nous parlons de Hitler, c'est aussi qui nous sommes et qui nous ne sommes pas.

Échapper à Hitler

Jusque-là, les efforts pour examiner les diverses théories sur Hitler ont surtout consisté à passer en revue les ouvrages existants afin de promouvoir un nouveau candidat à la suprématie interprétative. Fait brillamment exception le travail du professeur Alvin Rosenfeld, directeur du département des études juives de l'Université de l'Indiana, mais son livre, *Imagining Hitler* (En imaginant Hitler), porte essentiellement sur les représentations fictionnelles du Führer — la mythologie véhiculée par les romans, les films et les magazines.

Gordon Craig et John Lukacs[17] ont rendu de précieux services par leurs analyses rigoureuses des raisonnements des historiens allemands de l'après-guerre, même si, dans son *Hitler in History*, Lukacs poursuit un objectif bien précis : discréditer la révolution en présentant Hitler comme le type même du révolutionnaire moderne plutôt que comme un « réactionnaire ».

Saul Friedländer et Ian Kershaw[18] ont produit d'importants travaux, qui mettent l'accent sur des explications plurielles au détriment d'une interprétation globale, soulignant l'interrelation complexe entre la conscience de Hitler, l'image projetée par lui et sa réception par le peuple allemand. De manière plus générale, David H. Fischer a donné, avec son *Historians' Fallacies*[19], un guide inestimable sur la manière dont le besoin de certitude, la soif d'explication ont conduit un grand nombre à adopter des bases outrepassant la logique des faits.

Si quelque chose distingue ce livre de la littérature antérieure sur le sujet, c'est le désir d'examiner la nature de ces besoins et de ces rêves, des préoccupations et des sous-entendus que renferment les explications proposées sur Hitler, dans un face-à-face avec ceux qui se sont lancés à la recherche du dictateur nazi. Pas seulement des historiens et des biographes, mais également des philosophes, des psychologues et des théologiens. Dans le but, non pas de parvenir à une vérité absolue (et peut-être introuvable) sur Hitler, mais d'éclairer les significations projetées sur l'inconnaissable, les motifs animant les récits de ceux qu'il obsède.

En tout cas, tandis que je procédais ainsi, je fus moi-

mystère qui continue de planer sur l'origine et la nature de ce désir. L'inaccessibilité de la « boîte noire » de son fonctionnement interne fait qu'il nous est impossible de dire dans quelle mesure cette intériorité fut forgée, structurée, par des forces extérieures, sous l'effet d'expériences négatives et d'idées pernicieuses, et jusqu'à quel point elle fut le produit de la psychologie et de la volonté d'un — on hésite à utiliser un terme qui semble aussi démodé et inadéquat — caractère malfaisant, de penchants mauvais, de choix sciemment nocifs. Une raison à cela est l'échec spectaculaire des théories avancées par les psychologues et les psychanalystes, qui ont discrédité toute tentative pour situer en lui-même, dans sa propre nature, la source de la malignité de Hitler.

C'est ici que Schweitzer parlant de Jésus se révèle être un modèle particulièrement précieux. Sa thèse de doctorat sur « L'étude psychiatrique de Jésus » constitue un passionnant examen des efforts accomplis par la « psychiatrie scientifique » fin de siècle pour définir, à presque deux millénaires de distance, le personnage de Jésus comme un psychopathe atteint d'hallucinations cliniques, entendant des voix, prétendant parler à Dieu et prévoir la fin du monde. Jésus, donc, sous les traits d'un dément paranoïde dont le mystère et les croyances peuvent être ramenés à l'histoire d'un cas psychiatrique. De la même façon, l'analyse psychanalytique à distance de Hitler s'appuie en grande partie sur des « faits » douteux, indémontrables ou fort peu attestés, tels que sa prétendue monorchidie, l'existence d'une « scène primitive », son obsession concernant son présumé « sang juif » ou ses goûts sexuels outrageusement scatologiques. Toutes analyses qui se contredisent les unes les autres, remettant à l'honneur la fameuse maxime : « Souvent dans l'erreur, jamais dans le doute. » Pourtant, si ces théories psychanalytiques ne réussissent pas à expliquer Hitler, elles nous rappellent la puissante fonction de l'explication : comme consolation, isolation, protection contre la perspective d'avoir à affronter, pas seulement l'inexplicabilité de l'horreur, mais l'horreur de l'inexplicabilité.

Prenons, par exemple, deux schémas explicatifs particulièrement révélateurs apparus durant ces vingt dernières années aussi bien dans le discours populaire qu'érudit et comportant eux-mêmes deux renversements remarquables :

la tendance à faire de Hitler une victime et le besoin de trouver un Juif à blâmer. Commençons par une illustration classique du premier : Hitler vu à travers la culture populaire américaine, intégré dans le cadre explicatif de la victimologie, ou Hitler en tant que tueur en série souffrant d'un manque d'estime de soi. En mai 1992, *Unsolved Mysteries,* très célèbre série télévisée dans le style reality show, consacrait une « émission spéciale » à un sujet sortant de son lot habituel d'enquêtes sur l'enlèvement de l'enfant de Lindbergh ou sur les pouvoirs psychiques des guérisseurs, émission entièrement consacrée au « Mystère de l'esprit diabolique ». Il s'agissait en fait de trois brefs portraits de possesseurs dudit esprit diabolique : Ted Bundy, David Berkowitz alias « Son of Sam » — et Adolf Hitler.

Nous y voilà : Hitler, tueur en série. Le plus prolifique de tous les temps, certes, mais en définitive un simple bourreau de travail du genre Hannibal Lecter, analysable dans le jargon psychiatrique de la pseudo-science du tueur en série comme la victime d'un dysfonctionnement familial : « Son père était un homme sévère et lui-même ne parvint pas à établir une relation normale avec sa mère », nous dit *Unsolved Mysteries*. L'émission aurait duré davantage qu'on aurait invoqué les problèmes de l'« enfant secret » que fut Hitler. Mais la véritable clé du mystère n'est autre que cette épouvantable calamité de l'époque moderne : le manque d'estime de soi. Et la séquence d'*Unsolved Mysteries* sur l'esprit démoniaque de Hitler de conclure : « Il subjugua et tua des millions de gens parce qu'il n'arrivait pas à surmonter son complexe d'infériorité. »

Si absurde que cela puisse paraître, cette explication offre bien une forme de consolation, et cela à plusieurs niveaux. D'une part, elle fait de Hitler une figure plus familière : on connaît les tueurs en série, ou du moins a-t-on ce sentiment aujourd'hui ; on a vu des membres de leurs familles à la télévision ; ils ne sortent pas d'un univers démoniaque ; d'aucuns ressentent même de la sympathie pour Hannibal Lecter, le cannibalisme mis à part. Hitler était pire, nous disons-nous, mais c'est une espèce d'individu auquel nous sommes accoutumés. Cela seul, qu'il fasse partie d'une espèce et ne constitue pas un cas totalement à part, est dans une certaine mesure rassurant.

Par-delà cette appartenance à une catégorie connue, nous ne pouvons pas nous empêcher de le plaindre, sinon de nous identifier à lui, les souffrances créées par le manque d'estime de soi et les relations paternelles houleuses n'étant pas des plus rares. Encore plus consolante est l'affirmation implicite que Hitler est la victime et le produit d'un syndrome évitable. Une société meilleure, avec un meilleur système d'éducation, des cours sur l'estime de soi dispensés à l'école, et plus de Hitler !

Un autre exemple comique — en réalité une sorte de réduction par l'absurde, digne du café du commerce, des interprétations psychologiques concernant Hitler — est la thèse de la morsure de bouc, version des plus sanglantes de ce que l'on pourrait appeler l'école de la blessure génitale, laquelle, en tant que mode d'explication, a servi à éclairer la prose de Henry James aussi bien que les appétits sanguinaires de Jeffrey Dahmer. Elle a conduit à rechercher la source du mal hitlérien, ou de la pathologie hitlérienne, dans un testicule gauche manquant, dans les suites d'une syphilis ou dans une malformation du pénis. On aura beau jeu de prétendre que c'est la manifestation suprême d'une pensée phallocratique que d'affirmer que ce qui n'allait pas chez Hitler devait forcément provenir de ses organes génitaux. Mais les théories de la blessure génitale de Hitler ont sévi pendant plusieurs décennies dans les « études hitlériennes ».

L'histoire de la morsure de bouc apparut pour la première fois en 1981 dans une autobiographie intitulée *Tödlicher Alltag*[30] (Routine mortelle). Son auteur, Dietrich Güstrow, alors brillant juriste de l'Allemagne de l'Ouest, dont le livre fut accueilli avec considération par la critique, raconte qu'en 1943 il servit d'avocat à un soldat de deuxième classe nommé Eugen Wasner, qui comparaissait devant un tribunal militaire secret pour « avoir diffamé intentionnellement le Führer ». En fait, selon Güstrow, Wasner était accusé d'avoir donné une explication embarrassante de la personnalité d'Adolf Hitler. D'après le livre de l'avocat, le soldat Wasner avait tenu ces propos calomnieux lors d'une discussion entre camarades de caserne, au cours de laquelle il s'était vanté d'être allé à la même école que Hitler, à Leonding, en Autriche. Rendu amer par les récentes défaites sur le front de l'Est, le soldat raconta à ses camarades : « Adolf est devenu fou depuis qu'un bouc lui a mordu le pénis. »

Sur quoi, Wasner se mit à relater avec force détails la tentative du jeune Adolf pour uriner dans la bouche d'un bouc et les funestes conséquences qui en résultèrent. Une histoire invraisemblable à première vue. Et pourtant, quarante ans après, Güstrow déclare : « En ce qui concerne l'authenticité du récit de Wasner, je n'en ai jamais douté » (ce qui a rapidement jeté le doute sur le sérieux de Güstrow lui-même). Mais Güstrow ne se contente pas de garantir la véracité de l'anecdote. Il rend explicite l'implication du récit de Wasner : la morsure traumatisante du bouc comme explication du dérèglement ultérieur de Hitler. Pour Güstrow, cette morsure de bouc fut — à l'instar du « frisson dans les reins » de « Léda et le cygne » de Yeats, ou de la bouchée de pomme de la Genèse — un acte de voracité aveugle d'où ont découlé toutes les souffrances et les tragédies. En un sens, la propre voracité de Güstrow — son désir de voir dans cet incident une explication plausible de la psychologie de Hitler — est plus révélatrice que l'histoire de seconde main, nullement attestée, qu'il nous livre à propos de ce bouc. C'est là un exemple du rêve d'une explication unique — le besoin d'un tournant décisif, d'un instant de métamorphose qui ferait de la monstruosité de Hitler le résultat d'un terrible traumatisme plutôt que d'un choix délibéré. Et de l'Holocauste le fruit de la seule « folie » du dictateur. Un besoin qui en dit plus sur celui qui l'éprouve que sur Hitler lui-même. Il semble que, pour Güstrow, pilier de la République fédérale d'Allemagne d'après-guerre, croire qu'une morsure de bouc explique le comportement de Hitler, qu'un incident aussi obscène qu'extravagant a créé l'Allemagne nazie, soit une façon d'absoudre la société et la culture allemandes — en même temps que lui-même — de toute responsabilité dans les crimes du leader nazi. Le bouc devient ainsi une manière de bouc émissaire sur lequel il projette — et du même coup rejette — sa propre culpabilité.

Si la thèse de la morsure de bouc est une réduction par l'absurde de la recherche de Hitler, la palette d'explications psychologiques apparemment beaucoup plus raffinées ne laisse pas moins perplexe. Ainsi la tentative faite par Alice Miller, psychanalyste suisse réputée, pour présenter Hitler comme la victime d'un père tyrannique. Dans le fameux « livre sur l'enfance de Hitler » qui provoqua la colère de Claude Lanzmann, sa diatribe à propos des photos d'enfant et son attaque incendiaire contre le projet d'explication lors de ma rencontre avec lui. Même si je ne les qualifierais pas, comme Lanzmann, d'« obscénité en soi », les quatre-vingts pages d'extrapolation sur Hitler incluses dans *C'est pour ton bien*[31], par ailleurs admirable plaidoyer contre le châtiment corporel, me posent également de sérieux problèmes.

En cherchant à faire avancer la cause de l'éducation libérale, Miller s'évertue à prouver que les méfaits d'Adolf Hitler résultent des punitions brutales qui lui furent infligées par son père. Malheureusement, pour y parvenir, elle recourt à des témoignages suspects. De fait, nous ne possédons que le récit complaisant de Hitler pour attester qu'il fut la victime de mauvais traitements de la part de son père, affirmation contredite par le souvenir que ce dernier a laissé à certains de ses proches, qui le décrivent comme un être beaucoup plus doux. En outre, les châtiments corporels étaient très courants à l'époque — Tchekhov, par exemple, souffrit d'avoir été battu par son père — et seul Hitler est devenu Hitler. Miller continue en mettant ces faits douteux au service d'une psychologisation tout aussi douteuse : elle prend en effet pour argent comptant la thèse des plus discutées selon laquelle le grand-père paternel du dictateur était juif ; et de proclamer que, puisque le père d'Adolf battait son fils, l'antisémitisme du fils peut être attribué à une rage autodestructrice relative à cet hypothétique « sang juif ». Et un bond final de l'explication à la disculpation la voit prendre la défense de Hitler, au moins quant à sa sincérité. Cherchant à dissiper les doutes sur la brutalité du père, elle disqualifie les arguments contraires au moyen de cette déclaration : « comme si quelqu'un était plus qualifié pour juger la situation qu'Adolf Hitler lui-même ».

Oui, et qui mérite davantage notre confiance. Lorsque je tombai sur ce passage, je restai abasourdi. Voilà que même Hitler était récupéré par le discours de la victimologie utilisé pour accréditer les accusations d'enfants prétendant avoir subi des sévices au cours de rites sataniques : *croire les enfants*. Croire l'enfant même s'il s'agit d'Adolf Hitler, même si le récit des mauvais traitements ne provient pas du Hitler enfant candide, mais de l'adulte plein de haine évoquant les brimades de son enfance, non sur quelque divan thérapeutique mouillé de larmes, mais dans le bunker du Führer. Le croire, parce que lui aussi a été jadis un enfant.

Un contrepoint involontairement parodique à la diabolisation du père de Hitler par Alice Miller apparaît dans le travail d'Erich Fromm, psychanalyste tout aussi estimé, sinon plus réputé encore : il s'en prend non au père de Hitler, mais à sa mère, Klara. L'image du père, Alois, donnée par Fromm n'est pas celle du monstre abusif de Miller. Fromm nous assure qu'Alois était un individu équilibré et plein de bonnes intentions, qui « adorait la vie », s'occupait de ses abeilles avec un dévouement admirable et qui, bien qu'« autoritaire », n'avait « rien d'effrayant ». En revanche, prétend Fromm, la mère de Hitler, Klara, fut le véritable catalyseur de ses névroses. Dans sa psychanalyse du dictateur écrite en 1973 (*La Passion de détruire : anatomie de la destructivité humaine*[32]), Fromm nous déclare avec assurance qu'il est possible d'expliquer la personnalité de Hitler au moyen de sa théorie de la « nécrophilie », qui postule une attirance pour la mort et les cadavres et, en conséquence, l'inclination à perpétrer des meurtres en masse. Fromm affirme que ce « tempérament nécrophile » a ses origines dans la nature « malignement incestueuse » de l'attachement de Hitler pour sa mère. « L'Allemagne devint le symbole maternel central », écrit-il. Les fixations de Hitler, son obsession du « poison » (la syphilis et les Juifs) qui menaçait l'Allemagne, dissimulait en réalité un désir plus profond et longtemps refoulé de détruire sa mère.

La confiance sereine de Fromm dans ces grandioses abstractions et les entorses à la logique auxquelles elles le conduisent atteignent un niveau sidérant lorsqu'il en arrive à sa conclusion : ceux que Hitler détestait le plus, ce n'étaient pas les Juifs... mais les Allemands ! Les Allemands symbolisaient sa mère. Il fit la guerre aux Juifs parce que le véritable but qu'il visait était de provoquer une conflagration mondiale qui causerait la destruction de l'Allemagne — de punir sa mère.

Ces portraits du dictateur en victime de parents indignes (l'alibi menendezien de Hitler, pourrait-on dire) ne sont en réalité que le prolongement de la tentative banale et irréfléchie consistant à promouvoir (ou à évacuer) un Hitler victime d'une maladie mentale, d'un dysfonctionnement ou d'un complexe — Hitler « déséquilibré », « psychopathe », « dément », « fou criminel ». Toutes descriptions tendant à blanchir, sinon à excuser, ses crimes en invoquant ce que les tribunaux appellent la « responsabilité atténuée », à savoir l'incapacité à distinguer le bien et le mal. Les images célèbres du « mangeur de tapis », du despote piquant des colères noires, perdant toute maîtrise de soi, et donc en proie à une sorte de folie, le donnent comme méritant davantage la pitié que l'insulte, un individu auquel une intervention thérapeutique aurait été d'un précieux secours.

À ces théories de la maladie mentale, on peut ajouter un type d'interprétation qui attribue les dispositions d'esprit de Hitler à une maladie physique, ce qui l'éloigne encore davantage d'une culpabilité consciente. Une des versions les plus récentes et les plus sérieusement argumentées de la thèse du bacille hitlérien pourrait être appelée, d'après le titre utilisé par Olivier Sacks : l'hypothèse de la récidive encéphalitique de Hitler.

Dans un article publié en 1975 par le *Journal of Operational Psychiatry*, « Hitler's Encephalitis : A Footnote to History » [33], John Walters passe en revue les comptes rendus de cas de « sociopathie post-encéphalitique » exposés dans la littérature médicale des années 1920 et 1930, date de l'apparition du phénomène. Un certain nombre de médecins européens avaient alors noté de profonds changements psychologiques chez des anciens combattants ayant contracté une encéphalite dans les tranchées et qui, alors que les signes physiques de la maladie avaient depuis longtemps disparu, commencèrent à manifester des troubles de la personnalité au cours des années suivantes. La science de l'époque utilise les termes d'« insanité morale » ou d'« imbécillité morale » pour décrire ces « sociopathes post-encéphalitiques ». Elle observe également que ces inadaptés ne sont pas des solitaires classiques, mais qu'ils possèdent souvent un charisme de nature cyclothymique. Et de citer un article publié en 1930 dans la revue *Acta Psychiatrica*, « Zur Kriminalitaet der Encephalitiker » [34], qui déclare :

> L'imbécile moral post-encéphalitique est souvent doté d'intelligence et de brio... un menteur excessivement crédible et prompt à la repartie... dénué de tout sentiment moral ou altruiste... qui ne connaît ni la honte ni la gratitude... [montre] de la brutalité et de la malveillance, ainsi que du plaisir devant le malheur des autres... pratique une insolence exécrable, indigne, vengeresse, froidement égoïste... est sujet à des emportements réellement explosifs... à des actes criminels... à des destructions gratuites... au meurtre... à la pyromanie... à la mythomanie.... à la cruauté autant qu'à l'imposture... à des dénonciations perfides... à des états grandiloquents et extatiques... au goût du mensonge.. à se glorifier d'aventures passées... à simuler et à tromper...

Du coup, John Walters est persuadé d'avoir trouvé La Réponse. L'ascendant politique du personnage d'Adolf Hitler s'explique par une récidive de la maladie. Si fumeuse que soit cette conclusion, la liste de troubles dressée par les médecins illustre parfaitement la contradiction interne dont témoignent les tentatives faites pour expliquer la mentalité de Hitler : l'apparente coexistence d'une sorte d'envoûtement quasi inconscient (« emportements explosifs... états extatiques ») et de l'esprit de calcul, de la manipulation cynique, contradiction à propos de laquelle les deux plus grands biographes anglais du dictateur, Alan Bullock et Hugh Trevor-Roper, ont ferraillé des décennies durant après la mort du chef nazi.

Pour Walters, il ne fait pas de doute que le charisme de Hitler, son extraordinaire talent pour séduire les foules qui le transforma d'obscur soldat grognon en maître du monde, est le produit d'une infection : « ce charisme nouvellement acquis fait de tels individus, s'ils sont aussi doués, aussi capables et aussi ambitieux que Hitler, une mortelle bien qu'insondable menace pour la société ». Insondable, mais en un sens plus rassurante, plus facile à accepter. La thèse du bacille hitlérien donne à entendre que la source, l'énormité du mal qui se manifesta chez le dictateur, résulte non pas de son humanité (ce qui nous impliquerait également), mais d'un agent bactérien étranger. Dès lors, le mal insondable devient, sinon sondable, diagnosticable. Et il peut être guéri, ou du moins évité. La théorie de la sociopathie encéphalitique de Hitler relève ainsi de l'explication comme consolation : le désir d'exclure la possibilité que Hitler ait *choisi* d'être ce qu'il était, que sa conduite ait été celle d'un criminel endurci plutôt que d'une victime.

Mais l'encéphalite n'est pas le seul microbe à avoir été désigné comme le vrai responsable de la folie homicide hitlérienne. L'une des plus curieuses et des plus significatives entreprises de ce genre a été l'effort persistant, et presque donquichottesque, de Simon Wiesenthal pour expliquer la psychologie de Hitler comme la conséquence d'une syphilis[35]. Depuis des années, le plus célèbre chasseur de criminels de guerre nazis s'efforce en effet d'identifier la porteuse du fantomatique spirochète avec une ténacité aussi farouche que celle qu'il met à dépister les anciens SS réfugiés en Amérique du Sud.

La prédilection de Wiesenthal pour cette thèse parmi toutes les interprétations possibles est à première vue assez déconcertante. Car l'histoire de la syphilis de Hitler, bien que largement répandue avant-guerre dans les rumeurs et les spéculations, était depuis longtemps tombée en désuétude lorsqu'il tenta de la réactiver avec deux ouvrages publiés dans les années 1980. Cette obstination est d'autant plus surprenante que, dans la version particulière qu'il propose, la source supposée de l'infection de Hitler n'est pas seulement une prostituée des bas quartiers de Vienne (comme dans plusieurs autres versions), mais une prostituée *juive*. Le fait qu'elle soit juive devient alors, pour Wiesenthal, l'explication de l'insaisissable objet des études hitlériennes : l'origine de son antisémitisme[36]. Et la syphilis — les effets mentaux de la phase finale de la maladie —, la cause de la violence démentielle de sa haine des Juifs. Ce qui fait du Hitler syphilitique de Wiesenthal une illustration à la fois de la conception en vogue présentant Hitler comme une victime et de sa consœur, la tendance à chercher un Juif à blâmer.

Wiesenthal semble parfaitement sérieux dans sa quête de l'origine de l'hypothétique syphilis de Hitler. Il dit tenir l'anecdote d'un médecin autrichien expatrié, et décédé depuis, qui lui raconta avoir connu un autre médecin autrichien dont le père pourrait être celui qui soigna la syphilis du leader nazi.

Si ce témoignage de troisième main est tout ce qu'il y a sommaire, la preuve de l'existence d'une prostituée juive qui aurait eu des relations sexuelles avec Hitler est à peu près inexistante. Pourtant, il semble que Wiesenthal n'hésite pas à se départir des critères rigoureux dont il use y compris à l'égard d'odieux criminels de guerre, pour confondre — ou fabriquer — cette hypothétique prostituée juive. Comment sait-il qu'elle était juive ? Quand bien même l'anecdote proviendrait de Hitler lui-même (peut-être dans une déclaration au fantomatique médecin), devons-nous le croire sur parole ? Faut-il supposer que la prostituée en question lui révéla qu'elle était juive au beau milieu de leurs ébats ? Mais Wiesenthal avale tout cela sans broncher et en fait même l'explication d'une autre énigme non élucidée de la vie du dictateur : la mort mystérieuse de sa demi-nièce Geli Raubal. Ainsi que l'a déclaré Wiesenthal à un journaliste, elle se serait suicidée parce que Hitler lui avait repassé la syphilis que lui-même avait attrapée avec cette prostituée juive.

On peut citer d'autres exemples de la multitude de suspects juifs mis en avant par les commentateurs comme la véritable cause de la métamorphose de Hitler et, le plus souvent, comme la véritable origine de son antisémitisme.

On trouve ainsi :

La thèse du grand-père juif séducteur : objet d'un virulent et stérile débat parmi les historiens et les biographes du dictateur pendant près d'un demi-siècle, elle suppose l'existence d'un mystérieux séducteur qui engrossa la grand-mère paternelle de Hitler, Maria Schicklgruber, laquelle donna naissance au père de Hitler, inspirant par la suite à ce dernier une peur pathologique d'avoir été souillé par du « sang juif » — et un besoin de supprimer ce doute en exterminant tous les Juifs[37].

La thèse du professeur de musique juif séducteur : la vraie cause de la mort de sa chère Geli Raubal serait la découverte par Hitler qu'elle était devenue la fiancée, ou la maîtresse, d'un individu diversement décrit comme un « professeur de musique juif » ou un « violoniste juif » qu'elle aurait rencontré à Vienne. À la suite de quoi, Hitler l'aurait acculée au suicide, voire tuée de ses propres mains. Et la douleur ou la culpabilité provoquée par cette mort l'aurait transformé en sinistre meurtrier obsédé par l'idée de se venger des Juifs. Autrement dit, et pour parodier cette interprétation : après la mort de Geli, fini le brave petit jeune homme[38] !

La thèse du médecin juif incompétent : l'événement crucial dans la vie de Hitler serait l'agonie de sa mère en 1907, alors qu'il avait dix-huit ans. Une agonie dont il fut le témoin direct, une agonie interminable, résultant, d'après certains, des soins bien intentionnés mais maladroits du docteur Eduard Bloch, médecin juif dont la quasi-négligence professionnelle aurait, pour dire grossièrement les choses, « causé l'Holocauste[39] ».

Naturellement, on ne saurait négliger la tentative, on ne peut moins innocente, de Hitler lui-même pour faire remonter les origines de son antisémitisme à un simple Juif. Dans *Mein Kampf,* il déclare que, avant son arrivée à Vienne en 1907, à l'âge de dix-huit ans, il n'avait pratiquement jamais eu de contact avec des Juifs. Et que l'antisémitisme était pour lui un préjugé vulgaire et rétrograde. Jusqu'à un incident qui fut comme un trait de lumière et aboutit à sa conversion : sa première rencontre, nous demande-t-il de croire, ou son premier face à face avec un *Ostjudens,* un Juif d'Europe de l'Est, en costume traditionnel :

> « Un jour, alors que je me promenais dans le centre de la ville [de Vienne], je rencontrai soudain une apparition vêtue d'un cafetan noir et portant des bouclettes aux tempes. "Est-ce un Juif ?" me demandai-je d'abord... mais plus je scrutai trait par trait cette face étrangère, plus ma question changea de forme : "Est-ce un Allemand ?" »

Qu'à elle seule cette apparition troublante l'ait fortement secoué, lui ait ouvert les yeux sur quelque évidence concernant tous les Juifs, l'ait conduit à les voir comme jamais il ne l'avait fait auparavant, sous la forme d'êtres bizarres et menaçants, et l'ait incité à rechercher la sombre vérité de leur influence pernicieuse sur le monde dans la littérature antisémite, ne résiste pas à un examen minutieux. Il semble qu'il s'agisse là d'une construction *a posteriori,* destinée à donner l'impression qu'il existait chez ce Juif quelque force puissante et intrinsèquement mauvaise qui impressionna Hitler au point de le tirer d'une innocence première au sujet des Juifs en général. Or Helmut Schmeller a souligné la présence à Linz, où Hitler avait passé sa jeunesse avant de se rendre à Vienne, d'un journal férocement antisémite, le *Lin-*

zer Fliegende Blätter, regorgeant de caricatures de Juifs en cafetan avec des bouclettes aux tempes[40]. Autrement dit, à supposer qu'une telle rencontre initiale dans la capitale autrichienne ait bien eu lieu, elle fut probablement remodelée par les sinistres caricatures de l'*Ostjuden* déjà familières à Hitler.

Mais il y a quelque chose d'authentiquement hitlérien, pourrait-on dire, dans cette façon de prendre pour cible un malheureux Juif, coupable de rien d'autre que de porter le costume traditionnel ; dans le malin plaisir avec lequel il laisse manifestement planer l'idée qu'il existe peut-être quelque part, toujours en vie, sinon lisant ces mots, un simple Juif responsable de sa haine meurtrière, un Juif qui aurait fait de Hitler Hitler. Exemple éloquent du danger que l'on court à céder à la tentation de transférer la responsabilité de cette haine hitlérienne, de Hitler lui-même à quelque individu, phénomène ou tendance supposés en être la cause.

C'est ainsi qu'un échantillon récent de ce courant interprétatif met l'accent sur l'attitude d'une poignée de Juifs bolcheviques à Munich en 1919, qui aurait eu pour conséquence la « cristallisation » du leader antisémite, selon l'expression utilisée par John Lukacs dans *The Hitler of History*. Cette conséquence, Lukacs la déduit de plusieurs études sur le comportement de Hitler pendant la ténébreuse période de neuf mois séparant son retour dans la capitale bavaroise en janvier 1919, à sa sortie de l'hôpital militaire de Pasewalk, de son adhésion à l'embryonnaire parti nazi en septembre 1919, d'où émergerait l'orateur haineux aux discours électrisants.

La plupart des commentateurs admettent qu'une transformation, une métamorphose, ou une cristallisation, peu importe le terme, se serait produite chez Hitler avant qu'il regagne Munich, probablement pendant ses années d'errance à Vienne et dans tous les cas pas plus tard qu'en novembre 1918 à Pasewalk, où, prétend-il, une vision le persuada qu'il lui fallait sauver l'Allemagne de la trahison des Juifs et des bolcheviks. Mais dans un livre récent intitulé *Hitlers Wien*[41], l'historienne autrichienne Brigitte Hamann affirme avec énergie, à partir d'une étude exhaustive des témoignages existants, que rien ne permet de supposer que Hitler ait éprouvé autre chose que de la sympathie pour les

Juifs durant son séjour à Vienne (contredisant ainsi les historiens qui croient aux déclarations du pornographe antisémite Lanz von Liebenfels, d'après lequel Hitler lui aurait rendu visite à ses bureaux de Vienne en 1909 et aurait exprimé de l'admiration pour sa feuille au racisme vipérin, *Ostara* [42]).

Par ailleurs, un certain nombre de découvertes ambiguës faites depuis peu dans les archives de Munich ont amené plusieurs spécialistes à prétendre que, lorsqu'il revint dans la ville en 1919, Hitler ne possédait pas encore le genre d'enthousiasme qu'il manifesterait à l'automne en ralliant ce qui deviendrait le parti nazi. Il s'agit notamment de pièces relatives à son admission dans le conseil de soldats d'un régiment resté fidèle à l'éphémère régime bolchevique qui gouverna Munich pendant quelques semaines en avril 1919. Autre document allant dans ce sens, une vieille bande d'actualités tournée en février 1919 et montrant les funérailles de Kurt Eisner, le leader juif assassiné du régime socialiste alors au pouvoir. En regardant bien, on aperçoit dans le cortège une silhouette, qui n'est pas sans faire penser à Hitler, marchant au milieu d'un détachement de soldats arborant sur leur uniforme un crêpe en hommage à Eisner et au gouvernement socialiste ayant précédé celui des bolcheviks.

Hitler accompagnant le convoi funèbre d'un socialiste juif ? Quand bien même la chose serait exacte, sa présence dans ce détachement militaire, ainsi que sa candidature à un poste dans un régiment loyaliste, révèlent-elles quoi que ce soit sur ses convictions, ou son absence de convictions, à ce stade précis ? Apportent-elles la preuve qu'il était, sinon un admirateur des socialistes juifs, du moins une sorte de récipient vide, dénué de cette haine farouche pour les Juifs et les marxistes qu'il afficherait à peine quelques mois plus tard ? Hitler était-il encore, à cette date tardive, un homme « sans qualités » ?

Telle est l'opinion de John Lukacs, pour qui, en mars 1919, Hitler n'avait encore que des vues rudimentaires et manquait d'une opinion solide, jusqu'à ce qu'en avril, un événement survienne qui les « cristallisa » : la brève et sanglante aventure de la ligne dure bolchevique qui succéda aux sociodémocrates d'Eisner et propulsa au-devant de la scène un certain nombre de leaders juifs. Cette direction allait s'illustrer par l'exécution sommaire de représentants importants de la droite nationaliste (membres de la riche société secrète Thule qui serait le berceau du futur parti nazi). Elle serait elle-même renversée par des milices de droite, qui exerceraient des représailles encore plus sanglantes contre les bolcheviks.

Tout cela conduit Lukacs à déclarer qu'« il est au moins possible (et selon moi probable) » que ce qui transforma le Hitler aux idées frustes en un Hitler ennemi et fléau des Juifs, « ce furent ses expériences de l'hiver 1918 et du printemps 1919 : l'effondrement de l'Allemagne et, mieux encore, le spectacle du ridicule et sordide épisode de la République soviétique de Munich avec ses intellectuels juifs, ouvriers et autres[43] ».

Cette hypothèse soulève deux problèmes. Tout d'abord, rien n'oblige à croire que l'« allégeance » de Hitler ait été autre chose qu'une apparence. Sa présence aux funérailles d'Eisner serait alors le fait d'un soldat « obéissant aux ordres », selon une formule qui devait prendre plus tard une résonance infâme. À moins qu'il n'ait tout bonnement servi d'espion aux officiers de l'aile droite de l'armée, rôle qui était peut-être le sien lorsqu'il demanda à faire partie d'un conseil de soldats, dans la mesure où il se mettrait ensuite à fournir des renseignements sur ses « camarades » au régime nationaliste ayant supplanté celui des bolcheviks. Et il jouait naturellement les sous-marins lorsqu'il se rendit pour la première fois à un meeting du groupuscule qui donnerait le jour au parti nazi.

L'autre problème soulevé par l'hypothèse de Lukacs que Hitler ne se « cristallisa » pas avant avril 1919, lorsqu'il fut témoin de la « conduite ridicule et sordide » des bolcheviks juifs, tient à l'accusation qu'elle recèle. Accusation que Lukacs est bien trop habile pour formuler ouvertement, mais qui transparaît dans sa condamnation du règne éphémère du régime soviétique de Munich, à savoir que ce qui créa Hitler fut *quelque chose de déplorable commis par les Juifs*. Que si les « intellectuels juifs, prolétaires et autres » avaient eu un autre comportement, Hitler ne serait peut-être pas devenu Hitler. Qu'il ne nourrissait sans doute jusque-là que de banals préjugés à l'encontre des Juifs, mais que les horreurs de la loi bolchevique juive (à peine trois semaines et seulement une poignée de victimes) engendrèrent le monstre

moins quelques vérités sur ce dont nous parlons quand nous parlons de Hitler. Ce que de tels discours nous apprennent sur Hitler et ce qu'ils nous apprennent sur nous-mêmes.

« Le génocide nazi est devenu capital pour la compréhension de ce que nous sommes[46] », écrit Michael André Bernstein. De la même façon, on pourrait avancer que toute manière de comprendre ou d'expliquer Hitler reflète une manière de comprendre le moi. Que toute position par rapport à l'importance du rôle personnel de Hitler dans l'Holocauste implique une position par rapport à la possibilité d'une action autonome, d'un libre exercice de la volonté, la volonté de choisir le mal et la responsabilité afférents à ce choix.

« Tant de penseurs modernes aimeraient nous convaincre, déclare Robert Grant, maître-assistant à l'Université de Glasgow, que notre subjectivité », notre capacité de choisir, nos raisons pour décider de tel type d'action, sont « purement contingentes, un simple épiphénomène, un sédiment historique ou une construction sociale, bref un mirage, et que la vraie source de nos actes et de nos motivations se trouve ailleurs[47] ». Ailleurs dans les grandes abstractions, dans des courants plus profonds et inexorables de l'histoire, qui feraient de Hitler, et de nous-mêmes, de simples fétus de paille emportés par des flots puissants au regard desquels notre pouvoir d'agir, de choisir à notre gré, n'est qu'une illusion. Et qui absolvent Hitler, et nous-mêmes, de toute responsabilité dans ces choix illusoires.

La marginalisation de Hitler dans la pensée contemporaine ressemble ainsi à la vogue de la « mort de l'auteur » dans la théorie littéraire : l'Holocauste comme « texte » produit, non pas par une décision humaine, mais en quelque sorte de manière autonome et inéluctable, par la culture et le langage.

Même parmi les « intentionnalistes » pour qui le désir de Hitler de commettre le génocide eut une importance décisive, ce désir est souvent présenté moins comme un choix délibéré que comme une contrainte, quelque chose qui lui fut dicté, imposé par des pressions internes et externes auxquelles il ne pouvait résister.

Naturellement, la volonté de Hitler, ses intentions et ses choix, même s'ils étaient nécessaires, n'auraient pas suffi à assurer son succès. Comme le soulignent Saul Friedländer et Ian Kershaw, ce succès fut le produit de facteurs multiples : interaction avec d'autres figures historiques, soutien notamment du parti nazi et du peuple allemand, passivité ou complicité de ceux qui se trouvaient au pouvoir en et hors d'Allemagne.

Mais ces forces elles-mêmes, bien que nécessaires, n'étaient pas suffisantes, et la tendance d'une grande partie de la littérature récente a été de nier ou d'amoindrir la liberté de choix de Hitler, sa liberté d'avoir pris la voie meurtrière qui fut la sienne. Cette négation de sa liberté lui a permis d'échapper d'une autre manière : d'échapper à la responsabilité.

En examinant ces questions, en définissant mon propre rôle, j'ai pris l'habitude de citer une remarque de Milton Himmelfarb. Dans mon article du *New Yorker*[48] consacré aux interprétations avancées sur Hitler et au débat Bullock/Trevor-Roper à propos de la « sincérité » du dictateur, j'avais présenté Milton Himmelfarb comme un « érudit ». Lorsque je rencontrai à son domicile de White Plains l'auteur de la polémique et de fait fracassante formule « Pas de Hitler, pas d'Holocauste », Himmelfarb, gentiment et avec beaucoup d'humilité, me confia qu'il souhaitait apporter un rectificatif à cette désignation. Non, me dit-il, il ne se considérait pas comme un érudit. Il n'était lié à aucune université. Et, pour se décrire, il cita une chaîne de soldes de vêtements de la région de New York appelée Syms, qui avait adopté comme slogan : « le consommateur averti est notre meilleur client ». Avec une pointe de malice, Himmelfarb me dit qu'il se considérait moins comme un érudit que comme un « consommateur averti de l'érudition ».

Je tiens à souligner que je ne prétends pas à l'exhaustivité, que je ne prétends pas avoir consommé ni jugé tous les travaux sur la question ; que j'ai choisi de me limiter à quelques aspects, et à quelques individus dont j'ai eu envie d'explorer, en profondeur et en personne, la réflexion. Nombreux sont ceux avec lesquels j'aurais aimé pouvoir également m'entretenir, mais plusieurs volumes supplémentaires n'auraient probablement pas suffi à épuiser le sujet, alors qu'ils auraient sûrement épuisé leur auteur.

Dans tous les cas, si la nature particulière de l'éducation qu'a reçue ce consommateur averti a eu quelque influence sur le livre qui en a découlé, peut-être réside-t-elle dans un penchant à valoriser le texte lui-même, l'ambiguïté et l'incertitude, plus que la théorie et la certitude. À privilégier une lecture attentive (des documents, souvenirs, rapports de police) et une écoute non moins attentive (de la voix des commentateurs) dans un effort pour débusquer le texte implicite, l'élision révélatrice, l'intention cachée, le conflit et le doute sous la surface. Pour percevoir la nature du désir qui anime les théoriciens et le genre de consolation que proposent leurs théories.

Sur ce plan, et à titre de nouvelle incursion dans la littérature explicative, considérons un courant particulièrement émouvant de la quête de Hitler, où le sentiment de quelque chose d'absent, de perdu ou d'introuvable trouve un écho dans une image récurrente et puissamment évocatrice, celle du coffre-fort perdu. Il est étonnant de constater la fréquence avec laquelle la piste matérielle d'obscures mais tenaces explications de la personnalité de Hitler disparaît dans des limbes qui sont en réalité moins une impasse qu'un vide, la boîte à lettres muette de la vérité historique : le coffre-fort perdu. Un endroit d'où de prétendus documents révélateurs — susceptibles de fournir le maillon manquant, la clé égarée de la psychologie du dictateur, la véritable raison de sa métamorphose d'homme en monstre — semblent s'être volatisés sans espoir de retour.

On se souvient du mystère entourant les révélations perdues de Fritz Gerlich sur Hitler. Le projet avorté du dernier des journalistes munichois antihitlériens encore en liberté pendant les semaines qui suivirent l'incendie du Reichstag ; une tentative désespérée pour imprimer un récit volontairement dévastateur afin d'obliger le monde à voir le nouveau chancelier du Reich sous son vrai jour avant qu'il soit trop tard.

Mais il était effectivement trop tard, comme je l'ai dit. Le brûlot de Gerlich fut arraché des presses par une escouade de SA le 9 mars 1933, à l'instant même où son journal, *Der Gerade Werk,* dernière publication ouvertement antihitlérienne encore existante, allait être imprimé. À cause du respect que Gerlich s'était acquis auprès de ses compatriotes, à la fois par son courage et son honnêteté intellectuelle, une mystique est née autour de ce scoop perdu, de son contenu et de son destin. En fait, un mythe de la survie en soi : l'évasion et la survie de la vérité sur Hitler. Le scoop perdu de Gerlich est ainsi devenu le symbole de tous les secrets perdus sur Hitler, de toutes les sombres vérités explicatives dont la révélation aurait peut-être pu, ce qui ne fut pas le cas, préserver le monde de l'influence du despote.

Aucun exemplaire de l'article de Gerlich n'a jamais fait surface depuis le jour où les SA le rossèrent et brisèrent ses presses, mais il existe au moins deux histoires de copie du scoop disparu. Selon la biographie de Gerlich écrite après-guerre par son collègue Erwin von Aretin[49], tandis que les chemises brunes étaient occupées à saccager les bureaux du journal, le bon à tirer du texte de Gerlich ainsi que les documents qui l'étayaient furent subtilisés par un certain comte Waldburg zu Zeil. Von Aretin raconte que celui-ci les emporta dans sa propriété du nord de Munich et les mit en sûreté en les enterrant dans le parc. Mais, ajoute avec découragement von Aretin, « pendant la guerre, Waldburg zu Zeil les déterra et les détruisit parce que leur possession était trop dangereuse ».

Quant à la seconde histoire de sauvetage des fameuses révélations, la fin reste encore à écrire. C'est un des derniers survivants de l'équipe de Gerlich, Johannes Steiner, qui me l'indiqua. Celui-là même qui me fournit l'inoubliable image des lunettes ensanglantées de Gerlich. Qu'avait donc vu Gerlich à travers ces verres à monture d'acier ? Qu'était-il sur le point de révéler dans son ultime édition ? Steiner me mit sur la piste de ce texte perdu en me parlant du fils du biographe de Gerlich, le feu comte von Aretin. Ce fils, Karl-Ottmar Freiherr von Aretin, était un historien respecté, lui-même spécialiste de la résistance allemande à Munich et en Bavière. Il se souvenait fort bien que son père avait évoqué l'existence de ce qui semble être un autre jeu des papiers de Gerlich, différent de celui qui aurait été détruit par Waldburg zu Zeil.

Voici ce que me raconta le jeune von Aretin :

« Il y a eu une enquête du ministère de la Justice sur le meurtre de Geli Raubal. Mon père avait une copie des documents sur son bureau [au journal de Gerlich] en février

1933. Lorsque la situation devint difficile, il remit le dossier à son cousin, copropriétaire du *Münchner Neueste Nachrichten,* Karl Ludwig Freiherr von Guttenberg, afin qu'il le dépose dans un coffre de banque en Suisse. Selon mon père, ces documents prouvaient que Geli Raubal avait été tuée sur l'ordre de Hitler. Guttenberg passa les documents en Suisse, mais garda secret le numéro du dépôt, jugé trop compromettant. Par la suite, il participa aux événements du 20 juillet 1944 [l'attentat contre Hitler] et fut tué en 1945 en emportant le secret [du numéro de dépôt] dans la tombe. »

Conséquence : quelque part en Suisse, peut-être encore aujourd'hui, la clé de la psychologie de Hitler repose dans un coffre depuis longtemps inutilisé et prenant la poussière. Mais ce n'est pas le seul exemple de piste fragile menant à une hypothétique survivance dans un coffre perdu. L'image, ou une très proche variante, revient à plusieurs reprises dans la tradition des explications sur le dictateur.

Ainsi en est-il du sort présumé des fiches médicales de Pasewalk établies par le docteur qui soigna la cécité hystérique de Hitler en 1918. Un traitement qui, estiment certains, pourrait avoir été responsable de sa métamorphose, de sa transformation de l'insignifiant caporal épris d'anonymat en un envoûtant et charismatique Führer en gestation. Les biographes Rudolph Binion et John Toland ont tous deux repris à leur compte l'hypothèse d'abord avancée sous la forme d'une fiction[50], transparente au demeurant, par un romancier émigré allemand (ami de Franz Kafka), Ernst Weiss, pour qui cet épisode représente une des plus grandes et tragiques ironies kafkaïennes de l'histoire. Weiss affirme avoir appris par des membres de la communauté émigrée la véritable histoire de la « voix » entendue par Hitler à Pasewalk dans un moment de crise aiguë dû à sa dépression lors de la capitulation allemande de 1918. Cette voix dont Hitler raconte qu'elle lui confia la mission de venger l'Allemagne. Un moment au cours duquel, croit Lucy Dawidowicz, Hitler définit ce qui allait être l'objectif de toute sa vie : tuer les Juifs.

D'après le récit de Weiss, confirmé pour l'essentiel par Toland et Binion, ainsi que par l'historien allemand Ernst Deuerlein (même si d'autres, tel Robert Waite, le contestent), cette voix n'était autre que celle d'un psychiatre du personnel de Pasewalk, un certain docteur Edmund Forster, qui tenta de guérir Hitler de sa cécité en le plongeant dans un état hypnotique et en lui suggérant l'idée qu'il devait recouvrer la vue afin de rendre à l'Allemagne son honneur perdu. Mais l'histoire ne s'arrête pas là. Il semble que Weiss ait parlé avec le docteur Forster peu avant son suicide, alors qu'il fuyait l'Allemagne après 1933. Selon la version romancée de Weiss, le psychiatre de Pasewalk avait découvert, au cours de ses séances d'hypnose avec Hitler, un profond et honteux secret de la personnalité de celui-ci, l'origine de sa pathologie. Un secret si honteux que, dès la prise de pouvoir du chef nazi, Forster fut traqué, persécuté et finalement acculé au suicide par la Gestapo, bien déterminée à s'emparer de ses notes sur le traitement du patient Hitler à Pasewalk, à lui clore la bouche et à supprimer ce secret pour toujours.

À en croire Weiss, terrifié mais désireux de sauver de la destruction la vérité sur le dictateur, Forster franchit la frontière suisse peu avant sa mort et enferma les notes de Pasewalk dans un coffre d'une banque de Bâle. Citant soi-disant Foster, Weiss précise : « La plus importante partie de ses fiches est celle concernant les relations [de Hitler] avec les femmes. » Pour lesquelles le docteur Forster déclare, par la voix de Weiss, avoir eu recours à un système de transcription spécial : « Ce secret, je l'ai écrit en hiéroglyphes que personne à part moi ne peut déchiffrer. » Malheureusement, d'après Toland et Binion, Forster se tua avant d'avoir livré son secret — ou même la manière de décoder ses « hiéroglyphes ».

La mort de Forster (son assassinat prétendent certains) nous laisse une fois de plus sans clé pour ouvrir son coffre-fort suisse et avec lui la personnalité de Hitler, nous laisse avec l'image d'une vérité restée en plan, abandonnée et se désagrégeant dans quelque chambre forte. Et peut-être même intraduisible si nous la possédions, à cause des hiéroglyphes du médecin.

Cet incompréhensible message chiffré dans un coffre-fort inconnu est assurément une métaphore saisissante pour la compréhension de Hitler qui nous a échappé, pour l'irrémédiable mystère de sa psychologie. Il y a eu d'autres disparitions semblables, d'autres preuves fantomatiques également décisives qui auraient permis d'élucider son fonctionnement mental. Par exemple, les prétendus dessins pornographiques, révélateurs de ses déséquilibres sexuels, qu'il aurait faits de Geli Raubal, et qui, après avoir été repris à un maître chanteur, auraient été placés dans le coffre du siège du parti nazi à Munich[51]. Ou encore le fameux « dossier secret de la police autrichienne »[52] sur les origines juives de Hitler, qui, d'après une des versions de cette légende, aurait été dérobé dans le coffre de la maîtresse du chancelier Schuschnigg par les séides du dictateur.

Même si nous sommes manifestement ici dans le domaine du folklore et non de l'histoire vérifiable, l'image, commune à tous ces récits, du coffre-fort verrouillé et du dépôt perdu semble témoigner, comme le peut le folklore et rarement l'histoire, d'une puissante aspiration collective, d'un mythe partagé concernant une figure qui tient elle-même autant de l'auto-création folklorique que de l'histoire.

Il est possible de jeter quelque lumière sur les résonances profondes de cette image par le biais de sa manifestation dans un contexte différent. Un jour, au cours d'une enquête dans une clinique louche, spécialisée dans le traitement du cancer, installée près de Tijuana au Mexique, je tombai par hasard sur un « technicien métaboliste » aux manières onctueuses qui me dit qu'il cherchait à retrouver une formule de guérison du cancer mise au point par un certain docteur Koch et dont on racontait qu'elle avait disparu après sa mort dans les années 1930[53]. Le pseudo-technicien croyait toutefois savoir ce qu'elle était devenue ; il avait reçu des indications selon lesquelles la formule de cette pierre philosophale de la santé se trouvait encore « dans un coffre d'une banque de Detroit », mais il craignait, dans la mesure où, semble-t-il, elle avait été cryptée — à l'instar du secret de la vie sexuelle de Hitler, enseveli sous forme de signes cabalistiques dans un coffre par l'hypnotiseur de Pasewalk —, que, sans le véritable auteur de la formule, le coffre ne recèle qu'une suite de chiffres totalement dénués de sens.

Ces histoires de coffres-forts sont à l'évidence la manifestation d'une anxiété — et un talisman — à l'égard d'un mal pernicieux autrement inexplicable en apparence. À vrai dire, malgré leur ton catastrophé, les mythes du coffre représentent une sorte d'optimisme épistémologique, une foi dans un monde explicable. Oui, un élément a disparu, mais même si nous ne possédons pas la pièce manquante, du moins existe-t-elle quelque part. Quelque part se trouve la clé qui peut donner sens à la nocivité au premier abord immotivée de la psychologie de Hitler ou de la cellule cancéreuse. Une pièce manquante, si anodine ou bizarre soit-elle — un grand-père juif, voire une morsure de bouc —, mais quelque chose ici-bas, sur cette terre, quelque chose à la taille de notre imagination — ou des rassurantes parois d'un coffre-fort de banque suisse — qui pourrait expliquer Hitler. Quelque chose situé non pas au-delà de notre entendement, seulement hors de notre portée, quelque chose de moins horriblement effrayant qu'un mal inexplicable.

Lorsque la récente polémique sur l'or et les objets de valeur des Juifs assassinés détenus par les banques suisses enflamma la presse, je fus saisi pendant un bref instant d'un frisson en pensant à ce que je savais être un faux espoir. L'espoir que, d'une manière ou d'une autre, un coffre-fort depuis longtemps oublié soit enfin mis au jour et produise l'une ou l'autre des miraculeuses réponses tant convoitées par les historiens. Que la recherche des biens volés aux morts ramène à la surface la clé égarée, le lien perdu indispensable pour jeter un pont sur l'abîme séparant les photos d'enfant du tueur d'enfants. Malheureusement, ce n'est pas demain la veille. Le véritable coffre-fort contenant l'explication manquante que nous avons tous cherchée n'est autre, comme le déclare Emil Fackenheim, que l'inaccessible et impénétrable Esprit de Dieu.

I

Le commencement du commencement

Où les thèses concernant les « origines raciales » de Hitler sont à l'origine d'un débat sur le caractère et les mobiles de celui-ci

CHAPITRE 1

LE MYSTÉRIEUX ÉTRANGER, LA SERVANTE ET LE ROMAN FAMILIAL DES BIOGRAPHES DE HITLER

Dans lequel l'auteur fait une expédition jusqu'à la « terre ancestrale » de la famille Hitler et médite sur la vie sentimentale de Maria Schicklgruber telle que l'ont imaginée les historiens

J'étais sur le point d'abandonner et de rebrousser chemin. Une tempête de neige inattendue en ce milieu d'automne s'était mise à souffler depuis l'Arctique russe et blanchissait l'Europe centrale, rendant de plus en plus impraticables les petites routes assez rudimentaires de ce coin perdu de l'Autriche.

Nous n'étions qu'à une trentaine de kilomètres de notre destination et notre Volkswagen de location commençait à patiner dangereusement, au point de nous amener une fois tout près du bord d'un des ravins boisés qui s'entrecroisaient dans la morne succession de champs couverts de neige s'étendant au nord vers la frontière tchèque.

Timidement, j'avais laissé entendre à mon assistante autrichienne, Waltraud, qui se trouvait au volant, que nous ferions peut-être mieux d'abandonner notre quête pour aujourd'hui, compte tenu des risques. Mais elle insista pour continuer, affirmant que, en tant que native du montagneux Tyrol, elle avait l'habitude de naviguer sur des routes alpines encore plus traîtresses.

Pas totalement rassuré, je me dis que les conditions

atmosphériques de cette aventure avaient néanmoins quelque chose d'approprié : la tempête de neige dans laquelle nous roulions était comme une version automnale de celle qui avait arrêté les divisions de panzers de Hitler aux abords de Moscou durant l'hiver 1941, pour lui le commencement de la fin. L'endroit que nous nous efforcions de dénicher — une ville fantôme appelée Döllersheim — était le commencement du commencement : le site originel des mystères de la saga de la famille Hitler.

La disparition, l'effacement apparemment délibéré de Döllersheim est un des aspects les plus curieux du débat extrêmement embrouillé sur la généalogie de Hitler. Ce minuscule village fut littéralement rayé de la carte peu après l'annexion de l'Autriche par l'Allemagne. Dans le but, prétendent certains, de supprimer toute trace d'événements irréguliers et assez peu reluisants survenus en ce lieu dans la famille Hitler. Des irrégularités qui ont longtemps jeté une ombre sur les récits des origines du dictateur. Et qui avaient suscité avant-guerre les visites répétées de journalistes et autres curieux, ce qui avait le don de mettre Hitler dans des colères foudroyantes.

« Ces gens ne doivent pas savoir qui je suis ! se serait-il écrié en apprenant la nouvelle d'une de ces premières incursions dans son histoire familiale. Personne ne doit savoir d'où je viens [1] ! »

D'où l'hypothèse selon laquelle, après 1938, il aurait fait payer à Döllersheim le prix de telles démarches en s'arrangeant pour qu'il disparaisse purement et simplement. Quelle que soit la cause de cette destruction, son efficacité ne fait guère de doute. Ce matin-là, à Vienne, au milieu des rafales de neige, j'avais cherché en vain une carte portant le nom de Döllersheim, jusqu'à ce que je découvre par hasard, chez un marchand de livres rares, un atlas mondial allemand à moitié moisi, datant de 1896, où la carte de l'Autriche mentionnait le hameau en question. Bien qu'il n'y eût aucune route marquée, la carte fournissait une manière de repérage par triangulation : le point indiquant Döllersheim se trouvait juste au-dessus d'un coude formé par la rivière Epp et à droite d'un autre point également minuscule appelé Ottenstein.

Ottenstein : ce nom m'évoquait une expression étrange

et particulièrement mémorable : « descendant de la maison des seigneurs d'Ottenstein[2] ». Cette glorieuse désignation apparaît en effet sur une liste de candidats — de suspects, pourrait-on dire — pour le rôle de l'obscure figure au centre du roman familial hitlérien : le géniteur du père de Hitler. L'identité de l'individu qui engrossa à la fin de l'année 1836 une servante célibataire âgée de quarante-deux ans, Maria Schicklgruber, ne fut pas mentionnée sur le certificat de baptême délivré par la paroisse de celle-ci, à Döllersheim, lorsque l'enfant (appelé Alois Schicklgruber) naquit le 7 juin 1837. Cet espace vide où aurait dû figurer le nom du père est devenu comme un écran sur lequel journalistes, agents des services secrets, historiens, psychanalystes et conteurs ont fait défiler toutes sortes de personnages en remplacement de celui que les généalogies nazies désignent, de manière assez peu justifiée, comme étant le grand-père paternel de Hitler, Johann Georg Hiedler.

On a consacré des centaines de pages de dizaines de livres à essayer de deviner le partenaire se dissimulant derrière cette ligne de blanc, et le caractère de la femme qui l'avait choisi : Maria Schicklgruber. Elle allait être, à la vérité, la première de trois générations de parentes de Hitler dont les mystérieuses liaisons confèrent à la vie du dictateur — et aux récits qui en ont été faits — quelque chose de fascinant. Après Maria, il y eut Klara, la mère de Hitler, puis Geli Raubal sa demi-nièce. Trois femmes — toutes domestiques, notons-le — qui auront surtout servi les exégètes.

On aura un aperçu de cette spéculation sur les amants de Maria Schicklgruber avec le catalogue, incomplet, des prétendus pères du père de Hitler établi par le sensible biographe allemand Werner Maser.

« Divers candidats ont été avancés », écrit Maser. En plus du candidat agréé par le parti nazi pour figurer dans l'arbre généalogique hitlérien, Johann Georg Hiedler, de celui de Maser, le frère de Johann Georg, Johann Nepomuk Hiedler, un villageois plus fortuné, on trouve « un Juif de Graz dénommé Frankenberger ; un descendant de la maison des seigneurs d'Ottenstein ; et même un baron Rothschild de Vienne ». Maser ne croit pas qu'Adolf Hitler soit un descendant des Frankenberger, ni un Ottenstein ou un Rothschild (cette dernière suggestion, tout à fait étonnante, provenant, semble-t-il, de la police autrichienne, antihitlérienne avant l'*Anschluss*). À la place, il échafaude une théorie compliquée, reposant sur des intrigues de village où se mêlent luxure et cupidité, afin de légitimer son propre candidat, Johann Nepomuk Hiedler.

Si l'on peut contester l'explication brueghelienne des mystères de Döllersheim proposée par Maser, il est difficile de réfuter le tableau qu'il brosse de l'état de confusion des études hitlériennes concernant la question du grand-père paternel : « S'il y a un fait sur lequel quelques biographes au moins sont d'accord, c'est que le grand-père paternel d'Adolf Hitler n'était pas l'homme considéré officiellement comme tel, à savoir l'ouvrier meunier Johann Georg Hiedler. » (Mais peut-on s'appuyer sur un « fait » admis par « quelques » biographes seulement ?) Et le judicieux Alan Bullock de déclarer : « Selon toute probabilité, jamais nous ne saurons avec certitude qui était le grand-père d'Adolf Hitler et père d'Alois. On a prétendu qu'il pouvait s'agir d'un Juif, sans apporter la moindre preuve concrète[3]. »

Plus nous approchions de notre destination, Döllersheim, plus la campagne avait l'air vide et comme détachée de la civilisation, et plus nous avions l'impression de remonter dans le temps. Cette partie de l'Autriche, le Waldviertel (au nord-ouest de Vienne, entre le Danube et la frontière tchèque), de même que les paysans clairsemés qui l'habitent, est restée pendant plusieurs siècles relativement à l'écart de la société cosmopolite. À présent, l'épais manteau de neige recouvrant les quelques rares fermes et granges à l'aspect vétuste avait effacé presque toute trace de modernité. L'aspect désolé du paysage que nous traversions ne devait guère différer de celui qui était le sien cent cinquante-six ans plus tôt. Lorsqu'un homme — quelque manant originaire de la région, ou un inconnu au « sang étranger » — avait couché avec une paysanne d'âge mûr nommée Maria Schicklgruber, la laissant enceinte du père de Hitler, et semant le doute dans l'esprit des historiens, sinon dans celui de Hitler lui-même.

Alors que nous nous arrêtions dans la cour d'une auberge tricentenaire pour demander la direction de Döllersheim, le décor neigeux et la nature de notre expédition sur les traces de l'amant de Maria Schicklgruber me remirent en mémoire le début du conte posthume de Mark Twain, *Le Mystérieux Étranger* : « Nous étions en 1590. C'était l'hiver. L'Autriche dormait, coupée du monde... et notre village reposait au cœur de ce sommeil... Il somnolait en paix dans l'intimité la plus secrète d'une solitude boisée et vallonnée... rares étaient les nouvelles du monde qui parvenaient à troubler ses rêves. »

Comme de bien entendu, dans le récit de Twain, quelqu'un survient pour troubler les rêves de ce solitaire bastion autrichien, un « mystérieux étranger » qui se révèle être Satan lui-même, encore que le Satan de Twain soit à la fois beaucoup plus angélique et beaucoup plus diabolique que le traditionnel Prince des Ténèbres.

De retour de Döllersheim, je fus surpris, en relisant l'histoire écrite par Mark Twain en 1916, d'y trouver le passage suivant : « Il y avait deux prêtres [dans le village]. L'un d'eux, frère Adolf, était d'un acharnement et d'un zèle sans limite... Nul autre que lui n'inspirait un tel respect où se mêlaient terreur et austérité, sans doute parce que la peur du diable lui était inconnue. En fait, frère Adolf s'était déjà trouvé face à face avec Satan, et ceci plus d'une fois. »

On remarquera avec quelle précision Twain dépeint la solitude de ce village assoupi, le caractère inquiétant du silence morne et ouaté qui l'entoure. La petite auberge où nous avions fait halte pour prendre des renseignements avait été bâtie au XVIIe siècle, nous déclara l'un des hommes blottis devant l'âtre de la salle à manger. Et, hormis l'affichette collée au mur annonçant la tenue d'une « *Disco Abend* » le samedi soir suivant, à la salle de la mairie, le décor semblait ne pas avoir changé depuis des lustres. Nous commandâmes des *Wurst* et demandâmes aux gens du lieu s'ils pouvaient nous indiquer Döllersheim. Ce furent eux qui nous donnèrent notre première vision de la nature du monde disparu vers lequel nous nous dirigions.

Ce monde disparu, ce hameau en ruine qui fut jadis la « terre ancestrale de Hitler », c'est la source première de sa différence, le théâtre originel de sa singularité. Une singularité qui n'est pas seulement topographique : tout au long de sa vie, où qu'il aille, Adolf Hitler resta un mystérieux étranger. Dès qu'il commença à faire parler de lui, cette incertitude servit à alimenter bruits, rumeurs et bavardages. Pour certains, son aura d'étrangeté fut à la base de sa mystique — une particularité qui l'aida à se donner une dimension hors du commun, à s'extraire du lot des politiciens ordinaires, et qu'il sut tourner à son avantage. Pour d'autres, ce fut un sujet de perpétuel doute de soi, de profonde instabilité mentale, qui le rongea, le tortura et fut la cause de la difformité de son être.

Cette ambiguïté apparaît dans la géographie même de ses origines : Hitler fut le produit non pas d'une, mais de deux régions frontalières : il y a d'abord son véritable lieu de naissance, dans l'ouest de l'Autriche, à Brannau, sur la rivière Im, un affluent du Danube séparant l'Allemagne de l'Autriche. (Son père Alois, officier des douanes, franchissait chaque jour cette frontière fluviale.) Mais, de manière plus significative pour un fervent apôtre du déterminisme racial, la famille de Hitler venait — et lui-même y retournerait au cours de son enfance — d'une « terre ancestrale » (comme l'appelleraient fièrement par la suite les nazis locaux) située à trois cents kilomètres de Brannau, dans ce Waldviertel qui, pendant des siècles, avait constitué un sujet de conflit entre l'Autriche et la Tchécoslovaquie. C'était une zone tampon entre deux royaumes, l'un germanique et l'autre slave — ces mêmes Slaves que Hitler accablerait de son mépris, les qualifiant de sous-hommes, et qu'il massacrerait après les avoir asservis. Du reste, le nom même de Hitler et ses variantes antérieures Hiedler et Hüttler sont plus slaves que germaniques, un fait qui devait probablement remplir d'amertume le leader nazi dans la mesure où il jetait une ombre sur sa prétendue pureté aryenne, même si ce n'était rien à côté de la rumeur selon laquelle le mystérieux étranger circulant dans le pays était un Juif errant.

Sir Isaiah Berlin a élaboré une sorte de théorie du génie politique frontalier[4]. Citant en exemple Napoléon, Staline, Theodor Herzl aussi bien que Hitler, il déclare que la psychologie particulière d'un grand nombre de leaders politiques parmi les plus prestigieux et les plus fanatiques est imputable à leurs origines frontalières : au fait qu'ils venaient « d'ailleurs que de la société qu'il dirigeait, ou du moins de ses confins, de ses marges extérieures ». Le syndrome de la frontière, prétend Berlin, a donné naissance à un nombre impressionnant d'« hommes au tempérament fougueux, nobles ou viles, idéalistes ou dépravés », qui développèrent « ou bien un mépris excessif pour la majorité dominante, ou bien une admiration intense, voire une véritable adoration pour elle... qui les amena à des vues inhabituelles et — née de susceptibilités exacerbées — à une déformation névrotique des faits ».

Dans le cas de Hitler, cette description ne vaut qu'en partie. Il a toujours donné le sentiment — et aujourd'hui encore — d'une étrangeté surpassant ce « syndrome de la frontière », d'une sorte d'aberration profonde, ressentie même par ses proches, d'une singularité beaucoup moins explicable que celle de Napoléon ou même de Staline. À coup sûr, il correspondait fort peu, et ne semble guère avoir appartenu, à ce lieu où il aurait vu le jour, à cette campagne, à cette « terre ancestrale du Führer » que nous venions de traverser.

Plusieurs de ses biographes ont insisté sur le fait que, pendant des siècles, les fermiers habitant cette région isolée de la basse Autriche étaient restés cramponnés à leurs champs pourtant on ne peut moins luxuriants, se mariant entre eux et donnant naissance, génération après génération, à de nouveaux fermiers. Sans qu'apparemment il se soit jamais trouvé parmi leur progéniture un individu particulièrement remarquable, encore moins qui fût susceptible de dévier le cours de l'histoire. Quand, soudain, il y eut Adolf Hitler.

Un historien allemand de l'après-guerre, Helmut Heiber, du prestigieux Institut d'histoire contemporaine de Munich, examinant ce phénomène dans sa biographie du dictateur, en tire la conclusion implicite : « La caractère non conventionnel des débuts de la famille Hitler, avec l'entreprenant et ambitieux père d'Adolf, montre qu'un *autre sang* avait dû se mêler à celui du Waldviertel, affaibli par des années d'unions consanguines[5]. »

Un autre sang : l'accent hitlérien de cette expression n'est, espérons-le, qu'ironique. Mais le spectre de l'« autre sang » se trouve au centre même du roman familial, extrêmement chargé, des Hitler.

Le terme « roman familial » appartient bien sûr à Freud[6], qui l'a utilisé pour la première fois en 1909 pour caractériser un scénario imaginaire assez courant, à savoir que les parents d'une personne ne sont pas ses vrais parents, que ses vrais parents sont « d'autres gens occupant invariablement une position sociale plus élevée », tels que « le seigneur du château ou quelque membre de l'aristocratie ». Le roman familial inclut fréquemment une manière de conte de fées décrivant la perte d'une origine royale, exotique ou privilégiée, par l'effet de la malchance ou d'une sombre conspiration — thème commun à la mythologie, au folklore, aux dernières œuvres de William Shakespeare, aux romans picaresques du XVIIIe siècle et aux inventions paranoïdes du schizophrène moderne qui se proclame l'héritier de la fortune des Rockefeller ou l'enfant naturel de Howard Hughes

Bien qu'il ait l'allure d'un conte de fées, le roman familial a pour base une énigme sexuelle, éternelle vérité troublante qui est la cause de tant de drames à la fois littéraires et privés : « *Pater semper incertus est* », l'identité du père est toujours incertaine, comme l'affirme le proverbe latin cité par Freud. Notre système de reproduction comporte, du fait de sa nature même, une part de malicieuse incertitude. L'homme doit croire la femme sur parole quant à la paternité de leur enfant. Et parfois, même la femme n'en sait rien.

Freud déclare que le roman familial survient dès que l'enfant apprend la vérité « sur le processus sexuel ». Il « tend à se représenter dans des scènes et des relations érotiques... des situations de secrète infidélité et... d'amours clandestines », qui, de manière caractéristique, placent sa mère avec un père plus romantique, plus pittoresque, d'une plus haute naissance, un mystérieux étranger.

Si l'on met un instant de côté la question de savoir si Hitler lui-même élabora un semblable roman familial, il ne fait guère de doute que tel est le cas de ses biographes. Que la prolifération de candidats au rôle du mystérieux étranger qui engendra le père de Hitler — et notamment d'aussi noble extraction que ceux du catalogue de Maser, tel qu'« un baron Rothschild » ou le « descendant de la maison des seigneurs d'Ottenstein » —, que la spéculation qui persiste à propos d'obscures infidélités, d'aventures illicites et de situations équivoques impliquant Maria Schicklgruber représentent *le roman familial des analystes de Hitler*.

De même que dévisager Méduse, considérer de trop près

le mystérieux écheveau des origines du dictateur n'est pas sans danger pour qui prétend apporter des explications, l'un des risques étant de se figurer qu'un sujet aussi extraordinaire doit avoir nécessairement des origines plus colorées, plus romanesques que n'a pu lui en donner ce lugubre paysage rural. Ce qui insuffle l'espoir de découvrir quelque élixir explicatif, tel cet « autre sang », pour rendre compte de l'extraordinaire anomalie que constitue Hitler, non seulement pour le Waldviertel, mais dans l'histoire mondiale.

Une des raisons pour lesquelles il est difficile de résister à la tentation de bâtir, à partir de simples détails généalogiques, un roman familial tient à la présence d'éléments relevant eux-mêmes du folklore ou du conte de fées traditionnel. On trouve ainsi un meunier ambulant (Johann Georg), un bâtard ambitieux (Alois), un legs suspect, une paysanne à la Cendrillon (pas tout à fait) travaillant comme servante (Maria), un village menacé de destruction (Döllersheim), de prétendus rendez-vous avec le prince du château voisin (Ottenstein) et des rumeurs sur une aventure avec un puissant personnage au sang étranger (le baron de Rothschild).

À l'épicentre de toutes ces intrigues et liaisons supposées, juste un point effacé sur les cartes, symbole de l'ancien village de Döllersheim. Et au centre des intrigues de Döllersheim, une sorte d'éradication sacrée, l'église à présent détruite qui aurait été, à en croire les discussions sur les origines de Hitler, le théâtre de trois énigmatiques et bizarres cérémonies. Tout d'abord, c'est là qu'en 1837 Maria Schicklgruber remplit, à l'exception d'une ligne, le certificat de baptême de l'enfant qui deviendrait le père de Hitler. C'est là également que, cinq ans plus tard, eut lieu un curieux mariage, entre Maria, âgée de quarante-sept ans, et Johann Georg Hiedler, âgé de quarante-trois, l'ouvrier meunier qui prendrait place par la suite, sans guère de preuves solides, dans les généalogies officielles de Hitler comme son grand-père paternel.

Ce qui rend ce mariage curieux, c'est qu'il ne changea strictement rien. Il n'incita nullement l'ouvrier meunier à adopter l'enfant de Maria, alors âgé de cinq ans, Alois — ce qui aurait été normal si Johann Georg en était réellement le père. Le garçon n'eut pas droit à vivre sous le même toit que sa mère et son père putatif. Au lieu de cela, il fut expédié chez le frère de Johann Georg, Johann Nepomuk Hiedler (ce qui permet à Maser d'affirmer que Nepomuk était son vrai père), un paysan mieux établi et relativement plus prospère (mais déjà marié).

Ce fut donc, semble-t-il, un mariage de convenance, mais à la convenance de qui ? Rétrospectivement, ce qui donne à cet événement un air encore plus curieux, c'est que, trente-cinq ans après, se déroula dans l'église paroissiale de Döllersheim une troisième cérémonie, la transmission d'un pseudo-héritage reposant sur des déclarations des plus contestables : un changement de nom. À l'occasion de laquelle l'enfant de Maria — connu jusque-là comme Alois Schicklgruber —, alors dans sa quarantième année, regagna soudain son village natal pour affirmer, après coup, que l'ouvrier meunier Georg, mort depuis belle lurette, et qui n'avait jamais reconnu officiellement ce rejeton, était en réalité son père. Et que le pauvre papa défunt avait toujours souhaité que son fils porte le nom de Hiedler (qu'en l'occurrence, Alois orthographia Hitler).

Les circonstances hypothétiques de ces trois cérémonies de Döllersheim et l'étrange destin du village lui-même n'auraient été d'aucun intérêt pour quiconque si le fraîchement dénommé Alois Hitler n'avait eu à son tour un fils baptisé Adolf — et si cet Adolf ne s'était montré aussi chatouilleux par rapport à ces aspects de son passé.

Mais, peu après qu'il eut fait son entrée sur la scène internationale, avec le putsch manqué de novembre 1923, toute une série d'autres mystérieux étrangers commencèrent à débarquer à Döllersheim, épluchant les registres de la paroisse pour essayer de deviner le secret qu'ils recélaient. D'abord des journalistes d'opposition, puis des agents des services de renseignement, puis des enquêteurs privés, et enfin la Gestapo elle-même effectuèrent des pèlerinages à l'église. (Sur l'ordre de Himmler, des membres de la Gestapo ne se rendirent pas moins de quatre fois en Autriche pour voir s'il était possible de remonter jusqu'à la source des anomalies concernant les déclarations des origines du Führer[7].)

Le changement de nom fut le premier à faire surface et le premier à donner une indication de la réaction de Hitler aux questions soulevées par les zones d'ombre de son histoire familiale. Selon la biographie écrite avant-guerre par

Rudolf Olden, au milieu des années 1920, « un astucieux journaliste[8] révéla, dans un journal libéral viennois, que le père de Hitler avait changé son nom de Schicklgruber en celui de Hiedler ». Histoire d'enfoncer le clou, Olden ajoutait malicieusement (mais à tort, d'un point de vue technique), qu'il n'était « pas juste de dire "Heil Hitler", il faudrait dire "Heil Schicklgruber"» .

Ce passage du livre d'Olden a été repris par plusieurs autres biographes, qui se sont efforcés de donner au changement de nom une portée mondiale. Olden lui-même déclare : « J'ai entendu des Allemands discuter pour savoir si Hitler aurait pu devenir le maître de l'Allemagne en s'appelant Schicklgruber. Prononcé par un Allemand du Sud, ce nom a une sonorité quelque peu comique. Peut-on imaginer les masses allemandes déchaînées acclamant de leurs Heil un Schicklgruber ? » Dans des termes semblables, John Toland déclare pour sa part : « Il est difficile d'imaginer soixante-dix millions d'Allemands hurlant avec un parfait sérieux : "Heil Schicklgruber". »

Même s'il est trop facile de faire de ce changement de nom une explication de sa destinée, il n'en demeure pas moins que Hitler était extrêmement sensible à toute ingérence dans un passé familial qui, vraisemblablement, constituait pour lui aussi une énigme. Ayant pris connaissance du fameux article, raconte Olden, il manifesta sa colère sous la forme d'une brutale agression : « deux jeunes membres du parti allèrent matraquer le directeur du journal viennois qui avait publié l'histoire du "Heil Schicklgruber" dans le café où il avait l'habitude de se rendre après-dîner. L'incident n'eut pas d'autres conséquences, si ce n'est que le changement de nom se retrouva à la une de tous les journaux. »

En réalité, il y eut d'autres conséquences, que Olden, qui écrivait ces lignes en 1936, ne pouvait évidemment pas connaître. Des conséquences pour la petite ville de Döllersheim qui avait été la scène de ce singulier troc de patronymes et qui ne tarderait pas, elle aussi, à être victime d'une agression brutale, avec des armes bien plus redoutables que de simples matraques, une agression qui effacerait pratiquement toute trace de son existence.

Du moins, telle est la thèse avancée pour la première fois, en 1956, par Franz Jetzinger, archiviste autrichien et auteur d'une étude fort estimée (fréquemment citée par Bullock et par Fest), intitulée *Hitler's Youth* (La jeunesse de Hitler), fruit de minutieuses recherches dans les registres paroissiaux et autres dépôts de documents depuis longtemps oubliés concernant les ancêtres et les premières années de la vie du dictateur.

Examinant l'affirmation de l'ancien avocat personnel de Hitler, Hans Frank, dans des mémoires rédigés avant son exécution à Nuremberg, selon laquelle, lui, Frank, aurait découvert des preuves accréditant l'idée que le mystérieux étranger et grand-père paternel de Hitler était un Juif, Jetzinger mentionne « ce fait étrange qui semble corroborer les propos de Frank » :

> Moins de deux mois après l'invasion de l'Autriche par Hitler, en mai 1938, on demanda aux administrations locales de préparer un rapport en vue d'étudier la possibilité de faire de Döllersheim (le village natal d'Alois) et de ses environs une zone d'entraînement pour la Wehrmacht. L'année suivante, les habitants de Döllersheim furent évacués de force et le village, de même que les alentours, pilonnés et anéantis par les tirs de l'artillerie et de l'infanterie allemandes. Le lieu de naissance du père de Hitler de même que la tombe de sa grand-mère furent rendus méconnaissables, et, aujourd'hui, sur l'emplacement de ce qui avait été jadis un pays fertile et florissant, il ne reste qu'un désert aride semé d'obus non éclatés. Mais un site aussi étroitement associé à la famille de Hitler n'aurait pas pu servir de champ de manœuvres à l'insu de celui-ci et sans son accord. Alors pourquoi l'a-t-il donné ? Ou a-t-il lui-même commandé qu'on détruise Döllersheim, par une folle haine pour son père et par le désir d'effacer la « honte » que représentait son sang juif [9] ?

Bien que le récit de Jetzinger ait été contesté, en premier lieu par Werner Maser (pour qui ce sont les Russes qui détruisirent Döllersheim, après 1945, afin d'éviter qu'il devienne un lieu de pèlerinage néo-nazi [10]), dans chacune des versions, le but est toujours l'élimination de la scène problématique des origines de Hitler. Une délirante opération de nettoyage visant à supprimer les ambiguïtés incrustées là comme une nichée de rats, à supprimer la possibilité d'une explication hostile ou même accessible.

Döllersheim delenda est. Et pas seulement Döllersheim. Non, comme nous l'apprîmes par les propriétaires de l'auberge où nous nous étions arrêtés et qui devinrent nos guides dans le paysage défiguré du passé de Hitler, c'est toute l'aire entourant Döllersheim, y compris le petit village de Strones où naquit Maria Schicklgruber et le cimetière où on l'enterra, qui fut soufflée, nivelée, ou, pour employer une métaphore sanitaire chère à la rhétorique nazie, cautérisée.

Nous nous réchauffâmes et finîmes de manger nos saucisses à une table, sous l'affiche de la « *Disco Abend* », avant de nous approcher des hommes faisant cercle autour de la cheminée pour leur demander s'ils connaissaient un endroit appelé Döllersheim.

Il en avait entendu parler, en effet, déclara le patron, emmitouflé dans des vêtements d'hiver et qui avait gardé son chapeau tyrolien pour se protéger des assauts de la tempête faisant rage au-dehors. Il en avait entendu parler, mais c'était... compliqué. Une carte fut apportée, une grande carte repliée de l'Autriche, qui, m'informa peu après Waltraud, portait l'inscription du Parti de la liberté, un cadeau publicitaire offert, à l'occasion des dernières élections, par Jörg Haider, le charismatique ex-mannequin et Führer du mouvement d'extrême droite autrichien (qualifié par certains de néo-nazi).

De l'endroit où nous nous trouvions, le doigt du propriétaire de l'auberge remonta le long de la route que nous avions suivie.

« Vous passez devant le château d'Ottenstein. Il se trouve sur une colline à votre gauche, puis vous franchissez la rivière » — son doigt atteignit une zone hachurée —, « *hier alles ist verfallen.* »

Alles verfallen ?

Il indiqua une ligne de pointillés entourant la zone grisâtre. À côté de chaque hameau ou village placé à l'intérieur apparaissait le mot *verfallen*. Strones *verfallen*, Spital *verfallen*, une demi-douzaine d'agglomérations *verfallen* — autrement dit, détruites, en ruine. Et enfin, au beau milieu de tout cela, Döllersheim — *verfallen.*

« Détruit de quelle manière ? demanda Waltraud.

— Cela fait longtemps », se contenta-t-il de répondre.

La neige continuait à tomber lorsque, quittant la cour de l'auberge, nous reprîmes nos glissades sur la route. Le nombre de granges et d'habitations avait diminué, les bois de pin s'étaient épaissis. Finalement, nous aperçûmes un panneau marqué « Ottenstein » et, sur une hauteur, surgit soudain la vague silhouette d'un *Schloss*, le château d'Ottenstein.

Si fantasmagoriques que soient les châteaux de roman familial, voilà que nous avions devant nous les tourelles enneigées du *vrai* château de la vie de Maria Schicklgruber, le seul que la servante eût sans doute jamais vu, à moins, naturellement, de croire à l'histoire répandue par la police secrète autrichienne, selon laquelle elle serait allée travailler au palais du baron de Rothschild à Vienne. Du reste, à la vue de cette solitude neigeuse venue si précocement en automne emprisonner la terre natale de Maria, il n'est pas impossible d'imaginer une domestique célibataire de quarante-deux ans cédant à l'attrait d'une aventure avec un employeur beau ou riche, tel qu'en inventent les romans familiaux.

Qui était cette Maria Schicklgruber qui, pour tout héritage, légua à Hitler et à l'histoire cet irritant secret. Il est facile, *a posteriori*, de projeter sur elle davantage de mystère, du fait de l'importance démesurée de son petit-fils. Plus intéressant est le constat que la réputation de servante dévergondée des deux femmes qui allaient occuper une place primordiale dans les débats survenus par la suite au sujet du dictateur — sa mère Klara et sa demi-nièce Geli Raubal — semble être le reflet, voire la reprise, de l'énigme sexuelle laissée par Maria Schicklgruber. Qu'est-ce que cette relation maître voluptueux/servante douteuse a donc de si particulier pour qu'elle ait pu se retrouver chez trois générations successives de membres de la famille Hitler, ainsi que dans les controverses qui les ont entourées ?

Prenons la mère de Hitler, Klara, souvent décrite par les chroniqueurs (à partir du portrait donné par son tendre fils) comme une créature simple, totalement dévouée à son époux et à ses enfants. Alors qu'en réalité, un examen plus attentif du rôle joué par celle-ci — domestique chez Alois Hitler au cours de ses deux premiers mariages — révèle qu'elle était tout à fait capable de se prêter à des intrigues clandestines, illicites, voire légèrement incestueuses, avec l'autoritaire maître de maison. Nous savons par exemple qu'à l'âge de seize ans elle consentit de bonne grâce à emménager dans l'étroit logement d'un homme marié (Alois), de vingt ans plus âgé qu'elle, dont elle était une parente relativement proche (sa nièce), sous prétexte de lui servir de domestique.

Cela se passait en 1867, et le père de Hitler vivait avec sa première femme, une personne relativement riche, de treize ans son aînée, qui souffrait de problèmes de santé lorsqu'il l'épousa, probablement pour son argent. Selon Toland, Klara, jolie jeune fille « à l'abondante chevelure noire... était installée avec les Hitler dans une auberge où Alois entretenait déjà une liaison avec une jeune cuisinière, Franziska », qui deviendrait sa seconde épouse lorsque la première se déciderait enfin à mourir. À partir de ce moment, le ménage d'Alois Hitler, né Schicklgruber, se mit à prendre des allures de vaudeville. Après une période d'union libre avec la jeune cuisinière, pendant laquelle il continua à utiliser les services de sa domestique (et nièce) encore plus jeune, il décida d'épouser la plus âgée. Pour s'apercevoir que l'épouse n° 2 « n'était que trop consciente de la tentation que représentait une jolie soubrette pour le sensible Alois », raconte Toland, de sorte que le premier acte de Franziska au lendemain des noces « fut de se débarrasser de Klara ».

Mais pas pour longtemps. L'épouse n° 2 attrapa la tuberculose. Aussitôt Franziska partie se faire soigner ailleurs, « il était tout à fait logique pour [Alois] de chercher assistance auprès de sa séduisante nièce [Klara] ». Même une fois l'épouse de retour — avant sa mort prochaine —, la jeune Klara demeura dans les lieux, « et cette fois », déclare Toland, « elle devint la femme de chambre, la nourrice et l'amante ».

C'est peu après que surgit le problème de l'inceste, et que la comédie sordide qui s'était déroulée dans l'appartement des Hitler devint un sujet d'inquiétude officiel pour les autorités du Vatican.

À la mort de l'épouse n° 2, Alois songea à régulariser sa liaison avec sa servante et maîtresse, mais il y avait un obstacle : « affinité bilatérale au troisième degré touchant le second », comme l'indique la lettre d'Alois à l'évêque local (rédigée avec l'aide ecclésiastique) pour décrire le lien complexe l'unissant à Klara. (Si l'on accepte la version officielle de la généalogie hitlérienne, le père d'Alois et le grand-oncle de Klara n'étaient qu'une seule et même personne : Johann Georg Hiedler.) L'évêque jugea cette « affinité du troisième degré touchant le second » beaucoup trop épineuse pour statuer lui-même et force lui fut d'expédier la lettre à Rome, accompagnée d'une demande de dispense papale. Mais même une fois accordée la dispense, Klara continua à appeler son nouveau mari comme elle le faisait quand elle n'était encore que sa domestique et amante : « Oncle ».

« Oncle ». C'est également de cette manière que la propre femme de chambre et nièce d'Adolf Hitler, Geli Raubal, appelait celui-ci lorsqu'elle s'installa dans son appartement en 1929 et qu'ils commencèrent leur brûlante, hautement controversée (hier comme aujourd'hui) et, pour finir, fatale idylle, le troisième drame érotico-domestique de la saga hitlérienne.

Je reviendrai de manière plus détaillée sur le drame Geli Raubal, mais arrêtons-nous un instant pour évoquer les éléments qui en font un résumé troublant du roman familial de Maria Schicklgruber et du mystérieux étranger. On trouve dans l'affaire Raubal : un séducteur présumé juif, une grossesse (d'après les rumeurs), une aventure tourmentée et quelque peu contre nature avec le maître de maison. Et dans le cas de Geli, comme dans celui de Maria, il y a le fossé séparant deux visions opposées du caractère réel de la domestique en question : une créature candide, une employée modèle, un « ange » (selon de nombreux témoignages), ou une séductrice rusée et intrigante usant de provocation et de tromperie pour se pousser en avant.

On peut trouver des indices supplémentaires de l'aspect extrêmement glauque que devait avoir, aux yeux de Hitler lui-même, cette relation domestique-patron juif dans l'exploitation saisissante qui en est faite par l'hebdomadaire *Der Stümer* de Julius Streicher, avec ses récits obscènes de fausses punitions et ses scènes de viol aux images lascives. Dans la manière dont Hitler s'extasie sur le compte rendu fait par Streicher de l'affaire Hirsch [11], retentissant procès des années 1920 où un employeur juif fut accusé d'avoir violé sa domestique aryenne. Et dans la dénonciation par Hitler lui-même de Matthias Erzberger, un des « criminels de novembre », auteurs du « couteau dans le dos » de l'armistice de 1918, qualifié de « bâtard d'un Juif et d'une souillon[12] ».

Et puis il y a, comme le souligne Robert Waite, ce codicille de la servante que Hitler tiendrait à ajouter aux lois raciales de Nuremberg en 1935, et qui interdirait formellement, non seulement toute relation sexuelle entre Juifs et Aryens, mais aussi aux Juifs de faire travailler chez eux des domestiques aryennes de moins de quarante-cinq ans. Une disposition étrange, en ce qu'elle semble dissimuler un fantasme. Et d'une ambiguïté assez surprenante : tout en laissant entendre qu'il est impossible de faire confiance à un Juif employant une Aryenne nubile, le fait que l'interdiction ne s'applique pas uniquement à un acte risquant de provoquer un mélange racial, mais à la possibilité même qu'un employeur juif et une domestique aryenne se trouvent en présence l'un de l'autre, contient l'idée implicite que les femmes aryennes ne sont pas plus dignes de confiance.

Cette méfiance tenace, ou tout au moins cette opinion extrêmement mitigée vis-à-vis de la servante et de son rapport à l'inquiétant *pater incertus* que pourrait constituer son maître est au cœur de l'énigme entourant Maria Schicklgruber et des hypothèses émises sur la ligne laissée en blanc du certificat de baptême rédigé à Döllersheim.

Il ne subsiste aucun fait précis ni aucune preuve écrite qui corrobore cette sombre image de Maria. La prétendue correspondance attestant l'existence de sa liaison avec un riche Juif pour lequel elle aurait travaillé, le fameux « Juif de Graz » mentionné par Hans Frank, l'avocat personnel de Hitler, dans son journal de Nuremberg, n'a pas été retrouvée. Aucun membre de l'entourage de Maria n'a formulé la moindre accusation à son encontre, ni laissé entendre qu'elle ait été autre chose qu'une simple et brave paysanne, voire une courageuse mère célibataire qui défia la pauvreté et la course du temps pour porter un enfant illégitime sans soutien paternel, à un âge où d'autres paysannes se seraient résignées à vieillir dans une morne solitude.

Il existe pourtant un témoignage, le témoignage indirect d'un descendant. À propos d'une sordide histoire de sexe, de bluff et de chantage faisant de Maria une ignoble extorqueuse antisémite. Il est probable que l'on ne se serait guère préoccupé de cette histoire, s'il n'y avait sa source — un homme chargé spécialement par Adolf Hitler d'enquêter sur les circonstances de la grossesse de Maria, un avocat qui prétendait tenir ce peu glorieux portrait d'un membre de la propre famille de celle-ci. Pour être plus précis : d'Adolf Hitler en personne.

CHAPITRE 2

LE FILM NOIR DE LA FAMILLE HITLER

Dans lequel nous rencontrons deux générations d'artistes de l'escroquerie chez les Hitler

Ce fut un nouveau choc de le voir, du moins le peu qui subsistait, lorsque nous arrivâmes enfin à destination. Pendant environ huit kilomètres, nous avions roulé — ou plutôt patiné — dans le monde *verfallen,* sur une route flanquée de grillages et plantée, à intervalles réguliers, d'énormes panneaux mettant en garde les automobilistes crédules contre le danger de s'aventurer dans ce paysage pastoral en apparence inoffensif. À cause des obus enfouis dans les champs recouverts de neige. Un récit[1] paraphrasant l'hypothétique destruction de Döllersheim rapportée par Jetzinger parle de cet endroit comme d'une « région jadis fertile et florissante devenue aujourd'hui un affreux désert, où une mort sournoise se dissimule sous la forme d'obus non éclatés. Ses anciens habitants ont été dispersés dans tous les azimuts ».

Des obus ensevelis. Tout au long de la carrière politique du dictateur, ses émissaires et ses ennemis s'étaient rendus à Döllersheim pour y chercher les bombes métaphoriques dissimulées dans les registres paroissiaux ou dans le souvenir des parents et villageois, pour y chercher des révélations explosives susceptibles de mettre au jour, ou d'expliquer, la cause de l'étrangeté de Hitler. Et voilà qu'enfin, de chaque côté d'un virage, c'était là, tout ce qui en restait.

Un minuscule écriteau au bord de la route indiquait « Döllersheim ». Comme nous nous arrêtions, nous aperçûmes, au sommet d'une pente enneigée, des ruines blêmes émergeant d'épaisses congères ; une sorte de Stonehenge de murs mutilés et décrépis, sans aucune construction. Moins une ville fantôme qu'un vestige archéologique. Surplombant le chœur nu de l'église se dressait un mur rectangulaire presque intact. Au sommet, deux arcades en pierre privées de leur vitrail formaient des orbites creuses dont l'orifice laissait voir le ciel chargé de neige.

Pendant cette dernière étape, j'avais à nouveau passé en revue le témoignage dont l'irritant mystère m'avait conduit à cet endroit, la fumeuse explication du personnage de Hitler qui, depuis la révélation de l'affaire en 1953, a maintenu au centre de discussions passionnées les obscurs événements survenus à Döllersheim un siècle et demi plus tôt. Le conte fabuleux, l'indéchiffrable énigme, tout autant que la bête noire des biographes : l'histoire de Hans Frank.

Pendant plusieurs années, je m'étais efforcé de sonder ce récit ainsi que l'accueil qu'il avait reçu, lorsque j'arrivais au *verfallen* Döllersheim. Et, en relisant mes notes, ainsi que l'étude préliminaire que j'avais rédigée concernant les déclarations de l'avocat et les critiques qu'elles avaient inspirées à toute une brochette d'historiens, je fus frappé par les trois faits suivants :

1. La facilité avec laquelle ce récit, non confirmé, a réussi à s'imposer, en dépit des multiples tentatives pour le réfuter. Et la fréquence avec laquelle il a servi de base aux extrapolations sur l'origine de l'antisémitisme de Hitler. Qu'une histoire aussi bizarre et aussi improbable — celle d'un mystérieux Juif nommé Frankenberger, dont le fils, âgé de dix-neuf ans, aurait engrossé Maria Schicklgruber — ait fini par être considérée comme parole d'évangile montre de façon on ne peut plus évidente la fragilité et l'insuffisance des explications avancées par ailleurs.

Les plus enthousiastes à l'égard de cette histoire ont été les psychanalystes et les psycho-historiens, comme Alice Miller et Robert Waite. Mais même ceux qu'elle plonge visiblement dans l'embarras, tels que Bullock et Fest[2], ne parviennent pas à l'écarter totalement, et se croient obligés d'en faire état tout en ayant soin de préciser qu'elle n'est ni prouvée ni infirmée. Ainsi, alors que la fièvre de la polémique est depuis longtemps retombée, la liaison de Maria Schicklgruber avec un Juif mentionnée par Hans Frank demeure, encore que par défaut, l'hypothèse la mieux placée pour répondre à l'ambition suprême des études hitlériennes : l'explication de la source, de l'extraordinaire virulence de l'antisémitisme du leader nazi.

2. Cependant, non moins claire est la raison de la résistance obstinée à l'histoire de Hans Frank : sa limpidité, ses trop nombreuses coïncidences. On serait tenté de dire que c'est trop beau pour être vrai, et une explication aussi providentielle, aussi évidente, aussi pratique suscite inévitablement la méfiance.

3. C'est pourquoi, si l'on a surestimé la capacité d'une telle théorie de nous livrer le secret de Hitler, de nous procurer le chaînon manquant de la raison de sa haine des Juifs, peut-être a-t-on sous-estimé, en revanche, l'aptitude de l'histoire de Hans Frank à évoquer la mentalité du chef nazi, les habitudes corrompues du demi-monde munichois d'où il a surgi. Par son côté scabreux, ses minables extorsions, nous sommes bien loin, avec le chantage sexuel, des grandioses versions rothschildiennes du roman familial hitlérien. L'histoire de Hans Frank est le film noir de la famille Hitler.

De tous les criminels de guerre exécutés à Nuremberg, aucun n'a eu une postérité plus curieuse que Hans Frank. De son vivant, il ne fut guère plus qu'un laquais sanguinaire, un petit juriste nazi qui, durant la période de Munich, s'accrocha tant et si bien à Hitler qu'il fut élevé au rang de chef de la section juridique du parti. De manière plus importante et moins visible, il réussit à gagner la confiance de son maître au point de devenir l'avocat personnel de celui-ci, et Hitler ferait appel à lui pour s'occuper des tentatives de chantage et d'extorsion auxquelles il serait périodiquement en butte, lui et les sinistres membres de son entourage, tel le chef des SA Ernst Roehm, qui dut à plusieurs reprises se bagarrer avec ses amants homosexuels pour les empêcher de communiquer à la presse le contenu de ses lettres pornographiques.

En septembre 1931, Hitler lui-même eut recours à Hans

Frank parce qu'il ne savait plus comment faire taire son ennemi juré, le socialiste *Münchner Post*, qui répandait des bruits scandaleux sur la nature de ses relations avec sa ravissante jeune nièce Geli Raubal et sur son rôle dans la mort mystérieuse de celle-ci. Pour prix de tels efforts, et peut-être à cause des secrets dont il était devenu le détenteur, Frank fut d'abord propulsé, après l'arrivée de Hitler au pouvoir, à la tête du ministère de la Justice du Reich. Puis, une fois la Pologne conquise, le dictateur le nommerait gouverneur général des territoires occupés. C'est principalement pour les méfaits qu'il perpétra dans l'exercice de ces fonctions — sa participation enthousiaste au processus d'extermination — qu'il fut déclaré coupable de crimes contre l'humanité par le tribunal de Nuremberg, condamné à mort et pendu.

Durant son incarcération, Frank eut un comportement pour le moins singulier. Il se convertit au catholicisme et, contrairement aux autres accusés, qui s'efforcèrent de minimiser leurs fautes ainsi que les exactions du régime nazi, il n'hésita pas à avouer sa responsabilité et celle de ses cohortes dans le massacre des Juifs. Il proclama en pleine audience : « Mille ans ne suffiront pas à effacer la culpabilité occasionnée à notre peuple par la conduite de Hitler[3]. » Après que la cour l'eut condamné à mort, il renonça ostensiblement à son droit de faire appel (tout en autorisant son avocat à l'utiliser et en laissant entendre que les souffrances imposées à l'Allemagne par les Alliés « compensaient » les crimes nazis). Son appel rejeté, Frank employa les derniers mois qui lui restaient avant de finir sur la potence à rédiger, sous l'égide d'un confesseur clérical, et d'un confesseur séculier, un psychologue américain du nom de G. M. Gilbert[4], la relation de sa carrière aux côtés de Hitler.

Ce journal d'un millier de pages manuscrites (dont l'original se trouve au Mémorial de l'Holocauste Yad Vashem de Jérusalem) aurait probablement sombré dans un total oubli sans la bombe qu'il contenait. Parmi ses réflexions exagérément tourmentées sur la manière dont il se laissa envoûter par Hitler et ses critiques rétrospectives des excès du dictateur (dont il ne conteste pas pour autant la « grandeur »), Frank insère un récit de deux pages ayant trait à une affaire de chantage particulièrement vaseuse que lui confia Hitler en 1930. Concernant l'épineuse question de la famille de celui-ci, ce qui, raconte Frank, l'amena à abandonner son rôle d'avocat pour se transformer en une sorte de détective généalogiste.

La menace surgit à un moment crucial du retour de Hitler sur la scène politique. Dans la seconde moitié de 1930, se souvient Frank, alors que le leader nazi était lancé dans une campagne électorale dont il espérait qu'elle allait enfin lui permettre de sortir de l'anonymat et de la marginalité : la désignation des députés du Reichstag, qui verrait le nombre de sièges du parti à l'assemblée passer de 12 à 102, faisant de son chef, dans l'atmosphère de crise politique provoquée par la dépression, un candidat sérieux pour diriger le pays. Un moment aussi où, mis aux oubliettes pendant une longue période et devenu hors d'Allemagne un personnage presque ridicule depuis le putsch manqué de 1923, il était soudain devenu l'objet de la curiosité de la presse internationale, ce qui le rendait encore plus susceptible, notamment à l'égard de toute ingérence dans sa vie privée.

Le récit de Hans Frank s'ouvre sur une déplaisante intrusion de ce genre. Hitler apprit que ses deux insupportables parents par alliance vivant à Liverpool négociaient avec le groupe Hearst des renseignements sur le célèbre politicien allemand auquel ils étaient liés. Insupportables parce que ce n'était pas la première fois qu'ils attiraient ainsi l'attention sur la famille. La mère, Mrs Bridget Hitler, avait été mariée au turbulent demi-frère d'Adolf, Alois junior, lorsque celui-ci, représentant de commerce et garçon de café, s'était installé en Angleterre en 1910. Il avait disparu de Liverpool peu avant la Première Guerre mondiale, laissant derrière lui un fils, William Patrick Hitler. Mère et fils le croyaient mort, jusqu'au jour où le nom de Hitler fit soudain la une des journaux à la suite du putsch avorté de 1923. Leur tentative pour obtenir, par le biais d'Adolf, des nouvelles d'Alois junior, le mari et père depuis longtemps perdu de vue, leur permit de découvrir qu'Alois se portait comme un charme, qu'il était même bigame, ayant épousé une Allemande dont il avait eu un fils. Le scandale et le procès qui s'ensuivirent mirent Adolf en garde contre la branche anglaise de la famille. Et lorsqu'il eut vent, à la fin de 1930, de leurs tractations concernant un reportage sur la famille Hitler, il convoqua d'urgence le demi-neveu à Munich, où il lui passa un savon et lui ordonna de nier qu'il fût apparenté au célèbre chef du parti nazi, de répondre à Hearst qu'il avait confondu, que son parent était un autre Hitler.

Interrogé quelques années plus tard, le demi-neveu raconta que Hitler lui avait lancé : « Ces gens ne doivent pas savoir qui je suis. Personne ne doit savoir d'où je viens. »

Mais, à en croire le récit de Hans Frank, corroboré en grande partie par les déclarations du neveu, les contacts entre les brebis galeuses britanniques et le dirigeant allemand ne s'arrêtèrent pas là.

Selon Frank, le neveu, devinant peut-être qu'il était possible de tirer quelque avantage financier de cette hypersensibilité du Führer au sujet de son passé familial, lui adressa ce que Hitler décrivait comme une lettre de chantage : « Un jour, ce devait être à la fin de 1930 [5], écrit Frank, je reçus un message me demandant de passer à la résidence de Hitler de la Prinzregentenplatz. Une lettre posée devant lui, il me parla d'une "ignoble tentative de chantage" provenant d'un de ses parents les plus détestables et qui concernait ses propres aïeux. »

Hans Frank précise que l'auteur de ce chantage était

> un fils du demi-frère de Hitler, Alois, qui déclarait à demi-mot que, compte tenu des allégations de la presse, il était peut-être préférable d'éviter que certaines affaires familiales ne soient déballées sur la place publique. Les allégations en question prétendaient que Hitler avait du sang juif dans les veines et qu'il était par conséquent mal placé pour jouer les antisémites. Mais tout cela était dit de façon tellement vague qu'il n'y avait rien à faire. Dans la chaleur du combat politique, la chose en resta là. Néanmoins, cette menace de chantage par un parent constituait une affaire assez délicate. À la demande de Hitler, je menai une enquête discrète.

« Mener une enquête discrète. » Un langage qu'on attendrait plutôt dans la bouche d'un agent secret ou d'un détective privé. Langage et rôle qui ne ressemblent guère au mégalomane Hans Frank, lequel se considérait comme un génie aryen en matière juridique et non comme un vulgaire espion.

Frank ne donne pas les détails de son enquête, ni comment il arriva jusqu'à la cachette des documents potentiellement explosifs, le revolver fumant de la polémique sur la famille Hitler. Il précise seulement qu'ils étaient « en possession d'une femme vivant à Wetzlsdorf, près de Graz [Autriche], apparentée à Hitler par les Raubal » — la famille de sa demi-nièce Geli Raubal.

Tout ce que déclare Frank, c'est que

> des recherches intensives révélèrent les faits suivants : le père de Hitler était le fils illégitime d'une certaine Schicklgruber, de Leonding, près de Linz, qui travaillait comme cuisinière dans une maison de Graz... Mais la plus extraordinaire partie de l'histoire est celle-ci : lorsque la cuisinière Schicklgruber (grand-mère d'Adolf Hitler) mit au monde son enfant, elle était au service d'une famille du nom de Frankenberger. Et pour le compte de son fils, qui avait alors dix-neuf ans, Frankenberger versa une pension alimentaire à Schicklgruber depuis la naissance de l'enfant jusqu'au quatorzième anniversaire de celui-ci. Pendant plusieurs années, les Frankenberger et la grand-mère de Hitler s'écrivirent, la teneur générale de cette correspondance faisant ressortir des deux côtés la reconnaissance tacite que l'enfant illégitime de Schicklgruber avait été procréé dans des circonstances qui rendaient les Frankenberger responsables de son entretien. Cette correspondance se trouvait depuis des années en possession d'une femme vivant à Wetzlsdorf, près de Graz, apparentée à Hitler par les Raubal... Par conséquent, on ne peut écarter la possibilité que le père de Hitler ait été à moitié juif à la suite d'une relation extraconjugale entre la femme Schicklgruber et le Juif de Graz. Ce qui voudrait dire que Hitler avait un quart de sang juif.

Ce récit pose des problèmes évidents, dus peut-être à la mémoire défaillante de Frank écrivant dix-sept ans après, à Nuremberg. Maria Schicklgruber ne venait pas de « Leonting, près de Linz » (où Hitler irait par la suite à l'école), mais de Strones, près de Döllersheim. Il n'existe pas d'autre témoignage selon lequel Maria Schicklgruber aurait travaillé pour une famille juive de Graz. Les chercheurs n'ont retrouvé aucune trace de Frankenberger ayant vécu dans cette ville, même si Werner Maser a effectivement identifié un boucher-tripier de quarante-deux ans nommé Frankenreither qui y résidait en 1836, année de la mystérieuse grossesse de Maria.

Hans Frank raconte-t-il des sornettes ? Maser, qui ne croit pas à cette histoire, suggère que la conversion de Frank au catholicisme l'a conduit à attribuer au catholique Hitler, du moins sur le papier, un ancêtre juif, « afin de provoquer tourment, angoisse ainsi qu'un sentiment de culpabilité durable » parmi la communauté juive, comme si une obscure liaison avec sa grand-mère en 1836 pouvait en quelque sorte inciter les Juifs à se sentir responsables des crimes du dictateur. D'autres ont prétendu que Frank — qui, apparemment, était lui-même persuadé d'avoir un grand-père juif nommé Frankfurter — ne faisait en réalité que projeter son propre roman familial sur la personne de Hitler.

Néanmoins, ceux qui se sont efforcés de réfuter les éléments concrets mentionnés par Frank dans le récit de son enquête confidentielle, ainsi que son affirmation selon laquelle il aurait découvert des lettres de paternité les confirmant, ont en grande partie négligé, ou ne sont pas parvenus à disqualifier, le passage pourtant le plus étonnant de ce récit : la réaction de Hitler au rapport de Frank et sa tentative pour démentir les conséquences potentiellement dévastatrices de ce rapport. Une scène au cours de laquelle, selon Frank, Hitler admit pour l'essentiel l'existence de l'épisode Frankenberger, ne contesta en aucune manière l'authenticité de la correspondance avec la famille juive, mais y ajouta une note d'ignominie en noircissant le caractère de sa propre grand-mère, Maria Schicklgruber, comme pour s'absoudre du péché d'avoir du sang juif, ce que semblaient établir les résultats des « intensives recherches » de Hans Frank.

« Adolf Hitler », se rappelle Frank,

> me dit qu'il savait... que son père n'était pas l'enfant de la femme Schicklgruber et du Juif de Graz. Son père et sa grand-mère le lui avaient dit. Il savait que son père était le fruit de relations prémaritales entre sa grand-mère et l'homme qu'elle épouserait plus tard [Johann Georg Hiedler]. Mais tous deux étaient pauvres et la pension que le Juif versa pendant des années constituait un supplément des plus appréciables aux misérables ressources du ménage. Il avait de la fortune et, pour cette raison, on le fit passer pour le père. Le Juif paya sans aller devant un tribunal, probablement parce qu'il préférait éviter la publicité qu'aurait occasionné une décision de justice.

Laissons pour l'instant de côté la question de l'origine de cette histoire — les véritables propos de Hitler ou l'imagination de Hans Frank — et considérons-la comme une histoire des origines. En dernière instance, c'est l'« authentique » version de Hans Frank, sa propre explication de la manière dont Hitler est devenu antisémite. Une version ô combien sordide et infamante. Derrière l'exposé clinique des faits fourni par l'avocat dans son journal, se cache une peu reluisante machination ourdie par la grand-mère de Hitler à des fins d'escroquerie, qui fait peser sur ce dernier une ambiguïté sexuelle et raciale dont il ne parvient pas à se libérer et qui ne le soustrait même pas entièrement à l'accusation d'avoir du sang juif

Le film noir de la famille Hitler, tel que raconté par Hitler lui-même d'après les souvenirs de Hans Frank, commence par une tension érotique et finit par une ambiguïté sexuelle. Elle a quarante ans, lui dix-neuf ; elle est domestique, lui le fils du maître de maison. Il se passe quelque chose entre eux, qu'elle a peut-être prémédité. Un simple regard, ou davantage. Elle se retrouve enceinte et déclare au gueux d'ouvrier meunier dont elle est la maîtresse que l'enfant est de lui et non pas du fiston juif. Vrai ou faux, elle seule le sait. Mais le sait-elle vraiment ? Tous deux, Maria et le meunier, ont à peine de quoi vivre, encore moins de quoi élever un enfant, aussi échafaudent-ils un plan pour extorquer de l'argent au riche Juif en accusant son fils de l'avoir mise enceinte. Qu'elle ait réellement séduit celui-ci pour s'en servir comme d'une marionnette ou qu'elle ait menti de sang-froid au sujet de la nature de leurs relations n'a guère d'importance. Dans tous les cas, arrive le moment de l'épreuve de force, de la confrontation, du tour de vis. Le marché est mis en main. Le spectre du pogrom brandi en guise d'ultime menace : si le Juif refuse de passer à la caisse, les deux complices désigneront à la vindicte publique ce Youpin libidineux qui a souillé l'honneur d'une pauvre domestique aryenne sans défense. Le résultat en fut, comme l'indique Frank d'un ton laconique, que « le Juif paya ».

Souvenons-nous que cette odieuse intrigue constitue, d'après Frank, l'image que Hitler souhaitait donner de ses grands-parents. Plutôt faire d'eux de misérables petits escrocs, un tandem réunissant une putain et un maquereau, que d'accepter l'idée que son père descende d'un Juif — même si l'alibi (réel ou imaginaire) n'exclut pas la possibilité de rapports physiques entre Maria et le garçon.

On peut s'étonner des remous qu'a provoqués cette histoire depuis la publication en Allemagne, en 1953, par la famille de Hans Frank, de son journal, de même que des années de recherches et d'âpres discussions qui ont été consacrées à démêler un tel écheveau.

Prenons ce récit dans les termes mêmes de Frank, avant de s'attaquer au problème de sa crédibilité. Deux questions cruciales restent sans réponse : Maria Schicklgruber a-t-elle vraiment couché avec le jeune homme de dix-neuf ans, ou bien la menace d'une accusation publique de viol a-t-elle été suffisante pour obliger la famille juive à verser de l'argent pendant toutes ces années ? Et si elle a effectivement couché avec le jeune Juif à l'époque où elle a conçu son enfant avec son amant (et futur mari) Johann Georg Hiedler, pouvait-elle être absolument certaine que le bébé était de Hiedler et non de Frankenberger ? Le savoir assez rudimentaire des paysans du début du XIXe siècle en matière d'obstétrique donnerait à penser que, pour Maria Schicklgruber elle-même, *pater incertus est*.

Au cours de ces dernières décennies, plusieurs des plus subtils biographes du dictateur ont tenté de tirer profit de l'inévitable incertitude régnant sur ce point : inscrivant cette incertitude au cœur même de l'abjecte exploitation de la grossesse de Maria, ils en ont fait la base même de leur explication de la violence, autrement inexplicable, de l'antisémistisme hitlérien. Ils postulent l'existence d'une incertitude en chaîne, une incertitude contagieuse, allant de l'ignorance de Maria Schicklgruber concernant le vrai responsable de sa grossesse, l'Aryen ou le Juif, à la torturante incertitude d'Adolf Hitler quant au fait de savoir s'il a été « infecté par du sang juif ».

Capitale pour la compréhension du lien entre l'incertitude de Maria et celle de son petit-fils apparaît, dans cette optique, le fonctionnement délirant des conceptions physio-mystico-sexuelles de Hitler en matière raciale. Son théoricien antisémite favori, Julius Streicher, publierait dans *Der Stürmer* d'effrayantes histoires[6] sur des femmes aryennes qui, ayant eu des rapports sexuels avec des Juifs, s'aperçurent, horrifiées, au bout d'un certain temps, que la « semence juive » avait infiltré leur sang, ce qui avait eu pour effet de les *transformer* en Juives.

Robert Waite, historien au Williams College et l'un des plus fervents supporters du récit de Hans Frank comme explication de l'antisémitisme du leader nazi, cite un passage de *Mein Kampf* où Hitler évoque l'étrange pouvoir d'une quantité même infime de sang juif d'imprégner et de corrompre l'élément aryen, passage dans lequel Waite voit une allusion de Hitler à son propre combat intérieur. Ce dernier y décrit le conflit opposant, chez l'« être racialement divisé », les composantes aryenne et juive, et le « signe infaillible » qui permet de reconnaître cette action du sang juif : « Ainsi les premiers fruits de tels croisements sanguins, disons à la troisième, quatrième et cinquième génération [lui-même appartiendrait, bien sûr, à la troisième génération], révéleront invariablement leur métissage par un signe infaillible. Alors que, dans un moment critique, l'être racialement unifié prendra la bonne décision, autrement dit la décision logique, l'être racialement divisé deviendra hésitant, c'est-à-dire qu'il se contentera de demi-mesures. »

Le poids d'incertitude relativement à ses choix sexuels légué par Maria Schicklgruber aurait ainsi confiné Hitler dans un état d'hyper-vigilance, l'obligeant à scruter sans cesse sa conscience à la recherche du fameux « signe infaillible », du moindre manque de volonté indiquant une altération de son sang aryen due au funeste sérum sémitique. Et par ricochet — c'est là le sens de l'explication de Waite —, cherchant perpétuellement à prouver sa pureté, son absence de faiblesse, par une férocité sans bornes dans sa guerre contre les Juifs, se débarrassant de ses soupçons quant à l'existence d'un Juif en lui en éliminant tous les Juifs autour de lui.

Le problème de cet audacieux échafaudage explicatif fondé sur l'incertitude contenue dans le récit de Hans Frank, c'est qu'il laisse totalement de côté l'incertitude inhérente au récit lui-même. Waite et d'autres ont tenté d'évacuer cet aspect de la question en faisant valoir que leur propos n'était pas tant la généalogie réelle de Hitler — l'éventualité qu'il ait eu un grand-père juif — que sa croyance en l'existence de celui-ci et la méfiance obsessionnelle qui en a découlé. Mais cela suppose que Hitler ait effectivement entendu une version de l'histoire susceptible d'avoir provoqué chez lui une obsession précoce, douloureuse et durable.

Or rien n'indique, en dehors du récit de Frank, que le leader nazi ait eu seulement connaissance de tels ragots, et il nous faut croire l'avocat sur parole lorsqu'il déclare lui avoir remis des « preuves » de leur véracité. Que Hitler ait été en proie à une obsession continuelle au sujet de ses ancêtres n'est guère plus attesté, sinon pas du tout, et constitue dans le meilleur des cas une pure hypothèse, sinon un vœu pieux. Il existe néanmoins une confirmation extérieure du récit de Hans Frank, mais elle ne concerne que le tout début : la lettre adressée à Hitler par le « parent détestable » et qu'il qualifie d'« ignoble tentative de chantage ». Comme nous le verrons plus en détail dans un instant, les déclarations à l'OSS du neveu anglais, William Patrick Hitler, semblent prouver qu'il a bien envoyé au Führer une lettre qui a inquiété celui-ci et que cette inquiétude provenait de son hyper-sensibilité par rapport à l'histoire de sa famille. Mais le rapport de l'OSS ne fait aucune allusion à un problème spécifiquement juif affectant ce passé familial.

Toutes les recherches pour obtenir d'autres confirmations du récit de Hans Frank ont abouti à des impasses, fausses pistes et autres miroirs aux alouettes. La fameuse correspondance censée faire état des versements des Frankenberger au ménage Schicklgruber-Hitler n'a jamais été exhumée. Les archives de Graz n'ont livré aucune trace de la fantomatique famille Frankenberger.

En revanche, il s'est, hélas, révélé très difficile de conclure à l'invraisemblance absolue de cette histoire. Un archiviste du nom de Nikolaus Predarovich n'avait pas plus tôt annoncé avoir découvert que les Juifs étaient interdits de séjour dans la province de la Styrie (où se trouve Graz) au milieu du XIXe siècle, que Werner Maser, qui doute globalement du récit de Hans Frank, montrait que les colporteurs juifs avaient toutefois le droit de participer à la foire de septembre de la Fête de saint Gilles se déroulant chaque année à Graz dans les années 1830, ce qui rend possible la rencontre de Maria Schicklgruber avec un marchand en septembre 1836, le mois où fut conçu le père de Hitler.

Ceux qui ont tenté d'établir, à partir de son caractère, si

Hans Frank avait fabriqué de toutes pièces cette histoire n'ont pas eu moins de fil à retordre. À voir son numéro de nazi fanatique agitant frénétiquement les poings au Congrès de Nuremberg dans le film de Leni Riefenstahl *Le Triomphe de la volonté,* on devine certes une brute épaisse, capable de toutes les cruautés et de toutes les vilenies, mais non pas, en apparence du moins, ce personnage à l'intelligence diabolique, cet habile mystificateur qu'aurait nécessité l'invention pure et simple d'un tel récit, la mise au point d'une fausse vision de Hitler suffisamment plausible pour égarer avec succès le champ de la conscience historique.

D'un autre côté, une version extrêmement différente de Frank émerge du portrait peu amène donné de lui par son fils, Niklas Frank, qui (dans un livre de souvenirs intitulé *Dans l'ombre du Reich*) décrit son père comme un individu faible et lâche, mais non dénué d'une sorte de ruse animale, d'un instinct du mensonge, de l'insinuation perfide et de l'autoglorification. Pour ce Hans Frank-là, disgracié et condamné à périr sur la potence pour s'être fait le complice du dictateur, inventer un témoignage semblable aurait été une manière astucieuse de s'assurer une place dans l'histoire comme l'homme qui livra au monde la clé de la mystérieuse psyché de Hitler. Et de se venger par la même occasion de son ancien maître responsable de sa condamnation en le liant pour l'éternité à cette explication sordide et humiliante. Dans tous les cas, c'était une explication dont Frank savait qu'elle plairait aux vainqueurs.

Et elle n'a rien perdu de son pouvoir de séduction. Quarante ans après, elle demeure l'une des deux grandes tentations de l'exégèse hitlérienne (avec l'affaire Geli Raubal et la théorie de la perversion sexuelle), dans la mesure où elle offre l'avantage d'une explication simple et totalisante de la psychologie de Hitler.

Dès lors, rien d'étonnant à ce qu'elle ait attiré en particulier les psychologues. Le premier sans doute à avoir été séduit — et le principal garant de la bonne foi de Frank — fut le psychologue américain G. M. Gilbert, confident de celui-ci tout au long de la rédaction de son journal. Officier de l'armée titulaire d'un doctorat de psychologie, Gilbert avait pour principale mission d'observer le fonctionnement mental de Frank, de franchir ses défenses. Ce qui le persuada que l'avocat n'avait pas inventé cette histoire.

Je n'oublierai jamais l'interview que donna Gilbert, peu avant sa mort, à John Toland. J'avais découvert un enregistrement de la conversation dans le fonds légué par Toland[7] à la Bibliothèque Franklin Roosevelt de Hyde Park, dans l'État de New York. On y perçoit clairement le ton fébrile avec lequel l'historien interroge Gilbert sur le récit de Hans Frank. Comme s'il voulait absolument se persuader que Frank a bien dit la vérité à propos de ses recherches sur la vie sentimentale de Maria Schicklgruber. Comme s'il voulait croire à tout prix à l'existence d'une représentation de Hitler qui lui paraîtrait digne de foi. Tout en sachant que les choses ne sont bien souvent qu'une affaire de croyance.

« Vous pensez que cette enquête [celle menée par Hans Frank sur les ancêtres de Hitler] a vraiment eu lieu ? demande d'un ton implorant Toland à Gilbert. Vous êtes le seul au monde à pouvoir nous le dire. »

Moment dramatique ô combien fascinant : Toland se déclare convaincu que Gilbert détient la clé qui représente le dernier espoir de comprendre Hitler.

À vrai dire, il en rajoute un peu : il n'existe en réalité aucun homme au monde, du moins plus maintenant, qui puisse nous renseigner avec certitude. Et pourtant, Gilbert, dernier témoin objectif de la vie de Frank, possède une solide conviction en la matière : il croit Hans Frank.

« Même s'il avait tendance à exagérer les choses et, naturellement, à enjoliver son propre rôle, raconte le psychologue, cela n'avait, selon lui, aucune importance. “Je suppose, disait-il, qu'on a vu se produire des choses bien plus étranges que de haïr sa propre race.” [Frank] était enclin à croire les résultats de son enquête. Jamais il [Hitler] n'aurait consenti à admettre qu'il avait du sang juif, et le simple fait qu'elle [Maria] ait été en position de faire chanter un Juif, ce qui prouvait à l'évidence qu'elle avait eu des relations avec lui, a suffi à susciter chez Hitler cette violente aversion sexuelle antijuive. »

Gilbert n'est pas seulement le premier à avoir cru au récit de Hans Frank, il est aussi le premier psychologue à l'avoir adoptée comme explication possible, à en avoir fait la clé perdue de la personnalité du dictateur. L'attrait d'un tel récit pour les psychologues étant qu'il permet d'assigner aux crimes apparemment incompréhensibles de Hitler une origine intrapsychique des plus intéressantes. Et Gilbert n'a pas manqué d'« améliorer » la propre interprétation de Hans Frank en y introduisant ce qui deviendrait un paradigme de la psychologisation de ce récit : le passage d'un antisémitisme hitlérien provenant d'une idéologie ou d'une haine extérieure, à un antisémitisme dû à la haine de soi.

Gilbert considère ce fameux jour de 1930, où Frank aurait informé Hitler qu'il avait découvert des documents prouvant que son père était le fils d'un Juif, comme un tournant capital dans l'évolution de l'antisémitisme du leader nazi. « Surtout alors qu'il [Hitler] s'était déjà engagé dans la voie d'un violent antisémitisme sur lequel reposait toute la structure de son ego, déclara-t-il à Toland, l'idée qu'elle [l'histoire du grand-père juif] soit vraie ne pouvait se résoudre dans son cerveau malade qu'en montrant, comme le dit Frank, qu'il n'y avait pas de pire antisémite que lui sur la terre, aussi comment aurait-il pu être juif ? »

L'explication de Hans Frank est à la fois plus timide et plus naïve que celle de son psychologue. L'avocat semble d'abord sceptique. « Qu'Adolf Hitler n'ait assurément pas eu de sang juif dans les veines est si évident que cela se passe de commentaire. » Mais, revenant sur la question, il change brusquement d'avis : « Je dois dire qu'il n'est pas totalement impossible que le père de Hitler ait été à moitié juif. Dans ce cas, sa haine des Juifs résulterait d'une psychose de haine liée à l'outrage fait au sang familial. Que faut-il penser de tout cela ? »

Bien entendu, il a déjà donné, vaille que vaille, sa propre interprétation, à savoir que, pour Adolf Hitler, l'outrage résidait dans la corruption par un Juif du sang de sa parente Maria. En d'autres termes, semble dire Frank, Hitler a massacré le peuple juif à cause de sa rancœur contre un adolescent de dix-neuf ans qui pourrait, ou non, avoir fait des avances à sa grand-mère un siècle plus tôt.

Gilbert propose une interprétation à la fois plus complexe et plus pondérée : non, ce n'est pas par haine du garçon ni d'aucun Juif vivant, c'est par haine du Juif chimérique, de l'épouvantable « sang juif » qui coulait dans ses veines, par la nécessité d'effacer jusqu'à l'idée de sa présence intérieure en administrant la preuve au monde — et à lui-même — qu'il était le « pire antisémite de la terre ».

Et tout cela — tous ces scénarios de psychodrame aux accents de plus en plus grandiloquents — pour une anecdote nullement attestée concernant le comportement sexuel d'une obscure paysanne. Le caractère irritant de cette profusion d'hypothèses invérifiables me permit de comprendre, par analogie, le besoin de détruire la scène primitive d'une telle incertitude : Döllersheim.

Bien entendu, il serait injuste de s'en prendre aux pierres inertes de Döllersheim. On pourrait aussi bien blâmer la famille Rothschild. Et de fait, comme animé d'une vie propre, le sang juif, clé de la psychologie hitlérienne, se manifesta sous son aspect rothschildien dans le travail d'un autre praticien américain, qui remit ses conclusions cinq ans au moins avant que Hans Frank ne donne naissance à la variante Frankenberger.

Il s'agit de Walter C. Langer, psychiatre diplômé de Harvard, recruté par le chef de l'Office of Strategic Services (OSS), William J. Donovan, pour analyser la mentalité de Hitler, et qui, s'emparant de la rumeur Rothschild, la transforma en roman familial hitlérien[8]. Son rapport, fondé sur un éventail de documents allant de simples publications à des dépêches diplomatiques secrètes, fut transmis en 1943 au gouvernement américain, à l'échelon le plus élevé, probablement jusqu'au président Roosevelt lui-même, pour n'être rendu public qu'en 1972.

Langer, qui s'appuie sur les souvenirs, souvent peu fiables, de l'industriel Fritz Thyssen et de l'ex-SS Hans Jürgen Koehler, croit manifestement à la valeur de leur témoignage en ce qui concerne l'hypothèse Rothschild. Il résume ses sources comme suit :

> Le chancelier Dollfuss avait demandé à la police autrichienne d'effectuer une enquête approfondie sur la famille de Hitler. À la suite de cette enquête, un document secret fut rédigé, qui révélait qu'à l'époque de sa grossesse, Maria Schicklgruber vivait à Vienne. Elle était employée comme domestique chez le baron de Rothschild. À peine celui-ci eut-il découvert qu'elle était enceinte, qu'elle fut renvoyée dans son village de Spital, où naquit Alois. S'il est exact qu'un des Rothschild est le vrai père d'Alois Hitler, cela voudrait dire

> que Hitler était au quart juif. D'après les mêmes sources, Adolf Hitler connaissait l'existence de ce document et des pièces compromettantes qu'il contenait. Afin de les obtenir, il précipita les événements en Autriche et décida l'assassinat de Dollfuss. S'il faut en croire la légende, il ne put se procurer le fameux document à ce moment-là, dans la mesure où Dollfuss l'avait mis à l'abri et avait informé Schuschnigg de l'emplacement de la cachette afin que, s'il lui arrivait malheur, l'indépendance de l'Autriche soit sauvegardée.

Ici, l'histoire du sang juif, dans sa version la plus extrême, est élevée au rang de source de pouvoir, d'enjeu d'une intrigue géopolitique qui place les petites magouilles du Hitler de Munich à un niveau historique mondial. Une pure fiction à coup sûr, mais qui possède néanmoins un aspect fascinant dans la mesure où elle était censée atterrir dans les mains de Franklin Roosevelt, lui-même soupçonné d'avoir du sang juif, soupçons largement relayés par le chef de la propagande nazie, Joseph Goebbels, qui, tout comme Hitler, crut peut-être que la famille Roosevelt descendait de cryptoJuifs hollandais dont le véritable nom était Rosenfeld ou quelque chose du même genre. Dès lors, le titanesque combat entre les deux camps rivaux de la Seconde Guerre mondiale fut-il mené par deux hommes dont chacun s'imaginait que l'autre était un Juif dissimulé ?

Langer semble vouloir adopter intégralement l'histoire Rothschild. On peut le voir aux prises avec cette tentation dans les commentaires qui suivent son résumé. « C'est à coup sûr une hypothèse extrêmement séduisante, déclare-t-il, et une grande partie du comportement d'Adolf Hitler par la suite pourrait s'expliquer assez facilement sur cette base. »

À la dernière minute, toutefois, il fait un léger pas en arrière : « Il n'est pas absolument nécessaire de supposer qu'il avait du sang juif dans les veines pour élaborer une image d'ensemble de son caractère... D'un point de vue purement scientifique par conséquent, il est plus sûr de ne pas asseoir cette reconstruction sur une évidence aussi mince... Néanmoins, on peut la garder à titre de possibilité requérant de plus amples vérifications. »

Et d'énumérer aussitôt pas moins de six raisons qui « la rendent plausible », dont la numéro quatre :

> Le fait que l'intelligence et la conduite d'Alois, de même que celle de ses deux fils [Alois junior et Adolf] soient en total désaccord avec l'attitude que l'on observe habituellement chez les familles paysannes autrichiennes... Leur ambition et leur extraordinaire intuition politique sont plus en harmonie avec la tradition Rothschild.

Notons qu'à l'instant même où Langer cède à la tentation d'expliquer, sur la base de l'hypothèse Rothschild, le tempérament du dictateur, celui-ci se voit gratifier de subtiles caractérisations antisémites. L'« ambition » et l'« extraordinaire intuition politique » que Hitler aurait « héritées » des Rothschild peuvent ainsi apparaître, sur le mode de l'euphémisme, comme une manière de les traiter — et Hitler avec eux — de Juifs arrivistes et intrigants.

La légende du sang juif a constitué une véritable malédiction, une calamité pour les historiens et les biographes de Hitler — l'éléphant dans le magasin de porcelaines qu'il est à la fois impossible de ne pas voir et impossible de tolérer. Les freudiens, en particulier, se sont montrés profondément divisés sur la question. C'est ainsi que le psychanalyste Norbert Bromberg, co-auteur d'une vaste monographie publiée en 1983, *Hitler's Psychopathology*[9], fait une large place au témoignage de Hans Frank, non sans avoir pris la précaution de déclarer au préalable : « en l'absence de preuves, les faits mentionnés dans ce récit demeurent un mystère ».

Cependant, lorsqu'ils en arrivent au chapitre de conclusion, « Derrière la violence de l'antisémitisme hitlérien », Bromberg et Verna Small se révèlent pratiquement incapables d'analyser cette violence sans faire appel au récit en question : « Il est possible qu'il [Hitler] ait cru que son sang avait été "empoisonné" par du sang juif en raison des rumeurs selon lesquelles il aurait eu un grand-père juif. »

Ce faisant, Bromberg et Small reprennent la stratégie déjà utilisée notamment par Robert Waite et Joachim Fest dans l'espoir, utopique, de gagner sur tous les tableaux. Fest, journaliste et auteur de la plus plus célèbre biographie allemande de Hitler, qualifie en effet le récit de Hans Frank d'« histoire assez extravagante », dont le contenu « résiste difficilement à un examen sérieux ». Mais ce qu'il conteste en réalité, c'est uniquement l'existence d'un individu dénommé

Frankenberger qui aurait engrossé Maria Schicklgruber ; par contre, il accepte comme une vérité les allégations de Hans Frank, lorsque l'avocat prétend avoir relaté cette fable à Hitler. « La *véritable signification* du rapport de Frank est indépendante de sa nature réelle ou imaginaire. Ce qui revêt, psychologiquement, une importance cruciale, c'est *le fait* que la découverte de Frank ait forcé Hitler à douter de sa propre extraction. » (souligné par moi).

L'éminente psychanalyste suisse Alice Miller cite Fest, mais sans tenir aucun compte des légères réserves émises par celui-ci à propos du récit de Hans Frank. Elle le tient pour véridique, tout comme elle tient pour assuré que le fils de Maria Schicklgruber, Alois, n'ignorait pas que son père était probablement juif.

Comment Alice Miller sait-elle qu'Alois savait être un bâtard à moitié juif ? « Ces faits étaient tellement connus dans le village qu'on en parlait encore cent ans après[10] », affirme-t-elle. Elle s'appuie ici sur l'histoire rapportée par Hans Frank, qui, à aucun moment, ne l'attribue à des ragots de village. Pourtant, Miller insiste : « Il est inconcevable que les habitants aient cru qu'une telle générosité [les hypothétiques paiements faits par la famille Frankenberger et dont Miller suppose qu'ils étaient de notoriété publique] n'avait aucun motif. »

Après avoir porté l'estocade finale au camp des sceptiques, elle assène cette conclusion : « Quelle qu'ait été la vérité, une quadruple disgrâce pesait sur Alois : celle d'être pauvre, celle d'être un enfant illégitime, celle d'avoir été séparé de sa mère à l'âge de cinq ans, et celle d'avoir du sang juif. »

Au moment de sombrer dans une totale naïveté, elle opère un brusque virage — ou du moins essaie — en déclarant : « Quand bien même ce quart [de sang juif] n'aurait été qu'une rumeur, cela ne rendait pas les choses plus faciles pour Alois. » En fait, elle se sert du statut problématique même de la rumeur en question pour faire de l'histoire racontée par Hans Frank une explication encore plus puissante et plus décisive. « Quand elle n'est pas consciemment admise et déplorée, l'incertitude concernant un parent peut être la source de tourments et d'angoisses considérables, à plus forte raison si, comme dans le cas d'Alois, elle est liée à une odieuse rumeur qui ne peut être ni prouvée ni complètement réfutée. »

L'ennui, c'est que pas plus l'existence de cette rumeur que la possibilité qu'Alois en ait eu connaissance n'ont jamais été démontrées.

Sans s'inquiéter pour si peu, Miller se met à forger une longue chaîne d'incertitude, assez semblable à celle de Waite, mais incluant les propres préoccupations de Miller concernant le châtiment corporel des enfants comme source de tous les maux. C'est ainsi que l'incertitude quant au vrai responsable de la grossesse de Maria aurait engendré l'incertitude d'Alois par rapport à son identité réelle, qui aurait engendré chez lui une « énorme angoisse ». Et cette hantise d'une possible origine juive aurait elle-même engendré l'habitude d'Alois de battre le petit Adolf, son désir d'infliger à son propre fils une souffrance physique à la mesure de la souffrance psychique qu'il ressentait en raison de la tare d'avoir un père juif. Laquelle souffrance physique subie par Adolf, s'étant transformée en traumatisme psychique, aurait conduit ce même Adolf à décider du génocide des Juifs.

Cette remarquable obstination à croire à la thèse du sang juif, si fragiles que soient les bases sur lesquelles elle repose — et quand bien même elle n'en aurait aucune — laisse supposer qu'elle répond à une aspiration profonde. Dans une perspective encore plus sombre, il se peut qu'elle corresponde au besoin de trouver un Juif, n'importe lequel, y compris un adolescent de dix-neuf ans d'une authenticité plus que douteuse, à blâmer pour l'Holocauste. Ou encore au besoin de croire que l'Holocauste découla de quelque méfait commis par un Juif, en dépit de l'aberrante disproportion du châtiment, plutôt que d'avoir à accepter l'idée intolérable que ce n'est pas pour un acte précis, mais en raison de leur existence même, que les Juifs furent exterminés.

Dans tous les cas, l'intérêt rencontré par le récit de Hans Frank auprès des antisémites ne fait guère de doute. Je me souviens d'être tombé par hasard, alors que je venais d'entamer la tâche fastidieuse consistant à contrôler une nouvelle fois ce récit, sur les étranges divagations qu'il avait suscitées dans une lettre au rédacteur en chef d'un assez obscur journal publié en Arabie Saoudite, la *Saudi Gazette* de Djedda. J'en avais eu connaissance grâce à un message, adressé à la

Jewish Press de New York, d'un lecteur qui me suppliait de lui fournir le texte intégral de la lettre de la *Saudi Gazette.*

La missive reproduite par cet hebdomadaire de langue anglaise destiné aux étrangers travaillant dans le royaume saoudien était signée d'un certain « A. Dusseldorf, de Riyad ». En guise de titre, le rédacteur en chef l'avait fait précéder de cette question sulfureuse, imprimée en gros caractères :

HITLER ÉTAIT-IL JUIF ?

Le dénommé « Dusseldorf » déclarait avoir appris qu'il existait « des raisons de penser que Hitler était juif... La mère de Hitler était une pauvre Autrichienne, une chrétienne employée comme domestique chez un riche Juif... Le vrai père... était un des fils du vieillard... »

À l'évidence, une version déformée de l'histoire de Hans Frank est ainsi venue grossir le flot venimeux de la littérature antisémite, version dont la provenance se reconnaît clairement au fait que le séducteur juif est présenté comme un des « fils du vieillard ». L'auteur de la lettre n'hésite pas à en conclure sournoisement que, si Hitler était juif, « les Juifs devraient payer aux Allemands des réparations de guerre, puisque c'est *un des leurs* qui a causé la destruction de l'Allemagne ».

Cette utilisation pernicieuse du récit de Hans Frank n'empêche pas qu'il puisse y avoir des raisons légitimes, ou du moins compréhensibles, expliquant son influence durable. Ses aspects freudiens, de même que ses sublimes résonances wagnériennes, le rendent à coup sûr bien plus attirant que, par exemple, la rencontre accidentelle avec une prostituée juive syphilitique avancée par Simon Wiesenthal. De fait, les motifs wagnériens n'y manquent pas : un « héros », rendu fou par le venin qui empoisonne son sang, projeté dans un hallucinant crépuscule des dieux en proie à un déchaînement de folie autodestructrice. Sans parler de ceux qui estiment que l'étude du « problème juif » de Wagner montre que l'homme ayant inspiré à Hitler ses conceptions génético-raciales mystiques, à la base de son antisémitisme, vaut comme modèle pour l'explication psychologique de ce dernier.

Dans son bureau de l'Université de Cambridge, George Steiner explicita à mon intention le parallèle avec Wagner :

« Il se peut — je dis bien, il se peut — que les deux grandes figures de l'antisémitisme germanique moderne aient pensé qu'ils avaient été corrompus par du sang juif. Dans le cas de Wagner, sa ressemblance avec l'acteur Geyer [l'amant juif de sa mère] est frappante, me déclara Steiner. Comme pour Hitler, ce ne sont pas, hélas, les faits qui constituent l'essentiel, mais la possibilité d'y avoir cru. Alors la haine de soi s'est transformée en une immense répulsion objective. »

Admirable vision poétique que cette spirale de haine, que ce Hitler littéraire, dostoïevskien, qui nous permet d'étancher notre soif d'explications absolues d'événements absolus. Si ce n'est que, malheureusement, nous ne sommes même pas sûrs que Hitler ait suspecté sa grand-mère d'avoir couché avec un Juif, point de départ supposé de la fameuse spirale.

Pour ma part, il me semble que les historiens se sont emparés du récit de Hans Frank pour de mauvaises raisons. Succombant à la tentation de trouver une théorie unique capable d'expliquer l'aspect le plus significatif et le plus mystérieux de la psyché de Hitler — son antisémitisme —, ils ont ignoré le genre d'histoire que représente ce récit.

Une histoire de chantage. Ou plutôt deux, emboîtées l'une dans l'autre. La première, peut-être fictive, datant de 1836 ; la seconde, au moins en partie réelle, survenue entre 1930 et 1933. Deux histoires de chantage mettant en scène deux séries de maîtres chanteurs au sein de la famille Hitler, en même temps qu'un Hitler en faisant chanter un autre ou, pour être plus précis, un descendant de Maria Schicklgruber essayant d'en escroquer un autre à propos d'une éventuelle intrigue qu'elle aurait ourdie.

Il y a là, à mon avis, dans cet aspect le plus négligé du récit de Hans Frank, une fenêtre ouvrant sur un aspect non moins négligé de l'univers mental hitlérien : le pouvoir d'imprégnation de l'idée de chantage.

Considérons le Hitler qui ressort du témoignage de Hans Frank. Un Hitler tout entier absorbé par de petits détails sordides, capable de raisonner à la fois comme un maître chanteur et comme la victime d'un maître chanteur. Approché par une des crapules de la famille — le William Patrick Hitler de Liverpool qui lui a adressé une « odieuse lettre de menace » —, et alors que Hans Frank lui présente de prétendus documents étayant la menace en question, Adolf se souvient, à la seconde même, d'une histoire de chantage vieille d'un siècle à laquelle auraient été mêlés ses grands-parents, et dont il se sert comme parade pour échapper aux conséquences découlant de ces documents.

C'est là une réaction à chaud tout à fait remarquable, un jeu de jambes hautement raffiné qui dénote une profonde connaissance du mode de penser du maître chanteur et du fonctionnement du chantage lui-même. Pour ce Hitler, les feintes et contre-feintes de l'art de la filouterie semblent être une seconde nature. Un Hitler qui diffère nettement du diabolique hypnotiseur des masses, du grandiose Svengali ou du Hitler-Caligari[11] à la sauce expressionniste allemande. Cet Hitler que Hans Frank a vu (ou forgé à l'image de celui qu'il connaissait) est un Hitler de film noir, le Hitler du demi-monde de Munich, dont la médiocrité et l'esprit mesquin ont été oubliés, voire gommés, et qui constitue un précieux correctif au Hitler décrit après-guerre sous des traits plus grandioses et plus démoniaques, de manière à s'accorder avec l'étendue de l'horreur qu'il a laissée derrière lui. Ce Hitler, familier à ces compagnons de Munich tel Hans Frank, et qui est resté gravé dans la mémoire (ou l'imagination) de celui-ci en dépit des événements ultérieurs, est un vil petit intrigant, sans cesse empêtré dans de sombres machinations et des subterfuges tortueux — un Hitler escroc et manipulateur à la petite semaine.

S'il faut considérer comme extrêmement hypothétique le chantage exercé par Maria Schicklgruber — a-t-il réellement eu lieu, Hitler l'a-t-il inventé, ou Hans Frank a-t-il inventé un Hitler qui l'aurait inventé ? —, il existe, en revanche, une étrange confirmation de cette image sordide du dictateur. La preuve que le chantage fait en quelque sorte partie intégrante de sa nature, qu'il est un trait récurrent dans la famille. Le chantage, plutôt que le sang juif, pourrait bien être alors la tare héréditaire cachée du dictateur.

Je veux parler de l'affaire de chantage Hitler contre Hitler survenue deux générations après les événements de Döllersheim, du complot fomenté par deux autres parents véreux : l'équipe formée par Bridget Hitler et son fils William Patrick, dont la tentative d'extorsion représente une curieuse répétition de celle inaugurée par le couple Maria Schicklgruber/Johann Georg Hiedler.

Un individu bien méprisable que ce William Patrick, comme l'affirme Hitler cité par Hans Frank, et comme le reconnaît le neveu lui-même dans ses réponses aux enquêteurs de l'OSS. Le compte rendu [12], resté inédit, de cet interrogatoire de la brebis galeuse révèle une sorte de duel cocasse entre deux escrocs hitlériens, jouant gros jeu l'un et l'autre.

L'interrogatoire eut lieu le 10 septembre 1943 à New York. Le neveu avait débarqué aux États-Unis en 1939 avec sa mère après avoir quitté l'Allemagne pour la France, puis la France pour l'Angleterre, non sans répandre des bruits malveillants sur son oncle Adolf tout le long du chemin. Par la suite, il disparaîtrait mystérieusement de la circulation, bien que Toland l'ait, semble-t-il, localisé à New York dans les années 1970, vivant sous un autre nom — qu'il refusa de me révéler —, et qu'il ait vérifié la substance de ses déclarations à l'OSS [13].

Avant de disparaître, William Patrick avait donné à l'OSS sa propre version de ses odieuses tractations avec son oncle, dont les grandes lignes s'accordent parfaitement avec le récit de Hans Frank. Une minable saga, parfois non dénuée d'humour noir, et qui semble d'autant plus crédible que le jeune Hitler se plaît à se donner un assez sinistre rôle de mercenaire.

L'argent avait été son mobile depuis le début, avoua-t-il à l'officier de renseignement. « À la fin des années 1920 », déclare le rapport de l'OSS,

> alors qu'Adolf commençait à être suffisamment connu pour que son nom apparaisse dans les journaux anglais, ils [William et sa mère Bridget, l'épouse du demi-frère de Hitler, Alois junior] lui écrivirent. [Puis] en 1930, quand Hitler devint tout à coup célèbre en remportant plus de cent sièges au Reichstag, ils pensèrent qu'ils tenaient là l'occasion de se faire un peu d'argent en accordant une interview à la presse Hearst. Au cours des négociations, ils éprouvèrent le besoin de se procurer des informations complémentaires et contactèrent Alois [junior, qui vivait alors en Allemagne] pour lui

> demander de plus amples renseignements sur la jeunesse de Hitler. La réponse arriva sous la forme d'un message de Hitler lui-même leur enjoignant de se rendre immédiatement à Munich pour une entrevue...
>
> À leur arrivée, ils trouvèrent celui-ci dans une colère noire.
>
> Adolf leur déclara pour l'essentiel que ce n'était pas parce qu'il commençait à acquérir une certaine importance que les membres de sa famille devaient se croire autorisés à se faire de la publicité sur son dos. Il affirma que toute interview donnée à la presse Hearst touchant son milieu risquait de détruire ses chances de succès compte tenu du dossier d'Alois.

Le « dossier » auquel Hitler faisait allusion était l'arrestation d'Alois pour bigamie en 1924. Même si c'était une source d'embarras pour Hitler, croyait-il vraiment que cela puisse « détruire ses chances de succès » ? Ou son inquiétude concernant les petites incartades d'Alois n'était-elle qu'un prétexte pour camoufler le *véritable* scandale familial qu'il ne tenait pas à voir exposé sur la place publique : les équivoques transactions de Döllersheim ?

Hitler conclut sa tirade, raconta le neveu à l'OSS, en exigeant que « les négociations avec le groupe Hearst... soient immédiatement rompues... Le grand problème était comment y parvenir sans éveiller le soupçon » que Hitler cherchait à faire disparaître les cadavres du placard de son histoire familiale.

Le première solution qu'il proposa était parfaitement risible et digne d'un petit malfrat aux calculs à courte vue nécessairement voués à l'échec.

> [Il] suggéra que William Patrick et sa mère rentrent à Londres et disent aux gens de Hearst qu'ils s'étaient trompés de personne, qu'ils avaient découvert que le chef du parti nazi n'était pas l'oncle qu'ils pensaient, mais un Adolf Hitler n'ayant avec eux aucun lien de parenté. Apparemment ravi de cette solution... Hitler donna deux mille livres à Alois pour couvrir leurs dépenses... [avec] des instructions pour que Mrs [Bridget] Hitler reçoive le reste de l'argent une fois leurs dépenses payées.

Que Hitler ait pu croire que cette stratégie du « flûte, ce n'était pas le bon ! » le protégerait durablement est assez difficile à imaginer. Quoi qu'il en soit, elle témoigne de son extrême désir (tout comme les deux mille livres, somme considérable pour de simples « dépenses ») de maintenir les journalistes à l'écart de ses parents anglais et d'éviter tout débat concernant son ascendance.

Ayant réussi à les museler temporairement, il jeta alors en pâture au groupe Hearst une figure familiale qu'il lui était possible de contrôler, le demi-frère bigame Alois junior, installé à l'abri à l'intérieur des frontières allemandes. Lequel rédigea consciencieusement, ou laissa rédiger à sa place, une brève et pieuse histoire qui fut publiée dans le numéro du 30 novembre 1930 du journal de Hearst à New York, *American,* sous ce simple titre : « Adolf Hitler ». Il s'agit d'un ersatz totalement aseptisé de l'article fracassant promis par les parents anglais, qui regorge de détails édifiants sur l'ascension de Hitler, étudiant pauvre devenu le chef d'un mouvement ayant pour but de sauver l'Allemagne, et qui ne fait pas la moindre allusion au versant Schicklgruber de l'histoire familiale.

Mais la brebis galeuse dont on avait acheté le silence ne resta pas longtemps silencieuse. Deux ou trois ans plus tard, très probablement au cours de l'été 1932, le neveu mit à nouveau la pression. Avec galanterie, William Patrick Hitler s'efforce de rejeter sur sa mère la responsabilité de cette tentative d'extorsion encore plus flagrante :

> Mrs [Bridget] Hitler s'irritait de plus en plus de leur pauvreté, si bien qu'elle pensa qu'Adolf paierait peut-être quelque chose pour qu'elle se tienne tranquille... [Elle] adressa à Hitler une demande à peine voilée. Hitler répondit en invitant William Patrick à Berchtesgaden pour des vacances d'été. Là, Hitler... dit à William Patrick que... compte tenu de ses exigences persistantes, il ne voyait pas d'autre solution que de lui dire la vérité... qui était que son père, Alois junior, n'était pas réellement le fils du père de Hitler, mais un orphelin qu'Alois senior [le père d'Adolf] avait recueilli chez lui... Il [Adolf] tenait seulement à ce que William Patrick sache que rien ne l'autorisait à le considérer comme son oncle, car ils n'avaient, en réalité, aucun lien de parenté.

S'il ne s'agissait pas d'Adolf Hitler, ce dernier tour de passe-passe serait du plus haut comique dans le genre abracadabrant. D'abord, il demande à William Patrick d'informer les gens de Hearst que le parent auquel il pensait n'est pas le bon, puis il lui déclare qu'il est le bon Hitler, mais que lui, William Patrick, n'en est pas un, qu'ils ne sont nullement parents, qu'ils n'ont pas une goutte de sang en commun dans les veines.

C'est le retournement burlesque du roman familial : le père de William n'est pas ce fils prodigue qui se serait trouvé avoir des liens de parenté avec un prince (à savoir Adolf), mais un individu convaincu à tort de faire partie de la famille princière et qui s'avère être un orphelin au sang roturier. En un sens, la tentative incroyablement factice de Hitler pour détacher ces odieux et encombrants parents de son propre « sang » n'est pas sans rappeler sa tentative tout aussi factice, si l'on en croit Hans Frank, pour soustraire sa grand-mère Maria Schicklgruber à une possible souillure par du sang juif.

On devine un certain humour pince-sans-rire dans le récit fait par William Patrick de cette suprême manœuvre de Hitler pour couper les ponts. Sa description du faux embarras avec lequel il lui « révèle » que son père n'est pas un vrai Hitler — « il ne voyait pas d'autre solution que de lui dire la vérité » — est des plus subtiles. On aimerait savoir si Hitler s'efforça de prononcer ses paroles avec un visage de marbre, ou s'il y eut un échange de sourires complices entre les deux roués de la famille, à l'instant où l'un d'eux dévoilait son prochain coup dans ce match de professionnels.

C'était au tour de William Patrick, qui montra qu'il n'avait rien d'un novice lui non plus, qu'il était même un escroc d'investigation. « Une fois rentrés à Londres, continue le rapport de l'OSS, William Patrick et sa mère entreprirent de vérifier cette histoire [selon laquelle Alois junior était un orphelin] auprès du consulat général britannique de Vienne, qui, peu après, répondit que c'était impossible car il n'existait aucun papier d'adoption et que les certificats de baptême étaient parfaitement clairs [quant au fait qu'il était bien du même sang]... William Patrick possédait en outre une photocopie du certificat de baptême d'Adolf. »

À nouveau, raconte William Patrick, il fut convoqué pour un entretien, apparemment après avoir réitéré ses demandes et ses menaces. Et à nouveau, affirme-t-il, « Hitler s'employa à le dissuader d'essayer de tirer profit de leur relation ». Imperturbable, le neveu abattit alors sa carte maîtresse : « Il avertit Hitler qu'il avait reçu du consulat britannique des documents prouvant que cette histoire à propos de son père était fausse et qu'il en avait remis des copies au gouvernement anglais ainsi qu'à sa mère à Londres. »

Pour autant qu'il soit possible de se fier au neveu — et dans une certaine mesure (notamment ici), on peut soupçonner cette image de lui-même défiant le Führer craint par le monde entier d'excéder quelque peu la réalité —, Hitler ne dut guère se réjouir à l'idée que les autorités britanniques, et la turbulente marâtre, puissent détenir des éléments essentiels de sa généalogie.

La négociation qui suivit constitua, toujours selon le neveu, un exercice mouvementé de prise d'otage mutuelle et d'intimidation réciproque. Pour commencer, « Hitler lui trouva un poste à la société automobile Opal » à Berlin. (Il existe des photos montrant qu'il y a effectivement travaillé.) Cette solution donnait au neveu la possibilité de se renflouer comme il le souhaitait, et à Hitler (maintenant qu'il avait pris le pouvoir à Berlin) celle de lui tenir la bride tout en gardant un œil sur lui ; elle mettait en outre la famille anglaise en mesure de parer à toute menace grâce aux documents gardés en dépôt à Londres.

Avec un inquiétant mimétisme où transparaît le mélange de poltronnerie et de vantardise typique de son oncle Adolf, William Patrick Hitler déclare à l'OSS que, une fois le marché conclu, il tint le chef nazi au creux de sa main. Et de jouer à l'homme capable de débarquer à la chancellerie du Reich et de rendre l'irascible guide du peuple allemand aussi doux qu'un agneau. « À partir de ce moment, fait-il remarquer, Hitler se montra plus indulgent à son égard et chaque fois qu'il piquait une crise de rage à propos de ses activités, il [William Patrick] n'avait qu'à mentionner les documents pour que Hitler se calme aussitôt. »

Bien que le rapport de l'OSS ne fasse aucun commentaire, il est difficile de ne pas rire devant un tableau aux couleurs si flatteuses et si étrangement hitlériennes : l'aimable petit escroc certain de pouvoir mener par le bout du nez le conquérant du monde. S'il y a quelque chose d'adolfien chez William Patrick, il y a également quelque chose de william patrickien chez Adolf : ce mélange de duplicité et d'imagination grandiose. Ce faisant, l'éclairage que nous livre William Patrick Hitler sur la mentalité du maître chanteur — la sienne et celle de son oncle —, nous rapproche du Hitler de Munich. Le Hitler bien connu de ses infâmes complices de la Maison Brune. Le Hitler de film noir, le Hitler aux propos virulents, le Hitler dénoncé avec une clarté impitoyable par les journalistes de son principal adversaire parmi la presse, celui qu'il avait surnommé « la cuisine aux poisons ».

CHAPITRE 3

LA CUISINE AUX POISONS : SUR LES TRACES DES PREMIERS EXÉGÈTES

Dans lequel les héroïques reporters du Münchner Post *capturent l'essence d'un « criminel politique » à travers la conscience corrompue du demi-monde de Munich.*

Hitler l'appelait la cuisine aux poisons [1]. C'était son épithète favorite pour désigner son plus féroce détracteur médiatique, sa continuelle bête noire, le *Münchner Post*. La véritable guerre que se sont livrée le leader nazi et les courageux reporters et rédacteurs du *Post* constitue l'un des grands drames, rarement évoqués, de l'histoire du journalisme, en même temps que le chapitre initial, depuis longtemps effacé, de la longue série de tentatives pour expliquer la personnalité du dictateur.

Les journalistes du *Post* furent en effet les premiers à poser sur Hitler un regard attentif et critique, à la minute même où cet étrange spectre émergea des arrière-salles de brasserie pour se répandre dans les rues de Munich au début des années 1920. Les premiers à se colleter avec lui, à le tourner en ridicule, les premiers à l'étudier, à dénoncer les dessous sordides de son parti aux desseins criminels se dissimulant derrière la façade d'un mouvement politique. Les premiers à tenter d'alerter le monde sur la nature de la bête fauve rampant vers Berlin.

Malheureusement, les tragiques péripéties de leur combat ont été largement perdues pour l'histoire. Leurs articles ne survivent qu'à travers d'obscures notes de bas de page, où les noms de ceux qui risquèrent leur vie pour rédiger et publier ces articles ne figurent même pas. Leur aventure n'a jamais été relatée, même en Allemagne, peut-être parce qu'il est plus réconfortant, du point de vue de l'image nationale, de croire que personne ne savait réellement qui était Hitler jusqu'à ce qu'il fût trop tard, jusqu'au lendemain de 1933, lorsqu'il eut acquis beaucoup trop de pouvoir (c'est en tout cas ce qu'on dit) pour que quiconque pût lui résister.

Mais les journalistes du *Post*, eux, le savaient. Ils le savaient et ils dirent la vérité à ceux qui avaient des oreilles pour l'entendre. Même si leur opposition fut d'abord idéologique (le *Münchner Post* avait été créé par le Parti social-démocrate bavarois qui le finançait), elle prit bientôt une tournure beaucoup plus personnelle. Ils en vinrent à connaître Hitler et sa clique comme l'ont fait bien peu de gens. À travers la connaissance que l'on a d'un ennemi intime, en l'affrontant dans les rues, dans les salles de tribunal, dans les tavernes, en l'attaquant avec le zèle indiscret d'un journal d'investigation et la jubilation d'un tabloïde, auxquels il faut ajouter un pragmatisme et une sagacité n'appartenant qu'à eux.

Leur duel avec Hitler a duré une douzaine d'années et produit quelques-unes des vues les plus fines, les plus pénétrantes, alors comme maintenant, sur son caractère, son état d'esprit et ses méthodes. Si leur travail est en grande partie tombé dans l'oubli, il n'a guère été surpassé. Et, comme le suggère l'expression « cuisine aux poisons », ils réussirent à s'insinuer dans la peau même de Hitler.

La cuisine aux poisons. Attardons-nous un instant sur ce qualificatif. En tant que métaphore, probablement contient-il, au sens littéral, l'idée d'un lieu servant à « confectionner » des calomnies perfides, des piques fielleuses de journaliste. Mais poison n'est pas un mot que Hitler employait à la légère ; il le réservait en fait à ses haines les plus profondes. Dans son testament final, l'ultime harangue qu'il adresse à la terre entière avant de se suicider dans son bunker de Berlin, il exhorte le peuple allemand, par-dessus toute chose, à « s'opposer sans pitié à l'empoisonneur de tous les peuples, la juiverie internationale ».

Telle fut la dernière épithète dont Hitler gratifia les juifs : des *empoisonneurs*. Cette désignation a des racines au

Moyen Âge avec les accusations d'« empoisonner les puits » utilisées pour appeler à des pogroms dans l'Europe centrale ravagée par la peste. Mais « poison » et « empoisonnement » sont, dans l'esprit de Hitler, encore plus chargés de sens : associés aux Juifs, ils comportent le plus souvent une dimension raciale, voire sexuelle. Comme dans l'« empoisonnement du sang » : l'altération, la pollution, l'infection de la pureté aryenne par les rapports sexuels. Le sang juif, pour Hitler, est un poison sexuellement transmissible. On trouverait difficilement dans son vocabulaire un terme exprimant davantage de haine et de dégoût.

Et la haine de Hitler pour la cuisine aux poisons était presque à l'égal de celle qu'il vouait, dans sa fureur autodestructrice, à l'« empoisonneur de tous les peuples »[2]. On peut citer en exemple (avec J. P. Stern, Lucy Dawidowicz[3] et d'autres) le fait qu'il ait lui-même compromis ses chances de tenir le front de l'Est contre l'Armée Rouge en 1944 par sa décision de prélever des convois de troupes sur ses forces combattantes afin d'accélérer l'acheminement des Juifs vers Auschwitz et d'autres camps de la mort, où des gaz toxiques étaient utilisés pour empoisonner les « empoisonneurs ».

De la même façon, on peut mentionner que, lors du tournant crucial de la tentative de putsch de novembre 1923, alors qu'il avait absolument besoin d'un soutien armé maximum pour l'appuyer dans sa marche sur le siège du gouvernement, sa cohorte la plus redoutable et la plus fanatiquement dévouée, le *Stosstrupp Hitler* (sorte de garde personnelle qui se fonderait ensuite dans la SS) se détacha soudain du cortège pour se précipiter au 19 Altheimer Eck, l'immeuble abritant le *Münchner Post*, où il perdit des heures précieuses à saccager les bureaux et à briser les presses du journal. Dans ce qui ressemble à une anticipation de la tactique du déni qu'il emploierait pour se démarquer des violences de la Nuit de cristal (et de la solution finale elle-même), Hitler se déclara choqué, choqué par l'attaque de ses troupes contre la cuisine aux poisons.

Celle-ci se remonta et reprit le combat. Mais dix ans plus tard, en mars 1933, alors que la victoire des nazis en Bavière était complète, un détachement de bandits SA s'engouffra dans l'immeuble du *Post* et le dévasta complètement, jetant dans la rue les plateaux de caractères brisés et arrêtant journalistes et rédacteurs pour les fourrer en prison.

Cette destruction fut le prix que les journalistes du *Post* durent payer pour s'être attiré les foudres de Hitler, pour avoir dès le début percé à jour son numéro. En fait, pour l'avoir démasqué, pour s'être glissés dans sa peau. Et même au-delà de la peau. Pour avoir vu en lui, à travers lui, comme bien peu y étaient parvenus et y parviendraient par la suite. Ils avaient vu le Hitler en Hitler, et — du moins, est-ce mon sentiment — lui-même savait qu'ils savaient. Elle a été en grande partie perdue ou oubliée, leur vision de Hitler, mais elle est toujours là, et il est encore possible de la retrouver. Ou en tout cas d'entrevoir obscurément, dans les pages effritées des exemplaires d'archives, quelques bribes de vérité sur le Hitler de Munich qui nous ont échappé en raison de l'attention portée après-guerre au Hitler de Berlin, au Hitler d'Auschwitz.

La bataille entre Hitler et la cuisine aux poisons débuta en 1921, avant même qu'il ait réussi à consolider son emprise sur le jeune parti nazi. En août, le *Post* réussit à lui causer un sérieux embarras, suffisamment sérieux pour provoquer des hurlements de protestation et une action en justice. Il s'était en effet procuré le texte d'une attaque sournoise lancée contre lui par une fraction du parti.

Ce morceau de fiel, intitulé « Adolf Hitler, le traître », avait circulé sous le manteau jusqu'à ce que le journal en mette le contenu à la portée de tous. Et il visait juste, soulevant ce qui deviendrait des interrogations persistantes à propos du dictateur, en même temps que des leitmotive des chroniques du *Post* : sa différence, son étrangeté, à la fois par ses origines et par sa personnalité, ses mystérieuses sources de revenus (« Comment peut-il gagner sa vie ? ») et, plus blessant, la question de sa possible judaïcité, ou de ses relations souterraines avec les Juifs. Dans sa soudaine volonté d'imposer son pouvoir dictatorial au parti, dans son comportement d'intrigant, proclamaient les auteurs nazis anonymes du venimeux pamphlet, la tactique de désunion mise en œuvre par Hitler ne servait pas simplement les « intérêts juifs », lui-même agissait « en véritable Juif »[4].

La réaction fut, comme d'habitude, à double facette, l'une licite et l'autre illicite : il adressa dans l'ombre des menaces de mort au journalistes du *Post* et au grand jour les assigna en justice pour diffamation et usage de faux, tirant profit, comme il allait le faire régulièrement au cours des douze années de lutte qui suivraient, des sympathies de l'appareil judiciaire bavarois pour la droite nationaliste.

Lorsque s'ouvrit le procès, un peu plus tard cette année-là, Hitler accusa sans vergogne le *Post* d'avoir fabriqué de toutes pièces le libelle concocté par des membres de son propre mouvement. Le verdict, comme il était prévisible, donna tort au *Post*, qui fut condamné à payer 600 marks d'amende. Et le titre du compte rendu du jugement donné par le journal définissait de manière frappante le duel épique qui s'ensuivrait :

HITLER GEGEN DER MÜNCHNER POST[5]

« Hitler contre le *Münchner Post* ». C'était un combat inégal et injuste. Avec d'un côté une modeste équipe de plumitifs sans armes et de l'autre une armée copieusement financée de dangereux gangsters. Mais, dans les petites choses comme dans les grandes, ils lui menèrent la vie dure. Hitler « n'a pas de secrets pour nous », se plaisaient-ils à déclarer. Et tout au long de l'extraordinaire et terrible guerre sans merci qu'ils soutinrent dans les dernières années de l'ascension du leader nazi, ils firent en sorte d'obtenir et de publier un secret accablant après l'autre, souvent des notes internes ou des lettres écrites par les proches de Hitler et qui montraient son implication ainsi que celle de ses partisans dans des affaires de meurtre, de mœurs ou de corruption financière. Ils avaient des yeux partout : Hitler se rendait-il à Berlin et passait-il somptueusement la nuit dans un hôtel de luxe, le *Post* reproduisait le lendemain la facture de l'hôtel avec ce titre ironique : « Comment vit Hitler ». De manière plus sinistre, ils publièrent le détail d'une facture d'un autre genre : le chiffre croissant des assassinats politiques imputés au « parti hitlérien », comme ils se plaisaient à appeler la clique nationale-socialiste.

Le « parti hitlérien ». En choisissant d'utiliser ce terme, ils entendaient rappeler à leurs lecteurs que les crimes de membres du parti nazi dont ils faisaient état relevaient de la responsabilité d'un seul homme, que le parti même dont ils rendaient compte était moins un mouvement aux bases idéologiques sérieuses que l'instrument de la folie criminelle d'un seul individu.

C'est ainsi qu'à la fin de leur reportage de 1932 sur la « Cellule G », cet escadron de la mort sévissant au sein du parti hitlérien — histoire qui serait reprise par la presse du monde entier (et, hélas, rapidement oubliée) —, les journalistes du *Post* reproduisaient cette déclaration de Hitler quant à sa responsabilité dans les actions de ses sympathisants, et dont la portée allait bien au-delà de ce scandale particulier : « Il ne se passe rien dans le mouvement sans que je le sache, que je l'approuve. Mieux même, il ne s'y passe rien sans que je le veuille. »

Les méfaits du parti nazi, insistaient-ils, incombaient directement à Hitler. En conséquence de quoi, leurs attaques contre lui prenaient bien souvent un ton impitoyablement personnel. Jamais, par exemple, ils ne lui laissèrent le loisir d'oublier son fameux plongeon face au tir de l'adversaire, au moment le plus dramatique de la tentative de putsch de 1923, la marche vers l'Odeonsplatz à Munich.

À peine les troupes loyalistes avaient-elles commencé à tirer sur la colonne de ses partisans que Hitler s'était jeté à plat ventre sur la chaussée, utilisant les cadavres de ses camarades pour se protéger. On a donné plusieurs interprétations de ce geste : d'aucuns prétendent que Hitler tomba sur la chaussée parce qu'un camarade s'était agrippé à lui, délibérément ou par inadvertance ; d'autres, que c'est un réflexe de soldat au combat que de se coucher à plat ventre lorsque les balles se mettent à siffler. Il n'en demeure pas moins que le principal allié du leader nazi, le général Ludendorff, se releva et continua à avancer droit vers le feu hostile après les premières salves, tandis que Hitler, une épaule démise, s'esquivait honteusement avant d'être emmené en lieu sûr.

Mais pour le journal, il resterait pour toujours à plat ventre, créature à la fois lâche et dangereusement vipérine. En parcourant les chroniques publiées par le *Post* tout au long des derniers mois de son combat contre Hitler, je découvris par hasard un dessin humoristique publié en novembre 1932. À un moment de terrible faux espoir. Après avoir joué pendant deux ans les vagues déferlantes, le vote en faveur du leader nazi dans ce scrutin du 7 novembre, les dernières élections libres que connaîtrait le pays, enregistra une perte de deux millions de voix. Certains, y compris parmi l'équipe du *Post*, crurent que la menace hitlérienne était sur le point de se dissiper, à seulement un cheveu de la prise de pouvoir. Le dessin montrait un Hitler éjecté d'un coup de pied par les électeurs et atterrissant ignominieusement sur le pavé.

ENCORE À PLAT VENTRE ![6]

s'exclamait la légende sur un ton de triomphe prématuré.

Quelque chose dans ce dessin m'apporta comme un effluve de l'euphorique et tragique combat du *Münchner Post*. Il semblait sans cesse être à une histoire, à une révélation près d'étouffer le serpent. Une fois, il sembla même qu'il fût à un détail près de l'acculer au suicide. Lors de la mort de Geli Raubal, les questions soulevées par le journal concernant la nature des relations de Hitler avec sa nièce et le rôle qu'il avait joué dans le geste fatal de celle-ci, l'indication qu'elle avait eu le nez brisé avant de périr, firent que Hitler faillit se tirer une balle dans la tête, à en croire plusieurs de ses proches qui se trouvaient avec lui. D'après son avocat Hans Frank, qu'il chargea de menacer le *Post* de procès pour son article sur l'affaire, Hitler se lamentait qu'« il ne pouvait plus voir un journal ou cette terrible campagne de diffamation le tuerait[7] ».

Hélas, il n'en fut rien. Durant les seize mois qui suivirent le mort de Geli Raubal, alors que leur bataille avec Hitler et le parti nazi avait atteint son apogée, ils furent encore à une histoire près de provoquer son effondrement, jusqu'à ce fatal 30 janvier 1933 où il devint trop tard.

Bien d'autres journalistes participèrent à ce combat. Il y eut notamment Konrad Heiden, correspondant à Munich de la *Frankfurter Zeitung*, puis fondateur d'un groupe de presse antinazi installé à Berlin, et Rudolf Olden, correspondant à Munich de journaux berlinois, lesquels eurent tous deux la vie sauve et écrivirent des livres cinglants sur Hitler dans le but d'alerter l'Occident. Et Fritz Gerlich de *Der Gerade Weg*, qui, lui, n'eut pas la chance d'en réchapper.

Mais l'équipe du *Münchner Post* — des hommes

comme Martin Gruber, Erhard Auer, Edmund Goldschagg, Julius Zerfass — était chaque jour sur la brèche, s'escrimant avec Hitler, avec ses bandits et leurs menaces, testant le pouvoir de la vérité à vaincre le mal, et partageant la frustration d'en découvrir les limites. Ils perdirent, mais il y a plus dans leur héritage que l'héroïsme dont ils firent preuve (même si cela à soi seul mériterait davantage de reconnaissance qu'ils n'en ont reçu des journalistes allemands qui leur ont succédé). Ils laissèrent, dans les pages jaunâtres de vieux numéros d'archives, une image, une explication cohérentes. Un point de vue qui a été dans une large mesure perdu pour l'histoire et pour le débat sur la personnalité du futur dictateur. Un héritage qu'ils n'eurent jamais le temps de récapituler dans les pages d'un traité, mais qui émerge clairement de leur compte rendu quotidien de Hitler et du parti hitlérien.

Ces trépidantes et effroyables deux dernières années furent dominées, dans les colonnes du *Post,* par une série de scandales explosifs étroitement liés à l'entourage du chef nazi, et qui commença par un chantage sexuel relativement banal, lequel, une fois dévoilé par le journal, déboucha sur une véritable escalade médiatique concernant des scandales bien plus graves et plus meurtriers au sein du parti hitlérien. D'abord la découverte de l'existence de la « Cellule G »[8], aux délibérations secrètes, surprise en flagrant délit alors qu'elle s'apprêtait à se débarrasser des dirigeants qui lui avaient causé des tracas dans l'entreprise de chantage initiale. Ce qui conduisit à une découverte encore plus effrayante et, hélas, prophétique, celle des projets du parti relativement à un bain de sang, l'exécution de leurs adversaires politiques une fois qu'il se serait emparé du pouvoir, un embryon de massacre collectif destiné à servir d'avertissement.

Les journalistes de la cuisine aux poisons entrevirent même obscurément l'ombre de l'Holocauste. En mettant en exergue le fatal euphémisme qu'utiliserait Hitler pour désigner le génocide, *Endlösung,* la solution finale, dans un article terriblement prophétique, daté du 9 décembre 1931 et intitulé « Les Juifs dans le IIIe Reich ».

Moins d'un an avant la prise de pouvoir de Hitler, le *Post* rapporta avoir découvert un « programme secret », grâce à un informateur SA. Programme par lequel le parti hitlérien « a élaboré des mesures spéciales pour solutionner la question juive lorsqu'il serait au pouvoir, mesures classées ultra-secrètes. Il a été interdit d'en discuter en public par crainte des répercussions possibles sur la politique étrangère ».

Ce qui suivait était une liste extrêmement détaillée de décrets antisémites annonçant avec une étonnante précision les étapes successives des restrictions et des persécutions que mettrait en œuvre le parti nazi entre 1933 et 1939. Mais le *Post* ajoutait une touche supplémentaire : la possibilité d'une « solution *finale* ».

La liste des restrictions envisagées nous semble aujourd'hui familière : interdictions pour les Juifs d'occuper une fonction dans la Justice, l'administration, les professions libérales ; surveillance policière, incluant l'obligation de posséder un permis de séjour et une carte d'identité particulière ; confiscation des entreprises et des biens juifs ; détention et expulsion des Juifs « indésirables », ainsi qu'un train de lois du type de celles de Nuremberg, proscrivant les mariages mixtes, les rapports sexuels et les relations sociales avec le reste de la population.

Tout cela devant mener à une « solution finale » ultérieure : « Pour la solution finale de la question juive, il est proposé d'utiliser les Juifs allemands comme esclaves dans la culture des terres marécageuses, sous le commandement d'une division spéciale SS. »

On ne peut s'empêcher de frissonner devant un tel tableau, devant cette division entre une ségrégation légale et ce qui semble se profiler au-delà, le fait d'arracher physiquement les Juifs à la société allemande pour confier leur sort de serfs cultivant les marais aux SS. On perçoit dans cette évocation comme un écho prémonitoire de l'odieuse farce concernant la solution finale dont Hitler, Himmler et Heydrich se feraient plus tard les acteurs, comme en témoignent les « Libres propos » de Hitler lui-même : n'est-il pas incroyable qu'on fasse courir la rumeur que nous exterminons les Juifs alors que nous nous contentons de les entasser dans les marais russes ?

Les journalistes du *Münchner Post* étaient-ils conscients que ces marais risquaient de devenir des euphémismes pour les charniers à venir ? On ne peut que faire des suppositions quant à ce qu'ils pressentaient derrière cette solution finale mentionnée par eux dès 1931. (Un rapide parcours des journaux allemands et étrangers de la période ne fournit aucun indice que cette révélation ait inspiré à l'un d'entre eux le désir d'en savoir plus.) Toutefois, dans leurs articles et leurs reportages, dans leur chronique des kyrielles de meurtres commis par le parti hitlérien, les reporters du *Post* ne laissaient à peu près rien dans l'ombre quant à sa véritable nature et à ses desseins. C'était là, noir sur blanc : une association criminelle s'abritant derrière le masque d'une organisation politique légale. Au point que cet accent mis sur les activités sordides, relevant de la délinquance pure et simple, de la clique du leader nazi constitue une sorte de marque stylistique des journalistes du *Post*. De fait, ils furent des chroniqueurs judiciaires enquêtant sur un complot criminel recouvert du manteau d'un mouvement politique. Rôle qui m'apparut pleinement à travers la conversation que j'eus avec le fils d'un des principaux responsables de la cuisine aux poisons, leur reporter politique vedette, le « rossignol prussien »[9].

Tel était en effet le surnom que ses collègues du *Münchner Post* avaient donné à Edmund Goldschagg, un des plus remarquables protagonistes de cette guerre contre Hitler. Prussien, parce qu'avant d'être engagé par le *Post* en 1928, il avait longtemps travaillé pour un journal de Berlin. Rossignol, parce qu'il était célèbre pour sa prose exubérante, pleine de vivacité et souvent musicale, qui n'avait d'égale que la bonne humeur qu'il faisait régner au *Stammisch* (table d'habitués) du *Post*, au Café Heck, grâce à ses bons mots et à ses chansons.

En parlant avec Rolf, le fils de Goldschagg, à Munich, je m'aperçus qu'il ignorait très largement le détail des plus spectaculaires escarmouches survenues entre son père et Hitler. Il est vrai qu'elles avaient eu lieu avant sa naissance. Et l'ouvrage à tirage limité qu'il avait fait imprimer à titre d'hommage ne contenait qu'un chapitre sur la période antérieure à1933. Cette ignorance pouvait être en partie attribuée au fait que la vie de son père, une fois Hitler au pouvoir, était devenue extrêmement mouvementée, et absolument héroïque. Après la mise à sac du *Post*, le rossignol prussien avait été arrêté et incorporé dans l'armée. Renvoyé pour ses opinions politiques, il avait réussi à revenir à Munich, en dépit de sa condition de suspect, et avait abrité une jeune Juive durant les deux dernières années de la guerre. Puis il avait été l'un des fondateurs de ce qui allait devenir le puissant quotidien de l'Allemagne du Sud, la *Süddeutsche Zeitung*.

En partie aussi, ce manque d'informations du fils pouvait être dû à son caractère très différent de celui du flamboyant militant socialiste antihitlérien. Cependant, le descendant du rossignol prussien fit une remarque cruciale et mémorable à propos de la vision que son père avait d'Adolf Hitler. Je lui avais posé la question que j'avais déjà soumise à un grand nombre de survivants et de spécialistes de la période hitlérienne : croyez-vous que le comportement de Hitler puisse s'expliquer par une forme quelconque de démence ou de dérangement mental ?

« Non, répondit-il avec plus de vigueur qu'il n'en avait mis dans tout autre commentaire sur la cuisine aux poisons, mon père ne pensait pas que Hitler était fou. Il parlait toujours de lui comme d'un *criminel politique*. »

Pas un politicien criminel, un criminel politique. En l'entendant pour la première fois, je crus flairer dans cette expression comme un relent de jargon marxiste. Mais après avoir parcouru quelque temps les numéros d'avant 1933 conservés aux archives, j'en conclus que le *Post* n'était pas l'otage de l'orthodoxie marxiste ; bien au contraire, ses journalistes étaient des anticommunistes qui nourrissaient le plus grand mépris pour la terreur policière à coloration marxiste régnant en Union soviétique, mépris qui transparaissait dans le surnom ironique qu'ils avaient donné à l'escadron de la mort dont ils avaient révélé l'existence au sein du parti nazi : « la Tcheka de la Maison Brune », la Tcheka étant alors le nom de la redoutable police secrète soviétique. Le *Post* était plus libéral et populiste que marxiste.

Et, de fait, après m'être immergé dans leurs reportages, sur Hitler et son parti, je compris que « criminel politique » n'était pas une expression gratuite, qu'il s'agissait d'une formule soigneusement pesée exprimant une vision plus large, à savoir que le mal hitlérien ne provenait pas de quelque abstraction, d'une croyance supérieure pernicieuse, ni même d'une idéologie n'hésitant pas à recourir à des procédés illégaux, y compris l'exécution sommaire, pour arriver à ses fins ; que ce mal était, sous un vernis idéologique, le fruit des propres penchants criminels de Hitler.

En témoignent, jour après jour, les exemplaires du *Post*, moins à travers les grands scandales, les manchettes qui font l'événement, que dans les annonces quotidiennes d'assassinats. « Meurtre de la Fehme [l'escadron de la mort] en Thuringe », « Meurtre brun à Stuttgart », « Tuerie SA à Halle », « Terreur brune à Magdebourg », « Meurtres nazis à Lippe ». Rares sont les numéros, en ces deux dernières années, qui ne font pas état d'un, le plus souvent de deux, trois ou quatre meurtres avérés d'opposants politiques commis de sang-froid par des membres du parti hitlérien. Parallèlement, ce à quoi l'on assiste, c'est à l'élimination systématique des plus vaillants et des plus sincères adversaires du chef nazi, tués à coups de revolver, battus à mort, poignardés, étranglés, noyés, ou tout bonnement disparus à jamais. Suivent fréquemment des comptes rendus relatant la manière dont les tribunaux relâchent les coupables ou les condamnent à des peines s'appliquant davantage à de simples vols à la tire.

Ce sinistre tam-tam quotidien du *Post* confère une autre dimension à la montée de Hitler, dimension parfois absente des grandioses explications formulées après-guerre et qui tendent à donner un caractère inéluctable à l'accession au pouvoir du dictateur, telles que la situation économique, le traumatisme subi par toute une génération, l'antisémitisme chrétien, la peur du modernisme, l'emploi de nouvelles techniques de propagande, les défilés aux flambeaux de Nuremberg, le maniement de symboles puissants, les foules fanatisées, la rhétorique du discours et, par-dessus tout, l'idéologie.

Même si tout cela est vrai, même si tout cela peut expliquer l'attrait exercé par Hitler, cela n'explique pas pour autant le succès de Hitler. Comme Alan Bullock a été le premier à le montrer, le dictateur fut, sur le chemin du pouvoir, aussi près de l'échec que de la réussite. En réalité, ce qui manque à ces grandes explications, c'est ce qui apparaît sur le terrain, si l'on peut dire, le climat de terreur, palpable dans ces pages du *Münchner Post*, la liquidation accomplie de façon méthodique, étape par étape, des leaders de l'opposition au chef nazi, exécutés par ses propres tueurs à gages.

De ce déchaînement de criminalité politique décrit par

le *Post* émergent deux autres types de méfaits, moins brutaux et sanglants que l'assassinat, et qui sont une sorte d'étrange métaphore, de signature des exactions du Hitler de Munich et de ses acolytes : le chantage et la falsification.

La meilleure façon, peut-être, d'appréhender la vision de Hitler qui était celle des journalistes de la cuisine aux poisons consiste à examiner l'une des emblématiques affaires de chantage qu'ils rapportent, avant de passer à l'objet de la falsification qu'ils dénoncent, non pas de banals documents truqués, mais une vaste contrefaçon de l'histoire elle-même.

La bataille finale, qui allait se prolonger deux longues années entre Hitler et la cuisine aux poisons, débuta avec le numéro du 22 juin 1931, qui s'ornait de cette manchette au ton sarcastique :

CHAUDE CAMARADERIE À LA MAISON BRUNE [10]

avec comme sous-titre :

La vie sexuelle sous le Troisième Reich

Ce qui suit nous plonge dans les sombres arcanes de la science de l'escroquerie du parti nazi, une sous-culture du vice se nourrissant d'elle-même et qui élève la lettre de chantage au rang de magie noire.

La pièce centrale de cette histoire est une missive tortueuse, véritable chef-d'œuvre de duplicité, adressée au commandant des SA, Ernst Roehm, à propos d'une enquête menée pour le compte de celui-ci par l'auteur de la lettre en question, sur une autre tentative de chantage dirigée contre ce même Roehm. On a là un des traits caractéristiques des intrigues ourdies par le parti de Hitler, à savoir que tout chantage en engendre un autre, en cache un autre à l'identique, qui, tel un parasite, tire de lui sa substance, selon une logique hobbesienne où le prédateur dévore le prédateur dans une jungle dominée par la frénésie des appétits grossiers. À cela vient s'ajouter, en l'occurrence, un cambriolage dans le style Watergate afin de récupérer la correspondance obscène des plus embarrassantes ayant servi de base au chantage initial.

Mais avant de présenter son sensationnel rapport sur

« La vie sexuelle sous le Troisième Reich », le *Münchner Post* prend bien soin de préciser les motifs qui l'ont conduit à s'intéresser à des détails aussi sordides. Le premier paragraphe présente une citation de l'idéologue du parti, Gregor Strasser, stigmatisant les tentatives faites par les organisations de gauche pour abroger le fameux article 175 de la Constitution de Weimar qui assimile l'homosexualité à un délit. « Pourtant, déclare l'article, toute personne bien informée, et en particulier Gregor Strasser, sait fort bien qu'au sein du parti hitlérien la plus flagrante putasserie de l'espèce visée par l'article 75 est monnaie courante. »

« Aujourd'hui, continue-t-il, Hitler fait de Roehm [qui venait de passer plusieurs années de demi-exil en Bolivie, le temps que s'apaise le scandale provoqué par de précédentes affaires d'homosexualité] son commandant en chef, ce qui revient à demander au loup de garder la bergerie. » Toutefois, l'important pour le journal, ce n'est pas l'homosexualité, mais « l'écœurante *hypocrisie* dont fait preuve le parti nazi, qui feint l'indignation morale alors que, dans ses propres rangs, prévalent les pratiques perverses les plus éhontées ». C'est pour cette raison que « nous éprouvons le besoin de dénoncer la situation choquante régnant à l'intérieur du parti hitlérien. Nous publions ci-dessous le rapport envoyé par un attaché de presse du parti, un certain Meyer de Regensberg, à Roehm à Munich... Ce rapport est à la fois une lettre de confirmation [que la mission a bien été accomplie] et une lettre de chantage destinée à rafraîchir la mémoire du commandant en chef quant à ses propres déclarations sur ses activités homosexuelles illicites, et cela dans l'espoir d'obtenir prochainement du galon dans le parti ».

Un joli morceau d'insinuation perfide que cette lettre de Meyer. Les libertins et poètes partisans de la Restauration s'étaient vu désigner, à la fin du XVIIe siècle, comme « une bande de gentilshommes qui écrivent bien ». Meyer, pour sa part, appartient à cette bande de malfrats cultivés entourant Hitler qui écrivent bien la littérature de chantage.

Sa lettre à Roehm, reproduite intégralement par le *Post*, commence par un récit volontairement détaillé de leur rencontre, récit qui aurait été totalement superflu s'il n'avait eu pour visée de servir de moyen de pression sur Roehm. Cela se passait un soir, écrit-il, alors que le chef des SA, à moitié ivre, jubilait à l'idée de reprendre la tête de l'armée privée de Hitler. D'humeur badine, il avait déclaré que « l'homosexualité était inconnue [en Bolivie] jusqu'à son arrivée, mais qu'il avait fait en sorte de remédier rapidement et durablement à cet état de choses ».

Puis, à en croire la « note de rappel » de Meyer, Roehm l'avait chargé d'intervenir dans une tentative de chantage dont il était victime. Ce qui avait abouti à la mission d'espionnage et de vol que Meyer décrit ouvertement pour le plus grand bénéfice de Roehm, mais surtout afin de prouver combien celui-ci a les mains sales.

Sur quoi Meyer se livre à un tour d'horizon des fréquentations homosexuelles de Roehm sous prétexte d'établir l'identité du maître chanteur. La première étape concerne un lieu de débauche se faisant passer pour le cabinet médical d'un certain docteur Heimsoth, personnage digne de Raymond Chandler. « Vous avez mentionné, rappelle avec un soin méticuleux mais sans aucune nécessité Meyer à Roehm, que vous vous étiez rendu par inadvertance dans des bistrots homosexuels en compagnie du docteur Heimsoth pour y faire la connaissance de jeunes invertis. Vous êtes également allé, à plusieurs reprises, au cabinet du docteur Heimsoth, où vous avez eu l'occasion d'admirer sa collection, "d'une grande valeur artistique", de photographies masculines érotiques. Vous avez attiré tout spécialement mon attention sur le fait que le docteur Heimsoth possédait des lettres de vous que vous étiez extrêmement désireux de récupérer. »

On imagine aisément, tandis que nous suivons l'expert en chantage désigné par Roehm jusqu'au cabinet du médecin maître chanteur, les conséquences que ne manquerait pas d'avoir aujourd'hui, pour un candidat à la présidence, la publication dans un organe de presse des résultats d'une enquête sur les parties de plaisir obscènes d'un de ses principaux collaborateurs.

Arrivé au cabinet du docteur, Meyer accuse Heimsoth d'être à l'origine des articles infamants sur les mœurs dépravées des proches de Hitler publiés antérieurement par le *Münchner Post*. Heimsoth se défend à peine et lit à Meyer sa propre lettre de chantage à Roehm, rédigée en des termes à peine voilés, dans laquelle il réclame « l'organisation d'une agence de presse et des fonds pour la financer ». Une lettre de chantage dans une lettre de chantage.

« Je l'ai rassuré, assure sournoisement Meyer à Roehm, et lui ai demandé de prendre en considération le fait que vous étiez totalement absorbé par l'affaire Stennes » (une rébellion à l'intérieur des SA). Mais cela ne satisfait pas l'anxieux Roehm. Comme Meyer revient les mains vides, sans le paquet de lettres d'amour en possession du médecin, Roehm l'informe que ces lettres « doivent être récupérées *à tout prix,* et vous [Roehm, auquel il continue de rappeler des événements que celui-ci n'a nul besoin qu'on lui remette en mémoire] m'avez demandé d'employer les moyens nécessaires ». Après quoi, il attise la paranoïa de Roehm en déclarant que « d'après [son] sentiment [il existe] des liens entre le docteur Heimsoth et Strasser » — à savoir Otto Strasser, ancien partisan de Hitler passé dans l'opposition, et frère de Gregor Strasser.

Ne voulant pas laisser échapper une occasion d'embarrasser Roehm au cas où la lettre serait rendue publique (c'est-à-dire si Roehm refusait de s'acquitter de sa dette), Meyer rapporte alors quelques-unes des réflexions acerbes du chef des SA à propos de Goebbels. Puis il en vient au cambriolage : « La pièce de l'immeuble de la Beyreuther Strasse qui sert de cabinet au docteur Heimsoth et où il garde les lettres peut être ouverte facilement par un ouvrier habile après sept heures du soir. »

Le rusé Meyer, qui ne tient manifestement pas à se compromettre, et souhaite peut-être laisser Roehm dans le vague quant à la personne détenant à présent les lettres, ne précise pas s'il a obtempéré et commis le cambriolage en question. Ce vertigineux tourbillon d'effractions, d'extorsions, de contre-extorsions et de menaces de chantage au premier, deuxième et troisième degré donne l'impression d'un complot enveloppant le chef de l'armée de Hitler comme les serpents autour de Laocoon, le tout exprimé par la voix de l'« ami » de Roehm, le fameux Meyer, et figurant à la une du quotidien munichois.

Roehm et le parti nazi réagirent le lendemain même en proclamant que la lettre de Meyer était un faux[11]. Du litige compliqué qui dura de longs mois, il ressort que Meyer avait bien écrit la lettre, mais que, au lieu de l'envoyer directement à Roehm, il s'en était, semble-t-il, servi pour faire chanter le chef des SA, menaçant de la communiquer au *Münchner Post*, ce qu'il fit effectivement. En fin de compte, huit mois plus tard, Roehm retira sa plainte contre le journal et accepta de régler les frais de procédure, ainsi que ceux du rédacteur en chef du *Post*, Martin Gruber[12].

Mais cette histoire eut bien d'autres conséquences. Elle révéla au grand jour et aggrava la scission existant entre Roehm et ses ennemis de l'intérieur ; de plus, elle aboutit à la création de l'escadron de la mort du parti nazi, la « Cellule G », qui fournirait au *Post* un article sensationnel, et apporterait en dernière instance la fange du meurtre, de la prostitution et de l'escroquerie jusqu'à la porte de Hitler lui-même : « *Il ne se passe rien dans le mouvement sans que je le veuille* », rappelait le journal aux Munichois et à un monde refusant de l'écouter.

Ce qui est significatif dans ces scandales, ce sont moins les actes spécifiques qu'ils révèlent que la pratique du chantage dont ils témoignent. Cet égout plein de secrets honteux, cette enfilade de paravents, ce réseau de liens coercitifs ayant Hitler pour centre. Tel est le non-dit des propos menaçants de Meyer à Roehm : Hitler ne peut rien faire ; il lui est impossible d'arrêter cette comédie sordide en en chassant les éléments corrompus, pour la bonne raison qu'il est lui-même pris au piège, que chacun possède un moyen de faire pression y compris sur lui.

C'est du reste de cette manière que l'hedomadaire bavarois *Die Fanfare* décrit le rapport de Hitler avec le système de chantage instauré à l'intérieur de son propre parti. En septembre 1931 (soit trois mois après qu'a éclaté l'affaire précédente), dans un éditorial faisant état des rumeurs sur le caractère pervers des relations du leader nazi et de Geli Raubal, rumeurs provoquées par le mystérieux suicide de celle-ci, l'hebdomadaire affirme que les « responsables à l'échelon inférieur en savent tellement sur leur chef suprême que Hitler est, pour ainsi dire, leur otage et se trouve par conséquent dans l'incapacité d'intervenir et d'entreprendre une purge lorsque des dirigeants du parti sont mêlés à de ténébreuses affaires ».

On a ici la quintessence de la vision du *Münchner Post* sur le Hitler de Munich : un Laocoon, trop empêtré dans de sinueuses manœuvres pour pouvoir s'extirper des « ténébreuses affaires » en question.

Si j'ai insisté sur les pratiques de chantage dans lesquelles était englué le futur dictateur, c'est que l'intérêt opiniâtre accordé par les journalistes du *Post* à la série de scandales qui secouèrent le parti nazi me semble receler bien plus qu'une soif de sensationnalisme. Elle reflétait sans doute à leurs yeux une vérité primordiale sur le mouvement créé par Hitler, une vérité émanant d'un trait essentiel de sa personnalité. On aura reconnu ici le Hitler engagé dans de savantes tractations avec sa brebis galeuse de neveu ; un Hitler que nous verrons plongé jusqu'au cou dans les intrigues suscitées par sa relation avec sa nièce Geli Raubal. Un Hitler pour qui le chantage était devenu plus qu'une seconde nature, une donnée de sa nature *première*, de sa conception personnelle du monde.

Même si le mot chantage est le plus souvent employé aujourd'hui pour désigner la menace de révéler un secret honteux, de porter atteinte par la dénonciation à des biens incorporels tels que la notoriété ou l'image d'un individu, je veux parler ici du chantage dans son sens primitif plus large de « paiement quelconque obtenu par intimidation ou pression », comme l'indique le dictionnaire, ce qui inclut la menace physique ou le préjudice économique aussi bien que la ruine de la réputation. Dans son essence, la relation de chantage est la menace d'un dommage futur pour arracher un accord immédiat. Et cette vérité sur Hitler que les journalistes du *Post* furent les premiers à saisir dans leurs reportages, c'est la manière dont il voyait le monde, dont il s'était hissé jusqu'au pouvoir — dont il manipulerait par la suite chefs d'État et nations —, avec la mentalité et les méthodes, l'expérience chèrement acquise et les dons de discernement d'un parfait escroc.

Ce fut un élément crucial à presque chaque étape de son ascension. Et tout au long des derniers et fiévreux mois de luttes intestines, de combats de rue, d'assassinats politiques et de cyniques marchandages qui allaient lui permettre de s'emparer de la chancellerie le 30 janvier 1933, victoire où, d'après la plupart des spécialistes (mais pas tous), le chantage joua un rôle de premier plan. En particulier pour vaincre les réticences du président du Reich, von Hindenburg — qui le qualifiait avec mépris de « caporal bohémien » — à le nommer chancelier.

Nombre d'historiens [13] estiment en effet que la rencontre secrète qui eut lieu entre Hitler et Oskar Hindenburg, le propre fils du président en même temps que son secrétaire et factotum, provoqua un changement significatif dans l'attitude du vénéré mais déclinant maréchal, alors âgé de quatre-vingt-six ans. Hitler aurait, suppose-t-on, fait planer au-dessus de la tête des Hindenburg l'éventualité d'un soutien, ou au contraire d'une opposition du parti nazi à l'enquête parlementaire sur le scandale de l'Osthilfe (dans lequel, prétendait-on, de fastueux prêts gouvernementaux avaient été détournés au profit de vieilles familles junker qui, bien que propriétaires de vastes domaines en Prusse orientale, n'en éprouvaient pas moins des difficultés financières, et parmi elles, les Hindenburg). Le bruit courait que le scandale risquait d'éclabousser le président lui-même ainsi que ses plus proches alliés et mécènes junker. La parti nazi avait d'abord favorisé l'enquête de corruption menée par le Reichstag — Hindenburg avait été, après tout, le principal adversaire de Hitler dans deux élections âprement disputées. Mais après l'entrevue avec Oskar von Hindenburg, et une fois que Hitler eut pris le pouvoir avec la bénédiction du vieux maréchal, l'enquête concernant l'Osthilfe fut complètement abandonnée.

Puis, en 1938, alors que Hitler tentait de s'assurer, à l'intérieur, le contrôle absolu de l'Allemagne et, à l'extérieur, une position dominante en Europe, se déroulèrent deux épisodes de chantage qui firent toute la différence. En janvier, avant d'imposer l'*Anschluss* à l'Autriche, de jouer son va-tout en envahissant la Tchécoslovaquie et de tromper Britanniques et Français par son attitude conciliante à Munich, le dictateur avait besoin de consolider son emprise sur l'armée allemande, dont le corps des officiers aux opinions conservatrices n'avait appuyé qu'avec tiédeur sa menace de réoccuper la Rhénanie en 1936 (seule l'inertie des troupes françaises avait permis à Hitler de gagner son pari). Les membres de l'état-major étaient persuadés que les ambitions du Führer au sujet de l'Autriche et de la Tchécoslovaquie provoqueraient une guerre qu'ils n'étaient pas en mesure de remporter.

En particulier, la résistance des deux commandants en

chef de l'armée, les généraux Blomberg et Fritsch, constituaient pour Hitler un sérieux handicap, dans la mesure où, sans le bluff crédible d'une invasion, sa politique d'extorsion était vouée à l'échec, même avec des chefs d'État désirant la paix à tout prix.

Le dictateur et ses laquais possédaient une solution typiquement hitlérienne au problème : le chantage sexuel. Cela donna lieu à deux révoltantes intrigues successives, apparemment montées au bénéfice de Hitler par son alter ego, Heydrich. Tout d'abord, des photos pornographiques de la jeune et nouvelle épouse du général von Blomberg, témoignant du passé encore récent de celle-ci dans le monde de la prostitution, furent exhumées et remises aux plus prestigieux officiers supérieurs du Reich, forçant Blomberg à démissionner par peur du scandale. Puis un prostitué homosexuel connu sous le nom de « Joe le Bavarois » apparut comme par enchantement pour raconter aux autorités militaires qu'il avait vu le général von Fritsch, numéro deux de la Reichswehr, rémunérer les services de jeunes prostitués dans des bouges de Berlin. Bien que cette accusation (contrairement aux photographies de la femme de Blomberg) eût été, semble-t-il, forgée de toutes pièces, le général von Fritsch, soit pour échapper au scandale, soit parce qu'il avait réellement quelque chose à cacher, ne tarda pas à démissionner lui aussi. Laissant Hitler libre de nommer à leur place deux fantoches, les généraux Brauchitsch et Reichenau, et de manœuvrer ensuite, avec succès, afin d'arracher l'Autriche et la Tchécoslovaquie à la protection des Alliés sans avoir à tirer un coup de feu.

De la même façon, on pourrait dire que l'extorsion tint la première place dans les efforts déployés par Hitler pour mettre au pas les Juifs allemands, réduits à l'état d'esclaves, durant la période allant de 1933 à l'invasion de la Pologne en 1939. Dans les mois qui suivirent sa prise de pouvoir, alors que les agressions antisémites des SA et leurs actions de répression avaient conduit certains groupes au sein de la communauté juive à réclamer un boycott mondial des produits allemands, Hitler s'arrangea pour saper la cohésion et l'importance de cette menace extérieure en proclamant qu'il augmenterait d'un cran les persécutions si les Juifs allemands ne dissuadaient pas leurs coreligionnaires des autres pays d'appeler à l'embargo. Autrement dit, il menaçait de faire de « ses » Juifs des otages répondant du comportement des Juifs vivant à l'étranger, afin de les contraindre à une relative passivité. Et pour s'assurer également la passivité des quelques nations et chefs d'État non « enjuivés » l'accusant de vouloir étrangler les Juifs allemands, il menaça d'expulser ces derniers et de les débarquer sur les côtes des nations en question, dont la population et les responsables, même s'ils se sentaient, à une distance respectable, quelque peu (à peine) concernés, n'avaient aucune envie d'accueillir chez eux des flots de réfugiés.

Venons-en à présent à cet autre type de méfait qui apparaît, à côté du chantage, dans les articles de la cuisine aux poisons sur le Hitler de Munich : la falsification, la fabrication non pas de faux billets mais d'une fausse histoire, l'altération du passé.

Peut-être aurais-je dû préciser qu'il n'est nullement dans mes intentions de prétendre que chantage et falsification sont en quoi que ce soit les pires crimes de Hitler, qu'ils peuvent se comparer aux meurtres politiques en série commis par son parti à Munich et dans toute l'Allemagne de la République de Weimar, ou aux massacres perpétrés après 1939. Simplement, ils représentent en quelque sorte des signatures, la marque d'une composante essentielle de la psychologie de Hitler, traduisant certaines vérités sur son esprit et ses méthodes. Et par-delà, j'ai le sentiment que, dans leur intérêt pour ces délits particuliers, les reporters de la cuisine aux poisons avaient conscience que chantage et falsification étaient des armes primordiales, celles qui peuvent causer le plus de dégâts.

D'où leur animosité obsessionnelle à l'égard des « faussaires politiques », comme ils ne cessent d'appeler Hitler et son parti. Cette obsession, j'ai commencé à mieux la comprendre après plusieurs journées émouvantes à faire défiler les microfilms des neuf dernières semaines de l'existence du *Münchner Post* et à vivre en compagnie des reporters de la cuisine aux poisons, à travers leur regard, jour après jour, cette terrible agonie qui commença avec un Hitler apparemment sur le déclin à la suite de son revers électoral de novembre. Pour se poursuivre tout au long de cette ultime semaine, à vrai dire de ce dernier jour de janvier, lorsqu'une coalition des chefs les plus corrompus et les plus stupides des partis de droite, les dissensions de la gauche et du centre, et les manœuvres d'intrigants tels que Franz von Papen agissant avec le consentement des Hindenburg, portèrent soudain et de manière imprévue Hitler au pouvoir. Ce furent ensuite cinq semaines désespérées, durant lesquelles le *Post* continua à se battre en vain contre les ténèbres grandissantes. Jusqu'au 9 mars 1933, où les nazis supprimèrent les derniers journaux d'opposition encore existants et livrèrent les bureaux du *Münchner Post* à la rage destructrice des SA.

J'avais eu le désir, peut-être imprudent, d'essayer de retrouver l'expérience de ces dernières semaines qui avait été celle de témoins si tragiques. Imprudent, parce qu'il ne tarda pas à se révéler, à travers la gélatine du microfilm, que c'était une expérience déchirante, cauchemardesque, que de s'apercevoir avec les courageux journalistes du *Post* que, malgré leurs efforts surhumains, leurs sacrifices, les années de combat contre le leader nazi, les railleries, les révélations, les crimes, les hécatombes auxquelles il l'avait associé, Hitler avait gagné la partie, et que toutes ses menaces étaient en passe de devenir une terrifiante réalité.

Le première chose que l'on remarque au cours des deux premières semaines de janvier, c'est l'accélération dramatique du rythme des meurtres politiques. En ce qui concerne le numéro du 3, tandis que la première page est barrée par un bandeau provocateur formant ce vœu de nouvel an : IL EST DE NOTRE DEVOIR DE BATTRE HITLER DANS L'ANNÉE QUI VIENT, les pages intérieures enregistrent la sinistre augmentation des chiffres : *Meurtre par la Vehme au sein du Parlement* (l'assassinat d'un député socialiste du Reichstag), *Meurtres par la police et la Vehme* (traitement de clémence pour les tueurs de l'escadron de la mort nazi), *Meurtre par la Vehme en plein Frankfort, Meurtre par la Vehme en Thuringe*, et la liste continue, au point que, pour donner toute la mesure de son ampleur, est inauguré un relevé hebdomadaire des meurtres politiques.

Ces meurtres, en réalité ces assassinats, étaient devenus trop réguliers, trop fréquents, trop horribles pour être rapportés en détail. C'est pourquoi je fus intrigué par la décision du journal de consacrer tout un article au meurtre d'un individu précis afin d'illustrer les exactions de ces escadrons de la mort qu'il avait fini par surnommer, avec une virulence bien compréhensible, « les brutes sanguinaires de Hitler » [14].

Tout d'abord, je fus surpris qu'on ait choisi de mettre en vedette cette histoire, l'affaire Hentsch ; c'était curieux, en ce sens que la victime n'était pas un activiste antihitlérien, comme tant d'autres sur la liste du jour des « meurtres par la Vehme », mais une jeune recrue SA du nom de Herbert Hentsch [15] qui avaient été tuée par les hommes de main de Roehm pour un prétendu manquement à la discipline du parti. Tué, précisait le *Post*, par des bourreaux qui « criaient "Heil Hitler" pendant qu'ils le battaient à mort ».

« HITLER, QU'AVEZ-VOUS FAIT ? », tel est le titre du compte rendu du meurtre de Hentsch, un titre dont l'interrogation plaintive est celle de la mère atterrée par la mort de son garçon.

Hitler, qu'avez-vous fait ? : dans cette question réside, à mon avis, la principale raison de l'importance accordée à une telle affaire. Un adolescent naïf séduit par la propagande de Hitler, qui devient un de ses admirateurs et est ensuite battu à mort par la horde de « brutes sanguinaires » qu'il a rejointe — tout un symbole, ce jeune Herbert Hentsch, le symbole même de la nation allemande, de ces foules qui se sont laissé subjuguer par le charme de Hitler, en même temps qu'une sorte de prophète de la destruction guettant l'Allemagne et les Allemands pour avoir cédé et lâché la bride au chef de ces « brutes sanguinaires », le Führer en personne.

Au fil des semaines, le nombre de morts continue à faire d'effrayants progrès, les meurtres individuels cédant la place à une quantité de plus en plus grande de meurtres collectifs et de « bains de sang ». 23 janvier : « Bain de sang à Dresde ». 26 janvier : « Dix-neuf tués au cours d'un terrible bain de sang politique ». L'assassinat systématique tend à se transformer en tuerie à mesure que Hitler se rapproche du pouvoir. Lorsqu'il s'en empare, les journaux socialistes de Berlin sont frappés d'interdictions temporaires. Mais le *Münchner Post*, bravement, inexorablement, poursuit la lutte. On oublie fréquemment cet étrange interlude rempli de terreur entre le moment où Hitler devint le chef d'un gouvernement de coalition le 30 janvier et l'incendie du Reichstag le

27 février, avec la répression qui s'ensuivit, et le vote tronqué du 23 mars donnant au leader nazi les pleins pouvoirs, y compris celui de bannir totalement les partis et la presse d'opposition. Ces cinq dernières semaines, alors que Hitler dirigeait le pays et qu'une presse encore libre offrait au monde un aperçu de ce qui attendait l'Allemagne, de ce qui attendait l'Europe tout entière.

Au bout d'une semaine seulement de pouvoir hitlérien, le relevé hebdomadaire du *Post* indique 18 morts et 34 blessés graves lors d'agressions commises par les escadrons de la mort. 9 février : « Les mains tachées de sang du parti nazi ». 10 février : « L'Allemagne sous le régime hitlérien : meurtre et terreur politique ». Tandis que se succèdent les journées meurtrières, le ton devient, à juste titre, plus violent, plus horrifié : « Le parti nazi coupable de crimes de sang », « L'Allemagne d'aujourd'hui : pas un jour sans mort », « Terreur brutale dans les rues de Munich », « Hors-la-loi et meurtriers au pouvoir », « Le pays se laisse intimider » « Actualité sanglante du dimanche ».

Titres, meurtres suivent un crescendo presque insupportable jusqu'à ce que, brusquement, se produise un phénomène étrange dans trois numéros de février. Les meurtres disparaissent soudain de la première page, la chronique du combat désespéré que mènent au Reichstag les partis d'opposition persécutés s'interrompt et le *Post* consacre ses pages à ce qui ressemble à une chimérique, sinon oiseuse plongée dans le passé, avec un long article en trois parties précédé de cette manchette : LES CRIMINELS DE NOVEMBRE : CE QU'HITLER NE DIT PAS À SON AUDITOIRE [16].

À première vue, il s'agit d'un exposé historique extrêmement fouillé visant à répondre aux allégations vengeresses du nouveau chancelier selon lesquelles, s'il était arrivé au pouvoir, c'était pour remédier aux conséquences de la trahison de l'Allemagne par les « criminels de Novembre », ces politiciens signataires de l'humiliant armistice de novembre 1918. Mais plus qu'une leçon d'histoire aussi approfondie qu'enrichissante, c'était une attaque frontale contre ce qui représentait le premier, et à bien des égards, le plus sinistre exemple de « révisionnisme » nazi : le mythe du « coup de couteau dans le dos ».

Ce mythe, bien sûr, était un mensonge. En novembre 1918, les armées allemandes se trouvaient au bord de l'effondrement, le pays sur le point d'être envahi, et les généraux qui prétendraient par la suite avoir été à deux doigts de remporter la victoire imploraient le gouvernement de leur éviter une ignomineuse débâcle, d'entamer des négociations qui leur permettraient de rentrer chez eux en défilant à la tête de leurs troupes plutôt qu'en courant à toutes jambes derrière elles. Ils obligèrent les politiciens à se débrouiller pour qu'ils puissent sauver la face, puis ils se retournèrent et les poignardèrent dans le dos en proclamant qu'ils avaient été trahis.

C'était un mensonge criant, mais dont Hitler avait fait son cheval de bataille. Mieux encore : ce n'était pas seulement un mensonge dont il avait tiré profit, c'était un mensonge qui, dans une large mesure, l'avait *créé*, avait fait de lui ce qu'il était. C'est, on s'en souvient, à l'hôpital militaire de Pasewalk en novembre 1918, qu'il avait eu une sorte de vision d'une importance décisive. Un changement à l'échelle de toute une vie dû à l'annonce de la capitulation de l'armée allemande. Cette capitulation dont il dit très clairement, en racontant l'épisode dans *Mein Kampf* et ailleurs, qu'elle s'accompagna du sentiment de dégoût que l'armistice de novembre était une trahison, un bradage, un coup de couteau dans le dos. Cet instant d'effondrement complet (à la fois personnel et national), de désespoir absolu, puis d'injonction divine ou hallucinatoire, fut celui où il conçut à la fois la mission et la légende qui allaient le porter au pouvoir quinze ans plus tard. Aussi, pour les journalistes du *Münchner Post,* héritiers spirituels des « criminels de novembre » socialistes, le mythe du coup de couteau dans le dos n'était pas simplement une distorsion révisionniste, une falsification de l'histoire, il représentait le mensonge qui avait fait de Hitler Hitler, et un mensonge sur eux aussi.

C'est, je crois, la conscience aiguë du rôle central joué par ce mensonge dans la tragédie se déployant autour d'eux pendant les premières semaines de la nomination de Hitler au poste de chancelier qui poussa les reporters de la cuisine aux poisons à abandonner pendant trois numéros entiers la chronique quotidienne de l'horreur et à revenir, en 1918, à ce que l'on pourrait appeler la scène primitive du crime, au mensonge de la création de Hitler par lui-même.

Ce mensonge, ils l'avaient combattu dès le départ, ils lui avaient fait une véritable guerre depuis 1924. Mon intuition quant à la terrible nécessité qu'ils éprouvèrent de lancer en février 1933 une nouvelle offensive contre le mythe du coup de couteau dans le dos se trouva renforcée par une découverte que j'avais faite quelques jours plus tôt dans le sous-sol de l'Institut für Zeitgeschichte, le célèbre Musée d'histoire contemporaine de Munich : la transcription de l'épique procès de « l'escroquerie du coup de couteau dans le dos [17] » qui se déroula en 1924, découverte grâce à laquelle il me fut possible de reconnaître l'auteur impétueux de l'anonyme série de février 1933.

Dans les dernières années avant l'arrivée de Hitler au pouvoir, alors que le sanglant tribut payé par l'opposition ne cessait de s'alourdir, la plupart des articles du *Münchner Post* ne comportaient aucune signature, une manière de rendre la responsabilité collective, de ne pas fournir de cible individuelle aux représailles des escadrons de la mort. Les articles des 13, 14 et 15 février sur les criminels de novembre n'étaient pas signés non plus, mais il me sembla avoir déjà entendu cette voix aux accents enflammés si caractéristique. Dans le compte rendu du procès du coup de couteau dans le dos de 1924, un extraordinaire combat juridique qui dura six mois, la première grande bataille que livrait la cuisine aux poisons contre le mensonge de la légende hitlérienne.

Cette guerre, elle l'avait provoquée délibérément et de manière quelque peu timorée à la suite de la publication, par un pamphlétaire d'extrême droite du nom de Nikolaus Cossman, d'une analyse des événements de novembre 1918 visant à donner un semblant de légitimité scientifique au mythe du coup de couteau dans le dos. Cossman s'efforçait de démontrer l'existence d'un complot diabolique et accusait plusieurs des politiciens ayant signé l'armistice d'avoir été payés par les services secrets français, autrement dit, d'être devenus des traîtres pour des pots-de-vin étrangers.

Le *Post* réagit en attaquant la théorie de Cossman, et Cossman lui-même, dans des termes si véhéments et si personnels qu'ils semblaient avoir essentiellement pour but de déclencher un procès en diffamation. L'article avait été écrit par le rédacteur en chef Martin Gruber, qui n'hésitait pas à qualifier Cossman d'« empoisonneur politique », épithète des plus expressives par laquelle la cuisine aux poisons renvoyait aux nazis leur imagerie venimeuse. Bien que grotesques, déclarait Gruber, les arguments de Cossman n'étaient pas seulement erronés : « s'il ne s'agissait que d'un crétin, son écrit suffirait largement à le rendre ridicule, mais c'est pire qu'un crétin » — c'était une crapule.

Une crapule d'une espèce particulière : un « falsificateur de l'histoire ». Gruber fait plus que de le traiter de falsificateur, il l'associe à la plus sinistre et à la plus destructrice fiction historique jamais inventée : les *Protocoles des sages de Sion*, ces « procès-verbaux » des réunions clandestines d'un complot mondial juif forgés par la police secrète tsariste et devenus depuis 1905 la Bible des antisémites. Une fiction que *Le Juif éternel* de Henry Ford contribua à répandre à travers le monde. Qui marqua d'une empreinte indélébile les idées de Hitler sur les Juifs. Et dont un historien parle comme d'un « permis de génocide »[18] qui prépara le terrain pour la montée du chef nazi et les massacres à venir.

Si les *Protocoles* furent un permis de génocide, la fable du coup de couteau dans le dos fut une justification à l'échelle de l'Allemagne : les Juifs et leur argent étaient derrière cette trahison, selon la version donnée par Hitler. En 1924 déjà, la plume rageuse de Gruber contre le faussaire Cossman semble électrisée par le pressentiment des funestes conséquences de ce bluff historique. Il injurie son adversaire, « escroc littéraire dégénéré s'adonnant au trafic de fausse monnaie », fasificateur de l'histoire qui « mérite non pas qu'on le pende, mais qu'on l'enferme dans un asile ». Certaines de ces invectives sont clairement destinées à persuader Cossman d'intenter une action en justice et à procurer ainsi à Gruber un forum pour en découdre publiquement avec l'invention du coup de couteau dans le dos. Mais l'accent mis sur l'idée de falsification, de contrefaçon, sur le lien avec les *Protocoles*, qui apparaît également dans le discours impétueux prononcé par Gruber pendant le procès, témoigne d'une réflexion approfondie sur le danger de laisser fausser l'histoire pour justifier le meurtre.

Ce procès fut, pendant un bref moment, un événement à l'échelon national, aujourd'hui presque oublié. En parcourant les 2 500 pages de débats microfilmés, je réussis à localiser l'appel final lancé à la cour par le prévenu Martin Gruber, une longue, éloquente, caustique et poignante plaidoirie, à travers laquelle il donnait l'impression d'un forcené, rendu fou furieux par le formidable combat avec l'hydre de l'erreur historique dans lequel il se trouvait engagé. Jusqu'à la dernière minute, il tenta obstinément d'apporter de nouvelles pièces à conviction, mémoires et carnets de généraux défunts qu'il était parvenu à dénicher, afin de réfuter les inventions et mensonges répandus sur les criminels de novembre. Il fallut pratiquement l'évacuer, hurlant et trépignant, de la salle d'audience pour qu'il finisse sa harangue, pour qu'il abandonne la tâche quasiment désespérée d'endiguer le flot de la contre-vérité historique. S'il gagna le procès sur le terrain de la preuve, il le perdit dans le jugement des nationalistes de droite qui présidaient le tribunal. Toutefois, jamais ceux-ci ne purent le faire taire.

Profitant de cette dernière chance qui s'offrait en 1933, alors que le temps pressait, que le temps était même révolu, de porter un ultime coup à Hitler, il avait repoussé tout le reste afin d'en découdre encore une fois avec la falsification alors passée pratiquement au rang de doctrine officielle du nouveau Troisième Reich. Cette fois, Gruber accusa Hitler lui-même d'être un « escroc de la politique », un faussaire du passé, un assassin de la vérité historique.

Je ne pus me retenir d'être profondément touché par le vaine fureur de Martin Gruber, la voix de la cuisine aux poisons, lançant avec la rage du désespoir un suprême assaut contre l'empoisonneur de l'histoire. Et je me surpris à méditer, comme je l'avais fait dans le cas du chantage, sur cet autre méfait symbole de l'image de Hitler dans l'esprit du *Münchner Post,* sur l'importance de la falsification en tant que trait caractéristique de la psychologie et des méthodes du dictateur.

C'est alors que me revint à l'esprit la vision, hélas négligée, du secret de l'ascension de Hitler fournie par cet autre journaliste munichois, Konrad Heiden, et qui commence sa célèbre, mais désormais introuvable biographie de 1944, *Der Führer*. Une vision qui me sembla, lorsque j'en pris connaissance, quelque peu subjective et mélodramatique, mais que la pratique de la falsification mise en exergue par le *Post* m'incita à reconsidérer. Une vision des plus inattendues concernant, là aussi, le rapport entre Adolf Hitler et la plus funeste contrefaçon de l'histoire de ce siècle, les *Protocoles des sages de Sion*.

Heiden avait suivi Hitler et le parti hitlérien depuis 1921, date à laquelle il avait commencé à assister à leurs meetings pour en faire des comptes rendus à l'intention d'un journal étudiant socialiste et plus tard de la *Frankfurter Zeitung*. Les nazis étaient tellement habitués à le voir dans les réunions qu'on racontait que Hitler ne prenait jamais la parole sans s'être assuré que Heiden se trouvait là pour noter ses propos et les rapporter, que ce soit en bien ou en mal. Avec le temps, ces relations perdirent quelque peu de leur bonhomie et de leur assiduité, jusqu'au moment où, en butte à des menaces de mort, Heiden fut forcé de franchir la frontière après l'arrivée de Hitler au pouvoir en 1933.

À chacune de mes lectures de la biographie écrite en exil par Heiden, j'avais été frappé par ce passage du début, cette extraordinaire reconstitution d'une journée de 1917 au cours de laquelle un membre de l'Okrana, la redoutable police secrète tsariste, dont les services avaient rédigé le faux connu depuis comme les *Protocoles des sages de Sion*, aurait remis une copie du document fallacieux à un étudiant de Moscou. Cet étudiant, Alfred Rosenberg, l'emporta avec lui à Munich, alors qu'il fuyait la révolution bolchevique, et en parla à un cercle d'antisémites allemands fanatiques et d'émigrés russes pleins de haine pour le « bolchevisme juif », qui deviendrait le noyau, le bailleur de fonds et la source de la légende d'une menace bolchevique juive internationale, laquelle façonnerait et servirait de tremplin au jeune parti nazi et à son Führer en germe, Adolf Hitler. Pour Heiden, Hitler fut avant tout une baudruche, une construction des faussaires ayant mis au point les *Protocoles*. Mais, pense Heiden, la relation avec le faux complot ne s'arrête pas là.

Si d'autres biographes n'ont pas manqué de souligner l'importance des *Protocoles* pour l'image de Hitler et de son parti, Heiden est, à ma connaissance, le seul à avancer un lien aussi singulier qu'ingénieux entre Hitler et cette affabulation. Un lien qui vaut la peine, selon moi, qu'on le tire de l'oubli en raison de la manière paradoxale dont il éclaire un aspect du dictateur : Hitler comme produit, création virtuelle d'une falsification de l'histoire et l'histoire comme produit de cette falsification.

Heiden nous rappelle que les *Protocoles* ne se contentent pas d'imaginer une machination ourdie par un complot juif mondial. Qu'ils se présentent en fait comme un véritable manuel stratégique et tactique dudit complot : comment subvertir les institutions et les valeurs traditionnelles, comment manipuler l'opinion publique et les médias, etc., toutes techniques empruntées par les agents de l'Okrana à un pamphlet de 1864 concernant les procédés machiavéliques de Napoléon III.

La stupéfiante hypothèse de Heiden, qui mérite l'attention compte tenu de l'intime connaissance du parti nazi qui était la sienne depuis le tout début de l'ascension de son chef, c'est que Hitler a repris les plans pernicieux, déjà revus et corrigés, attribués à ses pires ennemis, les Sages de Sion, pour les utiliser à son profit, en manipulant les médias, en sapant les institutions publiques, afin de mener à bien son propre projet de domination de la planète. Qu'il n'a pas simplement adopté le pseudo-complot juif comme fondement de sa conception du monde, qu'il a fait siennes les tactiques imputées aux Juifs par les faussaires tsaristes — et s'en est servi avec un remarquable succès. Un succès qui fait de lui en quelque sorte le fruit d'une falsification.

Cette théorie m'avait intrigué tout en me laissant sceptique, jusqu'à ce que je découvre la place considérable de la falsification historique dans la perception de Hitler par les reporters du *Münchner Post* : la falsification comme structure de base du caractère de celui-ci.

Et, de fait, si l'on examine le comportement de Hitler après son arrivée au pouvoir, on s'aperçoit qu'il n'a pas seulement eu recours à de faux documents, à des interprétations historiques mensongères, mais qu'il s'est attaqué à l'essence même de l'histoire. On en a un bon exemple avec la ruse dont il se servit pour justifier l'invasion de la Pologne en septembre 1939. L'acte qui provoqua la guerre et le génocide à venir fut un véritable imbroglio, dans lequel un groupe de soldats nazis revêtit des uniformes polonais afin de faire croire à une attaque contre une station de radio allemande située le long de la frontière. Hitler utilisa alors cette attaque par de pseudo-Polonais, assortie de photos truquées montrant de fausses victimes allemandes, comme prétexte pour lancer sa guerre éclair.

Peu après mon retour de Munich, je tombai par hasard sur un mince et curieux ouvrage dans la bibliothèque du Yale Club. Un essai anonyme écrit en 1940, dont l'auteur se présentait comme un « réfugié politique allemand ». Intitulé *Hitler's Counterfeit Reich*[20] (Le faux Reich de Hitler), il étendait la notion de falsification à chaque aspect du régime hitlérien. Une justice factice masquant la terreur étatique, une diplomatie factice reposant sur le chantage et le mensonge, et surtout des succès économiques factices masquant l'instauration du travail forcé, la confiscation des biens des opposants politiques et des Juifs, en même temps qu'une économie elle-même artificiellement dopée par le renforcement illégal d'une armée préparant la guerre. La partie concernant l'économie était particulièrement précieuse dans la mesure où elle battait en brèche le récit non moins factice, et qui persiste encore aujourd'hui, du « miracle économique » accompli par Hitler au cours des années 1930.

En un sens, il était réconfortant de penser que l'analyse de la cuisine aux poisons, son portrait de Hitler en faussaire, n'étaient pas totalement tombés dans l'oreille de sourds, que je n'étais pas le seul à y voir une manière éclairante de considérer le dictateur et son régime. Mais combien décourageant aussi de constater avec quelle adresse il avait réussi à rayer de l'histoire ses brillants et intimes premiers biographes. Qui connaît encore Martin Gruber, qui se souvient de lui en Allemagne, et à plus forte raison dans le reste du monde ?

Ses articles et ceux de ses confrères s'émiettant dans les sous-sols du musée Monacensia ou pâlissant sur les microfilms de l'Institut für Zeitgeschichte suscitèrent peut-être un écho dans l'obscur pamphlet sur le « faux Reich », mais à part ça...

Je revoyais ce jour de novembre 1991 à Munich, où j'avais parcouru, en quête du 19 Altheimer Eck, la petite rue en arc de cercle afin de rendre une sorte d'hommage au lieu de publication du *Münchner Post*. Pour m'apercevoir que le numéro 19 n'existait plus et découvrir une boutique d'imprimeur à l'intérieur d'une cour qui paraissait être celle où se trouvaient jadis les bureaux du *Post*. Sur le mur de la boutique était fixée une plaque indiquant qu'elle s'était installée dans cette cour en 1934, alors que l'adresse était encore le 19. Une plaque, qui ne faisait pas la plus petite allusion au journal qui avait vécu là, avait été saccagé et contraint à la fermeture, ne donnait aucune explication sur le changement de numéro. (La rue avait été, semble-t-il, renumérotée après la guerre.)

En écrivant ce chapitre, j'avais le désir d'amener les journalistes allemands contemporains à rendre justice aux hommes de la cuisine aux poisons, à ces reporters qui, par leur courage et leur zèle, ont tant fait honneur à cette profession. De les inciter à rendre de nouveau disponibles les écrits de la cuisine aux poisons, à offrir au lecteur allemand d'aujourd'hui la possibilité de revivre l'ascension de Hitler à travers le regard de Martin Gruber et de ses héroïques collègues. À rendre la vision de la cuisine aux poisons à l'histoire et aux historiens, dont les efforts pour expliquer la personnalité de Hitler ne peuvent que profiter du genre d'enquête intime accomplie par le *Münchner Post* dans son combat au corps à corps avec Hitler.

Et il y a encore une chose qui devrait être rétablie, d'après moi : son adresse. Puisse le 19 Alteimer Eck rappeler un jour le souvenir de la cuisine aux poisons.

II

Deux visions de l'après-guerre : sincérité et fausse sincérité

Où la question de l'image que Hitler avait de lui-même — était-il conscient de sa perfidie ou convaincu de sa « rectitude » ? — devient le sujet d'une stimulante querelle entre deux de ses plus éminents biographes

CHAPITRE 4

H. R. TREVOR-ROPER : LE PROFESSEUR ET LE CHARLATAN

Dans lequel un historien, pour avoir mis en valeur le charisme de Hitler, se voit accusé d'être lui-même envoûté et dans lequel un faux journal nous révèle la vraie fausseté du dictateur

L'arrêt de mort avait été posté à Lisbonne. Hugh Trevor-Roper, aujourd'hui Lord Dacre, n'a pas oublié ce détail. Évoquant l'incident par un soir d'automne, devant un grand feu, dans le salon du Oxford-Cambridge Club de Pall Mall, il traite à présent la menace, qu'il reçut peu après la publication en 1947 de son livre, *Les Derniers Jours de Hitler*, comme une amusante anecdote, même s'il semble l'avoir prise tout à fait au sérieux à l'époque.

« Cela venait de la bande Stern », dit-il, un groupe terroriste juif qui avait montré sa détermination en assassinant le médiateur au Moyen-Orient, le comte Folke-Bernadotte. Et d'expliquer que cette condamnation à mort était leur manière à eux d'exprimer leur désaccord avec la vision de Hitler qu'il avait donnée dans *Les Derniers Jours*.

Mais c'était bien plus qu'une anecdote : un signe, un symbole des passions qu'allaient déclencher après la guerre les explications avancées sur le dictateur. Et de ce qui était réellement en jeu : la nature de l'existence posthume du Führer.

Les Derniers Jours de Hitler de Trevor-Roper n'est pas seulement une des plus fameuses et des plus influentes biographies de l'après-guerre — continuellement rééditée même après un demi-million d'exemplaires et presque un demi-siècle —, c'est aussi une des premières. Et l'œuvre d'un homme dont l'intelligence exceptionnelle allait lui permettre d'accéder au grade sans doute le plus prestigieux de la carrière d'historien, celui de professeur titulaire de la chaire d'histoire moderne de l'Université d'Oxford. Ne nous laissons pas abuser par le titre du livre : même si les derniers jours passés dans le bunker de Berlin en constituent le sujet principal, l'ouvrage de Trevor-Roper fournit une vision d'ensemble du dictateur et propose un type d'explication qui deviendrait, durant les premières décennies de l'après-guerre, un des deux axes opposés de l'interprétation du phénomène hitlérien. Ce qu'on pourrait nommer l'axe romantique et l'axe classique, ou peut-être l'axe gothique et l'axe ironique. Hitler monstre ou charlatan, prophète ou cynique, fou ou manipulateur, telles sont quelques-unes des antinomies qu'expriment les visions dualistes de Trevor-Roper et d'Alan Bullock, ces deux éminents piliers de la recherche historique. Du moins en allait-il ainsi jusque récemment, comme nous le verrons, lorsque Bullock modifia de manière considérable sa position en réalisant une synthèse des thèse et antithèse auparavant représentées par Trevor-Roper et par lui-même.

La biographie de Trevor-Roper commença à la manière d'une mission secrète. En septembre 1945, les autorités soviétiques firent courir le bruit qu'Adolf Hitler était toujours en vie, qu'il avait peut-être même trouvé refuge dans le secteur de Berlin sous occupation britannique afin d'échafauder d'infâmes projets d'avenir. La décision soviétique de ressusciter Hitler, un des premiers signes avant-coureurs de l'âpreté que prendrait bientôt la guerre froide, allait donner naissance à ce qu'on a appelé le « mythe de la survie », l'idée que le dictateur aurait réussi à s'échapper de son bunker où l'on avait tout d'abord déclaré avoir retrouvé son corps.

La confirmation de la mort de Hitler était venue dans un premier temps des troupes soviétiques, mais la décision de répandre le mythe de la survie avait été prise par Staline lui-même, craignant peut-être que, Hitler disparu, on cesse de le considérer comme un moindre mal. Quoi qu'il en soit, les services secrets britanniques se chargèrent d'établir de façon définitive le décès du dictateur. Sir Dick White, alors sous-directeur de MI6, envoya à Berlin Trevor-Roper. Aux talents d'un historien professionnel, ce dernier joignait en effet les compétences d'un expert du renseignement qui avait acquis pendant la guerre une solide connaissance de l'état-major allemand en suivant les faits et gestes de ses éléments antihitlériens.

Trevor-Roper entreprit de vérifier minutieusement, jour par jour, heure par heure, voire minute par minute, l'emploi du temps de Hitler au cours des derniers mois passés dans son bunker, à partir du témoignage oculaire des officiers et aides de camp présents, y compris ceux qui arrosèrent de kérosène le cadavre et y mirent le feu. Il réussit en outre à retrouver, et peut-être à sauver de l'oubli, un document hautement révélateur, le « testament final » de Hitler, dans lequel celui-ci prescrit à ses partisans de continuer à faire la guerre au Juif « empoisonneur universel de tous les peuples », document devenu une pierre de touche dans le débat sur le fait de savoir si Hitler jouait la comédie (comme le pense le théologien Emil Fackenheim et comme l'a longtemps prétendu Alan Bullock) ou s'il croyait réellement à sa croisade contre les Juifs (comme l'affirment entre autres Trevor-Roper et Robert Waite).

L'ironie de la mission de Trevor-Roper, c'est que, bien qu'il ait atteint son objectif dans le domaine du renseignement — en administrant la preuve de la mort physique du dictateur —, le livre qu'il écrivit par la suite sur les derniers jours de celui-ci contribua en réalité, dans une large mesure, à sa survie mythique et métaphorique.

La cause de cette résurrection, surprenante et à coup sûr involontaire de la part de l'historien, tient à une chose qu'il découvrit dans les ruines du bunker, dans les déclarations des disciples vaincus du chef nazi ; une chose qu'il ne s'attendait pas à y trouver, un mystère bien plus troublant que la possibilité que Hitler eût survécu, celui de la survie de son charisme. Alors qu'il aurait été normal de rencontrer cette fascination lorsque Hitler était un démagogue en plein essor, ou même après qu'il fut devenu le Führer triomphant, Trevor-Roper s'aperçut à sa grande surprise qu'il avait résisté y compris à l'ignominie de la défaite.

« Même dans le bunker, me dit-il, alors que les immeubles de Berlin croulaient sur lui ; même quand il fut mort, ses disciples observèrent fidèlement ses instructions. Ils restèrent à ses côtés — ils restèrent sur place jusqu'à l'instant de sa mort et, quand ce fut fait, ils n'hésitèrent pas à risquer leur vie [sous les bombardements] pour transmettre ses dernières volontés.

— On a vu là une sorte de pouvoir magnétique, dis-je. Était-ce vraiment du magnétisme, à votre avis ?

— Je l'ignore. C'était en tout cas un pouvoir extraordinaire. Cela ne marchait pas avec tout le monde ; cela ne marchait pas, si j'ose dire, avec les gens des classes supérieures, ceux que choquait la vulgarité de son comportement ou de son entourage. Mais quand il voulait séduire quelqu'un, il avait assurément de quoi. »

En dépit de ce qui ressemble à un trait de snobisme, Trevor-Roper a l'humilité d'admettre que même un individu de sa classe, même un aristocrate, aurait pu succomber à un tel charme : Albert Speer, par exemple. Sa rencontre avec Speer l'avait particulièrement impressionné, me confia-t-il, parce que c'était un homme pour qui il ressentait de l'admiration, avec qui il s'identifiait même en partie.

« Il n'était pas beaucoup plus âgé que moi, il avait tout juste quarante-deux ans à l'époque. Nous avons eu une conversation franche, au cours de laquelle il m'a fait l'impression d'un homme raisonnable. C'était quelqu'un de très intelligent et de très cultivé, mais qui, à l'évidence, continuait d'être profondément fasciné par Hitler. Alors même qu'il n'occupait plus aucune fonction, que la guerre était perdue... il en avait la certitude depuis décembre 1943 et il considérait Hitler comme responsable de toutes les destructions. Il avait fui Berlin le 20 avril [1945], si je ne me trompe, et il y retourna spécialement, bien que la ville fût encerclée, afin de lui faire ses adieux officiels. N'est-ce pas là un exemple de l'extraordinaire ascendant qu'il exerçait ? Et si vous lisez le journal de Goebbels, vous constatez la même chose. Il arrive à Goebbels d'avoir des doutes ou d'être pris de panique et de s'en prendre à Hitler, mais chaque fois qu'il retourne le voir, il est complètement subjugué. “Hitler est si merveilleux, il va sûrement trouver une solution. Je ne me fais aucun souci.” Et comme ça jusqu'à la fin. »

Ce qu'a voulu faire Trevor-Roper dans *Les Derniers Jours de Hitler*, c'est de montrer que cet ascendant représente un élément incontournable pour tout récit de la vie du dictateur. Il essaie moins de l'expliquer que d'en donner une idée. Mais il y met une telle chaleur qu'on l'a accusé de l'avoir lui-même perpétué, d'avoir en réalité succombé au charme de Hitler, d'avoir conféré à ce charme, conféré au mythe hitlérien, une vie posthume.

Or à tous égards, Trevor-Roper est bien la dernière personne que l'on imaginerait cédant au charme romantico-gothique d'un tyran défunt. C'est l'incarnation même du doute élégant. Qu'il s'agisse de son aspect sévère et hautain (maigre comme un fil dans son costume d'Oxbridge, le regard dyspeptiquement sceptique sous sa crinière d'un blanc neigeux), de l'ironie froide, sèche, mordante, de ses propos, ou de la pointe de cynisme désabusé qui lui vient peut-être de son séjour dans le contre-espionnage britannique pendant la guerre, il ne semble pas du genre à se laisser envoûter.

Mais, comme il le dit lui-même à propos des *Derniers Jours* dans un article publié en 1988 par la revue *Encounter*, « On m'a accusé d'avoir exalté Adolf Hitler et forgé l'image d'un génie du national-socialisme. Voire, ajoute-t-il, d'être l'auteur de ce mythe, un digne successeur du Dr. Goebbels en quelque sorte[2]. »

Je lui lus ce passage et lui demandai qui l'avait accusé.

« Eh bien, si j'ai été condamné à mort par la bande Stern, c'est pour une raison précise. Et il est clair à présent que c'est cette simple allégation qui a motivé leur arrêt de mort. J'étais hors d'atteinte, naturellement. La menace m'a été expédiée de Lisbonne par avion. Elle était signée Wilhelm ben Israel. »

Un arrêt de mort pour avoir écrit un livre sur Hitler ? Précisons que l'ouvrage de Trevor-Roper ne prend en aucune façon la défense de Hitler, qu'il ne se montre nullement complaisant à son égard. L'aversion de l'historien pour le dictateur et ses actes est évidente du début à la fin. Non, le problème, ce n'est pas qu'il ait encensé ou voulu disculper

Hitler, mais que, dans la mission dont il était chargé, à savoir apporter la preuve que celui-ci était mort, il a trop bien réussi ; à la manière d'un écrivain, il lui a rendu la vie.

Si la bande Stern (ou le Wilhelm Ben Israel qui signa pour elle) fut le censeur le plus spectaculaire de Trevor-Roper, la plus sérieuse et la plus incisive critique des *Derniers Jours de Hitler* provient du professeur Alvin Rosenfeld, auteur d'*Imagining Hitler,* étude sur les représentations fictives du dictateur. Trevor-Roper, bien sûr, n'a pas écrit une fiction, mais Rosenfeld affirme que l'image dramatique de Hitler qui ressort des *Derniers Jours* est celle qui a servi de modèle au Hitler authentique dans la production romanesque des décennies suivantes, qu'elle constitue la principale source de la vision gothique, démoniaque, qui a dominé la littérature, le roman-feuilleton et le cinéma de l'après-guerre.

En bref, le reproche qu'adresse Rosenfeld à Trevor-Roper, c'est qu'en essayant de décrire l'ascendant du despote, l'historien y a lui-même succombé. Pour expliquer comment une telle mésaventure a pu arriver à l'éminent et acide professeur d'Oxford, Rosenfeld semble assez tenté par le genre de discours ésotérique qu'il dénonce chez Trevor-Roper : « l'auteur de fiction à l'intérieur du savant parut s'animer[3] », comme si quelque mystérieuse créature s'était subitement éveillée au contact du Hitler-Caligari pour s'emparer de l'historien par ailleurs scrupuleux et rationnel.

En dépeignant, dans sa « prose inspirée et presque incantatoire », le chancelier allemand, estime Rosenfeld, Trevor-Roper « n'a pas pu résister entièrement à l'attrait symbolique de son sujet, et il a concouru aux aspects les plus frappants de la légende hitlérienne... légende forgée par une fascination pour les côtés les plus irrationnels de la personnalité de Hitler ».

Autrement dit : le sombre et hypnotique Svengali, le prophète ensorcelé Adolf Hitler. Et Rosenfeld de faire observer qu'en décrivant la nature irrationnelle de l'emprise du dictateur nazi, « Trevor-Roper a eu recours non seulement au vocabulaire de la théologie biblique et des légendes orientales, mais aussi au langage spécifique des sciences occultes... Ainsi, Hitler est-il désigné à plusieurs reprises comme un "magicien et un enchanteur", un chef qui pouvait exiger de ses subordonnés une obéissance inconditionnelle en raison de "l'influence magnétique" qu'il avait sur eux ».

Rosenfeld cite notamment la description que fait Trevor-Roper du regard du Führer, le regard du Hitler-Caligari : « L'attrait de ces yeux, qui avaient envoûté tant d'hommes apparemment sensés ! Hitler avait des yeux d'hypnotiseur qui s'emparaient de l'esprit et du cœur de tous ceux qui s'abandonnaient au pouvoir... Ce magnétisme personnel, il le conserva jusqu'au bout ; et c'est seulement en se référant à lui qu'on peut expliquer l'extraordinaire obéissance dont il continua d'être entouré pendant la dernière semaine de sa vie quand... tout l'appareil du pouvoir avait disparu et qu'il ne restait plus que sa propre personne. »

Même si Rosenfeld met en cause le langage de Trevor-Roper, c'est, me semble-t-il, sa logique qui fait problème ici. Trevor-Roper prétend en effet que c'est « seulement en se référant » au regard magnétique, hypnotique, de Hitler qu'on peut rendre compte de son empire sur ses proches au milieu de la défaite. Était-ce réellement son regard, ou la vision déformée par la proximité avec un pouvoir absolu de destruction du monde ? Le cercle des intimes du Hitler de Munich dans les années 1920 — ceux qui le connaissaient avant son accession au pouvoir — se moquaient souvent des airs sataniques qu'il affectait, du regard « perçant », de sa manie de piquer des colères frénétiques. Une fois au pouvoir, cependant, une fois au centre du plus grand drame de l'histoire, c'étaient ses armées, et non pas ses yeux, qui comptaient. Même dans la défaite, il demeurait pour les membres de son entourage un titan, un demi-dieu, une gloire sans égale. Et tous ceux qui faisaient partie de sa sphère ne pouvaient qu'être subjugués ; par excellence, le fameux « syndrome de Stockholm », comme on l'a appelé. Ce n'est pas qu'il n'était rien sans son charisme, c'est qu'eux-mêmes n'étaient rien à moins d'y croire. Pire que rien : les misérables dupes d'un despote vaincu. Mais s'ils gardaient la foi, alors, même dans la défaite, ils vivraient un crépuscule des dieux wagnérien.

Qu'ils aient continué à subir son ascendant jusqu'après la guerre n'aurait pas dû surprendre à ce point Trevor-Roper, mais tel fut néanmoins le cas. De la conversation que j'eus avec lui, il ressort clairement qu'en dépit des menaces et des critiques Trevor-Roper n'a pas abandonné l'idée du caractère surnaturel de l'ascendant de Hitler, un ascendant qu'on ne saurait expliquer par les instruments et les méthodes ordinaires de l'analyse rationnelle, historique ou psychologique. Les mots dont il se servit pour exprimer sa conviction de l'impossibilité d'expliquer le dictateur sonnèrent comme un curieux hiatus dans le décor familier et paisible, éclairé par le feu dans la cheminée, de son club : « Hitler demeure, me dit-il, un effrayant mystère. » Il ne se repent pas non plus d'avoir eu recours au vocabulaire et au style imagé de l'occultisme pour le décrire, même s'il atténue quelque peu cette connotation.

« Vous employez à plusieurs reprises le terme "diabolique", lui fis-je remarquer.

— Par diabolique, répondit-il, j'entends une force diabolique, un pouvoir plus qu'humain. Il ne s'agit pas d'un qualificatif moral. »

Ce diabolisme n'a donc rien à voir, à l'en croire, avec le satanisme, mais bien plutôt avec la manière dont Blake utilise ce mot : l'exaltation romantique d'une énergie sans bornes. Et le « plus qu'humain » donne le sens de l'image, à savoir que l'« effrayant mystère » de la psyché de Hitler excède les possibilités d'appréhension de l'analyse psychologique.

« J'ai horreur de la psychohistoire », me déclara-t-il. Mais, bien que les arguments scientifiques ne lui manquent pas pour justifier un tel point de vue, son objection la plus fondamentale est peut-être que les outils servant à analyser le comportement humain sont inefficaces dans le cas d'un Hitler « plus qu'humain ».

Toutefois, la riposte la plus foudroyante — dans nos entretiens, du moins — imaginée par Trevor-Roper en réponse aux critiques adressées à sa vision de Hitler prend la forme d'une contre-offensive : une attaque contre l'école interprétative adverse représentée par son collègue biographe Alan Bullock. En fait, Trevor-Roper revient avec obstination et vigueur sur ce qu'il estime être la faiblesse majeure de l'école Bullock : le fait de croire qu'il est possible de comprendre Hitler grâce à des modèles d'explication historique préexistants, qu'il n'est pas l'anomalie « plus qu'humaine » que lui-même imagine.

Pour être juste à la fois avec Trevor-Roper et avec Bullock, le premier ne se doutait pas, ni moi non plus, à quel point le second avait modifié sa vision de Hitler pour y inclure la dimension irrationnelle. Aussi l'attaque lancée par Trevor-Roper contre les conceptions de Bullock vise-t-elle en réalité l'image fournie par son livre de 1952, *Hitler ou les mécanismes de la tyrannie*, revu en 1962, aujourd'hui encore la plus populaire et la plus importante biographie du dictateur.

« Un bon livre », concéda Trevor-Roper, faisant précéder de quelques compliments polis sa critique de Bullock. Ce qu'il conteste en réalité, c'est la tradition interprétative dont elle est issue : le Hitler opportuniste, aventurier et charlatan.

« Cette théorie a eu une certaine influence juste après la guerre, m'expliqua-t-il. À partir de Sir Louis Namier, qui était un grand historien et possédait une réelle connaissance de l'Europe centrale — c'était un Juif polonais. Et pourtant, après la guerre, il écrivit une étude consacrée en fait à Napoléon III » (qui, au terme de multiples intrigues, se proclama lui-même empereur et dont l'ambition et la fourberie lui valurent d'être la cible du pamplet qui allait servir de modèle aux faux *Protocoles des Sages de Sion*).

« Namier voit en Napoléon III le premier dictateur charlatan, laissant entendre que Hitler en était un également. Et, dans son livre, Bullock fait de ce dernier un opportuniste uniquement soucieux de s'emparer du pouvoir. Ce qui laisserait supposer que ces gens n'ont ni lu ni compris *Mein Kampf.* »

Charlatan est un mot assez peu employé de nos jours, ce qui est bien dommage, dans la mesure où il désigne d'une manière extrêmement évocatrice une certaine vision du monde, aussi bien qu'un certain univers mental. Le dictionnaire définit le charlatan comme « un vendeur ambulant qui, monté sur une estrade, attire les clients au moyen d'histoires, d'astuces, de tours de passe-passe et autres ». Et, dans un sens figuré, comme « une personne qui prétend posséder des dons qu'elle n'a pas, qui recourt à des procédés malhonnêtes pour obtenir la notoriété ». Un charlatan est donc plus qu'un escroc ou un imposteur, c'est une figure de la vie publique, le plus souvent un homme politique, qui pratique sa charlatanerie sur une tribune.

L'important dans ce portrait, c'est le fond de cynisme et de ruse qu'il suggère. La charlatan a beau se présenter comme un prosélyte, détenteur d'une vision, d'une conviction, d'une mission supérieure, tout cela n'est qu'« astuces et tours de passe-passe » — il n'y a en lui aucune conviction réelle. C'est le Hitler comédien sur lequel met l'accent le théologien Emil Fackenheim (voir chapitre 16).

Alors que, pour l'essentiel, l'image de Hitler que se fait Trevor-Roper est celle non pas d'un comédien, mais bel et bien d'un missionnaire, d'un homme de conviction entre tous, si pernicieuse qu'ait pu être cette conviction, d'un individu, non pas cynique, mais effroyablement « sincère ». Ce point de vue, il l'exprima de manière encore plus saisissante lorsque je lui demandai s'il pensait que Hitler avait conscience de commettre des actions mauvaises.

« Absolument pas, répondit-il avec énergie, il était convaincu de sa propre rectitude. »

Convaincu de sa propre rectitude. Il faut entendre Trevor-Roper prononcer ce mot de rectitude, si plein de rectitude lui-même qu'il en arrive presque à conférer à cette croyance sincère dans les vertus du génocide une sorte de dignité. Rien de délibéré, bien sûr ; il entend par là — sans nécessairement éprouver le besoin de le dire — que Hitler était affreusement, et par une terrible méprise, persuadé de faire le bien. Et néanmoins sincèrement, honnêtement, acquis à l'idée que le Juif était l'ennemi mortel de l'Aryen et qu'il fallait le détruire si l'on voulait que survive la race supérieure.

La sincérité n'est pas une excuse, une exonération du crime de génocide. Pas dans l'esprit de Trevor-Roper. Mais au regard de la jurisprudence anglo-américaine, elle peut apparaître comme une circonstance atténuante. C'est peu après ma rencontre avec Trevor-Roper qu'il me sembla discerner comme un écho de ce genre de raisonnement dans les paroles adressées par le juge californien aux jurés du premier procès de Lyle et Erik Menendez. Dans son exposé des arguments que le jury devait prendre en compte pour que les prévenus soient reconnus coupables du délit, moins grave, d'homicide volontaire plutôt que de celui d'assassinat pour avoir tué leurs parents. Si les jurés avaient la conviction, leur dit-il, que les frères Menendez étaient persuadés « honnêtement bien qu'à tort » que leurs parents s'apprêtaient à les tuer, eux, alors il était possible de considérer la mort de leurs père et mère comme une forme « impropre » de légitime défense et non pas comme un assassinat. La moitié des jurés du premier procès se prononcèrent en faveur du chef d'accusation le moins grave, parce qu'ils pensaient que les frères Menendez étaient « convaincus de leur propre rectitude ».

Selon cette logique, à supposer que Hitler ait survécu et qu'il ait été traduit, mettons, devant un tribunal californien, il aurait pu affirmer en principe qu'il était persuadé « honnêtement bien qu'à tort » que les Juifs s'efforçaient de le détruire et qu'ils devaient donc être détruits par mesure d'auto-conservation. Certes, c'est là une caricature absurde de l'argument de Trevor-Roper (encore qu'elle ne soit pas sans similitude avec la tactique employée, dans la fameuse controverse de l'*Historikerstreit* au milieu des années 1980, par les historiens néo-nationalistes allemands, qui prétendirent que les atrocités commises par Hitler constituaient en quelque sorte une mesure préventive d'auto-défense par rapport aux atrocités des massacres staliniens et à une « déclaration de guerre » supposée des Juifs au chancelier du Reich).

Trevor-Roper n'entend sûrement pas pousser aussi loin sa remarque provocatrice sur le fait que Hitler ait été convaincu de sa propre rectitude. Il n'empêche qu'il est lui-même clairement, sincèrement, convaincu que Hitler en était convaincu. Il me confia d'où lui venait cette certitude. Un jour de 1938, il était tombé par hasard sur un article d'un diplomate britannique, Sir Robert Ensor, publié par la revue *Spectator*.

« Dans cet article, raconte Trevor-Roper, Ensor affirmait avoir eu la chance, alors rare, de lire *Mein Kampf* en allemand. Hitler n'avait pas voulu qu'on publie le livre en anglais, ni dans aucune langue étrangère. Il existait bien une version officielle, considérablement abrégée, mais ce n'était que de la propagande. Et Ensor disait ceci : "Lire *Mein Kampf* en allemand est le commencement de la sagesse dans le domaine des affaires internationales." Je me suis donc dit que je devais lire *Mein Kampf* en allemand. Et c'est ce que j'ai fait. »

Ce que *Mein Kampf* lui avait révélé sur Hitler, c'est ce à quoi bien peu de gens prêtèrent attention avant-guerre et même après : « Il avait élaboré un puissant et horrible message, une *philosophie*. Et qu'il prenait à l'évidence très au sérieux. Il n'était absolument pas, au contraire de ce que prétend Bullock, un aventurier. Hitler se prenait totalement au sérieux, c'est en tout cas ce qui ressort de *Mein Kampf*. Il se considérait comme un prodige tel qu'il n'en apparaît qu'un par siècle. Et, en le lisant en 1938, après avoir été en Allemagne, je ne pus qu'être frappé par le fait que *Mein Kampf* avait été publié en 1924, ou 1925, et qu'il avait fait exactement ce qu'il avait dit. Ce n'était donc pas de la blague. C'était tout ce qu'il y a de plus sérieux.

— Pas de la blague : vous voulez dire que ce n'était pas un charlatan ?

— On avait coutume avant la guerre, du moins jusqu'à Munich, de penser que c'était une sorte de clown, de personnage de music-hall. Il paraissait ridicule. Il avait cette fameuse moustache à la Charlie Chaplin et il tenait des discours de matamore, si bien que les gens ne le prenaient pas au sérieux ».

Cette allusion de Trevor-Roper au film réalisé au début de la guerre par Chaplin me fit songer combien ces bandes d'actualités au rythme trépidant avaient dû contribuer à donner du dictateur une impression comique. À le rendre, à travers les images saccadées et trop rapides, plutôt moins réel que plus, presque invraisemblable, incitant à commettre l'erreur fatale de sous-estimer la menace qu'il représentait.

« Mais quand, après Munich, ils furent bien obligés de le prendre au sérieux, l'opinion changea. Il fit figure de démagogue, de danger public, sauf qu'en réalité on continuait à ne pas le prendre au sérieux. C'était un personnage de comédie. J'exagère sans doute un peu. Et même plus tard, quand tout fut fini, on le présenta comme un aventurier qui avait jeté l'Allemagne subjuguée dans la guerre. On ne voyait pas en lui un homme de génie ; un chef d'État puissant et sans aucun doute funeste, mais pas quelqu'un à prendre au sérieux. »

Et pour la énième fois au cours de la conversation, Trevor-Roper réitéra ses attaques contre l'image totalement déformée du Hitler charlatan que, selon lui, Bullock avait léguée au monde de l'après-guerre. Presque comme si le Hitler de Bullock, le faux Hitler, avait été le véritable ennemi.

Hitler « n'était pas un aventurier, répéta-t-il à nouveau. À la fin de la guerre, la doctrine alliée consistait à dire que Hitler était un ambitieux, un opportuniste irresponsable, mais ce n'est tout simplement pas suffisant ».

Pourquoi la « doctrine alliée » aurait-elle favorisé ce Hitler-là plutôt que le sien ou même un autre ? Pour la bonne raison que c'était plus commode. Avec la guerre froide et l'obligation de conférer une légitimité à l'Allemagne de l'Ouest dont la plupart des citoyens avaient suivi dans l'enthousiasme Hitler, il était plus commode d'imaginer qu'ils avaient été trompés par un charlatan, plutôt que de se dire qu'ils avaient partagé les illusions perverses d'un fanatique.

Mais ce n'est « pas suffisant » pour Trevor-Roper. « La difficulté qui surgit est la suivante : les Allemands se seraient-ils laissé entraîner par un simple opportuniste irresponsable ? Celui-ci aurait-il pu aller aussi loin ? Car le fait est qu'il a presque gagné la guerre. Il s'en est fallu d'un cheveu. S'il l'avait gagnée, comme il a bien failli le faire à trois ou quatre reprises, selon moi, les historiens vous diraient aujourd'hui qu'il fut, ainsi qu'il le pensait lui-même, une grande figure de l'histoire. »

Je trouvais fascinant que Trevor-Roper manifeste une telle passion pour son sujet ; plus qu'une solide position scientifique, cela ressemblait à un article de foi. Les explications sur Hitler offrent des réconforts opposés. Pour Emil Fackenheim, il est important de croire que Hitler fut un hypocrite, un intrigant, précisément parce qu'il se refuse à l'exempter du plus haut degré de responsabilité : le fait de commettre consciemment, volontairement, le mal. Peut-être pour Trevor-Roper, ce degré de responsabilité — le mal sans l'alibi de la rectitude — est-il inconcevable, ou insupportable à contempler.

Dans tous les cas, son désir de croire à la sincérité de Hitler n'a jamais varié. On le retrouve nettement dans son étude par ailleurs la plus éclairante, « The Mind of Adolf Hitler », publiée en introduction aux prétendues *Conversations secrètes,* également connues comme les « Libres propos » du dictateur, transcription des harangues de ce dernier pendant la guerre[4].

« Vous croyez, lui demandai-je, que le Hitler des "Libres propos" est le vrai, qu'il ne prend pas des poses...

— Oh oui, tout à fait. Il n'y a aucun doute là-dessus. On trouve là le vrai Hitler », me répondit-il sans ambiguïté.

Ma propre réaction à ces « Libres propos » est nettement plus ambiguë, à savoir qu'il ne s'agit, dans le meilleur des cas, que du vrai faux Hitler. Que, quand bien même les mots employés seraient (dans l'ensemble) de lui, ce n'en est pas moins une création aussi factice que les « carnets » de Hitler. En un sens, les « Libres propos » sont le canular des carnets de Hitler monté par Hitler lui-même.

Tout d'abord, même s'ils donnent une impression d'authenticité, le moins qu'on puisse dire est qu'il s'agit d'une savante reconstruction. Il est bon de rappeler comment la première mouture du pseudo-journal a vu le jour. Au milieu de 1941, lorsque Hitler s'installe dans son poste de commandement souterrain pour diriger les opérations sur le front de l'Est, il suit une routine pratiquement immuable. Après minuit, du thé et des gâteaux sont servis et il s'accorde quelques moments de détente en compagnie de ses proches, parmi lesquels plusieurs jeunes secrétaires, deux aides de camp bien en cour et un ou deux visiteurs. Puis, à partir de deux heures du matin et parfois jusqu'à l'aube, où il se décide à aller se coucher, il fait à son auditoire, contraint de l'écouter, d'interminables tirades sur la situation internationale, l'histoire, l'art, la philosophie, la littérature, l'opéra, la culture et, par-dessus tout, l'avenir qui s'ouvre aux intrépides nouveaux Aryens.

Persuadé par les flatteries de son laquais à l'influence grandissante, Martin Bormann, de permettre à un sténographe d'assister aux séances afin qu'aucun de ces trésors de sagesse ne soient perdus, Hitler se délecte de l'idée de s'adresser à l'histoire. Bormann recueille les transcriptions et assemble les discours improvisés de son maître, coupe, corrige, polit, tresse une sorte de testament spirituel du Führer, le champ de sa conscience tel que lui-même souhaite le faire passer à la postérité.

Ainsi, le soir du 24 octobre 1941, le dictateur déclare pieusement : « Les dix commandements sont un code de conduite pour lequel il n'existe aucune réfutation possible. Ces préceptes correspondent à d'irrécusables besoins de l'âme humaine ; ils sont inspirés par le meilleur des sentiments religieux. »

Est-ce là un Hitler convaincu de sa propre rectitude, ou au contraire affectant de l'être ? La réponse sans doute la plus éclatante à cette question réside dans les « libres propos » de la soirée suivante, où il évoque de manière transparente la solution finale, et qui constituent peut-être son mensonge le plus éhonté.

Ce qui rend ce mensonge ahurissant, c'est qu'il s'adresse aux deux hommes les mieux placés, du fait de leurs fonctions, pour savoir qu'il ne s'agit en réalité que d'un énorme bluff — les deux « invités spéciaux » présents ce jour-là dans le poste de commandement : le chef de la SS Heinrich Himmler et son adjoint Reinhard Heydrich. Devant eux, devant ses deux principaux complices dans l'accomplissement de la solution finale (dont le programme d'extermination massive avait été accéléré au cours des mois précédents), Hitler, jouant à l'évidence les cabotins, formule ces remarques terrifiantes :

> De la tribune du Reichstag, j'avais prédit [en 1939] à la juiverie que, s'il arrivait que la guerre soit inévitable, le Juif disparaîtrait de l'Europe. Cette race de criminels a sur la conscience les deux millions de morts de la Première Guerre mondiale et aujourd'hui déjà plusieurs centaines de milliers d'autres. Qu'on ne vienne pas me dire que nous ne pouvons pas les parquer dans les régions marécageuses de la Russie. Qui se préoccupe de nos troupes ? Ce n'est pas une mauvaise idée, du reste, que la rumeur publique nous attribue un plan pour exterminer les Juifs. La terreur est une chose salutaire.

À coup sûr, ce n'est pas le langage d'un homme « convaincu de sa propre rectitude » en exterminant les Juifs. Bien plutôt celui d'un individu si persuadé de son ignominie qu'il se sent obligé de nier que le crime soit en cours (une simple « rumeur » qui, bien que « salutaire », est sans fondement) ; obligé d'ajouter à la dénégation hautaine la désinformation (nous ne faisons que « parquer » les Juifs dans les zones marécageuses des territoires russes conquis, nous ne les tuons pas en masse et ne les jetons pas dans des charniers) ; de faire précéder cette désinformation d'une justification pour l'acte nié de manière aussi impudente (« cette race de criminels a sur la conscience deux millions de morts », de sorte que, même si la rumeur était fondée, une telle extermination ne serait que justice). Probablement la plus grandiose falsification hitlérienne.

On imagine facilement les regards, ou même les sourires, que Hitler, Himmler et Heydrich durent échanger pendant l'exécution de cette extraordinaire charade devant le sténographe. Les trois perpétrateurs de l'Holocauste se font ici ses trois premiers dénégateurs, forgeant le modèle du « révisionnisme » à venir : l'Holocauste n'a jamais existé, et dans le cas contraire, les Juifs n'auraient eu que ce qu'ils méritaient. Si c'est là « le vrai Hitler », comme le déclare Trevor-Roper, alors sa vérité réside dans une duplicité onctueuse et non pas dans la « sincérité » qu'il s'obstine à voir chez lui.

Mais il croit à ces « Libres propos » et se plaît à raconter l'histoire rocambolesque qui précéda la publication des transcriptions. Une sombre intrigue de roman d'espionnage, qui le mit aux prises avec des nazillons charlatans et qui, en même temps qu'elle laisse entrevoir le fiasco des carnets de Hitler, aurait dû l'inciter à davantage de méfiance quant à l'authenticité de tels documents.

Ayant eu connaissance des comptes rendus sténographiques des monologues nocturnes de Hitler grâce aux recherches qu'il avait effectuées pour *Les Derniers Jours,* il pensait que le manuscrit en était détruit ou perdu, lorsque son attention fut attirée par la publication, en Allemagne, d'extraits de ce qui ressemblait aux libres propos.

« Je découvris alors que le texte intégral de Bormann se trouvait entre les mains d'un assez curieux citoyen suisse du nom de François Genoud, homme d'affaires des plus discrets. Je savais fort bien que Genoud était un sympathisant nazi [il s'est suicidé en 1996]. Il possède chez lui un portrait de Hitler et, à la fin de la guerre, il aida plusieurs leaders nazis, fit quelques bonnes affaires et acheta le copyright de Hitler, s'il a jamais existé, ce qui est fort douteux, à la demi-sœur de celui-ci [Paula]. Il acheta également les droits de Bormann à Frau Bormann. Ainsi que ceux de Goebbels, à sa sœur, probablement. Si bien que, depuis près de cinquante ans, Genoud garde ces précieux copyrights dans son tiroir. Et chaque fois que quelqu'un essaie de publier des textes de Hitler, de Goebbels ou de Bormann, voilà qu'il apparaît soudain en disant : “Coucou, c’est moi qui ai les droits !”, ce qui est vrai. De sorte qu’il faut le payer.

« Quoi qu’il en soit, je réussis à obtenir l’adresse de Genoud, et j’allai le voir. Il me montra le manuscrit [des « Libres propos »]. Mais il refusa de me confier la version en allemand, et cela pour de bonnes raisons : à cause de l’éternel problème du copyright de Hitler. Les biens de Hitler ont été confisqués par l’État [allemand]. Le copyright appartenait-il à l’État autrichien ou à l’État allemand ? Sa sœur était autrichienne. Premier problème. Ensuite, la confiscation incluait-elle le copyright ? Autre problème. Alors il fit publier à toute vitesse une traduction française pour établir un copyright. Demander des droits sur une traduction est tout à fait possible, et il n’était pas question qu’il laisse sortir le texte allemand. »

Ce qui suivit est encore plus entortillé, du charlatanisme en veux-tu en voilà. L’éditeur de Trevor-Roper, Macmillan, était très méfiant par rapport à cette histoire de copyright. Trevor-Roper s’assura le concours d’un traducteur, qui, apparemment, s’entendit derrière son dos avec Genoud : au lieu de traduire en anglais le manuscrit allemand, il traduisit la traduction française qui en avait été faite, subterfuge dont Trevor-Roper n’eut pas conscience jusqu’à ce qu’il repère dans la nouvelle mouture une curieuse expression, d’après laquelle Hitler aurait dit : « Je suis tout à fait déconcerté par » quelque chose.

« Or jamais Hitler n’était déconcerté par quoi que ce soit, m’expliqua Trevor-Roper. Je me dis alors que Stevens devait avoir commis un contresens à propos du mot français “confus”, qui signifie embarrassé et non pas déconcerté. Et, en vérifiant dans le texte allemand, qui était devenu un peu plus facile d’accès, je m’aperçus que j’avais raison, que Stevens avait été forcé de se servir de la traduction française. »

On est quelque peu étonné de la confiance de Trevor-Roper en sa capacité de connaître la mentalité de Hitler, de l’assurance avec laquelle il affirme que celui-ci n’était jamais déconcerté alors qu’il pouvait être gêné, et de sa croyance que cette gêne était sincère. De même qu’on reste assez perplexe devant sa certitude d’avoir trouvé, dans la traduction de la traduction d’un texte lui-même déjà largement remanié, le « vrai Hitler ». Peut-être faut-il attribuer cette réaction au désir d'apparaître comme son découvreur, le premier à l'avoir authentifié. Désir qui allait le conduire trente ans plus tard, pour sa propre confusion aussi bien que son embarras, à déclarer authentiques les fameux carnets de Hitler, confondant cette fois un authentique faux avec la fausse sincérité des « Libres propos ».

Cette fausse sincérité — la manière dont Hitler s'efforce, dans des conversations à bâtons rompus, de se donner l'air d'un intellectuel jovial, d'un compagnon agréable et distrayant, son affabilité irritante —, ne fait, à mon avis, guère de doute. En revanche, une lecture attentive des « Libres propos » révèle effectivement quelque chose d'authentique, de non voulu, qui émerge par pièces et morceaux, un sentiment qui transparaît sous les déclarations du dictateur : la peur grandissante, camouflée dans le manteau du déni, que la chance l'ait abandonné, que la victoire ait changé de camp, que l'organisation de l'avenir, les projets grandioses qu'il échafaude pour le plus grand régal de ses hôtes soient en train de s'envoler en fumée.

Si l'on peut éprouver le moindre plaisir à lire Hitler — pour autant que le mot plaisir soit celui qui convient —, c'est en observant la façon dont les mauvaises nouvelles concernant la guerre affectent ses monologues complaisants, qui, d'abord pleins d'autosatisfaction, deviennent peu à peu plus plaintifs, plus provocants, tandis qu'il s'efforce sans succès de cacher la colère, l'amertume, le désappointement et l'idée de trahison qui le hantent.

Et pourtant, la voix de Hitler dans les « Libres propos » n'est jamais qu'un numéro. Numéro qui, hormis quelques éclairs occasionnels d'une haine abstraite contre « le Juif », dissimule en permanence quelque chose sous sa bonhomie : le massacre réel qu'il préside.

C'est cela qui surprend dans la foi de Trevor-Roper qu'il s'agit là du « vrai Hitler ». Que ce que nous entendons dans les « Libres propos » représente, libéré de toute censure, l'« Esprit de Hitler » (comme il intitule l'essai dont il fait précéder l'édition des propos), alors que c'est — pour mêler les métaphores de la tyrannie — un village Potemkine de l'esprit hitlérien aussi fidèle à la réalité que la pancarte fixée à l'entrée d'Auschwitz et sur laquelle était écrit : « Le travail rend libre ».

Il est certes possible de reconstituer, à partir de ces tirades philosophiques imbues de soi-même, une idéologie cohérente. Et Trevor-Roper le fait brillamment dans son introduction. Si brillamment que son essai est devenu le document fondateur de toute une école d'interprétation, rendue célèbre dans les années 1970 par des représentants prestigieux (J. P. Stern en Angleterre, Eberhard Jäckel en Allemagne[5]). Une école qui insiste sur la nécessité de prendre les idées de Hitler, sa *Weltanschauung* (conception du monde) au sérieux, très au sérieux. Comme si la possibilité de trouver une cohérence dans la logorrhée du corpus hitlérien signifiait que l'univers mental du dictateur était effectivement cohérent, et que lui-même prenait ses idées aussi au sérieux que l'école de l'idéologie.

Trevor-Roper excelle pour ce qui est de repérer des cohérences, mais repérer une croyance est un exercice nettement plus délicat. Il n'en met pas moins l'accent sur une telle croyance, la croyance de Hitler en sa propre rectitude et en sa *Weltanschauung*. Tout en s'en prenant aux théoriciens qui la nient, presque comme si c'étaient eux les charlatans.

Sa foi dans la bonne foi de Hitler (à défaut d'une meilleure expression), dans la sincérité des paroles du dictateur, est peut-être précisément ce qui l'a rendu vulnérable aux charlatans instigateurs de l'histoire du faux journal de 1983. Trevor-Roper (alors Lord Dacre) joua littéralement un rôle pivot dans cette affaire en se prononçant au début pour l'authenticité, sur la base d'un bref coup d'œil jeté à une pile de carnets dans une banque suisse. Puis, alors que le *Times* de Londres de Rupert Murdoch était sur le point d'imprimer la première livraison, sous le regard du monde dévoré d'impatience, Trevor-Roper opéra un virage à cent quatre-vingts degrés. Il appela le *Times* et l'informa qu'il avait à présent de sérieux doutes.

La réaction de Rupert Murdoch en apprenant le revirement de Trevor-Roper — relatée par le savoureux récit qu'en a donné Robert Harris dans *Selling Hitler*[6] (En vendant Hitler) — est entrée depuis dans les annales de la presse. Joint à New York et mis au courant, il hurla sur les lignes transatlantiques : « Merde à Dacre ! On publie ! »

Pourquoi Trevor-Roper a-t-il d'abord cru à ces carnets, voilà le mystère. Il n'a cessé de prétendre qu'il avait été délibérément trompé par des charlatans du côté allemand de la transaction, qui lui avaient certifié que des tests de laboratoire avaient fourni la preuve que le papier des fameux carnets datait d'avant 1945, contrairement à ce que montreraient des analyses réelles. Il n'en reste pas moins qu'à plusieurs reprises, alors que le doute germait, Trevor-Roper se laissa convaincre de la sincérité des charlatans du journal de Hitler.

« J'ai pris la bonne foi du rédacteur en chef [du *Stern*] », le magazine allemand dont le « reporter » était en réalité un complice des faussaires, « comme une donnée » — un fait acquis, raconta Trevor-Roper à Harris.

Par la suite, mis en cause au dernier moment par le journaliste du *Times* Philip Knightley, qui nourrissait des soupçons au sujet de ces carnets, Trevor-Roper exprima sa confiance en ceux qui étaient un peu plus haut placés : « On peut supposer, dit-il à Knightley, que les directeurs du *Stern* n'ont pas l'habitude de tremper dans des escroqueries. »

S'ils n'étaient pas directement partie prenante dans l'escroquerie en question, du moins semblent-ils avoir accepté de servir d'hommes de paille à ses auteurs. Lesquels, s'appuyant sur les cadences et la personnalité du Führer des « Libres propos » déjà authentifiés par Trevor-Roper, avaient été assez astucieux pour imiter justement le genre de Hitler, un Hitler sincère, que l'historien était le plus enclin à croire authentique.

En écoutant l'enregistrement de ma conversation avec Trevor-Roper, et en l'entendant dénoncer encore et encore le « Hitler charlatan », le faux Hitler de Bullock et d'autres, j'ai presque l'impression d'une rancune personnelle contre ce qu'il estime être une image falsifiée. Une rancune qui, j'en ai peur, reflète l'animosité qu'il continue d'éprouver à l'égard des charlatans qui provoquèrent chez lui cet élan d'enthousiasme pour un faux journal. Cette salle des coffres d'une banque suisse où il examina tout d'abord les documents truqués fut son bunker à lui. Et la preuve la plus convaincante de la puissance du charisme de Hitler, c'est que quelqu'un de l'étoffe de Trevor-Roper ait pu succomber à l'attrait d'une aussi mauvaise contrefaçon, succomber au charme du chef nazi qui persistait jusque dans ce bunker chambre forte.

Néanmoins, la critique adressée par Trevor-Roper à la thèse du charlatan souligne une faille importante : ce fossé à nouveau, cet abîme entre le petit estampeur de film noir, le charlatan criminel que les journalistes du *Post* connaissaient à Munich, et l'immensité de l'horreur qu'engendrerait Hitler en prenant le pouvoir à Berlin. Mais, à l'insu de Trevor-Roper, Alan Bullock avait fini lui aussi par penser de son explication primitive du Hitler charlatan que ce n'était, comme venait de me le déclarer son collègue historien, « tout simplement pas suffisant ».

CHAPITRE 5

ALAN BULLOCK : EN REPENSANT LE COURS DES PENSÉES DE HITLER

Dans lequel l'un des principaux biographes de Hitler change d'idée à propos de la mentalité du dictateur et recourt à la tradition mystique pour expliquer sa malfaisance

« Si vous voulez savoir ma définition du mal, me disait à cet instant Alan (désormais Lord) Bullock, tandis que nous approchions de la façade grisâtre, ornée de gargouilles, de l'Ashmolean Museum d'Oxford, c'est ce qui est imparfait.

— Imparfait ?

— Oui. Au sens où c'est une qualité à laquelle il reste à donner une existence concrète », répondit-il

Plus que toute autre chose, peut-être même plus encore que la révélation du virage radical qu'il a opéré dans sa vision de la mentalité de Hitler, cette tendance mystique me surprit. Après tout, Bullock est professeur d'histoire à Oxford, spécialiste de l'Antiquité ; bien avant de devenir le biographe de Hitler, il a étudié Thucydide et Tacite. Son travail a toujours été empreint d'une judicieuse retenue, d'une volonté scrupuleuse de ne pas dépasser les limites des faits disponibles. Dans ses ouvrages, c'est le type même de l'auteur soucieux d'éviter à tout prix l'exagération, le subjectivisme, et a fortiori les formulations mystiques sur le Mal et l'Imperfection. Mais en discutant avec lui, on s'aperçoit que c'est un véritable torrent de spéculation, depuis sa notion de l'imperfection métaphysique de Hitler jusqu'à des considérations beaucoup plus terre à terre sur son imperfection physique. Autrement dit, pour reprendre l'expression de Bullock, « l'histoire de la couille unique ».

Nous en vînmes à parler de cette histoire à la suite d'une question que je lui avais posée sur la mort, en 1931, de la jeune demi-nièce de Hitler, Geli Raubal. Dans sa biographie [1], Bullock semble penser que Hitler était « amoureux » de Geli et que la cause de leur relation tourmentée fut son attitude jalouse et possessive. Mais Bullock fait plus que dépeindre Hitler amoureux de Geli ; il assure que la mort restée mystérieuse de celle-ci — un hypothétique suicide survenu dans sa chambre à coucher à l'appartement de Hitler à Munich — fut « un coup plus rude que tout autre événement dans sa vie » (déclaration remarquable, quand on sait ce que serait cette vie). Devant un verre de vin, dans la salle des professeurs de l'Université Sainte-Catherine, je demandai à Bullock s'il croyait toujours que cette mort de Geli avait été pour Hitler un moment de mutation.

« Ma foi, ça en a tout l'air... Songez à cette chambre intacte, à toute cette sentimentalité », me répondit-il, faisant allusion à la façon dont Hitler transformerait la chambre où Geli était morte en une sorte de sanctuaire à la Miss Havisham, la maintenant dans l'état où la jeune femme l'avait laissée. Bullock passa ensuite à la nature de leur relation. « Mais que voulait-il donc qu'elle fasse ? interrogea-t-il. Qu'attendait-il de Geli qu'il ne pouvait pas obtenir, ou qu'elle ne pouvait pas lui donner ? Qu'elle l'épouse ? Qu'elle soit sa maîtresse ? Mais était-il seulement capable de passer aux actes ? On a prétendu, je me suis laissé dire que, sexuellement... » Il parut quelque peu embarrassé. « On en revient à nouveau à l'histoire de la couille unique. »

Je lui demandai s'il croyait le rapport d'autopsie soviétique de 1945, d'après lequel le corps carbonisé de Hitler ne comportait pas de testicule gauche.

« Oh, cela ne fait pas l'ombre d'un doute », répondit-il.

En fait, certaines des questions soulevées par ce rapport concernant les derniers moments de la vie du dictateur n'ont jamais reçu de réponse satisfaisante, qu'il s'agisse du fameux testicule, dont les Russes prétendent qu'il était absent des organes génitaux, ou de la balle qui aurait transpercé la boîte crânienne. Le vieux débat entre Bullock et Trevor-Roper sur les circonstances du suicide reflète là encore leur profonde divergence d'opinion quant à la nature essentielle du caractère de Hitler.

La plupart des spécialistes s'accordent pour dire que, au cours de l'après-midi du 30 avril 1945, alors que les troupes soviétiques se rapprochaient du bunker, Hitler et Eva Braun se retirèrent dans leur chambre avec deux revolvers et des capsules de cyanure. Peu après, un seul coup de feu retentit, et les aides de camp de Hitler transportèrent les deux cadavres dans un cratère d'obus situé juste devant le bunker, les arrosèrent d'essence, y mirent le feu, puis enterrèrent les dépouilles carbonisées dans une tombe peu profonde. Quelques jours plus tard, les troupes soviétiques s'emparèrent du bunker, déterrèrent les restes et firent venir des médecins légistes. Ceux-ci identifièrent le cadavre de Hitler grâce à des fiches dentaires et pratiquèrent une autopsie. Les Soviétiques en gardèrent les conclusions secrètes jusqu'en 1968. Auparavant, presque tous les historiens admettaient le scénario reconstitué par Trevor-Roper à partir de ses entretiens et publié dans *Les Derniers Jours de Hitler*. D'après ce scénario, Eva Braun se serait empoisonnée avec une ampoule de cyanure, tandis que le Führer choisissait la mort traditionnelle des officiers vaincus en se tirant une balle de revolver dans la tête. Là encore, la version donnée par Trevor-Roper repose sur sa croyance inébranlable en la sincérité du dictateur. « De Hitler, on peut au moins dire que ses émotions étaient vraies », écrit-il dans son livre — il mourut en soldat pour sa propre cause.

L'autopsie soviétique, dont les résultats furent révélés par un journaliste russe, Lev Bezymenski, dans un livre publié en 1968 et intitulé *La Mort d'Adolf Hitler*, fait apparaître une tout autre histoire. Les médecins soviétiques rapportèrent avoir trouvé sur les mâchoires brûlées du dictateur des débris de verre provenant d'une capsule de cyanure, ce qui les avait conduits à penser que le décès était dû au poison. Sur la base de ce rapport et d'un récit attribué au valet de Hitler, Heinz Linge, qui se trouvait devant la porte de la chambre, Bezymenski affirme que le dictateur est mort, non pas en héros, mais en lâche. Selon le journaliste, n'ayant pas le courage de presser la détente, Hitler avait brisé entre ses dents une ampoule de cyanure ; puis, la chose faite, Linge serait entré dans la chambre et lui aurait tiré une balle dans la tête afin de créer l'illusion que le Führer avait connu le sort d'un soldat.

Mais Trevor-Roper prétend qu'il est impossible de se fier au rapport d'autopsie russe dans la mesure où il s'agit d'un document tout autant politique que médical destiné à rabaisser Hitler aux yeux de l'histoire. Dès lors, rien n'interdit de considérer l'infirmité génitale mentionnée par le rapport comme une invention grossière visant à le discréditer un peu plus. Le testicule absent serait ainsi la preuve objective du manque de virilité imputé par les Soviétiques à son mode de suicide.

Jusque récemment, Bullock avait fermement adhéré aux conclusions de l'autopsie sur la méthode de suicide employée, en partie parce qu'elles validaient sa conception première d'un Hitler perpétuel intrigant : un comédien exécutant là son dernier numéro. Mais les informations fournies par une étude publiée en 1995, *The Death of Hitler,* d'Ada Petrova et Peter Watson, l'incitèrent à modifier ses vues. « Ce que montre ce livre, c'est que l'histoire de Linge ne tient pas debout, déclare-t-il à présent. Comme Trevor-Roper n'a cessé de le répéter depuis le début. Il accepte l'hypothèse avancée par Petrova et Watson, selon qui Hitler, presque simultanément, aurait avalé une ampoule de cyanure et se serait tiré une balle dans le crâne.

Toutefois, Bullock demeure fasciné, pas seulement par les conclusions de l'autopsie soviétique, mais par les organes autopsiés. Il me raconta avoir repris l'édition de poche de sa double biographie de 1991, *Hitler et Staline*[2], pour y insérer le récit, fait à partir d'entretiens avec les soldats soviétiques ayant transporté les restes, de l'étrange odyssée des organes du chef nazi. « Sur les ordres de Staline, les organes de Hitler, qui avaient été placés dans des bocaux pendant l'autopsie, furent expédiés au Kremlin », écrit-il.

« Staline s'est fait envoyer les organes à Moscou ? demandai-je à Bullock dans la salle des professeurs de Sainte-Catherine.

— Oui, tout à fait, répondit Bullock. N'est-ce pas merveilleux ? Mais ce que j'aimerais savoir, c'est s'il les a mangés ! » ajouta-t-il en esquissant un sourire à l'idée de cette horrible communion primitive entre les deux dictateurs. « Un psychiatre dirait sûrement : "Et puis quoi, il lui a bouffé les couilles !" En réalité, sa seule et unique couille. Imaginez ce qu'ils vont pouvoir raconter. Ce brave vieux Waite, il va être littéralement fou de joie. » (Dans *The Psychopathic God : A Biography of Adolf Hitler,* Robert Waite n'hésite pas à échafauder toute une théorie psychanalytique à partir du seul scrotum à moitié vide de Hitler.) Même si les théories freudiennes de Waite lui paraissent peu convaincantes, Bullock semble voir dans l'histoire de la couille unique le signe d'une absence, la marque d'une imperfection plus large de notre vision du dictateur.

On pourrait dire que son interprétation initiale laisse entrevoir un défaut d'un genre analogue. En effet, le Hitler qui émerge de son ouvrage de 1952, *Hitler ou les mécanismes de la tyrannie,* est un personnage presque volontairement falot, émasculé en quelque sorte. Alors que la nouvelle vision qu'il esquissa à mon attention pourrait être décrite comme la transformation de la couille unique en une paire complète.

Il est rare d'entendre un universitaire avouer de manière aussi directe qu'il a complètement changé d'opinion. Bullock ne renie pas son premier livre, même s'il se montra quelque peu agacé que je m'en serve pour lui poser des questions. « Vous ne comprenez donc pas que j'ai changé ! » s'exclama-t-il à un moment donné. Pour apprécier la nature de ce changement, il n'est pas inutile de rappeler dans quel contexte sa thèse initiale a vu le jour.

Bullock déborde encore d'enthousiasme en décrivant la manière dont il se lança dans ses recherches pour rédiger ce premier livre, peu après la fin de la guerre.

« Pour nous tous, je pense, ce qui comptait avant tout, c'était de savoir *pourquoi.* » Bullock était à l'origine un spécialiste des guerres de l'Antiquité, de ces conflits relatés par Thucydide et Tacite. Mais après l'invasion de la Pologne, raconte-t-il, « durant le *Blitzkrieg,* je me trouvais à Londres, où je m'efforçais de mettre sur pied des programmes de radio à destination du continent, si bien que j'étais extrêmement sensibilisé aux problèmes européens, politiques et historiques, du moment. À mon avis, tous les historiens qui se sont intéressés à la guerre, comme Trevor-Roper ou Seton-Watson, étaient, d'une manière ou d'une autre, obsédés par cette question : pourquoi ? comment est-ce arrivé ? »

Ce qui le galvanisa dans sa tentative d'élaborer sa propre explication, ce furent les comptes rendus des procès de Nuremberg. « Chatham House, l'Institut royal des affaires internationales, m'envoya vingt-six volumes de dépositions. Que j'examinai une par une. Et cette lecture m'excita au plus haut point parce que, on peut en penser ce qu'on voudra sur le plan moral, mais, du point de vue de l'historien, ces procès de Nuremberg étaient un véritable prodige. Je veux dire, le plus beau coup de toute l'histoire pour un historien. La saisie des archives de la plus puissante nation du monde aussitôt après l'événement. De sorte que j'en vins à collaborer à leur publication. Puis, soudain, sans que je m'y attende, on me demanda d'écrire la vie de Hitler. »

Il se rendit en Allemagne, et ce qui l'impressionna le plus, c'est le silence : « Cela se passait juste à la fin de la guerre. J'y suis resté pas mal de temps, et je me rappelle être allé dans la Ruhr, qui était alors le cœur de l'Europe industrielle. Et il n'y avait pas un seul panache de fumée, c'était partout le silence. Ni voiture ni train ne circulaient. On voyait seulement de longues files de travailleurs étrangers rentrant chez eux. Les ruines mises à part, cela donnait l'impression d'une lointaine contrée agricole. Je n'arrivais pas à en croire mes yeux. En fait, toute trace de civilisation avait disparu. »

Bullock n'essaya pas de marcher sur les brisées de Trevor-Roper en passant du temps à s'entretenir avec les membres de l'entourage de Hitler. « Chacun de ceux que vous auriez voulu interroger, dit-il, était soit mort, soit en prison. » Même si cette déclaration paraît quelque peu excessive, elle explique en partie que Bullock en soit arrivé à un livre, à une vision de Hitler qui ne laissent guère de place à la mystérieuse séduction du dictateur, séduction ressentie indirectement par Trevor-Roper à travers le cercle d'intimes du chef nazi et qu'il aurait — de l'avis de certains — entretenue. Non que l'ouvrage de Bullock soit dénué de qualités dramatiques : sa reconstitution des derniers mois de 1932 et des premières semaines de 1933, riches en enjeux cruciaux et en manœuvres décisives dans un climat de tension extrême, qui allaient conduire Hitler à s'emparer de la chancellerie, représente un tour de force narratif dont le thème sous-jacent — combien de fois et à quel point le dictateur faillit échouer — s'oppose directement à l'insistance avec laquelle Trevor-Roper ne cesse de rappeler que Hitler fut à deux doigts de gagner la guerre.

Le livre de Bullock est le récit envoûtant d'un échec tout proche par un auteur manifestement non envoûté. De fait, on pourrait presque mesurer la fascination exercée par Hitler sur un auteur à la durée pendant laquelle celui-ci s'est trouvé au contact des membres eux-mêmes fascinés de son entourage. Tout en bas de l'échelle, Bullock analyse l'ascendant du dictateur en termes de sang-froid, de machiavélisme, et son propre détachement est à l'égal de celui du charlatan qu'il nous montre dans son premier livre. Pour sa part, Trevor-Roper a longuement interrogé le cercle des intimes du Führer. Il s'est trouvé dedans mais sans en faire partie, capable à la fois de compter au nombre des ensorcelés et de rendre dans sa prose, avec un effroi mêlé de dégoût, le pouvoir du sortilège. Et puis il y a David Irving, qui (comme nous le verrons dans un chapitre ultérieur) est entré dans le cercle, l'a qualifié de « magique » et n'en est jamais vaiment ressorti.

Le livre de Bullock obtint un succès immédiat, devenant un best-seller des deux côtés de l'Atlantique ; il en est aujourd'hui à quelque trois millions d'exemplaires, me confia-t-il, et continue à se vendre dans une version revue et corrigée en 1962. Je l'interrogeai sur un passage de sa préface à cette nouvelle édition dans lequel il déclare avoir cherché, en rédigeant la première mouture, à combattre la forme naissante du « mythe de hitlérien », celle du fou démoniaque.

« Il faut croire que le livre a touché une corde sensible, me déclara-t-il. Si vous voulez savoir laquelle, je me souviens très bien de la réaction de la presse populaire : "On sait maintenant que Hitler n'était pas un fou, que c'était un politicien extrêmement rusé et ambitieux." Pour beaucoup de gens, ce fut une surprise. »

Un politicien, pas un fou. À première vue, cette idée n'a rien de choquant, mais à l'époque, elle allait totalement à l'encontre de l'opinion générale, prenant des allures provocatrices. À mesure que l'effarante réalité de l'Holocauste pénétrait la conscience collective, Hitler était devenu, à l'instar du Kaiser au lendemain de la Première Guerre mondiale, bien plus qu'un chef ennemi exécré. Une sorte d'incarnation du Mal aux proportions gigantesques. On se mit à inventer de nouveaux termes pour désigner ses crimes, tels que génocide, holocauste, et sa personne elle-même fut démesurément enflée pour répondre à l'ampleur des atrocités commises. Dans un tel contexte, le Hitler dépeint par Bullock donnait l'impresssion d'une figure aux proportions délibérément étriquées, notamment en comparaison avec le Hitler irrationnel, diabolique, que Trevor-Roper avait légué au monde de l'après-guerre. Celui de Bullock était, sinon un rationaliste, du moins un individu aux calculs rationnels, un intrigant d'une taille humaine, un politicien plein de ruse et de duplicité, et non un monstre de folie ou un génie du mal aux dimensions bibliques pulvérisant tous les schémas d'explication antérieurs.

En fait, autant qu'une biographie, *Hitler ou les mécanismes de la tyrannie* de Bullock représente une valeureuse tentative pour ramener Hitler dans le cadre rassurant, ou du moins plus familier, du portrait historique classique. Classique au sens propre du terme : en une sorte de défi, Bullock inscrit en tête de son livre cette épigraphe d'Aristote : « L'homme ne devient pas un tyran pour se protéger du froid. »

« Une jolie formule, me dit-il, lorsque je lui demandai pourquoi il l'avait choisie. Voyez-vous, je suis un spécialiste de l'Antiquité, et la *Politique* d'Aristote est un livre formidable, ce que je tenais à rappeler. »

Je lui demandai comment la formule en question s'appliquait à Hitler.

« Eh bien, l'homme devient un tyran parce qu'il rêve d'exercer le pouvoir. Non pas en vue d'une amélioration ou d'un bien-être matériel, mais parce qu'il a soif de pouvoir.

— De pouvoir en soi ?

— C'était alors ma vision de Hitler. Mais elle a changé, vous savez. »

Une première vision qui fait apparaître Hitler comme un cas certes extrême, mais un cas déjà vu, compréhensible, s'insérant dans le cadre élaboré par des textes aussi fondamentaux pour la réflexion occidentale sur le pouvoir que la *Politique* d'Aristote, les récits de Tacite ou la description par Suétone du sanguinaire Caligula — la manifestation extrême d'un phénomène connu.

Mais Hitler est-il véritablement connu ? Avant d'en arriver à la manière dont Bullock a modifié sa conception classique initiale, je voulus le faire parler des divers débats et questions encore non résolues, afin de connaître son sentiment sur l'état actuel des études hitlériennes.

Tout d'abord, je fus surpris de son scepticisme vis-à-vis de la plupart des essais d'explication, ce qui, de la part d'un apôtre de l'imperfection comme principe d'existence, n'avait peut-être rien d'étonnant.

« Les vraies raisons de l'antisémitisme de Hitler ? interrogea-t-il en réponse à ma question. Je n'en sais rien. Personne n'en sait rien. On n'a même pas avancé d'un pouce. Prenez par exemple les métaphores dont il se sert pour en parler, qui semblent très souvent sexuelles. On se demande s'il n'y a pas quelque chose de ce côté-là... » Mais il renonça à continuer sur ce sujet : « Il existe quantité de mystères dans la vie qu'on ne pourra jamais éclaircir, et Hitler en fait partie. Ce monde est bien plus énigmatique que le pensent en général les gens. »

S'agissant de la sexualité de Hitler, Bullock avait toutefois quelques idées précises. Il me parla de sa rencontre avec « Putzi » Hanfstaengl, pendant un temps confident du Führer et responsable du service de la presse étrangère du parti, qui, après avoir fui aux États-Unis dans les années 1930, s'était mis à colporter sur son ancien maître une foule d'anecdotes fielleuses. Bullock se souvenait d'un geste étrange qu'avait eu Hanfstaengl pour symboliser la sexualité de Hitler.

« C'était vraiment un type infect, raconte-t-il. Absolument infréquentable. Une fripouille et un menteur. Toujours est-il qu'il y avait, dans le studio où se déroulait notre entretien, un piano... »

Il était de notoriété publique que, si Hanfstaengl avait réussi à s'immiscer dans le petit cercle d'intimes partageant les soirées de Hitler, c'était à cause de sa manière de jouer du Wagner au piano. Il arrivait même, prétendait-on, qu'incapable de trouver le sommeil, le chef nazi l'envoie chercher à l'autre bout de la ville pour qu'il le calme grâce à ses interprétations.

« Je lui ai dit : "Allons, jouez comme vous jouiez pour

Hitler". Mon Dieu, il jouait affreusement mal ! Et soudain, il a fait ceci... »

Imitant le geste de Hanfstaengl, Bullock leva la main, l'index et le petit doigt tendus. « Et il a déclaré : "Vous savez que Hitler ne pouvait jouer qu'avec les touches noires." Qu'entendait-il par là ? Pour moi, Hitler était un impuissant. Ce qui paraît plausible, dans la mesure où je soupçonne fort sa liaison avec sa nièce d'avoir été une histoire de voyeurisme. Je suis persuadé que Hitler était, par certains côtés, anormal sexuellement. »

Quand bien même Hanfstaengl aurait songé à quelque chose de plus précis, Bullock préféra ne pas insister. Le sens exact, s'il en avait un, du geste de Hanfstaengl est ainsi devenu l'accord perdu de l'exégèse hitlérienne.

Je lui parlai, à ce propos, des doutes soulevés par la mort de Geli Raubal. Croyait-il au verdict de suicide ?

« Disons qu'il est impossible de trancher dans un sens ou dans l'autre. Le suicide est le plus vraisemblable, mais les faits ne sont pas suffisamment probants pour qu'on puisse se prononcer d'une manière certaine. En ce qui me concerne, je croirais plus volontiers au suicide.

— Qu'il l'a poussée à se suicider ?

— Je pense... surtout après l'histoire de la liaison de Raubal avec le chauffeur, le projet de départ à Vienne et le reste... C'était réellement un vieux monstre ; je veux dire, elle était obligée de faire tous ses caprices. Et l'amour là-dedans ? Peut-être a-t-il voulu lui imposer je ne sais quel fantasme de voyeur et a-t-elle refusé. Pour moi, c'est ce qui s'est passé. Vous comprenez, les femmes étaient obligées de se déshabiller et de faire tout un tas de trucs devant lui au lieu de baiser. Alors, c'est ce qui a dû arriver — du moins, c'est mon sentiment. Cela semble mieux coller que le reste.

— Le reste ?

— Oui... Tout ce que je peux dire à propos de sa sexualité, c'est qu'il y avait quelque chose qui ne tournait pas rond. Que ce soit parce qu'il avait attrapé une maladie vénérienne avec une prostituée juive et qu'il était devenu impuissant, de sorte qu'il était seulement capable de faire semblant, ou parce qu'il avait le désir mais pas les moyens — ce qui, à mon avis, était sans doute le cas.

Ce fut la question du sang juif qui arracha à Bullock son discours le plus passionné sur l'explication et l'imperfection.

« [Franz] Jetzinger et Waite sont persuadés que l'histoire de Hans Frank est vraie... commençai-je.

— Naturellement. C'est une belle explication. Et ils ont tellement envie d'expliquer. Moi, je suis incapable d'expliquer Hitler. Et je ne crois pas que quiconque en soit capable. Parce que je pense que les êtres humains sont pleins de mystère. Limitons-nous à ce que nous pouvons constater. Je veux dire par là que c'est un personnage absolument terrifiant et que, s'ils tiennent à l'expliquer, c'est parce qu'ils se sentiraient tellement plus à l'aise. Il faut avoir le courage de regarder les choses en face : c'était un individu comme vous et moi sous bien des aspects. »

Ce faisant, Bullock avait dit deux choses importantes et potentiellement contradictoires. D'abord au travers de sa critique de l'explication. Visiblement plus réservée que celle d'Emil Fackenheim et de Claude Lanzmann. En effet, il n'exclut pas la possibilité d'une explication. À l'instar de Yehuda Bauer, il semble poser le problème en termes d'incomplétude : l'absence d'un nombre suffisant de faits avérés qui, si nous les possédions, pourraient fournir l'explication manquante.

Mais les réserves de Bullock quant à la possibilité d'une explication sont démenties par les termes mêmes qu'il emploie pour caractériser ceux qui aspirent à la certitude explicative : « Ils se sentiraient tellement plus à l'aise. Il faut avoir le courage de regarder les choses en face : que c'était un individu comme vous et moi sous bien des aspects. »

En déclarant sur le ton d'une évidence que Hitler était « un individu comme vous et moi », Bullock se place clairement d'un côté du grand schisme divisant les historiens : ceux qui voient en Hitler « un de nos semblables », qui parlent d'un Hitler en chacun de nous et d'un fonds d'hitlérisme propre à la nature humaine, à *notre* nature. Et ceux qui mettent en avant une des nombreuses variétés de l'exception hitlérienne. Depuis l'affirmation selon laquelle l'ampleur de ses crimes (quelle que soit la manière dont on mesure cette ampleur) surpasse celle des premiers malfaiteurs de l'histoire. Jusqu'aux théories plus complexes de ceux qui, tel le philosophe Berel Lang[3], soutiennent que c'est la qualité des intentions de Hitler plus que la quantité de cadavres qui fait du génocide nazi un nouveau chapitre de l'« histoire du mal ». À quoi il faut ajouter les arguments, plus métaphysiques et théologiques, d'Emil Fackenheim[4], qui rejette l'idée de l'existence d'un Hitler « en nous » et déclare qu'il est au-delà du continuum, hors de toute grille, inexplicable par rapport à l'humanité ordinaire, qu'il représente bien plutôt une sorte de « mal radical », voire d'irruption du diabolisme dans l'histoire, qui nous contraint, par son importance, à revoir notre conception du rapport de Dieu à l'homme.

Même si de telles positions peuvent paraître extrêmes, prétendre que Hitler est « un individu comme vous et moi » n'est pas une perspective nécessairement plus modérée ni plus plaisante, mais au contraire plus sombre et plus inquiétante. Si ce n'est une vision totalement noire de la nature humaine qui suppose un Hitler, au moins potentiel, jusque chez Alan Bullock. C'est en tout cas ce que lui-même semble dire lorsqu'il nous demande d'avoir le courage de regarder les choses en face — ce courage impliquant de trouver Hitler, non pas inhumain ou diabolique, mais d'une façon ou d'une autre humain. Dans la dernière scène de *La Tempête,* Prospero affirme, à propos de l'abominable Caliban : « Pour cette créature des ténèbres, je la déclare mienne », laissant entendre une sorte de responsabilité envers, mais non d'identité avec, la « créature des ténèbres ». Bullock, pour sa part, va beaucoup plus loin en proclamant que Hitler était « un individu comme vous et moi sous bien des aspects ». Jusqu'au point où il a presque l'air de dire : « Pour cette créature des ténèbres, je la reconnais en moi. »

C'est alors que je posai à Bullock la question de la malfaisance de Hitler sur laquelle j'avais déjà interrogé Trevor-Roper et d'autres biographes : pensait-il que Hitler faisait le mal consciemment et en toute connaissance de cause ? Pour cela, j'eus recours à l'affaire Bulger, qui s'étalait ce matin-là en première page des journaux londoniens. James Bulger, un enfant de deux ans, avait été enlevé à sa mère dans un centre commercial de Liverpool par deux gamins de dix ans, qui l'avaient conduit à un passage à niveau, l'avaient assommé à coups de brique, puis l'avaient abandonné sur la voie, où il avait été écrasé par le Northern Express, pour faire croire à un « accident tragique ».

J'avais été frappé par les mots dont s'était servi le juge en prononçant la condamnation. Des mots tout à fait bouleversants au regard des discussions que j'avais eues avec les biographes à propos de la fourberie de Hitler. De Trevor-Roper affirmant que non, Hitler n'était pas foncièrement méchant, qu'il était « convaincu de sa propre rectitude ». À Peter Loewenberg, le psychohistorien de l'UCLA, qui m'avait déclaré que non, Hitler n'était pas absolument mauvais, qu'il était l'otage de forces inconscientes et ne maîtrisait donc pas totalement ses pulsions, qu'il était leur prisonnier ou leur victime, et de ce fait incapable de faire consciemment le mal comme le pourrait un patient après une analyse complète et réussie.

Aussi le langage du juge, qualifiant ces deux gamins de dix ans d'« êtres mauvais, pernicieux, coupables d'un forfait sans précédent », ainsi que le rapportaient les gros titres de la presse à sensation, m'avait-il profondément troublé. Le contraste entre l'hésitation des spécialistes à reconnaître chez Hitler de la malfaisance et la vigueur avec laquelle le magistrat dénonçait la malignité des deux adolescents impubères avait, pour le moins, de quoi faire réfléchir.

Je demandai à Bullock s'il éprouvait la même réticence que Trevor-Roper et Loewenberg à qualifier Hitler d'individu malfaisant.

« Si lui n'est pas malfaisant, alors qui ? C'est tout. Je veux dire, qui peut l'être sinon lui ? Le seul argument qu'il soit possible d'invoquer à sa décharge, continua-t-il, pensant tout haut, c'est qu'il y croyait. » Il considéra la question par rapport à Heydrich. « Tandis que lui n'y croyait pas...

— Vous ne pensez pas que Heydrich...

— Il n'avait foi en rien. Curieusement, c'est lui que Hitler avait désigné comme son successeur éventuel, alors que Himmler était animé d'un fanatisme frisant le ridicule. Il avait absolument besoin d'y croire. Heydrich, à mon avis, avait du goût pour la cruauté.

— Et Hitler aussi ?

— Rien n'est moins sûr. Il n'est jamais allé dans un camp de concentration, jamais allé dans un camp de la mort. Il n'en a jamais vu. Il n'a pas participé concrètement à l'extermination. Ne l'a pas véritablement organisée. Il a laissé ce soin à Himmler et à Heydrich. »

Mais, poursuivit Bullock, Hitler avait parfaitement conscience de sa responsabilité. « Il a été l'instigateur de tout. Le seul homme qui... cette responsabilité, il l'a prise sciemment. Il était prêt à... S'il n'est pas malfaisant, alors le mot lui-même n'a pas de sens. »

Je rappelai à Bullock une curieuse expression dont il s'était servi dans son premier livre pour décrire la mentalité du dictateur, celle de « crétinisme moral », laquelle, selon la manière dont on l'interprète, peut être soit une métaphore médicale désignant l'immoralité, soit la conséquence morale d'une affection physique, quelque chose comme la théorie post-encéphalitique censée rendre compte de la haine ressentie par Hitler. Pour la majorité d'entre nous, me semble-t-il, le terme de « crétinisme moral » sonne comme une excuse fondée sur une détérioration des facultés mentales qui fait de Hitler une victime (d'un syndrome invalidant) autant qu'un criminel.

Bullock ne se souvenait plus très bien de quelle manière il avait employé cette formule, et, d'un air enjoué, il tendit la main vers une étagère (nous étions maintenant dans son bureau de Sainte-Catherine) pour y prendre une édition abrégée du dictionnaire Oxford. « Je présume, expliqua-t-il en l'ouvrant à la lettre C pour chercher le mot crétinisme, qu'un crétin est une personne dégénérée n'ayant pas la notion du bien et du mal. C'est du moins le sens que je lui donnerais. Et ce qu'il y a d'extraordinaire, à mon avis, dans le cas de Hitler... c'est qu'il a peut-être essayé de se protéger. » De se protéger en refusant de voir l'affreuse réalité des camps de la mort et des chambres à gaz, bien qu'il en ait pris la responsabilité. « À part que l'idée elle-même ne semble absolument pas l'avoir troublé. Un peu comme ces gens dont on dit que toute émotion est morte en eux. Qu'ils sont littéralement imperméables à la pitié. Je suppose que c'est ce que cette expression [le crétinisme moral] veut dire. Je ne l'ai pas utilisée dans un sens précis, j'imagine, et je ne pense pas l'avoir reprise dans mon second livre. »

Il trouva la bonne page et lut la définition de « crétin » : « "Personne atteinte de dégénérescence physique et de débilité mentale causée par une insuffisance thyroïdienne" —

pour ça, on ne peut pas dire qu'il souffrait de déficience mentale. Son cerveau ne fonctionnait que trop bien.

— Alors une déficience morale ?

— Oui, c'est ce qu'il faut entendre par là — une débilité morale. »

Ce qui ne dissipe pas totalement l'ambiguïté de cette notion de crétinisme moral : est-ce un refus conscient, délibéré, de se soumettre à des impératifs moraux, ou bien une tare congénitale, une incapacité due à un traumatisme, dont on ne saurait tenir quelqu'un pour « responsable » étant donné qu'il est né avec ou qu'elle lui a été infligée ? En réalité, l'équivoque ne tient pas tant à l'imprécision de Bullock qu'au fait qu'il ait précisément deux avis sur le sujet. Sa nouvelle conception de Hitler est en effet celle d'une double personnalité, synthèse d'images apparemment contradictoires de l'univers mental du dictateur.

La premier indice de l'importance d'un tel changement me fut fourni par la réaction de l'historien à la théorie d'Emil Fackenheim présentant Hitler comme un comédien. Bullock avait soulevé la question du testament de Hitler, ultime discours dans lequel, juste avant de se suicider en 1945, il demande aux Allemands de continuer à mener une guerre sans merci contre cet « empoisonneur universel de tous les peuples, la juiverie internationale ».

Je citai alors la remarque de Waite selon laquelle « personne ne va à la mort avec un mensonge », ce qui suggère que cette dernière manifestation de haine serait l'expression du vrai, de l'authentique Hitler. Opinion à laquelle s'oppose énergiquement Fackenheim, pour qui il ne s'agit là que d'une feinte, pour qui la haine de Hitler à l'égard des Juifs constitue, comme toutes les doctrines dont il faisait étalage, un calcul cynique.

Je pensais que Bullock aurait été à peu près d'accord. En fait, que sa théorie du comédien avait été, au moins en partie, inspirée à Fackenheim par la lecture de la première biographie de Bullock, qui dépeint Hitler en politicien cynique et calculateur, en aventurier dévoré par la soif du pouvoir et pour qui individus et croyances n'étaient que de simples instruments.

Mais la réponse de Bullock me surprit.

« Ah ! fit-il, c'était effectivement un grand acteur, qui

croyait dur comme fer à son rôle. Parfaitement. C'est même ce qui le rend unique. D'avoir été un grand acteur, mais... il y a une merveilleuse citation de Nietzsche que je dois avoir quelque part... »

D'une autre étagère, il tira un ouvrage (*Humain, trop humain*) du philosophe allemand et lut à haute voix le passage suivant, qui exprime en fait la nouvelle théorie de Bullock sur le fonctionnement de l'univers mental de Hitler :

> Chez tous les grands imposteurs, il faut noter un phénomène remarquable auquel ils doivent leur puissance. Dans l'acte même de la tromperie, parmi toutes les préparations, le caractère émouvant donné à la voix, à l'expression, aux gestes, au milieu de cette puissante mise en scène, il leur arrive soudain de *croire en eux-mêmes* ; c'est cette foi qui parle alors à leur entourage et le soumet comme par miracle. [...] Cette duperie de soi-même est nécessaire pour que les uns et les autres exercent une action d'envergure. Car les hommes croient à la vérité de ce qui fait manifestement l'objet d'une foi solide.

Nietzsche décrit là un processus complexe, une sorte de dialectique, qui commence avec ce qui ressemble à un calcul opportuniste : l'essentiel n'est pas de croire, mais d'en donner l'illusion. Autrement dit, feindre de croire est plus important qu'être sincère. Mais s'il y a d'abord un calcul dans cette comédie, suit un « phénomène remarquable » au cours duquel l'acteur-imposteur est soudain emporté, possédé, dominé par son rôle, et qui l'amène à croire à sa propre tromperie. À se laisser envoûter par lui-même.

Cette représentation dialectique du mode de pensée hitlérien élaborée par Bullock résulte de sa vision primitive d'un Hitler calculateur, appelons-la Bullock I (un ingénieux maître de l'illusion qui n'est pas sans présenter de nombreux points communs avec le falsificateur criminel imaginé par les journalistes du *Münchner Post*), dans laquelle il a intégré le Hitler à l'attrait magnétique de Trevor-Roper, pour en arriver finalement, par un mélange de thèse et d'antithèse, à la synthèse suivante, le Hitler de Bullock II : l'acteur qui finit par croire à son propre jeu.

Le changement clé intervenu dans sa réflexion, me confia Bullock, concerne l'idée qu'il se faisait jusque-là de la place de l'idéologie dans la mentalité de Hitler — préoccupation majeure de Trevor-Roper. « J'ai changé d'avis sur Hitler en ceci que, à l'origine, je croyais que seul le pouvoir l'intéressait... Je pense à présent que l'idéologie est effectivement centrale. C'est ce qui le protège du remords, de la culpabilité, de tout. Hitler était dans ce domaine absolument intraitable ; il avait la certitude d'être l'homme de la Providence. Cette foi en lui-même, je pense l'avoir davantage mise en relief dans le second livre (*Hitler et Staline*) que dans le premier. Dans le premier, j'étais très... je n'avais pas encore compris cela. »

Bien qu'impressionné par l'humilité de Bullock, je n'étais pas absolument sûr que ce nouveau modèle, plus complexe et plus dynamique, de la pensée hitlérienne ne recelait pas une contradiction.

« Voulez-vous dire, lui demandai-je, que le calcul peut déboucher sur une sorte d'emprise qui, elle, est authentique et non pas feinte ?

— C'est exactement la même chose avec Staline, répondit-il. Staline était très différent par bien des côtés. Il n'avait rien d'un orateur, ne possédait aucun charisme, sauf en ce qui concerne le culte qu'il avait organisé — le fait qu'il s'arrangeait pour qu'on le loue et que toutes ces louanges étaient totalement artificielles, que cela n'avait rien de spontané. Au début. Mais à la fin, c'était devenu spontané chez un tas de gens. Et chez lui aussi. Il était conscient de ce qu'il faisait [forger le culte de son propre génie], et pourtant, tout en le sachant, il était persuadé que c'était vrai — qu'il était réellement un génie.

— Simultanément ?

— Je ne vois rien là de bien difficile. Les hommes sont parfaitement capables dans la vie publique de croire deux choses contradictoires. Moi-même, je le fais la majeure partie de la journée.

— Mais est-il possible d'être à la fois sincère et hypocrite ? »

Je pensais l'avoir coincé, mais il s'en sortit au moyen d'une métaphore visuelle et d'un récit d'enterrement.

« C'est comme une mer agitée, n'est-ce pas ? » suggéra-t-il.

Une mer agitée ? J'imaginai des lueurs clignotant au

sommet de vagues déferlantes. Cette image avait, d'un point de vue empirique, quelque chose de persuasif : la ruse et la crédulité ballottées dans le flot tumultueux de la conscience.

Quant à l'enterrement, il avait eu lieu le matin même, dit-il. Un de ses collègues s'était noyé au cours d'une baignade — dans quelque mer agitée. Bullock avait prononcé un discours au moment de l'inhumation.

« J'en ai fait l'expérience pendant que je parlais. Je m'exprimais avec tout mon cœur, parce que j'étais réellement bouleversé. L'épouse qui avait vécu ce drame affreux se trouvait juste devant moi et me regardait. En même temps, je me disais : “Est-ce qu'ils m'écoutent ? Est-ce que le message passe ?” Je vous dis les choses comme elles sont. Je ne pense pas être un hypocrite, mais j'ai parfaitement conscience de ce que je fais et j'avais envie de briller.

« Tout le monde a un côté cabotin. Je veux dire, je sais qu'il y a en moi un petit diable qui va surgir pour dire : “Oh vraiment, tu crois cela ? Mais tu en profites drôlement, pas vrai ?”

— Le démon de la perversité ? demandai-je. N'est-ce pas ainsi que le nomme Poe ?

— Tout à fait. On l'a souvent évoqué. Goethe en parle lui aussi de ce petit malin qui apparaît brusquement pour nous tenir ce genre de langage. Et auquel on répond : “Fiche le camp, morveux, ça va très bien, merci.” »

Encore que je ne sois pas certain que le démon de la perversité de Bullock fasse le poids par rapport aux instincts destructeurs de Hitler, la dynamique que décrit l'historien semble surtout probante lorsqu'il l'applique à ce qu'il croit être le suprême échec du chef nazi durant la guerre. Le tournant, le véritable commencement de la fin, estime-t-il, survint pour Hitler au lendemain, ou peut-être à cause, de ses premières et grisantes victoires sur le front russe en 1941.

Avant cela, Bullock le juge plutôt prévoyant et circonspect — en 1936, par exemple, il était prêt à se retirer sur-le-champ si les Français avaient montré la moindre volonté de s'opposer militairement à sa réoccupation de la Rhénanie.

« Jusqu'à cette date [1941], explique Bullock, il est hésitant, mais par la suite il devient impitoyable. À dater du jour où il a lancé son offensive contre la Russie, je pense qu'il pense : eh bien, ça y est. »

À ce stade, dit Bullock, il est devenu tellement prisonnier de son propre rôle, de sa destinée invulnérable, que « l'homme se détruit lui-même. C'est extrêmement intéressant. Je veux dire, qu'il ait obligé l'armée allemande à camper devant Moscou en lui interdisant toute retraite, qu'il se soit débarrassé de cette brochette de généraux, qu'il ait donné l'ordre de tenir coûte que coûte. Si seulement il avait été un peu plus flexible, vous comprenez, si seulement il avait été prêt à regrouper ses forces, il est fort probable que Staline aurait accepté une paix de compromis. C'est une de ces choses mystérieuses...

« Mais ce qu'il y a d'extraordinaire — et c'est là [après les premières victoires de 1941] que l'orgueil intervient —, c'est qu'il en soit arrivé à ne plus pouvoir contrôler son image et à y croire totalement, à laisser tomber la manipulation et finalement à se détruire. Il a été détruit par sa propre image. Tant qu'il y a cru et qu'il en a joué [il a été victorieux], mais lorsqu'il s'est trouvé devant Moscou, il avait cessé de jouer, c'était Moi et Moi seul.

— Il avait perdu le bon sens du cynique.

— Absolument. Il aurait pu avoir la moitié de la Russie de son côté contre Staline. Mais regardez le traitement qu'il a fait subir à l'Ukraine — ridicule ! Ribbentrop l'a bien vu et il se souvenait que des gens lui avaient dit : “C'est à ce moment-là que Hitler a basculé. À ce moment-là qu'il s'est détruit.” Une tragédie grecque dans la plus pure tradition. »

La plus pure tradition ? À nouveau, Bullock semble retourner à ses racines classiques et céder à la tentation d'imaginer une tragédie de type aristotélicien, Hitler et l'Holocause comme faisant partie intégrante du vaste drame où se débattent les hommes, partie intégrante de la nature humaine. Et pourtant, tout comme son modèle de l'univers mental hitlérien, Bullock oscille entre plusieurs points de vue. Car, peu après avoir formulé cette remarque sur la chute orgueilleuse de Hitler et son appartenance à la plus pure tradition, il souleva la question de savoir si, en réalité, celui-ci n'avait pas fait voler en éclats les cadres traditionnels.

Je lui avais demandé si son étude du leader nazi avait modifié son opinion sur l'aptitude de l'homme au mal.

« Beaucoup, répondit-il. Forcément, quand on a été

élevé comme l'ont été la plupart d'entre nous, qu'on vit dans une société extrêmement protégée et qu'on est confronté à ce genre de choses... Je n'oublierai jamais l'instant où je suis ressorti de Yad Vashem, dit-il, faisant allusion à sa visite au Mémorial de l'Holocauste à Jérusalem en 1988. J'étais anéanti. Oui, anéanti.

— Est-ce que cela nous oblige à reconsidérer l'essence des êtres humains ? »

Tout d'abord, il sembla laisser entendre que Hitler et l'Holocauste étaient un phénomène qui aurait très bien pu trouver place dans la conception classique de la nature humaine.

« Qu'est-ce qui a changé ? Toute proportion gardée, si l'on considère certains événements survenus dans l'Antiquité, par exemple en lisant Tacite, ou Thucydide, la plupart de ceux d'entre nous qui lisent ces ouvrages n'ont jamais vécu d'expériences semblables.

— Comme la mise à mort des ilotes ? suggérai-je, me rappelant le récit donné par Thucydide du célèbre massacre athénien des serfs de Sicile.

— Oui... c'est à une autre échelle. Mais cela n'en est pas moins une histoire parfaitement sinistre.

— Et la mentalité de ceux qui perpétrèrent ces crimes ? Est-on aussi coupable lorsqu'on tue mille personnes que lorsqu'on en tue dix mille ? Ou bien y a-t-il un point où...

— C'est une question très intéressante. À mon avis, il y a un élément qui vient s'ajouter quand on mécanise les choses. Tout à coup, avec des comptables calculant les coûts et les profits de telle ou telle méthode d'assassinat, voilà qu'apparaît l'horreur du génocide allemand. Ce n'est pas dans la frénésie des combats ou d'un acte de vengeance qu'a été accompli tout cela. Mais de sang-froid. Les Juifs ne constituaient pas une menace militaire. Ils ont été exterminés de sang-froid. Quand les Russes commirent des atrocités... au moins, ils agissaient en réponse à des provocations. C'était une vengeance. Mais l'Holocauste ne fut pas une vengeance. Ce fut un acte entièrement prémédité. »

Un acte prémédité. Dante nous dit que, sur la balance divine, les péchés commis à froid pèsent plus lourdement que ceux commis à chaud. Le neuvième cercle de l'enfer, l'unique royaume de Judas, n'est pas de feu, mais de glace.

Aussi l'état d'esprit qui préside au meurtre est-il, pour Bullock, un critère entrant dans le calcul du degré d'infamie. Mais ce n'est pas le seul. Revenant sur l'idée de proportions, il m'expliqua qu'il n'arrivait pas à faire prendre conscience aux étudiants de l'étendue des ravages occasionnés par les guerres hitlériennes et les camps de la mort.

« Ils ne veulent pas le croire. Je veux dire, ils sont tellement horrifiés par ce qui se passe en Yougoslavie. Je sais bien que c'est affreux. Mais ce n'est rien en comparaison avec ce qui se passait quand Hitler s'efforçait de détruire le pays.

— Comparer deux maux est une tâche difficile.

— N'est-ce pas ? Les proportions — je pense, hélas, qu'elles ont une importance, même si je résiste à cette conclusion. Pourtant, je crois que c'est vrai. J'ai conscience de ce qu'un tel jugement peut avoir d'insatisfaisant sur le plan moral. Néanmoins, il me semble que, d'une manière ou d'une autre, un million de morts est pire que s'il n'y en avait que dix.

— C'est une question troublante, en effet.

— Oui. Mais ma philosophie est qu'il y a bien des questions troublantes dans la vie qu'on ne saurait expliquer.

— Cette philosophie est-elle inspirée par l'étude de l'Antiquité ?

— Oui. Et par Machiavel. Machiavel était un moraliste, vous savez. »

Mais au lieu de continuer dans cette voie, Bullock souleva à nouveau la question mystique. « Il me semble que les mystiques ont aussi leur mot à dire sur le sujet. Je ne prétends pas être moi-même un mystique. Mais cela ne m'empêche pas de réfléchir aux problèmes qu'ils posent. Et qui, fait étonnant, se rencontrent dans toutes les cultures : taoisme, soufisme, bouddhisme zen, catholicisme, protestantisme, chez Blake, chez Platon, chez Plotin — incroyable ! Grosso modo, bien qu'ils soient très différents les uns des autres, tous ont le goût du paradoxe. Ce qui est et ce qui n'est pas ; ce qui a une unité et ce qui n'en a pas. »

C'est son père qui a inspiré à Bullock cet intérêt pour la

démarche mystique, et il parle de manière émouvante de ce père à l'itinéraire spirituel peu orthodoxe.

« Bien que pasteur unitarien, il éprouva après la [première] guerre le sentiment que la religion était moribonde et qu'il y avait une foule de gens en quête de spiritualité qu'il ne pouvait pas atteindre. Que cela lui était rigoureusement impossible. Si bien que, tout en continuant à prêcher, et c'était un prêcheur merveilleux, il s'employa à relancer une vieille tradition, celle d'un ministère alternatif. Il rompit complètement avec tout ce qui pouvait rappeler l'église, prit un local qui ne ressemblait en rien à un temple : il n'y avait pas de rituel, pas de prières, pas d'hymnes et il ne portait pas d'habit de cérémonie ou autre. Et il appelait ça des cours de psychologie. Il les donna pendant vingt, trente ans. En y mettant beaucoup de ses idées religieuses, présentées en termes non religieux. Ils étaient nombreux à venir l'écouter. Sans qu'il n'en retirât aucune gloire, car Bradford était une petite ville dont personne n'avait entendu parler. Il se disait que c'était déjà une chance de pouvoir parler à quarante ou cinquante personnes. Et il ne se plaignait jamais. Au XIXe siècle, il aurait été un grand prédicateur. Et à la fin du XXe siècle, il serait passé à la télévision. C'était un homme délicieux, vraiment. »

N'est-ce pas là, en un sens, une façon d'opposer la figure paternelle du prêcheur méconnu à celle de l'agitateur perfide sur lequel il n'a cessé d'écrire ? Il travaillait à présent, me dit-il, à une biographie de son père, dont il espérait qu'elle lui vaudrait le pardon de sa femme pour toutes les années qu'il avait passées en compagnie de Hitler, puis de Hitler et de Staline.

« Voilà plus de cinquante ans que nous sommes mariés, me confia Bullock. Je lui ai dit, je vais essayer, pour te faire plaisir. Elle l'adorait [le père de Bullock]. Quand elle me verra m'y mettre... Elle a dû supporter Hitler et Staline pendant ces sept dernières années, et elle en a pour ainsi dire sa dose. »

Il me vint à l'esprit, après mon entretien avec Bullock, que sa nouvelle vision de l'univers mental du dictateur allemand tenait de ces paradoxes mystiques qu'affectionnait son père : son Hitler revu et corrigé, Bullock II, est un opportuniste et n'en est pas un à la fois, croit ardemment à ses idées et en même temps n'y croit pas, ces deux tendances clignotant de ci de là comme des lueurs sur une mer agitée — le flot de la conscience — et formant une conception unificatrice. J'eus également le sentiment que, dans sa nouvelle synthèse, Bullock faisait entrer deux aspects de lui-même, deux générations de Bullock, sa propre vision, imprégnée d'un sage classicisme, et l'inclination mystique et non conformiste de son père. Exemple classique là aussi d'un phénomène que je devais retrouver fréquemment à travers mes conversations avec quelques-uns des plus consciencieux biographes de Hitler : le fait que leurs recherches, la recherche d'une cohérence dans les témoignages fragmentaires qui subsistent, débouche bien souvent sur une sorte d'examen de soi, de ressassement d'une histoire personnelle.

C'est un peu comme si l'amour et le respect que Bullock voue à son père lui donnaient le droit de regarder au-delà des cadres classiques, au-delà du scepticisme professé par Oxford en pareilles matières, pour aborder le chapitre de la foi, de ce questionnement de Dieu dont Hitler est devenu le catalyseur chez d'autres. Ainsi, il me surprit au cours du déjeuner lorsque, en réponse à une observation que j'avais faite sur « l'esprit hegelien » de son analyse de Hitler, il se pencha en avant de manière à ne pas être entendu de ses voisins et, passant de la philosophie à la théologie, me dit d'un ton véritablement passionné : « Il m'arrive de demander à Dieu : *"Si tu étais là, pourquoi n'as-tu pas arrêté tout cela ?"* » Tel est le problème que pose l'Holocauste à la théodicée : comment réconcilier l'existence de Dieu avec l'existence du mal ?

Il revint une nouvelle fois sur le sujet tandis que nous quittions l'Université Sainte-Catherine pour traverser la rivière Isis et nous diriger vers l'Ashmolean Museum où il avait une réunion. C'est au cours de ce trajet qu'il avait tout d'abord émis l'idée du mal comme imperfection, puis de Dieu comme créature imparfaite. Alors que les colonnes décorées de gargouilles du musée se dessinaient devant nous, il précisa sa pensée en prenant l'exemple de Jésus et de Judas.

« Le paradoxe de Jésus embrassant Judas ! s'exclama-t-il. C'est fascinant. Rien qu'à lire ça dans la Bible, vous en avez les cheveux qui se dressent sur la tête ! Il l'a embrassé sur la bouche ! »

Il me fallut un petit moment avant de saisir le lien entre sa théorie sur l'imperfection du mal, le baiser donné par Jésus à Judas et ses conceptions sur Hitler. Mais cela formait bien un tout. Considérons en premier lieu sa vision du mal. Pour lui, le mal n'est pas quelque chose d'étranger, d'inhumain, comme le pensent les manichéens, mais une forme moins évoluée d'humanité. Une forme située au bout, tout au bout de la grande chaîne de l'être, mais faite néanmoins de la même matière qui nous a donné naissance et qui émane de, ou évolue vers, Dieu. Par conséquent, la plus pernicieuse figure du Nouveau Testament appartient elle aussi à la création, même si elle en est l'élément le plus singulièrement imparfait.

Bullock ne va pas jusqu'à prétendre qu'il faut accepter Hitler, mais l'hypothèse qui ressort de son portrait du dictateur est que, aussi extrême que soit sa perversité, il n'en a pas moins sa place dans le même continuum d'imperfection que le reste de l'humanité et qu'il relève donc des mêmes schémas que les tyrans sanguinaires de Thucydide et de Tacite. Hitler, cette créature des ténèbres, est l'un d'entre nous, un être qu'il est possible d'expliquer, si imparfaitement que ce soit, sans recourir ni au « plus qu'humain » de Trevor-Roper, ni à l'« irruption du diabolisme » de Fackenheim. Que reste-t-il de Dieu dans cette vision du mal conçue par Bullock ? Une figure imparfaite elle aussi.

« S'il y a une chose que je ne dirai jamais de Dieu, c'est qu'il est omnipotent. Il n'arrête pas de faire du rafistolage. D'essayer de contenir le chaos qui continue à régner. »

Je lui fis part de la conversation que j'avais eue à ce sujet avec Yehuda Bauer.

« D'après Bauer, on ne peut pas penser que Dieu est à la fois tout-puissant et bon, car s'il était omnipotent, il serait Satan pour ne pas être intervenu.

— Oui, absolument, dit Bullock. Ne jamais croire que Dieu est omnipotent. »

Même s'il nous faut, estime-t-il, admettre notre appartenance au mal et à ceux qui le commettent — dire avec Prospero : « pour cette créature des ténèbres, je la déclare mienne » —, Bullock juge néanmoins nécessaire d'affronter le mal et de le combattre. De fait, en dépit de ses quatre-vingts ans, il n'a pas hésité à ceindre son épée et à reprendre du service pour croiser le fer avec les révisionnistes. Un fascinant rebondissement dans sa longue carrière : l'homme dont la biographie a, plus qu'aucune autre au cours du demi-siècle, contribué à définir Hitler dans l'esprit du public, partant en campagne, non seulement contre ceux qui nient catégoriquement l'Holocauste, comme David Irving, mais également contre ceux qui, tout en reconnaissant l'existence de l'Holocauste, contestent dans une large mesure l'implication ou la responsabilité personnelle de Hitler, comme les « fonctionnalistes » pour qui la solution finale fut le résultat d'une sorte d'embrasement spontané d'exigences bureaucratiques, avec des complicités ne s'étendant pas, au-dessus de Himmler et de Heydrich, jusqu'au Führer lui-même.

Bullock dut repartir au combat, raconte-t-il, après avoir publié un compte rendu[5] dans le supplément littéraire du *Times* où il faisait l'éloge d'un livre de Christopher Browning (*Des hommes ordinaires*) portant sur les membres d'un bataillon de la police allemande et la manière dont ils s'étaient transformés en tueurs sanguinaires. L'article avait attiré l'attention du Centre d'études de l'Holocause de l'Institut Yad Vashem de Londres, qui s'évertuait à endiguer la récente vague de révisionnisme déclenchée en Grande-Bretagne par David Irving.

Irving — historien des plus controversés depuis qu'il a prétendu, dans son livre *Hitler's War*[6] (1977), que, si l'on n'a jamais retrouvé d'ordre signé par Hitler concernant l'Holocauste, c'est probablement qu'il ne l'a pas ordonné du tout — en était soudain arrivé à l'idée, vers la fin des années 1980, que non seulement il ne l'avait pas ordonné, mais que l'Holocauste n'avait jamais eu lieu. Certes, admettait Irving, il y avait eu des centaines de milliers de morts dus à la maladie, à la famine et aux atrocités commises sur le Front de l'Est, mais personne n'avait été gazé, pour la bonne raison qu'il n'y avait pas de chambres à gaz.

« Désiraient-ils que vous répondiez à Irving ? demandai-je à Bullock.

— Je ne l'ai pas mis en cause personnellement, fit-il observer. Je ne tenais pas à faire son jeu. »

La conférence qu'il donna au Centre Yad Vashem se présentait comme une réfutation méthodique des deux principaux axes de l'argumentation révisionniste. Son impact dépassa largement le cadre de la petite salle où elle avait été prononcée : les actualités télévisées consacrèrent à Bullock toute une séquence, faisant de lui, pour l'occasion, l'objet de l'attention générale (aussi bien que de lettres assassines).

En un sens, cette allocution (intitulée « Hitler et l'Holocauste » et publiée sous forme de brochure par le Centre d'études sur l'Holocauste Sydney Burton de Londres) constitue le testament de l'historien. Avec pour base la fameuse citation de Nietzsche sur le charlatan succombant à ses propres artifices. « Personne, affirma-t-il, n'a mieux décrit le pouvoir charismatique à l'aide duquel Hitler a pu communiquer ses idées au public allemand que ne l'a fait Nietzsche avec une intuition géniale dans un texte écrit plus de dix ans avant la naissance du dictateur » — et qui représente la nouvelle vision de Bullock sur le fonctionnement du tyran nazi. Vision qui joue un rôle déterminant dans sa manière de réfuter les problèmes soulevés par les révisionnistes.

« Hitler, dit-il dans sa conférence, fut, jusqu'à la moelle des os, un politicien autant qu'un visionnaire : même si c'est le maître des forces psychologiques irrationnelles dans le domaine politique qui impressionne [autrement dit le Hitler de Trevor-Roper], c'est... une capacité opportuniste à garder secrets, à masquer et à retarder ses objectifs à long terme » qui explique ses « succès ».

Ici, Bullock, tout en insistant sur l'importance de ces deux facettes du dictateur, semble davantage mettre l'accent sur la seconde, l'aventurier opportuniste, le « charlatan » dédaigné par Trevor-Roper. Car ce qu'il fait ressortir dans son analyse des liens de Hitler avec la solution finale, c'est la mise en scène d'un faux détachement par rapport au processus d'extermination.

Certes, Bullock pense que tuer les Juifs était une préoccupation majeure de Hitler (même s'il ne va pas aussi loin que Lucy Dawidowicz, qui, dans *The War Against the Jews*, y voit le principal objectif du leader nazi dès 1918). Moins catégorique, il admet que le dictateur a pu rêver très tôt d'une solution finale, mais que cela reste une pure supposition. « Ce qui est clair, c'est que, quel que soit le moment où il a conçu cette idée, ses vues concernant la manière de réaliser ses fantasmes sur le plan pratique ont pris corps peu à peu, selon une évolution et non pas sous la forme d'un plan arrêté. »

Dans ce qui est sans doute l'aspect le moins convaincant de sa théorie, Bullock dépeint Hitler s'efforçant, sur le chemin de la solution finale, d'apaiser deux camps : ses premiers admirateurs fanatiquement antisémites et la « partie beaucoup plus large du peuple allemand », peu désireuse d'aller, au-delà de la discrimination et du bannissement, jusqu'au meurtre. (Que Hitler ait été relativement plus modéré que les autres est une hypothèse extrêmement fragile, c'est le moins qu'on puisse dire.)

Bien que ses doctrines antisémites en aient été la condition sine qua non, il n'était pas si certain du bien-fondé du génocide, explique Bullock, si « convaincu de sa propre rectitude », qu'il n'ait ressenti le besoin de le *cacher*. Et de citer de nombreux exemples où, tout en étant l'« esprit agissant de cette solution radicale en paroles et en actes » (comme le déclare Goebbels), Hitler tente de se ménager la possibilité de la nier. Ce qui permet aux actuels détracteurs de l'Holocauste de s'obstiner à le blanchir. Ainsi, ce ne fut pas Hitler mais Goering qui écrivit à Heydrich pour lui demander de mettre sur pied la vaste organisation de la solution finale. Et Himmler qui « rédigea un rapport pour Hitler sur les progrès réalisés dans la solution finale en 1942 », tout comme ce fut Himmler qui, retournant un mémorandum à Eichmann, inscrivit dessus : « Le Führer a pris note : à détruire. »

Détruire toute note de Hitler afin de préserver l'illusion qu'il n'y était pour rien. « Déjà dans les années 1930, écrit Bullock, il s'était tenu à l'écart de l'application des mesures contre les Juifs ; [dans les années 1940], il avait encore à l'esprit les conséquences du programme d'euthanasie et demeurait soucieux de préserver son image, sachant qu'il ne pouvait pas se permettre d'entacher sa réputation en l'associant à la sale besogne des exécutions massives. »

C'est dans cette distanciation elle-même, dans ce faux détachement, que réside, ainsi que le suggère Bullock, la preuve flagrante de la malfaisance de Hitler. La preuve que, loin d'être « convaincu de sa propre rectitude », comme le croit Trevor-Roper, il a commis ce crime en sachant parfaitement de quoi il retournait, mû par une haine n'ayant aucun rapport avec une quelconque notion de rectitude. Par une pure animosité personnelle revêtant le masque de l'idéalisme et s'abritant sous le manteau d'une fausse neutralité, tout comme l'escroc patenté, le « criminel politique », le falsificateur d'abord dépeint pour la postérité par les reporters du *Münchner Post*.

Ce qui laisse subsister la question : qu'y a-t-il derrière le faux-semblant ? Quelque chose d'humain, et si oui de quel ordre ? Peut-on découvrir la moindre trace d'un sentiment authentique dans la nature humaine de Hitler ?

C'est sans doute la raison pour laquelle l'épisode Geli Raubal continue de susciter autant d'intérêt. Sur le moment, je fus surpris de voir Bullock, assurément l'un des historiens les plus sobres et les plus judicieux, exprimer sa fascination à propos de l'« amour » (terme qu'il emploie dans *Hitler ou les mécanismes de la tyrannie*) du politicien pour Geli Raubal de la nature de cette étrange passion, de l'énigme du décès de la jeune femme et de la question de l'infirmité soulevée par « l'histoire de la couille unique ».

Au centre de l'affaire Geli Raubal se trouve un mystère juridique, celui des circonstances de sa mort et du rôle de Hitler dans son suicide ou son assassinat. Mais le mystère le plus important, celui qui explique que cet épisode ait été l'objet de si nombreux débats, c'est de savoir s'il ouvre une fenêtre sur l'être intime du dictateur, s'il résout le problème de son humanité, faute de quoi le tyran nazi représenterait une totale et monstrueuse aberration. Ou bien si, de manière peut-être encore plus inquiétante, il est possible de considérer Hitler comme un individu « normal ». Si la fourberie fut toujours présente chez lui, intrinsèquement, depuis qu'il fit son entrée sur la scène politique, ou si l'on peut constater une évolution : l'évolution d'un Hitler dont la malfaisance aurait été, à un moment, moins absolue, plus imparfaite (comme dirait Bullock) que dans sa phase ultime. Et, dans ce cas, quels facteurs concoururent à produire le dernier Hitler, celui de la solution finale ?

III

Geli Raubal et le « secret sexuel » de Hitler

Enquête incrédule sur une tradition tenace

CHAPITRE 6

HITLER ÉTAIT-IL ANORMAL ?

Dans lequel on rencontre Mimi Reiter, le « premier amour » de Hitler ; où celui-ci s'efforce de se justifier auprès d'un policier chargé d'une affaire d'homicide et où l'hitlérisme est considéré comme un « problème sexuel »

Reinhard Weber, l'archiviste en chef, s'arrêta au beau milieu de la lecture du document qu'il m'avait déniché. « C'est très étrange, s'exclama-t-il. Écoutez ce que dit Hitler. »

Le document en question [1], six pages jaunissantes et friables, datant de soixante-trois ans, qu'il avait remontées du sous-sol des Archives de l'État bavarois, était un rapport de police : le rapport rédigé par l'inspecteur Sauer de la police de Munich lors de son enquête sur la mort, due à une arme à feu, de Geli Raubal, la demi-nièce de Hitler, trouvée inanimée dans une chambre de l'appartement de ce dernier, le pistolet du leader nazi posé à côté d'elle.

L'archiviste avait commencé à me lire le texte dans son bureau situé au second étage du bâtiment. Et l'« étrange » remarque qui l'avait arrêté net provenait de la conversation (le mot interrogatoire serait trop fort) que l'inspecteur Sauer avait eue avec Hitler sur le lieu du drame quelques heures seulement après la découverte du corps. Une conversation dans laquelle Hitler expliquait à l'officier de police pourquoi la jolie jeune femme de vingt-trois ans avait choisi de se tirer une balle dans la poitrine avec un Mauser de calibre 6,35.

Si l'on a beaucoup spéculé sur ce rapport, rares sont ceux qui l'ont vu au cours des décennies qui suivirent la mort de Geli Raubal. Et ce propos « très étrange » que tenait Hitler — sa bizarre remarque à l'inspecteur concernant une prédiction fatidique faite lors d'une séance de spiritisme à laquelle, prétendait-il, sa nièce avait assisté — n'avait guère attiré l'attention.

Le climat dans lequel l'inspecteur Sauer s'était entretenu avec Adolf Hitler n'aurait pas pu être plus tendu. On était à la mi-septembre 1931 ; la campagne des présidentielles commençait. Hitler était sur le point d'effectuer une percée électorale qui le mènerait à deux doigts du pouvoir. Au cours des législatives de l'année précédente, le parti nazi avait réalisé un véritable bond en avant qui lui avait permis de quitter sa position marginale : sa représentation au Reichstag était en effet passée de 12 à 107 sièges sur un total de 600, faisant de lui la deuxième plus grande formation politique du Parlement. Pendant une longue période après le putsch manqué de 1923, Hitler avait été considéré comme une sorte d'excentrique totalement hors circuit, un personnage ridicule ; à présent, tablant sur la crise économique et sur la victoire électorale remportée au Reichstag, il envisageait de défier le président Hindenburg dans les prochaines élections nationales qui auraient lieu au début de 1932. Subitement, il était devenu un concurrent sérieux. Et tout aussi subitement, la presse avait manifesté un intérêt accru pour lui et pour son mouvement. La mort de Geli Raubal constituait le point culminant d'un été de scandales sexuels au sein du parti nazi à Munich. L'oppositionnel *Münchner Post* avait révélé l'existence d'un sordide réseau de prostitution, de chantage et de meurtre auxquels étaient mêlés Ernst Roehm et d'autres acolytes de Hitler.

Et voilà que lui-même se retrouvait avec un cadavre sur les bras. Un cadavre gisant dans une chambre de son propre appartement. Un cadavre dont l'identité laissait planer le soupçon d'une sombre histoire de sexe et de meurtre à la fois. La mort de Geli Raubal risquait de signifier la mort de ses ambitions politiques. Aussi sa carrière tout entière dépendait-elle des résultats de l'enquête de l'inspecteur Sauer.

Naturellement, la carrière de Sauer n'était pas moins en péril. La police et la bureaucratie du parquet de Munich étaient dominées par des nationalistes de droite, dont un grand nombre de sympathisants nazis, comme le ministre de la Justice Franz Gürtner. Déjà, on s'employait en coulisse à minimiser les tracas du politicien. Déjà plusieurs responsables du parti surveillaient étroitement l'enquête de l'inspecteur Sauer.

En fait, un important membre du parti se trouvait sur les lieux, en ce matin du samedi 19 septembre, avant même l'arrivée de Sauer. Franz Xaver Schwarz était le trésorier du mouvement et l'un des plus intimes confidents de Hitler parmi ses vieux camarades de la « période héroïque » des années 1920. Apparemment, Schwarz avait été appelé sur le théâtre du drame alors que la police n'avait pas encore été avertie. Il expliqua à Sauer que Hitler se trouvait loin de chez lui lorsque sa nièce s'était emparée de l'arme pour se tuer. Il était parti la veille, au cours de l'après-midi, pour une tournée dans le nord, précisa Schwarz, et n'avait pas la moindre idée de la tragédie qui venait de se dérouler, bien qu'on s'efforçât à présent de le joindre pour lui apprendre la terrible nouvelle.

L'inspecteur Sauer et son collègue l'inspecteur Forster examinèrent le corps en compagnie d'un médecin de la police. La jeune femme se trouvait dans sa chambre, gisant face contre terre dans une mare de sang. Il y avait un gros trou dans sa poitrine et un pistolet d'une taille impressionnante abandonnée non loin. Le docteur estima que la balle avait été tirée à une faible distance et qu'elle avait traversé un poumon. Le pistolet, déclarèrent les domestiques, appartenait à Hitler, qui le gardait habituellement dans sa chambre à coucher, située juste à côté dans le couloir. Il n'y avait aucun mot d'adieu, seulement une lettre inachevée adressée à une amie et parlant d'un prochain voyage à Vienne.

En l'absence du maître de maison, l'inspecteur Sauer commença par prendre les dépositions des cinq membres du personnel de service. D'après le récit qu'ils lui firent, sous l'égide du vigilant trésorier du parti, l'après-midi du jour précédent, le vendredi, quinze minutes après le départ de Hitler pour sa tournée dans le nord, Geli Raubal était sortie précipitamment de la chambre de son oncle, l'air agité. C'était la dernière fois qu'ils l'avaient vue, déclarèrent-ils à l'unanimité, et cela jusqu'au lendemain matin, où elle n'avait pas répondu au coup frappé à la porte de sa chambre. Celle-ci était verrouillée (on pouvait pousser le verrou de l'intérieur comme de l'extérieur), de sorte que le mari de la cuisinière l'avait forcée à l'aide d'une pince, découvrant le corps sans vie allongé sur le sol. Elle avait dû, supposaient-ils, prendre le pistolet se trouvant dans la chambre de Hitler et s'en servir contre elle-même.

Aucun d'entre eux n'avait entendu de détonation. La cuisinière avait bien remarqué un bruit sourd, semblable à celui d'un objet lourd qui tombe ou se casse, provenant de la chambre de Geli Raubal quelques instants après qu'elle eut quitté celle de Hitler et se fut enfermée dans la sienne. Mais, sur le moment, il ne lui était absolument pas venu à l'esprit qu'il pût s'agir d'un coup de feu ou de la chute d'un corps.

L'inspecteur Sauer prit note des témoignages et conféra avec le médecin légiste. Ni le corps lui-même ni les déclarations des domestiques ne permettaient de croire à une mise en scène. Toutefois, il manquait un élément essentiel pour qu'un verdict de suicide fût rendu : le mobile.

Sur ce point, les domestiques ne furent d'aucune aide. Pas un ne voulut hasarder d'hypothèse sur la raison pour laquelle la séduisante et radieuse jeune femme, qui menait une existence enviable aux côtés de son célèbre oncle, avait soudain dérobé le pistolet de celui-ci et s'était tiré un coup de feu en pleine poitrine. Au contraire, ils exprimèrent leur total ahurissement en des termes presque identiques.

« Elle s'est tiré une balle... mais pourquoi, je serais bien incapable de le dire », déclara à l'inspecteur le mari de la cuisinière.

« Pourquoi Geli Raubal s'est-elle suicidée, je n'en sais strictement rien », assura la bonne.

« Qu'est-ce qui l'a amenée à se tirer une balle, je n'en ai pas la moindre idée », répondit la concierge à Sauer.

D'où la nécessité pour l'inspecteur de parler avec le leader nazi absent. S'il tenait à clore cette enquête par un verdict de suicide, pour la plus grande satisfaction de ses supérieurs — bien que de manière quelque peu problématique en ce qui concerne la presse —, un motif lui était précieux.

Il fut averti que Hitler avait été contacté et qu'il allait sans aucun doute se précipiter chez lui pour pleurer la mort de sa nièce. L'inspecteur Sauer regagna donc le commissariat afin d'informer ses supérieurs et d'attendre des nouvelles du politicien. Vers deux heures de l'après-midi, un coup de fil lui parvint. Hitler venait de rentrer et était prêt à répondre à ses questions.

Il est évidemment impossible de deviner quelles pensées trottaient dans la tête de l'inspecteur Sauer lorsqu'il arriva devant la somptueuse résidence où habitaient Hitler et sa nièce. Peut-être était-il déjà au courant des pressions exercées sur le ministre de la Justice bavarois Franz Gürtner afin de limiter au maximum les investigations de la police, de la décision du médecin légiste de rendre le corps, sans pratiquer d'autopsie, pour qu'il fût embaumé et expédié rapidement au-delà de la frontière, jusqu'à Vienne.

D'un autre côté, il savait également qu'il avait absolument besoin d'une explication de Hitler pour son rapport. S'il avait eu vent des rumeurs circulant dans Munich à propos des relations du leader du parti nazi avec la jeune femme occupant la chambre voisine de la sienne, sur la cause de leurs perpétuelles disputes, sans doute se demanda-t-il si l'explication n'était pas tout bonnement Hitler lui-même.

Depuis lors, des dizaines de milliers de mots ont été consacrés à cette question, à la nature du rôle de Hitler dans le drame Geli Raubal et à l'influence de ce drame sur le rôle que jouerait ensuite le dictateur dans l'histoire.

Ensevelies sous une montagne d'analyses ont été les propres paroles de Hitler ce jour-là. D'après l'inspecteur Sauer, voici ce qu'il lui dit :

> Sa nièce avait commencé des études de médecine, puis, s'étant rendu compte que cela ne l'intéressait plus, elle avait opté pour des cours de chant. Elle aurait eu la possibilité de faire des débuts sur scène en un temps relativement court, mais elle pensait qu'elle n'était pas encore prête, aussi avait-elle décidé de prendre des leçons supplémentaires avec un professeur de Vienne. Hitler avait, déclare-t-il, donné son

> accord, à la condition toutefois que la mère de sa nièce, qui habite Berchtesgaden, accompagne cette dernière à Vienne. Comme elle ne voulait pas en entendre parler, il lui avait répondu, affirme-t-il : « Alors, je suis contre ce projet d'aller à Vienne. » Elle était mécontente, mais elle ne semblait pas particulièrement nerveuse ni surexcitée, et c'est très calmement qu'elle lui dit au revoir lorsqu'il la quitta dans l'après-midi du vendredi.

Et Hitler d'ajouter ce détail, qui avait paru si singulier à l'archiviste Weber :

> Elle avait fait auparavant partie d'un club qui organisait des séances où l'on faisait tourner les tables, et elle avait appris, confia-t-elle à Hitler, qu'elle mourrait de mort non naturelle.
>
> Hitler précise qu'elle a facilement pu prendre le pistolet, car elle savait où il se trouvait, où il rangeait ses affaires. Sa mort le touche profondément, dans la mesure où elle était, de tous les membres de sa famille, la personne dont il se sentait le plus proche. Et il fallait qu'un tel malheur le frappe.

Si on laisse de côté pour l'instant la question de sa véracité, cette histoire de séances de spiritisme apparaît comme un coup magistral, voire quelque peu désespéré, de la part de Hitler. Surgie à la dernière minute comme du chapeau d'un prestidigitateur, elle vise manifestement à couvrir d'un voile de fatalisme les défauts flagrants et l'insuffisance générale du reste de sa tentative pour expliquer la mort de sa nièce.

Même les dépositions craintives et étroitement surveillées des domestiques semblent contredire le chef nazi sur un point capital. Ils rapportent en effet que Geli Raubal avait l'air agitée en sortant précipitamment de la chambre de Hitler avec une arme, un quart d'heure à peine après le départ supposé de celui-ci. Alors que Hitler, pour sa part, prétend qu'elle n'était ni nerveuse ni surexcitée, et qu'elle lui a dit au revoir « très calmement ».

À première vue, on peut penser qu'il s'efforce tant bien que mal de séparer le conflit qu'il admet avoir eu avec Geli Raubal à propos de son désir de se rendre seule à Vienne, de la décision de la jeune femme de se suicider. Comme si, au cours des quinze brèves minutes entre le moment de son départ et celui où elle se rua dans la chambre pour prendre le pistolet, quelque chose d'autre était intervenu, n'ayant aucun rapport avec lui, et qui l'aurait poussée à se tuer.

En fait, Hitler essaie en vain de gagner sur les deux tableaux. Il s'efforce de minimiser l'importance de leur dispute, mais du même coup il en diminue la valeur comme explication possible. Et incite à se demander quelle fut la véritable raison de ce suicide — ou même si ce fut bien un suicide.

Du reste, le récit qu'il donne de la querelle elle-même rend une telle explication assez peu crédible, suggérant de plus sombres possibilités. Certes, on peut comprendre qu'une jeune femme de vingt-trois ans ait été indignée qu'on l'oblige à se faire accompagner par sa mère pour aller prendre des leçons de chant à Vienne. Mais de là à se suicider... La disproportion entre l'explication avancée et l'acte proprement dit ne pouvait que soulever des doutes quant au but réel de ce voyage : ne dissimulait-il pas autre chose que des cours de chant, une chose que seule une étroite surveillance familiale était susceptible d'empêcher ? Le bruit ne tarderait pas à se répandre — relayé par des journaux de Berlin, de Munich et de Vienne — que le voyage de la jeune femme dissimulait en réalité une fugue avec un amant clandestin, voire une tentative pour échapper à une relation devenue insupportable avec Hitler.

Mais celui-ci était bien trop perspicace pour ne pas avoir conscience de ce que ses allégations quant à l'hypothétique motif du suicide de sa nièce avaient de peu convaincant. D'où cette histoire de séances de spiritisme, trouvaille brillante qui semble introduire dans son témoignage une part d'émotion spontanée, mais qui, si l'on examine de plus près l'ensemble de ses propos, donne davantage l'impression d'être le couronnement d'un assassinat psychologique soigneusement calculé.

Qui est donc Geli Raubal dans le portrait brossé par Hitler pour le policier ? Quelqu'un qui, de manière funeste, décide soudain d'abandonner des projets d'avenir sérieux dans le domaine médical, simplement parce que « cela ne l'intéresse plus ». Pour se lancer impulsivement dans une carrière de chanteuse, où elle manifeste le même tempérament velléitaire : « Elle aurait eu la possibilité de faire des débuts sur scène en un temps relativement court, mais elle pensait qu'elle n'était pas encore prête. » Autrement dit, une fille à problèmes !

Puis Hitler se présente sans vergogne comme la véritable victime du geste de sa nièce : « Elle était la personne dont il se sentait le plus proche. Et il fallait qu'un tel malheur le frappe. » Lui, pas elle.

Et enfin, la touche la plus habile et la plus insidieuse : les séances de spiritisme. Dire qu'elle était du genre à participer à des numéros de tables tournantes permet de la classer définitivement parmi les êtres instables et immatures. Si elle a pu se laisser impressionner par quelque escroc se faisant passer pour une âme défunte qui lui a prédit qu'elle mourrait de mort violente, alors il est possible que, mue par cette « prophétie », elle ait été tentée de se tuer à la première et à la plus banale occasion. Après tout, tel était son destin — c'est du moins ce qu'elle croyait, d'après Hitler. Peut-être ce dernier espérait-il ranimer quelque vieux fond de superstition également présent chez l'inspecteur Sauer, afin de détourner son attention des trous, des carences, de la version qu'il venait de lui donner, de sorte qu'il soit tenté de mettre ce suicide sur le compte de la fatalité, des œuvres invisibles de l'autre monde, une affaire de karma et non pas d'homicide.

Avant d'examiner plus avant le problème des explications de Hitler et de son degré de responsabilité dans la mort de sa nièce, attardons-nous un instant sur l'expression qu'il emploie pour caractériser la mort prédite à Geli Raubal au cours d'une prétendue séance de spiritisme : *keines natürlich*. Une mort « non naturelle ». Ce qui signifie, dans ce contexte, le meurtre ou le suicide, opposés à une mort « naturelle » due à la vieillesse ou à la maladie.

Or l'expression « non naturelle » a servi à qualifier non seulement la mort de Geli Raubal mais également sa vie, sa relation avec Hitler. Aussi évoque-t-elle la question la plus troublante soulevée par toute cette affaire : dans quelle mesure Adolf Hitler était-il naturel ou non naturel, normal ou anormal ?

Troublante, car, si l'on passe au crible les témoignages dont on dispose sur ce qui s'est réellement passé entre Hitler et Geli Raubal, on est tenté de croire aux rumeurs les plus sombres — dont certaines carrément sinistres. De fait, il est d'une certaine manière plus rassurant de considérer Hitler comme un monstre pervers dans sa vie privée. Il devient alors possible d'évacuer les crimes de sa vie publique en les imputant à une pathologie intime, à un phénomène aberrant, à un fonctionnement psychique qui n'aurait rien de « normal », rien de commun avec le nôtre, d'une noirceur dont nous n'avons pas à supposer qu'elle ait le moindre rapport avec nous. Paradoxalement, il serait bien plus dérangeant de devoir reconnaître en lui un individu « normal », capable, par exemple, d'un amour « normal », ce qui impliquerait qu'il y ait un peu de nous en lui. Ou pire : un peu de lui en nous. De là l'apparition de toute une industrie explicative — et pas seulement parmi les « psychohistoriens » de l'école freudienne —, s'appuyant sur l'idée que c'est avec Geli Raubal que Hitler fut le plus lui-même, et le plus sexuellement « anormal ».

Ainsi y a-t-il, d'un côté, ceux qui prétendent que c'est à travers sa relation avec sa nièce que Hitler connut ce qui ressemble le plus à un authentique amour, à la vie émotionnelle d'une personne ordinaire. Et de l'autre, ceux qui pensent que c'est dans cette relation qu'il a montré la vraie et totale dépravation de son tempérament par des pratiques perverses (ce qu'on appelle aujourd'hui la paraphilie), lesquelles ont, ou bien conduit celle-ci au suicide, ou bien abouti à son assassinat pour l'empêcher de parler.

Bien avant qu'elles s'insinuent dans les articles de presse sur l'affaire, des bruits avaient couru que Hitler souffrait de quelque profond déséquilibre psychosexuel. Le photo-reporter Tim Gidal, qui suivit les activités du leader nazi pour la *Münchner Illustrierte Presse* dans les années 1920 (et qui affirme avoir pris la seule photographie non préparée, et non officielle, de Hitler pendant la période munichoise), avant de s'enfuir et de sauver sa peau in extremis en 1933, me déclara sans ambages, soixante ans après, dans son appartement de Jérusalem, que « tout le monde savait à Munich » que Hitler était « une espèce de pervers sexuel ».

Hermann Rauschning, un temps président du Sénat de la Ville Libre de Dantzig, dont Hitler avait fait très tôt un des thèmes de sa propagande (Dantzig avait été retirée à la souveraineté de l'Allemagne par le Traité de Versailles) eut des contacts avec le leader nazi durant les années cruciales précédant son arrivée au pouvoir. Il relata par la suite leurs conversations dans un livre de souvenirs. Même si ces réminiscences ont été dénoncées comme étant un ramassis de vantardises, elles eurent une énorme influence et contribuèrent à créer l'image sur laquelle s'appuieraient par la suite l'OSS et des historiens comme Trevor-Roper. Rauschning y parle d'un

> miasme nauséabond de sexualité furtive et contre-nature qui emplit et pollue toute l'atmosphère autour de lui comme une émanation toxique. Rien dans cet environnement n'est franc : rapports, substituts et symboles cachés, faux sentiments, désirs secrets — rien n'a la transparence d'une réaction spontanée[2].

Et les tentatives pour expliquer la fourberie politique de Hitler comme la conséquence d'une anormalité sexuelle démarrèrent également très tôt, franchissant rapidement les frontières de l'Allemagne. Ainsi le remarquable article publié à Londres dans le *Spectator* du 19 janvier 1934.

Si je cite cet article, intitulé « Hitler as a Sex Problem », ce n'est pas pour la pertinence de ses analyses, mais comme le symptôme d'une volonté opiniâtre et presque aveugle de déchiffrer la personnalité du dictateur.

Son auteur, Rodney Collin, commence par essayer d'expliquer l'engouement des Allemands pour Hitler comme le résultat de la « frustration sexuelle » de toute une génération : l'abstinence imposée par la Première Guerre mondiale se serait transformée, nous dit-il, en « une promiscuité, un état névrotique ». Ensuite, dans les années 1920, avec le chômage et la terreur qu'il inspirait, « les Allemands songèrent moins au mariage », tandis que le militarisme effréné, « ennemi reconnu d'une hétérosexualité complète », conduisait à « des préoccupations littéraires concernant la perversité, les célèbres boîtes de nuit réservées aux hommes ; tous ces récits révélaient la profondeur de tels courants souterrains ».

Puis, « après la crise de 1931, continue-t-il, la frustration sexuelle se changea en culpabilité et en un déchaînement de fanatisme, de cruauté et de violence. Une sexualité dénaturée se manifesta à travers la chasse aux Juifs, la répression et un ultra-puritanisme ». (On peut trouver une argumentation semblable, bien que moins empreinte d'homophobie, dans l'étude récente, largement influencée par les théories de Wilhelm Reich sur le fascisme, de Klaus Theweleit, *Male Fantasies,* concernant les milices pré-nazies des *Freikorps* [3].)

Enfin Hitler entre en scène. La situation psycho-historique en Allemagne « produisit des leaders représentatifs — Hitler dans la vie de qui il n'y a jamais eu d'autre femme que sa mère ». Hitler, un « déséquilibré sexuel faisant une fixation sur son enfance... incapable de concevoir le bonheur à travers l'idéal normal de l'amour hétérosexuel et du mariage... La tragédie réside dans le pouvoir exercé par de tels déséquilibrés sur... le citoyen moyen ». Et Collin de déplorer que l'« analyse psychanalytique de l'histoire et de la politique qui devrait découler naturellement de toute acceptation du freudisme soit encore à écrire ».

En fait, il n'y aurait pas longtemps à attendre. Elle survint neuf ans plus tard avec le rapport confidentiel sur « La mentalité d'Adolf Hitler » préparé pour l'OSS par le docteur Walter C. Langer. Et dont la pièce maîtresse se trouve être un jugement sur la nature de la relation de Hitler avec Geli Raubal.

« À considérer l'ensemble des faits, écrit Langer dans ce texte destiné à être lu par Roosevelt, il semble que la perversion de Hitler soit bien celle qu'a décrite Raubal. » Bien que, comme nous le verrons, cette prétendue « description », assurément haute en couleur, faite par Geli Raubal ne soit guère attestée, elle devint le point de vue officiel du gouvernement américain : Hitler souffrait d'une forme aiguë de perversion sexuelle, qui se manifesta clairement avec sa nièce et fut en réalité à l'origine de son délire politique meurtrier, car « elle l'isola de l'amour normal des êtres humains ».

Le diagnostic de l'OSS s'appuie sur un document clé, qui pourrait bien être le maillon manquant entre les bruits et ragots d'avant-guerre sur la sexualité du leader nazi et les théories des psychohistoriens de l'après-guerre qui élevèrent ces spéculations au rang de conclusions scientifiques, un compte rendu figurant dans les dossiers de l'OSS : l'interrogatoire par les services de renseignement de la marine du docteur Karl Kronor, qui en savait apparemment long sur Hitler et Geli Raubal.

Ce document (portant le numéro 31963 et daté de 1943)[4] fut établi par un psychanalyste membre des services de l'OSS stationné à Reykjavik en Islande, où il s'entretint avec Kronor ; il fait précéder les déclarations du médecin de la précision suivante :

« La présente note sur Hitler, établie par le docteur Karl Kronor, citoyen allemand réfugié à Reykjavik et ancien neurologue de Vienne, est donnée pour information. Elle a été soumise à une évaluation provisoire B-3. Le docteur Kronor aurait été présent lors du premier examen médical de Hitler. »

Le premier examen médical de Hitler ? Dans la mesure où Kronor est donné comme un neurologue autrichien, on peut penser que cet examen eut lieu avant que Hitler quitte Vienne pour l'Allemagne. Mais comme le traitement médical que décrit Kronor est celui d'une cécité hystérique survenue à la fin de la Première Guerre mondiale, dont les circonstances semblent lui être parfaitement familières, sans doute veut-il parler du traitement psychiatrique suivi par Hitler à Pasewalk en novembre 1918, qui fut l'occasion de sa rencontre supposée avec l'hypnotique Theodore Forster, à l'origine de sa vision messianique. Peut-être Kronor en fut-il informé sur place, à moins qu'on ne lui en ait fait le récit dans les cercles d'émigrés. Toujours est-il qu'il professe une grande connaissance de l'épisode en même temps que des opinions très arrêtées sur la maladie de Hitler.

Tout d'abord, il doute que la fameuse cécité ait eu le moindre rapport avec du gaz toxique, comme le prétendit Hitler, car « toute cécité laisse normalement des traces », et aucune séquelle ne fut constatée en l'occurrence. Mieux même, le chef nazi était célèbre pour son « regard magnétique soigneusement étudié », et « on ne connaît pas d'exemple d'altération par les gaz ayant eu une issue aussi favorable ». Devant un tel cas, proclame-t-il, « il n'y a que deux explications possibles : 1) la simulation (autrement dit l'imposture) ; 2) l'hystérie ou la psychopathie (ou, naturellement, un mélange des deux, car les hystériques peuvent fort bien simuler et, en fait, ont même tendance à le faire) ».

Ce qui l'amène à l'affaire Geli Raubal, dont il affirme qu'elle constitue « la preuve que, même dans sa vie privée, le psychopathe Adolf Hitler appartient à la catégorie des psychopathes criminels » :

> Sa propre nièce, une certaine Fräulein Raubahl [*sic*], fut trouvée morte d'une balle dans la tête, un revolver à côté d'elle. On déclara que le suicide était la cause du décès (comme dans le cas du professeur Forster). En fait, elle avait été tuée parce qu'elle refusait de céder aux désirs pervers de son oncle. (Hitler, comme bon nombre de psychopathes, est anormal sexuellement. Toutefois, ce n'est pas, comme on le suppose couramment, un homosexuel, mais un pervers d'une autre sorte... Le meurtrier, d'habitude si avisé, avait oublié en la circonstance que les jeunes filles se suicident rarement à l'aide d'une arme à feu et jamais en se tirant une balle dans le crâne.

Là encore, même si l'on peut contester l'exactitude de la démonstration (Geli Raubal fut tuée d'une balle dans la poitrine et non dans la tête), est affirmé le lien entre la perversion et le meurtre, et cela peu après que les événements eurent été rendus publics.

À vrai dire, le premier compte rendu publié dans la presse — celui du *Münchner Post* le lundi suivant l'annonce du décès — remettait en question le verdict de suicide, suggérait qu'une violente dispute avait précédé le drame, agitait le spectre de la jalousie et accusait en fait Hitler de mentir pour camoufler les aspects fort préjudiciables de cette « sombre affaire ». Il laissait même entendre que, si la vérité venait à être connue, le scandale serait tel qu'il marquerait la fin de la carrière politique du leader nazi.

Après un gros titre annonçant : UNE MYSTÉRIEUSE AFFAIRE : LA NIÈCE DE HITLER SE SUICIDE[5], suivait ce récit incendiaire :

> Au sujet de cette mystérieuse affaire, des sources bien informées nous ont confié que, le vendredi 18 septembre, Herr Hitler et sa nièce avaient encore eu une sérieuse dispute. Quelle en était la cause ? Geli, étudiante en musique âgée de vingt-trois ans et au tempérament enjoué, voulait se rendre à Vienne où elle avait l'intention de se fiancer. Hitler y était résolument opposé. C'est pourquoi ils n'arrêtaient pas d'avoir des prises de bec. Après une scène houleuse, Hitler quitta son appartement de la Prinzregentenplatz.
>
> Le samedi 19 septembre, on apprit que Geli avait été trouvée morte dans l'appartement, l'arme de Hitler à la main.

> L'os du nez de la défunte était brisé et son corps portait d'autres blessures graves. D'une lettre à une amie viennoise, il ressortait que Geli comptait se rendre à Vienne.
>
> Les hommes de la Maison Brune [le quartier général du parti] délibérèrent alors pour décider du mobile à donner à ce suicide. Ils s'accordèrent pour invoquer le « sentiment d'un manque de talent artistique ». Ils discutèrent également la question de savoir qui, si quelque chose devait arriver, serait le successeur de Hitler. Gregor Strasser fut désigné.
>
> Peut-être les jours prochains jetteront-ils un peu de lumière sur cette ténébreuse affaire.

Ce furent les allégations et sous-entendus contenus dans ce récit qui poussèrent le chef de la police de Munich à donner ordre à l'inspecteur Sauer de rouvrir son enquête hâtivement bouclée.

Mais ce qu'il y a de remarquable, c'est l'énorme publicité, aussi sordide que dévastatrice, à laquelle donna lieu la mort de Geli Raubal et pas seulement à Munich. Comme si cette mort avait soudain libéré, ou légitimé, l'émergence du non-dit, la publication des plus viles et acrimonieux ragots concernant le dirigeant nazi, d'après lesquels, conformément au souhait de ses adversaires, il n'était pas moins un monstre de perversité en privé qu'en politique. Conviction et souhait qui s'étaient déjà largement répandus au-delà des frontières de l'Allemagne.

Examinons ce qui ressort des archives de la presse de Vienne, capitale de la mère patrie de Hitler, durant la semaine qui suivit la mort de Geli Raubal. Pas moins de six journaux en firent le récit, mêlant faits, erreurs et sombres spéculations sur les dessous de l'affaire.

Deux en particulier méritent d'être signalés. Dans une dépêche expédiée de Berlin, le *Neue Wiener Taggblatt* exprimait son scepticisme quant à la « version officielle du suicide : la peur qu'elle aurait éprouvée à l'idée d'apparaître pour la première fois dans un récital ».

Le *Taggblatt* se faisait de plus l'écho de l'hypothèse avancée par la presse munichoise, le spectre d'un cocufieur juif (le plus souvent viennois) : « Hitler lui aurait, paraît-il, reproché d'avoir une liaison avec un professeur de musique étranger ».

L'article de *Der Abend* (qui reprenait le récit publié par

la *Neue Montags Zeitung,* journal socialiste de Berlin) reflète l'étendue et le retentissement des rumeurs sur le caractère aberrant de la relation du politicien avec sa demi-nièce. Le suicide de la jeune femme y est attribué à une « amère désillusion quant à la nature de la vie privée de Hitler », rejoignant ainsi l'euphémisme utilisé par l'hebdomadaire bavarois *Die Fanfare*, lequel expliquait que « la vie privée de Hitler revêtait des formes que, manifestement, la jeune femme était incapable d'assumer. Les responsables à l'échelon inférieur, poursuivait le journal, en savent tellement sur leur chef suprême que Hitler est, pour ainsi dire, leur otage et se trouve par conséquent dans l'incapacité d'intervenir et d'entreprendre une purge lorsque des dirigeants du parti sont mêlés à de ténébreuses affaires [6] ».

Curieusement, l'idée selon laquelle Hitler et la direction de son parti, liés par de multiples pressions réciproques, étaient suspendus au-dessus de l'abîme du scandale contribua à sous-estimer de manière fatale les desseins du leader nazi à l'égard de ses adversaires politiques : la certitude qu'il était si totalement compromis, si profondément enlisé dans des affaires louches n'ayant presque rien de mystérieux amena à se persuader que, tôt ou tard, la révélation de la vérité à travers des événements comme l'affaire Geli Raubal entraînerait la disgrâce du politicien du fait de sa vie privée et éviterait à ses opposants la tâche d'avoir à le battre politiquement.

Mais un détail supplémentaire, mentionné un peu plus loin dans l'article de *Der Abend,* retint mon attention : une allusion, nouvelle pour moi, au geste désespéré commis, également par une femme, quelques années avant la mort de Geli Raubal et qui formerait avec plusieurs autres ce que l'on peut appeler la « légende des sept suicidées de Hitler », légende pieusement recueillie après-guerre par les théories psychanalytiques sur la pathologie sexuelle du dictateur.

Der Abend parle en effet d'un « autre incident datant d'environ trois ans, au cours duquel une jeune femme de Berchtesgaden se donna la mort à cause de Hitler. Terrorisée, elle se pendit après avoir, dans une lettre adressée à sa famille, accusé Hitler d'être le seul responsable de son geste ».

Même si l'information principale comportait une erreur,

involontaire ou délibérée — il ne s'agissait pas en fait d'un suicide, mais d'une tentative, infructueuse, de suicide —, on ne pouvait guère se méprendre sur l'allusion elle-même. La jeune femme en question était une certaine Mimi Reiter, dont le nom occupe depuis, dans la mythologie hitlérienne, une place de choix, celle de la première candidate au suicide.

La litanie des ravages sentimentaux de Hitler commença avec le livre de Robert Waite, *The Psychopathic God : A Biography of Adolf Hitler.* Waite, aujourd'hui professeur honoraire d'histoire au Williams College, qui se vante d'avoir testé ses théories en se faisant psychanalyser comme s'il était Adolf Hitler en personne (c'est-à-dire en s'allongeant sur un divan et en racontant à un analyste les souvenirs d'enfance du dictateur), a ouvert de nouvelles perspectives aux spécialistes grâce à la révélation du rapport confidentiel de l'OSS préparé par le docteur Walter C. Langer.

Waite reprend la conclusion de Langer, pour qui Hitler pratiquait une perversion sexuelle si outrée et si répugnante qu'elle conduisait les femmes au suicide, et appuie cette conviction sur une sorte de sinistre appel nominal : « L'idée que Hitler avait un comportement sexuel particulièrement abominable avec les femmes est de plus corroborée par la statistique : sur les sept femmes dont on peut raisonnablement penser qu'elles eurent des relations intimes avec lui, six commirent un suicide ou une tentative sérieuse. » Outre Geli Raubal rapporte-t-il, « Mimi Reiter essaya de se pendre en 1928 ; ... Eva Braun tenta de se suicider en 1932, puis à nouveau en 1935 ; Frau Inge Ley arriva à ses fins, de même que Renate Mueller et Suzi Liptauer ». (La septième, pense Waite, fut Leni Riefenstahl.)

L'implication évidente de ce catalogue, c'est que Mimi Reiter fut la première à connaître la vérité sur la sexualité de Hitler, et la première à préférer mourir plutôt que de vivre avec le souvenir indélébile de sa honteuse participation. Pourtant, les propres souvenirs de Mimi Reiter concernant son aventure avec Hitler, divulgués en 1959, semblent en contradiction avec les suppositions de Waite.

Son récit est à coup sûr troublant, pour ne pas dire profondément dérangeant, mais d'une manière tout autre que celle suggérée par Waite. Il donne en effet l'impression d'une réalité bien plus exécrable que de simples penchants scatologiques : le sentiment de quelque chose de proche de la normalité.

Cet épisode vaut la peine qu'on s'y attarde, dans la mesure où il fournit un arrière-plan à l'affaire Geli Raubal qui allait suivre et aux multiples affirmations selon lesquelles, c'est à cause d'une horrible perversion qu'elle se tua, ou qu'on la tua pour s'assurer son silence sur les vices de Hitler.

L'histoire de Mimi Reiter[7] fut découverte à la faveur d'une conversation banale entre la sœur de Hitler, Paula, et un journaliste du *Stern*, Günter Peis. Celui-ci avait collaboré en 1959 à un documentaire britannique intitulé « Les années Hitler », incluant des interviews de proches du dictateur, dont sa sœur encore en vie.

Alors qu'après l'interview il reconduisait Paula Hitler (qui se faisait désormais appeler Paula Wolf) chez elle à bord de sa Volkswagen, raconte Peis, elle lui fit cette remarque : « "L'*autobahn* et la VW sont probablement les meilleures choses que mon frère ait laissées derrière lui." Et tout à coup... elle mentionna une visite qu'elle avait eue quelques jours plus tôt. La visite d'une femme, "la seule femme que mon frère ait sans doute jamais aimée. Qui sait, cela aurait peut-être tout changé s'il l'avait épousée !" »

C'était Mimi Reiter. Peis réussit à la retrouver et à lui soutirer le récit de son aventure avec Hitler, récit (publié par *Stern*) qui n'est pas sans présenter des similitudes, et des différences, frappantes avec le fatal épisode Geli Raubal.

Mimi avait seulement seize ans et Hitler un peu plus de trente-sept au moment de leur rencontre (Geli en avait dix-neuf et Hitler trente-huit lorsqu'il commença à vivre à ses côtés). Elle était la fille d'un responsable du Parti social-démocrate de Berchtesgaden, où Hitler avait sa retraite montagnarde.

L'histoire qu'elle relate constitue un curieux mélange, de sa part à elle, de romantisme naïf de collégienne et, de sa part à lui, de politesse étrange, guindée et presque écrasante, qui semble souvent friser l'anormal, mais sans jamais y tomber complètement, du moins à en croire Mimi. De fait, en 1959, quarante ans plus tard, et même après la défaite de Hitler et sa diabolisation, elle décrit leur rencontre dans le langage sirupeux d'un roman de kiosque de gare. Hitler y est l'étranger distant et quelque peu cruel, qui fait son entrée en scène avec un chien et une cravache et ne peut résister aux charmes juvéniles d'une écolière.

On lui dit, lorsqu'elle l'aperçut pour la première fois, en 1925, devant le magasin familial où elle travaillait, que c'était « le fameux Hitler récemment sorti de prison ».

« Il portait une culotte de peau et un chapeau en feutre de couleur claire, se souvient-elle. À la main, il tenait une cravache. Il avait de grosses chaussettes gris clair et un anorak serré par une ceinture en cuir... À côté de lui marchait un magnifique berger allemand. »

Lui aussi la vit et manifesta son émotion de manière théâtrale. Il demanda à la sœur de Mimi : « Pouvez-vous me présenter à cet ange ? »

Mimi fut tirée en avant. « Il passa sa cravache de sa main droite dans la gauche... me tendit la main et fixa sur moi un regard perçant. » Puis il se mit à faire l'éloge du chien de la jeune fille : « C'est vraiment un animal splendide et bien dressé. Vous avez l'air de vous y connaître. »

Ils parlèrent de chiens pendant une heure. Hitler « ne détournait pas son regard de Mimi, rapporte Peis. Puis il demanda d'un ton cérémonieux à Anni [la sœur] si elle l'autoriserait à emmener Mimi en promenade un de ces jours. À ce moment, elle [Mimi] se leva et s'enfuit ».

Néanmoins, elle était aussi émerveillée que si elle avait croisé une star. « Il avait vraiment fière allure avec sa culotte de peau et sa cravache. » Seul détail gâchant quelque peu le tableau : sa moustache. « Ces drôles de mouches », comme elle appelle les touffes de poils noirs sous le nez de Hitler. On serait tenté d'introduire ici une digression sur les styles de moustache du dictateur, à partir de l'exposition, récemment organisée à Munich, des milliers de photos prises par son photographe particulier, Heinrich Hoffmann, qui détint pendant de longues années le monopole de l'image du Führer et était, durant la période munichoise, la seule personne autorisée à le photographier. Ce que révèle, entre autres, cette exposition, c'est la minutie avec laquelle Hitler calculait chacune de ses attitudes et le fait qu'il n'arrêtait pas, à cette époque, de peaufiner son image, son apparence physique, et notamment sa moustache.

Il est intéressant que Mimi Reiter parle de « mouches », car l'étude[8] des portraits réalisés par Hoffmann montre que

Hitler était alors en pleine phase de transition. Jusque-là, il avait opté pour une moustache épaisse, broussailleuse, plus haute que large. Mais une photo du leader nazi en short et chaussettes, prise à peu près au moment de sa rencontre avec Mimi Reiter, témoigne d'une première et infructueuse tentative pour se donner un look différent. Il semble avoir choisi de tailler sa moustache en deux fines bandes s'étendant de la cloison nasale à la lèvre supérieure, de manière à la rendre rectiligne, moins envahissante et moins drue. Malheureusement, sur cette image de sa nouvelle présentation, il paraît avoir quelque problème de symétrie, d'où la comparaison burlesque faite par Mimi Reiter.

Mais cette légère déconvenue ne la dissuada pas de le revoir. Cette fois, conscient de la source de son aura, Hitler se mit à jouer à fond les vedettes politiques. Il l'invita à un dîner où il devait prendre la parole dans une maison de Berchtesgaden (sa libération sous condition lui interdisait encore de participer à des réunions publiques).

Ce soir-là, Mimi et sa sœur furent conduites à la table principale, où on leur donna la place d'honneur, juste à côté de Hitler. « J'étais très gênée et j'avais le feu aux joues. On aurait dit qu'il avait organisé cette soirée spécialement pour moi, raconte-t-elle avec son lyrisme harlequinesque, que la seule chose qui lui importait à présent, c'était de faire ma conquête. »

Pour y parvenir, Hitler ne lésina pas sur le charme viennois. Au dîner, après sa péroraison, « il lui donna à manger des morceaux de gâteaux comme on fait avec un bébé. Il la traitait en gamine et, la minute suivante, à nouveau en adulte » — attitude qui ne pouvait pas manquer de troubler cette adolescente de seize ans.

Puis il invoqua le souvenir de la vénérable Mme Hitler. Ayant fait allusion à la mort de la mère de Mimi, « il répéta à plusieurs reprises que cette dernière lui rappelait sa propre mère et qu'elles avaient les mêmes yeux. Ces paroles, dit Peis, impressionnèrent fortement la jeune fille inexpérimentée ».

Hitler fit suivre cette tendre tirade au sujet des yeux maternels, confia Mimi à Peis, d'une avance « grossière ». Alors qu'un invité demandait au leader nazi pour quelle raison il ne se mariait pas — à quoi il répondit qu'il lui fallait d'abord sauver la nation allemande —, il « toucha mes jambes avec son genou tout en écrasant mes orteils sous sa chaussure... une curieuse et brutale façon de traduire sa pensée ». Semblable histoire a de quoi laisser songeur, c'est le moins qu'on puisse dire. On s'abandonnerait volontiers à cette comédie bucolique et clownesque, à l'alliance de sentiments niais et de muflerie, s'il était possible de concilier l'horreur de l'immense tragédie qui allait suivre avec l'idylle d'un comique peu raffiné.

Et lorsque, peu après, une note plus sombre apparaît dans le récit, on en vient presque à espérer que ce sinistre présage en amène d'autres plus sinistres encore :

> Nous sortîmes dans la nuit... Hitler était sur le point de passer son bras autour de mes épaules et de me tirer vers lui quand les deux chiens s'attaquèrent... Il intervint subitement, frappa comme un fou furieux son chien avec sa cravache et le secoua violemment par le collier. Il était dans un état d'agitation extrême... Je ne m'attendais pas à ce qu'il batte son chien d'une manière aussi barbare et cruelle, ce chien dont il disait qu'il ne pouvait pas vivre sans lui. Pourtant, il roua de coups son plus fidèle compagnon.
>
> « Comment pouvez-vous être aussi brutal et battre votre chien comme ça ? » lui demandai-je. « C'était nécessaire », me répondit-il.

Il était minuit passé, et la tendresse succéda à la brutalité. Ils retournèrent à l'appartement de la sœur de Mimi. « Hitler se tint tout près de moi et me regarda un long moment. Je sentais son souffle sur mon visage. Doucement, il effleura mes épaules, sa bouche changea d'expression, sa voix prit un ton triste. "N'avez-vous pas envie de m'embrasser ?" dit-il. »

Elle se força à dire que non, qu'ils ne devaient plus se voir. Hitler prit assez mal ce refus ; il devint « glacial... toute gentillesse disparut de son visage... il se détourna abruptement... lança un "*Heil*" et s'en alla ».

Mais il n'avait pas renoncé pour autant. Le lendemain matin, il envoya un confident rôder autour du magasin. L'alter ego déclara à Mimi : « Je ne l'ai jamais vu comme ça. Herr Hitler m'a ouvert son cœur. Croyez-moi : il a le coup de foudre. »

Mimi accepta une nouvelle rencontre. Hitler arriva au magasin, « l'air radieux ». La jeune fille consentit à l'accompagner dans une excursion jusqu'au pittoresque lac de Starnberg, qui serait le théâtre de leur premier baiser, bien qu'il eût déjà commencé les familiarités durant le trajet. Tandis que son chauffeur Emil Maurice conduisait, Hitler était assis à l'arrière tout près de Mimi. « Il me prit la main, la posa sur ses genoux, puis me prit l'autre main, la serra dans la sienne et murmura : "Maintenant j'ai vos deux mains, je vous ai et je vous garde." »

Puis il se livra à un numéro d'hypnotisme : « Il m'entoura de son bras, posa tendrement une main sur ma tempe, appuya ma tête contre son épaule et de ses doigts m'obligea à fermer les yeux. Je me mettrais à rêver, me dit-il. » Ce mélange de vulgarité (la main sur les genoux) et de tendresse eut un effet magique sur Mimi. « Ces cinq premières minutes de notre voyage au Starnberg avaient suffi à briser ma réserve. »

Rendez-vous suivant : le cimetière. Hitler se rend avec Mimi sur la tombe de la mère de celle-ci. Il semble dominé par le souvenir de sa propre mère, « bouleversé par quelque chose dont il ne voulait pas parler. Ce qu'il dit était plein de gravité, presque d'une détresse extrême : "Je ne suis pas encore prêt" ».

Serrant fermement sa cravache, Hitler tente alors de réconforter une Mimi en larmes et choisit bizarrement cette minute pour lui demander : « J'aimerais que vous m'appeliez Wolf » (son pseudonyme favori lorsqu'il voyageait incognito).

On serait tenté de voir ici les signes d'un déséquilibre. Hitler si obsédé par la pensée de sa mère qu'il semble incapable d'assumer l'idée d'une relation normale. Mais ce point de vue est à nouveau contredit par le récit de Mimi, où leur relation devient soudain moins platonique et plus ouvertement charnelle.

Hitler emmène Mimi faire une promenade en forêt. Une scène d'explosion amoureuse dans un décor de verdure digne du cinéma.

« Joyeusement, comme aiguillonnés par le soleil, nous traversâmes en courant une clairière. » Hitler la conduisit jusqu'à un sapin, la tint devant l'arbre, fit un pas en arrière et l'examina « des pieds à la tête. Puis il tendit les mains d'un air implorant pour que j'aille vers lui. "Vous savez ce que vous êtes ? Vous êtes ma *Waldfee*" [nymphe des bois] ».

Elle se mit à rire de cette extravagance, ce qui l'incita à se rapprocher. « Il m'étreignit et m'embrassa. Pour la première fois, il m'embrassa sauvagement, passionnément. Il me pressa contre lui et dit : "*Mimilein,* ma chère et ravissante jeune fille, je ne peux pas résister plus longtemps." Il me prit par le cou et m'embrassa à nouveau. Il ne savait pas quoi faire. "Ô *Mimilein,* je vous aime trop. Il n'y a rien que je n'éprouve pour vous. Embrassez-moi." »

Trente ans après, malgré tous les crimes dont elle le sait responsable, Mimi Reiter, avec son goût du mélodrame, semble encore subjuguée par la passion de Hitler. « J'étais si heureuse que j'aurais voulu mourir. Plusieurs fois, il s'arrêta pour me lancer un regard étonné, puis se remit à m'embrasser, sur le front, la bouche, le cou. »

Ce qui ne l'empêche pas de noter quelques aspects singuliers et troublants de cette flambée de passion : « Je sentais qu'il serrait fortement les poings. Qu'il luttait avec lui-même. "Mon enfant, je pourrais vous broyer dans mes bras à cet instant." Je ne résistais plus, son vrai moi s'était révélé au grand jour. » (Cette certitude de Mimi quant au « vrai moi » de Hitler est assez étonnante si l'on considère qu'elle est exprimée en 1959.) Ensuite, affirme-t-elle, Hitler « lui dit qu'il désirait l'épouser, fonder une famille avec elle, avoir des enfants blonds, mais que, pour le moment, il n'avait même pas le temps de penser à de telles choses. Il parla à plusieurs reprises de ses devoirs, de sa mission ».

Suivit une curieuse période d'ajournement avant que soient franchies de nouvelles étapes vers une consommation physique. Une période assez longue, en fait, car Hitler ne se trouvait pas à Munich. Lorsque le club de patinage sur glace de Mimi se rendit dans la capitale bavaroise, ils se retrouvèrent au Café Heck, l'établissement favori du politicien. Il y eut des témoignages d'affection et des caresses, mais il la repoussa avec de grands discours sur le fait qu'il devait chercher un autre logement : « Entre chaque caresse, Hitler ne cessait de répéter qu'il lui fallait trouver un appartement plus grand... qu'il en avait besoin pour Mimi et lui », rapporte Peis.

« Wolf pressa son front contre mon cou, se souvient-elle. "Tu ne dois pas m'abandonner, Mimi, tu entends ? Quand j'aurai mon nouvel appartement, tu resteras avec moi... pour toujours. Nous choisirons chaque objet ensemble, peintures, fauteuils ; je les vois déjà : de grands et beaux fauteuils de salon recouverts de peluche violette." »

Même si elle fut transportée par la peluche violette de la rhétorique amoureuse de Hitler, il n'y eut là encore aucune proposition concrète ni consommation réelle, et la jeune fille dut se contenter de dérivatifs, jusqu'au moment où la situation prit une tournure périlleuse.

Mimi retourna à Berchtesgaden et Hitler se mit à l'ignorer. Il y retourna lui-même quelques mois plus tard, mais ne lui rendit pas visite. Elle attendit désespérément de ses nouvelles. Restée seule, elle éclata en sanglots. « Tout mon univers s'était mis à vaciller. Je ne savais rien de ce qui se passait, rien de ce qui pouvait expliquer » une telle négligence. « Toutes sortes d'images me traversaient l'esprit... des visages de femme auxquelles Hitler souriait. Je n'avais plus envie de vivre. »

« Dans cet état d'abattement, relate Peis, elle alla chercher une corde à linge. Elle en passa une extrémité autour de son cou, attacha l'autre à une poignée de porte et se laissa lentement glisser sur le sol. Elle perdit peu à peu connaissance. » Lorsque son beau-frère arriva soudain, porteur d'un message de Hitler, et « lui sauva la vie in extremis ».

Telle est la version donnée par Mimi Reiter de la fameuse tentative de suicide citée par Waite à l'appui de sa théorie selon laquelle l'écœurante perversion de Hitler rendait la vie intolérable aux femmes qui en faisaient l'expérience. En réalité, on a plutôt l'impression d'un geste mélodramatique commis par une adolescente naïve amoureuse d'une célébrité, laquelle se sert de cet amour pour s'octroyer quelques divertissements et gratifications physiques, du reste assez limités. Rien là — malheureusement, a-t-on envie de dire — qui ressemble à des signes d'anormalité, sans parler de perversité monstrueuse.

Toutefois, le tableau s'assombrit quelque peu par la suite. Lorsque Mimi revint à elle, son beau-frère lui donna la raison du brusque silence de son soupirant : des lettres de calomnie. D'après Mimi, Hitler avait déclaré [au beau-frère] que des lettres anonymes étaient parvenues au siège du parti, affirmant qu'il avait une liaison avec une mineure. Le leader nazi, expliquaient-elles, adorait séduire les oies blanches. « Il vient de mettre la main sur une jeune fille de seize ans de Berchtesgaden, qui sera, selon toute probabilité, sa prochaine victime. »

Pour ne pas risquer un scandale, l'informait Hitler via cet émissaire, il avait dû cesser de la voir pendant quelque temps « afin de ne pas compromettre le succès de son parti ». Il s'avéra, raconte Mimi, que l'auteur des fameuses lettres anonymes était une femme appartenant à l'entourage de Hitler, et qui, ou bien redoutait que la toquade de ce dernier ne finisse par causer un esclandre, ou bien en avait pris ombrage. Exemple là encore du climat de chantage et de diffamation, souvent imputable à ses proches, dans lequel baignaient chaque geste du dictateur et toute son existence à Munich.

Cependant, l'accomplissement longtemps promis se trouva à nouveau différé. Cette fois, de deux ans, assortis d'un mariage. Mimi Reiter épousa en effet un hôtelier autrichien et alla s'installer avec lui à Innsbruck. Mais, après deux années de vie conjugale, elle se disputa avec son mari, fila à Munich et appela l'adjudant de Hitler, Schaub. Averti que Mimi était en ville, Hitler dit à Schaub : « Amène-la-moi. »

Mimi situe cet épisode à l'été 1931, alors que Hitler vivait dans son nouvel et luxueux appartement en compagnie de Geli Raubal. Il est possible, estime Peis, qu'elle se soit trompée sur la date et que sa visite ait eu lieu après la mort de Raubal ; toutefois, si elle intervint avant, suggère-t-il, cela « jetterait pour la première fois une lumière sur le mystérieux suicide de Geli. En effet, celle-ci pouvait fort bien avoir entendu parler de la visite de Mimi ». Car c'est au cours de cette visite, déclare l'intéressée, qu'elle laissa « la chose arriver ».

À vrai dire, compte tenu du bruit suscité par la mort de Geli Raubal et du fait que Hitler transforma la chambre de la jeune femme en un lugubre sanctuaire, il est peu probable que Mimi aurait oublié de tels détails si sa visite était intervenue après l'événement.

Dans tous les cas, telle est la reconstitution faite par

Mimi de la nuit cruciale : elle commença par avouer à Hitler qu'elle avait quitté son mari. Il eut l'air choqué. « Non pas pour des raisons morales », mais par crainte d'être mêlé à une affaire de divorce. Puis elle lui demanda s'il pouvait lui trouver du travail. En guise de réponse, il se mit à rire et proposa qu'elle reste avec lui. Il avait le grand appartement avec les fauteuils en peluche violette. Désormais, il pouvait tout lui offrir.

« "A partir de maintenant, me dit-il, je prends ton existence en main." »

Et, enfin, raconte-t-elle, il prit son corps entre ses mains.

« Il m'attira vers lui et m'embrassa. Il était largement plus de minuit. Il se laissa aller en arrière sur le canapé, petit à petit. Il me tenait de plus en plus fermement. Je laissai la chose arriver. Jamais je n'avais été aussi heureuse que cette nuit-là.... Vers deux heures du matin, il se leva. Au bout d'un moment, il me dit : "*Mimilein,* je suis riche à présent. Je peux t'offrir tout ce que tu voudras. Je peux aplanir tous les obstacles qui se trouvent sur ta route. Reste avec moi. Mon bel ange, ma Mimi chérie. Tu dois rester avec moi..." »

Elle lui dit qu'elle ne pouvait pas se contenter d'être une maîtresse en coulisse. Alors, « il pivota brusquement. "Que désires-tu ? Je veux t'avoir avec moi. Je veux t'avoir ici. Tu ne comprends donc pas que je n'ai jamais eu de relation semblable avec aucune autre femme" ».

Néanmoins, Mimi refusa de venir vivre avec lui, même si, au moment où elle regagna l'Autriche, Hitler avait demandé à son avocat Hans Frank de l'aider à engager la procédure de divorce. « Lorqu'ils se séparèrent », rapporte Peis, Hitler « l'assura une fois de plus qu'elle était la seule femme qu'il aimait ».

La scène finale elle-même se déroula trois ans plus tard. Lors d'une visite à Munich en 1934, alors que Hitler était déjà au pouvoir à Berlin, d'après les souvenirs de Mimi. « Une fois de plus, raconte Peis, les sentiments se ranimèrent, une fois de plus il lui demanda de rester avec lui. » Elle répondit qu'elle ne voulait pas d'une relation clandestine, qu'elle désirait se marier et avoir des enfants. « Hitler fut soudain pris d'un accès de rage. "Pourquoi les femmes ne pensent-elles qu'à avoir des enfants !" aboya-t-il... Il n'arrêtait pas de hurler — il était environ trois heures du matin —

qu'il n'avait pas le temps de s'occuper d'une épouse. Qu'il avait une grande mission à remplir. Ils continuèrent à se chamailler pendant deux heures avant de se quitter, pour ne plus jamais se revoir. »

Quelle conclusion tirer de cette histoire ? Peis parle d'« un épisode pitoyable, triste et ridicule ». C'est assurément tout cela à la fois et, cependant, nous sommes bien loin de la monstruosité généralement attribuée à Hitler et à laquelle nous serions si tentés de croire. Il fait ici figure de butor, de débauché, voire de vieux barbon possédé par le démon de midi. On devine quelque chose de chaotique, d'indécis, d'obsessionnel en même temps que de refoulé, dans sa manière de faire la cour et dans son comportement amoureux. Quelque chose de trouble dans ce mélange d'attitudes guindées et de vulgarité brutale. Il y a, bien sûr, le fouet, mais il s'en sert pour battre son chien et non pas la jeune fille (quand bien même il en aurait eu le désir). Et si l'on accepte le récit de Mimi Reiter, il y a, au bout du compte, une consommation sexuelle « normale » : « Je laissai la chose arriver. »

On trouverait facilement des raisons de douter de l'exactitude d'un tel récit (son style à l'eau de rose, le fait que, dans l'éventualité de pratiques perverses, Mimi ne tenait probablement pas à paraître s'en être fait la complice). Néanmoins, rien n'est venu démentir une telle version, et, d'après Peis, Paula Hitler elle-même confirme l'importance de Mimi Reiter pour le dirigeant nazi — « la seule femme que mon frère ait sans doute jamais aimée ».

Si les biographes qui ont débattu de la nature de la sexualité de Hitler peuvent être répartis en trois camps : celui de la normalité, celui de la perversion et celui de l'asexualité, l'histoire relatée par Mimi Reiter fournit indéniablement un argument majeur au premier. Sans démentir nécessairement les bruits et ragots répandus sur la relation de Hitler avec Geli Raubal, elle incite à les examiner avec davantage de soin et de méfiance, à se demander s'ils ne sont pas eux-mêmes le produit d'une sorte de désir pervers, celui de donner de Hitler l'image d'un pervers précisément, afin d'éviter les conséquences qu'entraînerait le fait d'avoir à penser qu'il ait été le moins du monde un être normal.

CHAPITRE 7

L'OISEAU CHANTEUR DE HITLER ET LE REGISTRE DES SUICIDES

Qu'avait donc Geli Raubal de si effrayant ?

L'archiviste Weber avait une autre surprise pour moi. Un second document émanant de la police, qu'il avait remonté des profondeurs de sa forteresse de rectitude conservatrice bavaroise. Et qui donnait à penser que personne, parmi les services de justice criminelle, n'était satisfait de l'enquête sur la mort de Geli Raubal.

C'était un volume poussiéreux à la couverture d'un bleu passé et qui ressemblait à un livre de comptes de boutiquier. Et, en un sens, il s'agissait bien de comptes, des comptes d'âmes égarées, le registre des *Selbstmorde* pour l'année 1931, autrement dit la liste de tous les suicides, réels ou supposés, sur lesquels la police de Munich avait enquêté au cours de la période en question.

Dans ce grimoire de la désespérance, entre des lignes tracées à la main s'étalant sur une double page, figurait la lugubre mention des vies tronquées des 334 hommes et femmes qui s'étaient déchiquetés, poignardés, tiré un coup de feu, pendus, empoisonnés ou défenestrés à l'intérieur des limites de la ville.

L'archiviste Weber ouvrit le registre à la page où étaient consignées les circonstances du suicide n° 193, celui d'Angela Raubal. Les deux premières informations, la date de naissance (4 juin 1908) et le lieu (Linz, Autriche), étaient exactes. La suivante ne l'était qu'à moitié.

La jeune femme était donnée comme « étudiante en médecine », indication peut-être due à la nostalgie d'une mère persuadée que le drame aurait été évité si sa fille n'avait pas abandonné ses projets de carrière médicale pour embrasser celle de chanteuse (à un officier des services de renseignement de l'armée américaine, Mme Raubal expliqua en 1945 que la dispute survenue entre Hitler et sa fille avait pour motif la relation de celle-ci avec un professeur de chant habitant Vienne — le fantomatique séducteur viennois, dont ce n'était ni la première ni la dernière apparition). Ou peut-être Hitler lui-même préféra-t-il cette étiquette d'« étudiante en médecine », de fait moins pittoresque que celle à la résonance magique de chanteuse.

Mais avant que j'aie pu poursuivre ma lecture du registre des *Selbstmorde*, l'archiviste Weber attira mon attention sur les mentions figurant à l'extrême droite de la page, dans la partie réservée aux dispositions de l'enquête de police. Et en particulier sur le second des deux chiffres de la colonne. « Cela montre que l'enquête a été rouverte par quelqu'un appartenant au bureau du procureur, me dit-il. En voyant cela, j'ai cherché le dossier dans les archives du ministère public. Il n'y était pas. Je suppose qu'il a été enlevé. »

Si mes recherches à propos de l'affaire Geli Raubal l'avaient tout d'abord laissé sceptique, la découverte de la disparition du dossier avait quelque peu dissipé ses doutes. C'était une vieille histoire, déclara-t-il, bien qu'encore capable de l'emplir d'une indignation renouvelée. Lorsque le parti nazi avait pris le pouvoir à Munich, un de ses premiers gestes avait été d'essayer d'effacer toute trace du passé, de détruire dans les archives de la ville les procès-verbaux des nombreuses enquêtes et poursuites judiciaires engagées à l'encontre de ses dirigeants.

L'archiviste Weber nourrissait une touchante dévotion de propriétaire pour l'intégrité des documents de cette période. Il ressentait toute lacune comme une mutilation qui lui aurait été infligée. Et notamment en ce qui concernait les dossiers des affaires criminelles. D'après lui, il était possible d'entrevoir la raison des succès du parti de Hitler à travers l'histoire de ses démêlés avec les autorités de la ville. L'indulgence dont avaient fait preuve les nationalistes de droite dominant l'appareil judiciaire en Bavière et à Munich avait permis aux séides du leader nazi d'échapper à la sanction de leurs crimes, des meurtres, des passages à tabac, des persécutions auxquels ils n'avaient pas hésité à recourir pour venir à bout de leurs adversaires politiques. La police s'efforçait à chaque fois d'arrêter les coupables, mais cela à seule fin qu'ils soient relâchés par les juges ou écopent de peines ridicules. Bref, un appareil judiciaire qui avait laissé le parti hitlérien assassiner en toute impunité pour se frayer un chemin jusqu'au pouvoir.

Afin de rétablir cette histoire mutilée, il travaillait à la biographie d'un des héros des annales judiciaires du temps, Klaus Hirschberg, l'intrépide avocat du *Münchner Post*, conseiller du journal dans ses batailles juridiques avec Hitler et le parti nazi.

Si l'archiviste Weber m'avait témoigné une telle sollicitude, c'était, me semblait-il, en raison de notre intérêt commun pour ce qui avait été, avant qu'il y remédie, l'une des plaies béantes de ses archives : la transcription du « Procès du coup de couteau dans le dos » de 1924. J'avais passé l'après-midi précédent dans les sous-sols de l'Institut d'histoire contemporaine, à parcourir le microfilm du compte rendu de cette épique guerre de prétoire, où les reporters et rédacteurs du *Post* avaient dû se défendre de l'accusation de diffamation pour le ton incendiaire avec lequel ils avaient dénoncé le mensonge à la base des doctrines hitlériennes

À peine lui avais-je dit que j'avais suivi le rôle joué par Hirschberg dans ce duel juridique, que Weber s'adoucit et troqua son attitude morose et affairée contre un sourire épanoui. « C'est moi qui ai retrouvé ça », dit-il, faisant allusion à la transcription. Il était parvenu à localiser les minutes du procès et leur avait ainsi rendu leur place légitime dans les archives — et dans l'histoire. De fait, plus que par les déclarations des historiens et penseurs allemands sur l'importance de « rendre Hitler à l'histoire », de le « normaliser » comme faisant partie intégrante de cette histoire, je fus frappé par la mission que s'était assignée l'archiviste Weber, par sa conviction qu'il importait au préalable de rétablir la propre histoire de Hitler, celle-là même que le dictateur avait tenté d'effacer.

De là son inquiétude devant ce qu'il déclarait être l'absence du dossier du parquet sur Geli Raubal. Je le pressai de m'en dire davantage. Le rapport de police de l'inspecteur Sauer indiquait sans l'ombre d'un doute qu'il avait repris son enquête. Le *Münchner Post* l'y avait probablement contraint. Le lundi suivant la macabre découverte, le journal avait en effet signalé la présence, sur le corps de la jeune femme, d'un certain nombre de blessures, y compris qu'elle avait le nez cassé. Ces traces de violence et les récits selon lesquels une grave dispute avait précédé le suicide donnaient clairement à entendre que Hitler l'avait battue et poussée au suicide, ou même qu'il l'avait tuée au cours d'une lutte les opposant.

Les témoins interrogés par l'inspecteur Sauer dans l'après-midi du samedi avaient nié toute violence ou indice de violence. Devenu la cible de l'attention générale, Sauer reprit l'affaire en interrogeant d'autres témoins, parmi lesquels les employées de la morgue qui avaient fait la toilette du corps, transporté hâtivement à Vienne, où il était à présent à l'abri d'une autopsie minutieuse.

Les employées de la morgue et le médecin légiste qui avait délivré le certificat attestant qu'il s'agissait d'un suicide et non d'un meurtre déclarèrent que le nez de Geli Raubal n'était pas cassé, que ce qui ressemblait à des ecchymoses dues à des violences provenait du fait que le corps gisait face contre terre. L'inspecteur avait clôturé son enquête brièvement « rouverte » sans rien changer à la conclusion sur la cause du décès. N'était-ce pas là le sens des mystérieuses inscriptions du registre ?

Non, répondit avec fermeté l'archiviste, les lettres et numéros griffonnés tout au bord de la page du livre des *Selbstmorde* indiquaient que c'était un procureur et non pas un policier qui avait relancé l'affaire.

Je dois avouer que je fus surpris de découvrir alors ce qui paraissait être la confirmation tangible de l'existence d'un document que j'avais relégué mentalement dans les limbes des témoignages perdus, légendaires ou apocryphes — une de ces fameuses histoires de dépôt dans un coffre-fort suisse dont j'ai parlé au début de ce livre. On se souvient que le fils d'un des collaborateurs du rédacteur en chef munichois Fritz Gerlich m'avait affirmé que son père avait effectivement vu une copie du dossier d'enquête du procureur sur la mort de Raubal dans le bureau de Gerlich, dossier censé établir que la jeune femme avait été tuée sur l'ordre de Hitler. Après quoi ce document aurait été déposé dans un coffre d'une banque suisse, dont le numéro aurait été perdu pendant la guerre. Le fameux épisode du coffre m'avait conduit à penser que toute cette histoire de dossier disparu n'était qu'une fiction. Et cela en dépit, ou peut-être à cause, d'une variante figurant dans les mémoires, pas toujours très fiables, d'Otto Strasser[1]. Lequel écrit : « Une enquête [sur la mort de Geli] avait été ouverte à Munich. Le procureur, qui a vécu à l'étranger depuis l'accession au pouvoir de Hitler, souhaitait l'inculper de meurtre, mais Gürtner, le ministre bavarois de la Justice, mit fin aux poursuites. »

Lorsque je lus ce passage à l'archiviste Weber, il eut un froncement de sourcils. Gürtner était sa bête noire, un des hommes les plus responsables à ses yeux — encore que le moins souvent cité — des succès de Hitler. Jusqu'à quel point la bienveillance de Gürtner envers Hitler et ses séides les sauva-t-elle de la prison et explique-t-elle que le leader nazi ait réussi à s'emparer du pouvoir est une question à laquelle il est difficile de répondre, estime Weber, dans la mesure où tant de preuves cruciales d'une telle complicité ont été supprimées des archives. Et ce registre des *Selbstmorde* fournissait, selon lui, une évidence supplémentaire de l'ouvrage de Gürtner.

L'archiviste me conduisit au sous-sol, dans la salle à l'odeur de moisi où étaient conservés les livres du bureau du procureur, me montra l'endroit où aurait dû se trouver le dossier en question et me dit que Gürtner avait dû le faire enlever.

Y avait-il vraiment eu un dossier ? Cette preuve par l'absence ne pouvait me satisfaire complètement. C'était là un de ces moments de frustration dans la recherche de Hitler où force est de reconnaître que la piste aboutit à un cul-de-sac, à un de ces innombrables trous formant à eux tous un abîme qui ne sera peut-être jamais comblé.

Mais avant d'aller plus loin dans le mystère laissé par la mort de Geli Raubal, peut-être serait-il temps de la rendre à la vie, de redonner forme humaine à cette femme que les années écoulées après sa disparition allaient transformer en une figure de plus en plus mythique.

L'image de Geli Raubal qui ressort du récit de ses derniers moments fait par Konrad Heiden est à coup sûr des plus frappantes et des plus mémorables. Heiden, comme on l'a vu, était correspondant à Munich de la *Frankfurter Zeitung* et possédait une profonde connaissance de l'entourage de Hitler, qui fait de sa biographie écrite en 1944, *Der Führer*, un témoignage toujours précieux, bourré de notations suétoniennes sur cette cour digne de Caligula. Heiden situe sa dernière vision de Geli Raubal le vendredi après-midi, seize à dix-huit heures à peine avant la découverte officielle du corps. Une dispute avait éclaté entre Hitler et elle à propos du fameux projet de voyage à Vienne, raconte Heiden. À la suite de quoi il décrit Geli Raubal en proie, telle Ophélie, à une douleur inconsolable, parcourant de long en large l'appartement de Hitler, « avec une boîte contenant un canari mort couché sur du coton ; elle chantait à mi-voix en pleurant doucement et disait qu'elle avait l'intention d'enterrer le pauvre Hansi [le canari] près de la maison sur l'Obersalzberg... Le lendemain matin, on la trouvait tuée d'un coup de feu ».

Cette représentation de Raubal en oiseau chanteur elle-même, libérée de sa cage seulement par la mort, semble un peu trop romantique, fruit peut-être de l'imagination de ceux qui, tout comme Hitler, souhaitaient la faire passer pour une sentimentale au tempérament suicidaire. Et pourtant, c'est une comparaison qui n'a pas cessé de l'accompagner. De fait, le plus ancien témoignage oculaire que j'aie pu obtenir, provenant probablement des dernières personnes à l'avoir connue dans sa jeunesse, la dépeint déjà comme une sorte d'oiseau chanteur accoutumée à fredonner quelque mélodie.

Il s'agit des sœurs Braun. Soixante-cinq ans après, elles se souvenaient encore de leur première rencontre avec Geli Raubal chantant. Au début des années 1920, ces sœurs Braun habitaient le même immeuble que la famille de Geli ; l'immeuble existe toujours : un solide et vénérable bâtiment de quatre étages, sans ascenseur, situé non loin de la gare de Westbanhof à Vienne. Je fus introduit auprès des sœurs Braun, qui vivaient à présent dans une maison de retraite, par Hans Horvarth, un historien amateur viennois passionné par les artefacts hitlériens, dont Geli Raubal, l'artefact peut-être le plus exquis de tous.

Au souvenir de cette première rencontre avec Geli, le regard de l'aînée des sœurs Braun se mit à briller : « Je descendais la rue devant notre immeuble quand je l'entendis chanter. Je l'aperçus et m'arrêtai brusquement. Elle était si grande et si belle que j'en restai sans voix. Elle me vit pétrifiée et me demanda : "Avez-vous peur de moi ?" Et je lui répondis : "Non, j'étais seulement en train de vous admirer." Elle était si grande et si belle, je n'avais jamais vu quelqu'un comme ça. »

Avez-vous peur de moi ? Cette beauté presque terrifiante de Geli est devenue, pour ceux qui l'ont contemplée comme pour ceux qui ont écrit sur elle, une manière de fétiche. Et pourtant, si l'on examine les photographies de la jeune femme prises au cours des quatres années de son bref passage sur les planches, on s'aperçoit qu'elle ne répond guère aux canons classiques de la beauté, pas plus qu'elle ne paraît posséder cette beauté intimidante, sinon effrayante, dont parlent fréquemment ceux qui se sont trouvés en sa présence. Si une étonnante vitalité se dégage de certaines images, la silhouette au visage rond, aux joues pommelées, aux membres lourds et aux cheveux châtain clair plutôt ternes semble curieusement dénuée de ce charme surnaturel que lui attribue une bonne partie de la littérature de l'époque. Seule se devine, sur certaines photographies, une capacité peu commune à vous clouer sur place d'un seul regard.

Peut-être parce que ce pouvoir magnétique de Geli qui a si fort impressionné Hitler ne peut s'exprimer à travers le reflet inerte fixé par le nitrate d'argent. De même, il est parfois difficile de comprendre les récits de première main décrivant l'extraordinaire charisme du dictateur. « Force nous est d'accepter de confiance les prodigieux dons d'orateur qu'il était censé posséder, fait remarquer Jenny Diski dans la *London Review of Books*[2]. Les films qui subsistent de ses discours ne suscitent que haussements d'épaules. » Si les bandes d'actualités où il apparaît pâtissent du rythme saccadé et trop rapide des images, les séquences qui le montrent parlant quasiment en temps réel laissent assurément passer un pouvoir suprenant. Néanmoins, il semble que, d'une manière générale, quelque chose ait été perdu quand le charisme est fixé par l'image, et cela est également vrai pour Geli.

De là ma tentative, apparemment chimérique, pour retrouver la seule femme vivante possédant à la fois les chromosomes de Raubal et ceux de Hitler. Afin de voir si elle ne détenait pas quelque secret de famille susceptible de livrer la clé de l'extraordinaire ascendant de ses deux progéniteurs.

Pas tout à fait des progéniteurs. Hitler n'avait pas de descendant direct, même si, voilà vingt ans, Werner Maser crut avoir identifié un enfant qu'il aurait eu avec une Française, ce qui causa au malheureux, fruit présumé d'une liaison datant de la Première Guerre mondiale, un embarras considérable. Geli, on s'en souvient, était la demi-nièce de Hitler. La femme en question était la nièce de Geli, la fille de sa sœur cadette, Friedl. Dont l'un des arrière-grands-pères était le père de Hitler. J'avais découvert par hasard « Anna », ainsi que je l'appellerai (dans la mesure où, comme on le comprendra aisément, elle ne tient guère à attirer l'attention sur le versant hitlérien de sa généalogie), en essayant de retrouver sa mère, Friedl. La dernière adresse de celle-ci dont je disposais indiquait un minuscule hameau autrichien situé le long de la frontière allemande, non loin de Brannau, la ville natale de Hitler. J'avais eu cette adresse par un historien amateur munichois, Anton Joachimsthaler, auteur d'une étude critique des données concernant la vie de Hitler jusqu'en 1920, laquelle constitue en grande partie une attaque contre la biographie de Werner Maser, et s'intitule de fait *Rectification d'une biographie* [3]. Cet acerbe mais utile volume montre combien les informations même les plus fondamentales sur le dictateur constituent un terrain glissant. C'est ainsi que Joachimsthaler permit la découverte de l'étonnante participation de Hitler, à Munich en février1919, soit quelques mois à peine avant son entrée au parti nazi, à la marche organisée lors des funérailles d'un socialiste juif assassiné. C'est également Joachimsthaler qui exhuma le seul document confirmant l'alibi de Hitler dans l'enquête sur le suicide de Geli Raubal : une contravention pour excès de vitesse dont il écopa le samedi 19 septembre alors qu'il rentrait à toute allure à Munich après avoir appris la mort de Geli. Contravention qui indique qu'il se trouvait à deux heures de route au nord de la capitale bavaroise et qui confirme qu'il avait, comme il le déclara, passé la nuit précédente dans un hôtel de Nuremberg.

Au cours de ses investigations sur l'affaire Raubal, Joachimsthaler avait, plusieurs années auparavant, adressé une lettre à la sœur de Geli pour solliciter un entretien, qui lui avait été refusé, de même qu'à Hans Horvath. Je pensais qu'en allant la voir en personne j'avais peut-être une chance, si mince soit-elle, de recueillir ses ultimes réflexions sur le destin de sa sœur et la nature de la relation de celle-ci avec Hitler, de sorte que je décidai de me rendre à sa dernière adresse connue.

Mais il était déjà trop tard. Lorsque j'arrivais en vue de la petite rangée de chaumières, située un peu au sud de la frontière allemande, et que je trouvai la maison en question, une femme penchée à sa fenêtre m'apprit que Friedl était décédée quelques années plus tôt. Toutefois, elle me réservait une surprise : elle était sa fille, la nièce de Geli Raubal et, encore plus stupéfiant, un parfait sosie de cette dernière.

Elle avait environ vingt ans de plus que Geli à l'époque de sa mort, mais la ressemblance avec la jeune femme des photos était réellement saisissante. Voilà que j'avais devant moi le mystérieux élément qui avait échappé à la capture photographique et que seule fournissait la vie : une irrésistible lueur d'espièglerie, une vivacité extraordinaire que, presque dès le début de notre conversation, son mari s'efforça de tempérer, voire de contenir (réplique, à une plus petite échelle, du problème que le grand-oncle Adolf avait déjà avec Geli ?)

J'expliquai à Anna que je désirais éclaircir un certain nombre de points concernant les circonstances dans lesquelles avait été tuée Geli. Elle profita aussitôt de la légère ambiguïté contenue dans ma phrase.

« Je suis contente de vous entendre dire qu'elle a été tuée », s'exclama-t-elle avec défiance, insinuant par là qu'elle ne s'était pas tuée elle-même, mais que quelqu'un s'en était chargé.

Elle allait continuer sur sa lancée, quand son mari se pencha en avant et posa une main sur la sienne afin d'endiguer, au moins temporairement, le flot de ce qu'elle avait manifestement sur le cœur.

Au préalable, il crut nécessaire de me soumettre à un examen, une sorte de passage en revue des principaux nœuds de l'affaire, qui paraissait lui être extrêmement familière à lui aussi ; défenseurs inconditionnels de Geli, ils entendaient tester mes connaissances et mes points de vue sur la question. Ce n'est qu'après m'avoir interrogé avec soin sur les différents signalements de l'amant viennois de Geli — celui avec lequel il semble qu'elle ait finalement voulu s'enfuir et qui a été diversement décrit comme un professeur de musique, de chant, de dessin, un Juif ou un violoniste — que le mari consentit à ce que sa femme, portrait tout craché de Geli, me révèle l'existence de deux témoignages importants, et jusque-là inconnus, détenus par la famille.

Le premier consistait en des lettres, les dernières peut-être que Geli Raubal ait achevées (celle qui fut trouvée dans sa chambre s'arrêtait au milieu d'une phrase). La jeune femme les avait envoyées à sa sœur Friedl, à Vienne, peu de temps avant sa mort. Le mari d'Anna s'opposa à ce qu'elle m'en donne lecture, mais elle déclara qu'elles étaient l'œuvre d'un être « heureux de vivre et non pas qui songeait à mettre fin à ses jours ».

Quant au second témoignage, elle affirmait connaître la vérité sur un autre sujet de débat relatif à l'affaire : l'attitude des deux femmes les plus proches de Geli, à savoir sa mère et sa sœur. Friedl elle-même avait confié à Anna qu'elle ne croyait pas au suicide de Geli. Et Friedl, ajouta Anna, avait entendu dire la même chose de la mère de Geli, Angela.

Cette rencontre avec la nièce et sosie de Geli laissait subsister une énigme apparemment banale, mais peut-être symbolique de la littérature consacrée à cet étrange épisode : le fait que tant de chroniqueurs aient prétendu que Geli Raubal était blonde. La plupart des photographies nous montrent une jeune femme qui, en dépit de son teint clair, a nettement les cheveux bruns. Et pourtant, parmi ceux qui se sont trouvés face à face avec elle, s'est imposée l'idée fausse qu'elle avait les cheveux blonds.

Heiden, par exemple, évoque une Geli à la « volumineuse chevelure blonde ». Sa description a été reprise par un grand nombre d'auteurs de l'après-guerre ; encore en 1989, l'*Encyclopedia of the Third Reich* de Louis Snyder nous dépeint Geli avec une « immense couronne de cheveux blonds[4] » telle une déesse aryenne. Alors que Werner Maser, qui ne l'a jamais vue, souligne qu'elle avait « les cheveux bruns et un type slave prononcé ». Les photographies donnent à l'évidence raison à Maser contre Heiden ; et l'apparence de cette nièce si ressemblante ne laisse aucun doute : Geli ne pouvait pas être blonde.

Qu'il puisse exister un désaccord sur ce point est peut-être révélateur du pouvoir de séduction que Hitler prêtait à Geli, en même temps que de sa propre capacité à brouiller les idées des membres de son entourage. Il aurait ainsi doté Geli de l'image de la parfaite jeune Aryenne, ce qui aurait changé, dans l'esprit de certains, ses boucles brunes en toison d'or. Nouvel exemple de l'incertitude presque heisenbergienne qui entoure toute observation faite au sein du cercle du dictateur.

De manière plus importante, les descriptions du caractère de Geli sont profondément partagées, entre les tons dorés et des teintes beaucoup plus sombres. Nombre de témoins racontent avec déférence que « c'était une personne très pieuse qui allait régulièrement à la messe », une « princesse » dont la beauté et le port majestueux « faisaient se retourner les gens sur son passage ». Tandis que l'École de la jeune fille idéale la décrit comme « la personnification de la jeune femme accomplie... respectée de tous et même adorée par son oncle. [Hitler] s'émerveillait à sa vue comme un jardinier contemplant une fleur rare et exquise ».

Cependant, certains voient en elle une fleur d'une tout autre espèce. Moins une princesse qu'une sorcière, une vestale aryenne pleine de piété qu'une calculatrice opportuniste, « une cervelle vide de roulure alliée au charme vulgaire d'une servante d'auberge[5] ».

Cette expression cinglante vient d'Ernst « Putzi » Hanfstaengl, éditeur d'art ayant fait ses études à Harvard et confident de Hitler à l'époque héroïque, qui introduisit ce dernier dans la haute société munichoise, soigna ses insomnies en lui jouant du Wagner au piano et était probablement, dans les années 1920, aussi proche de lui que quiconque. Hanfstaengl se prit d'une violente aversion pour Geli Raubal, comme apparemment un certain nombre de mâles dans l'entourage de Hitler, peut-être en raison de l'emprise grandissante de celle-ci, ou par crainte des conséquences possibles de leur liaison, des risques de scandale.

Hanfstaengl s'efforce d'étayer ses accusations de dévergondage en affirmant que, malgré l'engouement « inepte » de Hitler, Geli Raubal le trompait avec son chauffeur Emil Maurice. Et, encore plus mortifiant, envisageait de le quitter définitivement pour épouser, toujours d'après Hanfstaengl, « un professeur de dessin juif de Linz ».

Plusieurs femmes parlent également d'elle avec animosité. Elle était « vulgaire, provocatrice et un tantinet querelleuse », raconte Henrietta Hoffmann (la fille de Heinrich Hoffmann, le photographe de Hitler) à John Toland[6]. Néanmoins, ajoute-t-elle avec dédain, pour Hitler, Geli possédait un « charme irrésistible », et elle savait en tirer profit : « Si Geli voulait aller nager, c'était plus important que la plus importante conférence. »

Il ne fait guère de doute que, ange ou démon, Geli finit par inspirer à Hitler ce qu'Alan Bullock appelle une « possession jalouse » qui aurait des conséquences fatales. Mais la possession de quoi ?

À l'origine, au début des années 1920, leur relation n'était bien sûr que purement familiale. Toutefois, pour la jeune adolescente vivant, en compagnie de sa mère veuve, dans des conditions difficiles à Vienne, une visite du célèbre oncle Alf devait être un véritable événement. L'homme émergeant de sa puissante Mercedes conduite par un chauffeur, et dont parlaient déjà les manchettes des journaux, lui apparaissait vraisemblablement comme une figure valeureuse, sinon romantique, empreinte de ce style martial qu'il affectionnait alors. Un personnage appelé à de hautes destinées, investi d'une mission qui l'avait conduit à se lancer dans une intrépide et périlleuse croisade.

Et voilà qu'au milieu des années 1920 il convia Geli à être partie prenante dans cette mission. Libéré de prison, ses activités politiques fortement restreintes, il s'était retiré sur son nid d'aigle des Alpes bavaroises afin de reprendre des forces en vue d'un éventuel retour. L'injonction parvint depuis ces sommets jusqu'à Geli et sa mère (qui travaillait comme cuisinière dans une école juive pour filles) tel un espoir d'échapper à leur existence terne et ingrate à Vienne en le rejoignant comme domestiques dans sa pittoresque retraite.

Soudain, à dix-huit ans, Geli se mit à partager la demeure du roi de la montagne. Au milieu de l'air cristallin de l'Obersalzberg, Hitler menait l'existence d'un seigneur nordique, puisant dans la pureté de l'atmosphère environnante l'énergie nécessaire à un nouveau départ, à la revanche, au crépuscule des dieux à venir. Et Geli, devenue à présent une jeune femme, se trouva embarquée dans le drame, propulsée de l'état de Cendrillon à celui de princesse en titre à la cour du souverain en exil, rôle qui semblait alimenter des fantaisies romanesques de part et d'autre.

Avant peu, les tâches ménagères furent abandonnées à Fräulein Raubal, tandis que sa fille se voyait exhibée au côté du leader nazi. Konrad Heiden décrit Hitler parcourant avec Geli les villages de montagne bucoliques, « sillonnant les campagnes et montrant à la blonde [*sic*] enfant comment “oncle Alf” s'y prenait pour envoûter les masses [7] ». Il devint bientôt évident qu'« oncle Alf » avait été lui aussi envoûté.

L'intérêt porté par Hitler à sa nièce ne tarda pas à faire jaser Henrietta Hoffmann à propos des meetings manqués pour emmener Geli se baigner. Et les représentants du parti, tel le Gauleiter Munder, chef de la section du Würtemberg, commencèrent à se plaindre que Hitler était « détourné à l'excès de ses devoirs politiques par la compagnie de sa nièce » (Hitler chassa Munder du parti peu après avoir eu vent de ses récriminations).

Les photographies de cette période nous montrent une Geli aux formes épanouies, aux cheveux ondulés à la mode de l'époque, s'appuyant sur un bras bronzé dans une robe à manches courtes, au cours d'une soirée où elle semble en grande conversation avec des chefs SA à l'air sombre, et jouant à fond le rôle de l'hôtesse du Führer.

Telle était leur relation en public. Quant à celle qu'ils avaient en privé, elle est beaucoup moins claire. Il existait, à Berchtesgaden, un certain nombre d'obstacles au genre d'intimité dont ils auraient pu se délecter. En premier lieu, ils n'étaient pas tout seuls. Ils vivaient certes sous le même toit, mais aussi sous l'œil de la mère de Geli. Et puis, naturellement, il y avait l'amourette, relativement connue, avec la jeune villageoise Mimi Reiter.

Non, si les choses prirent entre eux une tournure sensuelle, ce ne fut probablement que plus tard, lorsque Geli alla à Munich, laissant sa mère s'occuper de la maison de l'Obersalzberg tandis qu'elle-même s'installait avec Hitler, officiellement pour lui servir de femme de ménage et prendre des leçons de musique afin de devenir chanteuse, comme elle avait soudain émis le désir.

La question de la nature de l'affection de Hitler pour Geli Raubal n'a cessé de hanter la littérature sur le sujet. La plupart des récits la présentent comme la prisonnière malgré elle d'un pervers dévoré par une passion idolâtre, ou, pour le moins, comme la captive d'une sombre possession platonique. Mais certains témoignages fournissent une perspective différente, à savoir que, même si Geli était l'esclave de Hitler, elle l'avait de son côté asservi par ses charmes. Une des observations les plus intéressantes à cet égard nous est donnée par les souvenirs inédits, rédigés après-guerre, du professeur de chant de Geli à Munich, Albert Vogel, qui prétend que la jeune femme lui avait parlé à plusieurs reprises du plaisir enivrant qu'elle éprouvait à être la compagne de Hitler et de son espoir, tout à fait fondé, qu'il l'épouserait.

Pour sa part, Toland suggère que ce fut la jalousie de Geli, et non celle de Hitler, qui la conduisit, en un geste impulsif, à mettre fin à ses jours. Comme l'avait fait l'inspecteur Sauer, l'historien interrogea une bonne partie des domestiques, qui, maintenant que la guerre était depuis longtemps terminée, se montrèrent beaucoup plus loquaces qu'en 1931. L'un d'eux lui donna la vraie raison pour laquelle, selon lui, Geli se trouvait dans un tel état de désarroi après avoir quitté la chambre de Hitler : elle avait découvert dans une des poches de veste de celui-ci une lettre d'Eva Braun relative à une soirée qu'ils avaient passée ensemble au théâtre. Même si l'on peut douter de la véracité de cette anecdote, qui n'est pas sans faire penser à quelque sordide intrigue sentimentale dans le style *Dynasty*, il n'empêche que la nature sordide du milieu où évoluait Hitler a été largement négligée, au profit de thèmes wagnériens, par les commentateurs.

Indépendamment de l'emprise exercée par l'un ou l'autre, la relation de Hitler avec Geli Raubal était *keines natürlich* au moins sur un point, celui de la légalité ecclésiastique. Compte tenu de leur degré de parenté, auraient-ils songé à se marier, une dispense papale aurait été indispensable pour échapper à l'esclandre que n'aurait pas manqué de provoquer une consanguinité à la limite de l'inceste.

Si la possibilité d'une union officielle n'allait pas sans problème, la question d'une éventuelle consommation physique a fait l'objet de vives discussions parmi les historiens, donnant naissance, comme on l'a vu, à trois principales écoles de la sexualité hitlérienne : celle de la normalité, celle de l'asexualité et celle de la perversion.

Même au sein de cette dernière se manifestent d'importantes divisions. Konrad Heiden, biographe hautement respecté, bien que quelque peu suétonien, en contact étroit avec le demi-monde de la Maison Brune, se borne à laisser entendre que Hitler nourrissait des fantasmes pervers à l'endroit de Geli ; seul Otto Strasser franchit le pas et affirme que ces fantasmes furent mis en pratique, prétendant tenir les détails de Geli elle-même.

Heiden situe le tournant de leur relation peu avant l'installation de Hitler avec la jeune femme dans son nouvel et somptueux appartement. En fait, il pense que les avances du leader nazi furent à l'origine d'un obscur et tortueux chantage, qui constitua « une des raisons de son changement de domicile ».

Avec ces mots, nous voici au cœur même de la légende de la perversion hitlérienne. L'histoire que nous conte Heiden a eu une longévité et une influence remarquables. Elle puise dans le réservoir de bruits et de ragots recueillis par l'expert de l'OSS, qui leur donna l'imprimatur dans un rapport officiel. Elle a fait les délices des psychohistoriens et des psychanalystes, qui ont cru y déceler la sombre vérité refoulée de la psychologie de Hitler. Elle a été reprise et magnifiée par les fictions de Thomas Pynchon (avec le personnage de Geli dans *Gravity's Rainbow*) et de Steve Erickson (où la jeune femme, figure lointaine des *Tours of the Black Clock*, joue aux yeux de Hitler le rôle d'une sorte de Scheherazade de la lubricité).

Heiden nomme l'épisode qu'il nous relate, cette affaire de lettre pornographique volée, le premier acte de la « tragédie de la vie privée de Hitler ». Elle est devenue la seconde grande tentation des exégètes hitlériens (la première étant la thèse du « sang juif » formulée par Hans Frank).

« Un beau jour », commence Heiden,

> les relations parentales [de Hitler] avec sa nièce Geli cessèrent d'être parentales. Geli était une créature à la beauté majestueuse... aux pensées et aux émotions simples, que beaucoup d'hommes trouvaient séduisante et qui s'en délectait. Elle rêvait de faire une brillante carrière de chanteuse et espérait qu'« oncle Alf » lui faciliterait les choses. L'affection que lui vouait son oncle, et qui finit par prendre une tournure des plus sérieuses, n'est pas sans rappeler [par son caractère incestueux] les nombreux mariages contractés au sein de la famille par les ancêtres de Hitler.
>
> Au début de 1929, Hitler écrivit à la jeune fille une lettre rédigée en des termes sur lesquels il était difficile de se méprendre. Une lettre où l'oncle et amant se révélait entièrement ; où il faisait état du genre de sentiments qu'on peut attendre d'un homme aux penchants scatologiques et masochistes frisant ce que Havelock appelle l'« ondinisme » [le désir d'être aspergé d'urine à des fins de jouissance sexuelle]... Cette lettre aurait probablement paru révoltante à Geli si elle en avait eu connaissance. Mais elle ne lui arriva jamais. Hitler la laissa traîner, et elle tomba dans les mains du fils de sa propriétaire, un certain docteur Rudolph ; ce fut vraisemblablement là une des raisons de son changement de domicile. Une telle missive ne pouvait en aucune façon être divulguée ; elle aurait à coup sûr terni le prestige de Hitler et l'aurait rendu ridicule aux yeux de quiconque l'aurait lue. Pour une raison ou pour une autre, Hitler semble avoir craint que Rudolph eût l'intention de la rendre publique.

Craint qu'il en eût l'intention ? Il est facile, dans un tel contexte, d'imaginer une menace de chantage. D'après Heiden, cette première machination engendra — comme c'était apparemment une manie dans le demi-monde hitlérien — une seconde machination, ourdie par ceux-là mêmes que Hitler avait chargé de payer le maître chanteur.

Avant d'approfondir les dessous crapuleux de cette affaire, dont certains prétendent qu'ils ont contribué à la mort de Geli Raubal, examinons de plus près le récit de Heiden, qui constitue la véritable source du mythe de la perversion de Hitler — et de la tentation d'y croire. La première chose à noter est qu'il se rapporte à un hypothétique fantasme exposé dans une lettre qui, selon toute probabilité, n'est jamais parvenue à

Geli. Il ne s'agit pas d'un acte réel, et à aucun moment Heiden ne laisse entendre que le fantasme en question ait été suivi d'effet. Cette histoire est souvent associée à une autre, qui aurait eu lieu un peu plus tard, et que relate Otto Strasser, à savoir que Geli, en larmes, lui aurait confessé sa participation involontaire à des pratiques extrêmement dégradantes, incluant apparemment l'« ondinisme ».

Le récit de Heiden trouve un écho — sinon une confirmation dans la mesure où l'écho en question est assez peu fiable — dans les mémoires de Putzi Hanfstaengl, qui évoque une tentative de chantage assez similaire, incluant comme principal intermédiaire Franz Xaver Schwarz, trésorier du parti et vieux compagnon de route de Hitler, qui se trouverait dans l'appartement de ce dernier avant l'arrivée de la police le matin de la découverte du corps de Geli.

À en croire Hanfstaengl, « la première indication que quelque chose n'allait pas entre Hitler et Geli me fut fournie, d'après mes souvenirs, au tout début de 1930 par Franz Xaver Schwarz ».

Un jour, raconte Hanfstaengl, dans une rue de Munich, il croisa par hasard Schwarz, qui paraissait « très abattu ». Schwarz l'emmena chez lui et « déballa ce qu'il avait sur le cœur. Il avait dû payer quelqu'un qui faisait chanter Hitler, mais le pire, c'était la cause du chantage. L'homme avait réussi on ne sait comment à entrer en possession d'un album de dessins pornographiques faits par Hitler... De Geli Raubal représentée dans des poses intimes et obscènes, avec tous les détails anatomiques ».

Hanfstaengl déclare avoir été surpris en apprenant que Schwarz avait toujours les dessins à l'origine du chantage. « Bonté divine ! Pourquoi ne déchires-tu pas ces cochonneries ? demanda-t-il au trésorier du parti.

— Non, aurait répondu Schwarz, Hitler tient à les récupérer. Il veut que je les mette dans le coffre de la Maison Brune. »

Il se pourrait que des témoignages antérieurs, aujourd'hui perdus, aient servi à ces versions assez différentes. Néanmoins, le récit de Heiden est sans doute le moins suspect, dans la mesure où, contrairement à Hanfstaengl, son auteur bénéficia toute sa vie durant d'une réputation de journaliste intègre. Aussi demeure-t-il une des sources les plus souvent citées — par les biographes de toutes tendances, y compris Alan Bullock et Joachim Fest — en raison des matériaux qu'il fournit sur le Hitler de Munich. Ce qui lui a valu d'être à la source de l'école la plus influente de l'interprétation hitlérienne de l'après-guerre, représentée de manière exemplaire par la première biographie d'Alan Bullock : le Hitler personnellement corrompu et politiquement cynique, mais explicable par les schémas classiques, avec Heiden dans le rôle de Suétone et Bullock dans celui de Tacite.

Considérons ce passage de la notice nécrologique de Heiden publiée en 1996 par le très respectueux *New York Times* :

> Jusqu'à ce que d'autres spécialistes se mettent à étudier les documents nazis après la Seconde Guerre mondiale, Mr. Heiden était l'autorité la plus reconnue hors d'Allemagne en ce qui concerne le parti et ses responsables...
>
> Pour les dirigeants du Troisième Reich, [Heiden] représentait un ennemi à la fois haï et courtisé. L'un des premiers gestes des nazis en prenant la direction du pays fut de proscrire à jamais ses livres et de les brûler.
>
> On crédite parfois Mr. Heiden d'avoir popularisé le mot « Nazi ». Les membres du parti national-socialiste étaient connus depuis les premiers temps sous l'abréviation conventionnelle « Naso », jusqu'à ce que Mr. Heiden décide, dit-on, d'utiliser le terme « Nazi » — qui signifie en argot bavarois « rustre » ou « nigaud — dans ses articles.
>
> Ce journaliste était ainsi un propagandiste d'un genre particulier, faisant appel à l'objectivité et aux documents pour détruire l'objet de sa dérision.
>
> Correspondant de la *Frankfurter Zeitung*, il avait comme principale attribution le parti nazi. On raconte qu'à plusieurs reprises, Hitler refusa de commencer un meeting avant l'arrivée de Mr. Heiden.
>
> En 1930, il quitta le journal pour diriger un groupe de presse antinazi à Berlin. En 1932, son premier livre, *History of National Socialism*, fut brûlé en public par les nazis, alors sur le point de s'emparer du pouvoir. Lorsqu'ils y réussirent... en 1933, il prit la fuite.

La notice ne parle pas du fait que Heiden fut l'un des premiers à diffuser la rumeur selon laquelle Hitler avait du sang juif, et il n'est guère surprenant que ne soit pas mentionnée la question de la perversion, apparue dans sa biographie, *Der Führer*, de 1944.

Il n'empêche que, source de deux des anecdotes les plus offensantes et les plus gênantes sur Hitler, Heiden constituait manifestement une cible : la notice évoque brièvement son exil, sa fuite et son évasion in extremis d'abord d'Allemagne en 1933, ensuite de Sarre en 1935 (après le retour de ce territoire dans le giron allemand à la suite du plébiscite organisé par Hitler), puis de Paris en 1940, pour gagner finalement, via Lisbonne et muni d'un faux passeport, les rivages salutaires de l'Amérique.

Le *Times* conclut ce résumé de la carrière de Heiden en notant que « son œuvre maîtresse *Der Führer : Hitler's Rise to Power*... reste une référence pour tous les biographes ».

Peut-on supposer que Heiden aurait profané son « œuvre maîtresse » en y insérant une anecdote graveleuse qu'il aurait inventée à propos de la sexualité de Hitler, anecdote aussi abjecte que révélatrice ? De fait, elle constitue une explication absolument lumineuse de l'étrangeté, de la bizarrerie, de la personnalité du dictateur. Heiden intitule le chapitre qu'il consacre à la vie privée de Hitler, celui contenant la fameuse anecdote, « Le plus malheureux de tous les hommes », et là serait, soi-disant, la cause de ses malheurs.

Rudolf Binion, professeur d'histoire à l'Université Brandeis de Boston, se montre très critique à l'égard de Heiden. Partisan résolu de l'asexualité, Binion pense que Hitler n'avait aucune vie sexuelle et qu'il se contentait de fantasmer sur des toquades, du fait de son amour étouffant pour sa mère. D'après lui, Heiden, fondateur du parti adverse, celui de la perversion, dans le débat sur la sexualité de Hitler, « est indigne de confiance », car il a « exagéré pour vendre des livres »[8].

Qu'un calcul mercantile ait conduit à forger de toutes pièces cette histoire de perversion ne tient pas debout. Toutefois, on peut imaginer, me semble-t-il, un autre motif, celui d'un désir de revanche, d'une volonté idéaliste de ternir à jamais l'image du dictateur.

C'est à contrecœur, et non sans beaucoup d'hésitation, que j'en vins à cette idée. À contrecœur, en raison de mon respect pour Heiden et pour son travail irremplaçable, qui, mieux qu'aucune des biographies ultérieures, brosse un portrait extrêmement vivant de Hitler et de ses comparses. Parmi le flot de détails sordides qu'il nous fournit sur la camarilla entourant le leader nazi — une profusion de scandales et de meurtres ayant souvent pour mobile la possession de lettres compromettantes —, l'histoire rapportée par Heiden à propos de la lettre pornographique de Hitler à Geli et du complot dont elle fut l'objet n'a rien d'invaisemblable. Dans son récit, la perversion de Hitler ne donne pas l'impression d'un élément plaqué artificiellement, mais apparaît comme la face maudite et jusque-là cachée dont les effluves immondes façonnent la partie visible. Un point de vue qui n'est pas dénué de sens et auquel il serait assez tentant de croire.

Mais avant de céder à cette tentation, deux possibilités doivent être envisagées : 1) que Heiden ait inventé cette histoire ; 2) qu'il y ait cru, mais qu'il l'ait empruntée à une source qui l'avait elle-même inventée.

Le *Times*, rappelons-le, décrit Heiden comme « un propagandiste d'un genre particulier, faisant appel à l'objectivité et aux documents pour détruire l'objet de sa dérision ». Deux caractéristiques sont ainsi mises en évidence : les moyens employés sont l'objectivité et la vérité documentaire, mais l'objectif final est de tourner en dérision à des fins de propagande. Heiden s'est-il cru en droit, dans son combat contre un individu capable du pire, d'utiliser des moyens justes aussi bien qu'injustes ? Souvenons-nous de la douloureuse leçon tirée par les journalistes antihitlériens de la période d'avant 1933 : vérité et objectivité n'ont pas suffi à elles seules à empêcher Hitler d'arriver au pouvoir.

Heiden, adversaire de longue date du dictateur, son biographe le mieux informé en même temps que son analyste le plus intime, a-t-il saisi l'occasion de prendre sur le leader nazi une sorte de revanche personnelle, de le stigmatiser, de le salir, avec une de ces histoires qui, une fois ébruitée, vous colle à la peau ? À ce geste, il lui était facile de trouver des justifications politiques : mobiliser l'hostilité et le dégoût contre un Hitler dont il avait pressenti toute la nocivité potentielle en recourant, pour ce faire, aux procédés classiques de la désinformation.

Il me semble que l'inclusion, apparemment gratuite, de la coprophilie dans le récit de Heiden répond à un dessein précis. Comme nous le verrons, le seul autre témoignage contemporain attribuant à Hitler des goûts scatologiques, celui d'Otto Strasser (qui pourrait bien être la source de l'histoire rapportée par Heiden), ne mentionne que l'ondinisme. Heiden, pour faire bonne mesure, y ajoute la coprophilie. Il y a là presque une métaphore de l'objectif visé par le récit de Heiden : barbouiller d'excréments l'image de Hitler. Une métaphore du traitement que Heiden entend lui infliger : en racontant cette histoire, il endosse le rôle joué par Geli Raubal dans sa propre évocation du prétendu fantasme de Hitler : lui pisser dessus, le couvrir de merde. Si l'histoire du sang juif est le roman familial des biographes de Hitler, celle de Heiden-Strasser peut être considérée comme leur fantasme sexuel, avec Geli Raubal pour doublure.

En un sens, l'intérêt des historiens pour Geli recèle peut-être une autre sorte d'envie. Il se pourrait en effet qu'elle ait réalisé leur rêve : voir Hitler sans masque, de tout près et désarmé, le « vrai » Hitler. Ce n'est probablement pas un hasard si Heiden, parlant de la prétendue lettre obscène adressée à Geli, déclare que Hitler s'y « *révélait entièrement* » — le Graal des chercheurs, le moment de dévoilement suprême.

Qu'en est-il de la version d'Otto Strasser, second pilier de l'affaire pour le camp de la perversion ? Strasser omet la coprophilie, mais il fait deux choses dont s'abstient Heiden : il parle d'actes consommés et non pas de simples divagations épistolaires. Et il affirme que ce témoignage lui vient de Geli Raubal elle-même.

Ce qui rend le récit de Strasser encore plus significatif, c'est que cette variante de la légende de la perversion a été reprise presques intégralement par l'OSS[9]. Qu'elle représente de ce fait, commandé et payé, classé top secret et marqué de l'estampille officielle, le fantasme sexuel du gouvernement américain sur Adolf Hitler.

Or, de même que Heiden, Strasser avait au bout du compte un excellent motif de se venger de Hitler en brossant son portrait : ce dernier avait fait assassiner son frère, Gregor. Les deux frères Strasser avaient été les fondateurs du parti nazi en Allemagne du Nord, ou du moins avaient-ils autant contribué à son succès hors de Bavière que Hitler lui-même, longtemps considéré dans les villes plus cosmopolites du Nord comme une sorte de grotesque anomalie régionale.

Gregor Strasser était l'homme public, le politicien ; Otto

le journaliste, le propagandiste, le pamphlétaire. Hitler n'avait jamais vu d'un bon œil le pouvoir indépendant qu'ils représentaient au sein du parti, et, vers la fin des années 1920, les tensions entre eux se durcirent. Tout d'abord, elles portèrent sur des questions idéologiques : les Strasser, qui avaient toujours mis l'accent sur le côté socialiste du national-socialisme, s'alarmèrent en voyant Hitler sacrifier de plus en plus le « principe » populiste afin de se ménager les gros industriels et les Junkers à mesure qu'il se rapprochait du pouvoir. Otto quitta le premier le parti, à la fin de 1931 (en fait, après la mort de Geli Raubal), et se mit à déployer une activité d'opposition à Hitler de plus en plus intense. Gregor resta, de manière fictive, le numéro deux du parti, jusqu'à ce qu'il en soit chassé, peu avant la nomination de Hitler à la chancellerie, pour avoir tenté de conclure un partage du pouvoir avec l'éphémère gouvernement de Kurt von Schleicher. Hitler n'oublia jamais ce qu'il considérait comme une trahison ; il fit exécuter Gregor lors du carnage de la Nuit des longs couteaux en juin 1934. À ce moment-là, Otto s'était exilé en Tchécoslovaquie, où il avait mis sur pied un groupe clandestin baptisé le « Front noir » pour mener des opérations de sabotage et de propagande contre l'homme qui avait tué son frère.

Avant la rupture, les Strasser avaient appartenu au petit cercle de Munich, où ils étaient proches à la fois de Hitler et de Geli Raubal. Otto prétendrait par la suite que ce fut Gregor qui arracha des mains du Führer le revolver avec lequel il s'apprêtait à se suicider à la suite des bruits odieux provoqués par la mort de la jeune femme. De même qu'il prétendrait avoir été très lié avec Geli. Selon Hansftaengl aussi bien que Strasser, Otto aurait même plus d'une fois excité la « jalouse possession » de Hitler concernant sa nièce.

« J'aimais beaucoup cette fille, dit-il à un journaliste allemand[10]. Et je sentais combien elle souffrait à cause de la jalousie de Hitler. C'était une joyeuse nature et elle adorait l'ambiance du mardi gras à Munich, mais elle n'arrivait jamais à persuader Hitler de l'accompagner dans un des nombreux bals pleins de folle gaieté. Finalement, pour le mardi gras de 1931, Hitler me permit de l'y emmener. » C'est à cette occasion qu'elle lui aurait révélé ce qui se passait exactement dans la chambre à coucher de Hitler.

« Geli semblait heureuse d'avoir échappé pour une fois à la surveillance de Hitler. En rentrant... nous fîmes un tour dans le Jardin anglais. Près de la Tour chinoise, elle s'assit sur un banc et se mit à pleurer à chaudes larmes. Finalement, elle me dit que Hitler l'aimait, mais qu'elle n'en pouvait plus. Le pire, ce n'était pas sa jalousie. Il avait des exigences tout simplement répugnantes... Lorsque je lui demandai lesquelles, elle me raconta des choses que je ne connaissais que par mes lectures de la *Psychopathia sexualis* de Krafft-Ebing à l'époque de mes années de collège. »

À nouveau, comme avec Heiden, nous est jetée en pâture une pseudo-validation par un sexologue. Et, dans ses déclarations à l'OSS, Strasser rivalise de précision avec Havelock Ellis et Krafft-Ebing, fournissant des détails que Heiden n'avait fait que suggérer à travers des euphémismes latinisants.

Ce soir-là, « près de la Tour chinoise du Jardin anglais », rapporte Strasser, Geli lui confia que, la nuit venue, « Hitler l'obligeait à se déshabiller tandis qu'il s'allongeait sur le sol. Puis elle devait s'accroupir au-dessus de son visage, de sorte qu'il pouvait l'examiner de près, ce qui le plongeait dans un état d'excitation. Lorsque cette excitation avait atteint son point culminant, il exigeait qu'elle urine sur lui, et c'est ainsi qu'il obtenait son plaisir. Geli ajouta que toute la séance était absolument dégoûtante et que, même si elle paraissait sexuellement stimulante pour lui, elle-même n'en retirait aucune gratification ».

Pas plus que quiconque en lisant cette histoire. Cependant, au fil des années, elle s'est trouvée satisfaire un besoin des commentateurs, celui d'une variable cachée, le plus souvent un secret sexuel, une sorte de corps noir susceptible d'éclairer l'énigme, autrement inexplicable, de la psyché de Hitler.

CHAPITRE 8

LE CORPS NOIR : LE FANTASME SEXUEL DES BIOGRAPHES DE HITLER

Regard sur quelques théories des variables cachées

Ce secret sexuel présumé, c'est le « corps noir » de l'univers des interprétations hitlériennes. Comme celui de la cosmologie, invisible et seulement détectable de manière indirecte, à laquelle les physiciens, sans l'avoir vu, sont forcés de reconnaître une existence et une puissante attraction gravitationnelle afin de rendre compte du comportement autrement inexplicable de la matière visible, l'hypothèse selon laquelle Hitler possédait un secret sexuel enfoui au plus profond de lui-même qui expliquerait son fonctionnement pathologique est une idée des plus tenaces.

En fait, et pour utiliser une autre analogie avec la physique, les explications concernant Hitler peuvent être divisées en deux catégories distinctes : les théories du champ magnétique et celles des variables cachées. Les théories du champ hitlérien peuvent se comparer à la manière dont l'École de Copenhague de physique quantique explique la désintégration radioactive. Tout disciple du physicien danois Niels Bohr vous dira que, au sein d'un champ magnétique donné et dans des conditions adéquates, un certain nombre de particules se désintégrent (fissionnent) obligatoirement, libérant des fragments susceptibles, par exemple, de provoquer une réaction en chaîne. Toutefois, les théoriciens de l'École des quanta fondée par Bohr nient farouchement qu'il soit possible de découvrir dans une particule quoi que ce soit qui permettrait de dire avec certitude que c'est celle-là qui se désintégrera la première. On aura beau chercher, on ne trouvera aucune variable cachée, aucun facteur d'instabilité interne, qui rendrait vraisemblable la désintégration de cette particule précise plutôt que d'une autre.

De la même façon, dans le domaine de l'interprétation historique, les théoriciens du champ magnétique laissent entendre que ce sont les caractéristiques d'un champ donné — pauvreté, abattement, récession, panique, idées et doctrines pernicieuses au niveau de l'ensemble d'une société — qui créent les conditions d'émergence d'un individu comme Hitler, l'unification de ce champ discontinu et le déclenchement d'une réaction en chaîne. Pour ces théoriciens, la prédisposition est tout ; peu importent en fin de compte les variables cachées relatives à une psychologie particulière qui ont fait que l'individu en question a produit un cataclysme ; la masse critique sociale est la source de sa propre déflagration. Ou, comme me le déclara Daniel Goldhagen, adepte par excellence de la théorie du champ magnétique : « Si cela n'avait pas été Hitler, ç'aurait été quelqu'un comme lui. »

D'un autre côté, Albert Einstein a résisté toute sa vie à l'affirmation de l'École de Copenhague selon laquelle il n'existait pas de « variables cachées » à l'intérieur des particules, ou qu'elles n'avaient pas d'action significative. Einstein estimait, pour sa part, qu'il y avait certainement des variables que nous ignorions pour qu'une particule et non une autre se désintègre et provoque une réaction en chaîne. La plupart des physiciens contemporains, mais non la totalité, pensent que Einstein se trompait, et nombre de théoriciens actuels de l'analyse historique, mais non la totalité, jugent la quête de variables cachées hitlériennes, les explications « hitlérocentriques » en tout genre, sans intérêt. La recherche des origines de l'Holocauste est ainsi passée, non sans quelques protestations, de l'étude de la personnalité du dictateur à celle du champ des forces sociales lui ayant donné le jour. Pourquoi l'Histoire était-elle prête à accueillir un Hitler et l'attendait-elle, a été perçu comme plus important que les raisons pour lesquelle lui-même se révéla être ce Hitler-là.

Curieusement, lorsqu'il lui arrive d'évoquer l'ascension de Hitler, Einstein adopte, pour l'expliquer, un point de vue rappelant la théorie du champ magnétique. « Dès que les conditions économiques se seront améliorées, Hitler sombrera dans l'oubli », déclare-t-il dans *The Cosmic Religion*, recueil de réflexions publié en 1931. Il considère le leader nazi comme une particule aberrante : « Hitler n'est pas plus représentatif de l'Allemagne d'aujourd'hui que ces petits remous antisémites. » Mais une particule dont l'aberration provient de la perturbation d'un champ plus vaste : « Hitler vit, ou faut-il dire est assis, sur le ventre vide de l'Allemagne. » Ce qui fait du leader nazi le produit d'une frustration engendrée par les privations sociales, plutôt que l'incarnation, le catalyseur, d'un mécontentement qui n'aurait pas pris une tournure aussi funeste sans son impulsion spécifique.

Dans tous les cas, l'hypothétique secret sexuel que le dictateur aurait dissimulé au monde représente peut-être le dernier espoir des théoriciens des variables cachées hitlériennes — la plus cachée des variables cachées. Que Hitler ait eu un secret sexuel intéresse-t-il vraiment quelqu'un ? En pratique, cette question semble avoir surtout mobilisé l'attention de deux groupes extrêmement disparates. Les freudiens, pour confirmer l'idée que la clé du comportement d'un individu non analysé réside dans ce qui est caché plutôt que dans ce qui est apparent ; que les vérités essentielles sont le plus souvent situées sous la surface, et presque toujours d'ordre sexuel. Hitler fut ainsi l'un des premiers chefs d'État vivants à se voir soumis, à distance, par les freudiens à une analyse prolongée, au point de devenir une sorte de test crucial pour la discipline elle-même : s'ils n'étaient pas capables de fournir une explication réellement, authentiquement, psychanalytique de l'esprit tortueux de Hitler, quelle utilité la théorie freudienne pouvait-elle avoir pour l'histoire et la connaissance de l'homme ?

C'est ainsi que, dès le début, les auteurs psychanalystes (puis, dans les années 1960 et 1970, l'école des « psychohistoriens », comme on les a appelés) ont tenté leur chance avec le dictateur, la plupart s'efforçant de localiser les problèmes de celui-ci dans une vie érotique infantile, terrain propice aux déséquilibres dans les conceptions freudiennes. Curieusement, il semble que Freud lui-même ne se soit jamais prononcé, du moins par écrit, sur la pathologie du chancelier allemand, bien qu'il en ait personnellement souffert, ayant été contraint par la Gestapo de fuir Vienne en 1938 afin d'échapper à un climat d'hostilité à l'égard, non seulement des Juifs, mais de la psychanalyse, accusée d'être une « science juive » pernicieuse. Ce qui n'a pas empêché ses successeurs d'essayer de faire de l'analyse de Hitler la démonstration de l'aptitude des théories freudiennes à diagnostiquer les origines du mal.

L'autre groupe qui s'est joint aux freudiens dans la mise en avant de l'idée d'un secret sexuel — réalisant, de fait, une étrange alliance interprétative — est celui des nombreux et amers transfuges de l'entourage du Führer, d'anciens proches comme Otto Strasser, Ernst Hanfstaengl et, à un degré moindre, Hermann Rauschning. Alors même que la plupart des psychanalystes juifs manquaient d'informations confidentielles et les anciens confidents nazis d'objectivité et de méthode, chacun des deux groupes, en dépit de leur éloignement, trouva dans l'autre soutien et réconfort, les freudiens utilisant fréquemment les récits à connotation sexuelle de Strasser et de Hanfstaengl pour corroborer leurs hypothèses.

L'une des tendances communes à ces deux groupes est de mettre l'accent sur la relation avec Geli Raubal (plutôt que sur la dernière, celle avec Eva Braun), comme l'épisode où le mystérieux secret de la véritable pathologie sexuelle de Hitler apparaîtrait le mieux — où le corps noir serait le plus visible. Mais certains psychanalystes ne se sont pas contentés de faire de l'histoire Geli Raubal le révélateur de la pathologie sexuelle de Hitler ; ils ont tenté de l'instituer comme le moment où sa pathologie sexuelle engendra sa pathologie politique. Où son antisémitisme se changea, de slogan démagogique traditionnel, de penchant à exploiter les Juifs, en une volonté de les exterminer.

Telle est l'idée maîtresse de l'unique étude psychanalytique pure et dure écrite sur le dictateur, *Hitler's Psychopathology,* de Norbert Bromberg et Verna Volz Small. Ces deux auteurs (le premier, psychanalyste et professeur au Collège de médecine Albert Einstein, le second écrivain médical) lient explicitement la prétendue perversion de Hitler — sur le contenu de laquelle ils adoptent presque les yeux fermés la version scatologique donnée par Strasser — à la cristallisation de ses vues concernant l'extermination des Juifs.

Pour eux, cette pathologie sexuelle secrète constitue le maillon manquant dans la genèse du génocide. Ce n'est pas tant la nature d'une telle perversion (même s'ils analysent le fameux « ondinisme » en termes freudiens d'érotisme infantile) qui la rend décisive, que le fait, pensent-ils, que c'est seulement dans la liberté de son intimité avec Geli Raubal que Hitler pouvait satisfaire pleinement ses désirs paraphiliques. Et de prétendre que c'est précisément cette satisfaction qui amena un déplacement du centre de gravité de sa pathologie. Ils décrivent la période de trois ans (1928-1931) que dura, à leur avis, la liaison Hitler-Geli Raubal comme le théâtre d'une « mutation saisissante » dans la constellation psychique du leader nazi : « le remplacement de sa peur des femmes par celle des Juifs ».

> Vers 1928, Hitler était plus intimement et plus ouvertement que jamais engagé avec une femme : sa nièce Geli. À la même époque, il travaillait à un ouvrage, connu depuis sous le titre *Hitlers Zweites Buch* [Le second livre de Hitler] et publié trente-trois ans plus tard. Dans cet ouvrage, il associait pour la première fois sa haine des Juifs à des considérations sur le sang et la race. Son intérêt sexuel pour sa nièce avait certainement fait surgir dans son esprit la pensée de l'inceste, la peur de lui nuire et de ce qu'il savait pouvoir en découler : la corruption de son sang à elle [par l'hypothétique « sang juif » dont Hitler croyait avoir hérité, selon les auteurs]. Ces idées et ces désirs, il les projeta sur les Juifs et, généralisant comme à son habitude, il fit des Allemands, de la mère patrie et du reste du monde, leurs victimes à la place de Geli.

Essayons d'analyser le phénomène complexe qui, déclarent-ils, se serait déroulé chez Hitler : l'intensité de son activité sexuelle (la possibilité d'assouvir ses fantasmes pour la première fois de sa vie), le caractère quasi incestueux de sa relation avec Geli Raubal combinés à son obsession, d'après Bromberg et Small, concernant son propre sang juif — le « Juif en lui » — auraient renforcé son sentiment d'être un Juif violeur, plus précisément son identification avec le Juif lubrique ayant à l'origine profané, empoisonné, le sang de son aïeule Maria Schicklgruber. La relation de Hitler avec Geli Raubal serait ainsi, à en croire Bromberg et Small, une sorte de répétition de la relation entre son grand-père juif présumé et sa grand-mère aryenne. Et l'animosité qu'il manifesta à l'encontre des Juifs dériverait de sa haine du prédateur sexuel, du Juif bestial, présent au fond de lui-même. Il lui fallait les exterminer parce qu'il était comme eux. Si saugrenu, non attesté et conjectural que cela puisse paraître, ce fut cette logique de la haine de soi qui, assurent nos deux auteurs, aboutit à l'Holocauste.

Si je mentionne cette théorie, c'est moins pour son ingéniosité (du reste assez peu convaincante) que parce qu'elle témoigne des efforts déployés, au sein des études hitlériennes, pour découvrir la panacée explicative, le maillon manquant, la variable cachée hautement révélatrice, à savoir le lien entre l'aberration personnelle du dictateur et ses idées politiques exécrables — entre sa sexualité et son antisémitisme.

Non que Bromberg et Small ne soient pas sincèrement persuadés d'avoir trouvé la solution (même si je m'aperçus en parlant avec Verna Volz Small que ses vues sur la question étaient nettement plus nuancées que celles, d'un freudisme dogmatique, du docteur Bromberg). Simplement, la manière dont ils forgent ce lien pose quelques problèmes et trahit une certaine hâte, pour ne pas dire une certaine désinvolture, à l'égard des faits.

Tout d'abord, il est important pour eux de situer la matérialisation du lien manquant en 1928, car c'est au cours de cette année-là que Hitler écrivit le fameux *Zweites Buch* [1] (recueil de tirades grandiloquentes sur la race et la politique étrangère, initialement conçu pour faire suite à *Mein Kampf*, mais qui ne fut jamais publié du vivant de Hitler en raison des changements intervenus dans la situation internationale). Toutefois, la définition ambiguë que donnent Bromberg et Small de la relation nouée à ce stade par Hitler et Geli Raubal reflète peut-être leur propre doute (et l'absence de preuves) quant à la réalité d'un « engagement » entre eux. En une simple phrase, ils postulent l'existence, dès 1928, d'un lien intime évident. Or l'intimité (mutuelle et consensuelle) d'un tel lien et son évidence (s'il eut un caractère intime au sens où ils l'entendent, celui-ci fut toujours tenu secret) encore en 1931, au moment de la mort de Geli Raubal, continuent de faire l'objet de vives discussions. Et quelques lignes plus loin, faisant machine arrière, ils suggèrent que l'intérêt sexuel (et non plus l'engagement) de Hitler pour Geli en 1928 aurait suffi à déclencher la dialectique fatale qu'ils décrivent ensuite.

Mais plus contestable encore est leur affirmation que c'est dans son *Zweites Buch*, comme on l'appellerait par la suite, que Hitler aurait *pour la première fois* rattaché sa haine des Juifs à des idées sur la race et le sang. Avides de faire de la mystérieuse liaison et de ce second livre les charnières de son évolution à la fois psychologique et politique, ils sacrifient les faits eux-mêmes, qui montrent que Hitler n'avait pas attendu 1928 pour devenir un antisémite racial (contrairement à l'antisémite « religieux » traditionnel, qui accepte en théorie un Juif converti au christianisme, l'antisémite racial considère le « sang juif » comme un mal héréditaire auquel aucune conversion ne saurait remédier). Ils ignorent, par exemple, une lettre [2] adressée en 1919 par Hitler — alors officier instructeur de l'armée allemande vaincue et qui n'avait pas encore adhéré au parti nazi — à un certain Adolf Gemlich de Munich, dans laquelle il compare les Juifs à une « tuberculose raciale » qu'il importe d'« amputer », de détruire, car ils représentent, au-delà de tout aspect religieux, un danger génétique mortel. Si cette lettre a pu échapper à l'attention de nos deux auteurs, il leur était impossible de ne pas connaître (encore qu'ils en donnent l'impression) les nombreux passages de *Mein Kampf* (écrit en 1924), où Hitler stigmatise explicitement la race et le sang juifs bien avant tout « engagement » avec Geli Raubal.

Ce besoin qu'éprouvent Bromberg et Small de forcer, ou d'écarter, les preuves tangibles pour arriver à établir leur fameuse connexion témoigne du trophée conceptuel qu'ils convoitent : la source de l'impulsion exterminatrice de Hitler.

D'autres ont trouvé des manières plus simples et plus directes d'intégrer le prétendu secret sexuel concernant Geli Raubal dans leurs explications du personnage du dictateur. Ainsi la fureur du chef nazi proviendrait-elle de sa jalousie à l'égard d'un hypothétique rival juif. Plusieurs sources de l'époque suggèrent en effet que, si Geli Raubal tenta peu avant sa mort de quitter Hitler pour aller à Vienne, c'est parce qu'elle avait l'intention d'y épouser un Juif (donné selon les cas comme professeur de musique, de chant ou de dessin) qui l'avait séduite et peut-être mise enceinte. Ce qui aurait fait non seulement de Hitler la victime d'un cocufieur juif, mais de sa chère Geli une créature empoisonnée par le sang juif. Et, compte tenu de sa terrifiante conception de la judaïté comme maladie sexuellement transmissible, il est possible qu'il se soit cru lui-même empoisonné, motif suffisant, peut-on supposer, pour avoir éveillé en lui le désir d'exterminer tous les Juifs. Selon une variante, ce désir ne proviendrait pas tant de la jalousie qu'aurait inspirée à Hitler l'affection de Geli pour le fantomatique Juif viennois, que de la crainte de ce qu'elle aurait pu lui confier, la crainte que son honteux secret ne tombe aux mains de ses pires ennemis. L'ennui avec ces différentes théories, c'est qu'elles ne doutent pas un instant de l'existence même d'un secret sexuel, de l'action d'une anomalie cachée, qui rendraient Hitler *keines natürlich*, « non naturel ».

Avant de déterminer le rôle joué par l'épisode Geli Raubal dans l'évolution pathologique du leader nazi, peut-être serait-il bon d'examiner les diverses explications avancées sur les fondements, si j'ose dire, de sa sexualité, en allant du physiologique au psychologique, avec en premier lieu les thèses de la blessure génitale.

Il y a quelque chose de presque comique dans l'attention, l'importance et le rôle démesurés qu'on a accordés aux organes génitaux de Hitler en général et à son prétendu testicule absent en particulier. Comme le coffre-fort perdu, cet organe perdu est devenu une source d'espoir qu'une mystérieuse solution — une théorie unique — existe quelque part. Le mythe du testicule perdu illustre ainsi le besoin pressant de trouver dans la personne de Hitler une aberration spécifique qui permettrait d'expliquer l'ampleur de ses crimes comme un vice de nature plutôt que comme l'expression d'une nature humaine « normale » que nous partagerions par conséquent avec lui.

La question du testicule manquant pose avant tout un embarrassant problème d'origine, la rumeur ayant précédé d'une trentaine d'années sa prétendue confirmation par les faits. Une rumeur qui nous est révélée de manière spectaculaire par la célèbre chanson des soldats de l'armée britannique pendant la Seconde Guerre mondiale : « *Hitler has only got one ball* » (Hitler n'a qu'une couille). La difficulté, c'est que, parmi tous les commérages perfides sur la sexualité de Hitler et ses organes génitaux colportés jusqu'à sa mort — et soigneusement compilés, sans souci de leur exactitude, par l'OSS dans son « Recueil de documents » de 1943 —, on ne trouve pas la moindre allusion à une monorchidie ou à une cryptorchidie (cette dernière malformation se caractérisant par le fait que les testicules, ou un seul, ne sont pas descendus dans le scrotum).

Homosexualité, syphilis, perversion scatologique, impuissance, atrophie, tout cela fut murmuré, et même parfois invoqué publiquement, avant-guerre. Le testicule manquant ne devint l'objet de sérieuses spéculations historiques (au point que l'oxfordien Lord Bullock ait pu m'entretenir du sens de l'« histoire de la couille unique », comme il l'appelle) que trente ans après la fin du conflit. La thèse du testicule manquant aurait probablement rejoint la multitude d'hypothèses invérifiables si les autorités de Moscou n'avaient permis, en 1968, la publication du rapport d'autopsie établi en 1945 par des médecins soviétiques peu après la découverte du cadavre du dictateur dans son bunker de Berlin.

La description des restes donnée par le chef des experts médicaux[3], le bien nommé docteur Faust Shkaravski, est des plus détaillées et d'une lecture quelque peu troublante. À propos d'un organe qui, en raison de sa valeur symbolique, a suscité encore plus de spéculations que les organes génitaux — le cœur du leader nazi —, il note : « Les ventricules cardiaques sont remplis de sang coagulé rouge brun... Le muscle du cœur est dur, malgré son aspect de viande bouillie. » Tels furent les derniers mots sur le cœur de Hitler : de la viande bouillie.

Passant aux organes sexuels, l'équipe de médecins soviétiques déclare : « Le membre génital est légèrement brûlé. Dans le scrotum, roussi mais intact, seul le testicule droit a été retrouvé. Le testicule gauche n'a été découvert ni dans le scrotum, ni dans le canal inguinal, ni dans le petit pelvis. »

Une bonne partie de ce qu'a livré ce rapport depuis sa publication en 1968 a contribué à le rendre suspect en lui conférant l'allure d'un document autant politique que médical. La principale source de distorsion réside dans le désir de prouver que la méthode dont se servit Hitler pour se tuer montre qu'il est mort « en lâche » et non « en soldat ». Qu'il n'eut pas le cran (en langage populaire, les couilles) de se tirer une balle dans le crâne avec son revolver, selon la tradition suivie par les officiers allemands vaincus afin de ne pas laisser à l'ennemi le plaisir de leur capture. Mais que, tel un poltron, il brisa entre ses dents une ampoule de cyanure, non sans avoir ordonné auparavant à un domestique d'entrer dans la chambre et de lui tirer une balle une fois que le poison aurait agi, afin de créer l'illusion d'une fin héroïque. La plupart des spécialistes s'accordent aujourd'hui pour dire (notamment en ce qui concerne le coup de feu post mortem tiré par le valet) que cette théorie est une affabulation visant à présenter Hitler comme dénué de virilité. Si les Soviétiques ont maquillé l'épisode du suicide, n'ont-ils pas pu fausser également les détails de l'autopsie, de manière à fournir la preuve physiologique du manque de « virilité » du tyran nazi et à faire croire aux esprits naïfs qu'il lui manquait effectivement un testicule ?

On est presque tenté de voir ici à la fois la blanche main et l'humour noir d'une des taupes britanniques travaillant pour le KGB dans les années 1960. Burgess et Philby connaissaient certainement la référence à la couille unique contenue dans la chanson satirique au sujet de Hitler ; on aurait très bien pu les consulter en 1968, au moment où l'on « peaufinait » les résultats du rapport d'autopsie en vue de sa publication.

Mon propre scepticisme à propos de cette « couille unique » mentionnée par le rapport soviétique se trouva renforcé par la découverte d'une source encore inconnue, ou du moins longtemps ignorée, possédant une connaissance de première main, si l'on peut dire, de l'état des testicules de Hitler. Mais avant de présenter cette source, il n'est pas inintéressant de jeter un coup d'œil à la montagne d'interprétations édifiée sur cet hypothétique testicule absent. Les psychanalystes notamment en ont fait le fondement de leur analyse posthume de Hitler. Une analyse qui commence, dans sa perspective la plus ambitieuse, celle esquissée par le professeur Robert Waite, avec les attouchements de Klara, la mère de Hitler.

« Klara n'était pas seulement soucieuse de l'alimentation et de la propreté de son fils », nous dit Waite.

> Tout en le cajolant (ou en le houspillant) pour qu'il absorbe davantage de nourriture, qu'il fasse fonctionner ses intestins régulièrement et à heure fixe, et qu'il contrôle sa vessie, elle pourrait avoir été rendue inquiète par un défaut anatomique qu'elle aurait constaté chez son fils : un de ses testicules manquait. On peut supposer qu'elle tâtait périodiquement le scrotum du petit garçon, vérifiant avec anxiété si le testicule était descendu. Une telle sollicitude aurait intensifié les émotions sexuelles infantiles de Hitler et aggravé chez lui la difficulté d'établir une relation mère-fils saine[4].

Il est difficile de voir, dans un passage aussi truffé d'hypothèses fumeuses — elle *pourrait* avoir été rendue inquiète... elle *aurait* constaté... on *peut* supposer... une telle sollicitude *aurait* intensifié —, autre chose que la crypto-fondation d'une théorie cryptorchidienne ou monorchidienne.

En accordant un rôle décisif à l'absence d'un testicule, les analystes s'appuient sur le travail d'un pédiatre à l'orientation psychanalytique, le docteur Peter Blos, auteur d'une brève étude sur des enfants de onze et douze ans souffrant de troubles émotionnels et présentant des malformations testiculaires[5]. Blos conclut de ses observations que, lorsque la monorchidie ou la cryptorchidie surviennent « dans le contexte de relations parent-enfant perturbées », elles peuvent avoir des conséquences « extrêmement préjudiciables », parmi lesquelles : « Une hyperactivité, des difficultés à apprendre, un besoin irrépressible de jouer avec le danger, une indécision chronique, des tendances à exagérer, à mentir et à fantasmer... Le sentiment d'une identité bisexuelle et un intérêt pour l'architecture en tant que remplacement symbolique du testicule absent par des objets concrets du monde extérieur. »

Se servant de cette liste comme d'un modèle, ou d'un verre grossissant à travers lequel examiner l'enfance supposée de Hitler, le psychanalyste Norbert Bromberg déclare : « Le besoin d'Adolf de continuer à jouer aux cow-boys et aux Indiens de même qu'à des jeux guerriers alors que ses petits camarades avaient fini par s'en lasser atteste son hyperactivité juvénile[6]. »

Waite ne manque pas d'y ajouter les crises de rage, la médiocrité des bulletins scolaires à un âge crucial (les fameuses « difficultés à apprendre »), ainsi que les indices accréditant l'hypothèse de la monorchidie. Et, bien entendu, l'obsession de l'architecture qui allait se faire jour par la suite. Mais ce n'est là qu'un début. Waite relie ensuite la monorchidie de Hitler à son fameux regard hypnotique, à la manière dont il s'en servait pour impressionner ses interlocuteurs : « Les enfants monorchidiens ont une prédilection pour les substituts symboliques des testicules manquants... Les patients peuvent se montrer excessivement concernés par les yeux. Les yeux de Hitler étaient particulièrement importants pour lui... Devenu adulte, il avait conscience de leur pouvoir et s'exerçait devant une glace à leur donner une expression perçante. Il s'amusait également à de petits jeux. Il les faisait se croiser lentement en regardant les gens, ou les abaissait vers le sol. »

On pourrait ne voir là qu'une tentative de Hitler pour accroître son ascendant sur les individus comme il le faisait avec les foules, mais Waite, en fidèle disciple de la psychanalyse, va plus loin : « Peut-être était-ce une manière de leur dire, et de se dire à lui-même : "Vous voyez bien que j'ai deux testicules vigoureux (puissants) et que je peux pénétrer et dominer les autres[7]." »

Est-ce vraiment ce que disait Hitler ? À un niveau conscient ou même inconscient ? Le livre de Waite date d'une époque où l'on était volontiers enclin à accorder à l'efficacité de la démarche psychanalytique une confiance touchante. Mais Waite pousse si loin son raisonnement que l'explication qu'il donne du comportement de Hitler en devient presque la copie conforme : pour pallier une absence manifeste (ici non pas du testicule, mais de pièces à conviction), le crypto-théoricien se targue de posséder des yeux capables de discerner, de pénétrer les choses plus profondément que les autres, grâce à sa puissante intuition.

Pour être juste avec l'interprétation monorchide de Waite, il faut reconnaître qu'elle met l'accent sur une conséquence possible et fortement évocatrice de la maladie. Il cite le rapport du pédiatre américain selon lequel « ses jeunes patients éprouvent un désir presque frénétique ou fébrile » de redessiner et de rebâtir les édifices. En concevant entièrement d'autres structures, ils espèrent calmer leurs angoisses liées aux imperfections de leur propre corps. L'intérêt pour l'architecture manifesté tout au long de sa vie par Hitler répond à ce schéma, affirme Waite, qui invoque les ambitions et délires architecturaux du dictateur, depuis les premiers temps de son séjour à Vienne jusqu'aux projets de reconstruction de cités entières qu'il imaginerait, en compagnie de Speer, une fois au pouvoir. Waite semble même avoir découvert un passage inédit des « Libres propos » tenus pendant la guerre par Hitler[8], où celui-ci décrit longuement le rêve qui l'animait dans sa jeunesse de devenir, non pas peintre, mais architecte. Il dénigre les aquarelles qu'il peignait et vendait aux touristes pour gagner de l'argent, et parle avec fierté de ses dessins d'architecture comme de « mes biens les plus précieux, les fruits de ma propre matière grise que je n'aurais jamais cédé ainsi que je le faisais avec les autres dessins ».

Cependant, quand bien même ce goût pour l'architecture constituerait un aspect important de l'image que Hitler se faisait de lui-même, rien n'autorise à penser qu'il s'explique par une monorchidie, à moins de supposer que tout architecte ayant la passion de son métier y soit conduit par l'absence de testicules.

Bromberg, pour sa part, choisit une autre tactique : dans son analyse de l'effet monorchide, il laisse entendre que tous les chefs d'État néfastes souffraient d'un défaut physique qui constitue la véritable source de leur malfaisance. « Freud évoque le personnage de Gloucester dans *Richard III*, écrit-il, lequel déclare que, puisqu'il ne peut pas jouer le rôle de séducteur du fait de sa difformité, il jouera celui du vilain, maniant l'intrigue et le meurtre à sa guise. Pour le préjudice physique qui lui a été infligé, il revendique le droit d'être dispensé des scrupules qui habitent les autres hommes. La similitude avec le sentiment de justification de Hitler dans chacun de ses actes est frappante. »

Frappante, si l'on prend les paroles de Richard III au pied de la lettre, si l'on admet qu'il s'agit là d'une défense sincère avancée par une victime, plutôt que d'une parodie cynique de la défense de la victime par un personnage dont l'inclination au mal est bien plus enracinée et complexe que ne le suggère cette réparation trop facilement compréhensible pour le tort que lui cause sa bosse. D'une manière comparable, Bromberg semble sous-estimer le penchant de Hitler au mal, pour le définir à partir d'une protubérance, absente celle-là. Et qui tend à faire de lui un être digne de compassion en raison de ses souffrances psychologiques, un individu broyé par le destin.

Or Bromberg s'imagine pouvoir absolument tout expliquer avec cette simple théorie du testicule unique. Il cite une autre étude freudienne[9], portant sur des « adultes narcissiques ayant des anormalités physiques mineures », qui définit des traits supplémentaires également manifestes dans l'histoire personnelle de Hitler, parmi lesquels :

> une vie fantasmatique secrète pleine de thèmes agressifs, exhibitionnistes et narcissiques ; des fantaisies sado-masochistes ; des rêveries mégalomaniaques érotisées ; des aspirations conscientes ou semi-conscientes à la grandeur et à l'immortalité ; une autoglorification compensatoire, une forte agressivité souvent accompagnée d'explosions de violence, de paroles et d'actes haineux... de rêves de revanche... particulièrement intenses chez les patients mâles présentant des anormalités inguinales ou génitales telles qu'une malformation testiculaire.

Enfin, Bromberg fait franchir à la thèse de la monorchidie l'obstacle périlleux entre tous et rend compte de la nature exacte de la perversion qu'aurait pratiquée Hitler avec Geli Raubal à partir de la version extrême et des plus explicites donnée par Otto Strasser, qui prétend la tenir de Geli elle-même, celle incluant l'« ondinisme ». De quelle manière Bromberg l'explique-t-il : « Toute perversion témoigne d'une angoisse de castration intense. » Et l'angoisse de castration intense de Hitler peut être attribuée pour une large part à son testicule manquant : « La monorchidie a conféré un élément de réalité à l'angoisse de castration. »

C'est là au mieux une pure extrapolation, au pire une projection des angoisses de castration épistémologiques de l'analyste lui-même, de son incapacité à connaître pleinement le fonctionnement psychologique de l'enfant monorchide. Mais de telles considérations ne troublent pas Bromberg, qui passe allègrement de la monorchidie à l'angoisse de castration ayant engendré la perversion de Hitler.

> La peur de la menace de castration imaginaire représentée par son père et liée au complexe d'Œdipe s'ajouta à son angoisse, de même que son identification avec sa mère, égale-

ment perçue comme une figure phallique castratrice. Tous ces facteurs concoururent à une acceptation inconsciente d'une image de lui-même comme castré et aboutirent à ces inclinations féminines passives qu'il manifesterait d'une manière si désastreuse... Une forme extrême aussi bien que dégradante d'inclination féminine passive *s'exprime manifestement à travers l'attitude soumise adoptée par Hitler dans la perversion* [10] [souligné par moi].

Peut-être aurais-je été moins enclin à douter du château de cartes explicatif édifié par les architectes de la théorie du Hitler monorchide sur la seule base de son scrotum prétendument à moitié vide, si je n'avais pas découvert par hasard ce qui semble être une réfutation assez convaincante des bases mêmes de leur argumentation. Laquelle me fut fournie par une certaine Gertrud Kurth, qui avait joué un rôle important, bien que peu connu, dans le développement après-guerre des théories psychologiques sur le dictateur nazi. Elle m'avait écrit en réaction aux propos d'Alan Bullock concernant « l'histoire de la couille unique » reproduits dans mon article du *New Yorker* sur les interprétations de la personnalité de Hitler.

La lettre de Gertrud Kurth, docteur en psychologie, et l'entretien qui en découla furent à la fois extrêmement gratifiants et une fameuse surprise. Je connaissais déjà ses écrits, mais je la croyais morte. Or, à quatre-vingt douze ans, elle était bien vivante, tout à fait alerte, et continuait à s'adonner à sa passion en pratiquant à temps partiel la psychothérapie dans son appartement de l'Upper West Side.

De surcroît, elle était l'une des dernières incarnations de cet univers bouillonnant de la culture juive viennoise que le vagabond aigri Adolf Hitler abhorrait au point de vouloir le détruire. Une culture illustrée notamment par la mère de Gertrud Kurth. À la fin de notre conversation dans son cabinet de West End Avenue, au cours de laquelle nous avions discuté de son point de vue sur les organes génitaux de Hitler, elle se mit à me parler de sa famille. Et en particulier de sa mère, personnage talentueux et anticonformiste, qui non seulement avait été la première femme de Vienne à décrocher un doctorat, mais avait écrit à l'âge de dix-huit ans un roman qui avait fait sensation jusqu'à Moscou, car il reflétait l'agitation suscitée à Vienne par le récent débat sur la sexualité.

Intitulé *Un pour plusieurs* [11], il s'agit du journal rédigé par une jeune Viennoise du nom de Vera, qui découvre brusquement les mœurs dépravées de son fiancé avant leur rencontre. Cette idée lui est insupportable, et elle finit par se suicider. Parlant ouvertement de sexualité tout en développant un rigorisme moral, le roman n'est pas sans rappeler la fusion de ces deux attitudes chez Freud, telle qu'elle émergea de l'École de Vienne. Et de même que les conceptions de Freud, il fut à l'origine d'une sorte de culte, pendant un temps du moins. C'est ainsi qu'en Russie, des jeunes gens créèrent des « clubs Vera » (que l'on pourrait comparer aux actuels groupes puritains de Promise Keepers), prônant la chasteté avant le mariage afin d'éviter aux Vera de leur entourage le choc qui avait conduit celle-ci au suicide.

Gertrud Kurth avait elle-même caressé l'ambition de devenir écrivain ; elle avait publié des nouvelles dans des magazines viennois, avant d'être forcée de fuir la ville en compagnie de sa famille lors de l'invasion de l'Autriche par Hitler en 1938. À son arrivée à New York, elle avait d'abord travaillé comme traductrice pour les professeurs émigrés germanophones de la New School for Social Research. Mais bientôt, elle était passée secrétaire de rédaction, puis directrice du service éditorial de la New School, les International Universities Press, dont les publications étaient réputées dans les milieux scientifiques du monde entier. Après une longue et brillante carrière à ce poste, elle décida dans les années 1960 (et alors qu'elle avait elle-même atteint la soixantaine) de préparer un doctorat pour devenir psychothérapeute. Elle avait déjà montré de remarquables aptitudes en la matière dans son rôle officieux d'analyste de la psychologie de Hitler lors de la préparation du rapport secret de l'OSS par le docteur Walter C. Langer.

En 1942, elle avait été engagée par Langer pour effectuer des travaux de recherche et de traduction, mais sa contribution s'était rapidement révélée beaucoup plus substantielle. Et c'est en compagnie de Langer qu'elle était allée dans le Bronx s'entretenir avec le docteur Eduard Bloch, médecin juif de la famille Hitler et seul témoin oculaire de ce que Bullock appelle « l'histoire de la couille unique ».

Ma propre rencontre avec Gertrud Kurth ne fut pas des plus faciles à arranger. Elle avait de graves crises d'emphysème, me dit-elle, et craignait que ses difficultés respiratoires ne l'empêchent de parler. Finalement, après avoir annulé un premier rendez-vous, elle m'appela pour me dire de passer à son cabinet. « Vous verrez ce qui ressemble à une très vieille dame, déclara-t-elle avec un délicieux accent viennois, mais la caboche fonctionne toujours. »

Sa caboche fonctionnait même merveilleusement, comme la suite le prouva. Petite, avec un chignon gris anthracite, des yeux brillants, une voix sonore et une expression malicieuse, elle me reçut dans un cabinet d'analyste du style le plus traditionnel. Elle avait de fait conservé un souvenir extrêmement net et précis de son entrevue avec le médecin de la famille Hitler. Bien que l'essentiel de sa tâche, dans le cadre du rapport confidentiel de l'OSS, se résumât à des recherches en bibliothèque et à des traductions, on lui avait demandé de se joindre au docteur Langer pour cet entretien important en raison d'un détail bien particulier, à savoir ses propres liens de parenté avec le médecin de la famille Hitler : tous deux appartenaient en effet au clan Kafka.

Gertrud Kurth était le troisième membre de cette vaste famille des Kafka, incluant le médecin juif des Hitler — et Franz Kafka lui-même —, auquel il m'était donné de parler. Elle-même était une parente par alliance de la fille du docteur Bloch, également prénommée Gertrude, et connue de la branche Kurth de Vienne comme la « *Linzer Trudel* » (Trudel de Linz). Ce fut cette dernière qui, avec un parent du docteur Bloch vivant à Washington, le docteur John Kafka, mena l'offensive contre la théorie de Rudolph Binion, selon laquelle le douloureux traitement prescrit par le docteur Bloch à la mère de Hitler atteinte d'un cancer aurait été la cause de la haine du dictateur à l'égard des Juifs (voir chapitre 13). Gertrud Kurth n'ignorait rien de cette polémique ; elle admit même en être quelque peu responsable, en raison d'un article qu'elle avait publié dans la *Psychoanalytic Review*, intitulé « Le Juif et Adolf Hitler » [12], où elle attirait pour la première fois l'attention sur le docteur Bloch comme un Juif bien réel avec lequel Hitler avait été en contact étroit pendant ses jeunes années, et qui, mieux encore, avait joué un rôle primordial par rapport au lien le plus puissant dans la vie du dictateur, celui l'unissant à sa mère. (Que ce médecin des Hitler ait été en outre un parent de Franz Kafka est une ironie dont seul Kafka lui-même aurait pu saisir toute la portée.)

Dans cet article remarqué, Gertrud Kurth laissait entendre que le comportement étrange de Hitler vis-à-vis du docteur Bloch — après la mort de sa mère, le leader nazi lui adressa des lettres de gratitude pour le remercier de son dévouement et, une fois l'Autriche annexée, il distingua par ses louanges et une protection toute spéciale le médecin juif de Linz — n'était pas aussi innocent qu'il le paraissait. En fait, « les attitudes consciente et inconsciente de Hitler [à l'égard du praticien] étaient diamétralement opposées », écrit-elle. À son avis, le dictateur avait opéré sur le médecin un « transfert paternel » qui expliquait son apparente cordialité. Tandis que, sous la surface, refoulées dans son inconscient, l'horreur et l'angoisse suscitées par la maladie mortelle de sa mère, horreur et angoisse que le traitement du docteur Bloch n'était pas parvenu à atténuer, avaient subi un déplacement : « l'attribution de tous les traits positifs au médecin [juif] et de tous les traits négatifs au Juif [en général]. »

Binion s'empara de cette idée et laissa galoper son imagination, beaucoup trop vite au gré des parents indignés du docteur Bloch, qui prétendirent que la version de Binion — nettement plus radicale que celle de Gertrud Kurth dans la mesure où elle suggérait que le traitement chimiothérapique douloureux et inefficace prescrit par le médecin frisait l'incompétence — rejetait virtuellement la responsabilité de l'Holocauste sur leur cher docteur Bloch.

« Il ne s'agit pas de le rendre responsable, me dit Gertrud Kurth quand je l'interrogeai à propos de cette polémique. Le raisonnement d'un enfant n'est pas celui d'un adulte. » En d'autres termes, ce qui était en cause, selon elle, ce n'était pas le choix du traitement fait par le docteur Bloch, mais la réaction infantile, excessive et irrationnelle, de Hitler (alors âgé de dix-huit ans), qui avait trouvé à s'alimenter dans le vieux fonds d'antisémitisme de la culture autrichienne, lequel lui servirait par la suite d'alibi pour retourner sa fureur contre les Juifs.

Bien qu'elle défendît énergiquement le docteur Bloch en refusant de lui reconnaître la moindre responsabilité dans l'Holocauste, elle était beaucoup moins enthousiaste quant à l'homme lui-même qu'elle avait rencontré dans le Bronx (où il avait émigré avec l'autorisation de Hitler). Ce qui l'avait le plus marquée à l'époque — la controverse sur le présumé testicule absent ne devait éclater que vingt-cinq ans plus tard —, c'était une observation qu'il avait faite à la fin de l'entretien.

« Alors que nous étions sur le point de partir, Bloch tint à nous déclarer que Hitler était “un jeune homme tout à fait gentil et charmant”. » Un demi-siècle plus tard, elle ne s'en est toujours pas remise. « Dans la rue, nous éclatâmes de rire, Langer et moi, d'un rire amer, sans pouvoir nous arrêter... », me dit-elle en secouant la tête.

Non qu'elle conteste la possibilité que Hitler eût été « un jeune homme gentil et charmant ». Tel a toujours été le nœud du problème pour les biographes de Hitler : comment un jeune homme ayant laissé à beaucoup le souvenir d'un être charmant, ou tout du moins apparemment doux et inoffensif, a-t-il pu devenir un massacreur féroce ? C'est bien plutôt, affirme-t-elle, le fait que Bloch ait cru bon, en 1943, d'insister sur cet aspect, à l'exclusion de tout autre, qui avait provoqué chez elle ce rire amer.

Pour autant, elle ne doute nullement que Bloch ait dit la vérité en déclarant qu'il avait examiné le jeune Hitler et qu'il n'existait, en fait, aucune infirmité génitale ni anomalie testiculaire. « Langer lui a demandé si son examen incluait les organes génitaux, raconte-t-elle. Et il a répondu : “Oui, ils étaient absolument normaux.” »

Auquel cas, il y a vraiment de quoi rire d'un rire amer, compte tenu de toutes les savantes théories, psychanalytiques et autres, échafaudées sur l'hypothèse fumeuse de la monorchidie de Hitler, de toute cette cogitation à propos des doigts inquisiteurs de sa mère Klara cherchant avec anxiété le testicule absent de son rejeton, ce qui l'aurait amenée à perturber pour toujours la sexualité de celui-ci et à ouvrir la voie à son délire politique meurtrier.

Comment, alors, expliquait-elle le rapport d'autopsie russe ? demandai-je à Gertrud Kurth.

Elle laissa échapper un gloussement. « Eh bien, quand je l'ai lu, j'ai pensé — vous savez qu'en allemand, on appelle, en argot, les testicules des “œufs” — donc j'ai pensé : “Un des œufs a peut-être été cuit." » C'est-à-dire consumé par les flammes lors de l'incinération du corps. Ce que semble démentir le rapport d'autopsie du docteur Faust Shkaravski, qui indique que le scrotum était « roussi » et non pas brûlé.

Néanmoins, il n'est pas impossible d'imaginer que, sur un cadavre aussi abîmé, soumis à un feu intense, enseveli à la hâte puis exhumé, le testicule manquant, ou ce qui en restait, se soit détaché, ou encore qu'il soit tombé dans la fosse ayant servi initialement à dissimuler le corps. Et que, pendant les années qui suivirent, tandis que l'on forgeait des théories toujours plus grandioses à partir des implications de cette absence, que l'« œuf » disparu était élevé au rang de funeste germe métaphysique de la pathologie destructrice de Hitler, les vestiges matériels du testicule gauche se désagrégeaient lentement pour se transformer en molécules organiques dans le sous-sol de Berlin. De même qu'il n'est pas impossible d'imaginer, à la limite, si Hitler souffrait de cryptorchidie plutôt que de monorchidie, que les deux testicules aient été présents lors de l'examen du docteur Bloch, tandis que l'autre était provisoirement absent en d'autres occasions, comme lorsque Klara passait ses doigts palpeurs.

Ni les états de service de Hitler durant la Première Guerre mondiale, ni les déclarations de ses anciens camarades de combat ne font mention d'une blessure génitale qu'il aurait reçue au cours du conflit, après l'examen effectué par le docteur Bloch. Ce qui nous laisse face à cette contradiction apparemment irréductible entre le docteur Faust Shkaravski et le docteur Bloch : un testicule ou deux. Mais s'il est impossible de résoudre le problème, du moins pouvons-nous essayer de comprendre pourquoi les analystes de tous bords ont été attirés par cette idée de blessure génitale : pour des raisons autant mythiques et wagnériennes que freudiennes. Héros wagnérien, bien sûr, que cette victime d'une blessure handicapante qui déclenche par la suite, pour se venger de son sort injuste, un crépuscule des dieux. La blessure génitale confère ainsi à la figure de Hitler une dimension dramatique, dont, à bien y regarder, l'homme lui-même, dissimulateur maladroit et piètre artiste du rond de jambe, semble manquer. De plus, elle répond aux affinités explicatives d'un siècle qui préfère croire que ce qui est le plus caché et le plus honteux (c'est-à-dire la sexualité) est aussi le plus important et le plus vrai. Sans compter qu'elle permet de voir Hitler comme un individu anormal, « incomplet » — bref, différent de nous.

De toutes les variantes de la blessure génitale, la seule qui offre un mince espoir de concilier les déclarations du docteur Bloch et du docteur Faust Shkaravski est celle de la cryptorchidie. Au moins vaut-elle comme métaphore de la nature fuyante et élusive des études hitlériennes, domaine hanté par des crypto-explications bâties sur des vérités qui tendent, à mesure qu'on les examine, sinon à disparaître, du moins à défier les chercheurs s'efforçant d'en saisir la portée.

Si nous passons à présent des théories physiques aux théories psychologiques de la blessure génitale, nous constatons une fois de plus que la petite Gertrud Kurth projette une ombre immense. Car c'est elle qui a déniché le joyau de l'interprétation freudienne — une scène primitive —, dans un passage énigmatique de *Mein Kampf*, passé jusque-là inaperçu. Découverte qui, à l'instar de la thèse de la monorchidie, a donné naissance à toute une industrie explicative, récemment battue en brèche.

« Ça a été mon grand scoop », c'est ainsi que Gertrud Kurth qualifie sa trouvaille. En relisant *Mein Kampf*, elle était tombée par hasard sur un endroit où Hitler analyse, en apparence du moins, l'origine familiale des fléaux sociaux, qu'il attribue au climat étouffant d'une enfance misérable. Voici, sous la plume du professeur Robert Waite[13], qui, en raison peut-être de son incarnation du dictateur sur le divan d'un psychanalyste, est devenu un des chantres de la théorie de la scène primitive (outre celle de la monorchidie), le passage désigné par Gertrud Kurth, où Hitler nous invite à fabuler avec lui :

> Imaginons ceci : dans un logement en sous-sol composé de deux pièces mal aérées vit une famille ouvrière... Parmi les cinq enfants se trouve un garçon, mettons de trois ans. C'est un âge où l'on commence à avoir conscience de ses premières impressions. Chez certaines personnes, ces souvenirs précoces peuvent resurgir jusque dans la vieillesse. L'exiguïté et l'encombrement des pièces ne constituent guère des facteurs favorables. Ils entraînent fréquemment disputes et réprimandes. Dans de telles circonstances les gens vivent moins les uns avec les autres que les uns sur les autres. Toute obser-

> vation... aboutit à d'interminables et odieuses disputes... Et quand les parents se battent journellement, leurs brutalités ne laissent rien à l'imagination ; alors, le fruit de cette éducation visuelle apparaît lentement et inexorablement chez les petits... surtout quand les différences mutuelles s'expriment sous la forme d'attaques féroces du père contre la mère ou par des violences dues à l'ivresse. À l'âge de six ans, le pauvre gamin se rend compte de choses qui feraient frissonner même un adulte. Moralement corrompu... le jeune « citoyen » s'en va à l'aventure... [rejoindre le dangereux troupeau des rebelles de la société].

Texte étonnant, dans lequel le leader nazi se donne des airs de réformateur socialiste dénonçant la misère qui engendre conflits familiaux et épouses battues. Hitler en féministe ardent.

Mais Gertrud Kurth voit bien autre chose dans ce passage, des forces plus sombres s'agitant sous la surface d'une prose de philanthrope. Elle interprète ces « attaques féroces » qui feraient « frissonner » même un adulte, ces « brutalités » qui « ne laissent rien à l'imagination », comme des agressions spécifiquement sexuelles : ce dont est témoin en réalité l'enfant, c'est de son père ivre prenant de force sa mère tremblante. En décrivant cette scène, croit-elle, Hitler revit, recrée, consciemment ou inconsciemment, une scène primitive, celle de relations sexuelles brutales entre ses parents auxquelles il aurait assisté dans son enfance : Alois prenant de force Klara dans leur chambre à l'auberge de Brannau.

Jusqu'à ce qu'elle conçoive cette interprétation, nul n'avait vraiment prêté attention à ce passage. Mais lorsqu'elle l'eut signalé au docteur Langer, celui-ci le reprit à son compte dans le rapport de l'OSS sur la mentalité d'Adolf Hitler. Naturellement, le rapport de Langer demeura top-secret jusqu'à la fin des années 1960 ; de sorte que la première ébauche de la théorie de la scène primitive de la sexualité de Hitler apparut en 1947 dans l'article de Kurth pour la *Psychoanalytic Review*.

La réaction fut immédiate, se souvient-elle. « Menninger [le docteur Karl Menninger, chef de la célèbre Menninger Clinic] m'écrivit pour m'offrir un poste. » D'autres représentants de la critique psychanalytique tombèrent aussitôt d'accord avec elle ; outre Langer, Bromberg et Waite affirmèrent que telle était bien la cause de la pathologie de Hitler ayant engendré à la foi perversion sexuelle et politique perverse. Pour Waite, ce « traumatisme de la scène primitive » avait créé « un grave complexe de castration » qui, en connexion avec la monorchidie, avait fait de Hitler le psychopathe qu'il voyait en lui. Waite allait même jusqu'à relier la contemplation du coït parental à cet autre spectacle dont le dictateur prétend dans *Mein Kampf* qu'il représenta un tournant décisif de son existence : sa première et effrayante vision d'un Juif en cafetan dans les rues de Vienne.

Malheureusement, de même que tant d'autres « scoops », d'eurêka conceptuels dans les études hitlériennes, au moment même où la théorie de la scène primitive était en passe de devenir une évidence pour les psychanalystes et les psychohistoriens, un professeur d'histoire de l'Université Johns Hopkins, Hans Gatzke, jeta un pavé dans la mare en attaquant la lecture donnée par Langer du fameux passage, sous prétexte qu'elle s'appuyait sur une mauvaise traduction des termes allemands employés par Hitler. D'après Gatzke, il s'agissait en effet de violences physiques, de raclées, et non d'agressions sexuelles [14].

Gertrud Kurth elle-même se montre aujourd'hui beaucoup plus réservée quant à l'importance accordée par les freudiens à la scène primitive. Elle avait relu ce que dit Freud de l'effet traumatique que peut avoir le spectacle du coït parental sur les enfants. Elle me parla du fait que la grande majorité des pauvres (autrement dit, des habitants de la planète) vivent et dorment couramment dans une seule pièce, de sorte que ces scènes primitives constituaient sans doute des données beaucoup plus fréquentes d'une enfance « normale » que ne devait le penser Gertrud Freud dans son milieu viennois collet monté. En outre, elle citait des recherches récentes d'après lesquelles les enfants dormant dans la chambre de leurs parents avaient au moins autant de chance de tirer de ce voisinage stabilité et énergie que d'être traumatisés par le spectacle de relations sexuelles.

Toutefois, dans son article de 1947, Gertrud Kurth avançait un argument sans cesse repris dans les tentatives ultérieures pour expliquer la psychologie de Hitler, et qui ramène perpétuellement les exégètes à la relation avec Geli Raubal comme à un épisode susceptible de nous apporter une vérité capitale, argument que Kurth qualifie dans son texte d'« incontournable », à savoir que l'antisémitisme de Hitler était « indubitablement d'origine sexuelle ». Une origine sexuelle tourmentée qui se serait formée à Vienne, pour se révéler au grand jour dans la chambre où fut découvert le corps de Geli Raubal.

Même le prudent Alan Bullock me déclara que, selon lui, l'antisémitisme de Hitler avait « probablement quelque chose de sexuel ». Chez certains commentateurs, le désir de trouver une explication sexuelle semble presque aussi violent que le désir sexuel lui-même. Et la grande majorité de ceux qui prônent une semblable explication de la psyché de Hitler n'hésitent pas à prétendre que, sans sa sexualité *keines natürlich*, le dictateur aurait été « normal », non seulement sexuellement, mais aussi (c'est sous-entendu) moralement. On a là un ultime et mélancolique écho de la croyance wilhelm reichienne d'après laquelle l'origine du mal réside dans l'impossibilité de parvenir à une satisfaction orgasmique « normale ». Et de son corollaire, que la disparition de la répression sexuelle nous libérerait du royaume des ténèbres, des obscures impulsions qui sont en nous. Dans le cadre des études hitlériennes, cela se traduit par l'espoir qu'une explication sexuelle nous libérerait des ténèbres de l'inexplicable, des sombres conséquences résultant d'un Hitler « normal », qu'elle nous éviterait de nous impliquer, d'impliquer un comportement humain ordinaire dans le mystère de ce qui rend Hitler si profondément monstrueux sur le plan moral.

Il est bien rare de trouver un biographe qui ne fasse pas d'un quelconque secret sexuel la variable cachée de la psychologie hitlérienne. C'est peut-être la raison pour laquelle, après tant de suppositions sur l'inconnaissable corps noir génital, je me sentis attiré par la vision plus sobre, moins exaltée, proposée par l'historien John Lukacs à propos de la sexualité de Hitler.

Dans sa récente étude sur les relations Hitler-Churchill, *The Duel*[15], Lukacs déclare que « la sexualité et ses appétits semblent avoir joué un rôle on ne peut moins décisif dans leur existence ». Il qualifie Hitler de « faiblement sexué », au sens non pas d'une difformité ou d'un dysfonctionnement, mais d'une absence d'intérêt. « Tout bien considéré, écrit-il, je pense que son comportement avec les femmes était absolument normal » — déclaration étonnante dans le contexte d'une littérature obsédée par l'idée des prétendues anomalies de Hitler.

Lukacs assure que les témoignages qui permettraient de conclure à une sexualité anormale sont « rares, inauthentiques ou difficiles à juger ». Un tel point de vue constitue un précieux correctif en ce qu'il laisse entendre qu'il n'est pas indispensable de faire de la sexualité de Hitler, qu'elle ait été normale ou anormale, le pivot d'une théorie de sa personnalité. De même qu'il nous rappelle que la monstruosité du dictateur n'est pas moins effrayante — en un sens, elle le serait même davantage —, si nous ne le considérons pas également comme sexuellement monstrueux.

Douter ou refuser de croire qu'un secret honteux ait été au cœur de la psychologie hitlérienne ne diminue en rien l'importance de cet autre mystère que représentent la disparition de Geli Raubal, le rôle joué par Hitler dans ce drame et l'impact qu'il eut sur sa vie affective. Pendant bien des années, ceux qui ont enquêté sur cette ténébreuse affaire ont eu les yeux tournés vers une figure, aujourd'hui presque totalement oubliée, du monde de la presse d'opposition munichoise, le journaliste Fritz Gerlich, dont on a prétendu qu'il avait déchiffré l'énigme de la mort de Raubal et qui fut tué avant d'avoir pu révéler ce qu'il savait. S'il me paraît peu probable en fin de compte que Gerlich ait réellement possédé la preuve que Hitler avait assassiné la jeune femme, mes recherches concernant son hypothétique secret m'amenèrent néanmoins à faire la découverte de ce qui semble être l'une des premières et des plus remarquables tentatives pour expliquer le fonctionnement secret de la personnalité du leader nazi.

IV

Haine complexe et primitive

De quelques hypothèses significatives tirées des articles de Fritz Gerlich et des dossiers de l'OSS

CHAPITRE 9

FRITZ GERLICH ET LE PROCÈS DU NEZ DE HITLER

Dans lequel on redécouvre une vieille analyse donnée par un analyste assassiné

L'image continue de choquer : Adolf Hitler marié à une Noire. Plus de soixante ans après la publication, en première page d'un des principaux journaux de la ville, de cet extraordinaire montage photographique où le Führer apparaît en chapeau haut de forme et costume de marié tenant par le bras une épouse noire dans une scène de noces, l'ironie acerbe d'une telle représentation du chef nazi — avec son simulacre de décapitation, ses allusions au métissage et à la transgression sexuelle, ainsi que la brutale dénaturation qu'elle opère — donne une impression d'audace, de profanation volontaire. De danger.

Et de fait, il n'est guère douteux que cette sensationnelle attaque, à la fois visuelle et verbale, ait été inévitablement risquée pour son auteur, le courageux journaliste et antihitlérien farouche, Fritz Gerlich. La manchette narquoise barrant la « photo de mariage » du leader nazi — HITLER A-T-IL DU SANG MONGOL ? [1] — une manchette publiée en juillet 1932, six mois à peine avant l'arrivée de Hitler au pouvoir, suffit peut-être à décider de l'exécution ultérieure de Gerlich à Dachau, quand bien même il n'aurait pas persévéré après la prise de pouvoir de Hitler en tentant de faire paraître un document encore plus dangereux : un article qui, selon certains, aurait dévoilé le lien scandaleux existant entre le chancelier récemment installé à la tête du pays et la mort de Geli Raubal. Cet article de mars 1933, arraché des presses par la Gestapo avant qu'il ait pu être imprimé, fut la cause immédiate de l'arrestation, puis de l'assassinat de Gerlich. Toutefois, la manière dont il avait outragé Hitler en juillet 1932 avec sa première page sur l'épouse noire et le sang mongol scella probablement son destin, indépendamment même de l'affaire Geli Raubal. Sans doute le fameux texte non publié aurait-il pu avoir des conséquences encore plus dommageables pour Hitler, mais celui que publia effectivement Gerlich avait déjà réussi à l'entamer considérablement en disséquant sa psyché avec une précision chirurgicale au moyen d'un scalpel des plus aiguisés. C'était un véritable chef-d'œuvre de mise à mort, en même temps qu'une analyse psychologique incomparable, définissant aussi bien, sinon mieux, que toutes les tentatives qui suivraient une puissante vérité sur Hitler et ses idées raciales.

Certes, pendant des années, les caricatures de Hitler avaient fleuri dans la presse d'opposition et sur les affiches, mais celle-là était différente. Les dessins humoristiques d'avant-guerre avaient tendance à mettre l'accent sur la moustache, la mèche de cheveux, à exagérer les contorsions du visage au paroxysme de la frénésie oratoire. Mais cette image allait bien plus loin, jusqu'au tréfonds de sa personnalité, jusqu'à son angoisse la plus obsessionnelle : son sang.

Le spectacle du chantre de la pureté raciale, du sang pur, donnant le bras à une épousée de « race inférieure », joint à la question soulevée sur sa propre pureté, n'était pas simplement destiné à surprendre les dizaines de milliers de lecteurs potentiels du journal, il visait à blesser, à saigner, un lecteur bien précis : Adolf Hitler. À le blesser en rappelant les rumeurs d'ordre à la fois sexuel et racial courant sur son compte, rumeurs provoquées par son statut de célibataire endurci, par l'héritage biologique dont témoignait l'apparence fort peu aryenne de ce champion de la pureté aryenne. En se faisant, pour finir, l'écho de la supposition la plus incendiaire de doute, que l'accusation d'avoir du sang mongol ne manquerait pas de remettre à l'esprit de nombreux lecteurs, à savoir l'existence dans la famille du leader nazi d'une autre variété de racine « orientale » : du sang juif.

Évoquons rapidement les circonstances dans lesquelles fut lancée cette attaque. En juillet 1932, soit dix mois après la mort de Geli Raubal, alors qu'il avait été longtemps considéré comme une sorte d'excentrique bavarois un tantinet ridicule, Hitler était devenu un leader politique faisant campagne pour la présidence à armes égales avec le président du Reich lui-même, le vénérable maréchal Hindenburg. Un leader d'une importance pas seulement locale ou nationale, mais sur qui le monde entier avait les yeux fixés, commandant à une armée privée d'un million d'hommes (les SA, dont il se servait pour terroriser, ou même assassiner, ses opposants dans les autres partis et dans la presse), et qui semblait incarner l'avenir.

Livrer un tel assaut, plus féroce et plus dévastateur encore par le contenu de l'article que ne l'indiquaient la photographie et la manchette fracassantes, représentait un acte de courage personnel stupéfiant de la part d'un prophète désespéré et condamné à l'échec.

Dans HITLER A-T-IL DU SANG MONGOL ?, Gerlich adopte le ton légèrement soucieux et le langage savant teinté d'ironie de la *Modeste Proposition* de Swift. Avec une modestie semblable, il propose, pour commencer, d'appliquer la « science raciale » d'un des spécialistes favoris de Hitler en ce domaine, le professeur Hans Günther[2] — qui avait déterminé la forme et les dimensions précises de chaque crâne et faciès de « type nordique » —, au crâne et au faciès du Führer lui-même, et principalement à son nez. Après quoi, le journaliste s'applique à montrer, de manière extrêmement détaillée, avec comparaisons et gros plans à l'appui, que le chef nazi se trouve en réalité à des années lumière de ses propres critères raciaux.

Mais encore plus humiliant est le fait que Gerlich passe de l'analyse de la physionomie de Hitler — dont le clou est un désopilant procès de son nez — à une brillante critique des principaux traits de son identité personnelle et politique. Pour en arriver à la conclusion incendiaire que, au regard de ses propres normes, non seulement sa physiognomie, mais aussi son âme, manquent d'aryanité.

Avant d'aller plus loin dans cette satire et la vision

qu'elle renferme, une vision qui constitue une des plus subtiles tentatives d'explication du personnage de Hitler par un témoin de la période de Munich, il n'est peut-être pas inutile de la replacer dans son contexte, celui de sa date de publication et celui de l'itinéraire fatal de son intrépide auteur.

Même si l'image de l'épouse noire et la manchette sur le sang mongol ont à première vue quelque chose d'inouï, il est difficile de mesurer aujourd'hui jusqu'à quel point ils pouvaient sembler provocateurs à l'été 1932, dans les derniers mois de l'ascension de Hitler. À coup sûr, ils dépassent tout ce que j'ai pu voir dans la presse d'opposition munichoise de la même période. Le courageux *Münchner Post* a davantage tendance à s'appuyer sur la logique, le débat d'idées et l'investigation. On y trouve, il est vrai, des commentaires nettement sarcastiques, parfois même des illustrations insolentes, le plus souvent une caricature de Hitler. Mais rien qui puisse se comparer avec l'ironie brutale de la dénonciation antiraciste contenue dans ce photomontage d'épousailles fictives ; ailleurs ce sont des murmures et des insinuations sur l'aspect du chef nazi, des plaisanteries feutrées sur son idéal nordique (qualifié de « mince comme Goering, grand comme Goebbels et blond comme Hitler »). Mais on chercherait en vain une manifestation aussi libre, aussi spectaculaire, aussi pleine de mépris, de la volonté de tourner en ridicule son apparence physique, ainsi que le délire politico-métaphysique qu'elle trahit symboliquement.

Je voulus tester cette impression auprès d'une des rares personnes capables de se prononcer sur la violence de l'attaque de Gerlich dans l'atmosphère de la période, un des derniers vétérans de la presse antihitlérienne de l'Allemagne de Weimar. Il s'agit de Walter Schaber. Il avait quatre-vingt-dix ans lors de notre rencontre et habitait Washington Heights, à New York, où il continuait à écrire pour l'hebdomadaire *Aufbau*, organe des émigrés juifs allemands. Il avait été rédacteur en chef de journaux socialistes en Thuringe et en Sarre, président du syndicat socialiste des travailleurs de la presse à la fin des années 1920, pour se retrouver dans une prison de Munich en mars 1933, après la prise de pouvoir de Hitler. Il avait réussi à sauver sa peau en s'enfuyant en Tchécoslovaquie, puis en Amérique, où il était devenu rédacteur d'*Aufbau*. J'emportai à Washington Heights une photocopie de l'article de Gerlich sur le sang mongol afin d'avoir son point de vue dans le cadre de ce journalisme antihitlérien qui lui était si familier.

Schaber portait un vif, sinon mélancolique intérêt à tout ce qui touchait la presse d'opposition d'avant 1933. Hors de Munich, me dit-il, à quelques exceptions près (en particulier l'hebdomadaire berlinois *Weltbühne* et son directeur Carl von Ossietzky), les journaux socialistes étaient si occupés par les dissensions qui agitaient le parti (à commencer par le conflit opposant pacifistes et partisans du réarmement), qu'ils ne prêtaient pas toute l'attention qu'il aurait fallu à la lutte contre Hitler. (Alfred Kazin me parla de la déception qui fut la sienne en apprenant, dans les années 1930, par des émigrés socialistes allemands, qu'un certain nombre de dirigeants du parti, contrairement à ses journalistes, touchaient des subsides de Hitler. Kazin ajouta que les racines idéologiques du succès du dictateur, dans le combat entre une gauche divisée et une droite fasciste militante, avaient été, selon lui, largement négligées.)

C'est peut-être à cause de ses regrets rétrospectifs que le visage de Schaber s'éclaira sous l'effet d'un plaisir évident, lorsque je lui montrai le laïus de Gerlich à propos du sang mongol. Il se mit à s'esclaffer en parcourant la manchette et les sous-titres moqueurs, ponctuant sa lecture d'exclamations du genre : « Incroyable !... En juillet 1932 !... C'est fantastique !... Comment avez-vous déniché ça ? » (C'est grâce au photo-reporter Tim Gidal, qui avait connu Gerlich et se souvenait de la satire publiée par celui-ci, que j'avais retrouvé l'article à la bibliothèque Monacensia de Munich.)

Cela semblait le réjouir au plus haut point de s'apercevoir que, pour une fois au moins, un journaliste ne s'était pas gêné, n'avait pas mâché ses mots, ni hésité à donner libre cours à la colère et au mépris qu'ils éprouvaient tous avant de se voir réduits au silence. Cette absence de retenue, cette fatale insouciance, ne sont pas étrangères, j'imagine, à ma propre fascination pour Gerlich. On est en effet surpris, en lisant la littérature sur Hitler et le parti nazi écrite avant et après la guerre, en et hors d'Allemagne, d'y trouver si peu de manifestations spontanées de mépris et de haine.

Les chroniqueurs et les théoriciens d'avant-guerre ont eu tendance à adopter vis-à-vis de Hitler une attitude condescendante, à le rabaisser, à le tenir sur la sellette de leurs raisonnements supérieurs, à nier que lui-même ait pu leur en faire baver, en quelque sorte. La littérature de l'après-guerre se montre encore plus placide, comme si la haine n'avait rien à faire là-dedans et que seule comptait l'analyse ; comme si, pour elle, Hitler n'était pas tant un criminel qu'un problème relevant de la psychologie et de la sociologie, le produit de forces profondes, de conditions sociales structurelles, non pas un agent proprement dit, qu'on pourrait blâmer et mépriser, juger *responsable* — en définitive, un simple instrument, un fétu de paille porté par la vague et qu'il serait donc absurde de haïr.

C'est particulièrement vrai de la littérature allemande sur le sujet, et les quelques exceptions comme Gerlich représentent un réel soulagement à l'absence de passion régnant partout ailleurs. La haine est-elle une réaction légitime ? Si l'on peut douter de son efficacité sur le plan analytique, il n'empêche que la haine téméraire, bien qu'extrêmement aiguisée, que reflète la satire de Gerlich me procura le même genre de satisfaction que j'avais éprouvée en découvrant un des rares récits authentiquement haineux écrits après-guerre sur la période : *Dans l'ombre du Reich,* du fils de l'avocat personnel de Hitler et bourreau nazi, Hans Frank. Cette « biographie » de son père rédigée par Niklas Frank déborde d'une haine joyeuse et purifiante. Il avait été élevé au château de Cracovie, où Frank s'était installé au titre de gouverneur général de la Pologne occupée. L'antre où il présidait à la solution finale et s'en repaissait.

Son fils le dépeint en termes cinglants comme un prédateur servile, cupide et incroyablement vaniteux, ne songeant qu'à arracher leurs biens aux Juifs avant de les envoyer à la mort. Le drame du livre de Niklas réside dans son ton conflictuel, dans la manière dont il s'évertue à maintenir une distance entre lui et le dégoût qu'il ressent pour son père (en le décrivant comme un monstre grotesque), et échoue fréquemment, sombrant dans la haine pure, ce qui l'amène à inventer de nouveaux sommets d'infamie et de duplicité à travers une prose où il arrive à peine à contenir son aversion et son mépris. Malgré tout son venin, j'eus le sentiment d'une colère salvatrice, qui réduisait en cendres, rendait inopérant, l'amoncellement de pitié et de « compréhension ». Une rage autrement plus saine que les faux-fuyants, consignés impitoyablement par Gitta Sereny[3], d'un Albert Speer se débattant avec sa conscience (et la vérité) pour rendre compte de l'emprise sur lui du dictateur, que les raisonnements forgés par les historiens allemands de l'après-guerre pour « historiciser » Hitler et se mettre eux-mêmes à distance, que l'évocation de la « grandeur » du tyran d'une manière qui banalise ses crimes. L'ouvrage de Niklas Frank signifiait davantage pour moi que toute cette ratiocination : un pur cri de haine.

Cependant, il me semblait que la haine de Gerlich contre Hitler était plus qu'un cri, un rasoir qu'il avait plongé au cœur de la pathologie hitlérienne avant quiconque, avant qu'il soit trop tard — si du moins on l'avait écouté. C'est pourquoi il me paraît important de sauver Gerlich, sa vie et son œuvre, de l'oubli du passé, de l'obscurité des notes de bas de page, pour le faire revivre en chair et en os.

Qui était donc ce Fritz Gerlich ? Le rendre à l'histoire n'est pas une tâche extrêmement difficile, car, s'agissant des rares affaires où son nom apparaît, il a fréquemment servi les desseins des auteurs de fiction, ou de faction. Pour tenter d'éclairer le mystère du dernier scoop de Gerlich, il est nécessaire d'examiner plus précisément sa démarche jusqu'à cette fameuse journée où la Gestapo arracha des presses son ultime reportage. Le reportage d'un homme que son obsession de Hitler amena, mais non sans raison, à franchir la frontière séparant le rationnel de l'irrationnel. Ce qui confère à son itinéraire durant cette période munichoise un caractère des plus insolites, c'est que Gerlich fut tout d'abord un admirateur naïf du leader nazi, ou du moins de la politique ultra-nationaliste qu'il incarnait.

Né en 1883, six ans avant Hitler, de parents profondément protestants, il se retrouva comme une sorte de déraciné lorsque sa famille alla s'installer dans la très catholique Bavière. Élève studieux, il commença par suivre des cours de sciences naturelles à l'Université de Munich, puis opta pour l'histoire et obtint un doctorat en rédigeant une thèse sur « Le testament de Henri IV », empereur germanique du XIIIe siècle. Son âge et ses problèmes de vue ne lui permettant pas de s'enrôler pendant la guerre, il accepta un emploi aux archives régionales et trouva un exutoire à sa ferveur nationaliste en se mettant à écrire pour la presse patriotique. Au lendemain de la défaite allemande, il quitta les archives pour se lancer dans le combat polémique comme collaborateur de publications nationalistes et fut rapidement promu, au début des années 1920, rédacteur en chef d'un des journaux les plus conservateurs de Munich, le *Münchner Neueste Nachrichten*.

En 1923, il était devenu une figure si respectée et si influente du mouvement nationaliste, que, durant le printemps — alors que sévissait une inflation catastrophique et que des différends surgis à propos des réparations de guerre avaient entraîné l'occupation de la Rhénanie par la France —, il reçut chez lui la visite de l'étoile montante, et fort controversée, de la droite nationaliste : Adolf Hitler. Quelque chose se passa alors au cours de cette rencontre du printemps 1923 entre Gerlich et Hitler, quelque chose qui, joint à l'attitude du leader nazi six mois plus tard à l'occasion du putsch de la brasserie, allait faire de Gerlich, qui aurait dû être normalement l'allié de Hitler, un adversaire farouche, implacable, irréductible.

D'après ce que j'ai pu reconstituer à partir de diverses sources, il s'agissait, pour Gerlich, d'une question de confiance. Ce qui se produisit apparemment, c'est que, dans sa course à l'épreuve de force, peut-être lors de cette entrevue, Hitler donna sa parole au journaliste qu'il soutiendrait les revendications nationalistes du propre poulain de Gerlich, le premier ministre bavarois Gustav von Kahr, et ne recourrait pas à l'action illégale pour imposer son programme. De sorte que, ayant assisté au putsch de la Bürgerbräukeller, ayant été témoin de la manière dont Hitler avait pris publiquement Kahr en otage et lui avait soutiré, pistolet au poing, la promesse de l'aider, Gerlich ne pardonna jamais cette félonie. Dans ses articles, il en parlerait comme d'« une des plus grandes trahisons de l'histoire allemande ». De toutes les insultes dont il abreuverait les nazis, qualifiés de « criminels », de « dégénérés sexuels », l'accusation qui, pour lui, constituerait la plus infamante, serait celle de « renégats ». Par cette sentence, il semblait, tel un pape médiéval, vouer leur âme aux tourments éternels.

Et il les tourmenterait continuellement. Avec un petit cercle de collègues et amis, d'abord au *Münchner Neueste Nachrichten*, puis dans son propre journal dissident, *Der*

Gerade Weg (« Le Droit chemin », comme il l'appellerait avec une assurance caractéristique), il formerait, tout au long de la décennie s'étendant de la tentative de putsch de 1923 à la prise de pouvoir de 1933, le noyau le plus radical du journalisme antihitlérien au sein du courant conservateur.

Cette importance du groupe de Gerlich me fut révélée lors d'une visite à Dachau où, dans une exposition consacrée aux premiers mois du gouvernement hitlérien dans la région, le musée avait affiché des articles de journaux munichois rapportant la traque dont avaient fait l'objet les membres du groupe ayant échappé à l'attaque contre les bureaux de Gerlich en mars 1933. Une impitoyable chasse à l'homme, qui attestait qu'ils avaient représenté un réel danger. Certains comme Gerlich seraient assassinés, d'autres arrêtés, et quelques-uns, à leur sortie de prison, deviendraient des piliers du mouvement aristocratique antihitlérien qui culminerait avec l'attentat manqué de Claus von Stauffenberg en juillet 1944, après quoi ils seraient brutalement exécutés.

Toutefois, à la fin des années 1920, une chose étrange arriva à Gerlich et aux membres de ce petit cercle[4] : ils passèrent une alliance des plus inattendues, qui allait stimuler leur courageuse campagne antihitlérienne. Le journaliste et ses amis se lièrent avec une paysanne bavaroise, une illuminée, probablement fausse, bien que largement révérée.

Elle s'appelait Therese Neumann, et il semble assez surprenant que l'historien rationaliste et protestant qu'était Gerlich, homme de presse lucide au regard perçant derrière ses lunettes à monture d'acier, ait pu se laisser abuser par cette mystique catholique grabataire, contestée même au sein de sa propre église, qui affirmait ne se nourrir depuis des années que d'hosties, saigner à l'endroit des blessures du Christ le jour du Vendredi saint, avoir été transportée à travers les siècles jusque sur la scène de la crucifixion et être régulièrement visitée par la Vierge Marie, qui lançait des avertissements apocalyptiques quant au funeste destin menaçant l'Allemagne. Néanmoins, le journaliste à l'esprit sceptique et la stigmatisée délirante ou malhonnête possédaient un point commun, celui de baigner tous deux dans l'atmosphère elle-même apocalyptique de la période présente.

La jeune paysanne qui devait bouleverser la vie de Fritz Gerlich commença à recevoir la visite de Jésus à peu près au même moment où Geli Raubal commençait à recevoir celle de son oncle Adolf. Fille de ferme à Konnersreuth, à quelque cent cinquante kilomètres au nord de Munich, elle était âgée de vingt-sept ans lorsqu'en 1925 elle dut s'aliter, victime, prétendait-elle, de spasmes mystérieux et de douleurs étranges dans la colonne vertébrale, ainsi que, à en croire les ragots, du choc que lui avait causé l'échec de sa tentative pour sauver des animaux d'une étable en flammes.

Après une année d'une paralysie laissant les médecins perplexes, elle se mit soudain à avoir des visions : elle entrait en transe et, lorsqu'elle reprenait ses esprits, c'était pour raconter qu'elle était allée à Jérusalem, où elle avait vécu les dernières vingt-quatre heures de la Passion du Christ. Elle l'avait vu prier sur le Mont des Oliviers, avait assisté au chemin de croix. Il lui avait même parlé depuis la croix alors que du sang coulait des clous plantés dans ses mains et ses pieds, et de la lance enfoncée dans ses côtes.

Ce fut au cours du Vendredi saint de 1926 qu'un nouveau phénomène s'ajouta à ses visions : les stigmates. Du sang apparut tout à coup sur les paumes de ses mains, les plantes de ses pieds et sur son thorax, formant des plaies sanguinolentes à l'image de celles du Christ en croix. Avec en plus ce symptôme particulier : des larmes de sang coulaient également de ses yeux.

Le curé de la paroisse finit par être persuadé qu'un vrai miracle, une visitation du Sauveur s'accomplissait. Prêtres et paysans en effervescence répandirent la nouvelle. Bientôt, de fervents catholiques dans tout le pays accoururent au chevet de la jeune femme pour contempler les stigmates, qui ne se manifestaient plus uniquement le Vendredi saint, mais tous les vendredis. En même temps, ses conversations avec Jésus s'étaient faites plus pressantes : d'aucuns prétendaient qu'elle s'efforçait de le prévenir du sort tragique qui le guettait, de l'aider à échapper à la crucifixion.

En retour, Jésus et Marie lançaient par son entremise des mises en garde sur la situation de l'Allemagne. C'est cette dimension quasiment politique des fameuses visions qui commença à attirer des visiteurs munichois nettement plus raffinés et beaucoup moins crédules, parmi lesquels un certain nombre de collègues de Fritz Gerlich. Venus voir les plaies sanglantes de l'illuminée, ils repartaient les oreilles remplies de ses sombres prophéties, qui n'étaient pas sans refléter l'humeur morose de la République de Weimar finissante.

Un de ces visiteurs, un aristocrate catholique conservateur, le comte Erwin von Aretin, qui survivrait aux persécutions nazies et se ferait après-guerre le biographe de Gerlich, fut émerveillé par un tel prodige. En août 1927, il brossa, dans un article en deux parties publié par le *Münchner Neueste Nachrichten*, un portrait saisissant de la stigmatisée de Konnersreuth, article qui fit sensation non seulement en Allemagne, mais dans le reste du monde. Traduit en trente-deux langues, il allait créer autour de la divine grabataire un véritable culte, partagé par des adeptes avides de croire que Dieu tentait enfin de se manifester, de faire entendre sa parole au milieu des convulsions secouant la planète, et qu'il avait choisi cette âme innocente pour lui servir de messager.

Sur les instances de ses collègues, le protestant et sceptique Gerlich accepta enfin de rendre visite à la stigmatisée. À la surprise générale, il fut profondément impressionné. Mieux encore, il y retourna à de multiples reprises, se liant de plus en plus étroitement avec le cercle formé autour de la paysanne, dont il rapportait les déclarations tout en s'efforçant de les traduire en termes clairs par rapport aux problèmes de l'Allemagne.

En novembre 1927, il donna son propre récit enthousiaste du phénomène de Konnersreuth. Et, trois mois plus tard, il stupéfia tout le monde en démissionnant de ses prestigieuses fonctions de rédacteur en chef du *Nachrichten*, pour se consacrer durant les deux années suivantes à la rédaction d'un livre en plusieurs volumes sur la stigmatisée bavaroise et ses prophéties. Période qui culmina avec sa conversion officielle au catholicisme en 1930.

Tout d'abord, je fus moi aussi étonné par ce brusque virage apparent, compte tenu des engagements antérieurs de Gerlich dans la politique allemande, dans le combat contre le bolchevisme et l'hitlérisme (il y reviendrait en fondant son propre journal antihitlérien après sa conversion). Impression qui ne fit que se renforcer quand j'examinai de plus près la nature réelle des stigmates qui avaient tellement fasciné l'inflexible journaliste.

Dans sa déférente biographie de Therese Neumann[5], Johannes Steiner, collègue de Gerlich, le décrit se rendant pour la première fois à Konnersreuth « bien déterminé à dénoncer les fraudes qu'il pourrait constater... s'il y en avait ». Au lieu de cela, « il fut touché par une grâce spéciale. Il admit aussitôt que les événements de Konnersreuth étaient inexplicables dans l'ordre naturel des choses et s'en retourna à Munich comme un second saint Paul. »

Inexplicables dans l'ordre naturel des choses, *keines natürlich*, certes, mais d'une manière bien différente de celle de la sinistre aura de Hitler. Pourtant, d'autres enquêtes suggèrent des explications n'ayant rien à voir avec le surnaturel. Ainsi l'analyse avancée en 1949 par un auteur catholique, Hilda Graef, diplômée d'Oxford, dans son livre *The Case of Therese Neumann*[6]. À côté du curé du village et des évêques locaux visiblement grisés par la célébrité mondiale de leur paroissienne, les autorités ecclésiastiques étaient extrêmement dubitatives vis-à-vis de Neumann, et Hilda Graef fait état des premiers rapports des médecins chargés par l'Église d'examiner les allégations de la mystique de Konnersreuth.

Ce qui ressort clairement de leurs rapports — bien que dans un langage mesuré, eu égard à la foi sincère des nombreux admirateurs de Neumann —, ainsi que du résumé des faits donné par Graef, c'est que la petite paysanne n'était qu'une simulatrice, un escroc pur et simple. Que les stigmates étaient très probablement dus à des ampoules de sang cachés dans la literie qu'elle répandait discrètement sur les « blessures » miraculeuses, ou lorsque ses parents faisaient sortir les visiteurs à la suite d'une brusque « quinte de toux », voire sous prétexte que la paralytique avait besoin de se soulager dans un bassin. Quand les visiteurs réintégraient la pièce, ils trouvaient la paysanne charismatique, le visage barbouillé de sang ; d'un grand geste, elle rejetait alors ses couvertures pour exhiber les marques disposées sur ses mains, ses pieds et son thorax de manière à imiter celles du corps du Christ.

En lisant les résultats de l'enquête de Graef, on se trouve confronté à une énigme encore plus déroutante que celle des trucs utilisés dans cette sordide affaire de faux stigmates :

comment un journaliste aguerri, à l'esprit incisif, tel que Gerlich a-t-il pu se laisser tromper par une supercherie aussi grossière ? (Question qui n'est pas sans similitude avec celle concernant Hitler : comment un pays avec une tradition culturelle comme celle de l'Allemagne a-t-il pu se laisser duper par un mystificateur aussi éhonté ?) Pour ceux que cela intéresse, il existe, dans le pieux récit de Steiner, une explication cynique à la métamorphose de Gerlich en saint Paul. « À Konnersreuth », écrit-il, Gerlich

> fit la connaissance du prince Erich von Waldburg zu Zeil. Par la suite, il lui parla d'un projet de journal, indépendant de tous les pouvoirs financiers, dont lui-même serait le rédacteur en chef et le prince le commanditaire. Les paroles de Gerlich, selon lesquelles « il y avait des centaines d'âmes en balance », touchèrent le prince... et, de 1930 à 1933, il dépensa près d'un demi-million de marks pour le journal qu'ils avaient fondé : « Le Droit chemin ». Ses éditeurs avaient pris le nom de « Société de publication du droit naturel », car ils s'étaient assigné comme principal objectif la lutte pour la reconnaissance des droits de l'homme.

D'aucuns n'hésiteront pas à en conclure que la « conversion » de Gerlich au miracle de la paysanne stigmatisée n'était de sa part qu'une manœuvre insidieuse pour s'introduire auprès des riches aristocrates qu'elle arnaquait et pour les arnaquer à son tour (au profit d'une bonne cause) en les persuadant de financer son journal antihitlérien. Toutefois, je serais enclin à croire, pour ma part, à la description donnée par Steiner de la relation entre Gerlich et la prophétesse. « En tant que conseiller d'édition » de *Der Gerade Weg*, raconte Steiner, il lui arriva à

> une ou deux reprises d'être envoyé par Gerlich à Konnersreuth pour poser des questions à Therese lorsqu'elle était en transe... À chaque fois, les réponses de celle-ci lui redonnaient courage dans sa bataille contre le national-socialisme et aussi le bolchevisme... Il ne s'agissait jamais d'indications précises... C'étaient des points de vue et des allusions qui le mettaient mieux à même de prendre les décisions appropriées. Des phrases du genre « Voyez-vous, en fin de compte, tout cela [désignant l'hitlérisme et le bolchevisme] est dirigé contre notre Sauveur », représentaient pour lui des confirmations claires de la justesse de ses positions.

Pourquoi un homme comme Gerlich, qui se considérait comme un esprit cultivé et un rationaliste, aurait-il eu besoin de la stimulation d'une source de réconfort aussi suspecte ? C'est alors qu'un nouvel éclairage sur la nature du lien existant entre le journaliste militant antihitlérien, la stigmatisée bavaroise et la signification de Hitler pour l'Allemagne me fut fourni par ma conversation avec Walter Schaber, un des derniers protagonistes des combats de la presse de Weimar.

« Ce dont vous devez vous souvenir et qu'oublient beaucoup de gens à propos de cette période, me dit-il dans son appartement de Washington Heights, tandis que sa femme nous servait du thé et des gâteaux, c'est que tout le monde était à la recherche d'un messie.

— Un messie ?

— Oui, un sauveur, un saint. À ce moment-là, vous aviez tout un tas de faiseurs de miracles, de visionnaires, de prophètes. Il en apparaissait un ici, un autre là, le pays en était plein. » Il me parla d'un certain Louis Hausser, ancien producteur de champagne, qui s'était mis à exhorter le peuple allemand à se repentir de ses péchés, à sauver son âme, à détourner de lui la colère divine. De Joseph Wiesenberg qui, à Berlin, prétendait guérir les malades en leur appliquant du fromage blanc durci et qui, en dépit de ses allégations pour le moins douteuses, réussit à se faire des admirateurs fanatiques. « Et aussi Hanussen, l'astrologue qui se trouvait à Munich avec Hitler. Il y en avait dans tous les coins, des individus qui promettaient la venue d'un sauveur, et à eux tous ils contribuèrent à créer une atmosphère propice à l'ascension de Hitler. Une atmosphère de fin du monde à l'échelon de toute l'Allemagne. »

Il n'avait entendu parler que vaguement de Therese Neumann, mais elle lui semblait tout à fait répondre au schéma. « Un messie après l'autre, et après tous les petits messies, survint le grand messie, Hitler.

— Vous voulez dire qu'il existait un désir général d'une sorte de figure apocalyptique, de sauveur-guérisseur, et que c'est ce désir qui a fait que les gens ont accepté Hitler, malgré sa bizarrerie et son apparence exotique — ou plutôt justement parce qu'il paraissait si bizarre, si *keines natürlich* ? »

Oui, répondit Schaber, ce furent ces caractéristiques elles-mêmes qui incitèrent chefs d'État et politiciens traditionnels à le sous-estimer, à voir en lui un rival inoffensif, cette étrangeté, cette différence, qui constituèrent le pouvoir secret de la fascination qu'il exerça. Et les autres stigmates de son altérité, les colères effroyables, les transes, les discours délirants, les divagations mystiques, même s'ils détournèrent probablement de lui les quelques citoyens raisonnables, s'accordaient parfaitement avec l'état d'esprit de l'immense majorité, qui comptait sur un être irrationnel, divin, sur un *Heiland*, pour sauver l'Allemagne. Des gens qui, n'espérant plus rien de la politique traditionnelle, avaient placé leurs derniers espoirs dans l'intervention d'un guérisseur politique.

Cet aspect de ma conversation avec Walter Schaber continua d'occuper mes pensées après que j'eus quitté Washington Heights. Il avait évoqué le désir d'un messie, d'un *Heiland*, et je me mis à réfléchir à la racine du mot lui-même : *Heil*. À m'interroger sur le véritable objectif que dissimulait l'incantation rituelle du *Heil Hitler*, à la fois salut, lien de solidarité et hymne du mouvement hitlérien. À me demander s'il n'avait pas précisément pour but d'exprimer la nécessité d'un *Heiland*, d'un guérisseur, d'un saint. S'il s'agissait d'une création délibérée, d'un exemple du génie de Hitler pour manipuler la psychologie collective, ou du reflet de ce qui avait été le rêve inconscient d'un *Heiland*, voire les deux ? Y avait-il dans cette incantation du *Heil Hitler* quelque chose de plus profond qu'un simple salut, qu'une simple acclamation, qui faisait que celui qui le lançait, le scandait, exhortait le Führer : *heile uns, Hitler* — Hitler, guéris-nous, guéris l'Allemagne. Moins un salut qu'une prière.

J'appelai Schaber pour avoir sa réaction, la réaction de quelqu'un ayant vécu cette effroyable période où le *Heil Hitler*, de tribut payé par une bande de sycophantes inadaptés sociaux, s'était transformé en ritournelle barbare, en hurlement collectif d'une adhésion nationale presque religieuse. Tout d'abord cela le frappa comme une idée nouvelle, *Heil Hitler* pour *heile uns, Hitler,* et, après y avoir réfléchi un instant, il me dit : « Oui, il y a peut-être là quelque chose. »

Si le rêve d'un *Heiland* explique en partie la séduction perverse de l'étrangeté de Hitler, la manière dont sa singularité et son irrationalité jouèrent en sa faveur, une nostalgie semblable permet peut-être de comprendre pourquoi Gerlich, historien rationaliste, se trouva attiré par les déclarations surnaturelles d'une jeune paysanne stigmatique. Pour un homme de son espèce, témoin de l'impuissance de la raison, du débat et de la polémique à arrêter l'ascension du pernicieux messie, une figure comme Therese Neumann, sorte de messie antihitlérien, fut sans doute à la fois un contrepoids et un réconfort dans un combat qui l'avait amené à douter de l'efficacité des armes de l'intellect.

L'ironie, c'est que, tout en étant une simulatrice, Therese Neumann n'en contribua pas moins à galvaniser un groupe d'individus intrépides, au point de les inciter à risquer leur vie pour faire barrage à Hitler, avant aussi bien qu'après sa prise de pouvoir. Alors que Gerlich avait été assassiné à Dachau en 1934, le cercle Gerlich-Therese Neumann continua en effet de participer clandestinement aux activités, inefficaces mais moralement significatives, de l'opposition antihitlérienne, jusqu'à l'exécution de la plupart d'entre eux en 1944. La Gestapo tenta bien d'en finir avec les pèlerinages de Konnersreuth, et réussit à limiter de façon draconienne le nombre de visiteurs ainsi que la publicité faite autour de Neumann dans les années 1930, même si la répugnance du régime nazi à s'attaquer à l'Église catholique (et son désir de maintenir le concordat avec le Vatican) eut pour effet de restreindre les persécutions. Mais cela n'empêcha pas le culte de la stigmatisée de survivre, pour refleurir après la défaite de Hitler, y compris parmi les troupes d'occupation américaines.

Sur la base des témoignages, certes fragmentaires, il me semble possible d'avancer que ce qui confère à Gerlich et à son groupe un caractère unique, ce qui leur inspira le courage exceptionnel dont ils firent preuve, particulièrement rare au sein du courant conservateur, réside dans l'idée d'une sanction divine, l'idée du rôle apocalyptique que leur conféraient les prophéties de Therese Neumann.

On peut du reste supposer qu'il existait, dans l'esprit de Gerlich, une sorte de rapport entre Hitler et Therese Neumann : même si le premier était l'envers démoniaque de la seconde, ils présentaient certains points communs. Et Hitler et Neumann se présentaient comme des prophètes ayant entendu des voix qui les avaient chargés d'une mission sacrée (l'illumination du malade de Pasewalk et celle de la paralytique de Konnersreuth). Tous deux délivraient leurs prophéties dans des moments d'extase, de transes spectaculaires. Tous deux étaient des sauveurs et tous deux avaient l'obsession du sang. Pour Hitler, le sang en tant que facteur racial déterminant, signe de la supériorité ou de l'infériorité d'un peuple. Pour Therese Neumann, le sang en tant que marque visible de son lien invisible avec la Sainte Famille. Dès lors, rien d'étonnant à ce que cette dernière ait pu apparaître comme une sorte d'anti-Hitler sanctifié. Et Hitler lui-même comme une manière d'Antéchrist, aux yeux de Gerlich et de Neumann.

Peut-être ce rôle métaphorique du sang rend-il compte dans une certaine mesure de l'intérêt porté plus tard, dit-on, par Gerlich au destin sanglant de Geli Raubal. Une jeune femme à peu près de l'âge de Therese Neumann, aussi peu innocente bien que guère plus vieille qu'une collégienne. Dans les stigmates de laquelle Gerlich essaya peut-être de déchiffrer Hitler. Et qui aboutirent, s'ils n'en furent pas les signes avant-coureurs, à cette dernière et saisissante image de Gerlich dont me parla son collègue Steiner, à ces lunettes éclaboussées de sang que la Gestapo renvoya à sa veuve Sophie après l'exécution du journaliste.

Mais les sources mystiques de la vision de Gerlich sur le chef nazi ne doivent pas nous détourner de la remarquable dissection de la mentalité hitlérienne qu'il a laissée derrière lui. Tout d'abord, je craignis que cette vision n'eût été perdue avec les révélations du fameux article de 1933, mais elle est bien là, dans cette somme brillante, caustique, depuis longtemps oubliée, l'explication peut-être la plus pénétrante du délire racial hitlérien qui ait été donnée durant la période de Weimar. Une polémique acerbe autant que désopilante, que Gerlich intitula « Hitler a-t-il du sang mongol ? »

Or plus je la relis, plus je suis frappé, non pas par son insolence, mais au contraire par l'impartialité de ses analyses, qui anticipent déjà, à l'été 1932, sur deux des directions interprétatives les plus raffinées de l'après-guerre : la théorie esthétique et la théorie asiatique. Et tout cela dans un extraordinaire morceau d'humour pince-sans-rire qu'on pourrait appeler « Le procès du nez de Hitler ».

Le ton adopté par Gerlich est d'une importance capitale. Imitant le style pompeux de la critique universitaire allemande, il appelle l'attention de son lecteur sur le curieux phénomène qu'il se propose d'expliquer : l'image du couple de mariés noirs avec la tête de Hitler.

Il assure, sans doute hypocritement, ne pas être l'auteur de ce curieux montage photographique. Il lui a été envoyé par un lecteur, qui, ayant constaté un étrange rapport entre deux photos — l'une d'un Hitler à la mine féroce, l'autre de mariés noirs en train de sourire — dans un récent numéro du journal de Gerlich, les avait habilement combinées.

« Le résultat de ce mélange m'a laissé grandement perplexe », déclare Gerlich avec une emphase comique. Non pas à cause d'une discordance entre le noir et le blanc, d'un conflit dans le croisement photographique, mais bien plutôt, et de manière surprenante, en raison de ce qui lui semble être une indéniable « harmonie intérieure » entre la mariée et son époux à tête de Hitler, entre le crâne de ce prétendu spécimen de la race des seigneurs et celui de sa sombre compagne appartenant à une race dite inférieure.

Cette « harmonie » inattendue ne cessant de l'obséder, confesse-t-il, il s'est décidé à recourir à des techniques rigoureuses pour en découvrir l'origine. Il était particulièrement qualifié pour mener à bien cette recherche, précise-t-il, dans la mesure où ses années passées à l'université lui ont permis d'étudier l'anthropologie et l'ethnologie. Mais, avant de procéder à une analyse scientifique, il souhaite, en observateur impartial, exclure la possibilité que cette impression d'« harmonie » soit le fruit accidentel de l'image en question.

Commence alors une burlesque et sulfureuse enquête. La première étape consiste dans les efforts déployés par Gerlich pour identifier le véritable nez de Hitler afin de le soumettre à un examen. Le nez du Hitler de la photo de mariage noir lui paraît si « curieux », si peu aryen, qu'en bon disciple de la science aryenne il tient à vérifier qu'il ne s'agit pas d'un simple hasard dû à l'angle de prise de vue. Pour cela, il procédera, annonce-t-il, à une comparaison nasale en recourant à la panoplie de nez figurant dans le recueil, célèbre à l'époque, de photographies du Führer, *Hitler wie ihn keiner kennt* (Hitler, cet inconnu).

Toute cette fiction d'enquête judiciaire n'a bien sûr pour but que de permettre l'emploi à des fins satiriques de la métonymie, figure de rhétorique consistant à prendre la partie pour le tout. Le désir de comprendre, classer, expliquer l'anormalité du nez de Hitler constitue en réalité une tentative pour dévoiler, accentuer (ridiculiser) l'anormalité de celui-ci. C'est pourquoi le choix du fameux livre de Hoffmann semble particulièrement judicieux, dans la mesure où il constitue un rouage essentiel de l'usage extrêmement habile et calculé fait par Hitler de sa propre représentation — en particulier physique —, de ses manœuvres pour transformer son aspect visiblement non nordique, son exotisme évident, en un élément de son charisme.

On oublie bien souvent avec quel soin il s'appliqua à restreindre la diffusion de cette image physique, en particulier au début de sa carrière. Un exemple spectaculaire nous en est fourni par un entrefilet remarquable que je découvris dans le numéro d'octobre 1923 d'*American Monthly*, intitulé « À quoi ressemble Hitler ? » Remarquable, parce qu'il est accompagné d'une étonnante galerie de portraits : des Hitler gros, maigres, blonds, chauves, barbus, tous les Hitler possibles et imaginables sauf le vrai. Ce texte — on ne peut moins innocent et qui semble se faire le complice de la stratégie hitlérienne — dépeint le leader nazi comme une sorte de roi de l'illusion. Un personnage mystérieux, hardi, aux déguisements multiples (en raison des controverses et des inimitiés dont il est l'objet), de sorte que ses adversaires, déconcertés, seraient bien en peine de dire à quoi il ressemble, a fortiori ce qu'il mijote. Et de citer diverses descriptions qualifiées de fantaisistes publiées par la presse allemande et étrangère avec dessins à l'appui : Hitler blond, gros, etc.

De fait, si Hitler n'hésitait pas à apparaître dans les manifestations de rue et les réunions de brasserie, lieux où il pensait peut-être que l'éclat aveuglant de son charisme rendait son apparence physique secondaire, il veillait avec le plus grand soin à limiter et à contrôler toute utilisation médiatique de son image. Dès ses premiers pas dans la vie publique, il réduisit le nombre de personnes pouvant le prendre en photo à exactement une seule : son fidèle serviteur, Heinrich Hoffmann. Aucun étranger, aucun citoyen allemand n'avait le droit de le faire, à part Hoffmann. Encore celui-ci n'était-il pratiquement jamais autorisé à le photographier à l'improviste. Comme l'a montré une récente exposition de ses clichés au Musée de Munich, Hitler répétait, réglait, arrangeait avec une extrême minutie les rares poses qu'il acceptait de laisser voir au monde.

Même pour la période qui suit cette phase d'occultation délibérée d'« À quoi ressemble Hitler ? » (justifiée en apparence par des raisons de sécurité), il n'existe à peu près aucune photo non officielle, et à coup sûr aucune photo en gros plan. Au point que certains en sont venus à contester la possibilité que le reporter munichois Tim Gidal ait pris, comme il le prétend, la seule photo « non préparée » de Hitler.

Cela se passait en 1929, et Gidal, qui deviendrait par la suite un des pionniers du photo-journalisme pour *Life*, travaillait à la *Münchner Illustrierte Presse*. Je finis par le retrouver dans un faubourg de Jérusalem, où, à l'âge de quatre-vingt-dix ans, il avait eu droit à une exposition et à une rétrospective imprimée de son œuvre. Nous eûmes une fructueuse conversation sur le monde du journalisme antihitlérien des années 1920 — c'est en fait Gidal qui, non seulement me fit souvenir du rôle de Gerlich, mais me signala le fameux article à propos du « sang mongol ». En effet, il arrivait parfois à Gerlich d'aller rejoindre Gidal au *Stammisch* du journal au Café Heck, également fréquenté par Hitler. Et c'est dans le jardin de l'établissement que Gidal avait pris cette photo unique du leader nazi alors que celui-ci ne se méfiait pas. Profitant de l'atmosphère de fête qui régnait, il s'était approché, un appareil caché sous son manteau. Il me montra la photo en question[7]. Il s'en dégage quelque chose d'inhabituel et de dérangeant à la fois. On y voit Hitler assis à une table, sous un arbre, en compagnie de trois personnages corpulents. Du fait qu'ils se trouvent de dos, il est pratiquement impossible de les reconnaître : l'un fait penser à un banquier, les deux autres portent des vêtements militaires (celui au cou épais pourrait être Ernst Roehm, le chef des SA). Hitler, le menton dans une main, l'air songeur, plongé dans quelque méditation, tourne soudain la tête vers Gidal et son appareil avec une expression interloquée comme s'il se sentait pris au piège. Ce qu'il y a de dérangeant dans cette image, c'est le caractère profondément humain de la surprise et de la curiosité peintes sur le visage de Hitler. On serait tenté de dire que, plus que tous les portraits faits par Heinrich Hoffmann, c'est là l'image du « Hitler inconnu ». La plupart des photos officielles ont tendance à le représenter avec ce que Hanfstaengl appelle son « air napoléonien », cette allure martiale qu'il affichait de manière un tantinet ridicule (du moins est-ce notre impression aujourd'hui). La photo de Gidal réaffirme que Hitler est bien plus effrayant lorsqu'il semble le moins du monde humain, fragile, *pareil à l'un d'entre nous*. Ce qu'il est assurément sur la photo volée par Gidal au Café Heck.

Tel est peut-être le calcul qui présida à la publication du livre de Hoffmann. À un moment donné, au début des années 1930, alors que Hitler, enfin sorti de la disgrâce et du ridicule que lui avait valu sa tentative de putsch, était en passe de s'imposer comme une des principales figures de la politique allemande, la stratégie du contrôle de l'image changea brusquement. L'aura de mystère dont il avait bénéficié jusque-là se voyait à présent menacée par les rumeurs sur son étrangeté, sa personnalité *keines natürlich*, qui risquaient de saper le rôle proéminent devenu le sien depuis peu. La décision fut prise de permettre une sorte de fraîcheur agréée, des photos empreintes d'une liberté ayant reçu le visa officiel, afin de prouver qu'il n'y avait rien d'anormal chez le personnage. Aussi *Hitler, cet inconnu* est-il montré dans des activités de détente « normales », discutant aimablement avec des compatriotes, au repos dans des vêtements bavarois décontractés (par opposition à la tenue militaire). Le titre lui-même, jouant sur un climat de mystère, semble promettre la divulgation de secrets, le dévoilement d'un Hitler que lui-même n'aurait pas souhaité faire connaître. Alors qu'il ne s'agit là que d'un très officiel Hitler officieux, forgé de toutes pièces dans le but de livrer le secret qu'il n'y avait aucun secret (honteux).

Ce brusque afflux de photographies aurait dû rendre les gens encore plus conscients du fait qu'il était bien loin de répondre à l'idéal nordique qu'il revendiquait avec tant d'énergie, mais il avait créé une masse de ténèbres si épaisse autour de sa personne que la connaissance de sa physionomie non nordique eut beaucoup moins d'impact que la découverte qu'il avait par ailleurs l'air relativement « normal » et semblait mener la vie d'un Allemand ordinaire.

Par sa référence malicieuse au « vrai » Hitler supposé du

recueil de Hoffmann, Gerlich souligne la fonction assignée à de telles images. Néanmoins, il feint ostensiblement de prendre au sérieux la prétention de *Hitler, cet inconnu* à offrir une vérité sans fard, compte tenu de ses propres visées satiriques. Rebaptisant le livre *Le Nez de Hitler, cet inconnu,* il soumet à l'appréciation du lecteur quatre portraits de Hitler souriant extraits de l'ouvrage de Hoffmann.

« Nous avons là, dit-il, une série de photographies qui diffèrent de manière radicale » de l'image du Hitler hargneux monté sur le corps du marié noir. Les poses n'ont certes rien à voir, mais le nez est toujours aussi bizarre, ce qui prouve que celui figurant sur le montage de la scène de noces n'était pas un effet de l'angle de prise de vue, mais « son vrai nez ».

L'authenticité de l'échantillon ayant été clairement établie, Gerlich, le chercheur scientifique, fait appel à un confrère pour le consulter sur les particularités de l'organe en question : « Nous présentons maintenant deux illustrations de personnes avec des nez nordiques, tirées des *Caractéristiques raciales du peuple allemand* du docteur Hans F. Günther, qui, comme chacun sait, a été nommé professeur d'études raciales à l'Université d'Iéna par le ministre national-socialiste de Thuringe, Frick. »

Frick était célèbre pour avoir été le premier nazi entré au gouvernement d'un des États de la République de Weimar. Quant à Günther, il figurait en tête de liste des « savants raciaux » conférant au racisme nazi un vernis pseudo-scientifique, sorte d'avatar des funestes idéologues mystiques du XIXe siècle tant admirés par Hitler tels que Houston Stewart Chamberlain. Günther servirait donc de « témoin expert » à Gerlich dans le procès du nez de Hitler.

« Les recherches raciales de ces scientifiques, déclare-t-il avec gravité, nous apprennent que le nez d'un Aryen nordique possède une arête et une base de petite dimension. » Il soumet alors à la cour « deux spécimens de nez nordique », des photographies d'Aryens où ces caractéristiques nasales apparaissent avec netteté.

D'un ton triomphant, il nous invite ensuite à comparer les nez de Hitler aux nez nordiques, tout en expliquant avec obligeance que « les nez de type autrique [oriental] et ceux de type mongol ont une base large, une arête épaisse, présentant, en général, une légère cassure qui fait que l'extrémité du nez est un peu plus saillante et monte plus haut ».

Il n'a pas besoin de préciser que le nez de Hitler répond à cette dernière description, la description du nez oriental fournie par les propres théoriciens raciaux de celui-ci, bien mieux qu'à celle des délicates base et arête du nez nordique.

Impitoyablement, il enfonce le clou. Regardez le nez de Hitler, dit-il au lecteur. Puis regardez les exemples de nez du type slave ou bohémien donnés par Günther. Le type slave, indique-t-il, « a été formé par le mélange du sang des envahisseurs mongols avec le sang originel slave ».

À présent lancé dans une dissertation sur les races, Gerlich prend un malin plaisir à étaler sous le nez de son lecteur toute l'odieuse vérité concernant le nez de Hitler. Et de démontrer avec minutie, dans le langage charlatanesque des conseillers scientifiques du leader nazi, que le nez de Hitler non seulement est plus slave que nordique, mais appartient à une espèce slave particulière, espèce issue des invasions mongoles de l'Europe par les hordes de Huns d'Attila. D'où il résulte que le nez de Hitler ne correspond même pas au pur, bien qu'« inférieur », sang slave, mais à un sang bâtard, produit du viol des femmes slaves par les cavaliers mongols.

« Les traditions guerrières de cette époque, écrit-il avec une pédanterie burlesque, voulaient que les armées victorieuses aient des rapports sexuels avec les femmes et les jeunes filles des peuples vaincus... Ce qui laisserait supposer que, dans la région natale de la famille Hitler, subsistait un sang étranger et non pas nordique. »

De manière opportune, Gerlich nous rappelle que, s'il a jugé nécessaire d'accorder autant d'attention à la forme du nez, c'est parce que, « selon la science raciale de Günther », et donc de Hitler lui-même, le nez est le « signe le plus important de l'origine raciale d'un individu ». Oui, c'est bien cela, le nez pour la personne, métonymiquement et racialement, mais on peut se demander s'il ne s'opère pas également ici une sorte de déplacement comique et quelque peu salace — tout comme dans la longue description pseudo-scientifique de *Tristram Shandy* à propos de la différence entre les gens à long nez et ceux à nez court — d'une partie du corps sur une autre. De même qu'on peut se demander si l'« érudite » attribution à Hitler de sang mongol ne cache pas un déplacement supplémentaire : une allusion implicite à son « sang juif », objet d'encore plus nombreuses rumeurs.

Mais en apparence du moins, c'est à un autre genre de déplacement que songe Gerlich : le passage de la question du sang nordique de Hitler à celle de son *âme* nordique. Si l'analyse du nez constitue, pour l'essentiel, un malicieux divertissement (encore qu'il anticipe sur un des axes majeurs de l'interprétation de l'antisémitisme hitlérien dans une perspective esthético-eugénique), l'examen de l'« âme nordique » de Hitler auquel se livre Gerlich est d'un total sérieux.

Il commence par citer Alfred Rosenberg, autre avatar de la science raciale nazie, pour qui la vision du monde d'un individu, sa *Weltanschauung*, est la conséquence (la sécrétion, en quelque sorte) de sa race et de son sang. Gerlich se met alors à passer en revue les conceptions hitlériennes afin de déterminer quelle composition sanguine leur a donné naissance. Il faut souligner qu'en adoptant cette démarche Gerlich ne reconnaît pas plus la validité de la théorie raciale de la *Weltanschauung* de Rosenberg que celle de Günther fondée sur une classification des nez. Il se sert simplement de ces doctrines délirantes pour les retourner contre le leader nazi lui-même.

Tout d'abord, il s'applique à définir le vrai sens ancien de la notion d'âme germanique, ou du moins ce qu'il présente avec nostalgie comme tel : « Nous avons la chance, dans la mesure où nous avons conservé les livres de lois de nos ancêtres germaniques, de disposer d'une représentation exacte de leurs conceptions, exprimées depuis longtemps par le terme de "libertés communes germaniques". »

Il s'étend sur ces libertés en faisant observer qu'une des caractéristiques des vieux Allemands était qu'« ils ne devaient pas une obéissance absolue à leur chef ou roi. En fait, en temps de paix, le roi n'était que le serviteur des désirs du peuple ». Et de citer les propres paroles du fumeux Günther sur la liberté primitive aryenne germanique : « Être libre signifie, pour l'homme nordique ou germain, vivre conformément à son jugement individuel ; [il éprouve] une passion pour la liberté intellectuelle et pour l'indépendance de ses convictions... une indépendance totale », qui conduirait l'Allemagne à devenir le berceau du protestantisme au sein d'une Europe catholique.

Cette conception germanique des relations entre le chef et son peuple est « aux antipodes de la conception asiatico-despotique, déclare sournoisement Gerlich. Même en temps de guerre, le souverain germanique ne possédait pas le droit de vie ou de mort, il était entièrement dépendant de la volonté de ses sujets. Jamais il n'eut un rôle comparable à celui de l'empereur despotique d'Asie, ou, dans notre langage moderne, du dictateur ».

À qui peut-il penser ? Qui répond à cette définition de l'âme « despotique d'Asie », si contraire à la véritable âme germanique ?

« Adolf Hitler, dit-il, explique que, dans son mouvement politique, il n'existe qu'une volonté, la sienne... Qu'il n'a pas à justifier ses actes. Que ses partisans se doivent d'obéir à ses ordres sans qu'il leur soit fourni davantage de précisions. *Le contraste entre le vrai idéal nordique et celui de Hitler ne pourrait être exprimé plus clairement. L'attitude de Hitler est absolument non nordique et non germanique. Elle est, d'un point de vue racial, purement mongole* » (souligné par moi).

À ce point culminant de la satire de Gerlich, on ne sera guère surpris que Hitler ait une *Weltanschauung* mongole ; après tout, il a un nez mongol, du sang mongol, et le grand théoricien Rosenberg lui-même proclame que l'âme est une sécrétion du sang. Le comportement mongol de Hitler est du reste « préfiguré par celui des grands chefs mongols Genghis Khan et Tamerlan, constate, non sans une certaine gravité, le journaliste. C'est un despotisme mongol absolu qui se manifeste à travers l'attitude de Hitler, ce qui peut s'expliquer par le fait que cet homme est un bâtard type possédant essentiellement du sang non nordique dans les veines ». Empruntant pour sa conclusion le style terrifiant du film de vampires récemment inventé, il déclare : « Avec Hitler, le sang mongol qui a migré ici pendant deux mille ans accomplit un effort suprême pour s'emparer du pouvoir de l'État et du peuple. »

Le parti nazi lui-même trahit son « essence mongole », fait observer Gerlich, à travers l'idolâtrie qu'il voue à son chef. Et, pour finir, il attire l'attention du lecteur sur un portrait de Staline, reproduit à la suite de la comparaison des photos de nez. Staline, l'Antéchrist haï par Hitler, dit-il, partage néanmoins avec le leader nazi des traits asiatiques, une âme asiatique et dirige la Russie comme un tyran à la Genghis Khan. Hitler est plus proche physiquement, et philosophiquement dans sa conception du monde, de son adversaire marxiste par excellence que des vrais principes germaniques, conclut Gerlich.

En recourant à la parodie pour dénoncer Hitler, en utilisant la « science raciale » pour prouver que celui-ci n'est pas un Aryen mais un Mongol par le sang et par sa *Weltanschauung*, Gerlich court le risque de passer pour un adepte des critères prônés par les « savants raciaux » et d'avoir l'air de mettre simplement Hitler un peu plus bas dans la hiérarchie des races qu'il ne le ferait lui-même. En réalité, Gerlich adhère bien entendu à une tout autre échelle de valeurs, qui place la liberté, l'autonomie, l'indépendance de la pensée au-dessus du reste et peut être revendiquée par tout homme sans distinction de « sang ». Aussi s'efforce-t-il de redéfinir l'idéal germanique précisément comme un idéal, au lieu de quelque lamentable absurdité concernant la forme du nez.

Dans le numéro de *Der Gerade Weg* de la semaine suivante, il rend encore plus explicite sa position antiraciale. Il y relate les violentes réactions que lui a valu son article sur le sang mongol. Des brutes nazies ont jeté des pierres contre les fenêtres de son immeuble et un certain nombre de sympathisants hitlériens parmi ses lecteurs lui ont fait part de leur profonde indignation devant cette photo de Hitler marié à une Noire.

« Nous ne pouvons comprendre », réplique Gerlich, parlant au nom de ses propriétaires catholiques,

> que des gens qui se présentent comme des chrétiens vertueux puissent être bouleversés par la juxtaposition de Hitler et d'une femme noire. Qu'est-ce qui vous gêne au juste, mesdames et messieurs ? N'avez-vous pas appris, parmi les premiers principes du catéchisme de notre religion, que non seulement tous les hommes ont reçu leur âme de Dieu, mais aussi que nous sommes tous les descendants d'un seul père et d'une seule mère, les enfants d'Adam et Ève. Que, conformément à nos valeurs catholiques, les Noirs sont nos frères et nos sœurs *y compris par le sang* ? Il est absolument impossible, pour ceux d'entre nous qui possèdent des opinions catholiques, qu'on puisse « dégrader » un habitant d'Europe centrale comme Adolf Hitler en l'associant à une femme

noire. Une femme noire n'est pas une personne de race inférieure... Une femme noire est pour nous une sœur de sang[8].

C'est là un discours narquois, acide, provocateur. Destiné à offenser encore un peu plus les sympathisants du Führer en leur demandant de reconnaître que leurs principes religieux les obligent à mettre sur le même plan Hitler et une femme qu'ils jugent, dans leur mentalité raciste, inférieure — opposant ainsi leur religion à leur racisme. On pourrait ne voir dans l'affirmation de la parenté spirituelle (et biologique) entre Noirs et Allemands qu'un simple procédé rhétorique. Pourtant, de la part de Gerlich, on a l'impression que ces propos sonnent vrais, qu'ils témoignent d'une croyance sincère, et non pas purement tactique, en une réelle fraternité humaine, à l'origine du mépris qu'il ressent pour Hitler et sa « science raciale ».

Mais il y a dans cette satire autre chose de frappant, voire de prophétique. Pendant quelque temps, j'avais cru que le thème du sang mongol n'était qu'un trait d'esprit, qu'il avait été seulement choisi en raison de son côté outré et de sa capacité d'évoquer, par son orientalisme, les rumeurs circulant sur le sang juif.

C'est alors que je découvris, dans l'étude de l'historien Richard Breitman sur les relations Himmler-Hitler, *The Architect of Genocide*[9], plusieurs faits surprenants montrant que la conception mongole de la mentalité de Hitler exprimée par Gerlich était encore plus prémonitoire que je ne l'imaginais. En fin de compte, tout au long du processus ayant abouti à la solution finale, le spectre de Genghis Khan et de ses féroces hordes mongoles avait été largement présent à l'esprit de Hitler comme de Himmler.

Breitman attire l'attention sur la publication en Allemagne en 1934 d'une biographie de Genghis Khan en deux volumes[10] : *Genghis Khan, une tempête venue d'Asie* et *Le Legs de Genghis Khan*. Elle passionna à tel point Himmler qu'il fit réaliser une édition spéciale en un volume pour les SS. L'auteur de cette biographie, un émigré russe, décrit l'escalade dans la brutalité suivie par Genghis Khan, depuis l'exécution des généraux ennemis jusqu'à l'extermination de populations entières. Il justifie la froide indifférence du conquérant par la nécessité des massacres. Khan, affirme-t-il, « exterminait les cités comme nous exterminons les rats quand nous les jugeons nuisibles ». Enfin, il voit en lui le gardien de la supériorité raciale de ses guerriers, une sorte de conscience eugénique qui « améliora » les gènes de ses hordes en favorisant leur accouplement avec les captives les plus robustes et les plus belles.

Himmler, rapporte Breitman, alla jusqu'à se persuader que les Mongols de Genghis Khan étaient, non pas une variété d'Asiatiques inférieurs, mais des descendants des habitants de l'Atlantide, ancêtres présumés des Aryens germaniques. Même si rien n'indique que Hitler ait lu lui aussi cette biographie, Breitman pense qu'il en eut du moins un résumé par Himmler. Et la preuve existe que les Mongols du conquérant figuraient au premier rang de ses réflexions sur les tueries.

En fait, Genghis Khan est au centre du célèbre « discours secret [11] » que Hitler adressa aux troupes SS peu avant de déclencher l'invasion de la Pologne en août 1939, invasion qui placerait pour la première fois des millions de Juifs sous sa coupe. Voici ce qu'il dit :

> Notre force réside dans notre rapidité et notre brutalité. Genghis Khan a volontairement et de gaieté de cœur fait massacrer des millions de femmes et d'enfants. L'histoire n'a retenu de lui que l'image d'un grand bâtisseur d'empire. Aussi, pour l'heure, j'ai envoyé à l'Est mes seules unités à tête de mort avec ordre de tuer sans pitié ni merci tous les hommes, femmes et enfants de race ou d'origine polonaise. C'est seulement de cette manière que nous obtiendrons l'espace vital dont nous avons besoin. Qui parle encore de nos jours de l'extermination des Arméniens ?

Je ne connaissais de ce discours que le passage ayant trait aux Arméniens. Je ne m'étais donc pas aperçu que cette terrifiante théorie de l'absence de mémoire comme garantie du succès d'un génocide se trouvait placée sous l'égide de Genghis Khan et de ses carnages. De fait, la référence aux Mongols va bien plus loin que celle aux Arméniens : le massacre n'est pas seulement effacé par l'oubli (comme dans le cas des Arméniens), il devient (dans le cas de Genghis Khan) le fondement d'une image universellement admirée de « bâtisseur d'empire ». Genghis Kahn est ainsi invoqué par Hitler comme le modèle du massacreur triomphant, le premier auteur de génocide, un exemple pour ses propres troupes, qui ne tarderaient pas à l'appliquer. Soudain, le vision donnée par Gerlich de l'« âme mongole » de Hitler (à laquelle Genghis Khan sert également d'emblème) semble plus qu'une brillante satire : une représentation extraordinairement perspicace de la pensée et de l'âme de Hitler.

Breitman prétend que Himmler et Hitler adoptèrent dans leur mise en œuvre du génocide ce qu'ils imaginaient avoir été la tactique du conquérant mongol : la création d'un « ciment de sang », d'un lien de solidarité résultant de la complicité dans les tueries. Les récentes études sur la question du rôle de Hitler dans la solution finale soulignent en effet la manière dont Himmler et lui contraignirent impitoyablement les généraux SS à prendre une part active dans le génocide, dont ils renforcèrent leur participation — et leur silence — au moyen de ce « ciment de sang », de ce sentiment de culpabilité, là où un enthousiasme idéologique n'aurait probablement pas suffi. Toutefois, Breitman laisse entendre que le modèle mongol exerçait, dans l'esprit de Hitler et de Himmler, deux fonctions apparemment contradictoires. Non seulement ils s'identifiaient avec les féroces conquérants, mais ils s'excusaient, se justifiaient et légitimaient l'extermination en identifiant leurs ennemis eux-mêmes avec les assassins mongols.

Himmler en particulier se plaisait à qualifier l'adversaire soviétique d'« asiatique ». Dans une allocution [12] aux troupes SS en 1942, il parle d'une lutte à mort entre Allemands et Soviétiques dont le physique de bâtard donne le droit de « tirer sur eux sans pitié ni compassion... Quand vous tirez, vous menez le même combat contre les mêmes sous-hommes, les mêmes races inférieures, qui apparurent à une époque sous le nom des Huns et à une autre sous celui de Genghis Khan et de ses Mongols. Aujourd'hui, ce sont les Russes sous la bannière politique du bolchevisme ».

Si Hitler et Himmler n'avaient pas réellement de sang mongol, ils n'en étaient pas moins fascinés par lui. Ils se voyaient aussi bien dans la peau des agresseurs mongols que dans celle de leurs victimes. Ils cherchèrent à la fois à imiter Genghis Khan et à l'abattre. Ils se firent Mongols pour exterminer les Mongols.

Non moins remarquable est le pouvoir tenace, encore aujourd'hui, de l'image asiatico-mongole d'abord esquissée par Gerlich. Trente ans après la mort de Hitler, elle a été reprise par les historiens néo-nationalistes allemands de l'*Historikerstreit*, la fameuse querelle sur la réévaluation de la responsabilité du dictateur et de l'Allemagne dans la guerre et l'Holocauste. C'est Ernst Nolte qui, le premier, avança l'argument « asiatique » afin de « normaliser » l'histoire allemande. Les massacres hitlériens, estime-t-il, ne doivent pas être considérés de manière isolée comme un acte de malfaisance sans équivalent, mais comme une réponse aux méthodes « asiatiques » du communisme soviétique qui se manifestèrent (bien avant que Hitler ne commence à faire couler le sang) dans l'extermination par Staline des koulaks, dans les purges meurtrières des années 1930, et qui constituent, selon Nolte, sinon une excuse, du moins un précédent au génocide hitlérien. Une fois de plus, le spectre de Staline-Genghis Khan se trouve invoqué pour justifier les procédés barbares employés par les nazis.

La comparaison entre Hitler et le chef mongol reste des plus révélatrices, sorte de tache rorschachienne où se projettent des visions opposées du dictateur. En témoignent deux exemples récents. En janvier 1996, un membre du Parlement iranien, scandalisé par la révélation d'un plan américain d'opérations clandestines, accusa les États-Unis d'être un « gouvernement renégat, dont la logique ne diffère en rien de celle de Genghis Khan ou de Hitler[13] ». Tandis que, la même semaine, un article sur le déclin de l'identité juive citait ces mots du président de l'Anti Defamation League, Abraham Foxman : « Pour la future génération, Hitler ne sera peut-être qu'un Genghis Khan[14]. »

Le premier exemple instaure une égalité entre Hitler et le conquérant mongol, tandis que le second le donne comme différent. Dans le premier cas, le rapprochement a pour effet d'« historiciser » Hitler, de faire de lui un chef barbare parmi d'autres plutôt qu'un assassin d'exception. Lier Hitler à Genghis Khan avant la guerre, avant l'Holocauste, avant même sa prise de pouvoir, comme le fit Gerlich, équivalait à prendre un personnage ayant tout juste quelques meurtres à son actif et à le dénoncer prophétiquement comme un des plus grands meurtriers que l'histoire ait connus. Mais lier

Hitler à Genghis Khan *après* la guerre, après l'Holocauste, comme dans la théorie « asiatique » des historiens allemands ou dans la vitupération du député du Parlement iranien, revient en réalité, affirme Foxman, à tenter de l'amoindrir, de l'éloigner. L'amoindrir en le banalisant, en faisant de lui un tyran de plus, par opposition au phénomène nouveau, à l'être inouï qu'un grand nombre de philosophes d'après l'Holocauste voudraient voir en lui. Et l'éloigner, particulièrement dans le cas des historiens allemands, en le présentant comme un Autre orientalisé, en imputant sa nocivité sans précédent à un précédent oriental, voire à un élément asiatique présent dans sa mentalité ou son sang.

Fritz Gerlich s'est servi de la métaphore mongole pour tenter de changer l'opinion des Allemands sur Hitler, de sauver leur âme en redéfinissant l'âme germanique. Les historiens de l'après-guerre qui ont cherché à historiciser ou à relativiser Hitler ont utilisé l'argument asiatique moins pour changer l'opinion de l'Allemagne que pour modifier l'image de celle-ci.

Si Gerlich échoua, comme la suite devait le montrer, à influencer suffisamment les esprits, il réussit néanmoins, mieux qu'aucun autre observateur pendant la période de Weimar, à saisir la nature de l'esprit de Hitler. En nous donnant sa propre vision, ô combien plus éclairante, de « Hitler cet inconnu », en nous donnant le Hitler au nez mongol, il fut le premier à explorer une dynamique à laquelle s'intéresseraient nombre de commentateurs de l'après-guerre : la haine raciale hitlérienne comme haine de soi ; l'idée que le décalage entre l'idéalisation des caractères nordiques par Hitler et sa propre apparence non nordique, bien plus qu'un sujet de dérision, représente un élément clé de la psychologie du dictateur, le moteur d'une logique pernicieuse par laquelle il projetait sur un pôle antinomique (les Juifs) la haine de l'altérité dont il se croyait porteur.

Gerlich ne va pas jusqu'à prétendre que Hitler était conscient de cette disparité ; un peu comme s'il voulait néanmoins lui faire prendre conscience de celle-ci, lui enfoncer le nez dans sa propre typologie des nez, lui tendre un miroir reflétant l'image de son véritable moi, le miroir de la science raciale, pour qu'il s'y voie lui-même et comprenne qu'il doit choisir entre cette science et lui, que l'une est la réfutation de l'autre.

La brillante analyse de Gerlich soulève ainsi une question insoluble, mais stimulante, sur l'univers mental du leader nazi : derrière le subterfuge et la manipulation médiatique du « À quoi ressemble Hitler ? et de « Hitler, cet inconnu », jusqu'à quel point était-il conscient de l'écart existant entre ses propres traits et son idéal racial, et comment le justifiait-il ? Est-il devenu le bourreau d'autrui pour détruire son sentiment d'être un autre ?

Gerlich fut un des pionniers de ce qui allait devenir une solide tradition interprétative dans le débat sur l'origine et la nature de la haine hitlérienne, tradition ayant tendance à supposer une dynamique complexe dont le tyran nazi n'aurait pas été conscient, ou qu'il lui aurait été impossible de regarder en face, et qui contiendrait en elle-même sa propre réfutation. Mais l'ampleur de la haine éprouvée par Hitler n'implique pas nécessairement une complexité d'une ampleur équivalente, une psychogenèse hautement raffinée. On peut également penser que cette haine meurtrière avait des origines archaïques tenaces, difficilement analysables ou repérables, mais qui ne la rendaient pas moins virulente.

CHAPITRE 10

LE HITLER FANTÔME, SA « HAINE PRIMITIVE » ET LE « LIEN MYSTÉRIEUX »

Dans lequel l'auteur explore le contenu de son propre coffre-fort perdu

Avant de reconnaître mon échec à résoudre l'énigme de la mort de Geli Raubal il me restait un carton de documents à examiner, que j'en étais venu à considérer comme mon propre coffre-fort perdu, jouant le même rôle, commençais-je à me dire, que ces dépôts folkloriques dans des banques suisses où se seraient trouvées (où se trouveraient encore) des preuves décisives de la personnalité autrement inexplicable de Hitler : les fiches de Pasewalk, les révélations de Fritz Gerlich, le dossier de la police secrète autrichienne sur les ancêtres du dictateur, autant de symboles de l'intimité inaccessible de ce dernier, du fait que le numéro de dépôt, cette clé permettant d'ouvrir le coffre, s'est volatilisé.

Ce carton, posé dans un coin de mon bureau, n'avait rien d'inaccessible, bien au contraire. Pendant près de trois ans, j'avais éprouvé, pour des raisons qui m'avaient longtemps paru obscures, une étrange réticence, un blocage devrais-je dire, à l'explorer entièrement. Il contenait un millier de pages, tirées à partir des microfilms que j'avais obtenus aux Archives nationales de Washington, et représentant la copie des fameux documents de l'OSS sur Adolf Hitler [1], devenue à mes yeux le dépôt de son univers de ténèbres.

Le Hitler fantôme. J'emprunte ce terme au livre de Thomas Powers, *Heisenberg's War* [2], dans lequel il s'efforce d'éclairer la personnalité de Werner Heisenberg, de deviner, à partir d'indices équivoques, les intentions du brillant physicien allemand chargé du programme nazi de fabrication de la bombe atomique (a-t-il freiné délibérément les recherches, ou les a-t-il menées avec zèle, sinon avec succès ?). Powers évoque le flot de rumeurs, de légendes et de spéculations auquel a donné lieu le rôle joué par Heisenberg, le voile d'incertitude recouvrant l'attitude réelle de l'auteur du Principe de l'incertitude. Un voile qui, au demeurant, a été, ou est devenu, un fait de l'histoire, obligeant les Alliés à réagir, par exemple en envoyant un agent pour tenter d'assassiner Heisenberg.

Si nous voulons connaître la vérité, écrit Powers, au terme de ses cinq cents pages d'enquête, dans un chapitre intitulé « Que s'est-il passé ? », « si nous voulons savoir ce que pensait vraiment Heisenberg de la bombe, force est de se tourner vers l'histoire fantôme, vers ces paroles que ses amis et lui échangeaient aux premières heures du jour, et que rapportent les mémoires, les correspondances privées, les carnets, les souvenirs de conversation et les dossiers des services de renseignement ».

L'histoire fantôme. Cette caractérisation par Powers de la zone d'ombre entourant Heisenberg s'applique aussi bien à la nébuleuse de faits, d'inventions et de contradictions enveloppant le personnage d'Adolf Hitler et ses mécanismes psychologiques. Le Hitler fantôme consiste en de vagues rumeurs, des témoignages de seconde ou de troisième main, des ragots et des calomnies, des documents douteux, des anecdotes fantaisistes, des images exaltées provenant de sources suspectes.

Mais, contrairement au Heisenberg que Powers doit reconstituer à partir des fragments qui subsistent, dans le cas de Hitler nous avons la chance (et à certains égards la malchance) de disposer d'une sorte d'instantané historique, de radiographie, ou, si l'on préfère, de fossile du Hitler fantôme immobilisé à un moment crucial : un inventaire de ses éléments visibles, réels ou supposés, établi en 1943 et s'appuyant sur des matériaux allant de rapports secrets et de dépêches diplomatiques à l'interrogatoire d'une « princesse » autrichienne dans un camp de détention du Texas. À quoi il faut ajouter un certain nombre de fuites d'origine allemande, comme la lettre du policier chargé de la surveillance de Hitler en 1924 déconseillant une libération anticipée, de peur qu'il ne reprenne aussitôt ses activités d'agitateur[3], ou encore les récits faits à Hollywood pendant la guerre par des cinéastes émigrés[4] concernant les confidences d'actrices berlinoises sur les nuits à la chancellerie du Reich en compagnie du Führer. Tout cela réuni et conservé, apparemment sans jugement ni ordre particulier, avec la mention top secret, jusqu'à la fin des années 1960, sous forme de rouleaux de microfilm dans le fonds de l'OSS des Archives nationales.

Ce « Recueil de documents sur Hitler » ne doit pas être confondu avec le long rapport rédigé par le psychanalyste Walter Langer sous le titre *The Mind of Adolf Hitler*[5] (La Mentalité d'Adolf Hitler), et qui reprend en grande partie les matériaux de l'enquête de l'OSS. Bien que le secret ait été levé en la matière, seule l'analyse de Langer a été publiée. Nombre de ceux qui l'ont commenté voient dans le travail de celui-ci une simple distillation du « Recueil », mais il faudrait plutôt parler de distorsion, en ce sens que Langer dissipe toute ambiguïté, supprime toute contradiction, afin d'attacher le Hitler occulte sur un lit procustien à vocation freudienne. Sans beaucoup se soucier du danger de prendre pour argent comptant des sources parfois douteuses, il se jette tête baissée sur les deux grandes tentations des biographes du dictateur : l'histoire de la perversion « ondiniste » et la légende du grand-père juif. Mais Langer n'épuise pas ni ne reflète fidèlement le Hitler protéiforme du Recueil.

Matériellement, ce recueil se présente comme un ensemble de pièces à l'état brut, incluant des textes souvent mal tapés et des reproductions peu lisibles, d'une origine et d'un intérêt des plus variables. Ce caractère indiscriminé, fourre-tout, apparaît nettement dans l'extrait suivant de l'index, assez désinvolte, qui concerne la rubrique FEMMES :

... relations avec
... pas attiré par
... abstinence
... insensible à la faiblesse humaine
... aucune preuve que Hitler ait jamais couché avec
... accusé de rapports excessifs.

Les deux dernières entrées — « aucune preuve que Hitler ait jamais couché avec », suivi aussitôt par « accusé de rapports excessifs » — illustrent parfaitement l'irrésolution touchant la nature de la personnalité de Hitler, irrésolution qui persiste encore aujourd'hui.

Le Recueil contient bien entendu quantité de témoignages, rumeurs et spéculations au sujet de la mort de Geli Raubal. Laquelle semble être devenue si familière aux analystes de l'OSS qu'ils la classent à « Geli », dans la lettre G, plutôt qu'à son nom de famille, comme les autres conquêtes supposées du dictateur.

Pour être passionnante, la copie des microfilms n'en était pas moins difficilement crédible, et à un moment — au bout de six cent cinquante pages sur un total de mille —, je sentis qu'il me fallait m'arrêter. Au bout du compte, c'était comme d'empiler Pélion sur Ossa, la rumeur sur l'extrapolation et le ouï-dire, avec pour unique certitude que toute assertion se heurtait obligatoirement et de manière non moins convaincante à l'assertion contraire. C'est ainsi que la littérature hitlérienne de la deuxième, troisième et quatrième génération continue de propager de nombreuses insinuations sur le Hitler fantôme, dans une sorte de téléphone arabe malmenant la réalité historique. Mais il y avait, je pense, un autre motif à mon refus d'aller jusqu'au fond du carton. Une variante de ce syndrome du coffre qui n'a pas fini de hanter la recherche de Hitler : le besoin de croire que, pour le comprendre, il suffirait de mettre la main sur quelque cache de documents dont l'emplacement ou la clé seraient hors de portée. Vision qui, bien que désespérante en apparence, représente, sur le mode mythique, une espèce d'optimisme épistémologique : Hitler aurait pu être expliqué si nous avions disposé de ces documents aujourd'hui perdus, de ce morceau manquant d'un puzzle à jamais incomplet.

Ma réaction par rapport aux dossiers de l'OSS relevait en fin de compte de la même dynamique : en m'arrêtant à mi-parcours, une partie irrationnelle, primitive, de moi-même pouvait garder l'illusion que se trouvait là quelque indice ayant échappé à l'attention, quelque témoignage fragmentaire d'une importance passée inaperçue. Une remarque, une allusion susceptible de faire la lumière sur l'énigme Geli Raubal de répondre aux questions soulevées par les circonstances de sa mort, aussi bien qu'à celles posées, de manière plus générale, par l'existence d'Adolf Hitler. À un certain niveau, sans doute avais-je le pressentiment qu'en me plongeant dans ces documents encore non dépouillés l'illusion s'évanouirait et que je me retrouverais alors face à une énigme encore plus terrifiante.

Finalement, je me décidai à achever ma tâche. Je me mis donc à éplucher les trois cent cinquante pages restantes.

De fait, elles renfermaient des indications sur Geli Raubal que je ne connaissais pas. Et notamment un nouveau candidat pour le rôle du séducteur mystérieux, de l'hypothétique fiancé ou amant qui aurait été à l'origine de la dispute fatale survenue entre la jeune femme et son oncle jaloux. Dans la plupart des récits, l'inconnu ayant cocufié Hitler se trouve être un Juif professeur de musique ou de chant à Vienne, de dessin à Linz, voire un étudiant des Beaux-Arts. Mais ici, et pour la première fois à ma connaissance, était mentionné un nom : Emil Baumann, présenté comme « un étudiant munichois devenu le fiancé de Geli jusqu'à ce que Hitler l'apprenne et mette un terme à leur relation[6] ». Brisant du même coup les projets de fuite des deux tourtereaux, du moins à en croire le livre pittoresque écrit en 1940 par un certain Felix Gross, *Hitler ses armes, ses filles et ses gangsters*, dont les experts de l'OSS ne manquent pas de reproduire de larges extraits. Gross cite bien sûr les sources douteuses habituelles, comme Otto Strasser, ajoutant un peu plus loin ce détail horrible : « le cadavre mutilé » du malheureux Baumann avait été retrouvé dans la rue quelques jours à peine après l'accession de Hitler à la chancellerie en 1933.

Autre rumeur apparemment fumeuse : si l'on se fie au Recueil de l'OSS, Geli était si pressée de se fiancer et si absorbée par ses projets d'escapade à Vienne et à Munich avec des partenaires multiples qu'il lui aurait été impossible, étant donné le peu de loisirs qu'il lui restait, de se livrer avec Hitler aux perversités dont on la soupçonnait également.

Mais il y avait bien entendu dans le Recueil beaucoup plus que de simples bruits sur Geli Raubal. Si un grand nombre de points paraissaient d'emblée fantaisistes, certains avaient acquis une sorte de statut semi-légendaire dans la chronique des intrigues entourant le Hitler fantôme. Aussi quelle ne fut pas ma surprise en découvrant qu'ils étaient absolument authentiques. Il y avait, par exemple, une copie de l'article tout à fait curieux publié le 30 novembre 1930 dans le journal new-yorkais *American*, sous le simple titre « Adolf Hitler », et signé « Alois Hitler ». Produit manifeste de la collaboration de Hitler avec son demi-frère en vue de fabriquer une version édulcorée de leur histoire familiale destinée à la presse Hearst.

Un article que le perfide neveu William Patrick Hitler avait d'abord tenté de négocier avec Hearst, jusqu'à ce que Hitler le convoque à Munich et exige de lui qu'il nie avoir des liens de sang avec son oncle Adolf, ou même qu'il déclare froidement à Hearst s'être trompé de Hitler.

Une fois acheté le silence de William Patrick — au moins pour un moment —, Alois junior, père de William Patrick, fut pressé de lâcher à Hearst quelque chose à la place. Mais ce dont je ne m'étais pas rendu compte avant d'exhumer la coupure de presse de mon carton, c'était qu'Alois aussi s'était entendu avec Hitler pour minimiser leurs relations.

Noyée dans une prose apparemment anodine relatant avec émotion l'ascension d'Adolf depuis ses années de pauvreté à Vienne jusqu'à ses succès dans la politique allemande, se trouvait l'affirmation d'Alois qu'il était le « fils d'un cousin du père d'Adolf », alors qu'il était bel et bien son rejeton (né d'un premier mariage). De voir noir sur blanc cette menue falsification, cette marque du Hitler petit escroc soucieux des moindres détails avait quelque chose de fascinant.

Mais je fus encore plus frappé par deux longs documents enfouis tout au fond du carton : le compte rendu des déclarations à l'OSS d'une aventurière se présentant comme la princesse Stephanie von Hohenlohe[7] et des extraits des mémoires d'un correspondant américain d'United Press à Berlin, un certain Frederick Oechsner[8]. Avec des anecdotes allant du plus trivial (l'opération par laquelle Hitler se serait fait refaire le nez) à ce qui pouvait être d'une importance fondamentale (le « lien mystérieux » susceptible d'expliquer sa « haine primitive »).

Commençons par les six pages de l'« Interrogatoire de la princesse Stephanie von Hohenlohe, fait le 28 juin 1943 au camp d'internement pour étrangers de Seagoville, Texas ».

Bien qu'elle donne l'impression, dans son récit, d'une héroïne de roman d'espionnage, pour les services secrets américains, la princesse Stephanie était un personnage du plus haut intérêt au cours des trois années précédant sa détention[9]. Les dossiers du FBI et des organismes de renseignement de l'armée montrent que ses activités aux États-Unis faisaient l'objet d'une étroite surveillance. J. Edgar Hoover lui-même pensait, non sans raison, qu'elle et son amant, le capitaine Fritz Wiedemann, consul allemand à San Francisco, étaient d'importants espions nazis envoyés aux États-Unis pour prendre contact avec les admirateurs de Hitler au sein de l'élite américaine qui complotaient afin de maintenir l'Amérique à l'écart de la guerre en Europe.

Il s'avéra que la princesse Stephanie était une demi-Juive du nom de Richter, qui s'était tout d'abord infiltrée dans la maison princière autrichienne des Hohenlohe, puis avait gagné les faveurs du baron de la presse britannique Lord Rothermere. C'est au titre de représentante personnelle de celui-ci qu'elle avait réussi à se lier avec un certain nombre de proches du Führer, dont un personnage ayant joué un rôle de premier plan dans la vie de Hitler, le capitaine Wiedemann. Ainsi, d'après plusieurs observateurs parmi son entourage, qu'avec Hitler lui-même.

Wiedemann connaissait le leader nazi depuis peut-être plus longtemps que quiconque en Allemagne[10]. En fait, depuis 1914, alors que, jeune émigré autrichien de vingt-cinq ans, il venait de s'engager dans l'armée allemande à l'annonce de la guerre. Son supérieur au régiment List, Wiedemann s'était pris de sympathie pour ce soldat quelque peu étrange, parlant avec l'accent autrichien et affectant des airs d'artiste bohème. À la suite de quoi, Hitler s'était attaché à Wiedemann, selon ses camarades.

En 1934, peu après son arrivée au pouvoir, Hitler avait demandé à Wiedemann de venir le rejoindre à Berlin pour lui servir d'adjoint. Ce dernier avait donc pris place dans le petit cercle des aides de camp et familiers, où les commérages allaient bon train. Wiedemann semble même avoir fait fonction (avec la connivence de la princesse Stephanie et de ses contacts britanniques) d'émissaire secret de Hitler auprès du ministre anglais des Affaires étrangères Lord Halifax au plus fort de la crise tchécoslovaque.

Toutefois, l'intérêt que Hitler lui portait ne se limitait pas, à en croire la princesse Stephanie, à ses seuls talents de diplomate. En fait, il était tombé amoureux d'elle, au point que, dans le but de l'avoir pour lui seul, il expédia brusquement Wiedemann à San Francisco. (Par la suite, elle irait le retrouver en Amérique, et plusieurs services secrets verraient dans cette histoire de jalousie une simple couverture pour une mission d'espionnage.)

Un certain nombre d'observations émaillant le récit quelque peu enjolivé de la princesse Stephanie à l'OSS me semblèrent valoir la peine d'être tirées de l'ombre. Elle commence par déclarer, avec une indignation un peu trop énergique, que les renseignements qu'elle a pu glaner sur le dictateur l'ont été à la faveur de son rôle officiel et non de la confiance accordée à une courtisane. Ce qu'elle explique en long et en large au fonctionnaire de l'OSS, qui note que, « chargée des intérêts de Lord Rothermere auprès de nombreux hommes d'État, fonction qu'elle occupa pendant une période de sept ans, elle eut l'occasion d'avoir plusieurs entretiens avec Hitler, de même qu'avec Goering, Ribbentrop et d'autres dirigeants nazis ».

« Ces propos », fait remarquer l'anonyme interrogateur de l'OSS, diffèrent sensiblement de la version donnée par Hanfstaengl », pour qui la princesse « était une des favorites de Hitler, à tel point que Hanfstaengl dut le mettre en garde en invoquant le fait... que c'était une demi-Juive ». Selon toute vraisemblance, Hanfstaengl croyait lui aussi que Hitler était devenu « follement jaloux » de Wiedemann et qu'il l'avait envoyé à San Francisco pour faire place nette. « Il semble raisonnable de penser, en conclut l'analyste de l'OSS, que les contacts de la princesse avec Hitler avaient un côté intime aussi bien qu'officiel. Mais jusqu'où allait l'intimité, voilà qui est difficile à dire. » Et d'ajouter que les informations qu'elle fournit sur le dictateur « recoupent pour l'essentiel celles obtenues de nombreuses autres sources », mais que plusieurs incidents méritent une attention particulière parce qu'ils « éclairent d'un jour nouveau » le caractère de Hitler.

En réalité, les anecdotes auxquelles il fait allusion ne sont guère éclairantes. J'en donnerai pour exemple les singulières relations établies par la princesse Hohenlohe avec le cercle des proches du dictateur, et son portrait totalement anodin de Hitler et de Goering comme deux hommes incapables-de-parler-de-leurs-sentiments-à-un-autre-homme.

Un jour, raconte la princesse, Hitler lui avoua son profond attachement pour Goering. La vitesse à laquelle ce dernier avait l'habitude de conduire l'inquiétait au plus haut point. « Ce serait affreux de penser... » commença-t-il, mais il lui fut impossible de continuer, submergé par l'émotion à l'idée que Goering pourrait être victime d'un accident de voiture. Il apparut, explique-t-elle, que les deux hommes « devenaient soudain muets quand ils tentaient d'exprimer ce qu'ils pensaient l'un de l'autre », par crainte de se montrer leurs sentiments. Car, lorsqu'elle rapporta l'opinion du Führer à Goering, cela provoqua chez lui « une véritable explosion de joie ; il était ému au plus haut point... Son trouble et son ravissement montraient que ces paroles du Führer avaient bien plus de valeur pour lui que tous les uniformes et les bijoux » — autrement dit, qu'elles signifiaient énormément pour cet obsédé des tenues militaires et des pierres précieuses. « Le brutal fanfaron bavarois avait disparu, laissant apparaître à la place un petit garçon plein de fierté. »

Si touchante que soit cette timidité entre héros s'adorant sous cape, me parut d'une portée bien plus considérable une autre relation évoquée dans son interrogatoire par la princesse, une relation en un sens infiniment plus violente et sinistre que celle de Hitler et de Goering, et qui la précéda dans le temps.

« Malgré cela », dit-elle, c'est-à-dire malgré la dévotion craintive que se vouaient Hitler et Goering, ils « ne parvinrent jamais à ce degré de *brüderschaft* [fraternité] qui leur aurait permis de se tutoyer ».

« Goering était très jaloux de [Rudolf] Hess, qui jouissait de ce privilège, continue la princesse. Un seul nazi en dehors de Hess s'est vu accorder ce droit, et bizarrement, c'est Julius Streicher, le directeur de *Der Stürmer*. Il s'agit là encore d'une relation tout à fait particulière, sur laquelle on sait fort peu de choses. À coup sûr, Streicher est de tous les nazis le plus détesté par les autres nazis, et pourtant Hitler a résisté fermement à toutes les pressions visant à obtenir son limogeage. *Comme si un lien mystérieux les liait l'un à l'autre* » (souligné par moi).

Le lien mystérieux avec Streicher. Cette expression n'est pas sans évoquer le mélange d'admiration et d'effroi caractérisant, aux yeux de certains observateurs, le lien non moins mystérieux de Hitler avec Geli Raubal. Sauf que, dans le cas précis, la relation de *brüderschaft* pourrait être encore plus révélatrice de l'essence *nicht natürlich* de Hitler. J'aurais sans doute été moins enclin à accorder de l'importance à cette mention noyée dans l'interrogatoire d'une aventurière des plus douteuses (en dépit de la conviction de l'expert de l'OSS que sa proximité avec le capitaine Wiedemann lui conférait une crédibilité), si je n'avais pas découvert une seconde référence à ce lien étrange dans un autre document du Recueil.

Plus précisément dans un passage tiré des mémoires de Frederick Oechsner. Arrivé à Berlin en 1929 comme correspondant du *Sun*, Oechsner deviendrait en 1933 le chef du bureau d'United Press dans la capitale allemande, où il demeurerait jusqu'en 1942, passant les six derniers mois de son séjour en détention, sous la férule de la Gestapo, en compagnie d'autres journalistes et diplomates américains internés peu après la déclaration de guerre de Hitler aux États-Unis en décembre 1941.

Une sorte d'échange d'otages lui ayant permis, ainsi qu'à ses collègues, de rentrer en Amérique (où il se mit à travailler pour les services de l'OSS), Oechsner reprit la rédaction du livre de souvenirs sur le Führer et ses acolytes qu'il avait commencée dans les prisons nazies. Il avait rencontré personnellement Hitler à plusieurs reprises dans les années 1930, à l'époque où celui-ci courtisait encore l'opinion publique américaine, et il était très au fait des bruits circulant en coulisse.

Le livre d'Oechsner se distingue par sa sobriété, son bon sens, sa modération, la vaste palette de sources allemandes qu'il utilise, de même que les détails insolites dont il a eu connaissance. Parmi les plus banals figurant dans le Recueil de l'OSS se trouve la prétendue opération du nez de Hitler.

C'est ainsi que Oechsner déclare :

> La coquetterie de Hitler est indéniable. C'est probablement pourquoi, peu après être devenu chancelier du Reich, il fit rectifier la forme de son nez par un célèbre spécialiste de

la chirurgie esthétique. Le nez était légèrement enflé au bout, avec une arête épaisse, aussi Hitler demanda-t-il conseil à un médecin de Berlin, qui lui indiqua un confrère de Munich, et l'opération eut lieu, supprimant la chair en trop. Par la suite, son photographe officiel, le professeur Hoffmann, lui ferait toujours prendre la pose de manière à souligner les aspects les plus flatteurs de son nouveau nez.

Si perfides sont les ruses du Hitler fantôme que je fus presque tenté de croire à cette histoire d'opération, de croire même que le brillant et caustique « Procès du nez de Hitler » de Fritz Gerlich avait tellement blessé Hitler dans son amour-propre qu'il l'avait incité à changer de nez. Oechsner est certes un excellent journaliste, malheureusement il n'existe dans toute la littérature aucun autre témoignage corroborant cette affaire de nez. Il me paraît plus vraisemblable que le remodelage détecté par Oechsner tient à une transformation ou à une retouche du contour de la moustache. Comme on le voit avec les photographies prises au fil des années par Heinrich Hoffmann, c'était là une façon pour Hitler de donner l'illusion d'un nouveau nez.

Plus intéressante est la remarque faite à Oechsner par un autre praticien sur la nature de la haine de Hitler. « Selon un médecin allemand bien connu », nous dit-il, le dictateur aurait éprouvé vis-à-vis des Juifs « une haine primitive typique d'un être à demi civilisé, ou même non civilisé ». Après quoi Oechsner évoque les relations de Hitler avec le plus fanatique et le plus primitif des antisémites, Julius Streicher : « Le Führer sort toujours fortement stimulé de ses rencontres avec le sinistre Julius Streicher. Bien souvent, après un moment passé ensemble, le voilà qui accouche de quelque nouvelle loi ou allocution antijuive. »

On assiste là à un retournement du fameux *Führerkontakt*, ce charisme dont la force magnétique était ressentie par tous ceux qui se trouvaient en sa présence. En l'occurrence, le Führer est lui-même décrit comme vulnérable à ce qu'on pourrait appeler le *Streicherkontakt*. Toutefois, ce qui retint mon attention, c'est la notion même de haine primitive et la place qu'elle occupe dans la relation Hitler-Streicher.

La question de la nature et de l'origine de la haine de Hitler est probablement la plus cruciale de toutes. Même si l'idée de haine primitive semble heurter la délicatesse de notre époque. On notera l'effort fait par le « médecin allemand bien connu » pour se démarquer, et avec lui la culture germanique paraît-il civilisée, des êtres à moitié, voire totalement réfractaires à la civilisation, chez lesquels se trouverait cette haine primitive. Il décrit Hitler comme une sorte d'aberration anthropologique à l'intérieur de la société allemande. Si seulement les individus parfaitement civilisés étaient incapables de manifester une haine primitive ! Un des éléments qui font de l'Holocauste un phénomène aussi étrange et aussi étrangement horrible, c'est précisément qu'il soit survenu dans un pays alors largement considéré comme le plus civilisé — au sens d'instruit, cultivé, doté d'une philosophie raffinée, convaincu de sa propre rectitude — existant au monde.

« Convaincu de sa propre rectitude », telle est bien sûr l'expression utilisée par Hugh Trevor-Roper pour laisser entendre que la haine de Hitler était « sincère », fondée sur une croyance rationnelle, idée que refuse Alan Bullock. Si la notion de haine primitive m'intrigua, c'est qu'elle exprimait, d'une certaine manière, un terme manquant dans ce débat.

Alan Bullock a commencé par prétendre que la haine de Hitler, ses idées sur les Juifs, comme sur le reste, n'étaient que du bluff, ou en tout cas qu'elles comptaient beaucoup moins que ses ambitions ; que les premières étaient au service des secondes, et que son antisémitisme, même s'il n'était pas entièrement feint, ne constituait qu'une stratégie pour arriver au pouvoir. Alors que Trevor-Roper soutient que les convictions de Hitler, y compris son antisémitisme, n'étaient pas simplement sincères, qu'elles étaient la source même de son ambition, la raison qui lui faisait désirer le pouvoir. En fait, cette dichotomie n'épuise pas toutes les possibilités. Bullock a élaboré une vision plus complexe, une dynamique dans laquelle, après avoir feint la sincérité, l'acteur se retrouve soudain prisonnier de son propre rôle. Mais il y a peut-être une façon plus simple d'envisager la haine au cœur de la controverse.

Lorsque Trevor-Roper déclare que Hitler était « convaincu de sa rectitude », il veut dire que sa haine reposait sur des bases idéologiques, qu'elle était en quelque sorte « idéaliste », si erroné et pernicieux qu'ait été cet idéal. Mais il existe une autre espèce de haine, qui n'est ni feinte dans le but de manipuler les masses, ni motivée par une idéologie ou un raisonnement, mais viscérale, individuelle ; une haine irrationnelle qui peut s'abriter sous le masque, le manteau, d'une animosité idéologique, mais qui est en réalité primitive en ce sens qu'elle est *antérieure* à l'idéologie — son origine bien plutôt que son résultat.

Une telle haine n'a pas forcément besoin de prendre l'aspect d'un idéal ou de se faire passer pour de la rectitude. Une haine primitive peut se manifester sous la forme d'une hostilité archaïque, primale, obscure, inaccessible à la raison, imperméable à la logique, voire au pragmatisme. Une haine purement subjective, le genre de haine qui faisait la réputation de Julius Streicher. Streicher, comme on sait, avait fondé un parti antisémite à Nuremberg en 1919, bien avant que Hitler ne rejoigne le jeune parti nazi à Munich. Or le maître d'école connu pour sa brutalité, et pas seulement sur ses élèves, pour ses agressions aussi bien physiques que verbales contre les Juifs et contre ses adversaires, le Streicher aux manières de gangster s'inclina devant Hitler lorsque celui-ci devint le Führer du Parti national-socialiste basé à Munich : renonçant volontairement à sa propre position dominante, il accepta de faire fusionner son parti avec celui de Hitler, se contentant du poste subalterne de Gauleiter de Franconie.

Il arrivait fréquemment que les autres membres du cercle d'intimes de Hitler, envieux des rapports particuliers des deux hommes, de leur *brüderschaft*, dénigrent ouvertement le primitivisme vulgaire de Streicher et s'interrogent tout haut sur les motifs pour lesquels Hitler tolérait et semblait protéger une pareille brute. S'interrogent sur son éternelle admiration pour l'ignoble et pornographique *Der Stürmer*, avec ses récits délirants de Juifs détournant d'innocentes jeunes Aryennes. Mais en s'évertuant à prendre des distances avec Streicher, à mettre des distances entre Hitler et lui, il se peut qu'ils aient négligé, ou rejeté, l'éventualité que ce « lien mystérieux » ait été le reflet d'une vérité beaucoup plus profonde, concernant Hitler et non Streicher, à savoir que ce dernier représentait le vrai visage, le visage sans fards, de la haine primitive nourrie par Hitler.

Il est intéressant de constater que Streicher est beaucoup plus présent dans le Recueil de documents de l'OSS que dans les subtiles analyses idéologiques avancées après-guerre sur l'antisémitisme hitlérien et son rôle dans la solution finale. Nombre d'entre elles mettent en avant les hésitations de Hitler, son retrait par rapport à la solution finale, affirmant que ses intentions meurtrières à l'égard des Juifs occupaient un rang bien moindre dans la liste de ses priorités que des considérations plus pratiques telles que les exigences de la bataille sur le front.

Même Daniel Goldhagen [11], qui donne une place prépondérante au désir de génocide éprouvé par les nazis (et plus généralement par la population allemande), présente ce désir comme le fruit d'une idéologie relativement élaborée, l'« antisémitisme éliminationniste », qui, si meurtrière soit-elle, n'aurait été qu'une sorte d'avatar des théories scientifico-raciales du XIXe siècle. Mais la haine primitive, du genre de celle manifestée par Julius Streicher, du genre de celle qui faisait peut-être son étrange relation avec Hitler, appartient à une catégorie tout autre, expression moins d'une pensée ou d'une théorie que d'une réaction émotionnelle immédiate, ne requérant d'autre fondement, pour se mettre à parler, à hurler, qu'elle-même.

Ce qu'il y a de remarquable dans le diagnostic du « médecin allemand » sur le lien mystérieux et dans l'observation d'Oechsner à propos du *Streicherkontakt*, c'est la croyance que Streicher aiguillonnait l'antisémitisme de Hitler, qu'il était le gourou, l'antisémite le plus primitif des deux. Alors que l'inverse est tout aussi plausible. C'est du reste cette seconde hypothèse que semble suggérer une réflexion de Hitler concernant le véritable rapport entre sa haine des Juifs et celle de Streicher. Des propos qui m'avaient été révélés par la biographie de John Toland [12] sur le dictateur et auxquels je n'avais plus pensé, jusqu'à ce que je découvre ces allusions au lien mystérieux dans le fond de ma boîte du Hitler fantôme.

Toland fait précéder ces propos de l'habituelle description de Streicher en sauvage : « Une brute trapue, au crâne chauve, aux traits épais... Il avait des appétits aussi excessifs à table qu'au lit... Comme Hitler, il apparaissait rarement en public sans un fouet... Ses discours regorgeaient d'images sadiques... La grossièreté et la virulence [de *Der Stürmer*]...

étaient une source de consternation pour un grand nombre des proches de Hitler. »

Tel est le tableau classique de la relation Hitler-Streicher : Hitler entouré de « modérés », reflétant sa propre modération foncière, du moins en comparaison avec l'extrême vulgarité de la haine barbare, démentielle, obsédée par le sexe, de Streicher, que, bizarrement, pour une raison inexplicable, Hitler ne réprouvait ni ne refrénait. Mais Toland est suffisamment scrupuleux pour faire état d'une déclaration étonnante de Hitler qui semble démentir cette vision conventionnelle et poser la question de savoir qui était l'extrémiste et qui le modéré.

« À ceux qui reprochaient à Streicher ses exagérations grossières [à propos de la turpitude des Juifs] dans *Der Stürmer,* Hitler faisait une réponse inattendue », écrit Toland. « La vérité est à l'opposé de ce qu'on raconte », dit-il un jour à l'un de ses plus anciens compagnons dans le parti, Dietrich Eckart. En réalité, d'après lui, Streicher « *idéalisait le Juif. Le Juif est bien plus ignoble, plus féroce, plus diabolique que ne le prétend Streicher* » (souligné par moi).

Même si cette remarque n'est pas sans équivoque, elle révèle un trait insoupçonné de l'antisémitisme hitlérien, à savoir qu'il était à la fois plus primitif et plus subtil que celui de Streicher. Que la haine de Hitler était si profonde qu'il pouvait qualifier l'image donnée des Juifs par les diatribes venimeuses, pornographiques, de *Der Stürmer* — qui semblaient choquer même les criminels nazis formant son propre entourage — de trop « idéalisée », trop douce, trop délicate à son goût, n'osant pas aller jusqu'au bout en révélant l'immensité du diabolisme des Juifs.

À première vue, on pourrait dire que Hitler décrit sa haine comme plus primitive, plus « féroce » (selon le terme qu'il applique aux Juifs) que celle de Streicher. Mais il n'est pas exclu qu'il ait également voulu faire une sorte de plaisanterie destinée à ses adeptes ayant des oreilles pour l'entendre. En parlant avec ironie de l'« idéalisation » des Juifs par Streicher, il joue sur les deux tableaux, reléguant les Juifs dans un cercle encore plus bas du diabolisme, tout en se livrant à un calembour sur le radicalisme de leurs conceptions à Streicher et à lui. Sa propre haine est plus extrême encore, mais il est assez fin pour en faire une plaisanterie.

Un peu comme si Charles Manson avait déclaré avec un clin d'œil que Jeffrey Dahmer était un « sentimental » parce qu'il aimait (idéalisait) les victimes qu'il tuait avant de les manger.

C'est ce mélange de primitivisme et de discernement qui fait la spécificité maléfique de la haine de Hitler pour ceux qui, comme le philosophe Berel Lang ou l'historienne Lucy Dawidowicz [13], accordent à cette haine une attention particulière, tandis que la majeure partie de la littérature actuelle la considère comme un fait établi ou un élément n'offrant plus guère d'intérêt.

Le « lien mystérieux » avec Streicher suggère une haine à la fois froide et brûlante, et par conséquent terrifiante, entièrement mauvaise (au sens philosophique du terme) — le mal accompli en toute connaissance de cause plutôt que par un sentiment de rectitude.

Quelle importance le débat sur la nature de cette haine peut-il avoir pour la recherche de Hitler et sa place dans l'histoire, et comment se rattache-t-il aux récits sur Geli Raubal ? La réponse à la première question nous est fournie par ce qui est probablement l'anecdote la plus significative du Recueil, anecdote figurant dans le dernier paragraphe de l'interrogatoire de la princesse Stephanie, et qui concerne le rôle joué par Hitler dans le pogrom de la Nuit de cristal du 9 novembre 1938. Avec des implications plus larges sur la manière dont nous interprétons le rôle de Hitler dans la solution finale.

Après avoir déclaré que le témoignage de la princesse sur la véritable origine de la Nuit de cristal provient à l'évidence du capitaine Wiedemann, lequel était en position de connaître les faits et se trouvait peut-être dans le secret des discussions, l'interrogateur de l'OSS consigne les déclarations suivantes : « *Ce fut Hitler et non Goering* qui organisa et déclencha le pogrom de novembre. Il en parlait avec délectation et pensait qu'il obtiendrait un énorme succès auprès des Allemands, et attirerait l'attention du monde entier. Lorsqu'il s'aperçut que cette attention était loin d'être aussi favorable qu'il l'avait escompté, il s'arrangea pour donner l'impression que c'était une initiative de Goebbels, et celui-ci n'eut pas d'autre choix que d'endosser l'essentiel de la responsabilité » (souligné par moi).

Pour anecdotique qu'il soit, ce témoignage n'en mérite pas moins d'être cité, dans la mesure où il s'oppose à la plupart des analyses de la Nuit de cristal formulées après-guerre, lesquelles souscrivent à l'idée que Hitler avait été en quelque sorte tenu à l'écart de cette explosion de haine primitive ; qu'il avait été stupéfié de son primitivisme en l'apprenant ; qu'il avait tenté de mettre un terme au déchaînement de violence et qu'il avait regretté le préjudice porté à l'image de l'Allemagne par la rossée infligée aux Juifs ; qu'il prônait un antisémitisme plus « rationnel » et plus « objectif », plus raffiné et plus méthodique.

Toutes les analyses de la Nuit de cristal et de la haine hitlérienne avancées après-guerre ne sont pas d'accord avec cette vision. Le récit Hohenlohe/Wiedemann sur le rôle de Hitler comme instigateur rejoint celui de Lucy Dawidowicz, qui, dans *The War Against the Jews*, fait de la Nuit de cristal le modèle de la tactique du déni employée par Hitler pour occulter ses intentions, et dont il devait se servir dans la solution finale à venir. Un tour de passe-passe auquel des historiens sérieux, et pas seulement les négateurs de l'Holocauste, continuent d'ajouter foi.

La notion de haine primitive se retrouve également dans les études, mémoires et autres écrits sur l'affaire Geli Raubal dominés par ce que j'ai appelé l'école du « Fini-le-brave-garçon ». D'après laquelle, jusqu'à ce qu'il ait été bouleversé par le décès de Geli, son seul véritable amour, Hitler n'était pas réellement *Hitler*. Les représentants de cette école, qui compte un nombre remarquable d'aides de camp et de proches compagnons du dictateur, le peignent sous les traits, sinon d'un humaniste sentimental, du moins d'un être assurément beaucoup plus humain, beaucoup moins dur, moins impitoyable, moins cruel, que celui qu'il deviendrait après la disparition de la jeune femme.

Cette vision s'est perpétuée depuis la mort de Geli jusqu'à maintenant. Et j'avoue avoir été tenté d'y croire, à défaut d'explication plus convaincante pour rendre compte d'une métamorphose, d'un moment charnière dans la carrière de Hitler. Mais le nombre surprenant d'anciens collègues nazis du dictateur qui se sont faits les avocats de cette thèse a largement contribué à me la rendre suspecte. De fait, elle sert clairement leur dessein de détacher le Hitler génocideur d'un Hitler soi-disant beaucoup plus sympathique auparavant, le Hitler qu'ils avaient connu à l'origine et auquel ils s'étaient liés, celui de Weimar, celui de Munich, le Hitler sans (des millions de) victimes.

Goering lui-même met en avant cette interprétation : « La mort de Geli a eu un effet tellement dévastateur sur Hitler que... tous ses rapports avec les autres en ont été changés. » Et Hoffmann, le photographe du dictateur, d'affirmer pour sa part : « c'est à ce moment-là que le germe de l'inhumanité a commencé à croître en Hitler ».

À ce moment-là seulement ! Et juste un germe !

Hanfstaengl en particulier ne cesse de rabâcher cette idée du « Fini-le-brave-garçon » : « Avec la mort [de Geli], la voie était ouverte à sa transformation finale en démon », ce qui exonère Hanfstaengl d'une quelconque responsabilité dans les visées criminelles de son association avec son ami amateur de Wagner et Führer. Du fait que, jusque-là, Hitler était certes bizarre, extravagant, mais nullement démoniaque.

La diabolisation de Hitler a été dénoncée par un certain nombre d'historiens, moins comme une tentative de minimiser ses crimes que comme une manière, faussement rassurante, de l'éloigner de nous. Dans tous les cas, cette image de Hitler devenu un démon seulement après la mort de Geli Raubal n'est pas l'apanage des seuls anciens compagnons du leader nazi. Elle a trouvé récemment un champion en la personne du prolifique biographe britannique Ronald Hayman, auteur en 1997 d'un livre intitulé *Hitler and Geli*[14]. Hayman a largement recours aux témoignages de ces trois intimes de Hitler que furent Goering, Hoffmann et Hanfstaengl pour étayer son opinion que la mort de Geli (il essaie de prouver que Hitler la tua de ses propres mains) fut certainement à l'origine d'un « changement conséquent ».

Hayman va plus loin : il essaie de lier explicitement la disparition de Geli au génocide à venir : « L'appétit de carnage [de Hitler] s'accrut de manière monstrueuse après la mort de Geli », écrit Hayman. Il adopte presque sans discussion la croyance dans la perversion scatologique que Hitler aurait pratiquée avec Geli. De même qu'il fait siennes les vues de Hanfstaengl quant à l'impact qu'aurait eu la mort de Geli sur Hitler : la perte brutale du bien-être qu'elle lui avait procuré aurait levé les dernières inhibitions qui le retenaient de commettre des tueries.

Hayman semble même accuser Eva Braun de ne pas avoir su apporter à Hitler un dérivatif ou une sublimation à sa « soif de destruction » : Eva Braun « ne fut jamais pour lui une compagne comme l'avait été Geli, nous dit-il. Jamais elle ne lui permit de libérer son énergie nerveuse ou de contenir ses impulsions destructrices. Même si certains sujets n'étaient pas abordés avec Geli, du moins existait-il un échange humain. La compagnie d'Eva ne semble pas avoir eu beaucoup d'effet sur lui ».

Si l'on met de côté les suppositions présentées ici comme des faits établis — en particulier sur la nature des conversations de Hitler avec Geli et sur celle de ses rapports avec Eva Braun (qui a donné lieu à une multitude de récits souvent contradictoires) —, le raisonnement de Hayman revient à peu près à dire que, si Eva Braun avait été capable d'avoir des conversations un peu moins superficielles avec Hitler, il aurait réussi à se « libérer de son énergie nerveuse » et à refréner son agressivité. Les petits papotages auraient remplacé le génocide.

En outre, Hayman exploite à fond l'idée selon laquelle Geli Raubal aurait été le « premier meurtre » de Hitler : « Si Hitler a effectivement tiré sur Geli, elle fut sa première victime humaine. Rien n'indique en effet qu'il ait tué qui que ce soit durant la Première Guerre mondiale, où sa fonction principale était de porter des messages. Mais le gamin qui tirait sur les rats est devenu l'homme qui gazait les Juifs, et il semble bien que la mort de Geli ait servi de tremplin. »

Dire que Geli Raubal fut la « première victime de Hitler », comme le fait Hayman, pose deux problèmes. Tout d'abord, en septembre 1931, les morts qui se trouvaient être, de manière très concrète, des victimes de Hitler se comptaient déjà par centaines, sinon par milliers. Je veux parler du chiffre presque quotidien d'opposants politiques et autres tués à coups de revolver, battus à mort ou poignardés par les SA, les hommes de main du leader nazi. Des meurtres perpétrés en son nom, et parfois même au cri de « Heil Hitler ! » Les faits sont là, relatés en détail dans chaque numéro du *Münchner Post*. Si ces victimes ne font pas encore du leader nazi un assassin en masse, elles le rangent dès cette époque dans la catégorie des tueurs en série par procuration.

Ces meurtres, Hitler en était directement responsable ; bien avant que celui de Geli Raubal ne coule dans son appartement, il avait sur les mains le sang de ces victimes. N'en déplaise à ceux qui prétendent que la mort de la jeune femme (qu'elle ait été tuée, qu'elle se soit suicidée ou qu'on l'y ait poussée) eut une influence déterminante sur la psychologie de Hitler, ce furent les autres meurtres, les meurtres politiques, qui firent toute la différence : ces cadavres pavèrent son chemin vers le pouvoir, et ils durent lui donner le sentiment qu'il pouvait tuer, beaucoup, sans risque. Qu'il pouvait assassiner à sa guise sans avoir à en subir les conséquences, parce qu'il n'y avait pas d'ordre écrit — de même, sans doute, qu'il n'a pas laissé d'ordre écrit s'agissant de la solution finale (ce qui lui permettrait, aux yeux de certains, d'échapper également à cette responsabilité-là). Il peut paraître ridicule d'avoir à dire de telles banalités, mais, après avoir lu les commentaires abjects de Goering et de Hoffmann cités par Hayman — sur la manière dont leur Hitler *gemütlich* se serait subitement transformé en un être froid et inhumain —, peut-être faut-il rappeler que Hitler n'était pas précisément un brave garçon avant le prétendu tournant du « Fini-le-brave-garçon ».

L'autre problème soulevé par l'affirmation de Hayman tient au sens littéral qu'il donne au mot victime, à savoir que Hitler aurait tué Geli Raubal de ses propres mains. Il va jusqu'à imaginer toute une scène dans la chambre de la jeune femme où, pour reprendre le pistolet que Hitler aurait sorti, soit pour la tuer soit pour se suicider, Geli aurait lutté avec lui, de sorte que le coup serait parti tout seul, la blessant mortellement à la poitrine.

Or on voit mal qui contesterait l'idée que Geli Raubal ait été d'une certaine façon la victime de Hitler — pas nécessairement la première, ni qu'il aurait tuée de ses propres mains — mais assurément au sens où ses attentions tyranniques, perverses ou possessives à l'extrême, l'auraient poussée au suicide. Si ce n'est que Hayman voudrait faire croire à un scénario à la Oliver Stone de bagarre entre Hitler, s'efforçant de récupérer son arme, et Geli, ainsi qu'à un vaste complot visant à camoufler son rôle, sa présence au moment du coup de feu. Un complot si vaste qu'il s'étendrait, d'après Hayman, jusqu'à la dissimulation du corps, la dissimulation du meurtre pendant un jour et demi, le temps d'effacer toute trace laissée par le leader nazi et de mettre au point des alibis, des témoignages concoctés par des dizaines de complices afin de garder le secret. Un complot si entortillé que Hayman a besoin d'inventer une nuit pour le déroulement du meurtre, puis une journée pour l'élaboration d'une version officielle et pour la mise au point des témoignages forgés de toute pièce.

Hayman reprend les rumeurs à son compte en supposant, comme motif de la dispute fatale, la relation de Geli avec un hypothétique séducteur (probablement juif), qui aurait risqué d'empoisonner le sang de la jeune femme, de lui faire un enfant, ou de révéler à la presse juive la perversion de Hitler. Mais là où Hayman se démarque de la légende (et de toutes les études sur le sujet), c'est dans sa transformation radicale de la chronologie du drame.

On pourrait voir, dans son invention d'une journée mystérieuse, comme un équivalent temporel du coffre-fort perdu, le lieu, l'espace d'une solution autrement inaccessible, ou même inimaginable. Afin de replacer la manœuvre de Hayman dans la perspective de l'affaire, rappelons brièvement la chronologie traditionnelle de la mort de Geli Raubal acceptée par tous les exégètes antérieurs, y compris ceux qui pensent que Hitler l'a tuée.

Le jeudi 17 septembre 1931 au soir, Geli se rendit au théâtre avec la femme de Julius Schaub, l'un des aides de camp de Hitler. Dans ses mémoires écrits après la guerre, Schaub rapporte que, selon sa femme, Geli avait l'air très émue, au bord des larmes, « mais ils étaient habitués aux changements d'humeur de Geli ».

Le lendemain matin, le vendredi 18, raconte-t-il, parlant de lui à la troisième personne « Schaub dit au revoir à sa femme parce qu'il devait aller à Hambourg avec Hitler ».

À en croire la plupart des récits, ce vendredi, Hitler et Geli déjeunèrent chez lui, en présence des domestiques. Un déjeuner au cours duquel eut lieu un différend, une dispute, une prise de bec, à propos du voyage que Geli projetait de faire à Vienne. Si les comptes rendus varient quant à la nature de cette dispute, presque tous (y compris ceux des journaux antihitlériens tels que le *Münchner Post*) s'accordent pour dire que Geli était en vie et qu'elle déjeuna avec Hitler le vendredi 18. Après quoi, Hitler partit pour Hambourg et passa la nuit à l'hôtel Deutscher Hof de Nuremberg, à deux heures de route, tandis que Geli allait dans sa chambre à coucher, pour ne plus en sortir vivante. Des bruits confus provenant de la chambre après le départ de Hitler ont conduit à penser qu'elle s'était tiré une balle peu après le déjeuner, son cadavre n'étant découvert que le lendemain matin, le samedi 19.

Mais Hayman tient à proposer une nouvelle version, d'après laquelle Geli était morte depuis près de deux jours lorsqu'on trouva son corps, dont la fameuse journée du vendredi où elle est censée avoir déjeuné avec Hitler, version qui fait remonter son décès au soir du jeudi 17.

Ce que fit Hitler au cours de ce vendredi, entre la prétendue nuit du crime le jeudi et la découverte du corps le samedi matin, n'est pas très clair pour Hayman. Alla-t-il le jeudi soir à Nuremberg, en quel cas le personnel de l'hôtel aurait été forcé d'affirmer qu'il n'était arrivé que le vendredi soir ? Ou bien passa-t-il la journée à arpenter son appartement pendant que le cadavre de Geli refroidissait et que l'on peaufinait une fable ? Après quoi il serait sorti discrètement de chez lui et aurait filé à Nuremberg afin d'avoir un alibi pour la matinée de la « découverte » du corps (en s'arrangeant pour récolter une amende alors qu'il roulait à toute allure en direction de Munich, soi-disant après avoir appris la terrible nouvelle) ?

Il n'est même pas certain que Hayman ait besoin de cette obscure journée pour donner plus de crédibilité à sa théorie du complot — ce qui, à mon avis, la rend encore plus douteuse. Toujours est-il qu'il complète son explication des faits par une histoire provenant d'une source hautement suspecte, à propos de Fritz Gerlich et d'une ultime querelle survenue entre Hitler et Geli à une heure tardive et dans un lieu public. Cette histoire est rapportée par Bridget Hitler dans ses mémoires restés longtemps inédits et des plus discrédités, lesquels contiennent au moins un mensonge flagrant, à savoir que le jeune Adolf Hitler aurait passé toute l'année 1911 avec elle et son mari, Alois junior (demi-frère d'Adolf), dans leur appartement de Liverpool [15].

Hayman n'hésite pas à recourir à l'auteur de cette année fictive pour étayer sa version de la nuit du meurtre, sous prétexte que Bridget Hitler prétend nous dire toute la vérité sur la dernière soirée de Geli, vérité que, d'après elle, Fritz Gerlich aurait découverte : ce scoop fantastique sur la mort de Geli Raubal qu'il s'apprêtait à publier dans son journal lorsqu'il fut arrêté par la Gestapo en 1933, et que l'on croyait à jamais perdu pour l'histoire, ou enfermé dans quelque coffre-fort oublié.

Mais non, déclare Bridget Hitler, peut-être n'est-il pas perdu. Elle ne reproduit pas ce texte, qui ne figure même pas parmi les documents ayant trait à Hitler que son fils et elle disent conserver « dans notre coffre à la banque »[16]. En réalité, affirme-t-elle, le dernier scoop de Gerlich a bien été publié, non pas dans son journal, mais dans un pamphlet intitulé *J'accuse,* où il présentait la preuve que Hitler avait tué Geli. Bridget avoue ne pas avoir eu cet écrit entre les mains ; elle n'en connaît que ce que lui a raconté son fils William Patrick Hitler, qui prétend en avoir été informé par le frère de Geli, Leo Raubal lequel aurait « rencontré par hasard » Gerlich qui lui aurait remis le pamphlet dénonciateur.

S'il a existé, un tel pamphlet n'a pas refait surface. Il appartient à la nébuleuse hitlérienne, et personne n'a jamais dit l'avoir vu ni en avoir entendu parler. Mais Hayman n'en reprend pas moins la conclusion de Bridget Hitler, à savoir que « les preuves accumulées par le Dr Gerlich au cours de son enquête ne laissaient place qu'à un seul verdict : le meurtre ».

C'est dans ce récit de l'enquête fantôme de Gerlich que Hayman trouve l'explication de sa nuit énigmatique. Il accepte sans broncher la version donnée par l'affabulatrice Bridget Hitler de la version donnée par William Patrick Hitler des recherches de Gerlich relatées, paraît-il, par le frère de Geli, Leo (et néglige le fait que Leo, qui survécut à la guerre, n'en a jamais parlé aux auteurs qui l'ont interviewé). Mais la nuit manquante est là, dans le prétendu rapport de Gerlich sur le témoignage présumé d'un excellent ami de Hitler, un certain Herr Zentner, le propriétaire du Bratwurstglöckl, dont le leader nazi était un fidèle client.

> Adolf est allé à son restaurant favori avec sa nièce et il est resté jusque vers une heure du matin, dans un salon privé du premier étage... Il était légèrement ivre, parce qu'il avait bu de la bière, ce qui lui arrivait très rarement... Après avoir quitté le restaurant, Adolf et Geli ont regagné l'appartement. Heureux de se retrouver seul avec elle, Adolf a réitéré ses avances, que Geli a repoussées. Au cours de la discussion, il l'a menacée avec le revolver de service qu'il portait habituellement sur lui. Sans doute y a-t-il eu une lutte, durant laquelle le coup de feu est parti.

D'après Hayman, Hitler a donc tiré sur Geli, le jeudi soir, après une dispute au Bratwurstglöckl, tiré une fois de retour chez lui, dans la chambre de la jeune femme. Non seulement cette théorie de la fameuse nuit n'est pas nécessaire, mais il n'y a aucune raison que la dispute au Bratwurstglöckl n'ait pas eu lieu le vendredi soir, comme l'indiquent les hypothétiques déclarations de Zentner, plutôt que le jeudi soir, ce qui éviterait pas mal de déplacements, d'entrées et de sorties à la dérobée. Mais Hayman a bâti sa théorie sur une interprétation des faits extrêmement arbitraire, en réalité sur ce qui a tout l'air d'une erreur patente quant à la question de la date, et cela sur la base d'une seule source : les mémoires non publiés de Julius Schaub.

Hayman qualifie la référence qu'il utilise d'« ambiguë », alors qu'il est difficile d'y voir la moindre ambiguïté, à mon avis. Car le souvenir exprimé vingt ans plus tard par Schaub à propos de la nuit litigieuse se résume à ceci : « *La veille du suicide (17.9.31),* il [Hitler] quitta Munich à bord de sa voiture pour tenir un meeting à Nuremberg ». Hayman déclare que cela « peut vouloir dire ou bien que Geli mourut le jeudi 17, ou bien que Hitler quitta Munich le 17 septembre ». Sauf que, dans tous les cas, cela signifie que Hitler quitta Munich avant la mort de Geli (ce qui ne cadre pas avec le scénario de Hayman).

Il est difficile d'écarter la possibilité que Hitler ait tué, ou fait tuer, Geli. Il a certainement menti sur la nature de sa relation et de sa dispute avec elle, et déguisé l'origine de ses prétendues tendances suicidaires (l'histoire des séances de table tournante). Mais en l'absence d'une pièce à conviction sortie des ténèbres hitlériennes ou de quelque matérialisation de la vérité dénichée par Fritz Gerlich, absence qui risque de durer, il n'existe aucune preuve tangible. La nuit du crime que Hayman tire comme un lapin de son chapeau ne saurait remplacer les faits qu'il n'a pas.

Cette nuit est une ombre du royaume des ombres du dictateur, mais on peut comprendre le vide désespérant qui a sans doute conduit Hayman à y croire. Moi-même, j'avais espéré trouver dans ce flot de rumeurs, qu'auraient pu venir compléter de nouvelles recherches — peut-être même l'exhumation du corps de la jeune femme —, une solution au mystère Geli Raubal attribuant sa mort, directement ou sur ordre personnel, à Adolf Hitler. Il en était manifestement capable ; il avait le mobile, les moyens et l'opportunité. Et l'on peut dire sans se tromper que, s'il n'a pas commis, ou commandité, son assassinat, il est au moins *responsable*, dans un sens plus large, de sa mort. Mais le scénario de Hayman est semblable aux coffres de la légende suisse : une illusion née de l'espoir que l'explication, pas simplement de la mort de Geli Raubal mais de la psychologie de Hitler, se trouverait dans quelque endroit inaccessible.

Une telle explication ferait de la prétendue transformation de Hitler d'être humain en monstre, du « Fini-le-brave-garçon », le fruit à la fois de la culpabilité et du chagrin. Pour un meurtre qui l'aurait affecté comme jamais auparavant, qui aurait anéanti ses dernières parcelles d'humanité. Et le spectre du séducteur juif de Geli à l'origine de leur fatale querelle l'aurait alors poussé sur une pente rendant inexorable l'anéantissement des Juifs.

En un sens, ce raisonnement de plus en plus alambiqué est aussi injuste pour Geli Raubal que le fantasme de Simon Wiesenthal pour la prostituée juive ayant donné la syphilis à Hitler, si tant est qu'elle ait existé, en leur faisant porter tout le poids de l'Holocauste. Plus important, l'interprétation du « Fini-le-brave-garçon » (qui jouit des faveurs aussi bien d'historiens sobres et rigoureux que des théoriciens du complot) comme une coupure radicale due à la mort de Geli Raubal ne résiste pas à l'évidence que la haine primitive de Hitler brûlait en lui bien avant septembre 1931. Et cela avec une force suffisante pour rendre compte de ses crimes ultérieurs sans avoir à faire appel au caractère ni au destin de Geli Raubal. Cette haine primitive constituant l'étrange lien de Hitler avec Streicher, cette haine primitive manifestée par

Streicher mais qui pourrait bien être la véritable expression de celle du dictateur, emplissait son cœur longtemps avant l'installation de sa nièce chez lui. Et si intense qu'elle ait été, son émotion à la mort de la jeune femme n'était rien en comparaison avec la violence du sentiment indomptable dominant son existence.

S'il y eut une réelle mutation dans la nature de la haine habitant le leader nazi, si sa haine primitive a changé ou évolué, c'est bien plutôt dans l'acquisition et le maniement d'une sorte de masque d'ironie. Dans la manière dont il en ferait le sujet de petites plaisanteries fines, riant presque de l'ampleur de sa propre haine en donnant à ses acolytes, avec un clin d'œil complice, son opinion sur Streicher — sur la haine notoire, exprimée avec une brutalité inouïe, de ce dernier — en la déclarant presque tiède à côté de la sienne, en affirmant que, pour lui, Streicher « idéalisait » les Juifs.

Cette ironie sournoise colorant son antisémitisme apparaît, aux yeux de certains, comme une signature hitlérienne. Bullock, dans sa théorie de la dualité du dictateur, le décrit comme un cynique finalement possédé par une conviction sincère, par une haine « vraie ». Il n'en demeure pas moins que c'est un possédé, un antisémite vrai, capable d'ironiser avec perfidie sur la haine qui le possède, de s'amuser de ses propres instincts meurtriers.

La manière dont Hitler plaisante dans les « Libres propos » sur la « rumeur » selon laquelle il serait en train d'exterminer les Juifs ; dont il déclare sans vergogne à Christa Schroeder qu'il se sent « propre comme un bébé qui vient de naître » après la Purge sanglante ; dont il évoque la solution finale à travers l'imagerie du rire mise en exergue par Lucy Dawidowicz (voir chapitre 20) ; dont, tout au long de la guerre, il se gausse avec Goebbels des souffrances de ses victimes est, pour le philosophe Berel Lang, un signe de l'étrange perversité avec laquelle Hitler et ses séides ont élevé la conscience du mal au rang de véritable discipline artistique, dont ils ont créé ce que Lang appelle un art du mal.

V

L'art du mal et son avenir

Où l'on s'aperçoit qu'il peut être dangereux de trop s'approcher d'un dictateur

CHAPITRE 11

AU CHALET DE LA GESTAPO, OU UNE NUIT PRÈS DU FÜHRER

Dans lequel le philosophe Berel Lang tente d'appréhender la malfaisance de Hitler par le biais de son âme d'artiste

Nuit et brouillard sur l'Obersalzberg, la retraite montagnarde de Hitler. Nous nous étions, semble-t-il, égarés, même si Herr H. — souvent dans l'erreur, jamais dans le doute — s'obstinait à prétendre qu'il savait exactement où nous nous trouvions. De sorte que, malgré les paquets de brume nous renvoyant à la figure la lumière des phares de sa BMW, et qui empêchaient d'y voir à plus de quelques mètres sur la chaussée verglacée, Herr H. continuait à grimper la montagne. Il était en mission. Il voulait « passer une nuit près du Führer ». En un sens, moi aussi.

Le problème, c'était que la principale route menant à l'ancien pic personnel de Hitler avait été barrée, probablement en raison des préparatifs des fêtes de Noël et non de l'épaisse couche de neige, ne cessait de répéter Herr H. ; et il nous avait embarqués sur une route en lacet encore plus étroite et sans la moindre barrière de sécurité. Une route qui, si elle m'avait l'air dangereuse, paraissait rien moins que terrifiante à Miriam, l'amie israélienne de Herr H., laquelle, à peine remise d'un grave accident de voiture sur une route enneigée, se tenait arc-boutée sur le siège avant dans l'attente d'une nouvelle catastrophe.

Mais Herr H. était bien résolu à ne pas laisser la mauvaise visibilité, l'état périlleux des routes ou de douloureux souvenirs le détourner de l'accomplissement tout proche d'un rêve longtemps caressé, le but de ce pèlerinage jusqu'à l'inaccessible lieu saint.

En 1942, Martin Bormann avait annoncé à grands coups de cymbales un grandiose projet de construction sur ce sommet dont Hitler avait pris possession dès les années 1920, l'endroit où il s'était fait construire une somptueuse demeure rustique, le Berghof, son château de roi de la montagne. C'est là que, fuyant les soucis de la vie politique munichoise (puis berlinoise), il venait méditer au milieu du superbe paysage alpin, faire des excursions à pied vêtu du traditionnel *Lederhose* bavarois et emplir ses poumons d'air pur. Là également qu'il avait reçu des chefs d'État et tenu des conférences militaires avec ses généraux, dictant, devant le panorama enivrant, face au massif de cimes enneigées visible par l'immense baie vitrée, la future carte de l'Europe.

De là, il pouvait s'élever vers le ciel jusqu'à une autre aire, jusqu'au minuscule salon de thé aménagé tout en haut de la montagne, où il lui était loisible de surveiller dans une solitaire splendeur le royaume qu'il commandait depuis son « nid d'aigle ». Et c'est là, sur la montagne magique de Hitler, qu'à la requête de celui-ci, annonça Bormann, il allait faire bâtir une magnifique pension de famille.

« De cette façon, proclama l'ambitieux et sournois laquais du dictateur, chaque Allemand venu en pèlerinage sur le lieu où vit notre Führer bien-aimé aura la possibilité de passer un jour et une nuit près de lui, pour seulement un Reichsmark. »

Il s'avéra qu'un tel bâtiment était si coûteux et exigeait de si vastes pièces pour les cadres du parti nazi que seule l'élite du Troisième Reich pourrait y être logée, même si la structure que Bormann fit édifier ressemblait à un énorme monstre tarabiscoté dont la façade rustique dissimulait d'immenses salons et salles de banquet teutoniques, ainsi qu'un bunker souterrain ultra-perfectionné.

Néanmoins, le rêve du pèlerinage, de la nuit passée près du Führer, n'était pas mort. Il vivait encore chez Herr H.

Approcher le Führer avait toujours été un des fantasmes de Herr H. Âgé de quarante-cinq ans, il était restaurateur de meubles à Vienne et historien amateur, de l'espèce surnommée avec ironie par un journaliste allemand l'école du *Hitler mit Slippern* (Hitler en pantoufles). École regroupant bien plus que de simples collectionneurs de souvenirs (même s'ils le sont également) et bien moins que des historiens. J'avais fait la connaissance de Herr H. à la suite de mon enquête sur Geli Raubal. Il s'était en effet signalé à l'attention en écrivant aux autorités viennoises pour demander que soit exhumé le corps de la jeune femme, dans l'espoir que les restes pourraient fournir de nouveaux éléments sur les circonstances de sa mort (le procureur pro-hitlérien ayant à l'époque jugé inutile d'ordonner une autopsie). La ville avait rejeté la requête de Herr H. sous prétexte qu'on ignorait l'emplacement exact de la tombe. Le corps de Geli avait été en effet enlevé, peu après la guerre, de la place d'honneur qu'il occupait au cimetière central de Vienne, la famille Hitler ayant, par force, cessé de payer les frais d'entretien. La dépouille, enfermée dans un cercueil en zinc, avait été enterrée, sans la moindre indication, dans l'espace réservé aux fosses communes. Mais Herr H. déclara avoir étudié les vieux plans du cimetière, qui indiquaient avec certitude le nouveau lieu de repos de Geli. La ville contesta cette affirmation, et les choses en restèrent là. Mais pas Herr H., qui fit imprimer à compte d'auteur un volumineux ouvrage sur Geli Raubal réunissant des documents, des souvenirs et des entretiens qu'il avait eus avec les derniers membres de l'entourage de celle-ci.

L'attitude de Herr H. à propos de Geli Raubal et de Hitler me parut curieusement inconséquente, sinon parfois absurde. À un moment, il prétendit avoir résolu l'affaire et connaître le nom du SS qui avait assassiné Raubal sur l'ordre de Hitler, mais l'authenticité du document qu'il me montra semblait des plus douteuses. Il s'agissait d'un passage du journal qu'aurait tenu le conseiller spirituel de Geli, un prêtre viennois nommé le père Pant, et Herr H. repoussa ma proposition de soumettre le papier à un test de laboratoire afin d'en vérifier l'ancienneté. Par ailleurs, à côté de son désir d'apporter la preuve que Hitler avait tué Raubal, il n'avait pas l'air très préoccupé par les autres crimes du leader nazi.

Rien que de très conforme à la vision curieusement sereine de l'école du *Hitler Mit Slippern* : non pas néo-nazie, ni niant l'existence de l'Holocauste, mais essentiellement tournée vers le mémorial hitlérien, le Hitler « personnel », le Hitler se relaxant chez lui en compagnie de son chien Blondi dans les petits films d'Eva Braun, le Hitler décrit avec attendrissement par ses secrétaires et ses domestiques, qui parlaient des attentions qu'il avait pour leurs enfants, de son plaisir à se souvenir de leurs anniversaires, et évoquaient les conversations nocturnes devant une tasse de thé dans les bunkers de commandement, le Hitler affable des « libres propos ».

À la base de cette attitude affichée par Herr H. se trouvaient la relativisation, l'historicisation du rôle du dictateur opérée par les historiens nationalistes allemands dans la controverse de l'« *Historikerstreit* » des années 1980, apôtres de la thèse comparatiste : Staline était pire ; Staline inventa les exécutions en masse et les camps de concentration ; la brutalité de Hitler fut une *réaction* à la menace à l'Est représentée par les bolcheviques « asiatiques » assoiffés de sang. Hitler fut un moindre mal, ou du moins un mal venu après-coup dans l'histoire mondiale.

La mère de Herr H. avait fui la Tchécoslovaquie stalinienne après la guerre pour s'installer à Vienne (où Herr H. était né en 1949) et lui avait communiqué sa haine des bolcheviques. Tout jeune, il s'était mis à collectionner les uniformes de la Wehrmacht et les souvenirs hitlériens, avant de transformer ce passe-temps en un commerce florissant par la location de tenues et d'affiches allemandes à des sociétés de cinéma tournant des films sur la période nazie.

Cela, ajouté aux bénéfices dégagés par ses boutiques de restauration de meubles anciens, ainsi que par quelques petites opérations portant sur les aquarelles de Hitler et autres, avaient payé la BMW flambant neuve, la luxueuse veste Armani qu'il portait sur son jean délavé impeccablement repassé et ses mocassins Gucci. C'était un individu assez sympathique et nous réussîmes tant bien que mal à conclure une trêve quant à nos désaccords respectifs, après un accrochage devant une oie rôtie dans son restaurant préféré. Le vin du Rhin aidant, Herr H. se mit à stigmatiser le peuple russe, déclarant qu'il méritait bien les souffrances qu'il avait endurées sous le communisme, dans la mesure où il avait accepté pendant si longtemps de se soumettre à Staline et à ses acolytes. Je lui demandai alors s'il était de l'avis de ceux qui prétendent que le peuple allemand n'avait eu que ce qu'il méritait en supportant Hitler. Pour je ne sais quelle raison, il se retint de pousser la comparaison entre l'ignominie de Staline et celle de Hitler jusqu'à donner explicitement le second comme une canaille en fin de compte plus honorable que le premier.

En un sens, nous nous servions l'un de l'autre, Herr H. et moi. Lui, parce qu'il attendait que je fasse de la réclame à sa solution du mystère de l'affaire Geli Raubal (ce dont je m'abstins, compte tenu de mon scepticisme à propos du pseudo-journal). Et moi, parce qu'il s'était révélé fort utile en me facilitant l'accès à un certain nombre de sites hitlériens viennois. C'est ainsi qu'il avait noué des contacts avec le directeur du Männerheim, l'asile pour hommes, toujours en activité, où Hitler avait logé pendant trois longues années au cours de sa période d'errance à Vienne, alors que son rêve de devenir peintre s'était brisé et qu'il vivotait en vendant de médiocres dessins représentant des « panoramas » de la ville.

Cette phase d'abattement et de déception à l'asile pour hommes avait été cruciale dans l'évolution de Hitler ; elle avait représenté la perte de ses illusions artistiques, au bénéfice, dit-on, d'illusions plus funestes. Beaucoup ont prétendu que c'est là, au Männerheim, à la suite de quelque mystérieuse rencontre, ou dans un moment de méditation, de songerie amère, qu'il se métamorphosa d'artiste maudit, de bohème inoffensif, en sinistre marchand de haine.

La possibilité d'une telle métamorphose survenue à l'asile de nuit est rendue incertaine, sinon en partie contredite, par plusieurs pseudo-artistes, anciens pensionnaires, qui s'efforcèrent de tirer profit du destin ultérieur de Hitler en racontant qu'ils avaient été ses compagnons au Männerheim. J'avais lu tous les récits concernant le fameux asile, mais je fus sidéré d'apprendre qu'il était toujours ouvert et remplissait la même fonction que celle qu'il avait déjà quatre-vingts ans plus tôt, quand Hitler y séjournait. Il continuait à accueillir des clochards et des miséreux vivant de petits trafics, des sans-abri dans la force de l'âge, des vagabonds, des contestataires, des réfugiés de tous les coins de l'Europe que le hasard ou la nécessité avaient amenés à Vienne.

De sorte que, par une grise journée de novembre, je me retrouvai à parcourir les salles du Männerheim, m'efforçant de deviner ce que voyait et ressentait entre ses quatre murs le jeune Hitler. Peu de chose avait changé, m'assura le directeur. Il voulait dire, peu de chose dans l'architecture, mais cela allait bien au-delà. Il existe une photo, âprement discutée, de l'intérieur du Männerheim à l'époque où Hitler y logeait. Elle montre une silhouette, habillée de vêtements sombres, assise devant une fenêtre des cuisines et regardant dans le vide. D'aucuns prétendent qu'il s'agit de Hitler. Ce n'est probablement pas le cas, mais cela aurait pu. En faisant le tour du rez-de-chaussée, j'aperçus une forme assise à peu près dans la même position, vêtue d'un pull et d'un paletot noirs, fumant la pipe et observant au-dehors avec un regard sans expression reflétant un désespoir comparable. C'était, m'informa le directeur, un réfugié qui avait fui la Macédoine après l'éclatement du conflit yougoslave et dont la maison avait été détruite au cours des violences ethniques. En étant pessimiste (comme on ne pouvait que l'être en ce lieu), il était facile de l'imaginer en proie au même ressentiment qui avait été ici celui de Hitler. Comme le disait le directeur, peu de chose avait changé.

M'ayant aidé à m'introduire au Männerheim, Herr H. me dit qu'il avait une faveur à me demander, un rêve dont la réalisation nécessitait mon appui. Il savait que j'avais prévu d'aller de Vienne à Munich en train ; il proposa de me conduire en voiture jusqu'à Munich, avec une halte à l'Obersalzberg, la retraite montagnarde de Hitler, si je m'arrangeais pour qu'il puisse descendre à la fameuse pension de famille bâtie dans l'enclos du dictateur, là où, avait promis Bormann, chaque citoyen du Reich aurait la possibilité de passer « une nuit près du Führer ».

La raison pour laquelle il ne l'avait pas encore fait, la raison pour laquelle il pensait que je lui serais précieux, c'est que ladite pension avait été saisie par les autorités militaires américaines. Elles avaient dynamité la demeure personnelle de Hitler pour éviter qu'elle ne devienne plus tard un lieu de culte néo-nazi. Mais l'immense auberge de Bormann ne leur avait pas paru imprégnée de l'esprit maléfique du dictateur. Elle avait donc été convertie en une sorte d'installation de vacances pour les soldats américains stationnés en Allemagne et leurs familles. Herr H. pensait qu'elle était ouverte à tous les citoyens américains et à leurs invités, de sorte qu'il me demanda de faire des réservations pour moi, pour lui et pour son amie israélienne à l'Hotel General Walker, comme on avait rebaptisé l'endroit.

Si Herr H. m'avait confié son désir de passer « une nuit près du Führer », je m'interrogeai sur les motivations de Miriam. Elle semblait aussi normale que n'importe quelle jeune femme de sa génération. Née en Autriche et élevée en Israël de l'âge de cinq ans jusqu'à vingt ans, elle était revenue à Vienne, où elle travaillait comme agent immobilier. Sur le trajet de l'Obersalzberg à Munich, en plein cœur de la Bavière, tandis que Herr H. s'arrêtait pour faire le plein de la BMW à une station en bordure de route, où des villageois en culotte de cuir et coiffés du chapeau ornée de plumes multicolores pique-niquaient, je demandai à Miriam quelle impression cela lui faisait de vivre avec Herr H. dans un appartement bourré d'objets nazis.

Elle était ravie, me dit-elle, de la chance qui lui était ainsi offerte d'en savoir davantage sur Hitler : « En Israël, vous comprenez, on n'a pratiquement pas le droit d'en parler. C'est trop horrible. Mais je souhaite comprendre et, grâce à Hans, j'ai beaucoup appris. »

Il était difficile de contester une telle réaction, même si l'on pouvait discuter la méthode. En un sens, sa quête était semblable à celle de Herr H., et assez peu différente de la mienne. En dressant la carte du labyrinthe des interprétations avancées sur le dictateur, en m'efforçant de démêler le Hitler historique des significations projetées sur lui, des théories et des faits douteux présentés comme des vérités absolues, à ma manière j'essayais moi aussi d'être « près du Führer ».

Nous quittâmes donc Vienne par un sombre dimanche après-midi et, après avoir pris en chemin un dîner anticipé, nous franchîmes la frontière allemande entre chien et loup. La nuit tombait lorsque nous commençâmes à grimper les pentes de l'Obersalzberg, pour nous retrouver sur cette petite route traîtresse couverte de verglas ; et il faisait déjà nuit noire lorsqu'on nous mit à la porte de l'Hotel General Walker.

L'immense hall de réception était rempli d'une foule

bruyante de GI au crâne rasé, avec leur femme et leurs enfants vêtus de T-shirts à l'effigie de Bart Simpson comme le voulait la mode cette année-là. L'employée avait ma réservation et tout paraissait en ordre, jusqu'à ce qu'elle me demande mes papiers militaires. Personne ne m'avait averti au téléphone, dis-je. Apparemment, on n'y avait pas pensé, dans la mesure où, contrairement aux informations de Herr H., l'Hotel General Walker n'était pas ouvert à tous les Américains, mais uniquement au personnel de l'armée. J'eus beau protester, supplier en arguant que nous venions de faire trois heures de route pour venir jusque-là, ce fut peine perdue : il n'y avait pas de place pour nous à l'auberge.

Dehors, dans l'air glacial de la nuit, Herr H. montra du doigt le nid d'aigle blotti dans des crevasses enneigées juste au-dessous du pic. « C'est fermé pour l'hiver », fit-il observer. Tout d'abord je crus qu'il envisageait de grimper à pied le versant montagneux pour chercher un abri dans l'inaccessible sanctuaire, mais il se révéla qu'il avait un plan plus attrayant — pour lui, du moins — en tête. « Ça ne fait rien, continua-t-il. On peut toujours aller dormir au chalet de la Gestapo. »

Le chalet de la Gestapo. L'endroit était à peine moins sinistre que ne le laissait augurer son nom à cette heure de la nuit. C'était une petite auberge trapue située non loin de l'Hotel General Walker. Bâtie avant que Hitler ne fasse construire sur le pic de Kelstein son domaine particulier, elle était appelée jusque dans les années 1920 « Zum Turken », chez le Turc, en raison des origines de ses patrons. Dans les années 1930, le peu de sympathie nazie manifestée, pour leur plus grand honneur, par ceux-ci amena Bormann à confisquer l'auberge, qui devint le dortoir des agents de la Gestapo chargés d'assurer la protection de Hitler. Après la guerre, elle fut restituée à la famille de ses propriétaires, qui continua à l'exploiter, même si, pour Herr H. et ses semblables, elle demeurait le « chalet de la Gestapo ».

Malgré la tiédeur des gérants à l'égard de ce genre de souvenir, l'auberge, du fait de sa situation si « près du Führer », constituait une attraction pour les fanatiques ou les simples curieux, tous ceux qui désiraient séjourner dans un endroit ayant moins changé que n'importe quel autre site hitlérien, le Männerheim excepté. Près du bureau de réception, on voyait des albums avec des photos riantes montrant un Hitler détendu et chaleureux pris dans des décors variés au sommet de la montagne : avec son chien bien-aimé Blondi (sur lequel il testerait le cyanure qui lui était destiné) ; avec des enfants blonds ; avec Eva Braun ; avec des visiteurs nazis en tenue d'alpiniste ; marchant au milieu de fleurs sauvages ; se relaxant devant le somptueux panorama des Alpes. Autrement dit, Hitler en pantoufles. Et, au mur de la confortable salle commune où nous bûmes une bière avant de nous retirer, était accrochée une photo d'Eva Braun, qui avait peut-être été mise là pour égayer les heures de loisir des gardes SS quand Hitler et elle vivaient encore.

Le chalet de la Gestapo était fermé pour la saison, mais les propriétaires ne furent que trop heureux d'héberger un client aussi fidèle que Herr H. Ils ouvrirent les étages, par ailleurs totalement déserts, afin de mettre deux chambres à notre disposition. En dépit de leur hospitalité, ce n'était pas exactement le style d'endroit susceptible de me procurer une bonne nuit de repos. Seul dans ma chambre, au milieu du chalet presque vide, je n'arrivais pas à trouver le sommeil, songeant aux redoutables hôtes qui l'avaient occupée avant moi et à la forme spectrale que j'avais vue assise au Männerheim un peu plus tôt dans la journée.

En lâchant la bride à son imagination, il était possible de sentir là, sur la montagne de Hitler, l'esprit malfaisant du dictateur épaississant pour ainsi dire l'air de la nuit. Et, à un degré bien plus fort que je n'aurais voulu l'admettre, j'avais en effet l'impression de quelque chose de palpable, si irrationnel que cela puisse paraître. Toutefois, s'abandonner pour la nuit à ces troublants effluves représentait, dans l'enquête que j'avais entreprise, une sorte de moment décisif, illustrant de manière spectaculaire les risques que l'on court à vouloir « s'approcher du Führer », et qui pouvait m'aider à clarifier ce que je cherchais vraiment.

Le risque le plus évident était celui incarné par Herr H. : passer tranquillement de la proximité à l'intimité, de la scrutation à la myopie gargantuesque de la vision du *Hitler mit Slippern*.

Mais il existait un autre genre de péril propre à l'itinéraire que j'avais suivi en m'immergeant dans la littérature sur le sujet, en passant du temps avec ceux qui ont fait de la compréhension de Hitler l'œuvre de toute une vie : se tenir trop près du dictateur, si près que l'énormité de ses crimes devienne une lentille déformante rendant impossible toute perspective humaine. Si près que la tentation, la tendance inévitable, soit de considérer toute l'histoire comme ayant abouti à Hitler et aux camps de la mort. Et de manière concomitante, de penser la nature humaine par rapport aux sources, aux motivations de l'hitlérisme, de voir toute malfaisance en relation avec la malfaisance de Hitler. Jusqu'à faire de lui l'image inversée de Dieu, un principe déterminant, sinon souverain, de tout être.

Il faut également se demander si, en tant que Juif, en tant que victime potentielle, il est possible de prendre du recul. On préfère toujours penser que son drame est universel et exemplaire plutôt que particulier, qu'il est le drame de l'Homme, de l'Histoire, de la nature humaine tout entière.

Dans l'introduction de son étude sur Hitler, le psychiatre allemand Helm Stierlin [1] raconte avoir été amené à ce projet par une question que lui posa son fils de huit ans : « Hitler est-il l'homme le plus méchant qui ait jamais vécu ? » C'est là une question d'enfant, mais qui n'en est pas moins capitale, car elle concerne la manière dont nous mesurons et jugeons le mal. Par la quantité, le compte de cadavres, ou par l'état d'esprit, l'intention perverse, la volonté de nuire qui accompagnent le méfait ? C'était le genre de question que je n'avais cessé de poser depuis que H. R. Trevor-Roper m'avait surpris en déclarant qu'à son avis, Hitler n'avait nullement conscience de faire le mal, qu'il était « convaincu de sa propre rectitude ».

La question à laquelle je songeais au cours de cette nuit sans sommeil sur l'Obersalzberg, puis dans l'air cristallin du matin suivant, alors que le soleil d'automne avait enfin réussi à transpercer la brume, était quelque peu différente, bien que recouvrant les mêmes problèmes que ceux soulevés par Trevor-Roper et par le fils de Stierlin, problèmes auxquels se heurtent depuis un demi-siècle les philosophes et les théologiens les plus subtils : devons-nous revoir nos idées traditionnelles sur le mal pour expliquer la nature de Hitler, ou au contraire revoir notre idée de Hitler pour l'expliquer à l'aide de nos vieilles idées sur le mal ?

Autrement dit, et pour reprendre une formulation juive

familière : en quoi ce mal est-il différent de tous les autres, s'il l'est ? Cette question, je l'avais posée sous une forme ou sous une autre lors de mes rencontres avec des historiens comme Bullock et Trevor-Roper, des penseurs comme George Steiner et Emil Fackenheim, des psychanalystes, des psychohistoriens et d'autres commentateurs. Pour la voir éludée, évacuée ou expédiée à la va-vite un nombre de fois désespérant.

« Si lui n'est pas malfaisant, alors qui ? » avait maugréé Lord Bullock, comme si cela tranchait le débat, alors que cela ne faisait que le relancer.

Finalement, je réussis à dénicher un philosophe qui n'esquivait pas la question, ne la jugeait pas hors de propos ni insoluble, qui ne prétendait pas non plus posséder la réponse, mais au contraire se débattait pour en trouver une avec ce qui me semblait être une honnêteté scrupuleuse, et qui esquissait ainsi une perspective stimulante.

De fait, quelle ne fut pas ma surprise, après avoir consulté quantité d'ouvrages philosophiques sur le mal, à la fois d'un point de vue abstrait et par rapport à Hitler, en découvrant quelqu'un ayant quelque chose de nouveau à dire. Cette réflexion originale m'apparut tout d'abord, sous une forme discrète, dans un essai intitulé *Act and Idea in the Nazi Genocide* [2] de Berel Lang, président du département de philosophie de l'Université d'Albany, puis, de façon plus explicite, dans une étude préliminaire sur laquelle Lang attira mon attention, « The History of Evil and The Future of The Holocaust [3] ».

En songeant aux implications de la théorie de Lang, je fus étonné qu'elle n'ait pas suscité davantage de remous, même si elle commence seulement, me semble-t-il, à faire parler d'elle. L'essai de Lang a certes reçu un accueil favorable. Son auteur est considéré comme un spécialiste. Il a dirigé un important colloque et écrit déjà deux ouvrages sur le sujet. Et son nouveau livre, *Act and Idea*, lui a valu des éloges. Saul Friedländer, autre autorité en ce domaine, y voit « une des plus importantes tentatives faites pour affronter les conséquences philosophiques du génocide nazi », et Cynthia Ozick reconnaît à Lang « une force intellectuelle et dialectique égale à celle de Primo Levi ».

Une des raisons pour lesquelles, je le crains, l'importance de la contribution de Lang a pu échapper à bon nombre de ses lecteurs tient au style lui-même : dans sa prose comme dans son comportement, Lang est quelqu'un dont la réserve confine à l'effacement. Cela provient en partie d'une modestie et de scrupules scientifiques, en partie également d'une pudeur personnelle, d'une répugnance à se vanter de ses propres découvertes, de sorte que je n'étais pas tout à fait certain, avant de parler avec lui, du degré d'originalité de sa réflexion.

Néanmoins, lorsque nous eûmes pris place dans le confortable salon de sa maison de West Hartford, dans le Connecticut, Lang lui-même s'étonna que ceux qui avaient rendu compte de son livre n'aient pas réagi à la façon nouvelle dont il traite la question de la conscience du mal.

« Cela m'a intrigué, moi aussi. »

À son avis, les premiers lecteurs du livre ayant été des philosophes plutôt que des historiens, l'attention des critiques s'est surtout portée sur la dernière partie d'*Act and Idea*, consacrée à Kant (« Le génocide et la pensée des Lumières chez Kant »). Dans ce chapitre, Lang aborde le débat sur les « origines philosophiques » de l'hitlérisme, à savoir s'il convient d'imputer la source du totalitarisme et du racisme nazis à la philosophie des Lumières plutôt qu'à l'Ancien Régime contre lequel il s'insurgeait.

Toutefois, c'est dans les deux premières parties de son livre (« Le projet de génocide » et « La connaissance du bien et du mal ») que réside la contribution la plus importante et la plus polémique de Lang au débat sur la nature du mal hitlérien. Il prend le problème posé par Hitler au discours sur le mal, le problème soulevé par Bullock — « si lui n'est pas malfaisant, alors qui ? » — tout à fait au sérieux. « Il est absolument essentiel, me dit-il, de trouver une manière d'inscrire Hitler dans le cadre de notre représentation du mal, faute de quoi nous aurions à reconsidérer l'efficacité d'une telle représentation. Mais que ce soit essentiel ne signifie pas que ce soit possible. »

Aussi s'attaque-t-il dans son livre aux deux obstacles qui empêchent de considérer Hitler comme un scélérat conscient, ce qu'on pourrait appeler l'objection du dysfonctionnement et celle de la rectitude. Concernant la première, déclare-t-il, « si tout s'explique par un dysfonctionnement, par la théorie du testicule unique — qu'on prenne telle ou telle infirmité, ou qu'on les cumule —, alors en quoi Hitler serait-il responsable ou comptable de ses actes ? Quel mal y a-t-il là-dedans ? Nous nous trouvons sur le terrain de la justification par la folie : "C'est plus fort que moi. Et si c'est plus fort que moi, on ne peut pas me blâmer de l'avoir fait" ».

Encore plus problématique, estime Lang, est l'argument avancé par Trevor-Roper, pour qui on ne peut pas considérer que Hitler faisait consciemment le mal, dans la mesure où il était « convaincu de sa propre rectitude ». Un argument qui remonte au *Protagoras* de Platon, où Socrate déclare que l'homme ne fait le mal que parce qu'une imperfection l'empêche de connaître le bien, ou parce qu'une illusion le porte à croire qu'il fait le bien alors qu'il fait en réalité le mal. Deux millénaires de discussions n'ont pas permis de dépasser ce problème de la rectitude, parfois qualifié de « paradoxe socratique ». Même la littérature philosophique récente a recours à des exemples empruntés à la littérature plutôt qu'à l'histoire lorsqu'elle veut citer des individus commettant le mal en toute connaissance de cause. Iago, le Satan de Milton, le capitaine Claggart, persécuteur du Billy Budd de Melville, tels sont les criminels endurcis les plus fréquemment invoqués, et alors qu'on aimerait ajouter Hitler sur la liste (qui sinon lui ?), il ne se trouve pratiquement aucun personnage réel qui s'accorde avec cette description littéraire du malfaisant persuadé de sa malfaisance. Même le marquis de Sade se croit en définitive engagé dans un projet de libération. Les tortionnaires politiques invoquent pour justifier leurs actes des raisons idéologiques ou religieuses. Un problème des plus embarrassants pour une profession philosophique qui semble faire peu de cas de la connaissance ou de la perception intuitive, sinon de l'histoire elle-même. Mais pour Lang, il y a là un dilemme incontournable : nous devons ou bien réviser notre conception de Hitler ou bien réviser notre conception du mal.

Il s'en prend avec vigueur à l'argument de la rectitude développé par Trevor-Roper : « Même s'il ne le fait pas les yeux fermés ni totalement, Trevor-Roper accepte l'idée que les nazis croyaient à leurs propres métaphores. C'est-à-dire que les Juifs étaient des parasites, des microbes. Et à la conséquence en découlant : qu'eux-mêmes n'étaient rien d'autre que des médecins exterminant des germes. On retrouve une fois encore la tradition platonicienne qui veut que nous agissions au nom de ce que nous croyons être le bien. Reste à savoir si c'est là une explication adéquate de tous les exemples de forfaits que nous offre la période nazie. Telle est la question cruciale. »

Pour en venir à bout, Lang s'en prend à une invocation suprême de l'argument de la rectitude, le discours prononcé par Himmler à Posen, l'une des plus célèbres déclarations ayant trait au génocide nazi. En faisant cette harangue le 6 octobre 1943, Himmler entendait stimuler le moral des généraux SS directement chargés d'organiser les camps de la mort et de procéder aux massacres. Il les exhortait à tenir bon, à se prémunir contre tout sentiment de pitié que pourrait faire naître en eux le spectacle des charniers, des cadavres de femmes et d'enfants :

> Il fallait prendre la décision difficile de faire que ce peuple [les Juifs] disparaisse de la terre... Bien plus tard, peut-être, nous aurons à nous demander si nous devons en dire plus au peuple allemand. Pour ma part, je pense qu'il vaut mieux que nous ayons porté, tous ensemble, ce fardeau à sa place, que nous ayons pris sur nous cette responsabilité (la responsabilité d'un acte et pas seulement d'une idée) et que nous emportions ce secret dans la tombe.

Un discours à donner des frissons et qui représente, en l'absence d'ordre signé de Hitler, le témoignage le plus explicite de l'intention et de l'état d'esprit ayant présidé à la solution finale. À ce titre, on l'a fréquemment utilisé pour réfuter les arguments de l'école dite « fonctionnaliste », d'après laquelle on considère qu'il n'existait pas de directive précise ni de volonté au sommet d'exterminer les Juifs, que le génocide fut le résultat d'exigences bureaucratiques, de la difficulté de disposer autrement des Juifs capturés en Pologne puis sur le territoire soviétique après l'invasion de 1941, qu'il fut concocté par des sous-fifres plutôt qu'imposé d'en haut.

Toutefois, Berel Lang présente ce discours comme le nœud de l'argument de la rectitude : on y trouve des indications allant à la fois dans le sens et contre l'idée que les nazis étaient convaincus de faire le bien en exterminant les Juifs. En effet, d'un côté Himmler semble dire à ses officiers SS qu'ils accomplissent une noble tâche pour le salut de l'humanité. Mais, d'un autre côté, si la tâche est si noble, pourquoi donc les contraindre au silence et à la dissimulation, pourquoi cette nécessité d'emporter le secret « dans la tombe » ? Est-ce par honte, parce qu'il est convaincu non pas de la rectitude, mais bien plutôt de la criminalité de tels actes qu'il veut en faire disparaître les preuves ? Ou bien par prudence, par simple pragmatisme, sachant que, même si la grandeur d'une telle mission ne fait aucun doute à ses yeux, d'autres, moins lucides, moins sensibles à la menace représentée par les Juifs, pourraient avoir des scrupules, créer des obstacles ou des retards en étant convaincus à tort que le but et les moyens sont mauvais ?

Il n'est pas inutile de s'arrêter sur la manière dont Lang analyse les implications contradictoires du discours de Himmler, dans la mesure où elle éclaire sa critique du point de vue à la fois des historiens et des philosophes sur la question de l'intentionnalité de la malfaisance nazie. Et en premier lieu l'argument de la rectitude, d'après lequel Hitler, Himmler et les planificateurs de la solution finale se croyaient engagés dans une croisade héroïque. L'élément le plus puissant et le plus dévastateur de cette représentation des dirigeants nazis en idéalistes, dans leur esprit du moins, est l'analogie Pasteur/Koch, la théorie microbienne de la judaïté. C'est sur la base de cette vision que nous devrions ajouter foi à la sincérité de l'image propagée par Hitler et par Himmler, à savoir qu'en exterminant les Juifs ils agissaient tels des médecins, des guérisseurs se sacrifiant pour préserver la race humaine d'un fléau.

Dès 1919, Hitler écrit que « l'effet de la juiverie sera la tuberculose raciale des nations[4] ». Or un médecin soignant une maladie infectieuse ne cherche pas à réformer ni à éduquer les bacilles, il s'applique à les détruire pour le bien du patient. Pour le bien de la race aryenne, si les Juifs sont des bacilles tuberculeux, de tels bacilles doivent donc être détruits. Comparaison rendue encore plus explicite par Hitler en février 1942, alors que le programme d'extermination avait pris de la vitesse : « La découverte du virus juif est une des plus grandes révolutions qui aient été faites dans l'histoire du monde. Le combat que nous menons est de la même espèce qu'au siècle passé celui de Pasteur et de Koch. Que de maladies peuvent être imputées au virus juif ! Nous ne retrouverons la santé qu'en exterminant les Juifs[5]. »

Telle est, dans sa forme la plus raffinée, l'image que Hitler désire donner de lui-même, son auto-justification. Le docteur Hitler, champion de la lutte contre les microbes, héros virologue s'efforçant de sauver l'humanité d'une épidémie de germes mortels. Les médecins ne négocient pas avec les germes, ils les tuent. Hitler sous les traits de Pasteur, Hitler alias Koch. Toutefois, l'énormité grotesque d'une telle image n'exclut pas a priori la possibilité qu'il y ait cru, ou qu'il ait fini par y croire, ce qui validerait l'argument de la rectitude avancé par Trevor-Roper. Même si je suis plus enclin, pour ma part, à voir en lui un assassin de sang-froid qui se forgea, par calcul et intérêt personnel, un masque de rectitude au regard de l'histoire, existe-t-il une manière, autre qu'une lecture rétrospective, d'établir la fausseté de cette version hitlérienne du médecin philanthrope ?

Lang passe en revue un certain nombre d'éléments de moindre portée s'opposant au modèle de la rectitude médicale, avant d'en venir à ce qui me semble être son approche la plus significative. Parmi ces éléments, figure un virage politique devenu l'un des plus fameux sujets de controverse des études hitlériennes : la décision prise en 1944, alors que le front de l'Est, subissant la riposte des armées de Staline, était sur le point de s'effondrer, de récupérer des trains, indispensables à l'acheminement rapide de renforts aux troupes assiégées, pour transporter davantage de Juifs jusqu'aux camps de la mort.

Pour Lang, ce fait contredit l'alibi de la rectitude. Si le désir de Hitler était effectivement de préserver la race aryenne et la nation allemande, alors il a trahi ce prétendu idéal en privant le front des moyens de résister à la contre-offensive soviétique pour satisfaire une obsession personnelle (dans cette conception), tuer les Juifs.

Mais on pourrait en tirer la conclusion inverse : Hitler était si sincèrement convaincu que les Juifs étaient un fléau pour l'humanité qu'il était prêt à sacrifier l'existence de la nation allemande elle-même en tant qu'État indépendant pour sauver à tout jamais la race aryenne de l'infection juive : perdre la guerre contre Staline, mais gagner la guerre contre les Juifs. Ce qui ferait de ce transbordement de 1944 un témoignage en faveur de l'argument de la rectitude.

Une autre objection majeure, formulée par Bullock[6] et d'autres, à l'encontre de l'argument de la rectitude est celle de la dissimulation et de la honte. Hitler et les nazis ont tenté, de bout en bout, de garder le secret sur la solution finale, ce qui prouve qu'ils savaient qu'elle était injuste, qu'ils avaient honte de ce qu'ils faisaient. Or le fait de dissimuler ne signifie pas en soi que la dissimulation ait pour motif un sentiment de honte, par opposition à une prudence disons « idéaliste ». Le genre de prudence sacrificielle, imposée par l'accomplissement d'une mission supérieure, dont fait état Himmler à Posen et qu'il prêche à ses troupes SS : nous sommes les seuls à posséder assez de courage et de droiture pour comprendre que nos idéaux exigent de nous l'adoption de mesures radicales et apparemment terrifiantes en attendant que le reste de la population ait pris pleinement conscience de leur nécessité, de leur urgence « médicale », de leur finalité en réalité bienfaisante.

Les difficultés soulevées par Lang quant à la possibilité d'établir que les dirigeants nazis étaient convaincus de leur infamie plutôt que de leur probité renforcent au bout du compte, me semble-t-il, la thèse qu'il entend défendre. À savoir que, s'ils ont agi ainsi, ce n'est pas simplement avec la conscience de faire le mal, mais précisément parce qu'ils savaient que c'était mal.

Pour arriver à cette remarquable conclusion, Lang commence par suggérer l'idée qu'« il est possible de faire des distinctions entre les individus malfaisants en fonction du degré d'humanité qu'ils reconnaissent à leurs victimes ». Admettre l'humanité d'une personne rend plus difficile le fait de la priver de cette humanité, ou de la vie. Ce qui amène Lang à déclarer que le processus de déshumanisation mis en œuvre par les nazis, « les traitements brutaux et dégradants » infligés systématiquement aux détenus des camps de la mort — la volonté, plutôt que de les tuer sur-le-champ, de les réduire à l'état de sous-humains pour rendre leur assassinat plus facile —, « par une cruelle inversion, témoigne encore plus fortement que l'extermination elle-même du *statut essentiellement humain accordé de prime abord aux Juifs* » (souligné par moi).

Dès lors se trouve réfuté l'argument de l'identification de Hitler à Pasteur et des artisans de la solution finale à des idéalistes : loin de voir les Juifs comme des sous-hommes porteurs d'un mal infectieux, il leur fallait d'abord les réduire sciemment, délibérément, à cet état pour que leur massacre paraisse « acceptable » à des êtres humains.

La réflexion, la lucidité, l'esprit de calcul que suppose un tel mode d'action criminel, tels sont les éléments qui, pour Lang, font de la déshumanisation une preuve de la conscience du mal. On peut imaginer un médecin tuant des microbes, ou abattant un chien enragé dans le but de rendre service à ses semblables, de protéger le genre humain de la contagion ; mais un médecin transformant ce qu'il considère comme un individu parfaitement sain en un chien enragé pour l'abattre sans scrupule, ou proclamant que ce genre de meurtre a une portée morale, ne peut être considéré que comme un criminel animé du désir de nuire.

« Le processus de déshumanisation systématique requiert une affirmation consciente du mal qu'il implique, déclare Lang, l'obligation de donner à un être humain une apparence moins qu'humaine ; ici l'agent de l'acte choisit de faire le mal par principe — le mal *au regard de ses propres normes* » (souligné par moi).

Faire le mal même au regard de ses propres normes, voilà qui est impossible pour Platon. L'homme, affirme-t-il, choisit le mal parce qu'il se laisse abuser par une illusion, par une vue erronée du bien, et non par une vision claire du mal. La preuve que les nazis savaient, au regard de leurs propres critères, que ce qu'ils faisaient était mal peut être trouvée, estime Lang, dans les différents stades de délibération qui ressortent de la mise en œuvre du génocide : décider que des individus doivent être jugés non pas sur la base de leurs mérites, mais comme un groupe contaminé ; décider que cette contamination représente un danger imminent et, pour finir, décider que l'extermination est seule capable de prévenir ce danger. « Chacun de ces stades exige une réflexion, un rejet des évidences contraires, un débat, une prise de position. »

La déshumanisation est en elle-même un processus complexe, incluant non seulement une conscience aiguë de la nature de l'acte envisagé, mais également la volonté de le camoufler, de le travestir en vue du meurtre à venir — un meurtre qui aurait semblé injuste avant la déshumanisation, mais qui paraît « juste » ensuite.

C'est alors que Lang franchit un pas que bien peu d'historiens et de philosophes ont osé faire. Celui consistant à passer de l'idée que les auteurs de la solution finale ont agi en sachant qu'ils commettaient un acte pernicieux à celle qu'ils ont agi ainsi *parce que* c'était un acte pernicieux.

Nombre de philosophes se sont demandé si un tel degré de malfaisance, une telle espèce de malfaiteur pouvait exister. Exister hors de la littérature, qui nous montre le Satan de Milton formant ce vœu : « Ô Mal sois mon bien ! », et Iago se délectant de ses forfaits. Mais même Iago éprouve le besoin de se justifier : on lui a rapporté qu'Othello a couché avec sa femme. Il admet qu'il peut s'agir là d'une calomnie. Implicitement, il avoue que cette explication n'est qu'un alibi pour le plaisir que lui procurent les actions mauvaises. Toutefois, c'est un personnage de fiction ; dans la vie réelle, il n'y a pas jusqu'aux satanistes qui ne se réclament d'une sorte de morale inversée : selon eux, Dieu serait un usurpateur démoniaque et Satan une créature incomprise au service de la libération et du bonheur des hommes. « Faire le mal en le sachant est une chose, dis-je à Lang dans son salon de West Hartford. Le faire parce que c'est mal est une tout autre affaire, ne pensez-vous pas ? »

Je fus sidéré de sa réponse, dans la mesure où il n'en dit rien dans son livre ; réponse que j'aurais été bien incapable d'imaginer, mais qui modifia considérablement mon point de vue sur la question.

Il aborda le sujet en soulignant l'inventivité dont avaient fait preuve les nazis dans leurs mensonges concernant le génocide. Nous venions d'évoquer le fameux passage des « Libres propos » où Hitler, Himmler et Heydrich s'emploient à démentir la rumeur (qu'ils savent vraie) selon laquelle les Juifs seraient massacrés. Une rumeur absurde, s'indigne Hitler, qui prétend qu'ils sont seulement regroupés dans les marais russes, non sans ajouter que, s'ils étaient effectivement massacrés, ils n'auraient que ce qu'ils méritent.

Cette charade presque transparente par laquelle les trois architectes de la solution finale se faisaient les premiers négateurs de l'Holocauste, les premiers « révisionnistes », pour ainsi dire, et cela avec un cynisme particulièrement révoltant, ne tenait-elle pas à la fois d'un désir de dissimuler et de montrer ? demandai-je à Lang. De dissimuler la vérité au reste du monde et de la montrer, presque d'en faire étalage entre partenaires « de mèche ».

« Oui, me répondit Lang. Je serais assez de cet avis. Il se dégage de tout cela une sorte d'inventivité, quelque chose de plus subtil que l'usage de la force brutale. Primo Levi utilise le terme de "violence superflue", ce qui n'est pas tout à fait ce que je dis ; il y a certes une part de gratuité, mais c'est bien plus que de la gratuité. On y trouve, me semble-t-il, cette amplification, cette élaboration imaginative qui est le propre de l'expression artistique et que nous prenons en art pour la marque d'une intention, une intention artistique, d'un projet d'ensemble. »

Une intention artistique animant le projet et la mise en œuvre d'une action mauvaise ? La raison pour laquelle Lang a recours à cette notion d'art du mal réside en partie dans l'idée de volonté consciente qu'elle implique : si la caractérisation, l'ampleur du mal dépend du degré de conscience que l'on a de mal faire (et de le faire malgré tout), alors la conscience artistique apparaît presque comme la plus élaborée, la plus profonde des prises de conscience.

« C'est le rôle de l'imagination dans la réalisation de leurs actes », suggère Lang, qui révèle le travail d'une conscience artistique du mal chez les artisans de la solution finale. « La brutalité s'exprime de façon directe, elle n'est pas imaginative ; or il n'y a pas seulement là une force brutale. On a l'impression d'une espèce d'ironie perpétuelle, comme avec la fameuse inscription [placée à l'entrée d'Auschwitz], vous savez, "*Arbeit Macht Frei*" [Le travail rend libre]. Ça a l'air d'une blague, et c'en est une en réalité. Ou avec l'orchestre qui joue des airs à la mode au moment du départ au travail des détenus... » Une conscience artistique, un sens de l'ironie révélant l'existence d'une intention, d'une délibération, d'une élaboration réfléchie. C'est ce que montre le mensonge hautement raffiné des « Libres propos » concernant l'extermination des Juifs.

À ce stade de ma conversation avec Lang, j'eus soudain le pressentiment du lien qu'il s'efforçait d'établir : si l'essence de la perfidie du projet de génocide réside dans l'intention artistique que révèlent son organisation, son application et sa dissimulation, est-il possible que tout cela provienne du fait que Hitler se considéra toute sa vie comme un artiste ? Ou, ainsi que je le déclarai d'un ton hésitant à Lang : « La notion d'art, d'imagination artistique, est-elle ce qui distingue le mal nazi ?... Cela confère aux choses une logique à laquelle je n'avais pas songé. Mais quand vous parlez d'art, je me demande... Hitler en artiste, est-ce vraiment la raison, qu'il se soit pris pour un...

— Il ne fait aucun doute que, par bien des aspects, des aspects tout à fait visibles, il était un artiste, répliqua Lang. Je pense à ces rassemblements, à sa manière de prononcer ses discours. C'est de l'art, ni plus ni moins. Quant à sa qualité et si l'on peut parler de l'ensemble comme d'un art, je me garderai bien de porter un jugement. »

Toutefois, il se mit à esquisser de fascinants parallèles entre l'état d'esprit de l'artiste et celui du malfaiteur.

« Dans la création artistique entre une part de délibération et de fierté. La conception que nous avons du style d'une œuvre d'art suppose un choix entre plusieurs solutions, en fait une série de choix méthodiques excluant certaines possibilités et en retenant d'autres, qui finissent par s'articuler entre elles. S'agissant du domaine de l'éthique, il est possible de parler d'un style moral utilisant la morale comme une esthétique ; ce qui requiert au minimum que la conscience du mal joue son rôle, qu'il y ait conscience de la nature de l'option rejetée, conscience que l'option adoptée est jugée mauvaise. Et la présence de l'invention, de l'imagination... »

Non que les commandos chargés d'effectuer des tueries ou les chambres à gaz aient témoigné d'une quelconque sensibilité artistique (encore que, dans ce dernier cas, on puisse déceler un art diabolique de la tromperie). Cette sensibilité existait bien plutôt dans l'esprit des créateurs et des architectes de la solution finale.

Lang indique avec précision toute l'importance de l'enjeu dans sa critique de la notion, qui n'est devenue que trop familière en dépit de son manque de clarté, de « banalité du mal » formulée par Hannah Arendt dans son livre sur le procès d'Adolf Eichmann[7]. « Arendt prétend qu'Eichmann révèle une absence d'imagination dans le mal. Pour ma part, je pense que l'imagination est là, présente dans ses actes. Il n'y a pas besoin d'être un génie pour avoir de l'imagination. Personne n'est banal au point d'être sans imagination. »

Alors qu'Arendt tente de définir le mal comme une « non-réflexion », une indifférence aux questions morales, Lang y voit au contraire une réflexion, dans le sens littéral d'un exercice de la pensée (concernant les options choisies et rejetées), du jugement et de l'imagination — au moins dans le cas des nazis. Le mal ne résulterait pas alors d'un manque d'imagination, mais bien plutôt d'un surplus d'imagination, d'une conscience du mal trop artistique.

Examinons un instant jusqu'où nous entraîne le fait de concevoir la malfaisance de Hitler comme un aspect de son image de lui-même en artiste. On sait que cette image prit forme dès son adolescence, tout comme on sait que l'affirmation d'une telle identité le mit en conflit avec son père, qui la désapprouvait, et le rapprocha de sa mère, qui encourageait le côté âme sensible du jeune Adolf. Nous savons également qu'à la mort de son père, se sentant désormais libre, il se rendit à Vienne pour y réaliser son rêve, et fut brutalement désillusionné en se voyant nier tout talent au point de ne même pas être admis à suivre les cours de l'Académie des Beaux-Arts. Un échec qui allait avoir des effets dévastateurs sur le reste de son existence.

Naturellement, même après son rejet par l'Académie, puis par l'École d'architecture, le jeune Hitler continua à se considérer comme un artiste. À l'asile de nuit pour hommes, il peignait des cartes postales qu'il vendait aux passants ; dans les tranchées pendant la Première Guerre mondiale, il dessinait inlassablement ses camarades ainsi que le paysage dévasté par les obus. (Il ne fut jamais, comme on s'est plu à l'affirmer pour le tourner en ridicule ou le rabaisser, « peintre en bâtiment ». Ce n'était peut-être pas un bon peintre, ses paysages n'ont ni originalité ni réel intérêt, mais c'était un peintre tout de même.)

Artiste, il l'était non seulement par son activité, mais aussi par son tempérament. Dans le demi-monde munichois qu'il fréquentait pendant la période de Weimar, dans les salons des aristocrates douteux et vaguement bohèmes où il était régulièrement reçu, Hitler aimait à se poser en artiste, parlant abondamment de Wagner et de la nécessité de restaurer les idéaux artistiques du classicisme grec. Une disposition qui culmine dans la grandiloquence absurde de ses interminables monologues sur l'art des « Libres propos », dans l'arrangement esthétique des défilés de Nuremberg. Et dans les monstrueux projets d'architecture totalitaire qu'il concevait (et exécutait parfois) avec Albert Speer.

Comme le déclare Gordon Craig[8], Thomas Mann fut l'un des premiers à souligner l'importance, dans l'ascendant exercé par Hitler sur les Allemands, de son image d'artiste créateur de mythes plutôt que politicien. Tout à la fin, dans les profondeurs de son bunker, à quelques jours seulement de l'irruption des troupes soviétiques et de son propre suicide, il était impossible de l'amener à une discussion pratique sur la situation désespérée dans laquelle il se trouvait, car il ne pouvait s'arracher à la contemplation de la maquette de son ultime délire architectural : la transformation de Linz, sa ville natale, en capitale culturelle et musée du Reich millénaire (qui venait de s'effondrer).

Par ailleurs, il se flattait d'être entouré de collaborateurs se considérant eux-mêmes, d'une manière ou d'une autre, comme des artistes. Heydrich était un violoniste accompli, Goebbels un romancier, Goering un farouche collectionneur d'œuvres d'art, et il y avait, bien sûr, Speer, l'âme sœur de Hitler en matière d'esthétique. Sans parler de Himmler, que Richard Breitman qualifie, après mûre réflexion, d'architecte du génocide. Dans leur étude sur l'architecture d'Auschwitz, Debórah Dwork et Robert Jan van Pelt[9] révèlent que, bien au-delà de ce qu'on peut supposer, la thèse de Lang selon laquelle les camps de la mort seraient le produit délibéré d'un art du mal trouve sa confirmation dans la théorie et la pratique réelles des artisans d'Auschwitz.

En fait, toute une école de pensée sur Hitler et l'Holocauste a vu le jour ces dernières années, qui place l'art et l'esthétique au centre même du débat, faisant de la conscience artistique non pas un simple dérivé du projet nazi, mais sa véritable source. Dans un film récent intitulé *L'Architecture du destin,* le Munichois Peter Cohen montre comment le racisme nazi est né d'esthétiques perverses (ainsi que le suggère dans une large mesure Fritz Gerlich avec sa satire de la science raciale). D'autres vont plus loin et voient dans les doctrines racistes nazies une conséquence de l'idéalisme esthétique occidental, une perversion au cœur de la culture elle-même, comme le déclare George Hersey, de l'Université de Yale, dans son livre *The Evolution of Allure*[10]. Il y décrit l'eugénisme nazi comme un art démoniaque visant à ciseler un corps parfait dans la chair des chromosomes, à travers des conceptions génétiques primitives incluant l'euthanasie et les exécutions en masse comme instruments permettant de sculpter l'image d'une race.

Peut-être les journalistes du *Münchner Post* l'avaient-ils compris en qualifiant Hitler de « faussaire politique ». Un faussaire est après tout une espèce d'artiste : un artiste du faux, de l'imposture. Et peut-être le romancier D. M. Thomas n'est-il pas loin de la vérité lorsqu'il avance l'idée troublante que, sous certains aspects, Hitler et Kafka sont des artistes frères, presque des jumeaux psychiques, des étrangers l'un et l'autre en marge du Reich allemand, qui se forgèrent une vision, un art issus du désespoir et de la dépossession, et dont l'esprit inventif leur fit concevoir à tous deux un monde concentrationnaire, même si Hitler rêva et eut la volonté de réaliser le cauchemar de Kafka.

Le roman de Thomas, *Images d'une exposition,* contient un passage où il élargit sa méditation sur la ressemblance artistique entre Kafka et Hitler par le truchement d'un personnage (peut-être un ancien nazi déguisé) qui écrit à un ami : « J'ai besoin d'en savoir plus sur le modernisme. Il me semble que l'on peut considérer les camps de la mort comme la manifestation d'un art abject. Il y avait une terrible beauté aux aspects surréalistes dans leur efficacité pratique. Je veux parler de cette arrivée en train qui fait logiquement penser à un retour chez soi ou au début plein d'allégresse d'une période de vacances. De ces officiers jouant une musique gaie, de ces métaphores de la purification, les salles de douche et les fours crématoires... »

Ce point de vue ajoute-t-il quoi que ce soit à notre compréhension de Hitler et du mal hitlérien ? Considérer Hitler sous l'angle de l'artiste et de la conscience artistique permet à coup sûr de relier entre elles certaines de ses obsessions. De rendre compte de la véhémence avec laquelle il appelle à une « guerre impitoyable » contre l'art dégénéré, les modernistes décadents et les artistes juifs qui l'ont produit. Il est possible de voir dans sa conception de l'infériorité ou de la dégénérescence de certains peuples un jugement artistique pervers : les races inférieures comme « art dégénéré » de la création biologique. On pourrait même dire que le geste qui signe la malfaisance nazie constitue un acte critique démoniaque : la rencontre entre nazis et Juifs à l'arrivée du train sur le quai d'Auschwitz est une séance de « tri », de discrimination meurtrière opérée par des connaisseurs, presque un rituel conservatoire. De fait, le terme utilisé officiellement pour désigner l'action de choisir entre ceux voués à une mort immédiate et ceux destinés à travailler et être torturés à mort en une sorte de sursis « artistique » n'est pas sans faire songer à une opération muséographique : la sélection.

En définitive, l'analyse du mal hitlérien à travers la conscience artistique qu'il manifeste offre une possibilité de réfuter l'argument de la « rectitude » ; il y a bien un plaisir conscient dans le viol abominable que constitue la déshumanisation, une espèce de processus artistique à rebours, une dé-création, dans laquelle des êtres humains sont remodelés, reconfigurés en êtres sous-humains. Un plaisir qui ne peut se justifier par l'obligation d'avoir recours à des méthodes cruelles pour défendre un idéal. Les méthodes étaient l'essentiel, les méthodes étaient la folie.

Le surgissement de cet art du mal soulève une autre question sur laquelle Lang possède des vues non moins intéressantes : celle d'une évolution dans le mal, d'une progression vers des formes de cruauté inconnues avant l'ère nazie. Je lui demandai si, à son avis, c'était cette création d'un art du mal par Hitler qui faisait du génocide nazi un phénomène sans précédent, un repère nouveau dans l'histoire du mal.

Dans son article « The History of Evil and The Future of The Holocaust », Lang avait abordé l'idée d'un accroissement de la gravité du mal. En déclarant que le mal possède une histoire, un développement depuis le premier meurtre délibéré (celui d'Abel) jusqu'au génocide hitlérien, il ne s'était toutefois pas servi de la métaphore artistique. Il le fit en évoquant l'hypothèse que le mal puisse connaître des étapes ultérieures, évoluer au-delà de Hitler.

« J'ai suggéré [dans l'article] que cette phase du mal pourrait bien ne pas être la dernière. Je reprendrai l'analogie avec l'art. Lorsqu'on parle de l'avenir de l'art, on parle en fait de l'imagination. Il fallait, me semble-t-il, un acte d'imagination, d'imagination immorale, pour concevoir un génocide comme ils l'ont fait. Et si l'on parle de l'imagination, alors une de ses caractéristiques, c'est son imprévisibilité.

— Vous voulez dire que si l'on pouvait prédire la prochaine étape, ce ne serait pas vraiment la prochaine étape ? »

Oui, répondit-il, et il eut recours à la notion de génie. « S'il y a du génie en art, chez un Mozart par exemple, et s'il peut y en avoir en morale, chez un Gandhi, ne peut-on faire un parallèle entre le génie artistique et le génie du mal ? Le génie nous montre ce que nous n'avions encore jamais vu. »

Un genre de mal encore jamais vu ? Une ignominie qui dépasserait celle de Hitler ? C'est là une chose stupéfiante. Et, par définition, inimaginable. Ou aurait-elle déjà fait sentir sa présence ?

Je demandai à Lang s'il pensait que le phénomène de négation de l'Holocauste, le « révisionnisme » comme on l'appelle, pouvait être ce nouveau développement ingénieux dans l'histoire du mal. Après tout, les révisionnistes dans l'âme non seulement se réjouissent de l'Holocauste, mais ajoutent, avec une subtile malveillance, l'insulte aux souffrances en accusant survivants et témoins d'être des menteurs. Ils exterminent une seconde fois les victimes en proclamant qu'elles n'ont jamais existé, en affirmant, dans leur falsification de l'histoire, que ces morts réelles ont été falsifiées.

Lang résista à cette idée. Dans la mesure, déclara-t-il, où les révisionnistes ne nient pas que, *s'il avait eu lieu*, l'Holocauste aurait été condamnable, ils reconnaissent, au moins implicitement, que tuer des Juifs était une chose injuste, une chose qu'on avait envie de nier.

J'aurais pu répondre qu'ils mentent purement et simplement en prétendant que le génocide aurait été une mauvaise chose. En fait (comme le montre le livre d'Ingo Hasselbach et de Tom Reiss sur le mouvement néo-nazi, *Führer-ex* [11]), en privé, dans leurs réunions, ils se félicitent qu'il soit advenu et ne s'appliquent à le nier en public que dans le but de tourmenter les rescapés déjà tourmentés en déshonorant les morts. Une sorte de danse macabre dont ils ont fait une chorégraphie du mal, une discipline artistique.

Lang esquisse une autre conception de la prochaine

étape de l'évolution dans le mal : un mal plus *élaboré* que le mal hitlérien (encore que sans ses hécatombes), tel qu'il ressort de la position prise après-guerre par le philosophe Martin Heidegger, devenu sous la dictature hitlérienne un courtisan nazi pour satisfaire ses ambitions universitaires.

« Heidegger, dit Lang, qui a étudié la vie et l'œuvre de celui-ci pour son livre *Heidegger's Silence*[12], savait très bien ce qui se passait et il s'en moquait. Son silence... ce n'est même pas un déni. Pour lui, cela n'avait pas d'importance. Oui, pas d'importance ! répéta Lang avec une fougue inhabituelle. Maintenant, si vous me demandez ce qui est le pire... Les révisionnistes nient l'Holocauste... et quoi qu'on puisse dire de leurs raisons, au moins s'il avait eu lieu, cela aurait été une chose injuste. Mais Heidegger était parfaitement au courant, et cela n'avait aucune importance, cela ne valait même pas la peine de maquiller les faits pour les nier... À ses yeux, c'était une histoire qui ne méritait tout simplement pas qu'on se sente concerné. »

Pour Lang, ne pas se sentir concerné par cette histoire est pire que de la falsifier. Savoir et ne pas s'en soucier, pire que de nier, de mentir, de dénaturer.

J'avais le sentiment qu'il sous-estimait quelque peu le degré d'élaboration artistique atteint par le révisionnisme. Il n'avait jamais rencontré David Irving, ne s'était jamais frotté directement à un disciple du révisionnisme « scientifique ». Moi, si.

CHAPITRE 12

DAVID IRVING : LA GROSSE BAVURE

Où nous explorons la pensée de l'« ambassadeur » de Hitler dans l'au-delà, où nous voyons le charisme hitlérien en action et où nous rencontrons à nouveau Hitler en nouveau-né

En pressant la sonnette de la forteresse, au portail muni d'un système de sécurité ultra-perfectionné, où habitait David Irving dans Duke Street à Londres, je ne pouvais m'empêcher de songer aux propos d'Alan Bullock. Celui-ci avait pris bien soin de préciser que son retour à la polémique par le biais de sa conférence sur le rôle de Hitler dans l'Holocause n'était pas une riposte directe ou *ad hominem* à la vigoureuse plaidoirie de David Irving en faveur de la thèse de la non-implication du leader nazi, mais une réponse aux « révisionnistes » en général et à leurs auditoires potentiels. Il ne voulait pas faire l'honneur à Irving de le reconnaître comme un adversaire, le représentant d'une authentique école historique rivale.

Pour autant, il n'en était pas moins fasciné, ou plutôt horrifié, par le phénomène Irving.

« C'est un fauteur de troubles, m'avait-il dit. Un propagandiste hitlérien.

— Un propagandiste hitlérien ?

— Parfaitement ! s'était-il exclamé, laissant échapper dans son dédain une pointe d'accent de son Écosse natale. Il va là où a pris l'incendie. En Allemagne, et il souffle sur les braises. »

Bullock faisait allusion aux comptes rendus publiés dans la presse à propos des interventions d'Irving dans des meetings de sympathisants allemands. J'en avais un en ma possession, un article écrit en 1991 par Gitta Sereny[1], auteur d'*Albert Speer : son combat avec la vérité.* À l'en croire, Irving avait déclaré à Hambourg que, bientôt, on ne parlerait même plus de « ce mythe des tueries massives de Juifs dans les usines de mort d'Auschwitz, de Majanek et de Treblinka... qui n'ont en fait jamais eu lieu ». Deux jours plus tard, raconte Sereny, Irving « délivra son message devant une meute de jeunes gens tatoués et agitant des drapeaux à Halle, dans l'ancienne Allemagne de l'Est. La foule hurla "Sieg Heil" lorsque Irving se mit à célébrer l'héroïsme de "ce grand martyr allemand, Rudolf Hess" ».

En dépit de ses réflexions mystiques sur Jésus embrassant Judas, Bullock semble tenir Irving pour un Judas de la vérité historique indigne de pardon. À l'évidence, il le méprise purement et simplement. « Une drôle de petite crapule. Si vous parlez de scélérat, eh bien, en voilà un ! Il souffle sur les braises, et il *sait très bien ce qu'il fait.* »

David Irving est-il un scélérat ? En supposant que la scélératesse soit une destination, Bullock pense qu'Irving est déjà arrivé en gare. Je n'en suis pas aussi sûr. Il me semble l'avoir rencontré à un moment où il avait atteint le dernier arrêt avant le terminus. Et où il se demandait s'il valait mieux abandonner ou continuer le trajet.

Il est rare d'être témoin de l'instant décisif où ce genre de combat intérieur se livre à haute voix, tel fut pourtant mon sentiment en voyant Irving s'escrimer avec un problème capital soulevé par un manuscrit. Un manuscrit qu'il était fier de montrer et qu'il aurait voulu en même temps pouvoir répudier, discréditer. Parce qu'il constitue une réfutation de ce qu'il répète depuis vingt ans. Parce qu'il contient ce que, d'après lui, on ne devait jamais retrouver, ce qui n'existe pas : la preuve d'un ordre personnel de Hitler, le *Führerbefehl* si longtemps cherché, la directive enjoignant d'exterminer les Juifs. C'est ce manuscrit, et la perplexité dont il était la cause, qui m'avaient amené à surmonter mes réticences et à aller parler à Irving, alors que je me trouvais à Londres pour m'entretenir avec Bullock et avec Trevor-Roper. Je voulais savoir si, comme il semblait l'indiquer dans une récente interview au *Telegraph* [2], il envisageait sérieusement de réviser ses vues révisionnistes.

Le manuscrit en question, de prétendus mémoires d'Adolf Eichmann, était posé sur son bureau : une volumineuse pile de photocopies qui semblait également peser fortement sur sa conscience lorsque je lui rendis visite cet après-midi-là à Duke Street. On apercevait en outre un buste de Goebbels et une petite statuette de Hitler en uniforme.

Grand gaillard au teint rougeaud, vêtu d'un costume en laine de style rustique, Irving avait la curieuse habitude de se mettre à grimacer chaque fois qu'il était en proie à l'émotion. Ce qui lui arriverait fréquemment au cours de notre conversation. En particulier lorsqu'il serait question du dilemme posé par les mémoires d'Eichmann

Irving s'est fait une réputation de polémiste avec la publication en 1977 d'un livre intitulé *Hitler's War,* dans lequel il prétend décrire l'origine et la conduite de la guerre par les yeux de Hitler lui-même, « de derrière son bureau ». Nombreux sont ceux qui rendent hommage à la documentation dont il s'est servi, composée de sources allemandes, d'une multitude de papiers privés, de mémoires et de documents en grande partie oubliés. « Quelque critique que l'on puisse adresser à Irving comme historien — et elles ne manquent pas —, il possède un flair indéniable pour dénicher des documents originaux », écrit en 1983 Robert Harris dans son récit du fiasco des carnets de Hitler. Toutefois, très largement rejetée a été la thèse défendue par Irving depuis *Hitler's War,* à savoir que l'absence d'ordre écrit du dictateur au sujet de la solution finale prouverait qu'il ne l'a tout simplement pas ordonnée et sans doute qu'il en ignorait tout.

En adoptant cette position, Irving allait même plus loin — mais pas beaucoup plus — que les plus radicaux des historiens « fonctionnalistes » allemands dans la querelle opposant « intentionnalistes » et « fonctionnalistes » durant les années 1980. Ces derniers affirmant que, quand bien même Hitler aurait été au courant, l'Holocauste fut le résultat d'une sorte d'embrasement spontané, de dérapage bureaucratique provoqué par les circonstances de la guerre, et cela avec la complicité des dirigeants nazis à l'échelon inférieur : Himmler, Heydrich, Goering et Goebbels, ainsi que de leurs subordonnés agissant dans une large mesure de leur propre initiative.

Cependant, au cours des vingt années depuis la publication de *Hitler's War*, les conceptions d'Irving ont connu un profond changement, ou plutôt plusieurs, dans un sens et dans l'autre : d'un désaccord modéré à un accord manifeste avec les négateurs de l'Holocauste, puis de là à une acceptation apparente des exterminations, mais ordonnées par d'autres que Hitler. Sur ce point, il n'a nullement varié. Pas d'Holocauste, de temps à autre, Hitler, jamais.

Et, avec une fréquence croissante, il lui arrivait de se lever de son propre bureau pour se métamorphoser en un Führer féroce et véhément du mouvement de négation de l'Holocauste, prononçant des discours dans des meetings de néo-nazis purs et durs en Allemagne et, bien évidemment, en Argentine.

« Il souffle sur les braises », m'avait déclaré Bullock, et de fait, sur le bureau d'Irving, se trouvait une cassette vidéo à la boîte ornée d'une photo le montrant agitant les poings, les veines saillantes, face à une foule de révisionnistes fervents, une photo qui faisait étrangement penser au personnage qui l'obsède.

Quoi qu'il en soit, c'est au cours d'un de ces meetings en Argentine qu'on remit à Irving le manuscrit explosif. Il s'agissait à l'évidence d'une sorte d'offrande, de tribut payé à un fidèle serviteur de la cause du Führer. En réalité, un cadeau empoisonné.

« La communauté juive d'Argentine fut assez insensée pour m'accuser, dans la presse locale, d'être un agitateur national-socialiste, me raconta Irving. C'est là que les choses deviennent intéressantes. Je fus aussitôt tiré de mon hôtel et placé sous protection dans une villa parce que, me dit-on, quand les gens vous décernent ce genre d'épithètes en Argentine, ils ne plaisantent pas. Si bien que, à la fin du meeting suivant, un type vint me voir avec un paquet enveloppé dans du papier brun. “Vous êtes de toute évidence la personne que nous cherchons depuis 1960 pour être le dépositaire de ces papiers de la famille Eichmann.” Vous comprenez, après le kidnapping d'Eichmann en pleine rue, sa famille avait été prise de panique. Elle avait réuni tous les papiers de celui-ci ayant rapport avec la guerre, en avait fait un paquet et les avait confiés à un ami. Qui les avait donnés à l'homme qui me les apporta et que j'ai moi-même remis au gouvernement allemand. Lequel n'a rien trouvé de mieux que de me jeter en prison et de m'abreuver d'insultes ! » ajouta d'un ton courroucé Irving, se référant à des événements plus récents (il fut brièvement incarcéré à Munich avant d'être expulsé d'Allemagne comme négateur de l'Holocauste. Un tribunal munichois le condamna en 1992 pour « diffamation des Juifs assassinés[3] »).

« Voilà mon exemplaire, continua-t-il en désignant la pile de feuilles posée sur son bureau. J'ai donné l'original au gouvernement allemand, mais auparavant je me suis fait de bonnes photocopies. »

Je lui demandai de me montrer le scoop, le passage mentionnant l'« ordre du Führer » qui ne cessait de le tourmenter depuis qu'il était entré en possession de ces hypothétiques mémoires d'Eichmann. Il prit le tas de feuilles et l'ouvrit à un endroit marqué par un post-it jaune.

« C'est ahurissant. À maintes reprises, il fait allusion à une discussion qu'il eut avec Heydrich à la fin septembre ou au début d'octobre 1941, au cours de laquelle ce dernier lui aurait dit mot pour mot, je cite : "Je viens de voir le Reichführer [Himmler]. Le Führer a ordonné la destruction physique des Juifs." »

Une déclaration sans équivoque, et d'autant plus troublante pour Irving qu'elle est antérieure à la capture et au procès d'Eichmann.

« Il n'arrête pas d'en parler, reprit-il. Il y revient sans cesse. Vous voyez ces marques..., fit-il, indiquant les post-it jaunes marquant les autres endroits où Eichmann évoquait le fameux ordre relatif à la solution finale.

— Quand avez-vous fait cette découverte ? lui demandai-je.

— En décembre 1991. Ça m'a... j'en suis tombé littéralement à la renverse, boum ! plaisanta-t-il pour masquer son embarras. Comment expliquer une chose pareille ? »

Excellente question. Car, s'il était authentique, ce témoignage remettrait en cause non seulement les conclusions d'Irving en ce qui concerne l'absence de génocide, mais également sa position initiale quant à la non-implication de Hitler. Ce qui serait extrêmement fâcheux, admet-il. « J'ai dû me dire : “Allons, ne te laisse pas démonter.” »

La solution la plus évidente consistait à déclarer que ces mémoires d'Eichmann étaient un faux et à expédier les révélations qu'ils contenaient à la corbeille avec les carnets de Hitler. Mais Irving était convaincu de leur authenticité, laquelle, à l'en croire, se trouvait attestée par les Archives fédérales de Coblence. (Ce qui n'est vrai qu'en partie. D'après un responsable des Archives, ces mémoires seraient la réunion d'interviews d'Eichmann réalisées par un journaliste sympathisant, ainsi que d'autres sources.) Sans doute la réputation de dénicheur de trésors hitlériens disparus acquise par Irving aurait-elle difficilement supporté un nouveau flop. En 1983, dans l'affaire des « carnets » de Hitler, il avait tout d'abord proclamé qu'il s'agissait de faux, avant de se prononcer au dernier moment en faveur de leur véracité, effectuant la démarche inverse de celle de Trevor-Roper, pour se retrouver malheureusement du mauvais côté.

Avec les mémoires d'Eichmann, Irving se voyait à présent écartelé entre son désir d'ajouter une nouvelle découverte à son palmarès et sa position de biographe, de défenseur du Führer. En 1992, il confia son problème au *Telegraph* de Londres, en des termes qui laissaient supposer qu'il avait fait machine arrière à propos des chambres à gaz et qu'il était en passe de procéder à une révision de son révisionnisme. « Il est clair que cela m'a donné de quoi réfléchir, et je compte y passer l'essentiel de cette année. Ces mémoires montrent qu'Eichmann croyait à l'existence d'un ordre du Führer... Je me félicite de ne pas avoir adopté le point de vue étroit qu'il n'y a pas eu d'Holocauste. Cela n'a jamais été ma vision personnelle. Eichmann fournit une telle quantité de détails qu'il faut bien accepter l'idée qu'il y ait eu des exterminations en masse. »

Cependant, lorsque je le rencontrai, l'année de réflexion d'Irving était presque écoulée, et il n'était pas loin de nier à nouveau la véracité des mémoires d'Eichmann plutôt que de concéder que Hitler ait joué le moindre rôle dans l'Holocauste.

Il me dévoila sa stratégie afin de disqualifier l'affirmation de l'existence d'un ordre du Führer sans jeter le discrédit sur l'ensemble des mémoires. Ce n'était pas un faux, mais

Eichmann avait fort bien pu mentir. Et d'appuyer sa tentative de réfutation des propos d'Eichmann sur un cadre conceptuel des plus fragiles : la crise de Suez.

« J'ai essayé d'appliquer les trois critères que Trevor-Roper juge indispensables à la lecture d'un témoignage, me dit-il. Les trois questions auxquelles il convient de soumettre tout document : est-il authentique ? A-t-il été écrit par quelqu'un occupant une position qui lui permettait de connaître ce dont il parle ? Et *pourquoi* ce document existe-t-il ? Dans le cas des papiers d'Eichmann, la troisième question est d'une importance cruciale. Il écrit en 1956 pendant la crise de Suez ; nous le savons parce qu'il en fait mention. Et en 1956... il était conscient que sa couverture ne le protégeait plus et qu'il risquait d'être arrêté à tout moment. »

Il me fallut un moment pour comprendre en quoi la crise de Suez aurait pu amener Eichmann à douter de l'efficacité de sa couverture. Sans doute Irving supposait-il que, pour Eichmann, la conquête du Caire (ou la capture d'officiers égyptiens de haut rang) par l'armée israélienne signifiait que celle-ci se retrouverait en possession des dossiers des services de renseignement sur le réseau de nazis en fuite parmi lequel l'Égypte avait recruté des scientifiques et des experts en armement, et donc de l'endroit où il se cachait.

De cette hypothétique crise de paranoïa d'Eichmann, Irving déduisait qu'il avait dû « passer des nuits blanches à se demander ce qu'il allait faire ou dire pour se sortir du pétrin. Sans en avoir conscience, il s'est probablement mis en son for intérieur à se chercher des justifications, à s'inventer des alibis. Et, dans son esprit enfiévré, l'alibi qui lui a semblé le plus commode, c'est qu'il n'avait fait que suivre les ordres de Hitler. Il est fort possible qu'à un moment donné, Heydrich lui ait dit pour le convaincre quelque chose du genre : *"Der Führer hat die Ausrottung der Juden befohlen"* —, ce qui est une formule typiquement hitlérienne. Toutefois, quand Hitler l'utilisait, le mot *Ausrottung* n'avait pas la connotation qu'il a aujourd'hui. C'est très important à savoir. J'ai fait tout un relevé de la manière dont il utilise ce terme. Mais, bien sûr, *Ausrottung* signifie extirpation — arracher quelque chose pour le faire disparaître. S'en débarrasser ».

C'est seulement en relisant la transcription de l'entretien que je me rendis compte que l'image de l'état d'esprit d'Eichmann au moment de la crie de Suez esquissée par Irving apparaissait clairement comme une transposition de son propre dilemme à propos de l'ordre du Führer : « Il a dû passer des nuits blanches à se demander ce qu'il allait faire ou dire pour se sortir du pétrin. Sans en avoir conscience, il s'est probablement mis en son for intérieur à chercher des justifications, à s'inventer des alibis... » De même qu'Eichmann envisageait la possibilité d'être découvert et capturé, durant ses propres nuits blanches, dans son esprit fébrile, Irving se voyait confronté à la perspective d'être démenti par sa découverte des déclarations d'Eichmann.

Et la conclusion qu'il tire aujourd'hui des fameux mémoires provient de ses supputations sur la crise de Suez. « La première chose à dire, c'est que ce n'est pas un document dont la valeur en tant que pièce à conviction peut contrebalancer celle des documents allant dans le sens contraire et qui constituent, eux, des indices réels. Il m'a forcé à m'interroger, et, après mûre réflexion, je suis tenté de dire qu'il ne suffit pas en lui-même à faire pencher la balance. »

C'est là l'image d'un historien consciencieux s'efforçant de juger la valeur d'un témoignage, mais une image seulement. Destinée essentiellement, comme il l'aurait lui-même avoué à un journal londonien, à donner le change aux médias. Car le verdict a déjà été rendu. Lorsqu'il parle de « documents allant dans le sens contraire et qui constituent, eux, des indices réels », il entend des documents établissant d'une manière ou d'une autre que Hitler n'a pas ordonné l'extermination. Or ceux qui défendent cette position s'appuient non pas sur des « documents », mais sur l'*absence* de documents, sur le fait qu'on ne dispose d'aucun ordre écrit du Führer concernant la solution finale, absence qui est peut-être bien plutôt la preuve d'une volonté de dissimulation.

Comment David Irving en est-il arrivé à de telles pirouettes pour disculper Hitler ? Certains des historiens — mais non la totalité — auxquels je posai la question me parlèrent avec respect de son travail des années 1970 pour exhumer, sur la période hitlérienne, des documents passés jusqu'alors inaperçus. Je fis part de cette opinion à Irving.

« Ils pensent que je suis tombé sur la tête ? » s'exclama-t-il sur un ton mi-interrogatif, mi-affirmatif. Et de fait, il reste curieusement soucieux de sa réputation, laquelle, me déclara-t-il, même si elle est « dans les choux, n'est pas encore totalement en lambeaux aux yeux de l'opinion ».

Comment Irving a-t-il attrapé ce grain de folie ? D'après son récit, il m'apparut que le tournant crucial avait été sa tentative pour s'immiscer dans le petit cercle, le « cercle magique » comme il l'appelle, des anciens confidents du Führer. Où il aurait succombé au sortilège hitlérien, devenant un exemple vivant du charme tenace exercé par le dictateur.

Déjà, pendant la guerre, alors qu'il n'était qu'un enfant, la vision habituellement donnée de Hitler lui avait inspiré quelques doutes. « Contrairement aux Américains, nous les Anglais avons souffert de graves privations durant la Seconde Guerre mondiale. » Il était né en 1938, et n'avait eu aucun jouet de toute son enfance. « En fait, nous n'avons pas eu d'enfance du tout. Nous vivions sur une île grouillant de troupes étrangères » (la solution à cette situation irritante aurait été, naturellement, de vivre sur une île gouvernée par les armée du IIIe Reich).

Mais ce qui troublait le plus Irving, me dit-il, c'était moins l'absence de jouets que le rationnement de la vérité. « On se rendait compte des pertes subies par l'aviation alliée en voyant les formations s'envoler et revenir avec des vides énormes. C'étaient des choses que tout le monde savait, mais dont on ne parlait pas dans la presse. » En revanche, les journaux regorgeaient de caricatures des nazis qui l'amenèrent à s'interroger sur les déclarations officielles. « Il existait à l'époque un magazine un peu dans le style de *Life*, et qui s'appelait *The Picture Post*. Chaque numéro contenait une bande dessinée à la Doonesbury, ce style-là, intitulée “Le projecteur d'Arthur Ferrier”, avec diverses petites caricatures, le plus souvent des dirigeants nazis. Le gros Goering et Hitler avec son képi de facteur, et le Dr Goebbels qui était plus petit et avait une jambe plus courte que l'autre. Pour le gamin que j'étais, il y avait quelque chose d'étrange dans le fait que ces personnages de bande dessinée puissent infliger tant de souffrances et de privations à un pays comme le nôtre. Et je me disais, si ce sont des individus aussi ridicules, pourquoi les Allemands leur obéissent-ils ? »

Il est intéressant de noter qu'Irving soulève ici, concernant la caricature de Hitler, la même objection que Trevor-Roper à propos des thèses du pantin ou du charlatan : une figure aussi médiocre ne saurait combler l'abîme entre le Hitler en apparence simple petit malfrat et l'énormité des crimes qu'il a bel et bien commis.

« De sorte que, continue Irving, j'ai commencé à être sceptique, et ayant quitté l'université aussi libre qu'ignorant et sans le moindre objectif en perspective, je suis allé travailler comme ouvrier métallurgiste en Allemagne. Pour apprendre la langue. Et je me suis retrouvé à Dresde, dont le nom était alors totalement inconnu du reste du monde. Personne n'avait jamais entendu parler du raid aérien contre Dresde, déclare-t-il non sans une certaine exagération. C'est ainsi que j'ai écrit un livre sur le bombardement de la ville[4], qui a fait entrer Dresde dans le vocabulaire des atrocités de la guerre. Si l'on parle aujourd'hui de Hiroshima, d'Auschwitz et aussi de Dresde, c'est grâce à moi. De sorte que j'ai décidé de devenir écrivain. Je suis allé voir mon éditeur, et il m'a dit : "Qu'allez-vous écrire ensuite ?" Je lui ai répondu : "J'ai décidé de prendre Adolf Hitler."

« "Très bien, mais il existe déjà un tas de livres sur Hitler. Comment allez-vous justifier le vôtre ?" "Je vais le décrire de l'intérieur. Comme j'ai fait pour le livre sur Dresde." Il était en effet impossible d'avoir accès aux dossiers de l'armée de l'air sur le bombardement de Dresde, aussi j'avais contourné le problème en passant des annonces dans les journaux allemands, anglais et américains pour avoir des contacts avec des personnes ayant pris part, d'un côté ou de l'autre, au raid aérien. Et je comptais faire la même chose avec Hitler. Je passerais cinq ans à interviewer tous les membres de son entourage. »

À ce stade, Suzie, la femme d'Irving, une jolie blonde d'origine danoise, entra pour nous demander si nous avions envie de thé ou de café. Ensuite, Irving se mit à raconter comment il s'était introduit dans le cercle magique. Pour le remercier des documents dont il pourrait faire profiter l'Institut d'histoire contemporaine de Munich, le conservateur, Anton Hoch, « m'aida à identifier les personnes importantes et me donna toutes les adresses des membres du personnel de Hitler, lesquels observaient à l'époque un profil bas, très bas. Ils se terraient littéralement. C'était un petit groupe de gens transis de peur, qui devaient supporter tout un tas d'affronts et passaient de très durs moments. Christa Schroeder, la secrétaire de Hitler, avait été emprisonnée par les Américains pendant trois ou quatre ans, ce qui, pour une jeune femme, n'avait rien d'une expérience agréable... »

On remarquera avec quelle facilité Irving s'apitoie sur les malheurs d'une jeune femme ayant passé quelque temps dans une prison américaine, sans être touché le moins du monde par le sort des centaines de milliers de jeunes femmes qui trouvèrent la mort dans les camps de concentration. Il est vrai que Christa Schroeder représentait la clé du cercle magique.

Il se mit à la poursuivre avec une ténacité de soupirant. « Cela prit pas moins de deux ans pour qu'elle consente à m'ouvrir sa porte. Un vrai travail de bénédictin. Mais mon admission dans le cercle, le cercle de Hitler, ce fut lorsque je traduisis les mémoires du feldmaréchal Keitel, chef du haut-commandement allemand, pendu à Nuremberg. »

Il se lança à la recherche du fils de Keitel et l'interrogea sur les ellipses et omissions apparaissant dans la version imprimée des mémoires. « Il sembla apprécier que je me sois donné cette peine, car il était indigné de ce que les éditeurs allemands avaient fait avec le livre. Si bien qu'à ma seconde visite, en 1967, il me dit : "Si vous voulez, je peux vous présenter à Otto Günsche." Il était encore en vie. Le dernier aide de camp de Hitler encore en vie, et qui habitait Cologne. Un ancien capitaine SS, dont l'importance tenait au fait que c'est lui qui avait brûlé le corps du Führer. Vous comprenez ? Il avait été le plus fidèle chien de garde de Hitler. Et il ne s'est jamais confié à quiconque sauf à moi. Je possède dix heures d'interview de Günsche qu'il n'a jamais accordées à personne d'autre. »

Avec Günsche, Irving touchait au but : « C'était l'entrée du cercle magique. Car c'en était un. Ils se rencontraient aux enterrements. Lorsque l'un d'eux disparaissait, ils se retrouvaient devant sa tombe. Et pénétrer dans le cercle magique était presque impossible. »

Irving ne perdit pas de temps pour exploiter son avantage. « Une fois dans le cercle, le problème était d'obtenir leur confiance. Ils avaient une foule d'histoires à raconter et nombre d'entre eux possédaient des papiers privés. Mais avoir leur confiance n'était pas chose facile — j'avais déjà remporté à moitié la bataille parce que j'étais l'Anglais auteur de ce livre sur le bombardement de Dresde qui était alors un gros best-seller en Allemagne. » Même si le succès du livre tenait indubitablement au fait qu'il contribuait à donner à l'Allemagne de l'après-guerre le sentiment d'une sorte d'équivalence morale entre les atrocités commises par chacun des deux camps, je fus surpris de découvrir par la suite qu'Irving lui-même n'était pour rien dans cette interprétation, du moins s'agissant de l'édition anglaise. À la fin du livre, il parle en effet de Dresde comme d'« un massacre perpétré dans le but de mettre à genoux un peuple qui, corrompu par le nazisme, avait commis les plus grands crimes de l'histoire de l'humanité ».

Toutefois, il semble qu'après un certain temps passé dans le cercle magique il ait totalement perdu de vue l'ampleur de ces crimes. Il se décrit essayant de gagner la confiance des anciens collaborateurs de Hitler, mais un autre rapport de confiance était apparemment en train de se tisser. Dans lequel, s'il ne s'en fit pas le complice, Irving alla si loin, si loin à l'intérieur du cercle magique, qu'il lui fut bientôt impossible de le considérer de l'extérieur. Dans ce cercle enchanté, le magnétisme de Hitler avait conservé toute sa force, et Irving en devint la victime.

« J'ai parlé à ces gens en 67, 68 et 69. J'ai eu avec eux de longs entretiens enregistrés. Nous avons abordé quantité de détails. Et ce qui m'a très vite frappé, c'est que j'avais affaire à des gens cultivés. Hitler avait réuni autour de lui toute une brochette d'individus bardés de diplômes. Les secrétaires étaient des secrétaires d'élite. Les aides de camp des hommes sortis de l'université ou de grandes écoles militaires et qui avaient grimpé les échelons grâce à leurs aptitudes. C'étaient des gens instruits et intelligents. »

Je me souviens de m'être demandé où cet éloge du cercle magique allait aboutir. Je n'eus pas longtemps à attendre.

« Le fait est là. Tous ces gens, sans exception, parlaient de lui favorablement. Venu comme je l'étais avec une toile vierge, c'était réellement une expérience surprenante : trouver vingt-cinq personnes qui, en privé, tenaient sur lui des propos bienveillants. Une fois qu'ils avaient gagné votre confiance et qu'ils savaient que vous n'alliez pas les dénoncer à la police, ils se fiaient à vous. Et ils se disaient, eh bien, voilà enfin une occasion de rendre service au chef. »

Le lapsus comme instrument d'analyse me semble souvent surfait. Néanmoins, celui d'Irving à cet instant — « une fois qu'ils avaient gagné votre confiance », alors qu'il voulait manifestement dire, dans le contexte, « une fois que *vous* aviez gagné *leur* confiance » — révèle la vraie nature de la relation en question, même si les déclarations d'Irving paraissent beaucoup plus douteuses sur d'autres points. À commencer par cette « toile vierge » avec laquelle il dit avoir approché ses contacts au sein du cercle magique et dont on peut légitimement penser qu'elle n'était pas aussi vierge que cela.

De manière plus essentielle, le fait que des gens possédant un excellent curriculum vitae continuaient à encenser Hitler n'avait rien de bien étonnant. (Il me raconta également, sans la moindre trace d'ironie, qu'ils lui avaient déclaré que le Führer était très aimé des chiens et des enfants.) Plus significatif que celui de leur degré d'éducation dans la nature de leur point de vue après-guerre était le rôle de leur degré d'association avec Hitler : eux-mêmes ne pouvaient qu'apparaître sous un jour meilleur si l'image de Hitler qu'ils présentaient au monde, du Hitler qu'ils avaient servi avec une loyauté absolue, était celle de l'hôte agréable, *gemütlich*, des petits soupers nocturnes, plutôt que de l'assassin de millions d'êtres humains. Tout cela s'était passé hors du bunker, hors des limites du cercle magique.

Mais Irving n'en affirme pas moins qu'il fut sidéré de découvrir tant de bonnes opinions chez les secrétaires et les laquais du dictateur : « C'est ce qui m'a convaincu qu'il y avait à l'évidence un livre à faire. Qu'il existait deux Adolf Hitler. L'Adolf Hitler de Madison Avenue et de Hollywood. Et celui que ces gens avaient connu en chair et en os. Qui parlait et marchait comme tout le monde, avait mauvaise haleine et un tas de fausses dents. »

Ce qui est faux ici, ce n'est pas seulement la denture du dictateur, mais également la manière dont Irving définit ces deux Hitler : le vrai Hitler, le Hitler en chair et en os resté gravé dans le souvenir de secrétaires chevronnées et de soldats diplômés d'écoles militaires, et le faux Hitler « de Madison Avenue et de Hollywood », comme si la chair et le sang de cinquante millions de victimes des guerres hitlériennes n'étaient qu'une invention de Hollywood et de Madison Avenue. Alors qu'une meilleure description de l'« autre Hitler » serait non pas celui de Hollywood et de Madison Avenue, mais celui de Dachau et d'Auschwitz. Quant à l'allusion rien moins qu'innocente à la mauvaise haleine du dictateur, elle permet à Irving de se poser en historien lucide, conscient des failles de son modèle, plutôt qu'en vulgaire adulateur ; lucide non pas par rapport à l'assassin de masse, bien sûr, mais par rapport à son manque d'hygiène buccale.

À nouveau la question se pose : est-il possible qu'Irving croie vraiment à ce raisonnement fallacieux, qu'il ait fini par y ajouter foi ? Ou n'est-il qu'un manipulateur cynique et opportuniste ? Éternel débat opposant Bullock à Trevor-Roper, cette fois à propos non pas de Hitler, mais de la mentalité de son principal défenseur de l'après-guerre. C'est alors qu'Irving me raconta une anecdote que je n'oublierai jamais et qui en dit peut-être plus long sur lui, et aussi sur Hitler, que toutes celles qu'il m'ait été donné d'entendre. Une anecdote qu'il tenait de la femme qui avait été pour lui la clé du cercle magique, Christa Schroeder. Une anecdote sur Hitler se purifiant du sang de ses victimes.

« Je parlais avec Christa Schroeder un jour, vers deux ou trois heures du matin, devant une bouteille de vin, lorsqu'elle me dit : "Vous savez, il [Hitler] pouvait être extrêmement cruel. À mon avis, vous vous trompez à propos de la question juive. Il pouvait être très cruel." On sentait que des confidences se préparaient. Sauf qu'avec Christa Schroeder, il m'était impossible de prendre des notes. Dès qu'elle apercevait une feuille de papier, elle se fermait comme une huître. Je devais me précipiter dans un café où je passais des heures à consigner tout ce que j'avais en mémoire. C'est une gymnastique à laquelle on finit par s'habituer », me dit-il.

« Elle a continué : "Vous vous souvenez de la Nuit des longs couteaux en juin 1934 ? J'étais à Berlin et le chef" — ou "A.H." comme elle l'appelait — "a téléphoné pour me demander de le rejoindre immédiatement en Rhénanie... il s'était passé quelque chose. J'ai pris l'avion pour la Rhénanie, et le Dr Goebbels m'attendait. Nous nous sommes envolés le soir même pour Munich afin d'aller retrouver le chef, puis nous sommes partis à bord de sa voiture jusqu'à

Bad Weisee. J'étais avec lui lorsqu'il a arrêté Ernst Roehm et tous les dirigeants SA. Et aussi lorsqu'il est revenu, et je me souviens encore combien... j'étais impressionnée parce que, sur le trajet du retour, il est descendu lui-même pour stopper les véhicules des autres généraux SA qui arrivaient et les faire arrêter, sans se soucier du risque qu'il courait...

« "Toujours est-il qu'à la fin de cette journée sanglante, alors qu'on les emmenait en prison pour les exécuter, nous avons repris l'avion pour Berlin. Pendant quelques instants, j'ai perdu Hitler de vue dans la chancellerie. Alors je suis allée à la cafétéria et j'ai pris... il était très tard, vous savez... mais il m'a rejointe, parce que nous étions tous deux végétariens. Il est arrivé au bout d'une heure ; il s'est arrêté sur le pas de la porte et il m'a dit : "Eh bien, Fräulein Schroeder, je viens de prendre un bain et je suis à nouveau propre comme un bébé qui vient de naître." »

— "Propre comme un bébé qui vient de naître"... à cause du sang ? demandai-je à Irving.

— Oui. Pendant quarante ans elle avait gardé cette histoire pour elle, jusqu'à ce qu'elle trouve un Anglais auquel elle puisse la répéter.

— Et en quoi trouvait-elle cela particulièrement cruel ?

— Cela lui paraissait symptomatique de la facilité avec laquelle il commettait des assassinats en masse, répondit-il d'un ton détaché. Il lui suffisait de prendre un bain pour se sentir propre comme un nouveau-né.

— Il faisait disparaître...

— Par le trou d'évacuation, approuva Irving avec ardeur, comme le sang dans *Psychose*. »

C'est là une histoire sidérante, mais à laquelle je serais tenté de croire en dépit de sa source, parce qu'elle ne sert assurément pas la réputation du dictateur. Même si je ne suis pas absolument sûr du sens attribué par Irving à cette anecdote, il me semble qu'on peut la considérer comme une histoire révélatrice de l'attitude de Hitler. Et de celle de David Irving.

Révélatrice de l'attitude de Hitler, dans la mesure où elle le montre brandissant en réalité sa fameuse photo d'enfant, se déclarant « propre comme un bébé qui vient de naître » et tout aussi innocent, cela en un geste théâtral, d'une théâtralité, semble-t-il, parfaitement consciente. Se délectant, riant de cette idée de lui-même en bébé innocent. Brandissant sa photo d'enfant pour forger une fausse image d'innocence, tandis que le sang, le premier filet de l'océan de sang à venir, s'écoulait par le trou d'évacuation, « comme dans *Psychose* ».

Et révélatrice de l'attitude de David Irving, qui s'est donné pour mission de laver de ses souillures l'image de Hitler, de le rendre à la postérité sous les traits d'un innocent (relatif), innocent en tout cas du sang du génocide.

S'il n'a pas recours à la symbolique du sang qu'on lave ou de l'enfant qui vient de naître, Irving n'en utilise pas moins la métaphore du nettoyage : le « nettoyage des pierres » comme il l'appelle. Il est ainsi possible de retracer son parcours du statut d'historien amateur respecté à celui de négateur sporadique de l'Holocauste par le biais de sa redéfinition du « nettoyage des pierres », de la suppression de la crasse à la suppression du crime. Cette image du « nettoyage des pierres » surgit alors que je lui demandai si son attitude favorable à Hitler ne pouvait pas être un reflet de sa captation, sinon de sa capture, par le cercle magique. « N'est-ce pas là l'effet d'une sorte de syndrome de Stockholm ? » questionnai-je.

Il affirma ne pas connaître le terme. Je lui expliquai qu'il avait pour origine un cambriolage survenu dans une banque suédoise ; après un siège prolongé, les voleurs avaient relâché les otages qu'ils détenaient, lesquels avaient conté leur aventure en exprimant la plus grande sympathie pour leurs ravisseurs.

« De la même façon, ont-ils [les membres du cercle magique] gagné votre sympathie et...

— Oh, cela ne fait aucun doute, répondit-il sans hésitation. Lorsqu'on écrit une biographie, on devient inévitablement très proche du personnage dont on parle, parce qu'on est à ce moment-là son ambassadeur. Son ambassadeur dans l'au-delà. Ou auprès de la génération suivante. Et si l'on fait consciencieusement son travail, on se met en quatre pour y arriver. » Après une pause, il ajouta : « Mais je ne pense pas que cela conduise nécessairement à adopter une position non objective » — même si l'on voit mal comment se proclamer l'ambassadeur de Hitler dans l'au-delà pourrait conduire à une position objective.

« On a dit que j'essayais de blanchir Hitler, continua-t-il, ou que je faisais son apologie... Je trouve ces mots extrêmement déplaisants. Je ne blanchis pas, je fais le nettoyage des pierres.

— Le nettoyage des pierres ?

— Un décrassage. » L'expression, précisa-t-il, remontait à l'époque où l'on avait réduit la pollution à Londres en limitant la combustion de charbon sulfureux. « On a enlevé la couche de crasse qui s'était déposée sur les immeubles. » Il en allait de même dans le cas de Hitler. « On l'a recouvert de crasse, à la fois pendant et après la guerre. »

Toutefois, pour Irving, ce nettoyage a signifié bien plus qu'un simple ravalement. Son changement d'opinion sur la question des chambres à gaz et de l'extermination intervint en 1988. Jusque-là, il avait toujours soutenu que Hitler n'avait pas ordonné l'extermination par le gaz. C'est alors qu'il en vint à se demander si l'extermination et les gazages avaient seulement existé. L'occasion lui en fut fournie par le procès d'un négateur canadien de l'Holocauste, Ernst Zundel. Irving était venu expliquer qu'il n'y avait pas eu d'ordre du Führer. « On me montra les rapports des tests effectués dans les chambres à gaz d'Auschwitz » — tests réalisés quarante-cinq ans après les faits par l'expert auto-proclamé de la chaise électrique, Fred Leuchter, ingénieur plus que chimiste [5] —, « de sorte que, ayant étudié la chimie à l'université, en tout cas assez pour savoir qu'il s'agit d'une science exacte, je pus constater qu'on n'avait relevé aucune trace de composés de cyanure sur les murs des fameuses chambres à gaz ». Il n'en fallut pas davantage pour le convaincre. « Ce fut pour moi un tournant. À la suite de cela, nous décidâmes de supprimer de mon livre le terme “chambre à gaz”. »

Irving prétend qu'il ne se « considère pas comme un révisionniste, parce [qu'il n'est] pas un spécialiste de l'Holocauste ». Cela ne l'empêche pas de se glorifier de la spectaculaire irruption du révisionnisme dans l'actualité, affirmant que l'absence d'ordre signé du Führer qu'il signale dans *Hitler's War* a servi de base à la thèse mettant en question la réalité même des exécutions massives.

« Ce qui avait été au départ une simple note dans mon livre de 1977 *Hitler's War* a pris aujourd'hui une importance telle que même des présidents et des Premiers ministres se croient obligés d'y faire allusion », dit-il fièrement. Une fierté qui, de manière inattendue, n'est pas totalement dénuée d'embarras, du moins quant au fait de se retrouver en assez fâcheuse compagnie dans le camp révisionniste.

« Permettez-moi de vous poser une question, dis-je. Comme vous le savez, les historiens parlent souvent de vous comme de quelqu'un qui a découvert une quantité considérable de documents importants, et ils ont à l'égard de cela beaucoup de respect, mais...

— Ils ajoutent : "Quel dommage qu'il soit devenu timbré ?" demanda-t-il d'un ton presque plaintif.

— Eh bien, c'est probablement ce qu'ils se disent d'une manière ou d'une autre, mais ne vous sentez-vous pas mal à l'aise en voyant le genre d'individus qui vous ont apporté leur soutien, parmi lesquels beaucoup se moquent pas mal d'être d'objectifs et sont simplement des racistes fanatiques qui...

— Oui..., fit-il avant que j'eus terminé.

— ... s'il n'y avait pas eu de solution finale, en auraient voulu une de toute façon ? »

À ma grande surprise, il répondit : « Vous avez parfaitement raison. Mal à l'aise est un euphémisme. Je trouve odieux d'être en compagnie de ces gens-là. Il est indéniable que les membres de certaines des organisations qui propagent ces thèses sont des antisémites enragés. »

La déclaration qui suivit n'était pas moins surprenante : ces « antisémites enragés », il ne faisait que les utiliser. Il comptait bien se débarrasser d'eux dès qu'il aurait trouvé des forums plus respectables.

Que pouvait-il faire d'autre pour le moment que de parler dans ces rassemblements d'« antisémites enragés » ? « Étant donné que l'on m'a refusé une tribune internationale, où puis-je faire entendre ma voix ? Dès que j'aurais retrouvé une place dans des lieux de débat normaux, je me débarrasserai de cette chaussure qui ne me va pas et avec laquelle je marche actuellement. Je ne suis pas aveugle. Je sais que ces gens-là m'ont fait beaucoup de tort, beaucoup de mal, parce qu'on m'a associé à leurs actions stupides. »

Combien est fascinante cette représentation par Irving de son association avec des racistes de la pire espèce comme une simple gêne telle qu'une chaussure trop petite. Et non moins fascinante sa naïveté (si naïveté il y a) quant au fait qu'il manipulerait ces farouches alliés avec l'idée de les planter là dès qu'il aurait trouvé chaussure à son pied. Qu'il les utiliserait, ces vils et authentiques adeptes, se servirait d'eux pour exposer ses théories et qu'ensuite, lorsqu'il aurait retrouvé sa respectabilité — on voit mal comment —, il les laisserait tomber. Pourquoi cette vision me fit-elle penser à la figure de l'histoire qui se prétendait « à nouveau propre comme un bébé qui vient de naître » ? Peut-être était-ce la conviction que la souillure provoquée par le fait d'exciter l'enthousiasme d'antisémites enragés s'en allait à l'eau, probablement comme le sang disparaissant « par le trou d'évacuation » dans *Psychose*.

Je dois confesser qu'il me parut difficile de prendre au sérieux le raisonnement d'Irving ; cela n'avait pas plus de sens comme calcul opportuniste (d'une transparence et d'une ineptie beaucoup trop pitoyables pour réussir), que comme rationalisation naïve et spontanée de son comportement. Je ne pouvais même pas imaginer, pour donner à cet argument un semblant de cohérence, une synthèse à la Bullock réunissant calcul et sincérité, dans la mesure où il s'adressait en l'occurrence à un représentant de l'« ennemi traditionnel » (nom par lequel il désigne les Juifs dans ses bulletins d'*Action Report*[6], qui semblent s'adresser à ses alliés temporaires que sont les antisémites fanatiques et les négateurs de l'Holocauste. C'est ainsi qu'on y trouve des comptes rendus enthousiastes rédigés par des experts maison du révisionnisme sur des expériences dans lesquelles des poulets et des lapins sont soumis à l'action de gaz d'échappement, cela afin de réfuter la possibilité que de tels gaz aient servi à tuer des Juifs).

Du reste, le discours d'Irving à propos de l'inexistence de l'Holocauste semble avoir considérablement varié depuis ma rencontre avec lui au cours de cette prétendue phase de réflexion concernant la révélation par Eichmann d'un ordre du Führer. Dans la biographie[7] controversée de Goebbels qu'il a publiée en 1996 et à laquelle il travaillait d'arrache-pied au moment de nos entretiens, il laisse entendre que l'Holocauste, ou du moins des exécutions de Juifs ont bien eu lieu, mais que le responsable en est le diabolique Goebbels bien plus que Hitler lui-même, comme toujours aussi innocent qu'un « bébé qui vient de naître ». En tout cas, innocent d'avoir voulu ces massacres, de les avoir prémédités.

Telle est la position qu'il maintint lorsqu'il me parla : certes des Juifs avaient été tués délibérément, peut-être une centaine de mille, mais il s'agissait pour l'essentiel d'actes de sauvagerie commis illégalement dans l'effervescence des combats se déroulant sur le front de l'Est. Quant aux camps de concentration, c'étaient effectivement des lieux de détention et non de mise à mort. Point de vue qu'il semble avoir adopté dans son livre quelque peu schizoïde sur Goebbels : il existait bien une volonté systématique d'éliminer les Juifs, mais Auschwitz n'était pas un endroit destiné de manière spécifique à tuer et à gazer, ce n'était que « le plus féroce de tous les camps de travaux forcés de Himmler et celui qui présentait le taux de mortalité le plus élevé » (!).

« Ce qui se passait dans des camps comme Auschwitz et Treblinka, me dit-il, ce n'était pas du meurtre, sinon dans un sens générique, à savoir que les gens qui y étaient envoyés avaient de fortes chances de mourir » de famine ou de maladie.

Ce « meurtre générique » constitue sans nul doute l'un des euphémismes les plus évasifs de cette fin du XXe siècle. Irving lui confère ainsi une apparence moins infâme que celle d'un meurtre véritable, même si, pour les victimes, cela revenait strictement au même. « Il régnait un climat de haine » contre les Juifs, admet-il. « Une atmosphère de brutalité et d'exécution sommaire » sur le front oriental, dont il préfère attribuer l'origine aux bombardements du territoire allemand par les Alliés. De cette « atmosphère » aurait découlé la mort d'environ une centaine de milliers de Juifs, due à des explosions de violence parmi les troupes aux prises avec les Soviétiques.

« Vous ne qualifieriez pas de "criminel" le massacre même de cent mille personnes... ?

— C'était indéniablement un acte criminel, répondit-il. Mais, à mon avis, cet acte criminel n'avait rien à voir avec un génocide. »

Il trouva un argument encore plus curieux pour distinguer l'assassinat de Juifs, y compris de centaines de mille, d'un véritable génocide. « Pour moi, le crime ne résidait pas dans le fait de tuer des Juifs. Mais de tuer des Juifs *inno-*

cents. C'est cette innocence qui en fait un crime, plutôt que leur judaïté. Et c'est précisément pour entretenir la confusion sur ce point qu'a été inventé le mot “génocide”. Si demain on cessait de parler de “génocide” pour appeler cela un “innocenticide”, la communauté juive tout entière se mettrait à protester. »

Je dois avouer qu'avec l'introduction de ce concept d'« innocenticide », j'eus l'impression de ne plus très bien savoir de quoi parlait Irving.

Je tentai de dépasser le problème sémantique posé par les termes de « meurtre générique » et d'« innocenticide » : « Abstraction faite du mot génocide... » commençai-je.

« La criminalité ne fait aucun doute, concéda-t-il. Ce sont des êtres innocents qu'on a tués. J'irai même plus loin que bien d'autres [il voulait probablement dire que bien d'autres dans le camp révisionniste ou parmi les antisémites fanatiques formant ses adeptes] : si l'on met quelqu'un dans un camp où il est probable qu'il mourra du typhus, c'est aussi un crime, en dépit du fait que son sort ne peut être, à première vue, assimilé à un crime. Anne Frank est morte du typhus. Elle n'a pas été assassinée. Mais cela n'en demeure pas moins un crime. Et si j'écris un livre sur Hitler, je ne peux que l'absoudre de ce crime particulier. Parce que ce n'était pas — comment dire ? — *prémédité*. Pas plus que n'était préméditée la mort de tous ces gens qui ont péri de faim à Buchenwald pendant les derniers mois de la guerre. Ces cadavres émaciés que la télévision se plaît à nous montrer. Ce n'était pas prémédité. Hitler n'est pas venu pour dire : “Bon, on va émacier ces lascars.” »

Mais le fait que ces « lascars » aient été placés là et en soient morts n'a-t-il pas à voir, d'abord et avant tout, avec Adolf Hitler ? Je ne pouvais m'empêcher d'être fasciné par l'espèce de pinaillage auquel se livrait Irving, toujours dans le but de laver le sang souillant son grand homme. Il était important de l'absoudre d'une manière ou d'une autre de la mort d'Anne Frank par le typhus, alors même que, si le typhus ne l'avait pas emportée, les fours crématoires du dictateur s'en seraient chargés. En définitive, c'était un spectacle assez horrifiant, comme de voir le magnétisme de Hitler en action, tandis qu'Irving faisait des contorsions pour tracer un cercle magique autour de la figure absente du criminel suprême, ce Führer qu'il tient à voir « propre comme un bébé qui vient de naître ».

Je fis une ultime tentative. Je citai le passage suivant de son introduction à *Hitler's War* : « Si cette biographie était simplement l'histoire de l'ascension et de la chute du Reich hitlérien, il serait légitime de conclure : "Hitler a tué les Juifs." Après tout, n'avait-il pas créé un climat de haine par ses discours qui, sans jamais le dire explicitement, laissaient la nette impression que "liquider" était ce qu'il désirait. »

« C'est exactement ce que je viens de vous dire, me déclara Irving.

— Mais y a-t-il une différence pratique entre créer le *climat* pour exterminer... et laisser la "claire impression" de désirer liquider ?

— Oh, un tribunal ferait certainement la différence, répondit-il d'un ton allègre.

— Une différence morale alors ?

— On pourrait comparer cela à un homicide par imprudence, dit-il. Hitler a été imprudent en ne comprenant pas que c'est cela qui ressortirait de ses discours. Oui, ce serait une bonne façon de voir les choses. »

Un Holocauste par imprudence ; l'extermination comme une conséquence involontaire.

Une grosse bavure du nouveau-né !

VI

La guerre contre la question pourquoi

Enquête sur « l'obscénité du désir de comprendre »

CHAPITRE 13

LE CONTE DES TROIS KAFKA : UN RÉCIT ÉDIFIANT

Dans lequel un professeur hanté par les descendants de Franz Kafka nous apprend les dangers auxquels on s'expose à vouloir pousser trop loin l'explication du personnage de Hitler

Kafka a essayé de me tuer...

Kafka n'abandonnera jamais !

Alors j'ai dit à George : « Ne pouvez-vous pas arrêter Kafka ? »

Kafka aura votre peau, même s'il doit y passer le restant de ses jours !

En regardant ces lignes, tirées de la transcription de mon interview avec le professeur Rudolph Binion, il me vint à l'esprit que Kafka ne hantait pas simplement l'explication de Binion sur Hitler, il la traquait.

Outre le véritable Franz Kafka et un mystérieux pensionnaire installé dans l'appartement de Hitler à Munich et portant lui aussi le nom de Kafka, la légende décrit un parent de Kafka qui aurait été le médecin de la mère de Hitler ; un ami de Kafka qui sauva de l'oubli l'histoire du « neurologue » de Hitler. Ainsi qu'un éminent psychanalyste américain dénommé Kafka, lui aussi parent éloigné de Franz, et devenu, du moins dans l'esprit de Binion, une sorte d'équivalent scientifique du chasseur à l'affût. Un Kafka poursuivant Binion et ses partisans dans les colloques universitaires, cherchant implacablement à saper sa théorie sur le dictateur, à discréditer l'affirmation de Binion selon laquelle il aurait découvert, dans les notes cryptées du médecin juif de la mère de Hitler, la source secrète de l'antisémitisme de ce dernier. Ou, pour utiliser un terme plus kafkaïen, l'origine de sa métamorphose.

C'est avant tout cette métamorphose de Hitler qui amena Binion aux études hitlériennes. Jeune historien prometteur, nanti d'un doctorat de l'Université de Columbia, d'une chaire à Brandeis et de deux livres accueillis chaleureusement — *Defeated Leaders* (une étude consacrée à trois politiciens malchanceux de la Troisième République française) et *Frau Lou* (une biographie de la muse viennoise de l'art moderne, Lou Andreas-Salomé) —, Binion était en quête d'un nouveau sujet auquel s'attaquer, lorsqu'il tomba par hasard sur l'ouvrage écrit en 1967 par Bradley Smith, *Adolf Hitler : His Family, Childhood and Youth* (précisons qu'il s'agit du professeur Bradley F. Smith, les années 1980 ayant vu émerger, au grand dam de celui-ci, un révisionniste du nom de Bradley R. Smith).

En dépit de son respect pour le livre de Smith sur le jeune Hitler, Binion eut le sentiment qu'un élément — le germe de la métamorphose — continuait à faire défaut. « Smith déclare que ce jeune Hitler n'a rien à voir avec l'homme que nous connaissons, le Führer fulminant, perpétuellement en proie à la colère et à la haine, et ainsi de suite. Qu'il s'agit d'un type complètement différent. Plutôt sympathique. Et que quelque chose a dû lui arriver. De sorte que je me suis dit : oui, quelque chose lui est certainement arrivé. »

C'est à l'occasion d'un déjeuner dans un petit restaurant de Brookline, dans le Massachusetts, que Binion me fit le récit de ses pérégrinations pour retrouver ce quelque chose. Il avait abandonné Hitler depuis un bon bout de temps (son livre *Hitler et l'Allemagne* [2], favorablement accueilli par la critique, avait été publié en 1976), même si, ajouta-t-il, « ce n'est pas le genre de personnage que l'on peut vraiment abandonner ».

Du reste, Hitler ne l'avait pas abandonné non plus. Le dernier ouvrage de Binion, *Love Beyond Death* [3], une étude sur l'érotisation de la mort dans la culture européenne postérieure aux Lumières l'avait lui-même conduit à faire la périlleuse rencontre de l'amour et de la mort. Il s'était en effet épris de l'étudiante chargée d'effectuer des recherches pour le livre, laquelle, par une terrifiante ironie, souffrait précisément de la maladie (un cancer du sein métastasié) qui se trouvait au centre de l'explication de Binion sur Hitler. Au commencement de leur idylle, lui-même était soigné pour un cancer lymphatique. Il avait survécu, elle était morte, et il avait exprimé les émotions déchirantes qui avaient été les siennes dans un long poème intitulé *The Patient*, dont il m'avait remis une copie à son appartement avant que nous allions déjeuner.

Hitler ne l'avait pas abandonné en un autre sens : Kafka, son ennemi juré, le descendant de Franz, avait continué de faire une guerre acharnée à sa thèse sur le Führer, le forçant à revenir sans cesse au dictateur nazi pour se défendre des attaques dont il était la cible.

La fréquence avec laquelle les études hitlériennes évoquent des liens d'un genre ou d'un autre entre Hitler et Kafka est tout à fait remarquable et leur rôle des plus discutés. Outre les spéculations de D. M. Thomas quant à la parenté de Kafka et de Hitler comme artistes de l'impensable, de l'intolérable, nombreux sont ceux qui reconnaissent en Kafka un prophète, qui voient la logique absurde des camps de la mort déjà esquissée dans *La Colonie pénitentiaire* et *Le Procès*, et qui se demandent si l'univers kafkaïen ne constitue pas la seule explication du cauchemar auquel Hitler a donné corps. Au point qu'une sorte de front universitaire du refus a fini par émerger : Michael André Bernstein, auteur de *Forgone Conclusions*, qualifie d'« intuition rétrospective » la lecture souvent faite de l'œuvre de Kafka comme annonciatrice du phénomène hitlérien. Tandis que Lawrence Langer, spécialiste de la littérature sur l'Holocauste, fait de la relation avec Kafka un autre exemple d'explication consolatrice : « l'établissement de précédents aux événements sans précédents vécus par une génération déroutée qui n'arrive toujours pas à prendre sur elle la part inexplicable de son histoire[4] ».

Un certain nombre de détails et de parallèles sont néanmoins frappants. George Steiner qui, comme nous le verrons plus loin[5], croit que, dans un sens en quelque sorte métaphysique, Kafka a *inventé* Hitler, ou du moins l'univers concentrationnaire hitlérien, souligne le fait que le terme

Ungeziefer, par lequel Kafka désigne l'insecte résultat de la métamorphose de Gregor Samsa, était également le mot utilisé de manière privilégiée par Hitler pour qualifier la « vermine » infestant l'Europe, ces Juifs qu'il entendait exterminer comme des insectes indésirables. Par ailleurs, Binion fut le premier à me parler d'une circonstance curieuse — d'un point de vue strictement kafkaïen —, à savoir qu'un homme du nom de Kafka avait habité au domicile de Hitler.

« J'ai un ami qui faisait partie des forces américaines stationnées à Munich en 1946, me raconta Binion cet après-midi-là. Il est allé visité l'appartement de Prinzregentenplatz », où Hitler avait résidé de 1928 jusqu'à sa prise de pouvoir à Berlin en 1933, et où Geli Raubal avait été trouvée morte. « Et il a découvert qu'il était occupé par un avocat nommé Kafka. »

Une coïncidence à coup sûr, mais la connexion Hitler-Kafka va bien au-delà. Il est probable que, sans l'explication avancée par Binion sur Hitler et les attaques qu'elle suscita de la part d'un descendant de Kafka, le monde aurait ignoré que le médecin juif qui soigna la mère de Hitler était un parent de Franz Kafka.

Y a-t-il autre chose dans ce lien que de simples hasards de la vie ? Mais peut-être serait-il bon de retracer depuis le commencement l'implication de Binion par rapport à Kafka. Devant des pâtes et une salade de pommes de terre, je lui demandai si son intérêt initial pour la question hitlérienne provenait d'un contexte familial. S'il avait perdu des parents dans les camps. Après environ une heure de discussion, et sur la base de nombreux indices, j'en étais arrivé à la conclusion qu'il était juif. C'était un individu grand, maigre, du type *Shpritzer* excitable, plein d'hostilité et de piques vis-à-vis de ses adversaires académiques. Philip-rothien en quelque sorte. Mais apparemment à cause de l'ambiguïté de son nom, une partie de ses opposants ignorait qu'il était juif. Claude Lanzmann, qui le traite de « révisionniste[6] », ne le savait probablement pas. En fait, me dit lui-même Binion, il était à moitié juif. Son père était suisse, « mais ma mère était une Juive ukrainienne. Elle avait vécu en Autriche et en Allemagne entre les deux guerres », avant de venir s'installer en Amérique. « Après la guerre, comme si rien ne s'était passé, elle a soudain décidé d'aller rendre visite à ses vieux amis. En songeant à sa naïveté, je me disais : "Qu'est-ce qu'elle a donc qui ne va pas ?" Je l'avais vue pleurer à chaudes larmes, l'air désespérée, à la fin du conflit, alors qu'arrivaient les premières révélations sur les camps. "C'étaient les miens", gémissait-elle. Puis plus un mot. Jusqu'à l'année avant sa mort. Elle avait fait une chute par la porte ouverte d'une cave [sur un trottoir de Brooklyn]. J'ai filé à New York et je l'ai trouvée à moitié délirante. Une fois les médecins partis, alors qu'il n'y avait plus personne à portée de voix, elle a murmuré, les yeux pleins de terreur : "*Fais-moi sortir d'ici. Ils nous gazent. Ils nous mettent dans des fours à gaz. On est là pour être tués. Fais-moi sortir d'ici !*"

« Quelques mois plus tard, alors qu'elle avait recouvré ses esprits et que nous évoquions son séjour à l'hôpital, je lui ai dit : "Tu ne te rappelles sûrement pas avoir déraillé à ce point-là, mais tu as dit *ceci*." Et elle m'a répondu : "Est-ce que tu insinues que ta mère est folle ? Je te le répète, ils nous gazaient." C'était totalement insensé, fit observer Binion. Comme si un coin de son cerveau avait été traumatisé. Alors que, le reste du temps, quand elle était dans son état normal, consciente, lucide, elle n'avait absolument pas l'impression d'être mêlée à l'Holocauste, même indirectement. Vous comprenez, à mon avis, cela a atteint chaque Juif, d'une manière ou d'une autre. »

Et sans nul doute Binion lui-même. Mais il ne pouvait pas savoir, lorsqu'il se lança dans ses recherches sur la métamorphose de Hitler, qu'il se trouverait confronté à un tableau identiquement sinistre, celui d'une mère délirante et tourmentée clouée dans un lit de malade et de son fils impressionnable et bouleversé — non pas Rudolph Binion, mais Adolf Hitler.

Relevant le défi qu'il avait découvert dans le livre de Bradley Smith — « quelque chose » s'était produit qui avait transformé le « sympathique » jeune Adolf en monstre, mais quoi ? —, Binion commença par s'immerger dans l'univers hitlérien, par essayer de se glisser dans la tête de Hitler. Cette « méthode de l'empathie » déchaînerait contre le livre les foudres de Claude Lanzmann, pour qui tenter de comprendre Hitler en se mettant à sa place, en devenant en quelque sorte Hitler lui-même, est un dangereux mirage susceptible d'aboutir à une disculpation. Mais Binion avait le courage de ses convictions. Il localisa ce qu'il croyait être la clé de la psyché de Hitler dans une boîte renfermant les enregistrements des discours de celui-ci qu'il avait trouvée aux Archives nationales de Washington.

En écoutant ces enregistrements, Binion fut frappé par le fait que, fréquemment, quand il exprimait son antisémitisme, Hitler parlait non pas des Juifs, mais *du* Juif. « C'est très bizarre, les premières années, il usait invariablement du singulier : "le Juif". J'ai donc pensé qu'il devait y avoir *un* Juif. D'abord, j'ai cru qu'il s'agissait de l'inventeur du gaz asphyxiant, car Hitler avait été gazé. Puis j'ai rencontré Gertrud Kurth », l'analyste qui avait travaillé au profil de Hitler établi par l'OSS pour Roosevelt. « Une femme merveilleuse. Elle avait écrit un article intitulé "Le Juif et Adolf Hitler"..., où elle disait, comme je le pensais également, que « le Juif » était un individu précis, que c'était même le type [le docteur Bloch] qui avait soigné la mère de Hitler, et que celui-ci aurait-il ignoré le contenu du traitement, les patients ont en général tendance à rejeter inconsciemment le blâme sur le médecin lorsque quelque chose ne va pas. Que Hitler avait continué à envoyer des cartes amicales à Bloch, dans le style "avec mes sincères remerciements, Adolf", et qu'il s'était fait le protecteur de Bloch après l'Anchluss de 1938. »

Cette étrange relation entre Hitler et le praticien juif avait intrigué Binion. « Je me suis dit que cela valait la peine d'y regarder de plus près. »

Il avait alors fait ce qu'aucun historien n'avait entrepris avant lui : éplucher les archives et les témoignages afin d'obtenir des détails sur le traitement prescrit à la mère de Hitler par le docteur Bloch. Et finalement, eurêka, il avait trouvé aux archives nationales, dans une collection de documents relatifs au leader nazi, un dossier portant la mention « Cassette de Hitler » et contenant des papiers personnels saisis par les Alliés.

À l'intérieur, il avait découvert un document que personne n'avait remarqué et dont on aurait difficilement imaginé qu'il ait survécu : le registre médical du docteur Eduard Bloch, où se trouvait consigné son traitement de Klara Hitler en 1907. La Gestapo l'avait récupéré auprès de Bloch en 1938, avec divers souvenirs hitlériens (incluant les affectueuses cartes du jeune Adolf), avant que ce dernier quitte Linz pour l'Amérique — ce qui, naturellement, se révéla être une condition pour l'obtention du précieux visa refusé à la plupart des autres Juifs d'Autriche, voués à un sort cruel.

Les notes relatives à Klara Hitler étaient extrêmement difficiles à lire, me dit Binion. « Cela m'a pris beaucoup de temps pour les déchiffrer.

— Étaient-elles rédigées en code, ou mal écrites ? lui demandai-je, sans me douter que je touchais là un point sensible, que cette question provoquerait l'entrée en scène de Kafka.

— Elles n'étaient pas, semble-t-il, de sa main. Il y avait un parent que Bloch avait élevé — en fait un neveu. À la mort de son frère, il avait, je suppose, recueilli le gamin. Et il s'appelle aujourd'hui... son nom est Kafka, John Kafka, un parfait inconnu qui n'a cessé de me persécuter depuis la sortie de mon livre.

— De vous persécuter ? » C'était la première fois que j'entendais parler de cette bataille Kafka-Binion.

« Il pense que j'ai rendu Bloch responsable de l'Holocauste, et il s'est mis en tête de contredire chacune de mes paroles. Une fois, je me trouvais à un colloque à San Francisco quand, tout à coup, ce type s'est levé pour me mettre en cause : "Et par-dessus le marché, il [Binion] prétend dans son livre que c'est le registre du docteur Bloch, alors que ce n'est même pas son écriture !" »

Avant d'aller plus loin dans cette âpre querelle, posons la question : Binion a-t-il accusé — ou accuse-t-il — l'oncle de Kafka, le médecin de la mère de Hitler, d'être responsable de l'Holocauste ?

Voilà comment Binion dépeint la situation. Adolf n'avait pas encore dix-huit ans, lorsqu'un cancer du sein fut diagnostiqué chez sa mère, au début de 1907. À l'époque, il caressait l'idée d'aller à Vienne pour devenir artiste. Après l'opération de sa mère en février et la guérison apparente de celle-ci, il se rendit effectivement à Vienne, où il eut la profonde déception de se voir refuser l'entrée de l'Académie des beaux-arts. Puis, en septembre, il apprit que l'état de sa mère s'était brusquement dégradé, et il revint à Linz pour s'entretenir avec le docteur Bloch, qui l'informa que la tumeur avait réapparu, que le cancer s'étendait et que seules des mesures radicales pouvaient encore la sauver.

Bloch proposa de se servir d'iodoforme, désinfectant surtout connu aujourd'hui pour son « odeur d'hôpital », mais célébré par la littérature médicale de l'époque comme une sorte de panacée. D'après Binion, le traitement à l'iodoforme, appliqué au cancer du sein, présentait plusieurs inconvénients : il était d'une efficacité extrêmement douteuse, d'un prix « ruineux », et la solution acide causait des souffrances intolérables au patient auquel elle était administrée, généralement en humectant une bande de gaze qu'on appliquait directement sur la peau au niveau de la tumeur.

De plus, déclare Binion, à partir de son déchiffrage des notes de Bloch, le médecin bien intentionné prescrivit à la pauvre Klara des surdoses de la solution caustique :

> Défiant plusieurs décennies de mises en garde médicales, on plaça sur la plaie suppurante de la gaze imbibée d'iodoforme à un pourcentage terrifiant et sans exemple (environ un mètre de gaze fraîche contenant quelque cinq grammes d'iodoforme par jour). Pourquoi le compatissant docteur Bloch, médecin des « pauvres » et « bienfaiteur des indigents » n'employa-t-il pas de la morphine, d'un coût bien moindre, pour supprimer la douleur ? Car, se souvient-il, les souffrances de Klara Hitler « semblaient torturer son fils. Il avait une grimace angoissée chaque fois que le visage de celle-ci se crispait de douleur[7] ».

Pourquoi, en effet ? Sur la base d'indices nettement plus fumeux que ceux dont il s'est servi jusque-là, Binion suggère que ce fut Hitler lui-même qui insista pour que le médecin eut recours à ces doses de choc. Il cite l'ami, pas toujours très fiable, de Hitler, Kubizek, évoquant la révolte du jeune homme à l'idée du verdict de Bloch selon lequel le cancer de sa mère était incurable. « Un tel Hitler, écrit Binion, aurait poussé le médecin à choisir le traitement énergique qui suivit. »

Selon Binion, Hitler serait ainsi largement impliqué dans le cours effroyable et désastreux du traitement, et pas seulement le docteur Bloch. Toutefois, même s'il n'accuse pas formellement le praticien juif d'avoir été la cause de l'Holocauste, il se montre assurément critique à l'égard de chaque aspect de la thérapeutique utilisée, depuis le dosage jusqu'au prix. Et il n'est guère contestable qu'elle se solda pour la mère de Hitler par des mois d'une agonie atroce, dont son fils fut le témoin direct, avant qu'elle meure, le 21 décembre 1907.

« Je n'ai jamais vu de garçon en proie à une telle tristesse indicible », raconterait plus tard Bloch. La douleur d'Adolf fut intense. Et, d'après Binion, d'une importance décisive : « Le souvenir laissé par la maladie mortelle de sa mère, écrit-il, apparaît derrière les intarissables diatribes qui seraient les siennes par la suite à propos du "cancer juif", du "poison juif", du "profiteur juif". »

Et de citer des phrases du dictateur où il discerne la hantise du calvaire médical maternel : « Combien de maux ont leur origine dans le virus juif !... [Les Juifs sont] des abcès vénéneux se repaissant de la nation... un flot inépuisable de poison... amené par une force mystérieuse jusque dans le plus infime vaisseau sanguin » du corps politique.

Binion repousse l'objection évidente à laquelle se heurte sa théorie — la profusion de remerciements adressés à l'époque par Hitler à Bloch, la singulière protection dont il l'entourerait après l'annexion de l'Autriche en 1938 et la « gratitude éternelle » que refléterait son attitude au dire même de l'intéressé — en affirmant que, « consciemment, Hitler n'éprouvait aucune rancune pour Bloch parce qu'il était traumatisé, mais également parce qu'il savait avoir été partie prenante dans "la décision de brûler les abcès... jusqu'à la chair vive" de sa mère ».

Mais alors que, sous l'effet du traumatisme, son ressentiment envers le médecin juif avait été refoulé au plus profond de lui-même, il se mit à suppurer et à se métastaser dans son inconscient. « Tromper "le Juif" dans ses discours, déclare Binion, était pour Hitler un moyen de tromper Bloch ». Avec pour terme ultime l'assassinat des Juifs dans les camps.

Sans doute serait-il trop simplificateur de dire que Binion impute l'Holocauste à la négligence d'un médecin de campagne juif, d'autant que son analyse ne porte pas seulement sur l'épisode du docteur Bloch. (Un autre facteur déterminant, pense Binion, fut la propre expérience médicale de Hitler, dix ans plus tard, avec son gazage en 1918 et le traitement qu'il reçut du médecin de Pasewalk. C'est d'ailleurs Binion qui exhuma l'histoire, tout d'abord relatée par Ernst Weiss, écrivain émigré et ami de Franz Kafka, selon laquelle la suggestion post-hypnotique d'un mystérieux « neurologue » de Pasewalk aurait précipité la métamorphose de Hitler.) Il n'empêche que l'image donnée par Binion des soins prodigués à la mère de Hitler par le docteur Bloch se prête effectivement à une telle simplification.

C'est ce qui avait indigné par-dessus tout le docteur Kafka, neveu de Bloch et farouche adversaire de Binion, comme lui-même me le déclara un peu plus tard[9]. Il attira mon attention sur le résumé suivant de la première version de la thèse de Binion publiée dans l'*History of Childhood Quaterly* :

> En 1907, un médecin juif empoisonne la mère de Hitler en voulant la soigner pour un cancer de la poitrine.
>
> En 1918, Hitler est lui-même hospitalisé pour un empoisonnement par le gaz subi pendant la Première Guerre et croit entendre un appel venu d'en haut lui intimant de renverser les effets de la défaite allemande.
>
> En 1941, Hitler donne personnellement l'ordre d'arracher « le cancer juif » de la poitrine de l'Allemagne en se servant de gaz empoisonné. Résultat : six millions de Juifs envoyés à la mort.

Si schématique que puisse paraître ce résumé, la thèse de Binion a suscité, depuis sa publication, un certain nombre d'adhérents, parmi lesquels, aux États-Unis, le biographe John Toland (en partie) et, en Allemagne, l'historien réputé Eberhard Jäckel, de même que l'éminent psycho-historien Helm Stierlin.

Jusqu'à l'intervention du docteur Kafka dans l'affaire, ceux qui refusaient cette théorie avaient tendance à contester la dynamique inconsciente décrite par Binion, et qui aurait conduit Hitler à faire payer aux Juifs le prix des soins du docteur Bloch, tout en épargnant le docteur lui-même. Mais l'offensive lancée par le docteur Kafka plaça au centre du débat l'analyse faite par Binion du traitement proprement dit, à savoir que le docteur Bloch aurait prescrit à tort, à trop forte dose et à un coût trop élevé, le poison qu'il appliqua sur la poitrine de Klara Hitler, ce qui lui conférerait une responsabilité dans l'Holocauste.

J'avais trouvé une vague référence à cette réfutation de la thèse de Binion dans une revue universitaire, et je l'interrogeai sur ce point. « Des âneries ! s'exclama-t-il. C'est totalement stupide ! Personne n'a eu la patience de passer les documents au crible comme je l'ai fait, mais cela n'a pas empêché Kafka d'aller raconter ses salades au colloque de San Francisco. Il a même eu le culot d'ajouter : "Vous croyez peut-être que, si je le défends [Bloch], c'est parce qu'il est mon père adoptif. Mais c'est faux. C'est parce que la vérité l'exige." À présent, Kafka essaie d'avoir ma peau. *Aargh.* »

Kafka essaie d'avoir ma peau... Il convient de noter à ce stade que le Kafka auquel se réfère Binion avec autant de désinvolture et de mépris n'a rien d'un dilettante obsessionnel et solitaire. Le docteur John Kafka est en fait lui-même un spécialiste, professeur de psychiatrie clinique et de science du comportement à la faculté de médecine George Washington, analyste chevronné, membre de l'Institut de psychanalyse du même nom et auteur d'un intéressant essai, *Multiple Realities in Clinical Practice* [9], portant sur les « fluctuations et divergences subtiles de nos réalités signifiantes personnelles ». Encore que les divergences de réalités entre Kafka et Binion n'aient rien de particulièrement subtil, ce dernier n'est pas loin du compte dans sa perception de l'animosité de Kafka, de sa volonté implacable d'attaquer la thèse de Binion en tout lieu et à toute occasion.

Pour « avoir sa peau », Kafka a entraîné Binion dans une polémique bizarre et terriblement complexe — à coup sûr kafkaïenne — touchant au conditionnement médical pratiqué voilà quatre-vingt-dix ans dans la province autrichienne. Et plus précisément, quant à la question de savoir si le docteur Bloch s'est servi de compresses d'iodoforme du « grand modèle économique », et en quelle quantité.

Sur la base des notes de Bloch concernant Klara Hitler, Binion laisse entendre que le médecin aurait appliqué de la gaze imbibée d'iodoforme en dose trop importante, causant à Klara des tortures inutiles. Au fameux colloque de San Francisco où Binion avait fait une communication et où Kafka avait « tenté de le tuer », ce dernier avait fait valoir que, même si les notes de Bloch indiquent l'achat de quarante paquets de gaze d'iodoforme stérile, Binion avait tort d'en conclure qu'il avait appliqué toute la gaze de chaque paquet sur la poitrine de Klara.

« Kafka prétend en fait que Bloch a acheté de grands paquets économiques, me déclara Binion, qu'il en a utilisé une petite partie et qu'il a jeté le surplus parce qu'il tenait à ce que la gaze soit stérile. Mais la gaze d'iodoforme est un antiseptique ; elle demeure stérile. Si l'on y réfléchit bien, cela signifie qu'il en a acheté une quantité énorme, l'a facturée à Hitler, en a prélevé un morceau et a fichu le reste à la poubelle. Complètement insensé ! Personne ne croirait ça. »

Bien entendu, ces deux points de vue reposent entièrement sur des extrapolations, et le raisonnement de Binion n'a pas fait lâcher prise à Kafka. Lequel, affirme-t-il, en est venu à donner à sa croisade une dimension internationale en prenant pour cible pas seulement Binion, mais aussi ses alliés universitaires. « J'ai reçu récemment une lettre d'Eberhard Jäckel, me confia-t-il. Jäckel parlait à une conférence en Allemagne, quand Kafka l'a soudain interrompu parce qu'il était un de mes supporters. Et il a remis ça avec l'histoire de l'iodoforme et du grand modèle économique.

« Kafka ne renoncera jamais », conclu t-il avec un soupir.

Sans doute Binion s'est-il quelque peu fourvoyé dans sa traduction de la lettre, car, si j'en crois ma propre reconstitution de l'incident Jäckel, il eut lieu lors d'une conférence internationale, tenue à Frankfort, sur les sources psychanalytiques et psychohistoriques de l'antisémitisme. Kafka n'était pas lui-même présent, mais se trouvait représenté par ce que j'appellerais son escadron de la vérité, des collègues d'obédience psychanalytique ayant accepté de se joindre à lui dans son combat contre la théorie de Binion sur l'antisémitisme de Hitler.

Toujours est-il que cette interruption semble avoir ébranlé Jäckel, qui ignorait visiblement les tenants et aboutissants de la question du grand modèle économique, et qui, en butte à un feu roulant, préféra quitter la conférence de bonne heure.

« Écoute, Eberhard, se souvient d'avoir répondu Binion à Jäckel, il serait peut-être temps que tu examines toi-même le problème. Je lui ai expliqué les choses aussi soigneusement et simplement que possible, parce que les gens commencent à perdre patience. » Et on les comprend, dans la mesure où, pour suivre l'explication « simple » de Binion, il est nécessaire de se plonger dans le fatras de détails et de calculs soporifiques concernant la taille et le prix des paquets de compresses d'iodoforme fabriqués en Autriche en 1907 sur lequel reposent ses hypothèses.

« Je me suis adressé au syndicat autrichien des pharmacies, qui possédait des fiches impeccables jusqu'en 1907. Ils m'ont envoyé tous les documents relatifs à cette année-là dont ils disposaient : ce que cela coûtait, comment c'était vendu. La gaze d'iodoforme était disponible en trois tailles : petite, moyenne et grande. La grande taille était plus économique compte tenu de la longueur de la bande. Il suffisait d'en prélever un morceau. Dans tous les modes d'emploi, il est clair qu'on pouvait en découper un morceau, remettre le reste et s'en resservir indéfiniment ; c'est écrit noir sur blanc. En d'autres termes, conclut Binion, le docteur Bloch s'est servi de toute la gaze qu'il a facturée à Hitler, ce qui signifie en réalité qu'il en a fait un usage immodéré, sinon abusif. »

Si nous sommes apparemment très loin de la source de la conversion antisémite de Hitler, cet épisode illustre bien l'évanescence ô combien frustrante à laquelle se heurte la recherche d'une certitude, à partir d'indices fragmentaires, qui sous-tend les explications suprêmes avancées sur le dictateur. Et l'âpreté des querelles suscitées par des points de détail.

Voici par exemple le tableau dressé par Binion pour étayer son assertion selon laquelle le docteur Bloch prescrivit une trop grande quantité d'iodoforme, tableau extrait de sa réponse de quatre pages, sans interligne, et d'un hermétisme terrifiant, à la critique formulée par Kafka concernant le « grand modèle économique » :

> Pour son traitement prolongé de Klara Hitler, Bloch a dû se procurer la gaze d'iodoforme par bandes de 5 mètres, présentation la plus économique. En Autriche, en 1907, celles-ci valaient :

% solution	prix (Heller)	dont pour : l'iodoforme	(pour le reste)
10	375	13,2 × 10	(2,7 × 90)
20	480	13,2 × 20	(2,7 × 80)
30	580	13,2 × 30	(2,7 × 70)

(Chiffres établis par Ed Green, Département des mathématiques, Université de Grandeis. Il fait remarquer que les chiffres sont légèrement irréguliers — à la place de 580, on s'attendrait à 585.)

Le prix de 10 grammes d'iodoforme en poudre était ainsi de 90 Heller.

Il s'ensuit que chaque application de gaze d'iodoforme faite par Bloch comprenait :

	grammes d'iodoforme		mètres de gaze	
	pour un coût total de			
solution	**59 Kronen ou**	**35 Kronen**	**59 Kronen ou**	**35 Kronen**
10 %	5,5	3,2	1,9	1,1
20 %	8,6	5,1	1,5	0,9
30 %	10,5	6,3	1,2	0,7

Ces chiffres représentent les moyennes les plus élevées et les moins élevées pour 42 applications.

Le prix maximal de 59 Kr. représente la totalité des trois paiements « a conto » dans le cas où celui du 3 octobre serait de 15 Kr. ; s'il était de 18 Kr., il faudrait augmenter d'environ 5 % les chiffres de la colonne sous 59 Kr. Le prix minimal ne comprend pas, d'une part, le paiment « a conto » du 3 octobre, le suivant ayant été fait avant le début du traitement, et ne tient compte, d'autre part, que de 15 des 24 Kr. payés « a conto » le 2 décembre, ces 24 Kr. ayant sans doute été prévus pour le mois, soit 31 jours, alors que la malade est morte 19 jours plus tard.

Et cela continue ainsi, de manière toujours plus obscure et quasiment incompréhensible. Je fis plusieurs tentatives, contemplant à chaque fois bouche bée cette forêt de chiffres, ces étranges hiéroglyphes relatifs au contenu de prescriptions vieilles d'un siècle. Il me semblait qu'il y avait quelque chose d'emblématique et de tragique à la fois dans ce grimoire, tout comme dans la croyance incroyablement optimiste qu'arriver à faire le compte précis des applications d'iodoforme pourrait nous rapprocher de l'être fantomatique censé rodé dans cette jungle, de la fuyante vérité sur Hitler et sur les origines de sa malfaisance.

Les alliés de Binion eux-mêmes ont renoncé à le suivre dans le labyrinthe de son topo sur l'odioforme. Malgré sa réputation d'historien capable de pénétrer le mystère des plus infimes vétilles hitlériennes et d'en tirer des observations pertinentes, Eberhard Jäckel ne s'est pas senti lui non plus le courage d'emboîter le pas à Binion : il a tout simplement refusé de lire le tableau d'une extraordinaire complexité.

« "Vous ne voyez donc pas ce que ce Kafka est en train de faire ?"lui écrivit Binion. "Il essaie de créer une ambiguïté là où il n'y en pas !" À la suite de quoi, je reçois cette réponse de Jäckel : "Je sais que vous avez raison, il est donc inutile que je m'embête avec ces détails !" » (Un chercheur allemand qui, lui, s'est embêté avec ces détails, Ernst Günter Schenck, auteur d'une étude intitulée *Patient Hitler*[10], suggère que Binion a peut-être mal interprété certaines des abréviations utilisées par le docteur Bloch au sujet de l'odioforme, tout en admettant lui aussi qu'il est difficile d'arriver à des conclusions certaines à partir de l'interprétation de formules presque séculaires.)

À ce moment, l'impitoyable docteur Kafka avait, semble-t-il, sérieusement entamé la résistance du combatif Binion. Qui me relata la démarche qu'il avait effectuée auprès de la famille Kafka en vue de se débarrasser de son adversaire. Il appela George Kren, fils de Gertrude, la fille du docteur Bloch, et lui-même historien réputé spécialiste de la période hitlérienne[11], enseignant à l'Université de Kansas City. La mère de Kren estimait que le livre de Binion était un « scandale international », dans la mesure où il accusait injustement son père de « négligences » ayant « causé l'Holocauste ». Mais Kren lui-même avait fait de l'ouvrage un compte rendu plutôt positif, dans lequel il mettait l'accent sur la conviction de Binion que l'idée du traitement à l'iodoforme venait tout autant de Hitler que de Bloch, et que l'implication de Hitler dans la mort de sa mère était d'une importance psychologique bien plus grande que le nombre exact de grammes par centimètre de gaze employé par Bloch.

C'est alors, déclare Binion (dont le récit est confirmé pour l'essentiel par Kren et par Kafka lui-même), qu'il apprit que Kren avait lui aussi subi les foudres du docteur Kafka, son grand-oncle. Lorsque, à la mort en 1992 de Gertrude Bloch, tous deux avaient assisté à l'enterrement.

George Kren « se trouvait pour la cérémonie à Trenton, dans le New Jersey, avec John Kafka, me raconta Binion. Et, selon Kren, Kafka avait remis ça. Lors du colloque de San Francisco, il l'avait déjà sermonné pour m'avoir soutenu, et George avait eu une terrible crise d'emphysème... au point qu'on avait dû l'emmener sur une civière ! [La version donnée par Kren est un peu moins mélodramatique.] Nous étions tous bouleversés ».

Quoi qu'il en soit, après l'enterrement, et à la suite de la supplique de Binion — *« George, est-ce que vous ne pouvez pas arrêter Kafka ? »* —, Kren avait effectivement parlé de Binion à Kafka. Lequel, à en croire Binion, avait répondu à Kren qu'il n'y avait aucun moyen de l'arrêter. « Il prétend que vous avez calomnié son père adoptif et qu'il aura votre peau, même s'il doit y passer le restant de ses jours. »

Vous avez calomnié son père adoptif...

Lorsque je parlai au docteur Kafka, je fus frappé par la violence de ses propos, qui, me dit-il, n'avait pas seulement un motif personnel ou familial. Il estimait que le raisonnement psychanalytique de Binion était aussi simpliste qu'erroné ; plus fondamentalement, il déclara : « On ne peut pas expliquer l'Holocauste en affirmant qu'un Juif en est la cause, d'une manière ou d'une autre. »

Néanmoins, quelque chose dans la campagne du docteur Kafka me fit songer aux premières lignes du *Procès*, où Franz Kafka écrit : « Il fallait qu'on ait calomnié Joseph K., car, un matin, sans avoir rien fait de mal, il fut arrêté. »

On calomnie mon père adoptif, avait dû se dire, un matin, le docteur K. en prenant connaissance de la théorie de Binion. Une théorie qui semblait sous-entendre qu'un médecin de campagne (autre titre de Kafka, bien entendu) était responsable de la métamorphose d'Adolf Hitler en Adolf Hitler.

L'histoire de Binion et de sa hantise du docteur Kafka apparaît ainsi comme une sorte de parabole kafkaïenne à propos des dangers, des conséquences, résultant de l'espoir trop confiant d'arriver à comprendre Hitler, et de la manière dont ce genre d'explication conduit presque inévitablement à reporter la responsabilité du dictateur sur quelque chose ou quelqu'un censé être la cause de sa mutation. En particulier le danger de faire remonter l'origine de son antisémitisme à un malheureux Juif. Certes, Binion ne va pas aussi loin que George Steiner, qui, comme nous le verrons, semble céder à la tentation, non seulement d'imputer l'Holocauste à des idées juives, mais également d'attribuer, en un sens plus que métaphorique, le génocide et Hitler lui-même au pouvoir d'imagination de Franz Kafka.

Pourtant, l'explication proposée par Binion est devenue la cible privilégiée, sinon le bouc émissaire, d'un mouvement radical de rejet du projet même d'explication, mouvement incarné par Claude Lanzmann et par son ardente dénonciation de « l'obscénité du désir de comprendre ».

CHAPITRE 14

CLAUDE LANZMANN ET LA GUERRE CONTRE LA QUESTION POURQUOI

Dans lequel le réalisateur de Shoah *veut faire taire un rescapé de l'Holocauste qui n'a pas compris son film*

Ce fut une scène hautement dramatique. Qui plongea dans la consternation et la colère nombre de ceux qui en furent témoins. Et qui constitue une illustration de la campagne menée par Claude Lanzmann contre l'idée d'expliquer Hitler, de sa croisade pour refuser la question pourquoi.

Une scène au cours de laquelle Lanzmann, réalisateur de *Shoah*, le très admiré documentaire de neuf heures et demie sur l'Holocauste, s'emporta contre un rescapé de l'Holocauste ayant passé deux ans à Auschwitz, parce qu'il avait osé violer un des commandements de Lanzmann quant à ce qu'il faut dire et ne pas dire sur les camps de la mort.

Plusieurs des personnes présentes trouvèrent excessive l'attaque de Lanzmann — en fait, sa tentative pour couper court à la discussion que le frêle et vénérable septuagénaire désirait avoir avec lui concernant plusieurs questions troublantes soulevées par son séjour à Auschwitz. D'aucuns n'hésitèrent pas à comparer la réaction du cinéaste à celle des auteurs d'autodafés. Et, quatre ans après cette algarade, la victime, le docteur Louis Micheels, avait encore la voix qui tremblait en m'en parlant. Il qualifia le comportement de Lanzmann de « totalitaire ». Qualificatif énergique, mais qui ne surprendra pas tout à fait ceux qui connaissent le point de vue de Lanzmann sur la question. Car son premier commandement, au nom duquel il admonesta avec une telle brutalité le docteur Micheels, son impérieux « Tu ne demanderas pas pourquoi », Lanzmann est fier de l'avoir emprunté au portrait brossé par Primo Levi d'un gardien SS d'Auschwitz qui lui avait déclaré : « Ici il n'y a pas de pourquoi [1] ».

Nombreux sont ceux qui s'étonneront de la tournure extrême prise par son combat contre les exégètes, dont il juge les efforts « obscènes », voire « révisionnistes », englobant dans un même opprobre les biographes de Hitler et les négateurs de l'Holocauste. Lanzmann s'est attiré, à juste titre, le respect, pour ne pas dire la vénération, de tous ceux pour qui *Shoah* représente l'évocation suprême, sinon définitive, de la plus grande de toutes les tragédies humaines. Beaucoup le considèrent comme un sage, si ce n'est un prophète ou un saint, pour avoir été le porteur d'une vérité absolument terrifiante. Pour quelques-uns, en particulier parmi les post-structuralistes français et américains, émules des théories et du jargon de Jacques Lacan, il est même devenu le centre de ce qui équivaut à un culte de l'Holocauste de la part de la critique littéraire — des universitaires célébrant à travers le film de Lanzmann le recours à des fétiches théoriques tels que les « signes ouverts » ou la « mimesis de représentation » dans ses séquences mettant en scène des témoins des camps de la mort.

Ainsi le discours de présentation dithyrambique, prononcé par un des partisans de Lanzmann, lors de la fameuse soirée où celui-ci réussit à retirer la parole au rescapé d'Auschwitz :

> *Shoah*... a été décrit, à sa sortie, par les critiques comme « l'événement cinématographique du siècle ». Aujourd'hui, nous savons que c'est bien plus que l'événement cinématographique du siècle, que ce n'est pas simplement un film, mais un événement culturel et artistique authentiquement révolutionnaire... Une des choses que l'on a souvent soulignées, particulièrement en Europe, à propos de *Shoah*, c'est l'étonnante présence psychanalytique de Claude Lanzmann à l'écran, présence tangible aussi bien dans la profondeur de son silence que dans la pertinence de ses commentaires, dans le succès de ses interventions pour faire jaillir la vérité [2].

Même si, lorsque je l'avais vu, *Shoah* m'avait fortement impressionné, certains aspects — comme l'adoption, sans la moindre réserve, du point de vue d'un témoin direct ayant survécu grâce à sa contribution à la destruction aveugle de ses coreligionnaires juifs[3] — m'avaient incité à m'interroger sur le jugement de Lanzmann. Jusqu'à ce que je parcoure la prose suscitée par le film à sa sortie en 1995, je ne soupçonnais pas à quels sommets de sagacité *Shoah* avait élevé son auteur, dont le statut d'oracle l'autorise désormais à frapper d'anathème tous ceux qui enfreignent ses commandements. Parler de commandements n'est pas exagéré. De fait, Lanzmann n'hésite pas à prendre un ton biblique pour dicter des règles à ceux qui se hasardent à discuter de *son* sujet. C'est ainsi qu'il s'en est pris publiquement[4] au film de Steven Spielberg *La Liste Schindler,* allant jusqu'à déclarer : « Après *Shoah,* certaines choses ne sont plus permises. »

En entendant cette phrase, je crus à une erreur. Un documentaliste de Munich me traduisait au téléphone une mouture des propos de Lanzmann sur Spielberg publiée dans *Le Monde* du 3 mars 1994.

« Vous voulez dire, après *la* Shoah, certaines choses sont interdites ? » demandai-je, pensant qu'il s'agissait peut-être d'une allusion à la célèbre formule de Theodor Adorno : « Après Auschwitz, écrire un poème est barbare. »

« Non, insista mon correspondant, Lanzmann dit bien qu'après *Shoah,* après son propre film, certaines choses sont interdites. »

Parmi les nombreux reproches adressés par Lanzmann au film de Spielberg, le plus grave concerne le délit de « fausse archive », en l'occurrence la reconstitution de scènes à l'intérieur des camps de concentration, toute tentative d'interprétation ne pouvant aboutir qu'à une déformation de la réalité. Se repérer à travers les préceptes de Lanzmann touchant la reconstitution et l'interprétation constitue une tâche délicate. C'est ainsi que, pour arracher des sanglots à son principal témoin sur les camps, le coiffeur juif de Treblinka, il a eu l'idée de louer une boutique de coiffeur et d'ordonner à l'ancien détenu, fort peu enthousiaste, de feindre une activité qu'il avait cessé d'exercer depuis longtemps, autrement dit couper les cheveux, afin qu'il se revoie dans la fonction qui était la sienne à Treblinka, qu'il se revoie rasant le crâne de milliers de femmes avant qu'elles soient gazées. Lanzmann est fier d'une telle reconstitution interprétative. D'un autre côté, il est également fier de son rejet de tout document *authentique*. Non seulement il a refusé de se servir des séquences cinématographiques et des photos existant sur les camps de la mort (comme celles utilisées avec une remarquable efficacité par Alain Resnais dans *Nuit et Brouillard*, par exemple), mais il a érigé en principe moral sa propre méthode de reconstitution, donnée comme supérieure à toute autre : le recours à des interviews de survivants dont il est le meneur de jeu filmé en gros plan, tant et si bien qu'il en arrive à occuper l'écran plus longtemps que n'importe lequel de ses témoins, devenant ainsi un héros de la mémoire, une « étonnante présence » venant se substituer aux images réelles de victimes interdites et bannies par lui.

Cependant, Lanzmann va encore plus loin : dans son attaque contre Spielberg comme dans sa conversation avec moi, il proclama que, s'il découvrait un jour un film tourné en secret et montrant, par exemple, le meurtre réel de trois mille Juifs dans un camp de la mort, il ne l'utiliserait pas. Sur de telles questions, on peut assurément trouver des arguments allant dans un sens ou dans l'autre, sauf que, pour Lanzmann, « après *Shoah* », il n'y a plus d'argument : certains points ont été établis, certaines choses sont interdites. Son film n'est pas simplement supérieur à la réalité ; il la remplace, s'y substitue.

Bien entendu, Lanzmann n'est pas le seul à avoir instauré des commandements à partir du phénomène de l'Holocauste. Emil Fackenheim m'en offrit un échantillon : Tu n'accorderas pas à Hitler de victoire posthume[5]. Mais Fackenheim a assez d'humilité pour ne pas prétendre qu'après son livre toute discussion est interdite, pas plus qu'il n'interdit aux rescapés de poser des questions à propos de ce qu'ils ont vécu, comme le fit publiquement Lanzmann en se servant de sa célébrité pour réduire au silence le docteur Louis Micheels.

C'est en préparant l'interview que je devais avoir avec Lanzmann que je tombai par hasard sur des récits et comptes rendus quelque peu troublants de l'épisode, survenu le soir du 11 avril 1990 à l'auditorium du Becton Engineering Laboratory de l'Université de Yale, devant un parterre de cent à deux cents universitaires et psychanalystes. Après les avoir lus, je ne pus m'empêcher de me poser la pernicieuse question pourquoi. Qu'est-ce qui pouvait bien expliquer le comportement de Lanzmann ce soir-là ? Avant de relater ma rencontre tendue avec le sage à Paris, il convient d'apporter quelques précisions supplémentaires.

Tout d'abord, Lanzmann est venu sur le tard à l'identité juive. D'après le portrait élogieux tracé de lui par son adepte à Yale, « Claude Lanzmann est né à Paris... d'une famille juive ayant coupé les ponts avec la communauté juive. Pendant la Seconde Guerre mondiale, il fut un des animateurs de la résistance étudiante en France, créant, à l'âge de dix-sept ans, avec ses camarades de lycée, un groupe de résistance aux nazis ».

Il y a, de fait, quelque chose du nouveau converti dans le zèle manifesté par Lanzmann. Selon un observateur[6] des campagnes implacables qu'il a menées avec ses amis contre ceux qui violent le tabou de la question pourquoi, il se pourrait que le « phénomène de conversion tardive » ne soit pas étranger au sectarisme du culte qui l'entoure : « La plupart de ceux qui l'ont célébré sont des psychanalystes lacaniens venus eux-mêmes à l'identification juive à travers *Shoah*. » Là encore, non pas à travers *la* Shoah, mais à travers le film qu'en a tiré Lanzmann.

Cet engagement tient en partie au style belliciste de l'intellectuel français. C'est dans ce milieu que Lanzmann a fait son chemin en étant d'abord le secrétaire particulier de Jean-Paul Sartre, avant de devenir intime du grand amour de celui-ci, Simone de Beauvoir, qui le nomma directeur des *Temps modernes*, position équivalant à celle de pape des intellectuels parisiens post-existentialistes et post-structuralistes.

En matière d'éthique et d'esthétique, ce style relève d'une rhétorique moralisatrice, voire criminaliste. Ainsi les déclarations faites par Lanzmann, lors d'un séminaire à Yale, concernant la nature criminelle de certains angles de caméra. « Je voulais montrer le village de Chelmno, et le cameraman me dit que la seule manière d'y parvenir, c'était par hélicoptère. Je lui ai répondu : "Jamais ! Il n'y avait pas d'hélicoptère pour les Juifs qui étaient enfermés dans l'église ou dans le château." Ce serait un crime, un crime moral et artistique[7] ! »

Peut-être que oui, peut-être que non. On se demande si les morts de Chelmno auraient accordé autant d'importance à cette question de prise de vues par hélicoptère et se seraient sentis aussi redevables que le suggère le ton de Lanzmann.

Toutefois, le zèle du nouveau converti et l'arrogance de l'intellectuel parisien ne suffisent pas à expliquer sa rage, ni la violence de ses attaques contre l'idée même d'explication. Sans doute l'épreuve représentée par les onze ans de tournage de *Shoah*, d'immersion dans l'horreur, rend-elle compréhensible la passion de Lanzmann. À l'époque où j'effectuais des recherches sur les controverses concernant les origines et la signification des rouleaux de la mer Morte — et les répercussions considérables que pourrait avoir leur déchiffrement à la fois pour le judaïsme et pour le chritianisme —, le directeur du projet de publication au département de théologie de Princeton me lut un jour la liste de tous les individus, dont certains des plus brillants spécialistes en la matière, qui avaient sombré dans la folie ou dans la boisson, s'étaient convertis, suicidés ou avaient eu des visions hérétiques, à cause de tout le temps qu'ils avaient passé à essayer d'assembler les morceaux épars de ce puzzle infernal, à tenter de mettre au jour quelque ultime révélation, peut-être les empreintes de Dieu lui-même, dissimulée dans ces lambeaux de parchemin ancien responsables des égarements d'un si grand nombre d'entre eux. On peut du reste s'étonner qu'il n'y ait pas davantage de victimes parmi ceux qui s'appliquent à cerner la vérité du mal extrême en mettant bout à bout les fragments d'évidence qui sont nos seuls indices.

Mais ce qui est surprenant dans la croisade entreprise par Lanzmann après *Shoah*, c'est moins la passion de ses propres théories que la violence de ses assauts contre les théories des autres. Non content de rejeter leurs hypothèses ou de contester leur logique, il lui faut encore les condamner au silence en les accusant de complicité virtuelle dans l'Holocauste. Témoin la manière dont il a pratiquement accusé Rudolph Binion, fils d'une mère juive, d'être un « révisionniste », autrement dit un négateur de l'Holocauste et un sympathisant nazi. En tant que directeur des *Temps modernes*, il ne lui a pas suffi de publier un article outrancier, rédigé par une de ses émules[8], sur le *Hitler et l'Allemagne* de Binion, article qui faillit provoquer l'annulation du projet d'édition française du livre. Il n'a pas pu résister à la tentation d'orner la couverture par ailleurs insipide du numéro en question d'une bande proclamant, sur un fond de couleur rouge sang :

RUDOLF BINION ET ADOLF HITLER :
LA PSYCHOHISTOIRE
CACHE-MISÈRE DU RÉVISIONNISME ?

Binion ne doute pas que l'utilisation habile du « et », ainsi que l'erreur concernant son prénom, écrit « Rudolf » au lieu de « Rudolph », ne résultent d'une volonté de le rapprocher d'Adolf Hitler. Quoi qu'il en soit, le message contenu dans la bande accrocheuse constitue une attaque manifeste : en demandant si la théorie de Binion sur Hitler n'est pas un « cache-misère du révisionnisme », Lanzmann tend à faire de Binion lui-même un « révisionniste », l'implication étant que son livre représente une tentative délibérée, non seulement pour expliquer Hitler, mais pour l'exonérer. Certes, aux yeux de Lanzmann, toute explication équivaut, *de facto*, à une exonération. Toutefois, il ne peut se retenir, dans le cas de Binion, de pousser le dénigrement jusqu'à insinuer que l'objectif à peine déguisé de l'historien est le même que celui des néo-nazis qui nient l'Holocauste. Binion riposta à cette accusation de révisionnisme, me dit-il, en intentant un procès à Lanzmann devant les tribunaux français, mais, après un premier jugement au terme duquel sa plainte fut jugée recevable, il dut abandonner les poursuites, son salaire de professeur à Brandeis ne lui permettant pas de payer les frais d'avocat.

« "Révisionniste" est un terme fort, fis-je observer à Lanzmann lors de notre rencontre à son bureau parisien.

— Je ne sais pas si c'est un terme fort, répondit-il, mais toute l'entreprise de Binion est obscène. »

Pourquoi obscène ?

« Parce qu'il croit qu'on peut expliquer. »

Obscénité est devenu le qualificatif favori de Lanzmann et de ses adeptes dans leurs attaques contre ceux qui posent la question pourquoi. Sabine Prokhoris, auteur du fameux article des *Temps modernes* dénonçant le « cache-misère du révisionnisme », écrit : Binion ne craint pas de « proposer une réponse à la question dont la formulation serait la suivante : "*Pourquoi* les Juifs ont-ils été tués ?" Formulation dont Claude Lanzmann a souligné avec force *l'obscénité*... », comme si cela suffisait à résoudre le problème.

Mais l'obscénité est loin d'être le seul terme infamant à fleurir dans la prose irascible des lanzmanniens. Ainsi, ce catalogue, incomplet, des épithètes dont Prokhoris abreuve Binion et son livre :

- « d'une stupidité véritablement confondante »
- « monstre épistémologique
- « bizarre »
- « méprisable »
- « ignorance active »
- « destructeur de pensée »
- « perversité »
- « scandaleux »
- « de fait une justification de l'Holocauste »
- « son héros, Hitler »
- « annihile l'histoire »
- « anéantit la psychanalyse »
- « discours fasciste »
- « délétère imposture »

Cette série d'invectives, servant à étayer l'argument bien connu de Lanzmann selon lequel tenter d'expliquer la psychologie de Hitler équivaut à sympathiser avec lui et à l'excuser, aboutit à une dernière pointe sournoise. Binion est coupable, proclame Prokhoris, d'utiliser l'explication « comme solution finale », accusation qui va bien au-delà du simple péché de révisionnisme ou d'apologie pro-hitlérienne, jusqu'à identifier Binion à Hitler lui-même, exécuteurs l'un et l'autre d'une abominable solution finale, avec Binion en « Eichmann de papier », comme l'appelle Prokhoris dans une flèche ultime.

De sorte que je n'aurais pas dû être surpris, je présume,

de découvrir que Lanzmann en personne n'était pas moins belliqueux et intempérant que ses discours et ceux de ses disciples à l'encontre des commentateurs ayant l'audace de demander pourquoi.

Ce fut, par bien des aspects, une rencontre fâcheuse, à commencer par ce qui apparaît aujourd'hui comme une méprise hautement symbolique à propos de « codes ». En réponse à ma demande d'interview, l'assistant de Lanzmann m'avait écrit de le contacter lorsque je me trouverais à Paris. Après plusieurs jours de tentatives infructeuses, je réussis à le joindre, et Lanzmann me fixa rendez-vous à son bureau, un soir, à sept heures. Mais en arrivant, un peu à l'avance, j'aperçus un immeuble entièrement plongé dans les ténèbres. Il n'y avait aucun nom permettant d'identifier la vingtaine de touches de l'interphone, et Lanzmann ne m'avait pas donné le numéro de l'appartement. La porte extérieure était fermée. Sous les sonnettes se trouvait un clavier composé de chiffres et de lettres qui, comme je m'en rendis compte ensuite, commandait l'accès de l'entrée de l'immeuble.

J'inspectai les fenêtres au-dessus de moi en me demandant si je ne m'étais pas trompé d'adresse, puis je me dirigeai vers une brasserie voisine pour appeler Lanzmann. Je tombai sur son répondeur, laissai un message exposant mon problème et retournai à l'immeuble pour voir si Lanzmann n'attendait pas en bas pour m'ouvrir, ce qui aurait expliqué qu'il ait raté mon appel. Toujours aucun signe de vie, et encore moins de Lanzmann. J'allai à la brasserie pour rappeler, tombai à nouveau sur le répondeur, renouvelai sans succès mon appel pendant une bonne demi-heure, jusqu'au moment où, en désespoir de cause, je laissai un message disant que j'étais navré de ce malentendu et que je rentrais à mon hôtel, qui se trouvait à une bonne distance de là, dans un autre arrondissement. Déçu, je me mis en quête d'un taxi, quand j'aperçus une cabine téléphonique et décidai d'appeler une dernière fois.

C'est alors que Lanzmann décrocha. D'un ton ennuyé et quelque peu agressif, il me demanda ce que j'avais fabriqué, affirmant qu'il m'avait attendu. Je lui répondis que j'étais resté devant l'immeuble, vu que je ne savais pas comment entrer.

« Mais je vous ai donné le code, dit-il, faisant allusion au code d'accès.

— Non, répondis-je en toute bonne foi, vous ne me l'avez pas donné.

— Je vous l'ai donné ! » répliqua-t-il d'un ton ferme.

Lorsque je lui demandai si je pouvais tout de même monter lui parler, il répondit que non, qu'il était trop tard.

Mais j'étais venu à Paris spécialement pour le voir, plaidai-je.

Finalement, il se laissa fléchir, me donna le numéro du code et celui de l'appartement, et je revins sur mes pas.

En y réfléchissant, une fois l'entretien terminé, la version de Lanzmann me parut assez curieuse. S'il m'avait attendu, pourquoi n'avait-il pas pris le téléphone alors que j'avais appelé sans arrêt, n'obtenant à chaque fois que son répondeur ? Et pourquoi avait-il décroché seulement *après* que j'eus laissé le message que je regagnais mon hôtel ?

Ce n'était qu'un détail. Je l'avais fait moi-même pour me soustraire à des obligations. De plus, peut-être croyait-il vraiment m'avoir donné le code. Cependant, l'épisode n'en avait pas moins quelque chose de troublant, surtout au regard de ce qui avait toute l'apparence d'une hostilité opiniâtre lorsque j'arrivais enfin chez lui. Hors d'haleine et quelque peu énervé, je m'assis dans un des fauteuils faisant face à son bureau, posai mon manteau sur le siège voisin et, pour perdre le moins de temps possible, glissai précipitamment une cassette dans mon magnétophone. Avant que j'aie eu le temps d'ouvrir la bouche, Lanzmann m'ordonna de retirer mon manteau du siège et d'aller le porter dans une autre pièce.

Je m'exécutai sans poser l'exécrable question pourquoi. Peut-être essayait-il de créer une ambiance du genre « ici il n'y a pas de pourquoi », son commandement suprême à l'encontre de toute demande d'explication. Du reste, notre dialogue au sujet du code m'apparaîtrait plus tard comme emblématique de son attitude de prophète du Sinaï à l'égard des autres discours sur l'Holocauste : *je vous ai donné le code*, dans *Shoah*. Après cela, les efforts pour percer le mystère sont au mieux illusoires, au pire obscènes.

Et demander pourquoi de tels efforts doivent être qualifiés d'obscènes revient à accepter l'obscénité. Aussi, outre le contretemps lié à l'histoire de code, il est probable que la tournure désagréable prise par notre entretien provenait du fait que ma première question incluait le terme « obscénité » et se rapportait directement au problème délicat de ce soir de 1990 où Lanzmann avait tenté de réduire au silence le rescapé d'Auschwitz.

« Vous avez parlé de l'obscénité de comprendre..., commençai-je.

— Non, non, je n'ai jamais dit une chose pareille ! aboya-t-il. Oubliez cela ! »

Cette réponse me déconcerta passablement. Par chance, j'avais emporté le récit de ladite « Soirée avec Claude Lanzmann », sous-titré « L'obscénité de comprendre » et publié dans *American Imago,* revue trimestrielle de l'Association de psychanalyse appliquée. Je lus à Lanzmann un extrait des propos qu'il avait tenus à cette occasion.

« Vous avez déclaré : "Il y a des photos de Hitler enfant, n'est-ce pas ? On a même fait un livre sur l'enfance de Hitler [celui d'Alice Miller, me dit-il ensuite], une telle tentative d'explication est une obscénité en soi !"

— Où ai-je dit ça ? » interrogea Lanzmann.

Je lui montrai les photocopies.

« L'article s'intitule "Une soirée avec Claude Lanzmann" et c'est sous-titré "L'obscénité de comprendre".

— Faites voir ! ordonna-t-il. Où est-ce que ça a paru ?

— Dans cette revue, *American Imago* », répondis-je en lui tendant les pages.

À ce stade, au bout d'à peine deux minutes, Lanzmann tenta de mettre fin à l'entretien. « Expliquez-moi, dit-il, usant à son tour du mot tabou, qu'est-ce que vous faites exactement ? »

Je lui répétai ce que j'avais écrit dans la lettre que je lui avais adressée à l'origine et qui s'était soldée par cette invitation à le rencontrer à Paris : que j'écrivais un livre portant en partie sur la question de savoir s'il était possible d'expliquer le personnage de Hitler, question à laquelle m'avait conduit mes conversations à Jérusalem avec Yehuda Bauer et Emil Fackenheim. « Cela m'a paru un débat intéressant que de se demander si une telle explication était possible, ou même si elle était légitime. C'est pourquoi j'ai souhaité avoir vos remarques...

— Vous ne parlez pas le français, dit-il, m'interrompant.
— Non.
— Vous devriez. Vous devriez apprendre. J'ai déjà écrit là-dessus. »

Après avoir admis que ce serait une bonne chose en effet, je lui expliquai que mon livre incluait des entretiens avec des auteurs sur des points controversés dont ils avaient pu ne pas parler dans leurs écrits.

C'est alors que, pour la seconde fois, il tenta de mettre fin à l'interview, sous prétexte qu'il n'avait pas assez de temps — du fait, naturellement, que j'avais perdu le code — pour traiter ce vaste et délicat sujet. Mais il finit par changer d'avis et se mit à répondre à ma première question concernant le caractère obscène, selon lui, de la tentative d'expliquer Hitler.

Il commença par une réflexion aussi surprenante que paradoxale, une réflexion qu'il n'avait, à ma connaissance, jamais exprimée oralement ni par écrit. « Je ne prétends pas que l'Holocauste soit une énigme. Je ne dis pas cela. Ce n'est pas ce que je pense. C'est un fait historique. Non pas un événement qui se serait produit hors de l'histoire. En un sens, c'est un produit de toute l'histoire du monde occidental depuis le commencement. »

Avant d'aller plus loin, il convient de noter que Lanzmann avait fait deux pas importants et presque opposés. En premier lieu, il avait reconnu avoir qualifié la question pourquoi d'obscène. En second lieu, il avait néanmoins donné à la question prohibée une sorte de réponse, d'explication : Hitler et l'Holocauste étaient « un produit de toute l'histoire du monde occidental », laquelle aurait engendré les six millions de meurtres. Explication qui contenait l'idée implicite que quelque chose dans le mode de pensée et de perception, dans les institutions, le langage et les structures profondes de la civilisation occidentale avait amené de manière inexorable l'Holocauste, décrit spécifiquement par lui comme un « produit ». Avec pour corollaire le fait que Hitler lui-même était moins un agent qu'un produit. Que la cause réelle des assassinats en masse avait été non pas les doctrines ou la volonté d'Adolf Hitler, mais l'esprit de la culture occidentale.

Sauf que Lanzmann n'est guère logique avec lui-même :

après m'avoir déclaré que le génocide n'avait rien d'une énigme, qu'il pouvait s'expliquer comme un produit de l'histoire, il fit volte-face et réitéra sa conviction que le pourquoi de l'explication était obscène.

« Prenez toutes les raisons, tous les types d'explication que vous voudrez, qu'elles soient psychanalytiques — l'opposition entre l'esprit, le *Geist* allemand et l'esprit juif, l'enfance de Hitler, etc. Ou économiques, avec le chômage, la crise en Allemagne. Vous aurez beau faire. Chaque explication peut être vraie, et aussi tous les types d'explication réunis. Ce sont seulement des conditions. Et même si elles sont toutes nécessaires, elles ne sont pas suffisantes : un beau matin, en vous réveillant, voilà que vous vous mettez à tuer... à tour de bras. Ce que je dis, c'est qu'il existe un *fossé* entre ces explications et le meurtre effectif. Qu'il est impossible de donner *naissance,* impossible d'engendrer un mal aussi absolu. Et que si vous essayez d'expliquer, de répondre à la question pourquoi, *vous êtes conduit, que vous le vouliez ou non, à le justifier*. C'est alors que la question révèle sa propre obscénité : pourquoi les Juifs ont-ils été tués ? Parce qu'il n'y a pas de réponse à la question pourquoi. » En d'autres termes, parce que toute réponse commence inévitablement par légitimer, rendre « compréhensible » un tel phénomène.

Lanzmann passe ainsi de la carence épistémologique de l'explication à la carence morale de ceux qui tentent d'expliquer, coupables de mauvaise foi, d'avoir, en même temps que le désir de comprendre, le dessein d'excuser.

Un des adversaires de Lanzmann en France, un psychanalyste américain expatrié du nom de Sean Wilder, qui a été témoin des ravages provoqués par Lanzmann et ses acolytes en la matière — notamment à travers leur offensive contre un respectable institut de psychanalyse parisien qui, ayant eu la témérité d'inviter Binion pour une conférence, paya ce geste de son implosion puis de sa dissolution — avance une critique de bon sens : « Pour moi, la question "pourquoi" est une fonction humaine fondamentale. Qu'est-ce qu'ils croient donc que font les gens ? Si l'on met de la nourriture dans la bouche de quelqu'un, qu'il la mâche et l'avale, il se met à la digérer. La question "pourquoi" est l'équivalent mental ou intellectuel de la digestion. Vous recevez des informations, sur lesquelles, sauf à être un parfait idiot, vous effectuez un travail, et l'un des principaux processus intellectuels est la question pourquoi. C'est même, à mon avis, l'une des plus nobles facultés de l'esprit humain, et que l'on doit considérer comme telle. »

Lanzmann considère, pour sa part, que les gens ingèrent les informations brutes sans les digérer et pratiquent, pour poursuivre la métaphore, une espèce de boulimie intellectuelle. Encore qu'il préfère recourir, en ce qui concerne sa propre méthode, à une autre métaphore : l'aveuglement volontaire. « Lors du tournage de *Shoah*, me dit-il, j'étais comme un cheval avec des œillères. Je ne regardais pas sur les côtés, ni à droite ni à gauche. J'essayais de garder les yeux fixés droit devant moi sur le soleil noir de l'Holocauste. Cet aveuglement, cet aveuglement délibéré, constituait — constitue — une chose nécessaire, la condition indispensable de la création. C'était en fait le contraire de l'aveuglement. Une sorte de *clairvoyance*. C'était comme voir avec une clarté absolue, vous comprenez. La seule manière d'affronter cette réalité aveuglante, c'est de se rendre aveugle à tous les types d'explication. De refuser l'explication. Il n'y a pas d'autre solution. C'était une attitude morale, une pierre de touche éthique. »

D'entendre Lanzmann s'extasier, dans le sempiternel langage des ésotéristes (et des intellectuels français), sur le pouvoir de pénétration de l'aveuglement et sur la supériorité éthique de sa position me rappela une autre formule mystique dont je l'avais vu se servir : « N'avez-vous pas dit un jour qu'il faudrait entourer l'Holocauste d'un feu sacré ? lui demandai-je.

— Un cercle de feu. Oui, pour qu'il soit impossible, impossible à jamais d'essayer de traverser le cercle. »

C'était le type même de discours qu'avait mis en cause Yehuda Bauer dans son article dénonçant la « mystification » dont est l'objet l'Holocauste[9]. Si on l'entoure d'un cercle de feu, comment savoir ce qu'il y a dans le cercle ? Ayant passé pas mal de temps sur des cas d'homicide, j'essayai d'imaginer quelle aurait été la réaction des enquêteurs que j'avais rencontrés si on leur avait dit : « Ne franchissez pas la ligne autour du corps, ne posez pas de questions sur l'état d'esprit de l'assassin. » Or, même à une plus vaste échelle, l'Holocauste n'en reste moins un homicide. Ne pas vouloir examiner la mentalité des meurtriers, leur faire un rempart de feu est une stratégie qui ne peut profiter qu'aux assassins eux-mêmes et à leurs éventuels successeurs.

« Un cercle de feu autour de la psychologie de Hitler également ? demandai-je à Lanzmann. Ne pas traverser... ?

— Non, il n'y a pas de cercle de feu autour de Hitler. Je ne m'occupe pas de psychologie. Cela ne m'intéresse pas. »

Pas de cercle de feu, mais une limitation délibérée de l'enquête. « Et les SS dans votre film ? Cela ne vous intéressait pas non plus, leur psychologie ?

— Je ne suis pas intéressé par la psychologie. C'est ce que je n'ai cessé de leur répéter. "Je ne parle pas de vous, je ne m'intéresse pas à vous." Je voulais qu'ils me disent *comment* c'était arrivé. »

Par « comment », Lanzmann entend uniquement de quelle manière, mécanique, ils ont accompli le génocide et non pas comment ils ont pu devenir assez inhumains pour s'en faire les exécuteurs enthousiastes.

« Yehuda Bauer prétend qu'il existe un danger à vouloir extraire l'Holocauste et Hitler des processus historiques et psychologiques, un danger de sacralisation, de mystification...

— La mystification de...

— L'Holocauste. En déclarant qu'il ne peut pas être expliqué, on en fait un mystère incompréhensible.

— Mais je vous l'ai dit au début, ce n'est *pas* un mystère incompréhensible.

— Pourtant, s'il est impossible de passer des individus qui en ont été les acteurs à l'événement lui-même, s'il existe un fossé, comme vous venez de le dire, un abîme entre la cause et l'effet... alors comment est-ce arrivé ?

— Comment ?

— Oui.

— Je pense l'avoir montré.

— Vous avez montré que *c'était* arrivé. Mais comment des êtres ordinaires ont-ils pu en venir à une telle extrémité ? Étaient-ce des démons ? Étaient-ils possédés par Satan ?

— Non, je n'ai jamais dit cela. Vous ne m'avez pas compris, voilà tout. »

À mon avis, le problème, ce n'est pas que je n'ai pas compris Lanzmann, mais que je l'ai fort bien compris au contraire. Et que sa position semble philosophiquement incohérente. D'un côté, il condamne énergiquement toute tentative pour expliquer les motivations des meurtriers, parce que cela reviendrait inévitablement, selon lui, à excuser leurs fautes et à les absoudre. Et de l'autre, il proclame que l'Holocauste n'a rien d'une « énigme », que lui-même possède du reste l'explication, à savoir qu'il est le produit de « toute l'histoire du monde occidental ». Ce qui, en réalité, aboutit bel et bien à disculper ses auteurs : ce ne sont pas les décisions individuelles conscientes — et donc coupables — des meurtriers qui ont produit l'Holocauste, c'est bien plutôt la machine, l'appareil de toute l'histoire occidentale.

Si l'on s'interdit de s'interroger sur la psychologie ayant entraîné la décision de tuer, alors il n'y a pas moyen de rendre compte de ce qui s'est passé, sinon en invoquant l'idée de génération spontanée, en prétendant que tout est dans tout, ou en se référant à quelque vague inexorabilité historique annulant toute responsabilité individuelle. Pour autant, je ne pense pas que Lanzmann ait le *désir* d'absoudre ou de disculper les meurtriers, encore que cela devrait l'inciter à davantage de prudence lorsqu'il accuse de complaisance « révisionniste » ceux qui ne partagent pas ses vues sur le sujet.

Même la dévotion manifestée par Lanzmann pour la question comment opposée à la question pourquoi se trouve mise en cause par sa critique d'un livre récent qui démolit les arguments des négateurs de l'Holocauste selon lesquels les chambres à gaz n'auraient pas existé. Écrit par un ancien révisionniste, Jean-Claude Pressac, ce livre s'appuie sur des documents découverts par son auteur dans les archives soviétiques, documents que le *New York Times* présente comme étant la « correspondance et les contrats commerciaux, restés jusque-là inédits, entre les officiers nazis d'Auschwitz et les dirigeants de la firme allemande ayant construit les chambres à gaz, les systèmes de ventilation, les monte-charges, les crématoires et autres dispositifs qui rendirent le meurtre possible [10] ».

Le chasseur de nazis Serge Klarsfeld, qui a permis que Klaus Barbie soit jugé, voit dans l'ouvrage de Pressac « une contribution majeure à la littérature » sur l'Holocauste. « Un problème existait, a-t-il déclaré au *Times*. Comment les chambres à gaz et les fours crématoires fonctionnaient-ils au juste ? Comment a-t-on pu se débarrasser d'une telle quantité de cadavres ? Il s'agissait d'expliquer la technique criminelle à partir d'indices tangibles et Pressac en a fourni une description tout à fait remarquable. »

On aurait pu penser que Lanzmann, dont l'éternelle exhortation est d'être aveugle à tout, sauf au comment, à la technique criminelle, se réjouirait de la publication de tels documents, qui révèlent avec précision ce fameux comment. Certes, ces documents ont été trouvés par un ancien révisionniste, mais cela ne les rend pas moins authentiques. Et dans son film, Lanzmann ne se fait pas scrupule de demander aux anciens SS « comment ».

Mais, d'après le *Times*, Lanzmann « a été rendu furieux par le livre. "Le travail de M. Pressac, a-t-il écrit dans *Le Nouvel Observateur*, est pernicieux et marqué par le raisonnement des gens... qui nient l'Holocauste. En mettant l'accent sur l'aspect documentaire, en ne tenant aucun compte du témoignage émotionnel des survivants, le livre légitime les arguments révisionnistes qui deviennent ainsi le point de référence pour de futurs débats... Pour ma part, je préfère les larmes du coiffeur de Treblinka dans *Shoah* aux documents de Pressac sur les détecteurs de gaz ».

C'est-à-dire sa propre catharsis artistique à des faits attestés. Et l'importance de la lutte contre les mensonges néo-nazis utilisés pour justifier les violences dont furent victimes les Juifs ? Hitler accéda au pouvoir en profitant de l'« histoire révisionniste », du mythe du coup de couteau dans le dos d'après lequel l'Allemagne n'avait pas perdu la guerre, mais avait été frustrée de la victoire par un complot de Juifs et de politiciens placés sous leur coupe. Si Pressac a contribué à discréditer les falsificateurs et négateurs contemporains, « n'est-ce pas qu'on doit s'efforcer de combattre par tous les moyens les révisionnistes néo-nazis ? demandai-je à Lanzmann.

— D'abord, je n'ai jamais dit cela, répondit-il.

— Le *Times* a mal interprété vos propos ?

— Oui. Du travail de journaliste !

— Très bien, alors dites-moi ce que vous pensez du livre de Pressac.

— Qu'est-ce que le livre de Pressac ? Le livre d'un ancien

révisionniste. À présent convaincu que les chambres à gaz ont bien existé. Il n'a rien inventé en l'occurrence. Absolument rien. Il a ouvert la porte d'une chambre à gaz. Mais tout le monde savait qu'elles existaient ».

Tout le monde, à part qu'une puissante et insidieuse claque de négateurs a réussi à persuader un nombre alarmant de gens qu'elles n'ont peut-être pas existé. Klarsfeld, qui a davantage l'expérience du combat contre les nazis et néo-nazis authentiques que de la polémique portant sur des problèmes d'esthétique cinémathographique dans laquelle est engagée Lanzmann, considère quant à lui le livre de Pressac comme une arme précieuse contre les révisionnistes.

Tout en se prétendant intéressé par le comment du crime, Lanzmann ne voit aucune raison particulière de chercher des moyens d'éviter qu'il se renouvelle. « Selon Yehuda Bauer, lui dis-je, si nous n'essayons pas de comprendre comment c'est arrivé, nous ne saurons rien sur la manière d'empêcher que cela arrive à nouveau. »

Lanzmann refusa de croire que Bauer ait dit une chose semblable. « Je connais Yehuda Bauer depuis longtemps. Et cela m'étonne qu'il parle ainsi. » (En fait, dans un article intitulé « On The Place of The Holocaust in History[11] » attaquant les « mystificateurs », il déclare : « Une fois qu'une catastrophe comme l'Holocause est advenue, elle peut très bien se répéter... L'Holocauste peut être un précédent, ou il peut être un avertissement. » Un avertissement contre la possibilité d'une répétition qui ne trouble nullement Lanzmann.)

« Ne pensez-vous pas, lui demandai-je, que cela mérite qu'on étudie le processus historique afin de...

— D'accord, d'accord, répondit-il, écœuré. C'est ce qu'on fait. C'est ce que j'ai fait. Comme je vous l'ai dit, l'Holocauste ne se situe pas hors de l'histoire. C'est un événement historique.

— Mais vous semblez dire qu'il se situe hors de la psychologie...

— Je vous le répète, vous pouvez prendre les facteurs psychologiques, économiques, ce que vous voudrez. Tout cela peut être vrai. Mais cela ne donne pas *naissance* à l'Holocauste. Il est impossible d'*engendrer* l'Holocauste. Comme je vous l'ai dit, c'est une position éthique. »

Même si Lanzmann a vite fait de qualifier ses propres choix de seule éthique possible, la position qu'il prône conduit à une étrange passivité face au mouvement néo-nazi dans l'Europe contemporaine.

« Et les néo-nazis de l'Allemagne actuelle ? lui demandai-je. On ne devrait pas écrire sur eux ? Ils veulent à nouveau tuer les Juifs.

— Il n'est pas difficile de deviner ce qu'ils ont dans le crâne, répondit Lanzmann. Et je ne crois pas que l'histoire se répète. Écrivez sur les néo-nazis, si vous pensez pouvoir les convaincre, oui.

— Mais pour cela, n'est-il pas nécessaire d'étudier les nazis du passé ?

— Écoutez. Quel genre d'étude vous faut-il ? Cela a été fait, répéta-t-il. Je l'ai fait. Je l'ai déjà fait. »

Cela a été fait. Je l'ai fait. Après *Shoah*, il n'y a plus lieu de parler de certaines choses. Parce que j'ai déjà dit tout ce qu'il y avait à dire. Le reste appartient au silence. Si les disciples de Lanzmann peuvent accuser Rudolph Binion d'utiliser la « méthode explicative comme solution finale », on est presque tenté de dire que Lanzmann entend faire de *Shoah* la solution finale de l'exégèse hitlérienne : toute nouvelle discussion doit être prohibée, sinon annihilée.

À la fin de l'entrevue, je lui posai carrément la question : « Tout cela est-il donc condamnable — écrire, ou même réfléchir sur Hitler ?

— Condamnable, oui, je pense... complètement. »

À ce stade, Lanzmann alla me chercher des devoirs à faire à la maison. Il me remit un exemplaire d'un recueil d'articles consacrés à *Shoah* [12] en me donnant pour instruction de lire celui qu'il avait lui-même écrit, intitulé « *Hier ist kein warum* » (Ici il n'y a pas de pourquoi), expression suprême de sa critique de l'explication.

Je connaissais ce texte. Tout comme je connaissais l'histoire qu'y relate Lanzmann, celle d'un incident survenu à Auschwitz, dont il a fait le corps et l'âme de son premier commandement, le pourquoi de ses attaques contre la question pourquoi. En lui attribuant une fonction qui continue de me surprendre. Cette histoire, il l'a empruntée aux souvenirs de Primo Levi, *Si c'est un homme*.

Voici le récit fait par Levi à propos de son étrange première journée au camp :

> C'est tout le processus d'intégration dans cet univers nouveau qui nous apparaît sous un jour grotesque et dérisoire.
>
> L'opération de tatouage achevée, on nous a enfermés dans une baraque où on nous a laissés seuls. Les couchettes sont faites, mais on nous a formellement interdit d'y toucher et de nous asseoir dessus : nous passons donc la demi-journée à tourner en rond dans le peu d'espace disponible, toujours tenaillés par la soif...
>
> Et justement, poussé par la soif, j'avise un beau glaçon sur l'appui extérieur d'une fenêtre. J'ouvre, et je n'ai pas plus tôt détaché le glaçon, qu'un grand et gros gaillard qui faisait les cent pas dehors vient à moi et me l'arrache brutalement. « Warum ? » dis-je dans mon allemand hésitant. « Hier ist kein warum » (ici il n'y a pas de pourquoi), me répond-il en me repoussant rudement à l'intérieur.

Et voici comment Lanzmann utilise cette histoire dans son texte :

> Il suffit peut-être de formuler la question au plus simple, de demander : « Pourquoi les Juifs ont-ils été tués ? » Elle dévoile d'emblée son obscénité. Il y a bien une obscénité absolue du projet de comprendre. Ne pas comprendre fut ma loi d'airain pendant toutes les années de l'élaboration et de la réalisation de *Shoah* : je me suis arc-bouté à ce refus comme à l'unique attitude possible, éthique et opératoire à la fois
>
> ... « Hier ist kein warum » ; Primo Levi raconte que la règle d'Auschwitz lui fut ainsi enseignée dès son arrivée au camp par un garde SS. « Pas de pourquoi » : *cette loi vaut aussi pour qui assume la charge d'une pareille transmission.* Car l'acte de transmettre seul importe et nulle intelligibilité, c'est-à-dire nul savoir vrai, ne préexiste à la transmission. [Souligné par moi.]

Un retournement stupéfiant s'est opéré ici. Laissons de côté le postulat adopté apparemment par Lanzmann selon lequel la Shoah n'aurait pas existé avant sa transmission par lui-même dans *Shoah*. Encore plus singulier est le fait qu'il ait repris la réplique « grotesque et sarcastique » d'un gardien SS du camp de la mort à un Juif demandant pourquoi, pour faire de ce commandement d'un assassin de masse son propre commandement. Pour faire de la description d'une mesure humiliante (ici il n'y a pas de pourquoi) visant à permettre le bon fonctionnement des chambres à gaz (sans que les meurtriers aient à s'embarrasser des questions gênantes d'un Juif) un précepte moral : ici, il ne doit pas y avoir de pourquoi.

Le gardien SS répond au Juif assoiffé qu'il lui faut endurer ses tourments sans demander pourquoi ; Claude Lanzmann déclare à ceux qui ont soif de savoir, soif d'une explication, qu'il leur faut endurer le silence imposé par lui. Peut-être en irait-il autrement s'il s'était contenté de s'imposer à lui-même ce qu'il appelle avec fierté sa « loi d'airain ». Mais, en compagnie de ses amis, il a formé une sorte de garde intellectuelle qui ne se contente pas de manifester sa réprobation, mais cherche à imposer le silence à tous ceux qui n'observent pas l'injonction lanzmannienne : tu n'auras pas de discussion sur l'Holocauste qui viole ma loi d'airain.

Il est important de distinguer les critiques dubitatives, parfois acerbes, formulées à l'encontre des explications sur Hitler — ce livre est en partie consacré aux extravagances et aux fiascos de certaines tentatives d'interprétation — de la position de Lanzmann. Cette utilisation malencontreuse de la remarque d'un gardien des camps de la mort à un détenu juif dévoré par la soif pour interdire toute espèce d'interrogation donnerait à penser que Lanzmann pourrait avoir perdu le sens de la mesure. À force de garder les yeux fixés sur le « soleil noir », serait-il devenu incapable de reconnaître l'adversaire réel ? C'est du moins ce que semblerait montrer le traitement qu'il infligea au docteur Louis Micheels.

CHAPITRE 15

LE DOCTEUR LOUIS MICHEELS : IL DOIT Y AVOIR UN POURQUOI

Où un rescapé d'Auschwitz lutte pour le droit de demander pourquoi

Ce psychodrame mémorable commença avec une invitation courtoise adressée par le docteur Micheels à Claude Lanzmann. S'exprimant d'une voix douce, ce survivant d'un enfer brutal est à tous égards la politesse même. J'eus un premier aperçu de son extraordinaire affabilité à travers la manière dont il fixa les détails de la visite que je comptais lui faire pour discuter de son accrochage avec Lanzmann.

Ayant proposé de venir me chercher à la gare de Westport, il s'ingénia à m'ôter toute crainte que nous nous rations à l'arrivée du train de New York. Je lui déclarai que j'avais les cheveux roux et qu'il lui serait facile de me reconnaître dans la foule, mais il tint à me faire une description complète de sa voiture, m'obligeant même à noter le numéro d'immatriculation.

Cela formait, à coup sûr, un intéressant contraste avec la manière dont Claude Lanzmann avait planifié notre rencontre — négligeant de me donner le code d'accès de son immeuble, puis prétendant qu'il l'avait fait, avant de me traiter pratiquement de menteur.

Toutefois, il me sembla qu'il n'y avait pas que de la politesse dans l'insistance du docteur Micheels pour que je note jusqu'au numéro de sa plaque d'immatriculation. Qu'elle reflétait également de façon touchante le sentiment profond de la fragilité des contacts humains qui devait être celui d'un survivant de l'Holocauste. Une fragilité qui hante le triste et émouvant récit qu'il a donné de son expérience : *Docteur N° 117641 : An Holocaust Memoir*[1].

En 1942, Micheels, alors jeune étudiant en médecine hollandais, et sa fiancée « Nora » (pseudonyme sous lequel il la désigne dans ses souvenirs) échappent à une rafle à Anvers, puis sont arrêtés au cours de leur cavale et envoyés dans un camp de concentration. Séparés pendant quelque temps, à la mi-1943, Nora et lui se retrouvent de nouveau, cette fois à Auschwitz.

La chronique faite par Micheels de leur vie à Auschwitz nous raconte, certes, une plongée dans l'horreur, mais aussi la manière dont leur relation, leurs contacts fugitifs, leurs billets passés d'une baraque à l'autre, leur amour, préservèrent leur raison et leur humanité au milieu de conditions d'une effroyable sauvagerie. C'est l'histoire de la survie des sentiments humains en enfer, mais aussi la description des degrés du mal qu'il renferme, incarnés notamment par le personnel du camp que Micheels en viendrait à connaître le mieux : les médecins d'Auschwitz, ces docteurs dont la mission consistait à la fois à soigner et à tuer.

Des hommes comme le docteur Eduard Wirths, qui envoya personnellement à une mort immédiate des dizaines de milliers de déportés en participant aux infâmes « sélections » qui avaient lieu sur le quai de la gare d'Auschwitz, afin de désigner parmi les nouveaux convois de Juifs ceux qui seraient gazés sur-le-champ et ceux qui étaient assez robustes pour avoir la vie sauve et mener provisoirement une existence de mort vivant en effectuant un travail d'esclave. Ou comme le docteur Hans Munch, qui joua, selon Micheels, un rôle beaucoup plus ambigu, refusant de participer aux sélections et témoignant une « gentillesse » secourable aux détenus dont il avait la charge.

Ce fut l'apparition, quarante ans plus tard, de la fiancée de Micheels dans un documentaire consacré au docteur Wirths qui aboutit à l'épreuve de force avec Claude Lanzmann. Nora et lui avaient été brièvement séparés à la libération d'Auschwitz en 1945, me confia Micheels par un après-midi d'automne au premier étage de sa maison de Westport. Lorsqu'ils se retrouvèrent enfin, ce ne fut pas comme un épilogue de conte de fées : « Notre amour ne résista pas à l'empreinte qu'avait laissée sur nous cet univers horrible », écrit Micheels dans un passage profondément morose de ses souvenirs.

Il partit en Amérique, où il devint psychanalyste, professeur à la faculté de médecine de Yale et président de l'Institut de psychanalyse de la Nouvelle-Angleterre occidentale. Nora demeura dans leur Hollande natale. Malgré le mariage de Micheels, ils restèrent en contact, et, à la fin des années 1980, Nora l'informa qu'elle avait figuré comme « témoin » dans un documentaire tourné par deux réalisateurs juifs hollandais [2] sur le docteur Wirths.

Micheels demanda une copie du film (projeté à la télévision hollandaise, mais non distribué en salles) et le jugea intéressant en dépit de ses imperfections. En plus de Nora, se trouvait parmi les témoins le docteur Munch, qui avait refusé de prendre part aux sélections, et qui était le seul médecin nazi à avoir été reconnu innocent de crimes de guerre, en partie grâce aux témoignages de survivants d'Auschwitz qui estimaient lui devoir la vie.

« Je pensais que Munch était quelqu'un d'important, me dit Micheels, parce qu'il avait montré qu'il était possible de refuser de participer à certains aspects du processus d'extermination sans être puni » — fait qui contredit l'excuse invoquée par nombre de criminels nazis, selon laquelle s'ils n'avaient pas participé aux massacres, on les aurait tués.

D'un autre côté, Micheels reconnaît volontiers que Munch n'a pas démissionné de ses fonctions, ni protesté contre le système de tuerie dans son ensemble. Son attitude soulève la question de savoir s'il peut exister des degrés dans le mal en enfer. En demeurant à son poste et en sauvant la vie à un certain nombre de Juifs, Munch a-t-il fait le « bien » dans un monde de barbarie ? En refusant de s'associer aux sélections, mais en se pliant à d'autres directives SS, s'est-il montré « meilleur » que Wirths, ou de telles distinctions n'ont-elles aucun sens à Auschwitz ? Tel est le problème abordé par Robert Lifton dans son étude *The Nazi Doctors* [3], pour lequel il avance une théorie du « dédoublement » — le dédoublement de la personnalité des médecins nazis, avec le tueur d'un côté et le guérisseur de l'autre, sans guère de communication entre les deux.

Un problème que Micheels estime fondé. Aussi écrivit-il, poliment, à Claude Lanzmann pour l'inviter à en discuter, n'imaginant pas un instant les conséquences traumatisantes de sa requête. Lanzmann devait se trouver à Yale pour une série de séminaires aux départements de français et d'histoire en avril 1990. Micheels lui proposa de participer avec lui à un débat à l'occasion d'une réunion de l'Institut de psychanalyse prévue la même semaine à Yale. Ils discuteraient de *Shoah*, du livre de souvenirs de Micheels, ainsi que du film sur Wirths, que Micheels décrivit sommairement à Lanzmann.

Lanzmann accepta l'invitation, sans faire le moindre commentaire sur le film concernant Wirths, et Micheels n'eut plus de nouvelles de lui jusqu'à ce qu'il débarque à New Haven deux jours avant la date fixée pour le débat. Micheels fit sa connaissance le soir même, au cours d'un dîner chez le docteur Dori Laub, rescapé lui aussi et fondateur du Yale Holocaust Witness Project.

D'après Micheels, « il se comporta de façon très bizarre, ce soir-là comme tout au long de son séjour ».

« Au dîner, raconte la femme du docteur Micheels, il fit un tas d'histoires à propos de la nourriture. D'abord il réclama des plats végétariens, puis il refusa d'y toucher et décida pour finir que le vin n'était pas bon. Je le vis en prendre une gorgée et la recracher dans son verre. Il était sur le point de dire qu'il était imbuvable lorsqu'il s'aperçut que je le regardais avec une mine horrifiée. »

Ce que fit Lanzmann à ce premier dîner, ce fut essentiellement de cracher sur le film que le docteur Micheels désirait projeter pour la discussion. Micheels passa la cassette. « Il regarda le film, mais lorsque je lui demandai ses impressions, il quitta la pièce. Je le suivis, insistai, et tout ce qu'il voulut dire, ce fut : "Si vous montrez ce film, je ne viendrai pas." »

Micheels était soumis à d'importantes pressions. L'annonce du débat avait été saluée par un déluge de souscriptions en raison de la présence de Lanzmann, dont la notoriété surpassait de loin celle de Micheels. Si Lanzmann se désistait, beaucoup seraient déçus.

De sorte que Micheels déclara à Lanzmann : « "Très bien, je ne montrerai pas le film. Nous parlerons de *Shoah*.

Je relaterai quelques-une de mes expériences." Il s'excusa pour sa réaction au sujet du film, et je pensais qu'il n'en dirait pas un mot. Mais lorsque vint son tour, il se mit soudain à en parler, à l'attaquer.

— Avez-vous eu le sentiment qu'il s'agissait d'une attaque dirigée contre vous ? demandai-je.

— Oui », me répondit-il. Le docteur Micheels n'est pas du genre à dramatiser. Il a été confronté à trop de drames réels pour cela. Sa politesse n'a d'égale que sa tempérance ; aussi, quand il compare l'attaque de Lanzmann contre le film (et lui-même) aux méthodes totalitaires des gardiens des camps, cela n'a rien d'une parole en l'air.

J'avais lu le compte rendu [4] de l'accrochage et des propos tenus par Lanzmann devant un public composé de collègues et amis de Micheels. Lanzmann reconnut lui-même par la suite qu'il avait été « violent, très violent » dans sa dénonciation du film. Au point qu'il était effectivement difficile de ne pas y voir une agression à l'égard de celui qui en avait eu l'initiative, aussi bien que de tous ceux qui pensaient que le film méritait d'être vu et discuté, et pas simplement jeté au feu.

Dans une salle remplie de psychanalystes, de professeurs de Yale et d'invités, le débat s'était ouvert sur l'évocation par Micheels de son expérience à Auschwitz [5]. Et en particulier du phénomène qui faisait que les détenus se trouvaient transformés en *Geheimnisträger*, en porteurs de secrets, concernant ce qui se passait réellement, ce qu'il advenait de ceux qui disparaissaient brusquement, du travail accompli par un grand nombre pour faire tourner la machine de mort. Le silence était une nécessité, en partie parce que de tels secrets relevaient littéralement de l'indicible, en partie parce que la sanction pour avoir parlé était le trépas et, en définitive, parce que survivre n'était possible qu'en refusant d'admettre la vérité.

Des *Geheimnisträger*. Chez lui, à cinquante ans d'Auschwitz, je demandai au docteur Micheels si le véritable secret, trop écrasant pour être exprimé, n'était pas la vérité de la nature humaine.

« Oui, fit-il. Combien elle peut être mauvaise. Personne ne s'en était jamais douté. »

Mais, ce jour-là, le docteur Micheels déclara à ses auditeurs de Yale qu'il était important pour les porteurs de secrets de dire leurs secrets, de « faire une brèche dans le mur du silence entourant l'Holocauste ».

Il fut suivi par Claude Lanzmann, qui jugea qu'il était plus important de museler le docteur Micheels. Après un chaleureux discours d'introduction (*Shoah* « est bien plus que l'événement cinématographique du siècle... un événement culturel et artistique authentiquement révolutionnaire »), Lanzmann prit possession de la scène et, à la grande surprise du docteur Micheels, annonça qu'il allait expliquer pourquoi il avait « interdit » que soit projeté et discuté le film sur Wirths comme l'aurait souhaité Micheels.

Alliant le mépris au jargon de la critique cinématographique lacanienne, il déclara à l'assistance : « C'est un très mauvais film, à mon avis ; on ne sait même pas qui l'a fait — deux Hollandais d'après ce que j'ai cru comprendre —, mais c'est un film sans aucune espèce de *signature*... Il n'y a pas de *désir* derrière ce film » [souligné par moi].

Après lui avoir reproché avant tout de ne pas satisfaire aux critères des cinéphiles lacaniens, Lanzmann l'accusa d'un péché encore plus laid : « J'ai été forcé de me dire que l'objectif du film était la réhabilitation de ce médecin nazi... [C'est] un mauvais film et qui se livre à l'exploration complaisante d'une âme nazie. »

Ce qui, du même coup, revenait à accuser le docteur Micheels, rescapé d'Auschwitz, d'être moralement obtus au point de parrainer un film réhabilitant les nazis. De là à le traiter de révisionniste, l'accusation suprême de Lanzmann, il n'y avait qu'un pas. Tout en prétendant avoir « le plus grand respect » pour le docteur Micheels, il affirma, devant un parterre de collègues, que le film que celui-ci voulait montrer « représentait pour moi ce contre quoi je n'ai cessé de lutter de toutes mes forces... Ce que j'ai appelé l'obscénité du projet même de comprendre ».

Et cela alors que Lanzmann avait refusé de lui dire ce qu'il pensait du film lorsque Micheels l'avait interrogé le soir de son arrivée ; alors qu'il s'était engagé formellement à ne pas parler du film pendant le débat.

« Avez-vous eu l'impression d'avoir été trahi ? demandai-je à Micheels.

— En effet. Il m'avait fait croire qu'il ne dirait rien. »

Outre qu'il se trouva pris de court, le docteur Micheels était en situation d'infériorité physique. À soixante-treize ans, mince et fragile, il ne put s'empêcher d'être impressionné par l'imposante silhouette de Lanzmann.

En fait, Lanzmann n'en était qu'au début de sa mise en pièces du film qu'il refusait de laisser voir au public. Poursuivant ses considérations sur l'obscénité du film en question (et donc sur la nécessité de le censurer), il aborda ce qui constituait une transgression de son commandement relatif à l'étude des photos d'enfant nazis.

« Je souhaite vous exposer les raisons de ma révolte », déclara-t-il, posant au combattant héroïque, plutôt qu'à ce qu'il était réellement : quelqu'un qui s'était servi de sa célébrité pour torpiller un débat en menaçant de ne pas y participer. « Le film... dont j'ai refusé la projection commence par une image montrant ce médecin nazi enfant. Un enfant souriant. » Et d'invoquer sa maxime selon laquelle on ne peut pas rendre compte de l'Holocauste en expliquant comment les enfants souriants deviennent des assassins de masse. Non seulement on ne peut pas en rendre compte, mais on n'a même pas à se demander comment cela arrive.

Et pourtant, cela arrive. Les enfants des photos d'enfant qui ne semblent pas manifester le désir de tuer finissent néanmoins par devenir des tueurs d'enfants. C'est le cas de certains et pas des autres. Ceux qui le deviennent doivent forcément acquérir la faculté, l'envie d'agir ainsi. Cela ne vient pas tout seul. Et le fait qu'ils agissent ainsi revêt un intérêt légitime pour ceux qui vivent parmi les enfants et les tueurs d'enfants. Mais un tel intérêt est proscrit par Lanzmann ; toute investigation recèle nécessairement, d'après lui, une sympathie pour le criminel, pour le tueur de masse. Toute explication est excuse.

Du reste, fulmina-t-il, la tournure d'esprit d'un tel film avec ses photos d'enfant « ne relève pas seulement de l'obscénité, c'est de la lâcheté pure et simple... C'est une manière de fuir, de ne pas faire face à l'horreur ». Il semble pour le moins singulier que Lanzmann, qui n'a fait face à l'horreur d'Auschwitz que sur des plateaux de cinéma, se croie autoriser à donner au docteur Micheels, qui l'a affrontée en personne, des leçons de courage.

Mais Lanzmann était loin d'en avoir fini. Au grand effroi

du docteur Micheels, il consacra toute sa harangue ce soir-là à dénoncer le film dont Micheels comptait débattre. Et soudain, après l'obscénité et la lâcheté, il lança l'insulte dont il avait fait sa carte maîtresse : le révisionnisme.

Il cita une discussion entre Élie Wiesel et l'archevêque de Paris (d'origine juive mais élevé dans la religion catholique par la famille qui l'avait recueilli pendant la guerre). Au cours d'un débat avec Wiesel dans le cadre d'une émission de télévision, l'archevêque avait déclaré, à en croire Lanzmann : « Le vrai problème, la vraie question [de l'Holocauste] est le problème du mal. » Allégation qui, pour Lanzmann, représente une tentative tellement lâche pour échapper à l'horreur d'Auschwitz qu'elle équivaut à du révisionnisme. Et d'accuser l'archevêque de n'être pas simplement un révisionniste, mais un révisionniste sous « une forme beaucoup plus sournoise » que celle d'un négateur de l'Holocauste.

Comme toujours, Lanzmann n'hésite pas à taxer de mauvaise foi (comme se plaisent à l'appeler les existentialistes) ceux dont les vues ne s'accordent pas avec ses commandements. L'archevêque juif, dit-il — jouant à dessein sur ses origines juives —, n'avait pas le droit, quels que soient ses motifs, de soulever cette question, attitude qui faisait indéniablement de lui un lâche révisionniste.

Ayant annoncé la découverte d'« une forme beaucoup plus sournoise de révisionnisme », il en trouva des preuves dans le film dont le docteur Micheels entendait simplement débattre. La principale, à côté des photos d'enfant, résidait dans le fait que le film présentait une discussion sur le sens du suicide du docteur Wirths peu après sa capture. Pour ses proches, il était possible que son geste résultât en partie de ce qu'il était conscient de sa culpabilité. La présence d'une telle séquence, l'idée que Wirths aurait pu éprouver des remords (rationalisation familiale à laquelle les réalisateurs n'adhéraient sans doute pas plus que Lanzmann lui-même) rendaient le film trop dangereux pour être montré, affirma l'auteur de *Shoah*.

Lanzmann exprima clairement son rôle de censeur paternaliste à la fin de son offensive. Il savait, déclara-t-il, que la dureté de ses critiques risquait de donner « fortement envie de voir le film ». Mais, plaisanta-t-il avec condescendance, « je vous ai maintenant préparés à le voir en vous livrant le “mode d’emploi”. Et c’était nécessaire pour les quelques esprits vierges qui se trouveraient parmi vous ! »

La réaction de l’assistance à cette diatribe, lorsqu’il eut enfin terminé, fut des plus contradictoires. En découvrant, dans le récit de la séance, la manière dont son collègue Dori Laub s’était mis subitement et de manière inattendue à attaquer le film, je ne pus m’empêcher de plaindre le docteur Micheels, devinant la sensation d’isolement et de trahison qui avait dû être la sienne.

Après tout, Laub était le co-organisateur de la soirée. Il avait vu le film et n’avait formulé aucune objection — en tout cas pas auprès de Micheels — jusqu’à ce moment précis. Mais Lanzmann avait été « violent, très violent » dans les propos qu’il avait tenus à Laub avant le débat, tout autant que dans ceux qu’il avait eus pendant. Et plutôt que de défendre le docteur Micheels et l’idée de montrer le film, Laub se sentit obligé, dans ses remarques de conclusion, de prendre publiquement le parti de Lanzmann.

Il se servit pour cela d’un raisonnement assez curieux. On l’avait trompé, berné. Lorsque le docteur Micheels lui avait fait voir le film, plaida-t-il, il avait compris ce que disaient les témoins allemands, mais pas les Hollandais. En le revoyant en compagnie de Lanzmann — avec le hollandais sous-titré —, cela avait été une révélation, qui l’avait amené à changer complètement d’avis : « J’ai compris que le film était... une supercherie. »

Il eut quelque mal à préciser ce qui, dans les déclarations des interlocuteurs hollandais, lui avait inspiré une telle conviction. Voici ce qu’il expliqua : « Il n’y avait pas le moindre équilibre entre cette fragile et maladroite tentative d’autojustification allemande et les témoignages des survivants. Les affirmations des Allemands étaient à peine étayées. Elles n’avaient absolument rien de satisfaisant. Il y avait là un déséquilibre flagrant. Alors j’ai pensé qu’il valait mieux ne pas être exposé à l’influence de ce genre de document. » Sans doute le film aurait-il été meilleur, moins dangereux à regarder, si les Allemands s’étaient montrés plus convaincants.

Quant au docteur Micheels, après avoir été accusé implicitement de nourrir le dessein de promouvoir une production lâchement révisionniste, il se voyait à présent soupçonné d’avoir tendu un piège à son propre collègue Dori

Laub en lui cachant le sens des paroles soi-disant révélatrices des témoins hollandais.

Dans son désarroi bien compréhensible, il eut finalement la chance d'obtenir le soutien d'un défenseur fervent. Tard dans la soirée, un membre de l'assistance se leva et s'adressa à Lanzmann en ces termes :

> Ce que j'ai à dire est extrêmement pénible... Cela concerne la difficulté de tirer un enseignement de l'histoire et la manière dont celle-ci se répète sous des masques différents... Les nazis ont commencé en brûlant les livres pour ainsi dire. En prétendant qu'il est des choses que les gens ne doivent pas voir parce qu'elles sont mauvaises pour eux. Parce qu'elles influencent leurs idées. Qu'elles les déforment. Et parce que les gens n'ont pas le droit de se faire leur propre opinion... Le film sur Wirths... est peut-être un film épouvantable. Mais je suis à la fois extrêmement déçu et irrité qu'on ne m'ait pas donné la possibilité de me faire ma propre opinion et que vous utilisiez, pour justifier ce fait, une position idéologique qui est la réplique exacte de ce que vous essayez de nous faire comprendre. Et je trouve cela très inquiétant.

La salle manifesta une « bruyante approbation ». Puis une seconde personne trouva le courage de défier Lanzmann et, se référant à l'interlocuteur précédent, déclara : « Il veut dire que nous aurions dû pouvoir juger par nous-mêmes. » Une véritable révolte semblait sur le point d'éclater.

Vous pouvez voir le film si vous y tenez, répliqua Lanzmann, pendant ce temps-là « j'irai dans le couloir... fumer une cigarette ». C'est « d'un ennui absolu, ajouta-t-il avec dédain. J'ignore ce que ce film veut exprimer.

— Pourquoi devriez-vous savoir ce qu'il veut exprimer avant que nous le voyions », riposta quelqu'un d'autre.

Lanzmann reprit alors son ton ironico-paternaliste : « J'avais vraiment le désir de vous protéger. »

Finalement, quelqu'un dans l'assistance déclara : « Cela m'intéresserait beaucoup si le docteur Micheels, qui est quelqu'un de pondéré... c'est du reste un film qui vous concerne à titre personnel, docteur Micheels... Aussi, pourriez-vous nous faire quelques commentaires ? »

Quatre ans plus tard, le docteur Micheels et moi étions assis dans sa salle à manger qui surplombe le détroit de Long Island. Il venait de me montrer le film interdit, et il me révéla ce qu'il avait eu l'intention de dire à Lanzmann et pourquoi il ne l'avait pas fait.

Il avait été abasourdi par l'attaque de celui-ci. Mais ce n'était pas tout. Lanzmann avait l'air tellement furieux que Micheels crut qu'« il allait exploser ou craquer complètement ». De sorte qu'à ce moment-là, me dit Micheels, il n'avait pas voulu le provoquer davantage.

Il se contenta donc de lui faire cette réponse pleine de dignité : « Une des choses que vous [Claude] reprochiez à ce film, c'est d'être une tentative pour réhabiliter Wirths. Pour ma part, je n'ai rien vu de tel... Presque tous les participants accusaient Wirths. »

Je n'eus pas l'impression, moi non plus, d'une réhabilitation en prenant connaissance du film. Alors même que j'étais attentif au genre de perspective psychologique à visée justificative dénoncée par Lanzmann. Il y avait certes les périlleuses photos d'enfant dont il avait souligné les sous-entendus insidieux. Et aussi les ruminations confuses des derniers membres de la famille de Wirths sur le fait de savoir si le suicide du médecin nazi à la suite de son arrestation indiquait une conscience coupable ou la certitude d'un procès imminent et d'un verdict inéluctable. Mais, quand bien même sa famille aurait voulu réhabiliter Wirths, le film ne se faisait nullement le complice d'un tel projet ; il fournissait au contraire quantité d'exemples révoltants du comportement criminel de Wirths à travers le récit de ces survivants qui en avaient été les témoins directs, dont l'ex-fiancée du docteur Micheels, Nora, à l'attitude enflammée mais digne.

Dans tous les cas, il était difficile d'y voir le document sinistre et quasiment révisionniste décrit par Lanzmann, même avec les fameux sous-titres du hollandais. Mais le contenu du film ne constituait pas le problème, bien entendu. Lanzmann est animé d'une véritable rage contre l'explication. Une rage pour laquelle il est difficile de ne pas éprouver de la sympathie quand on considère les théories bien souvent grotesques avancées sur Hitler et sur l'Holocauste. Sauf que la rage de Lanzmann est une rage aveugle. Élevée, de stratégie cinématographique, au rang de principe universel. Une rage abstraite à l'égard du crime de génocide, qui l'a rendu imperméable, ce soir-là, aux sentiments d'une des victimes en chair et en os de ce même génocide, qui l'a conduit à prendre pour cible la victime au lieu des bourreaux. Et qui lui a fait oublier que tous ceux qui cherchent des réponses ou tentent de comprendre ne sont pas nécessairement coupables de commettre sciemment une obscénité.

J'avais été surpris de l'étonnante soumission que le précepte de Lanzmann avait rencontrée chez ses disciples universitaires et je me sentis un moment désemparé d'être apparemment le seul, jusqu'à ce que je me découvre un allié en la personne de l'éminent écrivain et critique Tzvetan Todorov, directeur de recherche au CNRS. Dans son essai de 1996 sur l'expérience des camps de la mort, *Face à l'extrême*[6], publié environ un an après ma rencontre avec Lanzmann, il déclare : « Primo Levi aura passé quarante ans, après Auschwitz, pour essayer de comprendre pourquoi, pour combattre la règle d'Auschwitz [« *Hier ist kein warum* »]. Lanzmann, lui, préfère la morale d'un SS. »

Mais ce fut le docteur Micheels, au cours de cet après-midi dans le Connecticut, qui me fournit l'argument le plus remarquable et le plus convaincant en faveur de la question pourquoi. C'était une réflexion qui lui était venue après son différend avec Lanzmann, la réponse qu'il lui aurait donnée s'il n'avait pas été effaré de la brutalité de ses propos.

Au sujet de l'appropriation par Lanzmann de la réplique du gardien SS tirée des souvenirs de Primo Levi : « *Hier ist kein warum.* » Et de la manière abusive dont il l'utilise, affirme Micheels. Il me lut quelque chose qu'il avait écrit à ce sujet. « Le mot *"hier"* est l'élément principal de mon raisonnement. Il désigne le monde d'Auschwitz, devenu aujourd'hui synonyme de l'Holocauste. Comme d'autres, j'ai décrit, à partir de mon expérience personnelle, ce monde comme totalement différent, étranger... une autre planète, située à des années lumière. Peuplées de créatures n'ayant pratiquement rien de commun avec ce que nous appelons des êtres humains. Dans ce monde, je l'admets, *"ist kein warum"*. Toutefois, dans le monde civilisé où un petit nombre d'entre nous, dont Primo Levi, sont retournés, il en va différemment — *da soll ein warum sein*. Sans la tentative, si difficile et complexe soit-elle, de comprendre, ce monde lui-même, où la vérité occupe une place primordiale, pourrait être à nouveau menacé de destruction. »

« *Da soll ein warum sein* » : il doit y avoir un pourquoi.

VII

Blâme et origines

À la recherche de la source de la solution finale

CHAPITRE 16

EMIL FACKENHEIM ET YEHUDA BAUER : LA TENTATION DE BLÂMER DIEU

Dans lequel le portrait de Hitler en comédien amène le principal théologien de l'Holocauste à effectuer une « double manœuvre »

Je me rendis à Jérusalem pour parler de théologie avec un historien et d'histoire avec un théologien. Au cours de mes entretiens avec Yehuda Bauer et Emil Fackenheim , tous deux éminents spécialistes de l'Holocauste, je ne sais ce qui me frappa le plus : leurs accords ou leurs désaccords.

Beaucoup plus manifestes étaient assurément leurs désaccords. Notamment en ce qui concerne la « normalité » de Hitler. Pour Bauer, l'ignominie du dictateur n'est certes pas « ordinaire », mais « hélas pas anormale » non plus si on la considère par rapport à l'histoire de l'humanité et à celle de l'Allemagne nazie. Alors que, pour Fackenheim, Hitler se situe au-delà de toutes les représentations antérieures de la normalité ; à ses yeux, il existe une totale coupure entre la nature humaine et la nature de Hitler, entre le mal ordinaire et le « mal radical ».

À cela s'ajoute une divergence peut-être encore plus profonde à propos de la possibilité d'expliquer Hitler. Selon Bauer, comme n'importe quel individu, Hitler est, « en principe » du moins, « parfaitement explicable ». Ce que conteste Fackenheim, qui estime que, même la meilleure des explications est d'avance condamnée à l'échec, et que seul Dieu pourrait rendre compte d'un mal aussi extrême, s'il n'était pas muet.

Un océan les séparant sur ces questions, je fus d'autant plus surpris qu'ils puissent avoir — en dépit de perspectives aussi opposées — des avis communs. Ainsi, l'historien comme le théologien reconnaissent volontiers que Hitler demeure un mystère, non élucidé en pratique, si ce n'est en théorie. « Que quelque chose soit explicable en principe, me déclara Bauer, ne signifie pas qu'il ait été expliqué. » Et dans le cas de Hitler, il ne l'a pas été — Hitler n'a jamais été expliqué — proclame cet investigateur de l'histoire de l'Holocauste dont le sérieux ne saurait faire de doute. Les indices relatifs à l'évolution de Hitler sont trop minces pour qu'on puisse se prononcer d'une manière à peu près certaine sur la source de sa malfaisance.

Autre point de ralliement inattendu : l'utilisation du mot *malfaisance*. Tous deux s'accordent en effet à appliquer à Hitler un terme que beaucoup se refusent à employer. Ce n'est sans doute pas surprenant de la part d'un théologien comme Fackenheim, encore qu'il se soit appliqué à redéfinir la nature du mal à la lumière du mal absolu auquel le régime hitlérien, pense-t-il, a donné le jour. Plus étonnante est la position d'un historien tel que Bauer, athée déclaré, peu suspect de se complaire dans de vaines spéculations métaphysiques. En effet, Bauer n'hésite pas à se servir du terme qui semble rebuter nos délicats penseurs contemporains. « Hitler n'est pas un fou, me dit-il. Il est le mal. Ce que j'appellerais le mal presque ultime. »

Pour rejoindre le bureau de Yehuda Bauer, au campus du Mont Scopus de l'Université hébraïque, je dus traverser la place Nancy Reagan, longer le Centre étudiant Frank Sinatra et grimper une volée de marches avant d'arriver à l'édifice plus modeste abritant le Centre international Vidal Sassoon pour l'étude de l'antisémitisme. Le contraste entre la célèbre marque de lotion capillaire portant le nom de Sassoon et la gravité de la mission assignée au centre (même si Sassoon a servi dans l'armée israélienne) disparut aussitôt que je me trouvai en présence de l'intimidant et on ne peut plus sérieux Yehuda Bauer, pour lequel j'avais conçu une sorte de respect mêlé de crainte en raison du prestige historique et moral de ses travaux.

En plus d'être le fondateur et président du Département des études sur l'Holocauste de l'Université hébraïque, Bauer peut être considéré, sinon comme le chef de file, du moins comme le promoteur de la discipline elle-même. Son activité est absolument prodigieuse, à la fois par sa variété et sa profusion. À l'époque de nos entretiens, il dirigeait également la revue universitaire créée par lui, *Holocaust and Genocide Studies,* et siégeait au comité éditorial du service de publication du Mémorial de l'Holocauste Yad Vashem, ce qui ne l'empêchait pas dans le même temps d'écrire une bonne dizaine de livres, parmi lesquels : *The Holocaust in Historical Perspective, The Jewish Emergence from Powerlessness, American Jewry and the Holocaust,* ainsi qu'une *History of the Holocaust.* Un peu comme si cette production intarissable représentait de la part de Bauer une réponse personnelle, une concrétisation de l'« émergence juive hors de l'impuissance », un moyen de reprendre le contrôle d'une histoire qui, dans le passé, avait fait des Juifs des proies sans défense.

Mais ce n'est pas tant la quantité de ses travaux qui m'impressionnait que leur intelligence, leur lucidité, la lumière crue, directe, implacable, projetée par ses analyses, la précision chirurgicale avec laquelle il abordait et examinait les questions les plus délicates et les plus polémiques soulevées par le comportement des bourreaux et l'expérience des victimes ; le courage dont il lui fallait faire preuve pour affronter de telles interrogations sans sombrer dans le sentimentalisme ; son engagement passionnel par rapport à son sujet allié à l'objectivité toute scientifique avec laquelle il posait des problèmes aussi fondamentaux que la relation entre l'Holocauste et l'histoire, entre l'Holocauste et Hitler.

C'est la lecture de deux articles remarquables publiés dans les *Holocaust and Genocide Studies* qui attirèrent mon attention sur les écrits de Bauer, articles où il s'en prend à ceux qu'ils appellent des « mystificateurs ». Dans « Is the Holocaust Explicable ? », il parle du « nombre croissant de commentateurs — théologiens, écrivains ou historiens — qui prétendent que l'Holocauste constitue en définitive une énigme, un événement inexplicable dans l'histoire humaine. Ils utilisent pour cela divers termes, comme celui de fléau, aux connotations théologiques... Tous aboutissent d'une façon ou d'une autre à l'idée d'une incompréhension finale ».

En réalité, déclare Bauer, ils ont abandonné trop vite. Dire qu'il est possible, sous certains aspects, de comparer l'Holocauste à d'autres tragédies ne diminue pas son importance, ni son caractère effrayant. Et la constatation qu'il échappe par d'autres aspects à une telle comparaison, qu'il est, dans une certaine mesure, sans équivalent, ne le place pas pour autant hors de la nature ou de la compréhension humaines ; simplement, cela en fait une donnée nouvelle et troublante de l'histoire de l'humanité et non pas obligatoirement un mystère métaphysique qu'il faudrait sacraliser en l'entourant d'un « cercle de feu », cette barrière infranchissable pour la pensée que voudrait ériger Claude Lanzmann.

Même si Bauer ne mentionne pas explicitement Fackenheim parmi ces « mystificateurs », il ne pouvait manquer d'avoir à l'esprit, me semblait-il, le fameux « théologien de l'Holocauste », comme d'aucuns l'ont qualifié, et j'étais curieux de savoir ce qu'il avait à dire sur quelques-unes des questions soulevées par ce dernier.

Né en 1926, Bauer fut élevé dans la ville natale de Kafka, jusqu'à ce que sa famille se réfugie à Haïfa en 1939. Et il n'aurait probablement pas détonné dans une de ces compagnies d'assurances où travailla l'écrivain. Sa recherche ardente de la vérité historique s'exprime, paradoxalement, à travers un style sec, distant et effacé. Sécheresse qui tient peut-être à sa situation d'habitant du désert (depuis 1953, il a élu domicile dans un kibboutz du désert du Néguev).

Mince, en manches de chemise et portant des lunettes fumées, Bauer était, comme de coutume, extrêmement occupé ce jour-là. Il parlait pour l'essentiel à coup de petites phrases ramassées, qui n'en cachaient pas moins fréquemment quelque bombe à retardement. L'entraîner sur le terrain « hitléro-centrique » paraissait difficile, dans la mesure où les témoignages sont, d'après lui, beaucoup trop fragmentaires pour permettre des conclusions définitives. Ce qui ne l'empêche pas de partager la position du « Pas de Hitler, pas d'Holocauste » de Milton Himmelfarb, à savoir que la tragédie ne fut pas l'aboutissement logique de forces irrésistibles. « Sans l'action de Hitler, me dit Bauer, il n'y aurait probablement pas eu d'Holocauste. » Hitler « radicalisa » une nation qui était suffisamment antisémite pour se rendre complice de la solution finale, mais pas assez pour l'exiger ou l'imposer elle-même.

Au sujet de Hitler, il opère une distinction importante : sans être un individu « ordinaire », le dictateur allemand n'était pas, selon lui, « anormal », ni « inhumain — tel est le problème auquel nous nous heurtons avec eux [les nazis], ils sont comme nous et nous sommes comme eux » à bien des égards.

Ce qui ne l'empêche pas d'avancer une hypothèse partielle quant à l'origine de l'antisémitisme de Hitler, qu'il attribue à « son environnement viennois, lequel incluait des doctrines antisémites extrêmes, en particulier celles prônées par des groupes comme l'Ostara et autres ». De sorte que, tout en n'ayant montré que peu d'hostilité envers les Juifs pendant la Première Guerre, après 1918, avec « le traumatisme dû à la défaite et à l'effondrement de son univers, il en revint aux explications qu'il avait découvertes à Vienne ».

Pour Bauer, le véritable mystère concernant Hitler et l'Holocauste est celui de la date à laquelle le dictateur prit la décision de passer à l'extermination, de franchir ce que l'historien appelle le « Rubicon moral » entre le projet de solution finale et sa réalisation. La possibilité de répondre à cette question a été volontairement compromise, croit-il, par Hitler lui-même. Il pense que celui-ci donna l'ordre oral de procéder à une solution finale en mars 1941. Mais depuis combien de temps songeait-il à l'extermination ? Se dissimulait-elle derrière les plans de déportation massive qui constituaient jusque-là le visage officiel de la politique juive nazie ?

« Hitler a fait preuve d'une grande prudence, d'une grande circonspection » en ce domaine, me dit Bauer. « Il a manœuvré de manière extrêmement astucieuse.

— En effaçant délibérément ses traces ? demandai-je

— Peut-être n'y en avait-il pas. »

Raison de plus, estime Bauer, pour ne pas en faire un fou, un psychopathe. « Or si ce n'est pas un fou, alors c'est un démon. » Et Bauer ne doute pas que Hitler ait été une espèce de démon : « ce que j'appellerais un mal presque ultime ».

Cette notion lui permit de passer à des réflexions surprenantes, sinon choquantes, par rapport à Dieu. Pour quelqu'un se disant athée, il semble avoir des idées assez précises sur le caractère de la divinité. Je lui avais demandé si son athéisme provenait de ce mal « presque ultime » qu'il avait vu se déployer, hors du contrôle de Dieu ou des hommes, à travers le processus de l'Holocauste.

« Après coup, peut-être. Mais même avant cela, Dieu, s'il existe, n'occupait aucune place dans ma vie. » Sa mère, me confia-t-il, était athée et son père un Juif non orthodoxe. « À l'âge de dix-sept ans, j'étais croyant », soit en 1943, et il reste « très intéressé par la religion, parce que je pense qu'il s'agit là d'un phénomène d'une importance considérable sur le plan historique, sans nul doute en ce qui concerne les Juifs, aussi pourrait-on dire que je suis un athée amateur de religion ». Lequel « juge les mérites de celle-ci sur l'échelle des valeurs en termes de ce qui est bon ou mauvais pour les Juifs. La religion a certainement été bénéfique pour eux pendant une très longue période. Aujourd'hui, cela ne marche plus très bien — le fameux "où était Dieu pendant l'Holocauste ?" —, et il est vrai qu'il n'a pas fait un score très brillant ces dernières années. Mais, en réalité, on peut parler de mal hitlérien qu'on soit croyant ou pas.

— Que pensez-vous des mystiques qui, ici, en Israël, prétendent que l'Holocauste a été voulu par Dieu, qui vont jusqu'à présenter Hitler comme "l'instrument de la colère divine" contre les Juifs d'Europe ayant délaissé le culte de la Torah ? Autrement dit, l'Holocauste en tant que moyen utilisé par Dieu pour procéder à l'établissement de l'État d'Israël ?

— C'est stupide, n'est-ce pas ? » répliqua Bauer avec ce mépris du kibboutzim pour les fanatiques se vantant de leur héroïsme de pioniers et de leur esprit de sacrifice envers un Dieu dont les desseins auraient nécessité six millions de victimes. « Je viens justement d'écrire quelque chose là-dessus. Pour dire qu'il est impossible que Hit... » sur quoi il s'interrompit soudain pour corriger le lapsus qui lui avait fait dire Hitler alors qu'il voulait parler en réalité de Dieu. Il est vrai que le raisonnement qu'il s'apprêtait à exposer présentait Dieu comme une créature peut-être encore plus malfaisante — un mal ultime et non pas presque ultime.

« Il est impossible que Dieu soit à la fois tout-puissant et juste. Car s'il était tout-puissant, ce serait Satan. Et s'il était juste, ce serait un incapable. »

Dieu en Satan ? J'avoue avoir rarement entendu une formulation aussi radicale du problème de la théodicée (autrement dit la tentative pour concilier la possibilité d'un dieu juste et bon avec l'existence du mal). Ce que Bauer veut dire par cet énoncé quelque peu succinct, c'est qu'un Dieu juste et bon n'aurait jamais permis, pour quelque motif ou dessein que ce soit, la mort de six millions d'innocents ; que s'il était tout-puissant, il aurait pu intervenir (comme il l'a fait si souvent pour des périls bien moindres ainsi que le relate la Bible) et que s'il était juste, il l'aurait fait assurément [1]. Que s'il a consenti au triomphe d'un mal presque ultime, consenti à ce que un million d'enfants soient massacrés presque sous les yeux de leurs parents, alors il peut aussi bien être Satan. Ce qui nous amène à la seconde partie du raisonnement, à savoir que si Dieu est juste, il ne peut être en même temps tout-puissant, car, ayant eu le désir d'intervenir, il n'a pas été en mesure de changer le cours des choses ; c'est donc un dieu plein de bonnes intentions, mais fort peu impressionnant.

« Un incapable ? demandai-je.

— Oui, un pauvre vieux qui n'arrive pas à se débrouiller tout seul, un dieu contraint de puiser sa force dans la nôtre, c'est en tout cas l'idée [du théologien] Irving Greenberg » — et celle du rabbin Kushner, auteur de *When Bad Things Happen to Good People*.

Mais cela ne fait pas l'affaire de Bauer.

« Pour ma part, je n'ai nul besoin d'un dieu semblable. Quel genre de dieu est-ce, qui ne possède pas la toute-puissance, seulement l'omniprésence ? »

Cette dernière remarque se réfère au raisonnement d'Emil Fackenheim à propos de ce que celui-ci nomme l'absence de « la voix impérative de Dieu » à Auschwitz, et à son désir de trouver à tout prix une présence divine dans les camps de la mort, quand bien même ce serait celle d'un témoin muet. L'idée d'un Dieu se contentant de souffrir en silence aux côtés des victimes exaspère Bauer. « C'est très gentil à lui qu'il soit là à verser des larmes, mais cela ne m'aide pas beaucoup. Un tel dieu est totalement superflu. Il n'y a personne à qui adresser des prières dans une telle conception. »

Dieu en Satan. Ou en vieillard impuissant. Ne nous

reste-t-il que cette alternative après l'Holocauste ? En fait, d'aucuns ont tenté de montrer que Dieu n'est ni tout-puissant, ni impuissant, mais que son pouvoir se limite à donner à l'homme la libre volonté, la possibilité de choisir entre le bien et le mal. L'argument le plus fort avancé en ce sens — version contemporaine de l'affirmation de Leibniz selon laquelle la liberté individuelle (opposée au déterminisme et à la prédestination) fait de ce monde le meilleur des mondes possibles — est celui du philosophe Alvin Plantinga[2], de l'Université Notre Dame, pour qui, si Dieu ne permettait pas la possibilité du mal, du choix par l'homme d'un comportement néfaste, ce que Plantinga appelle la « dépravation universelle » (à savoir que, dans tout monde où règne la liberté, quelques-uns choisiront nécessairement le mal), libre volonté et morale seraient dénuées de sens.

Mais, pour beaucoup, l'Holocauste est un défi à la notion même d'un meilleur des mondes possibles fondé sur la liberté individuelle postulé par la théodicée. Pourquoi Dieu n'a-t-il pas créé une nature humaine un peu moins corrompue ? La nécessité de la dépravation universelle exigeait-elle que des centaines de milliers d'hommes acceptent de collaborer au meurtre de millions d'enfants trop jeunes pour payer le prix d'aucun péché qui se puisse concevoir. Auschwitz est-il conciliable avec une théodicée du meilleur des mondes possibles qui ne nous obligerait pas à mettre en question le caractère de la création divine, de l'impulsion créatrice de Dieu ? Ou nous faut-il nous contenter d'une théodicée du courroux (ou de la mortification), en vertu de laquelle des maux comme celui d'Auschwitz constitueraient de douloureuses leçons de morale infligées par Dieu afin de parvenir à une nature humaine moins dépravée ? Et devons-nous dire en fin de compte : « Merci, mon Dieu, nous en avions bien besoin » ?

Bauer n'est pas satisfait par les alternatives à son syllogisme, qui ne fait que rendre explicites les conséquences dramatiques de la mise en accusation de Dieu à laquelle Fackenheim et d'autres croyants et théologiens ébranlés dans leur foi se sont efforcés de faire face après-guerre. En réalité, ils se sont faits les avocats d'un client absent et silencieux, traquant une explication que celui-ci ne pouvait leur fournir.

Ce recours au style juridique, au vocabulaire des procès, n'est pas une invention de ma part. Dans une analyse du débat publiée en 1989 par le *Journal of the American Academy of Religion* sous le titre « The Holocaust as a Challenge to Belief[3] », on trouve en effet les termes d'« inculpation », de « responsabilité », de « coupable », de « complicité », d'« assistance apportée à un crime », de même que l'expression remarquable de « position de spectateur », à propos du rôle joué par Dieu. Cette position de spectateur, alibi invoqué par les « bons Allemands » pour faire valoir leur innocence, celle d'être restés les bras croisés pendant le déroulement des massacres, a été attaquée par Élie Wiesel et par d'autres, qui estiment que ceux qui assistèrent passivement au génocide ne sont pas moins coupables que ceux qui en furent les acteurs. Par conséquent, la position de spectateur, fait observer le commentateur de l'Academy of Religion, « n'exclut pas Dieu du banc des accusés ».

Dieu au banc des accusés. Ce qui est en procès ici — controverse bien plus intéressante que le vieux débat sur la « mort » de Dieu —, ce sont ses attributs, son pouvoir et sa responsabilité dans la malignité, la nocivité radicale d'Adolf Hitler.

Ce que tente de faire pour sa part Emil Fackenheim, c'est de montrer l'existence d'un lien ininterrompu, si altéré soit-il, entre les Juifs et Dieu à la lumière de l'accusation formulée par Yehuda Bauer. Il reconnaît la validité d'une telle accusation en rejetant toute autre explication de Hitler que celle qui en impute la responsabilité à Dieu. Mais il n'accepte pas le verdict.

« Comment expliquez-vous un individu de toute façon ? » me demanda-t-il lorsque nous eûmes pris place dans la véranda du petit appartement de Jérusalem qu'il occupe avec sa seconde femme et son fils de onze ans.

C'était par un chaud après-midi de juin et Fackenheim, plein d'énergie à soixante-sept ans, en bermuda, polo et sandales, faisait quelque peu penser à un grand-père américain dans un camp de vacances juif. Il parlait de la tentative d'expliquer Hitler. Mais, au fil de notre entretien, il en vint, peu à peu, à expliquer sa propre explication à la lumière de certains détails sur lui-même.

Il commença par un coup de téléphone donné durant la

Nuit de cristal et par une visite inattendue d'une camarade de jeu de Reinhard Heydrich. Le 9 novembre 1938, Fackenheim, qui était alors âgé de vingt-deux ans et suivait des cours sur l'Ancien Testament et la philosophie post-kantienne à l'Université de Berlin, téléphona au domicile de ses parents, à Halle, dans le nord de l'Allemagne. « Mon père avait été pris. Je dis à ma mère que j'arrivais. J'y suis allé. Je pensais que, dans la mesure où la Gestapo était déjà passée, c'était encore l'endroit le plus sûr. J'avais oublié qu'ils pouvaient avoir mis la ligne sur écoute. Ils écoutaient en effet, et le lendemain ils vinrent m'arrêter.

— Comment cela s'est-il passé ? demandai-je. Étaient-ils nombreux ?

— Non, non. Deux seulement, qui m'ont embarqué. »

Il fut conduit à Sachsenhausen, un camp de concentration récemment construit à quelque distance de Berlin. Là, a écrit Fackenheim[4], les SS avaient mis sur pied ce qu'il appelle « l'ébauche d'Auschwitz », avec de fausses « équipes de travail » créant l'illusion que le camp était dédié à la production industrielle. Toutefois, il était difficile de camoufler la sinistre vocation du lieu. « La fiction subsistait alors même que le secret avait été éventé, ce qui en faisait un système kafkaïen donnant l'impression d'avoir un sens alors qu'il n'en avait aucun... Ainsi se dessine clairement une continuité... qui va de Sachsenhausen en 1938 à la légende stupéfiante et sans précédent inscrite à l'entrée d'Auschwitz » — *Arbeit macht frei* (Le travail rend libre).

Il est intéressant qu'il désigne comme l'essence de la cruauté des camps l'instauration d'un sens factice, d'un faux alibi. De fait, c'est à Sachsenhausen que naquit sa haine des explications trompeuses. Comme exemple de ces discours creux qu'il a en horreur, il cite le cliché du « Hitler intérieur » auquel il se trouva confronté peu après avoir fui l'Allemagne.

En 1939, libéré de Sachsenhausen, il réussit à obtenir un visa pour le Canada avant que les portes se referment sur les Juifs d'Allemagne. Il acheva ses études théologiques, et c'est comme jeune rabbin qu'il se trouva en butte à la thèse en question. « On m'avait demandé de parler de Hitler devant un public multiconfessionnel. Afin de soutenir l'effort de guerre. Et ce qui me parut absolument épouvantable, c'est de voir de braves dames chrétiennes venir déclarer, alors que nous étions en pleine guerre : “Il y a un Hitler en chacun de nous.” Et de prétendre que cela faisait partie de leur devoir de chrétiennes. “En regardant les péchés d’autrui, nous voyons les nôtres.” C’est exactement ce que je voulais éviter. Parce que c’est complètement faux. »

« C’est complètement faux », telle est la conviction qui a amené Fackenheim à élaborer sa théorie du « mal radical[5] », d’après laquelle on ne saurait expliquer l’énormité des crimes hitlériens dans le cadre familier du continuum de la nature humaine. Prétendre que Hitler était un individu très, très méchant (ou incomplètement bon, comme dirait Alan Bullock) et que se trouve en nous une version, ne différant que sur le plan quantitatif, de cette malfaisance tend à amoindrir le mal absolu représenté par Hitler. Il est impossible, déclare Fackenheim, de rendre compte de la profondeur d’un tel mal en affirmant que Hitler avait un père particulièrement brutal, ou en invoquant une manifestation extrême des instincts mauvais dont nous sommes tous porteurs.

La vive réaction de Fackenheim à l’argument du « Hitler en nous » est à la base de la position radicale devenue un des pôles du débat sur l’explication du dictateur nazi, à savoir qu’il existe une rupture complète entre la nature humaine et celle de Hitler, rupture analogue à celle que Fackenheim et d’autres à sa suite perçoivent entre l’Holocauste et le reste de l’histoire humaine.

Plus radicale encore fut la décision prise ultérieurement par Fackenheim, et qui lui fit garder le silence pendant vingt-deux ans. Peu après la fin de la guerre, alors que l’ampleur de la tragédie commençait à apparaître en pleine lumière, il jugea que parler ou écrire à propos de Hitler, voire mentionner son nom, ne pouvait que le grandir, lui conférer une existence posthume. Ainsi, durant deux décennies, tout en se taillant une brillante réputation comme professeur de philosophie à l’Université de Toronto et comme auteur d’une synthèse admirée sur la philosophie hégélienne et la théologie juive, il observa un mutisme obstiné sur le drame vécu par les Juifs au XXe siècle, convaincu que discuter de Hitler équivalait en quelque sorte à perpétuer son souvenir, que prononcer son nom constituait une incantation du mal absolu.

Puis, en 1967, dans le climat tendu de la guerre des Six

Jours, Fackenheim changea soudain d'avis, et de mode de vie. Le spectre de la destruction de l'État d'Israël et d'un second Holocauste le persuada de rompre le silence sur la signification du premier, sur les implications du mal absolu que le génocide a introduit dans le monde. C'est au cours de cette même année qu'il énonça, en une formule qui a largement contribué à sa gloire, le désormais célèbre « 614ᵉ commandement », ce « commandement post-Holocauste » concernant Hitler qu'il s'est senti obligé d'ajouter aux 613 préceptes traditionnels de la foi juive orthodoxe : « Il est interdit aux Juifs d'accorder une victoire posthume à Hitler. »

Plus tard, au cours de notre conversation, il me révéla le rôle plus profond joué par ce commandement dans le procès de Dieu. Quoi qu'il en soit, en 1967, il décida qu'une manière pratique de répondre à cette injonction était de s'arracher à son confortable exil canadien, de s'installer en Israël et de se mettre à étudier Hitler.

La cause immédiate de cette décision fut un échange de lettres avec l'écrivain Terrence Des Pres, auteur de *The Survivor*[6], sur l'expérience des camps de la mort. « Je lui écrivis que c'était un livre merveilleux, me dit Fackenheim, mais qui ne considérait que la moitié de l'histoire.

— La moitié ?

— L'histoire des survivants ne représente que la moitié. Et j'ajoutai, maintenant, vous devez écrire un livre sur les [quelque chose]...

— Les quoi ? demandai-je, n'ayant pas compris le dernier mot en raison de son tenace accent d'Europe central.

— Les criminels ! Les nazis, les meurtriers ! s'exclama-t-il en me regardant comme si j'étais sourd. Vous savez bien, *Hitler* ! »

Mais connaître véritablement Hitler comportait un danger, répondit Des Pres à Fackenheim.

« Selon lui, la seule façon d'essayer de les comprendre était de s'identifier à eux. Avec le risque de finir par les trouver sympahiques... ou, pire, de devenir comme eux. Aussi, il refusait, disait-il, d'écrire sur les criminels, comme l'ont fait un tas de gens. Un exemple particulièrement choquant est celui de David Irving, qui a écrit des volumes entiers sur les guerres de Hitler parce qu'il a sympathisé. À la suite de quoi, bien sûr, il est devenu pro-nazi. Tel est le problème quand on essaie d'expliquer. »

S'il existe un risque d'empathie, un *danger* d'explication, la contrepartie, m'assura-t-il, « est le danger d'objectivité. Lorsqu'on adopte un point de vue clinique, comme Hannah Arendt... plus on se met à distance, en rassemblant tous les faits objectifs possibles, et moins on explique ». Il cita « un excellent historien allemand [Jäckel], dont un chapitre se réfère à "la folie biologique des nazis". Sauf que cela n'explique rien du tout ! La folie est bien la *dernière* explication de ce qui s'est passé ».

Dans ce cas, comment faire — comment Fackenheim a-t-il fait — pour éviter le Charybde et Scylla de l'empathie et de l'objectivité ?

« Il est nécessaire d'effectuer une double manœuvre », dit-il.

Une double manœuvre ?

C'est alors que Fackenheim introduisit une notion qui révèle, à défaut d'autre chose, le caractère périlleux que revêt, pour lui et pour nous, l'idée même d'expliquer Hitler. « Il doit y avoir un refus épistémologique, *une résistance à l'explication* », déclara-t-il.

La double manœuvre consiste à se servir de la technique de l'empathie pour comprendre les processus ayant produit le mal chez Hitler tout en résistant à l'idée qu'une explication puisse justifier sa responsabilité personnelle dans le mal en question.

« J'ai lu les témoignages de gens comme [Rudolf] Höss, le commandant d'Auschwitz » [auteur d'un livre de souvenirs intitulé *Le Commandant d'Auschwitz parle*[7]], dit-il en guise d'illustration. « Höss n'arrête pas de se donner des excuses, qui sont toutes des mensonges, mais je ne suis pas certain qu'il ait conscience du fait qu'il s'agît de mensonges. »

Cependant, résister à la « sincérité » des explications de Höss ne constituait qu'une simple mise en train, précisa-t-il. « Finalement, prenant mon courage à deux mains, je me suis plongé dans *Mein Kampf*. »

En fait, Fackenheim ne donne pas l'impression d'avoir éprouvé beaucoup de difficulté à trouver des raisons de ne pas s'identifier au Hitler de *Mein Kampf*. Il semble l'avoir saisi d'emblée à travers sa prétention d'être ce qu'est réellement Fackenheim, un penseur dans la grande tradition, le détenteur de ce que la philosophie post-kantienne exalte par-dessus tout : une *Weltanschauung*, une conception du monde complète et rigoureuse.

« Ce livre est d'une telle outrecuidance », remarque avec mépris Fackenheim. En particulier « lorsqu'il prétend avoir trouvé sa *Weltanschauung* à Vienne. Qu'est-ce que cela veut dire ? Comment l'a-t-il trouvée ? Brusquement, il se prend pour un philosophe, un philosophe possédant une *Weltanschauung* et tout devient clair. Au point qu'il ne connaîtra plus jamais le doute. »

Mais la conviction de Fackenheim en la matière ne fait guère l'unanimité des exégètes. La cohérence de la vision du monde du dictateur, de son idéologie sinon de sa *Weltanschauung*, est devenue, à l'instar des autres problématiques des études hitlériennes, un objet de conflit. Les années 1970 ont vu l'émergence de deux écoles interprétatives opposées. L'école « psychohistorique », qui présente les actes de Hitler comme pathologiquement irrationnels, résultant d'un déséquilibre mental, voire de la folie. Et l'école « idéologique », pour laquelle les actes du dictateur apparaissent comme logiques, en ce sens qu'ils procèdent d'un ensemble cohérent de croyances, d'une *Weltanschauung*, et répondent à une analyse cohérente, bien que pernicieuse, des réalités historiques de l'Allemagne ainsi qu'à une appréciation exacte des sentiments de la population.

Un grand nombre de ceux qui ont avancé des arguments en faveur de cette thèse sont des commentateurs allemands, mais pas tous. Ainsi J. P. Stern, historien britannique d'origine tchèque (qui, enfant, entendit le chef nazi à Munich et s'enfuit en Angleterre avec sa famille juive en 1938), est loin de partager le mépris de Fackenheim à l'égard des prétentions intellectuelles de Hitler. Dans *Hitler, le Führer et le peuple* (1974), il déclare que « l'effort fait pour offrir une meilleure compréhension du mythe hitlérien a permis de jeter un nouvel éclairage sur ses outils intellectuels. Grâce à une connaissance plus précise de ses études à Vienne et à Munich, il est devenu évident que parler de Hitler comme d'un “crétin intellectuel et moral”, pour reprendre l'expression de Bullock, ne se justifie plus ».

Il y a loin, bien entendu, entre dire que Hitler n'est pas un crétin intellectuel et le créditer d'une pensée philosophique cohérente, mais Fackenheim n'a aucun doute sur la question : il qualifie l'idée que Hitler avait une *Weltanschauung* de « mensonge transparent ».

Toutefois, le grand mensonge de *Mein Kampf,* le mensonge suprême à propos du dictateur est, à l'en croire, celui concernant les Juifs. Non pas la fable grossière du fléau juif — non, ce fut un des moments de ma conversation avec Fackenheim où, bousculant les manières stéréotypées de concevoir Hitler, ses réflexions firent apparaître, au lieu d'une terre ferme, l'abîme d'incertitude se dissimulant dessous, ce qui est du reste une des caractéristiques du philosophe.

Il aborda la question de ce formidable mensonge par le biais d'une observation faite au sujet des dernières paroles de Hitler, de son testament final, que Fackenheim considère comme son ultime mystification, et la plus décisive. « Vous connaissez le livre de Robert Waite ? dit-il, faisant allusion à l'étude psychohistorique de Waite, *The Psychopathic God : A Biography of Adolf Hitler*. C'est un très bon livre, mais qui contient, à mon avis, plusieurs erreurs. Waite affirme notamment que “personne ne va à la mort avec un mensonge”.

— Personne ne va à la mort avec quoi... ?

— Avec un *mensonge* ! » (Waite a de fait écrit que le testament représente le « Hitler quintessentiel ».)

Waite, explique Fackenheim, formule cette remarque au cours de son analyse du fameux testament rédigé par Hitler dans son bunker peu avant son suicide, et dans lequel, en dépit des destructions occasionnées à l'Allemagne par sa croisade contre les Juifs, il exhorte le peuple allemand à continuer de « s'opposer sans pitié à l'empoisonneur universel de tous les peuples ».

« Par conséquent, dans la mesure où Hitler est allé à la mort avec son testament de haine vis-à-vis des Juifs, il devrait forcément s'agir du *vrai* Hitler. Sauf que c'est *totalement faux* !... Je veux dire que cela pourrait être le cas... Comme il se pourrait également que Hitler, qui n'a cessé de jouer la comédie tout au long de sa carrière, qui n'a jamais été capable de croire à quoi que ce soit jusqu'à ce qu'il ait devant lui des foules l'acclamant, soit allé à la mort en *acteur*. Pour la *postérité*. »

En d'autres termes, le testament du dictateur ne serait qu'un vaste bluff destiné à maintenir la comédie de l'authenticité, la fiction d'un combattant mort pour une cause en laquelle il avait foi, plutôt que le dernier message d'un opportuniste vaincu qui ne croyait à rien sinon à ses propres ambitions et qui s'est servi de l'antisémitisme pour les satisfaire.

Hitler acteur. Un acteur cynique, hypocrite, démagogue, dont le plus grand mensonge résiderait dans le fait que l'apparence de totale sincérité de la passion qui l'animait, ce à quoi J. P. Stern attribue son charisme, ne serait qu'un artifice, un simple calcul. Hitler semblable à une sorte de Iago dont la « malignité gratuite » relèverait de la pure mise en scène, et qu'aucune franchise, si délirante soit-elle, ne viendrait racheter.

« Regardez son mariage, continua Fackenheim. Une cérémonie de noces juste avant de se suicider. À quoi cela rime-t-il ? Ce n'était qu'un *numéro* », affirma-t-il, avant de déclarer qu'il ne doutait pas que Hitler fût un « étrange pervers sexuel ». Ce mariage n'était donc lui aussi qu'un mensonge, « du théâtre d'un bout à l'autre ».

Je lui posai alors la question implicite : « Voulez-vous dire qu'il ne croyait même pas à son antisémitisme ?

— À mon avis, il ignorait la différence entre croire et jouer la comédie. »

Il se rappela un détail contenu dans les mémoires d'un des compagnons de route du leader nazi, lequel racontait que « Hitler avait l'habitude de prendre des poses devant une glace avant de prononcer ses discours ». Il évoqua également un film tourné lors d'un des meetings du début, où « Hitler lance un regard interrogateur puis, ayant récolté des applaudissements enthousiastes, se détend et esquisse un sourire. Voilà un homme qui passait pour une nullité quand il était avec des personnes privées, en particulier des femmes. Et qui, face aux masses, devient soudain une sorte de dieu ».

Le Hitler public, prétend-il, fut la création conjointe d'un acteur et d'un auditoire. Et d'ajouter en un aparté dévastateur : « Il est évidemment troublant de se dire que six millions de Juifs ont été assassinés à cause d'un acteur. »

Ce que je trouvai le plus troublant, venant de Fackenheim, c'était moins sa conviction que la haine de Hitler pour les Juifs n'avait rien de sincère, que sa manière presque désinvolte de laisser entendre qu'il n'existait aucune certitude en ce domaine. Il avait d'abord prétendu que le testament était « totalement faux », avant de faire observer prudemment que cela pourrait être le contraire. Autrement dit, il est impossible de trancher dans un sens ou dans l'autre. Que le principal philosophe et théologien juif déclare, après un demi-siècle, que nous ne sommes toujours pas à même de formuler la moindre conclusion définitive sur un point aussi crucial de la mentalité hitlérienne était tout à fait sidérant lorsque je l'entendis pour la première fois durant cet après-midi à Jérusalem. Ce n'est qu'un an plus tard, en relisant pour la deuxième fois la transcription de mon entretien avec Fackenheim, qu'il me sembla comprendre ce que cachait l'humour noir de la remarque sur les « six millions de Juifs assassinés à cause d'un *acteur* ».

C'était là l'ultime effort de Fackenheim pour soustraire Hitler à l'explication, pour le cantonner dans le mal.

En assimilant à un truc d'acteur la haine apparemment implacable du chef nazi pour les Juifs, en lui refusant du même coup le « mérite » d'un idéal sincère (ou la pitié éventuellement due à la victime d'une maladie mentale), Fackenheim dévie, voire neutralise, tout un pan du projet d'expliquer Hitler, à savoir la quête des origines psychologiques de son antisémitisme virulent, en présentant cet antisémitisme non pas comme une passion chauffée à blanc, mais comme un stratagème forgé à froid.

Et donc relevant de la pure malfaisance. Le mal pour le mal, un désir de nuire qu'aucune pathologie ni idéologie ne saurait expliquer, ni surtout excuser. Le « mal radical », terme que Fackenheim utilise pour définir un phénomène sans rapport avec la quantité de victimes, une *nouvelle catégorie* de mal.

Bien qu'il ne semble pas, de prime abord, particulièrement scandaleux de parler de la malfaisance d'Adolf Hitler, Fackenheim fut le premier à attirer mon attention sur cette singularité que constitue l'étonnante répugnance des auteurs ayant écrit sur Hitler à le considérer comme un criminel pleinement conscient. Le refus d'exonérer le dictateur de la volonté de faire le mal est central chez Fackenheim. Sa notion de mal radical (expression dont Hannah Arendt et Martin Buber font un autre usage) diffère de la conception juive du mal, qui postule, non pas un principe absolu, mais un « penchant au mal » qu'il est possible de surmonter. Tout comme elle diffère des représentations chrétiennes traditionnelles, qui vont du non-être (l'absence de bien) à une personnification sous la forme d'une créature démoniaque, telle que le prince des ténèbres luttant pour la possession des âmes.

Ce qui caractérise le mal radical dont parle Fackenheim, c'est qu'il ne dépend pas, ne résulte pas d'une lutte intérieure de l'être humain, qu'il s'agit d'un mal « impossible à surmonter », un mal « transcendant, insurpassable, absolu », pour reprendre la description qu'en donne un commentateur[8], un mal qui ne peut être effacé, ni même racheté, et auquel ses victimes peuvent seulement « résister », si désespérée que soit cette résistance.

Un des problèmes avec le raisonnement de Fackenheim — comme avec les raisonnements de ceux qui, comme lui, ont affirmé avec force que le mal d'Auschwitz est absolument unique, qu'il n'a jamais été commis ni vécu auparavant —, c'est qu'il n'est pas sans donner l'impression d'une sorte de narcissisme inversé : mon mal, le mal que j'ai subi, est pire que le vôtre, que le sien, que tout autre mal. Ce qui peut conduire à de tortueuses ratiocinations visant à démontrer que, par exemple, le génocide arménien a été moins cruel, ou que la famine et les massacres provoqués par Staline ne sont pas aussi exceptionnels, bref d'inciter à une démonologie comparative qui divise plutôt qu'elle ne rapproche les victimes, avec le risque d'absoudre les vrais coupables. « L'insistance à parler d'Auschwitz comme d'un phénomène unique et inexplicable, écrit Elizabeth Domansky[9] dans la revue *History and Memory*, a permis aux Allemands de l'Ouest de voir l'Holocauste comme quelque chose dont il était impossible de rendre compte, même dans le contexte du Troisième Reich. L'Holocauste transféré par conséquent au royaume de l'a-historique, ce qui rend la question de la responsabilité obsolète. »

Toutefois, l'accent mis par Fackenheim sur le caractère absolu du mal hitlérien dévoile un des enjeux du débat. On comprend mieux, dès lors, sa résistance à l'idée même d'explication. Si, pour lui, l'explication n'est pas un mal en soi, il n'empêche qu'elle tend à amoindrir, à excuser, voire à établir une collusion avec le mal.

Ce qui nous amène au point névralgique, cible de l'attaque de Fackenheim contre le projet d'expliquer Hitler : le crucial « sang juif ». Ce fut le second pétard jeté sur mon chemin par le belliqueux philosophe cet après-midi-là à Jérusalem, à savoir sa manière inattendue d'appréhender ce qui est devenu une tradition de l'exégèse hitlérienne : l'interprétation de l'antisémitisme du dictateur comme une conséquence de la haine de soi, le produit d'un doute délirant quant à sa propre « identité raciale ».

Même si des variantes plus raffinées de cette vieille, mais non moins outrancière et inquiétante théorie, ont fait un certain nombre d'adeptes depuis les années 1970 — en particulier parmi les chercheurs d'obédience psychanalytique —, je fus surpris de découvrir que non seulement Fackenheim ne la rejetait pas, mais qu'il n'était pas loin de l'adopter. Avant de m'apercevoir qu'il en avait fait le fer de lance de son offensive contre l'explication elle-même.

Je lui avais posé une question à propos de Milton Himmelfarb, et il me répondit par une anecdote sur un ami de Heydrich.

« Que pensez-vous de l'affirmation “pas de Hitler, pas d'Holocauste” ? demandai-je, reprenant la formule de Himmelfarb, pour qui la volonté personnelle de Hitler, plutôt que des forces historiques abstraites, constitua le facteur nécessaire, sinon suffisant, de l'apparition de l'Holocauste.

— Milton Himmelfarb ? Oui, il a probablement tout à fait raison. Encore que, comme je l'ai écrit dernièrement, il y ait peut-être une exception : cela aurait pu être Heydrich. Ce qui est pour moi particulièrement évocateur. Je suis né à Halle, en Allemagne, et lorsqu'il m'a fallu rédiger mes mémoires, qui ne sont pas encore terminés, j'ai intitulé la partie concernant Halle : “De Georg Friedrich Handel à Heydrich”. Vous ne saviez sans doute pas que, pendant trois semaines, ma mère a habité la maison où jouait Heydrich ?

— Vraiment ?

— Oui. Au moment de la Nuit de cristal, je me trouvais à l'école, mon père et mon frère avaient été emmenés, si bien que ma mère était toute seule. Alors nos meilleurs amis, les

Levine, lui ont proposé de s'installer chez eux — leur fille Ilse est du reste passée me voir il n'y a pas longtemps. Or Kurt Levine fut le seul Juif de la ville à ne pas être arrêté. Parce qu'il était protégé par son voisin Heydrich. Aussi, lors de sa visite, j'ai demandé à Ilse : "Est-ce que tu connaissais Heydrich quand tu étais jeune ?" Et elle a répondu : "Oh, bien sûr, il était tout le temps fourré à la maison. Quand sa sœur avait des problèmes avec ses parents, c'est nous qui nous occupions d'elle."

« Cela paraît incroyable. Parce que Heydrich passait pour être le seul homme capable de succéder à Hitler. Entre parenthèses, on prétendait aussi que Heydrich avait un ancêtre juif. »

Il s'agit de bien plus que de parenthèses : la plupart des récits de la vie de Reinhard Heydrich, « le messager de la mort », le présentent comme une sorte de *doppelgänger*, de sosie de Hitler. Un jumeau par la frénésie de son désir d'exterminer les Juifs — c'est du reste lui que Hitler chargea de mettre au point et d'exécuter la solution finale (jusqu'à son assassinat par des partisans tchèques en 1942). De surcroît, tout comme Hitler, Heydrich semble avoir été hanté par un double juif, un mystérieux aïeul dont l'existence présumée est à l'origine de l'idée largement répandue que Heydrich se sentait harcelé par un putatif fantôme hébraïque.

Dès lors, aux yeux de certains, Heydrich n'apparaît pas seulement comme le successeur potentiel du Führer, mais aussi comme une explication possible, dans la mesure où sa propre lutte contre son hypothétique sang juif pourrait constituer une indication des mécanismes psychologiques à l'œuvre chez Hitler lui-même. Les rumeurs sur son sang juif suivirent Heydrich de Halle à l'Académie navale de Kiel, où ses camarades l'avaient, paraît-il, surnommé « Izzy Süss » (Süss étant le sobriquet donné par dérision aux Juifs), et jusque dans la SS, lorsque Himmler lui confia en 1932 la direction des services de renseignement de la SD, fonction qui l'amènerait à prendre le commandement de la Gestapo en 1934.

Heinz Höhne[10], historien de la SS, cite un communiqué d'un Gauleiter de Halle écrivant au siège du parti en 1932 : « Il m'a été rapporté que, parmi la direction du Reich, se trouvait un certain Heydrich... Il y a des raisons de penser que Bruno Heydrich de Halle, donné comme le père, est un Juif. »

Höhne raconte que, malgré l'absence de résultats tangibles de l'enquête qui s'ensuivit, « plus haut Reinhard Heydrich s'éleva dans la hiérarchie national-socialiste, plus tenace se fit la rumeur qu'il était d'origine juive ».

Dans ses mémoires, un représentant de la Société des Nations, qui se trouva en contact avec Heydrich, relate une anecdote, probablement fausse mais néanmoins significative : Heydrich était devenu si tourmenté par la peur du « Juif en lui » qu'un soir, pris de boisson, il se planta devant une glace, crut voir le sombre Juif émerger soudain du reflet et se mit à tirer sur le miroir pour le supprimer. Mais, incapable de supprimer le doute qui le taraudait, semble suggérer cette histoire, Heydrich dut faire la démonstration de sa pureté en planifiant l'extermanition des Juifs d'Europe.

Une des sources présumées de cette théorie ne serait autre que le propre patron de Heydrich, Himmler. Ce dernier, rapporte Fackenheim [11], croyait que la ferveur de Heydrich à l'égard de la solution finale provenait du fait qu'il « avait réussi à triompher du Juif en lui... et avait opéré un virage complet. Heydrich était convaincu de l'ignominie des éléments juifs dont il était porteur ; il haïssait ce sang qui l'avait si cruellement trahi. Le Führer n'aurait pas pu trouver individu plus adéquat pour mener sa croisade contre les Juifs ».

Bien que ces « réflexions » de Himmler nous aient été transmises par son peu fiable confident, le masseur Felix Kersten [12], Fackenheim les tient pour exactes sur le fond. « Vous savez, Ilse dit la même chose », m'assura-t-il, parlant de la fille de ses amis dont la maison avait été épargnée lors de la Nuit de cristal parce que Heydrich y avait joué étant enfant. « Elle pense que c'est vrai [la rumeur concernant le sang juif]. Elle connaissait très bien, naturellement, le père de Heydrich. Il avait un type juif prononcé et dirigeait un conservatoire de musique. »

En fait, Heydrich et son père étaient tous deux d'excellents violonistes. Toutefois, d'après mon analyse de la kyrielle de récits, tantôt se recoupant et tantôt se contredisant, relatifs à la question du sang juif de Heydrich, il se pourrait que la vérité soit beaucoup plus absurde et cocasse que la présence de sang juif chez cet artisan de la solution finale.

Il semble que Bruno Heydrich ait eu un beau-père tout ce qu'il y a de plus aryen, mais dont le nom, typiquement juif, était Süss. Un rival sans doute mal intentionné, qui établissait un annuaire du milieu musical, s'arrangea pour faire croire que Bruno portait également le nom de Süss, ce qui avait été apparemment le cas pendant son enfance, lorsqu'il habitait chez son beau-père (de même que, durant les quarante premières années de sa vie, le père de Hitler, contrairement à ce dernier, avait porté le nom de Schicklgruber, qui était celui de sa mère naturelle).

Et il semble également que la stratégie employée par Bruno pour dissiper les soupçons pesant sur son hérédité ait été à l'encontre du but recherché. Il se livrait fréquemment à d'assez médiocres imitations de l'accent yiddish dans les soirées, probablement pour montrer qu'il n'avait rien à craindre ni à cacher. Si tel est le cas, sa prédilection pour de tels pastiches se solda par un échec complet : plus il jouait à se donner l'apparence d'un Juif et plus il renforçait l'impression d'en être réellement un.

L'ironie, c'est que, tout en répondant à chacun des critères de la pureté nordique définis par la « science raciale » nazie, son fils Reinhard ait été assailli, torturé (et peut-être même transformé en assassin de masse) par des rumeurs fondées sur les numéros comiques de son père. Ironie n'est certes pas le terme qui convient pour qualifier l'idée que l'horreur qui s'ensuivit ait pu avoir une telle origine. De fait, avec cette thèse, de même qu'avec le mythe selon lequel un duel semblable avec un juif fantomatique aurait été à la base de la haine obsessionnelle éprouvée par Hitler, nous voilà bien au-delà de l'ironie conventionnelle. Dans l'univers de Kafka une fois de plus.

Le point de vue de Fackenheim (ou plutôt son double point de vue) par rapport à l'hypothèse du sang juif comme clé de la personnalité de Hitler et de celle de Heydrich représente une concession à Kafka au niveau descriptif, mais une résistance à Kafka au niveau explicatif.

Il aborda pour la première fois la question en 1982 dans son essai intitulé *To Mend the World* (Changer le monde), où il reprend la formulation donnée par Robert Waite de la théorie du sang juif. La thèse de Waite (en éliminant les Juifs, Hitler voulait éliminer ses doutes sur le Juif en lui) « fournit une manière de solution à des problèmes qui autrement sembleraient impénétrables, écrit-il. Pourquoi Hitler a-t-il attaqué la Russie, créant ainsi ce second front inutile et tant redouté ? Pourquoi le projet de “déplacer” les Juifs s'est-il transformé en un vaste système de tuerie, plus important que la victoire... À de telles questions, la psychohistoire apporte des réponses plus plausibles que la psychologie sans l'histoire et que l'histoire sans la psychologie ».

Ayant ainsi présenté la thèse de Waite comme la meilleure des explications possibles, Fackenheim réfute sa prétention à expliquer réellement Hitler. « Elle donne certes des réponses, mais c'est seulement au prix de soulever des questions plus insolubles encore. » Citant l'article de Herbert Luethy publié en 1954 dans la revue *Commentary*, il demande : « Comment peut-on “concilier la gravité, l'ampleur catastrophique de l'événement avec la médiocrité vulgaire de l'individu qui l'a initié ?” »

Ces questions, poursuit Fackenheim, « offrent l'apparence d'une absurdité complète... Six millions de véritables non-Aryens et quantité de membres honoraires ont-ils été massacrés et gazés pour la simple raison que le Führer détestait son père et se prenait pour un demi-Juif ? »

La disproportion entre cette cause absurde et son effet catastrophique est insupportable : le défaut de la théorie de Waite réside précisément dans le fait qu'elle revendique la *possibilité* du plausible. « Plus la psychohistoire devient plausible, plus elle indique une absurdité absolue, écrit Fackenheim. Le mystère demeure. »

« Absurdité complète », « absurdité absolue » — l'abîme entre l'horreur de la tragédie et l'aberration presque comique de l'explication —, autrement dit, l'illogisme kafkaïen, le rationnel de l'irrationnel. Fackenheim accepte et rejette à la fois le kafkaïen comme explication de Hitler. Quand bien même cette absurdité serait réelle, cela ne suffit pas. Il révoque la meilleure des analyses possibles sur le dictateur de la même façon que Theseus stigmatise l'extravagante bouffonnerie de la mascarade dans *Le Songe d'une nuit d'été* : « Les meilleurs du genre ne sont que des ombres » ; autrement dit, tout acteur est un mauvais acteur s'il prétend nous livrer la « vérité » du monde, toute explication est une mauvaise explication si elle prétend nous révéler la vérité sur Hitler.

Essayer de passer, de manière aussi plausible que ce soit en termes humains, de sources psychologiques comiquement finies à la tragique infinitude de l'horreur des camps est de prime abord absurde, semble dire Fackenheim. Son aversion presque viscérale pour l'absurdité de l'explication est un rejet de Kafka comme « auteur » de l'histoire, un rejet de l'idée d'un dieu kafkaïen. Cependant, Fackenheim reconnaît que son refus de voir Dieu sous les traits de Kafka ouvre la voie à l'hypothèse encore plus impensable avancée par Yehuda Bauer, celle de Dieu en Satan.

« Le mystère demeure », affirme Fackenheim. Les suspects habituels ont été rassemblés et jugés insuffisants. Les suspects inhabituels — ici un fantomatique Juif, là un médecin hypnotiseur ou un bouc — ont été entendus et relaxés pour manque de preuves, ne laissant qu'un suspect sur la liste, l'auteur de toute chose, Dieu lui-même.

Le courage de Fackenheim, c'est d'aller jusqu'au bout de la logique de sa critique de l'explication, jusqu'au bout de la logique du monothéisme, devenu ainsi la base de la mise en accusation du Dieu des monothéistes. Cependant, fait-il observer, le refus de celui-ci de plaider sa cause, de prendre position, pour ainsi dire, dans son propre procès, ne saurait laisser insensibles ceux qui déclarent croire ou avoir foi en lui. D'où la prudence plus que l'audace qui marque à l'évidence sa manière d'organiser la délibération du jury.

Élie Wiesel est célèbre pour avoir donné une étonnante image de ce qu'on pourrait appeler la peine capitale de Dieu. Pour avoir décrit dans *La Nuit*[13] l'horrible spectacle d'un jeune garçon envoyé à la potence par les gardiens des camps de la mort. Et avoir proclamé que cet adolescent, le cou serré dans un nœud coulant, représentait pour lui Dieu — Dieu à l'agonie. (Dans un article[14] publié à l'occasion du Yom Kippour de 1997, Wiesel écrit qu'après un demi-siècle il aimerait se « réconcilier » avec le Dieu qu'il a laissé périr sur le gibet, même si « Auschwitz doit rester et restera à jamais un point d'interrogation » auquel « aucun argument théologique » n'a encore apporté de réponse.)

Fackenheim veut décrocher Dieu de la potence. Sa

vision d'une divinité qui n'aurait pas eu une présence « déterminante », mais seulement silencieuse, dans les camps de la mort est nettement plus complexe que la caricature qu'en fait Yehuda Bauer à travers son portrait d'une créature se bornant à « verser des larmes » en compagnie des victimes. Plus précisément, Fackenheim récupère la présence de Dieu par le biais des actes d'héroïsme, d'endurance, d'amour et de foi manifestés par les détenus des camps face au mal extrême. Ce qui ne satisfera guère ceux qui seraient tentés de demander pourquoi il faudrait créditer Dieu de l'héroïsme des êtres qu'il n'a pas secourus.

Mais Fackenheim lui-même ne prétend pas que cette idée de présence silencieuse résolve le mystère du mutisme de Dieu à l'heure cruciale où ceux qui l'invoquaient dans leurs prières étaient le plus massivement en danger. C'est seulement que, pour lui, l'alternative est intolérable. Non pas tant parce qu'elle obligerait à accepter la proposition de Bauer selon laquelle Dieu serait ou bien un démon ou bien un incapable, mais parce que cette acceptation, cet abandon ou ce rejet de Dieu par les Juifs aurait été, en réalité, *imposé* par Adolf Hitler. Parce que cela équivaudrait à lui accorder, après sa mort, la victoire suprême sur les Juifs qui lui fut déniée durant sa vie. Une extermination de croyance bien plus complète que ne le fut l'extermination des croyants. Pour Fackenheim, semble-t-il, céder à la pure logique du raisonnement de Yehuda Bauer — si Dieu est tout-puissant, il a permis que l'Holocauste ait lieu, il l'a, au fond, provoqué —, signifie faire de Dieu Hitler et de Hitler Dieu.

C'est sa révolte contre ce choix impossible, contre le fait de laisser Hitler dicter aux Juifs ce qu'ils doivent penser de Dieu, qui l'amena à concevoir son « 614e commandement ». Un précepte dont je n'avais pas saisi pleinement la portée jusqu'à cet après-midi à Jérusalem où il me fit une description dramatique de l'instant où il se trouva confronté au principal chef d'accusation dans le procès intenté à Dieu par les Juifs, et de la manière dont il en vint à formuler son fameux commandement à propos de Hitler sous forme d'une « indication restrictive » destinée au jury.

Cela se passait en avril 1967, juste après la fête de Pourim, qui commémore la délivrance des Juifs sauvés des massacres, mais qui trouva Fackenheim malade à la fois physiquement et moralement en raison des nuages venus soudain assombrir l'avenir de l'État juif.

Avec le blocus des ports israéliens annoncé par le président Nasser, la menace croissante d'une attaque sur trois fronts et l'indifférence, sinon l'hostilité, du reste du monde, Fackenheim avait le sentiment qu'un second Holocauste était sur le point d'advenir.

« Un symposium devait avoir lieu à New York le jour de Pourim, qui coïncidait avec Pâques. Un de mes amis insistait pour que je m'y rende. Or je n'avais encore jamais rien écrit sur l'Holocauste ; c'était trop effrayant. De plus, Élie Wiesel figurait parmi les participants, et j'avais pour lui une grande admiration. C'était réellement un moment de crise, ce que je savais très bien parce que je me sentais déjà malade avant. »

Malade à la perspective que Dieu pourrait permettre un second Holocauste, explique-t-il, « telle est la crise qui m'incita à mettre en avant ce 614e commandement » : il est interdit aux Juifs d'accorder une victoire posthume à Hitler.

Un commandement dont la force ne m'avait certes pas échappé, mais sur les conséquences duquel je m'étais mépris (comme je m'en rendrais compte après avoir entendu Fackenheim en retracer la genèse). Un commandement visant à refuser à Hitler un certain type de pouvoir et que j'avais interprété à tort comme une manière perverse de lui restituer un autre type de pouvoir.

Examinons la chose de plus près : ses implications sont évidentes et non problématiques si on le prend comme voulant dire que l'on a le devoir de combattre l'antisémistisme, le néo-nazisme et autres manifestations du même genre afin de ne pas conférer à Hitler et à l'hitlérisme une vie posthume et d'empêcher leur résurrection. D'un autre côté, en tant que manière de penser à l'usage des Juifs, à l'usage de chacun, il peut être vu, paradoxalement, comme une façon de garder Hitler vivant, de lui ménager une place centrale sinon dominante, même si c'est par la négative. Que nous ayons à évaluer nos réactions concernant tout phénomène de génocide par rapport à Hitler — en nous demandant dans quelle mesure ces réactions affectent la légitimité de celui-ci — ressemble fort à une soumission à un jugement hitlérien supposé : que dirait Hitler de tel acte ou de telle opinion ? Considérerait-il comme une victoire posthume que je décide ceci ou cela ? Hitler devient dès lors, sinon le principe souverain, du moins la référence ultime.

Mais lorsque Fackenheim replace la genèse du 614e commandement dans le contexte spécifique de sa crise spirituelle de 1967, dans le contexte de la théodicée post-Holocauste, de l'impulsion subite d'exiger de Dieu qu'il se prononce sur Hitler face à l'éventualité d'un second Holocauste, cette injonction apparaît comme un geste de défiance inspiré, comme une sorte d'entêtement supérieur, de répudiation de Hitler en tant que référence ultime.

Un entêtement supérieur ? On pourrait exprimer cette impulsion de la manière suivante : « Quoi que je pense du lien entre Dieu et le mal, entre Dieu et le martyre juif, si insatisfaisantes que m'apparaissent les autres tentatives d'explication, si profond que soit mon ressentiment à l'égard de l'apparent silence de Dieu ou son absence des camps de la mort, si violent que soit mon refus de l'idée d'un "vaste plan divin" rendant le meurtre de millions d'enfants nécessaire à l'accomplissement de quelque mystérieux dessein, si ferme que soit mon rejet de toutes les consolations et rationalisations de la théodicée pour expliquer Hitler, je ne veux pas lui laisser l'initiative, faire de lui l'enjeu, la question primordiale qui me forcerait à renier le Dieu avec lequel mes ancêtres ont vécu et pour lequel ils sont morts, pour le meilleur et pour le pire, pendant trois mille ans. Rejeter Dieu pour n'importe quel autre motif, à cause du néant, du silence, de la mort, mais non pas à cause de Hitler, ne pas lui donner ce pouvoir, cette victoire posthume-là. »

J'étais venu à Jérusalem l'esprit rempli du problème non résolu, et peut-être impossible à résoudre, d'une théodicée post-Holocauste et des arguments mettant le créateur au banc des accusés après Hitler et Auschwitz. J'avais été séduit par la démonstration logique et décapante de Yehuda Bauer assimilant Dieu au diable ou à un incapable, parce qu'elle offrait une manière de réponse à une question restée torturante. Mais je fus finalement conquis, non pas par la théodicée de Fackenheim, mais par ce que je pris, derrière l'habile raisonnement hégélien sur le mal radical, pour un refus obstiné de permettre à Hitler d'être le juge de Dieu.

Le 614e commandement comme article de foi : « C'était pour moi le seul moyen... et ça l'est encore, me confia-t-il, d'échapper au dilemme désespéré entre ne pas accepter l'Holocauste et voir le judaïsme détruit. » Ne pas accepter l'Holocauste, c'est-à-dire ne pas exempter Dieu de la question de la responsabilité ultime laissée sans réponse par les tentatives faites pour expliquer Hitler en termes humains. Ne pas détruire le judaïsme, c'est-à-dire ne pas déclarer Dieu coupable, du moins au premier degré, ne pas l'abandonner, lui et le culte que lui vouent les Juifs, à cause du mal hitlérien.

Le 614e commandement de Fackenheim ne constitue pas tant un abandon du principal chef d'accusation qu'une instruction restrictive donnée aux jurés : Dieu peut être reconnu coupable de négligence, mais la peine capitale est exclue. « Il doit y avoir une autre possibilité que la mort ou la condamnation de Dieu, me déclara-t-il. Si vous acceptez l'Holocauste en disant : "Oh, c'est juste une catastrophe de plus", vous insultez les victimes. » L'alternative, cependant, serait d'insulter le Dieu que tant de victimes ont adoré : « Si vous l'acceptez et qu'il en résulte la destruction du judaïsme » — dans la mesure où l'accepter pourrait vouloir dire que Dieu est Satan —, « alors c'est une victoire posthume pour Hitler ».

D'aucuns, comme Rabbi Richard Rubenstein[15], suggèrent une troisième solution, qui combine un amour permanent pour les Juifs, et en ce sens pour le judaïsme, avec un rejet de la part de Dieu qui les abandonna à Hitler. Mais pour Fackenheim, il n'y a pas de milieu. « C'est la première chose que je leur ai dite » au symposium de 1967. Avant tout, il écarta la possibilité d'un verdict de culpabilité qui ferait de Dieu la victime finale de Hitler. De délivrer cette instruction mit un terme à la crise spirituelle qu'il traversait : « Dès que j'ai dit cela, que j'ai pris cette décision, le malaise a disparu. »

Parvenu au bord du précipice, au point ultime où le mène la logique de sa critique de l'explication, Fackenheim accomplit un brusque pas de côté. George Steiner, quant à lui, n'hésite pas, par audace ou par insouciance intellectuelle, à faire le saut.

CHAPITRE 17

GEORGE STEINER : DU CÔTÉ DE L'« INVENTION JUIVE DE LA CONSCIENCE »

Dans lequel un personnage nommé A. H. échappe au romancier qui l'a conçu, lequel se voit accusé de « jouer avec le feu »

En un sens, on pourrait dire qu'il s'agit d'une histoire à la Frankenstein, dans la mesure où il est là aussi question d'une créature monstrueuse échappant à son créateur. Le créateur, c'est George Steiner, un des principaux écrivains du monde anglo-saxon. Sa créature : un être imaginaire baptisé « A. H. », dont on devine aisément qu'il s'agit d'Adolf Hitler.

Le Hitler de George Steiner vit le jour sous la forme d'une fantaisie littéraire, une subtile adaptation du « mythe de la survie », dans laquelle le dictateur, qui a réussi à s'enfuir de son bunker en 1945 et a été capturé trente ans plus tard, est traduit devant un tribunal et se trouve forcé de se défendre, de s'expliquer.

Mais quelque chose d'étrange est arrivé au Hitler de la fable de Steiner. Il s'est justifié trop bien. Il a fait plus que s'échapper de son bunker, estiment certains, il a également échappé à Steiner.

Un jugement partagé y compris par une partie des supporters de l'écrivain dans la violente polémique suscitée par son livre : *Le Transport de A. H.* [1] (1979).

« Il m'a collé une frousse terrible », avoue lui-même Steiner au souvenir de son face-à-face avec la vivante incarnation du personnage qu'il a façonné. Cela se passait lors d'une représentation à Londres de la pièce de théâtre tirée de son roman. C'était la première fois que Steiner voyait son Hitler en chair et en os. Jusqu'à ce moment, il n'avait été que de simples initiales tracées sur la page. Et voilà que, tout à coup, « A. H. » devenait une figure charismatique solide, concrète, plantée au milieu de la scène et hypnotisant le public avec les paroles de justification placées dans sa bouche par le romancier. C'était aussi la première fois que ce dernier entendait les applaudissements.

La querelle touchant la nature de ces applaudissements n'a pas manqué d'embarrasser fortement Steiner, en raison de ses énormes scrupules, comme de sa méfiance considérable, à l'égard du pouvoir du langage, du pouvoir du verbe.

À la fin de notre conversation, dans son bureau de l'Université de Cambridge, je lui lus un extrait d'un article de l'*Observer*[2] sur la pièce et la vive controverse à laquelle elle avait donné lieu — les groupes de manifestants à l'extérieur et les applaudissements à l'intérieur. Pour le critique de l'*Observer,* ce qu'applaudissait le public, c'était apparemment le discours de Hitler dans la pièce, l'épique soliloque final attribué par Steiner à son personnage, le mot de la fin.

« Oh, non ! s'exclama Steiner, épouvanté. Non, non, non, non, non », répéta-t-il cinq fois de suite. Les applaudissements n'avaient rien à voir avec les déclarations de Hitler, ils concernaient l'ensemble de la pièce, qui s'achève un instant plus tard. Autrement dit, ils s'adressaient à *lui,* ou aux acteurs, et non pas à Hitler.

Même si Steiner a raison quant au véritable destinataire des applaudissements incriminés, il n'en reconnaît pas moins que le Hitler qu'il a inventé pourrait être dangereux, même sur le papier. Il le comprit dès qu'il eut reposé sa plume après trois journées ininterrompue de « rêverie fébrile ». Il était conscient d'avoir créé une entité qui nécessitait d'être contrôlée plutôt que lâchée dans le monde sans aucune précaution.

« J'avais à peine fini, me dit-il, que je me suis promis de ne jamais autoriser de traduction ni en hébreu, ni en allemand. Je ne tiens pas à ce que les Allemands entendent ça dans leur propre langue.

— Parce que vous craignez qu'on puisse extraire le discours de Hitler de son contexte ? demandai-je.

— Oui, oui, et *l'utiliser.* Il y a déjà eu plusieurs tentatives de piratage en Allemagne, mais nous avons mis le holà. » Ce qui n'empêche pas que des traductions y circulent, autorisées ou pas : le Hitler de Steiner parlant en allemand aux Allemands, s'expliquant, se dédouanant et rendant les Juifs responsables de tous les maux, y compris de lui-même.

Si l'idée de voir son Hitler dans une édition allemande tracasse Steiner, elle le préoccupe bien moins que de le voir vivant. Et moins encore que de le voir, c'est de l'entendre, d'entendre sa voix sur scène qui lui « colle une frousse terrible ». Pour lui, il y a quelque chose de beaucoup plus dangereux dans la voix, dans le mot fait chair, que dans celui seulement marqué sur le papier. Peut-être est-ce parce que la fascination horrifiée que Hitler n'a cessé d'inspirer à Steiner commença, à l'âge de cinq ans, avec le son de la voix du chef nazi.

L'histoire de la manière dont l'un des plus brillants intellectuels juifs de l'après-guerre a donné le jour à une représentation de Hitler et dont ce Hitler, à l'instar de Frankenstein ou du Golem, s'est enfui pour revenir le hanter s'ouvre ainsi sur un Steiner enfant, assis devant un poste de radio, l'oreille pleine de cette voix sinistre et terrifiante.

« Je suis né en 1929, de sorte que, dans mes premiers souvenirs, à partir de 1933, je suis assis dans la cuisine écoutant la Voix [de Hitler] à la radio. »

Cette cuisine se trouvait à Paris. « Mon père était d'origine tchèque. Il avait rencontré ma mère à Vienne. Je suis né à Paris. Mon père avait quitté Vienne parce qu'il pensait que l'antisémitisme allait se déchaîner d'une manière ou d'autre. Il ne se serait jamais douté qu'il se présenterait en la personne de M. Schicklgruber. Cependant, il était toujours étonné que les pogroms [d'Europe de l'Est] ne se soient pas répandus en Autriche — l'antisémitisme autrichien lui paraissait incurable, comme il l'est encore aujourd'hui. »

Il se révéla que Paris ne pouvait être un refuge. Steiner avait onze ans lorsque sa famille dut quitter la France, peu avant que les armées allemandes franchissent la frontière. « Par une chance extraordinaire, nous réussîmes à nous embarquer sur le dernier bateau partant de Gênes » à destination des États-Unis.

Ce que son père ressentait à l'égard de l'antisémitisme autrichien, Steiner l'éprouve pour sa variété française. « C'est très curieux, étant donné l'affaire Dreyfus, que cela [l'Holocause] ne se soit pas produit en France. À certains égards, c'est une affreuse malchance pour l'Allemagne que Hitler... cela aurait fort bien pu arriver en France. L'antisémitisme y possédait une force et une séduction politique qu'il n'avait pas en Allemagne. Sans l'étrange génie, entre guillemets, de Hitler et avec un Hitler français, ce dernier aurait peut-être accédé au pouvoir encore plus rapidement.

— Vous n'êtes donc pas de l'avis de ceux qui pensent que Hitler est un produit de l'âme allemande ?

— Non. Pas du tout. Au contraire. L'aversion des Allemands pour la vulgarité du racisme hitlérien était très profonde. Les Prussiens n'ont jamais marché, les Bavarois avaient des raisons personnelles de lui en vouloir. Ils n'ont jamais avalé ces bobards. En France, on peut avoir à n'importe quel moment une explosion de chauvinisme contre les Juifs. Les affaires Dreyfus sont des affaires françaises. Le premier plan pour expédier les Juifs en Afrique n'a pas été conçu en Allemagne.

— Le plan Madagascar ?

— Français », dit Steiner.

Ce n'est pas, estime-t-il, l'âme allemande, c'est quelque chose dans la langue allemande qui se prêtait étrangement à ce qu'il nomme « l'étrange génie, entre guillemets, de Hitler ». Il l'entendit dans la voix à la radio : « La force irrésistible était là. Et la manière dont il s'en est tiré au sujet de la Rhénanie suggère une perception de la faiblesse de l'Ouest quasiment somnambulique, comme seul pouvait l'avoir un génie de la politique. »

Par somnambulique, Steiner veut dire un état paradoxal de conscience inconsciente, un esprit à la fois ensorcelé et ensorcelant, digne de Caligari, nom qui revient fréquemment dans la description qu'il fait de Hitler. Un Hitler qui représenterait une sorte de médium du génie malfaisant de la langue allemande elle-même. Et de définir le langage du dictateur comme de l'« antimatière » au regard du langage ordinaire.

« Oui, oui, c'est ce que mon roman tente de montrer, entre autres choses. Que c'est de l'antimatière. Qu'il est un plus grands maîtres de la langue. Comme Luther dans ses pamphlets où il demande que tous les Juifs soient brûlés. La langue allemande possède... — ce peut être le cas de toutes les langues —, mais dans la langue allemande, Hitler a mis une sorte de force rhétorique qui, d'une manière assez bizarre même pour les Allemands, allie des concepts hautement abstraits à une violence politique concrète selon un procédé tout à fait inhabituel... Et Hitler fut à coup sûr un génie en ce domaine, cela ne fait aucun doute. »

Ce génie, déclare Steiner, ne réside pas tant dans le mot écrit que dans la voix qui le prononce. « C'est difficile à dire, mais la voix avait en elle-même quelque chose de fascinant », raconte-t-il en repensant aux discours à la radio. Ce qui fascinait, c'était le côté physique plutôt que le côté métaphysique. « Le physique est... ce qu'il y a d'incroyable, c'est que le *corps* puisse passer à la radio. Je n'arrive pas à l'exprimer autrement. On a l'impression de suivre les gestes. [Marshall] McLuhan a une thèse célèbre selon laquelle le charisme de Hitler n'aurait jamais fonctionné à la télévision. À mon avis, ce sont des balivernes. Hitler aurait été le champion du petit écran. Il suffit de voir les films tournés par Riefenstahl sur les congrès de Nuremberg pour comprendre à quel point il maîtrisait chaque image, chaque geste. »

La fascination et la méfiance pour le discours, l'amour et la haine pour le pouvoir du langage sont au cœur même de la remarquable carrière de Steiner, littérateur prodige autant que prodigue. Diplômé de l'Université de Chicago et de celle de Harvard, il enseigna quelque temps à l'Institut d'études supérieures de Princeton avant de prendre la décision de regagner l'Angleterre et le Continent, où il occuperait la double chaire de professeur à l'Université de Cambridge et à celle de Genève. Ce retour n'était pas un hasard, mais l'accomplissement d'un vœu paternel.

« C'était le plus grand désir de mon père, que je retourne en Europe, me dit-il. Parce que même s'il y a d'extraordinaires possibilités en Amérique, pour lui, pour moi, ne pas rentrer aurait signifié que Hitler avait gagné son pari de rendre l'Europe *Judenrein* [purgé des Juifs]. Et cela, il ne pouvait pas le supporter. »

Il y a là comme un écho de l'injonction faite aux Juifs après l'Holocauste par Emil Fackenheim, de son commandement « Tu n'accorderas pas de victoire posthume à Hitler ». Mais il y a également quelque chose de tout à fait révélateur dans la formulation qu'en donne Steiner : « pour moi, ne pas rentrer » aurait été décisif, presque comme si la victoire ou la défaite posthume de Hitler dépendait moins du fait que l'Europe soit débarrassée de ses Juifs, que du fait qu'elle soit ou non débarrassée de Steiner.

C'est ce genre d'orgueilleux sans-gêne qui a fait de Steiner une figure tellement controversée, un intellectuel provocateur qui séduit et scandalise à la fois. Une introduction à un recueil d'articles sur ses œuvres [3] évoque « l'immensité de son talent... Le poids extraordinaire de son enseignement... L'étendue prodigieuse de sa connaissance des principales langues occidentales, la force spéculative de ses réflexions, le brio de ses analyses de textes ; l'éloquence incisive de sa prose... [une] *œuvre* qui, dans sa puissante majesté, est pratiquement sans équivalent ». Toutefois, le même commentateur reconnaît qu'il s'est attiré « quantité de réactions hostiles de la part du milieu universitaire anglo-saxon », dans la mesure où « il peut sembler trop véhément, trop moralisateur, trop arrogant ; il n'hésite pas à élever la voix en public... Les esprits conformistes ne peuvent lui pardonner sa virtuosité universelle ».

À quel point la judaïcité de Steiner entre-t-elle dans le ressentiment qu'il a suscité est une question délicate. L'idée qu'elle l'aurait privé des honneurs de la communauté académique d'Oxbridge auxquels ses travaux lui permettaient de prétendre [4] n'est probablement pas moins fondée que l'animosité ressentie, semble-t-il, par cette même communauté concernant ses accusations implicites d'antisémitisme.

Quoi qu'il en soit, on ne saurait nier que les spéculations de Steiner soient bien souvent, non seulement véhémentes et moralisatrices, mais aussi délibérément provocatrices. Tel est assurément le cas de sa critique du langage — et de la civilisation elle-même —, en raison de leur implication dans les horreurs du régime hitlérien, critique devenue le thème central de son œuvre avec la publication en 1967 de *Langage et Silence*, puis en 1975 de *Après Babel* [5], qui précédèrent la rédaction de son célèbre roman sur Hitler.

Ces deux essais soulèvent la question du diabolisme potentiel du langage lui-même et interrogent implicitement le rapport du dictateur aux mots. La capacité de Hitler de manipuler le langage pour le faire servir à des fins mauvaises a-t-elle rendu possible le drame de l'Holocauste, ou faut-il le mettre sur le compte de quelque chose de pervers, quelque chose de démoniaque et de hitlérien dans l'essence même du langage et de la civilisation dont il est le fondement ? Quelque chose qui se serait exprimé *à travers* Hitler. Steiner a contesté de manière fracassante l'idée que le langage et la culture puissent être des facteurs de civilisation en recourant à l'image d'un gardien des camps de la mort lisant de la grande littérature allemande et écoutant de la grande musique allemande ; avant de s'en aller garnir le grand crématorium allemand.

Cette question semble être également à la base de quelques-unes de ses spéculations les plus audacieuses et les plus déconcertantes. C'est ainsi que, d'après lui, le langage de Kafka n'aurait pas simplement annoncé Hitler, il l'aurait en quelque sorte *créé*.

J'avais été frappé par la remarque de Steiner à propos de *La Métamorphose*, à savoir que le mot « *Ungeziefer* » — terme employé en 1922 par Kafka pour désigner l'insecte en lequel se voit transformé le malheureux Gregor Samsa — est celui-là même qu'utilise Hitler dans ses premiers discours pour qualifier les Juifs : de la vermine. Est-ce vous qui avez signalé ce fait ? demandai-je à Steiner.

« Oui, dans un de mes tout premiers livres, répondit-il. *Langage et Silence*. Ce qui, compte tenu de l'étonnante exactitude de la prophétie faite par Kafka dans *La Colonie pénitentiaire* et dans *La Métamorphose*, compte tenu de l'*autorité* de sa vision, soulève, semble-t-il, l'effrayante question, pour laquelle je n'ai toujours pas de réponse : une prophétie a-t-elle le pouvoir de s'accomplir elle-même ? Pour ma part, je n'en sais rien.

— C'est une idée intéressante. Voulez-vous dire... ?

— À un certain niveau, une prophétie se met-elle à engendrer ce qu'elle avait entrevu ?

— Du seul fait d'exister ? Vous ne prétendez tout de même pas que Hitler avait lu Kafka ?

— Non, bien sûr que non, il n'en avait même pas idée.

Mais elle était là. Elle était soudain là comme une possibilité.

— Kafka source de Hitler.

— Source de l'univers des camps de concentration, de l'univers de la bureaucratie du meurtre. Dans le cas de Kafka, nous avons affaire à l'un des plus puissants phénomènes de prescience qui ait jamais eu lieu. L'autre étant Karl Kraus [le polémiste autrichien]. Karl Kraus déclarait : "Bientôt, on confectionnera des gants en peau humaine." Ça en 1909 ! Et Kraus, Juif en marge lui aussi, l'a compris avec une *absolue clarté* à partir de la situation viennoise. »

Mais chez Kafka, Steiner voit bien plus que le genre d'augure qu'il attribue à Karl Kraus. Chez Kafka, il n'est pas loin de déceler une vision diabolique du sortilège des mots : le pouvoir irrésistible de donner vie à ce qui aurait été inconcevable avant qu'ils aient été prononcés — quelque chose de plus radical qu'un lien prophétique, un lien *causal*. Sans doute ne croit-il pas réellement que Kafka ait permis Hitler et pousse-t-il jusqu'à ses limites extrêmes une analogie métaphorique. Du reste, le parallélisme concret entre *La Colonie pénitentiaire* et l'univers des camps de la mort a été réfuté de manière probante par Lawrence Langer[6]. Il n'empêche que le *besoin* de Steiner d'effectuer une telle comparaison est tout à fait significatif. Elle témoigne de la fascination et de l'effroi que lui inspire le langage. Tout comme elle reflète son attitude extrêmement ambivalente à l'égard de la civilisation occidentale en relation avec la dictature nazie : Hitler fut-il le point culminant de forces obscures inhérentes à la culture européenne ou bien une aberration par rapport aux valeurs de celle-ci ? Tel est, peut-on supposer, ce qui motive son intérêt touchant pour les instants de loisir de Hitler au collège, ainsi que son obsession à propos des œuvres disparues des photographes ambulants de la capitale autrichienne.

« Je suis le premier à demander qu'on passe au peigne fin — on ne l'a encore jamais fait — toutes les photographies [de Vienne] existantes, pour voir si, d'aventure, on ne l'apercevrait pas [Hitler] à bord d'un tramway, ou sur un trottoir, en compagnie de Freud ou de Mahler. Et d'abord, n'oubliez pas qu'il a fréquenté la même école que Wittgenstein. »

Cette connexion tourmente à tel point Steiner qu'il est allé jusqu'à effectuer des recherches sur les emplois du temps de l'école à Linz. Hitler et Wittgenstein « avaient deux ans d'écart, mais j'ai bien étudié la question. À onze heures ou onze heures et quart, comme dans toutes les écoles d'Europe, il y avait une récréation... les élèves allaient jouer dans la cour. Et ils étaient dans la même cour, cela ne fait aucun doute. De plus, il me paraît impossible qu'il n'ait pas croisé dans la Ringstrasse [à Vienne] les hommes que je viens de citer [Freud et Mahler]. Il les a rencontrés, bien évidemment. Et l'on peut très bien imaginer qu'un photographe des rues — vous savez, avec le gros trépied et le truc sur la tête — les ait pris ensemble en photo ».

Comment interpréter cette bizarre fascination de Steiner quant à la possibilité que Hitler, Freud, Mahler et Wittgenstein se soient trouvés sur un même morceau de papier photographique ou dans la même cour de récréation ? À la réflexion, il me semble que c'est là un effet de sa difficulté à choisir entre les deux camps qui constituent une division majeure de l'exégèse hitlérienne : le camp « aberrationniste » et le camp « culminationniste ».

En effet, si Steiner peut parler de Hitler comme d'« une singularité », d'une bizarrerie de la nature humaine dotée d'un « étrange génie », dans ses textes théoriques il donne plutôt l'impression d'un culminationniste, développant une vision plus sombre, selon laquelle Hitler serait le produit, l'apogée de la partie nocive de la culture européenne, de la perfidie du langage qui sous-tend et conditionne cette culture. Dans cette optique, le mal ne serait autre que le verbe lui-même, et Hitler guère plus que le somnambulique médium qui lui prêta sa voix.

D'où le désir fébrile de Steiner de dénicher un cliché de Hitler saisi aux côtés de représentants aussi éminents de la pensée occidentale que Wittgenstein ou Freud. Un tel Hitler, émergé de la même émulsion photographique que ces parangons de la civilisation européenne et juive, illustrerait, fixerait dans le nitrate d'argent la vision par Steiner d'un Hitler sorti du moule culturel qui produisit les plus hautes réalisations de cette civilisation. Car l'un ne va pas sans l'autre ; le développement de la société qui donna le jour à Wittgenstein est partie prenante dans l'apparition de Hitler. De sorte que, quand nous absorbons le nectar des plus beaux fruits de la civilisation, nous buvons aussi inévitablement un calice empoisonné.

C'est de sa préoccupation concernant l'image photographique du dictateur, me révéla Steiner, que naquit son œuvre la plus célèbre et la plus controversée, dans laquelle il s'attaque directement à l'énigme hitlérienne.

« Cette photographie, c'est le nœud du roman », affirme-t-il. Il s'agit d'une réelle bien qu'obscure photographie, qui montre « Hitler debout sous une pluie battante, tel un clochard. Elle remonte, je pense, à 1919, alors que, caporal rendu à la vie civile, il se trouvait sans le sou, et les passants ont l'air bien trop pressés pour s'arrêter à ce coin de rue de Munich. N'empêche que l'année suivante, il y en aurait cent [qui s'arrêteraient], dix mille quelques années plus tard, puis dix millions. Voilà à quoi je n'ai pas cessé de penser. C'est une preuve terrifiante de la toute-puissance du verbe. Même si c'est un antiverbe ».

Cette notion d'antiverbe, comme celle de l'antimatière du langage hitlérien, Steiner les a élaborées en mêlant, de manière peut-être quelque peu désinvolte, les vieux mythes cabalistiques et les très récentes théories de la physique quantique. C'est ce genre de spéculation, me dit Steiner, qui provoqua chez lui cette « rêverie fébrile » dont sortirait son roman, et avec lui ce personnage de Hitler devenu son Frankenstein.

« Je me trouvais à Genève, et cela n'a vraiment pris que trois jours et trois nuits. Une coulée unique, totale, de deux choses, le discours de Lieber [dans lequel il s'efforce d'exprimer la terrible émotion des victimes des camps de la mort à travers des phrases hachées, incomplètes] et celui de A. H. », initiales désignant le personnage de Hitler. « Matière et antimatière. »

Et quoi d'autre ? lui demandai-je. Quelque circonstance de sa vie avait-elle contribué à ce moment d'exaltation créatrice ?

« C'est possible... une impression naïve, répondit-il avec une surprenante candeur. Provenant peut-être de ce que, à ce stade, il était devenu évident que ma femme et mes enfants resteraient dans notre nouvelle habitation à Cambridge. Elle y occupe un poste [de professeur d'histoire]. Et que nous aurions à affronter les difficultés d'une vie séparée.

Cela a pu déclencher en moi certaines réactions. Je n'en sais rien, toujours est-il que la chose est venue très simplement... elle s'est écrite toute seule. Oui, toute seule, ce qui ne l'a pas empêché de connaître un destin extrêmement compliqué. »

Avant d'examiner ce destin compliqué, par lequel il entend les violentes attaques dont a fait l'objet son roman, ainsi que l'évasion à la Frankenstein de son Hitler fictif, considérons de plus près ce que Steiner a réellement écrit au cours de ces trois jours de fièvre hallucinatoire. De fait, la fièvre empoisonne, sous une forme ou une autre, tout le roman. Matérialisée par l'atmosphère d'étuve des marécages de la forêt tropicale, dans laquelle presque tous les personnages finissent par attraper la malaria ou pis encore, elle dessine une plongée dans l'enfer de la jungle, qui est aussi une plongée dans l'enfer de l'histoire du XXe siècle.

Le Transport de A. H. est une fable philosophique qui utilise le modèle du roman à sensation : Hitler vit en Amérique du Sud. Il s'est enfui de son bunker, comme l'affirme le mythe de la survie. Menant une existence paisible, il apprend soudain qu'une équipe israélienne de chasseurs de nazis est sur sa piste et s'enfonce dans les profondeurs de la forêt amazonienne.

Le roman s'ouvre au moment où les membres de l'expédition rattrapent le frêle vieillard de quatre-vingt-dix ans qu'est devenu le Führer et informent leur chef, demeuré à San Cristóbal, au sein du monde civilisé, qu'ils s'apprêtent à revenir avec leur captif. Mais Hitler est trop faible pour marcher et ses ravisseurs trop minés par la fièvre pour le porter. Seuls au milieu d'un marais pestilentiel, dévorés vif par des insectes redoutables, ils se rendent compte qu'ils n'arriveront jamais à effectuer le chemin inverse pour livrer le prisonnier à la justice. Aussi décident-ils de faire son procès sur place, dans la jungle, avant de mourir.

Dans l'intervalle, leur message radio a été intercepté par divers services de renseignement des puissances occidentales ayant combattu Hitler. À Londres, Sir Leslie Ryder, caricature de Hugh Trevor-Roper, s'inquiète des problèmes politiques que pourrait créer le procès de Hitler. Curieusement, Steiner a choisi de mettre dans sa bouche une description du dictateur qui est précisément celle prônée par le principal rival de Trevor-Roper, Alan Bullock. Sir Leslie qualifie explicitement Hitler de « charlatan », terme honni par le premier qui y voit le symbole de l'incompréhension fondamentale du second. Il ironise sur l'« acteur jusqu'au bout », le Hitler cynique mis en avant par Emil Fackenheim et par Bullock, au contraire de Trevor-Roper pour lequel le chef nazi était un idéaliste sincère. Sir Leslie se demande ensuite si l'homme découvert dans la jungle est bien le vrai Hitler ou si, par une étrange ironie du sort, il ne s'agit pas du double dont, paraît-il, il se serait servi à plusieurs reprises pour des raisons de sécurité, « son ombre, son masque », le Hitler de comédie plutôt que le Hitler comédien.

Pour sa part, Emmanuel Lieber, le chef de l'équipe israélienne, qui attend le retour de celle-ci à la base de San Cristóbal, ne doute pas de l'identité du prisonnier. Toutefois, il exprime bien moins de joie que de frayeur, la frayeur que lui inspire le diabolique langage antimatière du tyran nazi. Il appelle par radio les membres du groupe pour leur indiquer les précautions indispensables. « Bâillonnez-le s'il le faut ou bouchez-vous les oreilles, comme le fit Ulysse le marin. Si vous lui donnez la parole, il vous dupera et vous échappera. »

Ne le laissez pas parler, ne cesse de leur répéter Lieber, citant la prophétie d'un érudit juif du Moyen Âge : « À l'heure des ténèbres surgira sur terre un homme d'une éloquence sans pareille. Tout ce qui vient de Dieu... a toujours une seconde face, un revers de mal et de néant. Ainsi en est-il du Verbe, du don de la parole. »

Mais, affaiblis par la maladie, près de succomber, et craignant que, s'ils périssent tous, Hitler ne soit jamais jugé, les hommes cernés par la jungle décident de ne pas suivre les recommandations de Lieber, de faire comparaître Hitler, de lui permettre de présenter sa défense.

Cette plaidoirie, la propre théorie de Hitler sur Hitler, occupe presque toute la dernière partie du roman. Et il parle ce Hitler, avec toute l'adresse insidieuse contre laquelle Lieber les avait mis en garde, il parle avec une force et une fluidité impossibles à décrire, mais le thème essentiel est que, tout ce qu'il a été, tout ce qu'il est devenu, il l'a appris des Juifs, que ce sont eux et non lui qui sont responsables de ses doctrines et de ses crimes.

Ce thème, il le développe à trois niveaux. Tout d'abord, il déclare devoir son racisme, son idée de la race des seigneurs, à la conception juive du peuple élu. Il montre même du doigt un Juif précis, un de ses compagnons à l'asile de Vienne, dénommé Jacob Grill qui, raconte-t-il, lui lut des passages de la Bible ayant trait aux élus, passages qu'il n'eut plus qu'à adapter, substituant, à la supériorité des Hébreux, la supériorité aryenne. « Mon racisme ne fut qu'une parodie du vôtre, lance-t-il à ses ravisseurs, une avide imitation. »

Ensuite, il proclame qu'en cherchant à exterminer les Juifs, loin d'imposer sa propre volonté, il se contenta d'exprimer, d'exaucer, les vœux du reste du monde, d'œuvrer avec la complicité enthousiaste de celui-ci. Ce n'était pas seulement le peuple allemand qui désirait voir les Juifs disparaître, c'était toute la planète, parce que « le Juif a inventé la conscience et l'homme ploie maintenant sous le joug du péché », torturé par des aspirations auxquelles il est incapable de répondre. Des aspirations que Hitler résume sous la forme du triple « chantage à la transcendance » que sont les Dix Commandements de Moïse, le Sermon sur la Montagne de Jésus et la revendication de justice sociale de Marx — trois Juifs qui tourmentèrent le genre humain avec des exigences de vertu, d'amour et d'égalité.

« Que furent nos camps comparés à *cela* ? demande Hitler aux jurés réunis dans la jungle. « Réclamer de l'homme plus qu'il ne peut, tenir ses yeux fatigués fixés sur une image d'altruisme, de compassion et d'oubli de soi-même, que seul le saint ou le fou peut atteindre, c'est le clouer vivant au chevalet de torture. À lui en faire éclater l'âme. Quoi de plus cruel que cette obsession juive de l'idéal ? » Avec Moïse, Jésus et Marx, « par trois fois le Juif nous a soumis au chantage de la transcendance. Par trois fois son bacille de la perfection a empoisonné notre sang et notre matière grise ».

Le Hitler de Steiner nie alors être quelque « surprenant démon de vos fantasmes rhétoriques ». Il n'a rien d'une aberration : « Vous m'avez dépeint comme une sorte de fou démoniaque, la quintessence du mal, l'enfer incarné. » Non, assure-t-il, il représente bien plutôt le summum des souhaits de l'humanité : autrement, « comment des millions de femmes et d'hommes se fussent-ils reconnus en moi, eussent-ils fait de moi le miroir brut de leurs besoins et de leurs appétits ? » Le génocide n'aurait pas pu avoir lieu sans leur approbation, active ou passive : « Ce fut... une période sordide. Mais ce sordide, je ne l'ai pas créé et je n'étais pas le pire. » Ici, il se livre, pour atténuer la gravité de ses fautes, à un exercice de barbarie comparée, invoquant le massacre des Congolais par les Belges (vingt millions de victimes, déclare-t-il), les inventeurs des camps de concentration dans la guerre des Boers et, pour finir, les forfaits de Staline : « La terreur que nous répandions n'était que fêtes villageoises à côté de ce qu'il faisait. »

Le dernier argument avancé par Hitler est qu'il a servi, en réalité, les desseins du Dieu des Juifs. Que loin d'être l'exterminateur du peuple juif, il a été son *sauveur,* car la guerre qu'il lui livra a permis l'accomplissement du vieux rêve du retour à la terre promise. En définitive, son allégation la plus scandaleuse est que lui, Hitler, ait pu être le Messie tant attendu.

Et de conclure sur cet inventaire : « Messieurs de la cour, c'est de vous que j'ai tiré mes doctrines. J'ai combattu ce chantage à l'idéal par lequel les hommes se sentaient traqués. Mes crimes ont été égalés et même surpassés. Le Reich a engendré Israël. Ce sont là mes dernières paroles. »

Ses dernières paroles. Une partie du problème soulevé par ce stupéfiant discours — et il faut signaler que ce n'est qu'une des causes de la violence avec laquelle ont réagi certains —, tient au fait qu'il ne s'agit pas seulement des dernières paroles de Hitler, mais aussi, pratiquement, des derniers mots du roman.

Dans un paragraphe supplémentaire, un habitant de la forêt, qui a été le témoin silencieux du procès du dictateur, se lève pour crier « Jugé ! ». L'Indien, écrit Steiner, n'a pas saisi le sens des déclarations de Hitler, seulement leur « vibrante pulsation charriant tout devant elle ». Et le cri ne sortira jamais de sa bouche, si bien que les derniers mots entendus sont effectivement ceux de Hitler. Du reste, quand bien même il aurait parlé, le message eût été tout à fait équivoque. Qu'est-ce qui a été « jugé », le cas de Hitler lui-même ou le procès intenté contre lui ? Quoi qu'il en soit, sa harangue n'est suivie par aucune protestation, seulement le fracas d'hélicoptères se posant dans la clairière où s'est tenu le procès. Les appareils sont-ils là pour réduire Hitler au silence, comme on l'a suggéré, pour l'exécuter avant qu'il puisse mettre dans l'embarras les anciens alliés en leur rappelant leur complicité dans son ascension, leur complaisance à son égard malgré leur connaissance des tueries perpétrées dans les camps de la mort ? Ou sont-ils venus pour ramener Hitler là où ses paroles dangereusement insidieuses, son langage antimatière auront de nouveau le pouvoir de fasciner et de détruire. La seule chose certaine, c'est qu'avec la conclusion du roman le procès de Hitler a pris fin, et que celui de George Steiner s'est ouvert.

Les charges qui pèsent sur l'écrivain sont à la fois multiples et accablantes, allant du domaine artistique au plan personnel. En premier lieu, on a prétendu qu'il avait permis à Hitler d'avoir le mot de la fin. Ce discours fleuve, perfide, inquiétant, subversif, qui clôt l'histoire ne se voit opposer aucun démenti. Même si plusieurs partisans de Steiner ont essayé de montrer, par des pirouettes, que le discours de Hitler, tout comme celui de Satan dans *Le Paradis perdu* de Milton, renferme, à bien y regarder, sa propre réfutation, qu'il défait, pulvérise sa propre rhétorique. Malheureusement, leurs efforts en ce sens se sont heurtés à l'énigmatique silence de Steiner lui-même quant à la manière dont il se situe par rapport au discours de son personnage. De fait, avant de m'entretenir avec lui, j'avais eu beau chercher dans ses écrits, je n'avais trouvé aucun éclaircissement sur son attitude à l'égard des paroles qu'il place dans la bouche de Hitler, encore moins de justification semblable.

Malgré les attaques dont son livre et lui-même ont été l'objet, et qui se sont transformées en véritables manifestations de rue lors de la sortie de la pièce qui en a été faite, Steiner n'a pas eu recours à l'argument de la dérision selon lequel il aurait conçu le discours de Hitler comme un processus d'autosubversion. L'aurait-il fait, estiment certains, que cela n'aurait pas suffi. Conférer à Hitler ne serait-ce qu'une apparence d'intelligence, de subtilité, c'était « jouer avec le feu », déclare un des plus judicieux adversaires de Steiner, Hyam Maccoby[7] : dans un monde traditionnellement réceptif à tout discours antisémite, même rudimentaire, placer dans la bouche du dictateur un raisonnement percutant consistant à blâmer les Juifs, quelle que soit l'intention ironique, c'était alimenter les brasiers qui les firent s'évanouir en fumée dans les cheminées des camps de la mort.

L'attaque la plus brutale de toutes laisse entendre que le

romancier n'a pas simplement placé ces paroles dans la bouche de Hitler, qu'il l'a utilisé comme porte-parole — que le Hitler de Steiner tient sur les Juifs des propos dont lui-même est convaincu. Pendant un temps, au lendemain de la publication du livre, l'argument circula dans de petites revues d'intellectuels juifs. Mais, une fois que Steiner eut autorisé l'adaptation à la scène de son roman [8], que le comédien Alec McCowen eut fourni une voix concrète et puissante aux paroles de Hitler, tandis que le public semblait acclamer le dictateur et que des groupes de Juifs protestaient en scandant des slogans aux portes du théâtre, Steiner eut le sentiment de se retrouver en plein cauchemar. Un cauchemar à la Frankenstein, qui lui fit se demander s'il n'avait pas rendu la vie à un Hitler qui allait se mettre à le persécuter, et les Juifs avec lui, jusqu'à la fin des temps, s'il n'avait pas accordé au chef nazi, non seulement une victoire posthume, mais une existence posthume. Qui lui fit craindre que la fiction de son roman — un Hitler qui se serait échappé — ne soit brusquement devenue réalité, même si Hitler ne s'est pas enfui avant que Steiner le libère, lui prête une voix. Un accomplissement pervers de la menace évoquée par un de ses personnages : « Si vous lui donnez la parole, il vous dupera et vous échappera. »

Je compris le profond malaise ressenti en l'occurrence par Steiner à son déni angoissé que le public londonien ait pu applaudir Hitler plutôt que la pièce. Ce quintuple « non, non, non, non, non ».

Toutefois, je fus surpris de constater qu'il ne demandait pas mieux que de répondre à mes questions concernant son Hitler, en toute franchise et de manière assurément plus éclairante qu'il ne l'avait fait jusque-là. Aussi lui posai-je carrément la question : peut-on interpréter le discours final, interpréter le roman lui-même, comme une condamnation des Juifs pour les crimes commis contre eux par Hitler ?

Il parut écarter d'entrée de jeu le tour de passe-passe habituel du c'est seulement un personnage qui parle. « On peut penser que c'est ainsi qu'il se serait défendu... À supposer qu'il ne se soit pas suicidé. Qu'on l'ait enfermé dans une cage de verre. Et qu'il ait usé de son pouvoir diabolique... »

Autrement dit, Steiner a simplement imaginé ce qu'aurait été l'attitude de Hitler ; il n'a pas placé dans sa bouche ses propres idées et n'endosse en aucune façon ses paroles. En entendant le mot « diabolique », je crus un instant qu'il allait invoquer l'alibi employé à l'égard du Satan de Milton. William Blake a prétendu de manière provocatrice que l'éblouissante et intrépide rhétorique dont Milton gratifie Satan dans le Livre I du *Pardis perdu* (lorsque Lucifer rallie les anges déchus qui sont ses compagnons par un romantique appel à se révolter contre la tyrannie) prouvait que Milton lui-même était « du parti du diable ». Mais la critique du xxe siècle a réagi au discours de Satan en tentant de montrer que Milton a agencé avec beaucoup d'habileté la harangue du prince des ténèbres, si bien qu'en l'examinant de plus près on s'aperçoit qu'elle trahit ses propres procédés diaboliques ; qu'elle vise à ce que le lecteur soit d'abord séduit, « surpris par le péché » (selon le titre de l'excellente étude de Stanley Fish[9]), pour découvrir ensuite seulement qu'il s'est laissé glisser sur la pente savonneuse de la rhétorique de Satan. Et qu'indigné de cette quasi-chute dont il a lui-même été victime, il émerge purifié et à jamais prévenu contre le danger de prendre pour argent comptant les paroles du diable.

Cependant, alors que je lui offrais la possibilité d'adopter une telle défense, Steiner repoussa cette solution de facilité. Les questions soulevées par Hitler dans son discours sont *valables*, me dit-il. « Je pense qu'elles appellent des réponses. Que le discours de Hitler appelle des réponses », répéta-t-il. Il veut dire de la part des Juifs.

Ainsi l'argument avancé par son Hitler, selon lequel le concept juif de peuple élu serait à l'origine de l'idée de race des seigneurs. « Le Reich de mille ans, la séparation des races ne sont, en quelque sorte, qu'une hideuse parodie de la doctrine judaïque. Or une parodie ne peut exister qu'en raison de ce qu'elle imite. »

Préférant ne pas entendre Steiner revendiquer cette comparaison, je lui fournis l'occasion de se démarquer de son Hitler.

« Lorsque Hitler s'identifie à Sabbataï », commençai-je, faisant allusion à un passage du discours où il évoque le célèbre faux prophète qui abusa des foules de Juifs à travers le monde avant d'abjurer sa foi et de se convertir à l'islam, « je pensais qu'il s'agissait d'une indication... je m'attendais à une certaine ironie dans votre vision de Hitler.

— Mais il y en a ! s'exclama Steiner. Parce que Sabbataï Tsevi se convertit par la suite, ce qui rend la chose quelque peu comique. » Mais d'un comique assez limité. Dans la mesure où, insiste-t-il, les questions soulevées par son Hitler quant à la responsabilité des Juifs dans leur destin sont à prendre tout à fait au sérieux. « J'ai demandé une réponse [à ces questions], mais je n'en ai obtenu aucune » des critiques qui l'ont condamné uniquement pour avoir osé faire cette demande. Et d'affirmer le bien-fondé des questions de Hitler et la nécessité d'y répondre.

Les questions de Hitler, ou celles de Steiner ? Sa déclaration peut-être la plus révélatrice, ce fut lorsqu'il réitéra la nécessité de réponses. « Sans doute serais-je moi-même bien incapable de répondre à ce que j'ai dit dans ce discours », m'avoua-t-il. Ce n'est qu'en relisant la transcription de l'interview que je compris que j'étais passé à côté de l'essentiel : « bien incapable de répondre à ce que *j'ai dit* dans ce discours ». Non pas à ce que Hitler a dit, mais à ce que j'ai dit, moi, George Steiner. Son Hitler parle donc pour lui. Et c'est lui qui se tient derrière les questions de son Hitler : « Ce discours a été vivement attaqué », continua-t-il, mais ce que l'on a attaqué, c'est l'idée même de poser de telles questions, plutôt que celle d'y répondre.

« Et je tiens à ce qu'il y soit répondu, s'obstine Steiner, haussant le ton. Où est la réponse ? Il ne suffit pas de dire, vous n'êtes qu'un abominable crétin pour avoir affirmé ces choses. J'attends toujours des réponses. J'en ai souvent débattu, y compris avec Fackenheim. Et aucune réponse. Il a éprouvé le besoin de me calomnier, de dire que je n'avais absolument rien compris au sens de l'élection divine. Je me suis mis à citer le livre de Josué, puis je lui ai dit : "Vous n'y êtes pas du tout. Je veux *vraiment* une réponse." »

Surpris de le voir aussi surexcité, je l'interrogeai sur la question finale, la plus choquante, posée par son Hitler : a-t-il été, lui, Hitler, le Messie qui a permis l'accomplissement du vieux rêve d'une patrie juive en Palestine ?

« Il est possible de montrer que le miracle de la reconnaissance d'Israël en 1948 est inséparable de la Shoah, répondit Steiner. C'est pourquoi mon Hitler demande : "Qui a donné vie à Israël ?" Il n'y aurait pas eu Israël sans la Shoah. »

Je voulus me rendre compte à quel point Steiner adhérait à une autre assertion de son Hitler, à savoir qu'il n'aurait fait que concrétiser l'hostilité de l'univers à l'égard des Juifs, que les exterminer à cause du « chantage à la transcendance », à cause des tortures imposées aux non-Juifs par l'invention, le despotisme, de la conscience.

« Cette expression que vous utilisez, le “chantage à la transcendance”, semble assez péjorative. Est-il mal de demander aux gens de devenir meilleurs qu'ils ne sont ?

— Non. Mais cela les fait vous haïr. Y a-t-il quelqu'un que nous haïssions davantage que celui qui nous dit que nous avons le devoir de nous amender, qui n'arrête pas de nous le répéter, de nous sermonner, de nous tarabuster en prenant un malin plaisir à nous rappeler nos fautes. Allons ! Qui haïssons-nous le plus ? Celui qui s'est montré généreux alors que nous éprouvions un moment de faiblesse, ou celui qui nous a contemplés en proie à un besoin abject ? Et pour peu que nous trébuchions, nous ferions tout pour ne pas regarder à nouveau le second en face. »

On ne saurait nier qu'il y a là une vérité de la nature humaine, et que, comme l'affirme le proverbe, l'enfer est pavé de bonnes intentions. Toutefois, Steiner fait sienne la thèse que les Juifs méritaient d'être punis pour avoir réclamé (en la personne de Moïse, de Jésus et de Marx) des critères du bien ? « La transcendance est-elle une chose dont les Juifs doivent s'excuser ? lui demandai-je.

— Au contraire, répondit-il. Il n'y a rien de plus noble... mon Dieu, si nous pouvions être... si nous pouvions aimer notre prochain comme nous-mêmes, eh oui !

— Mais n'êtes-vous pas en train de dire que le résultat inévitable d'en avoir fait un idéal a été Hitler ?

— Pas seulement un idéal. Une exigence permanente, répliqua-t-il, donnant à nouveau l'impression d'accuser les Juifs.

— Aurions-nous dû exiger moins, ou... »

Il poussa un soupir.

« Nous aurions probablement pu faire mieux en exigeant davantage de nous-mêmes. Si Mère Teresa était assise ici en ce moment, je me tairais. Dans son cas, elle a le droit d'exiger quelque chose. Je connais des individus — très peu — qui ont renoncé à de brillantes carrières pour travailler dans des camps de réfugiés sur la frontière afghane, parfaitement. Et d'autres, dans des services de gériatrie de New York, qui passent leurs nuits à vider les pots de chambre et à maintenir des vieillards hurlant à tue-tête parce qu'ils ont peur des médicaments. Ces gens-là ont parfaitement le droit de me dire : “Pourquoi ne vous rendez-vous pas plus utile ?” Mais en réalité, ils ne le font pas. Alors que d'autres, qui ne mènent pas ce genre d'existence, le font. Et à moins d'être soi-même certain de pouvoir faire beaucoup mieux, il est très difficile de le demander aux autres. Or le judaïsme l'a demandé trois fois. »

Là encore, même s'il déclare que ce sont des questions pour lesquelles il attend des réponses, la manière dont il les formule donne l'impression qu'il a déjà trouvé les réponses. Non pas qu'il s'en réjouisse, dans la mesure où elles semblent, sinon incriminer les Juifs, du moins les présenter comme les artisans de leur propre infortune. De fait, Steiner a l'air de dire ici que la faute des Juifs ne tient pas tant à leur désir d'idéal qu'à l'hypocrisie implicite dont ils se sont rendus coupables en imposant cet idéal à autrui avant d'en avoir fait suffisamment la preuve eux-mêmes. Les Juifs ne se sont pas toujours montrés à la hauteur des modèles qu'ils prônaient, de sorte qu'on peut comprendre que le monde ait approuvé en secret les massacres perpétrés par Hitler.

En raison de mon admiration pour l'intelligence et le talent de Steiner, je n'étais guère enclin à m'associer à l'affirmation de ses détracteurs pour qui il aurait imaginé dans son roman une manière subtile de blâmer les victimes. Cependant, au cours de ma conversation avec lui ce matin-là à Cambridge, il n'hésita pas à faire un pas supplémentaire. À évoquer, presque avec détachement, ce que l'on peut considérer comme le reproche suprême adressé aux Juifs : leur responsabilité *ontologique* dans les crimes hitlériens.

Un genre d'hypothèse si odieux et si retors que je me pris ensuite à regretter de l'avoir entendu. Il commença en citant une remarque étonnante faite par le célèbre philosophe anticommuniste Sidney Hook dans un entretien publié après sa mort, remarque que Hook lui-même avait jugé trop subversive pour qu'elle fut rendue publique durant sa vie.

« Cela a eu sur moi un énorme impact, me raconta Steiner. Avant de mourir, Sidney Hook donna à [Norman] Podhoretz une interview [10]. Il pensait qu'un philosophe digne de ce nom ne devait pas craindre de s'exprimer, et pourtant il exigea qu'elle demeure posthume. Il y disait quelque chose de très important. Quelque chose que l'on peut résumer ainsi : si nous [les Juifs] avions disparu [11], avions été assimilés, est-ce que cela n'aurait pas mieux valu ? Le prix n'a-t-il pas été trop élevé ? Or c'est la question clé. Et Hook a eu peur de bousculer ce tabou tant qu'il était en vie, mais c'est là. Dans ses déclarations à Podhoretz. »

Comme si ce n'était pas un sujet suffisamment polémique en soi, Steiner renchérit : « Ma question va encore plus loin. Je pense en effet qu'Auschwitz a eu deux conséquences : pour le Juif il a tout changé, et pour son bourreau aussi... » Et d'en tirer l'ineffable conclusion : « L'horreur de la chose, c'est que nous avons réduit le seuil de l'humain.

— Nous les Juifs ? En... ?

— En fournissant à la bestialité humaine l'occasion de se manifester de manière extrême, dit-il. Nous sommes ce qui a montré l'ultime bestialité de l'homme. Nous avons refusé Jésus, qui est mort hideusement sur la croix. Alors le genre humain s'est retourné contre nous en organisant une sorte de contre-Golgotha, à savoir Auschwitz. Ainsi, celui qui torture un enfant en fait une victime, mais du même coup devient une victime lui aussi.

— Je veux bien, mais qui faut-il plaindre ? L'un et l'autre ? »

Et Steiner de poursuivre avec son extraordinaire argument d'après lequel les Juifs auraient abaissé le niveau de l'humanité : « En un sens, Auschwitz a brisé notre dernier espoir en l'homme.

— Brisé notre dernier espoir en l'homme ? Dans le sens qu'il y a toujours un garde-fou, une raison de ne pas sombrer dans le désespoir le plus total face au mal qui habite notre monde ?

— Oui. Et sans nous, il n'y aurait pas eu Auschwitz. C'est une idée qui peut paraître choquante, mais qui n'en est pas moins fondée. »

Une fois de plus, il me semblait impossible que Steiner adhérât totalement à ses propos. Des propos qui, non contents de blâmer la victime et de procurer une excuse au bourreau, de fournir une raison expliquant son crime, accusaient la victime d'avoir tout bonnement *existé*, et partant de là d'avoir été l'« occasion » pour son meurtrier de descendre à de nouvelles profondeurs de férocité ou d'inventer de nouveaux degrés dans le mal.

Aussi l'interrogeai-je sur cette dernière supposition. En quoi pouvait-on considérer Auschwitz comme un bond en avant dans l'évolution du mal ? Qu'est-ce qui le rendait différent des massacres antérieurs, au sens où celui-ci aurait « brisé notre dernier espoir en l'homme » ?

Ce qui le rendait différent, dit-il, c'était sa « terrible dimension ontologique. Il y a eu bien d'autres massacres horribles. Les hommes sont cruels et n'ont jamais cessé de torturer ». Mais la sinistre nouveauté du phénomène d'Auschwitz réside dans le motif ontologique pour lequel les Juifs ont été exterminés : en raison non pas de leurs actions, mais de leur être.

« Tuer un enfant à cause de ce qu'il est et non de la manière dont il agit, dont il pense, ou parce qu'il appartient à une autre religion. Pour le fait d'être. C'est là le sens du mot "ontologique". Vous *êtes*, aussi vous devez mourir. Ce qui est très différent des entreprises analogues. Si vous massacrez un tas de Serbes, c'est parce que vous convoitez leur territoire, etc. L'islam a converti les Juifs, il ne les a pas massacrés. L'idée que le Juif doit être éliminé parce qu'il *est*, parce que son être est inadmissible, et la tentative de mettre cette idée en pratique, signifient probablement que, pour l'homme, il n'y a pas de retour possible à certaines illusions. »

Pas de retour possible. On distingue ici comme un écho de sa théorie selon laquelle Kafka serait la cause des camps de la mort. En introduisant l'*idée* jusque-là inconcevable d'une forme de cruauté aussi raffinée, il se pourrait que Kafka ait en quelque sorte contribué à la faire exister. De même, en étant les victimes d'une cruauté totalement impensable auparavant, peut-être les Juifs ont-ils provoqué l'effondrement du monde, la brèche irréparable dans la mince couche d'espoir recouvrant l'abîme sans fond du désespoir.

C'est pourquoi Steiner évoque l'interrogation angoissée de Sidney Hook. Et va même au-delà. Le monde aurait-il été meilleur si les Juifs avaient cessé d'être des Juifs ? demande

Hook. Le monde aurait-il été meilleur si les Juifs n'avaient pas existé du tout ? demande pour sa part Steiner.

Il qualifie un tel axe de réflexion de choquant mais de fondé. Choquant, il l'est sans nul doute, mais fondé ? En premier lieu, les conjectures de Hook sont démenties par le fait que conversion et assimilation ont rarement évité aux Juifs les ravages de l'antisémitisme. Récemment, Benzion Netanyahu a montré [12] que les persécutions meurtrières exercées contre eux par l'inquisition espagnole avaient continué en dépit de leur soumission au christianisme. C'était une haine raciale bien plus que religieuse (et de fait, spécialement dirigée contre les convertis et les *marranos*) ; tout comme, bien sûr, celle de Hitler.

D'autre part, l'argument du préjugé ontologique dont se sert Steiner se trouve contredit par les accusations que lui-même — ou son Hitler — profèrent dans le discours du roman. En effet, pour le Hitler de Steiner, les Juifs ne furent pas simplement exterminés à cause de leur être, mais à cause de leurs actions, et en particulier des souffrances morales qu'ils auraient prétendument infligées au reste de l'univers.

Afin de clarifier ce point, je rappelai à Steiner son affirmation selon laquelle les Juifs avaient été tués parce qu'ils avaient torturé la conscience des hommes.

« Vous avez l'air de dire que quelque chose chez les Juifs... que c'était une haine *rationnelle*.

— Non... en réalité... non. Appelez ça, si vous voulez, une haine intuitive. Je trouve les explications sociopolitiques de l'antisémitisme tout à fait intéressantes, sauf qu'il y a deux choses dont elles ne parlent pas. La haine des Juifs là où il n'y a pas de Juifs [par exemple dans la Pologne actuelle] et la décision ontologique de tuer quelqu'un en raison de ce qu'il est. C'est pourquoi j'ai avancé cette image, cette hypothèse, que notre invention de Dieu, de Jésus, notre invention de l'utopie marxiste, a mis l'humanité dans un tel état de doute intérieur qu'elle a essayé de chasser sa mauvaise conscience.

— Voulez-vous dire par là que les tortures de la conscience sont pires que les tortures des camps de la mort ?

— À long terme, se sentir en faute crée probablement une haine intolérable, la haine de soi. L'impression d'être à nu. »

D'aucuns ne manqueront pas d'en conclure que ce qui est véritablement en cause ici, c'est la haine que Steiner se voue à lui-même. Steiner en Juif s'auto-haïssant. Mais ce n'est pas aussi simple. Je découvris en effet qu'il renvendiquait avec force son statut de Juif, nullement antisioniste, contrairement à ce que l'on a parfois prétendu — en fait, un anti-antisioniste. Et qu'il revendiquait plus encore l'image du Juif éternel étranger, porteur de cette intelligence lucide, mordante et autodestructrice qui a si souvent fait des Juifs des exilés, pas seulement d'une patrie physique, mais d'un confort métaphysique dans le monde. Et de proclamer son attachement à l'égard de la figure du Juif errant, à l'égard des vagabonds et aventuriers juifs, de Spinoza à Kafka et Trotski.

Encore aujourd'hui, il me paraît d'autant plus troublant qu'il ait voulu s'aventurer aussi loin dans une spéculation qui semble rendre les Juifs responsables de la dimension ontologique, du sinistre changement qualitatif, des crimes commis contre eux. À moins que Steiner n'ait éprouvé le désir tenace de se placer, et son peuple avec lui, au centre ontologique de l'univers. Une sorte de recréation de cette doctrine du peuple élu qu'il prétend questionner : le destin des Juifs comme pierre de touche, épreuve-test, de l'être.

Mais un autre mécanisme semble à l'œuvre, un mécanisme plus troublant et qui confirme peut-être la méfiance de Steiner à l'égard du Verbe, à l'égard du pouvoir irrésistible de la voix de Hitler. En se livrant à un audacieux numéro de ventriloquisme littéraire, en essayant de parler *avec* la voix de Hitler, de lui faire exprimer ses propres idées (le chantage à la transcendance, etc.), il semble avoir donné lieu à une effrayante inversion, au point qu'on en vient à se demander qui tire réellement les ficelles, qui est le ventriloque et qui la marionnette. Une inversion qui montre un intellectuel juif déclarant que le monde se serait sans doute mieux porté si les Juifs n'avaient pas existé, et en arrivant à la même conclusion, bien que par des voies différentes, que Hitler lui-même. Autre témoignage des subtils effets du charme hitlérien ?

Toutefois, alors que l'entretien touchait à sa fin, je ne pouvais pas m'empêcher d'être impressionné par la candeur de Steiner, par sa volonté d'assumer l'entière responsabilité des idées et interrogations qu'il avait mises dans la bouche de son Hitler quinze ans plus tôt, par son courage, ou sa témérité, à s'engager au-delà, sur des terrains encore plus minés. Et, tout en parlant de son Hitler comme d'une créature qui lui aurait échappé, il ne s'en tenait pas moins en réalité derrière lui, si étrange que cela puisse paraître.

Tandis que nous nous dirigions vers la loge du portier du Churchill College à Cambridge, Steiner et moi, nous en revînmes au Hitler historique, en particulier à son légendaire charisme.

« J'ai l'habitude de demander à mes étudiants, me raconta-t-il, "si Hitler entrait dans la salle, est-ce que vous vous lèveriez ?"

— Qu'ils se lèvent signifiant...

— Reconnaîtraient-ils la présence de l'histoire mondiale ?

— Et vous pensez que cette présence serait tellement saisissante... mais Beryl Bainbridge ne l'a-t-il pas dépeint comme un personnage anodin, insignifiant ? » Je faisais référence à l'étonnant roman de Bainbridge intitulé *Young Adolf*[13], qui met en scène Hitler à l'âge de vingt-deux ans, rendant visite à son demi-frère Alois junior à Liverpool en 1911 pendant sa « période de vagabondage ». En décrivant une espèce de bon à rien, Bainbridge soulève, avec un talent et une discrétion remarquables, la question de l'abîme infranchissable entre le jeune homme falot et le génie du mal qu'il allait devenir. Autrement dit l'éternelle question de la métamorphose de Hitler : quand et comment a-t-il acquis son pouvoir démoniaque ?

« Vous pensez que si le jeune Adolf faisait son apparition dans la pièce, cela se *saurait* tout de suite ?

— C'est en tout cas ce qui est arrivé à beaucoup, dit-il. À beaucoup. Speer a été pris de passion pour lui et n'en a jamais démordu. » (On notera la fréquence avec laquelle l'admiration sans bornes de Speer pour Hitler est citée en exemple par des commentateurs aussi subtils que Trevor-Roper et Steiner. Comme pour dire : si quelqu'un d'aussi intelligent que moi peut tomber sous le charme de Hitler, c'est qu'il avait forcément quelque chose.)

« Mais la passion de Speer ne concernait-elle pas le dernier Hitler, le Hitler charismatique ? demandai-je.

— Goebbels l'a connu très tôt, oui très tôt. Et dans son journal il écrit : "Est-il saint Jean Baptiste ? Est-il Jésus ?"

— Certes, mais cela se passait tout au plus vers 1925. Reste l'insignifiant caporal de la Première Guerre mondiale.

— Ce qu'il n'était pas ! s'exclama Steiner. Il a reçu par deux fois la Croix de fer. Blessé à trois reprises ! Allons ! Et cela dans la fonction militaire la plus dangereuse de toutes, celle d'agent de liaison. Où les chances de survie étaient d'environ une semaine, et le plus souvent d'une heure. Puis il est devenu guetteur, guetteur d'artillerie à l'avant des lignes. Mission pour laquelle il s'était porté *volontaire*. Et le mépris qu'il avait par la suite pour les officiers d'état-major n'ayant jamais combattu était pleinement justifié. Il savait de quoi il parlait.

— Ainsi, Hitler était un homme authentiquement courageux ?

— Absolument. On n'est pas blessé gravement trois fois et décoré de la Croix de guerre sans cela.

— Il n'est donc pas possible de s'en sortir en le présentant comme un lâche, un hypocrite...

— Oh non !

— Il a été, d'une certaine manière, héroïque et admirable ? Jusqu'à quel point ?

— Eh bien, chacun peut s'en faire une idée objective en consultant ses états de service. Et cela a été très important [sa bravoure militaire] pour la politique future. »

Je repartis en proie à des sentiments contradictoires. Il semblait tout aussi difficile de douter du courage personnel montré par Steiner dans le fait de poser des questions explosives — et de leur donner des réponses incendiaires —, de s'aventurer au-delà des frontières de la pensée conventionnelle sur le sujet. Ce qui ne pouvait que le rendre encore plus vulnérable à des tirs hostiles.

Et les tirs n'ont pas manqué. Son adversaire le plus sérieux et le plus radical, Hyam Maccoby, a déclaré, parlant de Steiner et de ce qu'il fait dire à son Hitler : « Il savait pertinemment qu'il jouait avec le feu. »

Ce qui signifie que Steiner s'est conduit comme un irresponsable sur le plan intellectuel, un enfant s'amusant avec des allumettes ; qu'il s'est laissé entraîner par son propre brio, par son goût de jongler avec les idées, de pousser la spéculation jusqu'à ses extrêmes limites, sans se soucier des risques possibles quant à l'usage que pourraient en faire des esprits moins bien intentionnés dans un monde dangereux pour les Juifs. Un penchant qui, chez un autre, aurait peut-être été sans importance, mais qui prend chez lui un aspect inquiétant. Dans la mesure où Steiner est en effet plus intelligent que sensé, malheureusement pour lui. Et pour nous.

Toutefois, comme on le verra dans le chapitre suivant, Maccoby ne dédaigne pas lui non plus de « jouer avec le feu ».

CHAPITRE 18

DU CÔTÉ DU CHRISTIANISME : LE MYSTÈRE DE LA PASSION DE HYAM MACCOBY

Dans lequel un historien juif donne l'explication qui n'ose pas dire son nom

C'était le début de la période des fêtes à Londres ; dans le froid vivifiant de décembre, la foule grouillant sur les trottoirs manifestait l'habituelle gaieté dickensienne en rentrant chez elle avec des rouleaux de papier cadeau et des rubans multicolores. Mais, dans les profondeurs de la Bibliothèque Sternberg de l'Institut d'études juives Leo Baeck, le combatif historien Hyam Maccoby était d'une tout autre humeur.

« Les gens n'arrêtent pas de parler de la gaieté de cette fête de Noël, me disait-il. Mais pour moi, Noël est une fête sinistre.

— Sinistre ?

— Qu'est-ce que c'est d'autre ? La victime du sacrifice est née. Réjouissons-nous. Même si, aujourd'hui, le chrétien ne réfléchit plus à ce que représente Pâques, quelque part au fond de lui Noël le mène à Pâques. Il en est ainsi dans l'esprit de chacun. Pourquoi célébrons-nous cette naissance avec une telle liesse ? Nous enjolivons le sacrifice. Parce que la victime est vouée à une mort horrible. » Une mort horrible que les Juifs devront, ont dû payer. Pour Maccoby, la sombre vérité que cache l'atmosphère de fête, c'est la responsabilité que le christianisme, y compris Noël, porte dans le massacre effroyable des Juifs.

« Les chrétiens prétendent que l'Holocauste fait partie

du mal de l'humanité, fit observer Maccoby un peu plus tard au cours de la conversation. Ce n'est pas le mal de l'humanité. C'est le mal de la chrétienté. »

Et Hitler ? « Il a incarné un certain aspect de la civilisation chrétienne qui se trouve diffus chez la plupart des gens », me dit-il, comparant le dictateur à un « furoncle » où les poisons de la société chrétienne auraient mûri.

C'est là une affirmation des plus tranchantes, qui illustre encore une fois à quel point le désir d'expliquer Hitler peut amener les commentateurs les plus mesurés, tel Maccoby, à des extrémités rhétoriques et philosophiques. Assis à son bureau, au milieu de la pièce tapissée de livres aménagée dans un coin de la bibliothèque, Maccoby n'est pas sans faire songer à un paisible retraité, mais ses propos sont animés de la conviction farouche des Maccabées, ces prêtres guerriers dont il porte le nom.

Il n'a pourtant pas le tempérament d'un fanatique. Diplômé d'Oxford, spécialiste de la littérature devenu historien des religions, il tire le sérieux de ses convictions d'une vie d'études et de recherches scrupuleuses. À l'en croire, il ne fait qu'exprimer les vérités pénibles et dérangeantes que les autres Juifs préfèrent garder pour eux de peur d'offusquer la société en majorité chrétienne dans laquelle ils vivent. Mais pour Maccoby, cette explication de Hitler qui n'ose pas dire son nom doit être entendue, les racines chrétiennes du génocide doivent être dévoilées. Et quand il déclare que « Noël est une fête sinistre », il ne dit pas : « Vous parlez d'une fumisterie », il dit en réalité : « Vous parlez de l'Holocauste. »

À certains égards, la querelle entre George Steiner et Hyam Maccoby n'est pas sans rappeler les grandes controverses de l'Europe médiévale. Controverses qui s'accompagnaient, du reste, de terribles tourments inquisitoriaux infligés aux Juifs sous le couvert de débats théologiques. Et que l'on pourrait définir comme une crucifixion intellectuelle de la foi juive. Un représentant prestigieux du savoir académique ou rabbinique juif était conduit, en général de force, à la cathédrale pour « débattre » avec un grand théologien chrétien cette question rudimentaire : quelle religion détient la vérité : le judaïsme ou le christianisme ?

Inutile de dire que les dés étaient pipés, le jugement fait

d'avance et que les Juifs étaient en butte aux sifflets, aux violences verbales et physiques de l'assistance alors qu'ils s'efforçaient avec dignité de faire valoir qu'il n'avait aucun désir de se soumettre à un quelconque débat, et cela bien souvent face à des Juifs convertis et renégats qui prétendaient avoir connaissance de secrètes et insidieuses erreurs contenues dans la doctrine juive. Maccoby a même écrit une pièce ayant pour thème un de ces fameux débats, *The Disputation,* qualifiée par un critique de « drame de la Passion juif ».

Même si le conflit opposant Steiner et Maccoby offre des ressemblances avec ces grandes polémiques médiévales, il s'agit davantage d'une bataille entre pairs, entre esprits brillants et passionnés. Reste que l'enjeu du débat se réduit en définitive au même choix aride, celui du judaïsme contre le christianisme. Lequel des deux est le plus coupable des crimes de Hitler ? Steiner accuse au bout du compte le « chantage à la transcendance » du judaïsme d'avoir suscité contre les Juifs une haine meurtrière. Maccoby accuse la haine implacable distillée, selon lui, par les évangiles d'avoir préparé, légitimé, ce qu'il proclame comme étant le meurtre rituel chrétien du peuple juif.

Pour Maccoby, personnage élégant et distingué, presque septuagénaire lors de notre rencontre, c'est devenu un article de foi profondément enraciné, mais qui, insiste-t-il, est le produit de la raison, d'ingrates années d'immersion dans l'histoire des rapports entre Juifs et chrétiens. Directeur de la Bibliothèque Sternberg de l'Institut Leo Baeck (éminent centre londonien d'étude de la culture juive allemande), Maccoby a écrit une demi-douzaine d'ouvrages savants, mais il est surtout connu en Amérique pour ses textes polémiques publiés dans *Commentary* [1], où il invite les Juifs à descendre de leur doux nuage d'espoir œcuménique pour jeter un regard lucide sur la responsabilité de la doctrine et de la culture chrétiennes dans l'Holocauste.

Avec de telles opinions, il n'est pas étonnant que les hypothèses alambiquées de George Steiner sur les responsabilités du judaïsme semblent à Maccoby non seulement absurdes, mais également tout à fait blessantes. Il n'hésite pas à l'accuser de « chanter les louanges de Hitler » à travers le fameux discours où l'ancien dictateur se justifie en dénonçant les Juifs à la fin du *Transport de A. H.* Et use à son égard d'un mélange de ton aigre-doux (il « ne le considère pas comme un charlatan », même si, souligne-t-il, certains ne se privent pas de le faire) et de dédain, estimant que Steiner « joue avec le feu » en conférant à la péroraison enflammée de Hitler une telle éloquence.

Cependant, on peut dire en un sens que Maccoby joue lui aussi avec le feu en brûlant les ponts, les fragiles passerelles reliant chrétiens et juifs après l'Holocauste, en affirmant que le christianisme est irrémédiablement corrompu par une haine d'une férocité démoniaque.

Lorsque je soulevai la question, il me répondit : « Oubliez l'œcuménisme. On peut être œcuménique avec une foi dont l'essence est une sanctification de la haine des Juifs. »

Ce faisant, Maccoby sait très bien qu'il brise un tabou, que formuler tout haut l'explication qui n'ose pas dire son nom risque de troubler les Juifs autant que les chrétiens. Il avait déjà avancé l'idée que le christianisme (et pas seulement un certain nombre de chrétiens) devait porter la responsabilité de l'Holocauste, que le génocide n'était pas une déviation des principes chrétiens, mais un apogée de leur nature malveillante, dans un article de *Commentary*[2] qui provoqua une véritable tempête de protestations de la part des lecteurs du magazine juif.

« On a critiqué votre position un peu comme s'il s'agissait d'une entorse aux convenances... à la règle tacite qui veut que les Juifs soient assez aimables pour ne pas dire de telles choses.

— Oui, absolument. Au point que mes propos ont *horrifié* un grand nombre de gens, Juifs ou chrétiens. J'ai tendance à croire qu'il s'agissait de personnes dont l'implication directe dans les relations entre Juifs et chrétiens faisait qu'elles préféraient mettre sous le boisseau ce dont il serait nécessaire de parler. Tous ces gens-là diront : "Oui, oui, il y a eu des chrétiens antisémites, et il est dommage que cela ait fini par donner une fausse image du christianisme, mais cela n'a jamais été le véritable sens de celui-ci, l'antisémitisme n'a jamais été partagé par les chefs de la communauté chrétienne." Alors que mon raisonnement était exactement à l'opposé, à savoir que pendant des lustres ces gens-là étaient restés indifférents à l'antisémitisme. Que l'endoctrinement pratiqué durant dix-huit siècles par leurs chefs les avaient rendus suffisamment antisémites pour accepter Hitler. »

Maccoby n'est pas un antichrétien absolu : il parle favorablement de certaines variantes qui ne mettent pas en avant le « sacrifice humain » de la Crucifixion, comme il l'appelle, et donc la nécessité de châtier les Juifs, ces « bourreaux sacrés » de Dieu. Mais il croit néanmoins que le penchant à haïr et à tuer les Juifs sur lequel a joué Hitler, loin d'être une déviation, constitue au contraire un des fondements du courant dominant du christianisme.

Une ligne droite, « un lien direct », pense Maccoby, « entre Judas et Hitler ». Entre la figure exécrée de celui qui a honteusement trahi le Seigneur, et qui est devenu dans la conscience chrétienne l'archétype même du Juif, et le point culminant de cette haine dogmatique à l'égard des Juifs : l'empressement des chrétiens à se faire les complices du meurtre du peuple Judas lorsque Hitler leur en offrit l'occasion.

Étant donné son obsession concernant Judas, on ne saurait s'étonner de la place occupée par le thème de la trahison dans le discours de Maccoby. On devine qu'une partie de sa colère contre George Steiner provient de l'impression que Steiner (à l'instar de ces contradicteurs juifs médiévaux qui soutenaient la cause chrétienne) a trahi son propre peuple, est devenu lui-même un Judas, pour servir sa vanité intellectuelle. Du reste, le récit que fait Maccoby de l'évolution de sa propre hostilité au christianisme commence par ce qu'il décrit comme une trahison personnelle, commise envers lui par T. S. Eliot.

« Si j'en suis venu à m'intéresser à ce problème, c'est en tant que Juif britannique plutôt que, disons, quelqu'un qui aurait été personnellement témoin de l'Holocauste, me confia-t-il. Mes parents appartenaient à cette communauté juive russe qui s'est installée en Europe occidentale et en Amérique à la suite des pogroms [du début du siècle]. Il est possible que des membres de ma famille aient péri dans l'Holocauste, mais je l'ignore, dans la mesure où nous avons perdu tout contact avec la branche russe. »

Ce qui ne l'empêcha pas d'être personnellement témoin de la guerre contre Hitler. « J'ai servi dans l'armée britannique, mais là s'arrête mon engagement. » Il était trop jeune pour participer aux combats avant la fin du conflit. Il parle du « syndrome de sous-estimation » qui sévissait dans l'Angleterre d'avant-guerre et qui « présentait Hitler comme un politicien tout à fait normal, en dépit d'attitudes quelque peu excessives, mais auxquelles on allait donner au fil du temps un caractère rationnel. C'est d'ailleurs ce que d'aucuns continuent à faire. Comme [John] Charmley », auteur d'une récente biographie de Winston Churchill[3], dans laquelle il déclare que ce dernier était trop obsédé par Hitler et que les Britanniques auraient peut-être gagné à la signature d'une « paix d'égal à égal » en 1940 ou 1941.

« À mon avis, c'est une erreur totale. Je veux dire que les gens ne se rendaient absolument pas compte de l'extrémisme et de la folie de Hitler. » Il en eut la confirmation au cours de sa première année à Oxford en 1942. « J'étais étudiant à Balliol [College], et des photos commençaient à circuler, montrant de manière précise la réalité des camps de la mort nazis. De grands meetings furent organisés dans des jardins publics, à Londres et à Oxford, pour que les gens prennent conscience de ce qui se passait. Le simple citoyen, la population en général, n'en avaient pas la moindre idée. »

Pour autant, sa propre idée de la chose n'avait pas encore entamé ses préoccupations culturelles. Il avait épousé les grandes valeurs occidentales à la base de l'enseignement de Balliol. « J'ai étudié les lettres classiques, c'est-à-dire le latin et le grec. Puis je me suis mis à la philosophie et, finalement, la littérature anglaise est devenue mon sujet principal. »

Toutefois, au fur et à mesure de son exploration de la littérature et de la culture occidentales, il ne put s'empêcher de ressentir un malaise croissant face à un des éléments qu'elles contenaient. « La première fois que je l'ai rencontré, c'est en lisant G. K. Chesterton, qui était un de mes auteurs favoris quand j'étais adolescent. J'adorais ses livres, mais il y avait cet antisémitisme qui revenait sans cesse. Et aussi Hilaire Belloc. C'est même pire dans ses écrits. » Pourtant, quelque chose dans cette différence entre Chesterton et Belloc persuada Maccoby que, d'une certaine manière, Chesterton était le plus *sinistre*.

« Chez Chesterton, on a l'impression que ce n'est pas un

sentiment totalement naturel. Que cela résulte davantage de ses convictions religieuses que d'un antisémitisme inné comme celui de Belloc. Du coup, j'en suis venu à m'intéresser au rapport entre la doctrine chrétienne et l'antisémitisme. C'était déjà le cas, parce que je suis issu d'un milieu très au fait des questions de théologie. Mon grand-père était rabbin, et aussi mon oncle, qui connaissait parfaitement le Talmud. De sorte que j'ai été élevé dans l'étude du judaïsme sous son aspect le plus érudit. Et j'ai lu très tôt quantité de choses sur l'histoire du christianisme. J'y suis revenu lorsque j'ai commencé à étudier la littérature anglaise, parce qu'un des auteurs qui m'intéressait en particulier — sur lequel j'ai fait des recherches et écrit pas mal d'articles — était T. S. Eliot.

« Et nous voilà à nouveau devant ce syndrome du christianisme : un écrivain que j'admirais et qui, en même temps, semblait manifester un antisémitisme non pas simplement accessoire dans son œuvre, mais inscrit au plus profond de sa personnalité, au cœur de ses convictions de chrétien. »

À son grand désarroi, Maccoby eut le sentiment que c'étaient les écrivains les plus attachés à la foi chrétienne, tels que Chesterton ou Eliot, qui étaient aussi les plus enclins à dénigrer les Juifs et le judaïsme. Partant de là, il lui sembla qu'il n'était pas nécessaire de supposer qu'ils avaient mal interprété le message du christianisme : peut-être, au contraire, n'avaient-ils que trop bien perçu sa coloration antisémite.

Cette coloration, croit Maccoby, est due avant tout au récit des évangiles à propos de Judas, à sa transformation en archétype du Juif et à l'incitation à la haine que renferme son portrait. Même s'il n'est pas décrit comme juif dans le Nouveau Testament (mais tous les apôtres le sont, au moins formellement), cette caractérisation est rendue officielle dès le ve siècle par une déclaration du pape Gélase Ier dénonçant ce « démon et serviteur du démon qui donne son nom à toute une race[4] ».

Ainsi, certains éléments de l'histoire de Judas relatée par les évangiles ont-ils favorisé — ou engendré — les plus pernicieux stéréotypes du Juif : sa trahison pour des motifs mercantiles (il livre Jésus contre trente pièces d'argent), ses procédés d'escroc (dans l'Évangile de Jean, il dérobe de l'argent que les disciples destinaient aux pauvres), et plus encore son hypocrisie, la duplicité dont il fait preuve en donnant un baiser à Jésus tout en le trahissant. On peut retrouver des échos de l'histoire de Judas dans la fable du coup de couteau dans le dos utilisée par Hitler pour convaincre la population allemande que ses troupes héroïques n'ont pas perdu la Première Guerre, mais qu'elles ont été trahies, poignardées sournoisement à l'intérieur même du pays par une bande de scélérats formée de Juifs et de politiciens à leur solde. L'image de Judas joue ainsi un rôle central dans la vision des Juifs exprimée par la rhétorique hitlérienne.

En mettant l'accent sur l'histoire de Judas, Maccoby se démarque en grande partie du débat antérieur concernant les sources de l'antisémitisme chrétien, qui avait tendance à insister sur le changement « antijudaïsant » intervenu dans la définition primitive du christianisme par lui-même : le passage d'une foi qui se voyait accomplir les promesses du judaïsme à une foi « annulant » ses origines juives. Pour les tenants de cette interprétation, Judas est moins important que l'idée de rupture prônée par Paul, persécuteur juif des chrétiens devenu le pourfendeur chrétien de la judaïté du christianisme. Et certains de considérer l'attitude doctrinale de Paul comme une ratification de la fureur populaire contre les Juifs, accusés d'avoir renié et crucifié le Christ.

Ce que conteste énergiquement Maccoby. Même si la doctrine et les épîtres de Paul contiennent des éléments antijuifs, « mon idée principale, c'est qu'il ne s'agit pas tant d'un problème de doctrine. Ce qui est en question, c'est bien plutôt la représentation imaginaire produite par l'histoire de Judas elle-même. Il n'y a aucun précepte dans le christianisme qui dise qu'on doit être antisémite. La figure de Judas ne joue aucun rôle dans la *foi* chrétienne, mais dans la *légende* chrétienne, elle occupe une place majeure parce qu'elle personnifie les Juifs ».

La position de Maccoby me laissa d'abord quelque peu sceptique. Ayant relu les épîtres de Paul, j'avais été choqué par la violence des attaques lancées contre les Juifs dans certaines d'entre elles. Mais après avoir parlé avec Maccoby, je me promis de jeter un nouveau coup d'œil aux passages du Nouveau Testament ayant trait à Judas. Leur antisémitisme potentiel provient en partie du fait que Judas n'est pas le

« Juif » abstrait que Paul couvre d'opprobre, mais sa vivante incarnation, un être en chair et en os dont les chrétiens n'avaient pas simplement entendu parler ou lu la description, qu'ils avaient vu en un sens, le traître abject devenu familier à des siècles et des siècles de fidèles : le Juif du drame de la Passion.

Ce qui me frappa également dans les récits faits sur Judas par les évangiles, c'est l'impératif exterminationniste contenu dans les paroles mêmes de Jésus, dans la malédiction qu'il profère. Sachant, au dernier souper, que Judas l'a déjà trahi, il déclare en effet : « Malheur à l'homme par qui le Fils de l'homme est livré ! *Mieux vaudrait pour cet homme qu'il ne fût pas né*[5] » (souligné par moi). Malédiction qui me parut d'autant plus impressionnante que je venais d'entendre George Steiner avancer l'idée qu'il aurait peut-être été préférable que le peuple juif ait disparu ou qu'il n'ait pas existé, qu'*il ne fût jamais né.* Sorte de souhait rétrospectif d'une extermination, qui, d'après la théorie de Maccoby, pava la route de Hitler dans ses projets d'extermination.

Sans doute la force émotionnelle de l'histoire de Judas n'est-elle pas étrangère à une utilisation habile de la symbolique du sang. Lorsque Judas, plein de remords, retourne au temple pour rendre les trente pièces d'argent à ses maîtres, ceux-ci les refusent comme étant le « prix du sang ». Ils se servent par la suite des pièces pour acheter un champ, qui prendra le nom de « champ du sang ». Dans une autre version, ce lieu est celui où Judas connaît une fin sanglante. Ayant acheté le champ en question avec ses pièces maudites, et alors qu'il inspecte son acquisition, il fait une chute brutale, et ses entrailles jaillissent de son corps, couvrant le sol de sang, qui devient ainsi un « champ de sang », d'où sa dénomination[6].

Cette symbolique du sang dans l'épisode de Judas se retrouve, estime Maccoby, dans l'une des plus venimeuses et des plus funestes calomnies antisémites, le mythe tenace selon lequel les Juifs pratiqueraient le meurtre rituel des enfants chrétiens (en une réplique de la Crucifixion) afin de se procurer du sang pour les cérémonies de la pâque.

Pour Maccoby, cette pérennité de l'histoire de Judas, l'inculcation aux générations successives de jeunes chrétiens de la légende de la trahison juive pour un argent taché de sang, auraient fini par créer une soif de vengeance profondément ancrée, se traduisant périodiquement par l'apparition de pogroms, et que Hitler n'eut aucun mal à transformer en complicité dans l'Holocauste.

Je demandai à Maccoby s'il considérait l'histoire du « champ de sang », du sang juif imbibant la terre, comme une anticipation, voire une acceptation, des champs de sang que seraient les camps hitlériens.

« L'*histoire*, oui. Les gens sont beaucoup plus touchés par une histoire que par la théologie ou des articles de foi. De sorte qu'un enfant auquel on enseigne cette histoire, où le Juif apparaît comme une figure haïssable — Judas Iscariote et les Juifs en général y sont dépeints sous des couleurs odieuses — se mettra à détester les Juifs, *sans même savoir pourquoi.* Et même s'il abandonne sa foi chrétienne, cette haine restera en lui. Il trouvera d'autres motifs de haïr les Juifs. Comme ce fut le cas de Hitler, par exemple.

— Vous pensez que l'histoire de Judas est directement responsable de l'antisémitisme de Hitler ? » lui demandai-je.

Il souligna le fait que deux des évangiles rapportent, l'un que « Satan entra en Judas » (Luc [7]) et l'autre que « Judas fut pris par le Démon » (Jean [8]) avant de trahir Jésus, mention qui, selon lui, ne pouvait que graver à jamais l'image du peuple juif comme peuple du Démon dans l'esprit particulièrement réceptif des enfants entendant l'histoire.

« Hitler fut élevé dans la haine des Juifs, et en particulier la haine des Juifs comme peuple du Démon. Il perdit sa foi chrétienne, mais n'en garda pas moins cette haine des Juifs comme peuple démoniaque. » Maccoby s'oppose ainsi à ceux qui tentent d'exonérer ou de disculper le christianisme de l'accusation d'être la source de l'antisémitisme hitlérien en citant divers propos antichrétiens tenus au fil des années par le dictateur.

Un exemple nous en est fourni par un article récent de Pat Buchanan [9]. Voulant réfuter la remarque incendiaire de Jesse Jackson selon laquelle une « coalition chrétienne » au sein de l'Allemagne nazie procura à Hitler « une argumentation théologico-scientifique adéquate », Buchanan déclare : « Hitler méprisait le christianisme. Dans son *Hitler's Third Reich : A Documentary History,* Louis Snyder cite cette réflexion de Hitler : "L'Antiquité fut une époque meilleure que les temps modernes, car elle ne connaissait ni le christianisme ni la syphilis." »

Naturellement, dans ce domaine-là aussi Hitler jouait volontiers sur les deux tableaux, dénonçant fréquemment le catholicisme comme un judaïsme sous une autre forme, tout en soulignant avec piété l'importance de l'Église pour la moralité nationale.

Ce que suggère en fait Maccoby, c'est que, quel que soit le nombre de déclarations antichrétiennes faites par le dictateur nazi, elles proviennent toutes du Hitler adulte ; que le véritable lien entre celui-ci et l'hostilité antijuive du christianisme réside dans son impact sur l'esprit impressionnable du Hitler enfant ; que la répercussion émotionnelle de l'histoire de Judas fut un facteur plus puissant, plus nocif, que tous les désagréments que le rôle politique et social de l'église chrétienne en Allemagne occasionnerait par la suite à Hitler. Dans le débat actuel sur l'origine de l'antisémitisme hitlérien et la cause de sa virulence, Maccoby semble ainsi partisan d'un point de départ extrêmement précoce.

« Voulez-vous dire que cela avait déjà commencé au monastère bénédictin ? lui demandai-je, faisant allusion à l'enseignement reçu dans sa prime jeunesse par Hitler à l'école des frères bénédictins de Lambach.

— Oui, sans doute. On pourrait objecter qu'une foule de gens ayant reçu la même formation ne sont pas devenus des Hitler. Il n'empêche que ce fut certainement cela, combiné, naturellement, avec une nature obsessionnelle, qui en fit le centre de ses pensées. Je suis pratiquement certain que sa propre éducation chrétienne a joué un grand rôle... Sans elle, il est probable qu'il aurait été également un déséquilibré, mais son déséquilibre se serait fixé sur un autre genre de haine. Alors que, élevé dans les principes du christianisme, il prit l'ennemi traditionnel pour cible de sa folie. Particulièrement dans le contexte de la défaite de l'Allemagne, où se faisait ressentir le besoin d'un bouc émissaire, cet éternel bouc émissaire auquel on s'en prend dans les périodes de grande détresse. »

J'interrogeai alors Maccoby sur ce qu'il pensait du récit fait par Hitler lui-même dans *Mein Kampf* de ce moment où sa perception des Juifs subit une transformation radicale, lorsque, dans les rues de Vienne, dix ans après Lambach, il aperçut « pour la première fois » un Juif vêtu d'un cafetan noir et avec des bouclettes aux tempes.

« À mon avis, il se raconte des blagues », répondit-il. Ou à nous : « Il avait intérêt à présenter cet antisémitisme comme un sentiment qu'il avait *développé*, plutôt que comme un préjugé avec lequel il avait grandi. Je présume qu'il a vraiment vu ce Juif, mais pourquoi lui aurait-il inspiré une telle haine ? je veux dire que, s'il s'était agi d'un mennonite, vêtu lui aussi d'un habit noir à l'aspect étrange, il n'en aurait éprouvé aucune haine. »

Je citai la thèse de doctorat de Helmut Schmeller, qui avance l'idée que, ayant passé son adolescence à Linz, Hitler avait probablement eu l'occasion de lire le *Linzer Fliegende Blätter*, journal violemment antisémite, ce qui laissait supposer l'existence dans son esprit d'une image forgée à partir de la caricature rebattue du Juif en cafetan noir bien avant l'hypothétique rencontre dans les rues de Vienne.

« Alors c'est qu'il ment. Ou, du moins, que cette vision remonte à tellement loin qu'il ne se souvient même pas quand elle a pris naissance en lui.

— Et les millions de chrétiens auxquels on a inculqué les mêmes doctrines et qui ne sont pas devenus Hitler ?

— En un sens, il représente un phénomène tout à fait unique... dans la mesure où il a incarné un *certain* aspect de la civilisation chrétienne qui se trouve diffus chez la plupart des gens et compensé par une multitude de choses. Néanmoins, avec cet aspect, il a touché une corde sensible chez les autres. Lui-même possédait cette corde sensible. Il s'en est fait l'expression résolue. Il a été le foyer d'une espèce de mal qui a mûri, comme un furoncle. » Et c'est cette corde sensible commune qui, croit-il, a permis l'unité de Hitler et du peuple allemand dans l'accomplissement du génocide.

« La critique que l'on a adressée à votre point de vue, dis-je à Maccoby, c'est que l'antisémitisme de Hitler était un antisémitisme racial et non pas chrétien. Or, si je ne m'abuse, ce que vous affirmez en réalité, c'est que l'antisémitisme racial tel que l'ont formulé Hitler et les nazis existait depuis, peut-être, un siècle environ. Mais qu'il avait été précédé par dix-huit siècles de chris...

— Oui, tout à fait. L'important, voyez-vous, c'est la constitution d'un fond de haine contre un groupe. Que ce fond de haine s'appuie sur des dogmes ne signifie pas que, une fois ces dogmes disparus, la haine disparaisse également. Elle reste là. Et il lui faut s'appuyer sur de nouveaux dogmes. Je veux dire que, à partir du moment où les Juifs ne sont plus honnis comme le peuple de Satan qui a tué Jésus, une autre théorie prend le relais... dans le cas des nazis, ce fut la théorie raciale ; avec Karl Marx, le Juif joua le rôle d'archétype du capitaliste. C'est ce que j'appelle l'antisémitisme post-chrétien », continuation du premier sous un autre visage, et qui s'oppose notamment au concept d'« antisémitisme éliminationniste » avancé par Daniel Goldhagen [10] contre celui d'antisémitisme chrétien.

Pour Maccoby, tout vient des évangiles, de l'impact émotionnel de leur terrible malédiction. « Les évangiles ont véritablement créé cette image des Juifs en régicides féroces. »

J'eus l'impression qu'en mettant l'accent sur le pouvoir suggestif de cette malédiction et sur la symbolique du sang habilement mise en œuvre par les évangiles, il se livrait en réalité à une manœuvre non moins habile et suggestive. À savoir, inverser les pôles de la fameuse calomnie répandue pendant si longtemps et de manière si funeste sur les Juifs, en déclarant : nous, les Juifs, ne sommes pas coupables des meurtres rituels d'enfants chrétiens dont on nous a accusés. Mais vous, les chrétiens, êtes coupables, complices, du processus qui a abouti au meurtre rituel des Juifs. Vous avez notre sang sur les mains.

Dans son livre sur le mythe de Judas, *The Sacred Executioner : Human Sacrifice and the Legacy of Guilt* [11] (Le Bourreau sacré : sacrifice humain et legs de culpabilité), Maccoby offre une analyse anthropologique de la manière dont la Crucifixion s'est transformée en meurtre rituel des Juifs. « Les Juifs ont été tués à cause de la culpabilité chrétienne, écrit-il. Culpabilité découlant de la nécessité d'un sacrifice humain pour rendre le salut possible » (le sacrifice de Jésus qui permet d'effacer les péchés).

« Que les forces du mal [les Juifs] amènent la mort [indispensable et rédemptrice] de la victime du sacrifice n'est nullement une circonstance atténuante [pour les Juifs]. On n'en continue pas moins de les haïr. En fait, plus on les haït et plus on est sauvé, car il suffit ensuite de s'en laver les mains comme Pilate pour ne pas être impliqué dans la mort de Jésus, qui a eu lieu pour le salut des hommes. On profite de sa mort en étant sauvé, sans être pour rien dans cette mort. La culpabilité se trouve reportée sur les Juifs, que l'on peut alors tuer en toute impunité. »

Les Juifs, dans l'interprétation de Maccoby, sont ainsi voués par le récit des évangiles à servir d'instrument dans l'exécution de la nécessaire victime du sacrifice, puis à être massacrés pour effacer la culpabilité des véritables bénéficiaires de la mort de Jésus, les chrétiens. Le sang se trouve en fait sur leurs mains. Les auteurs de meurtre rituel, selon Maccoby, ce sont eux.

Franchement, je ne suis pas certain que l'analyse psycho-anthropologique de Maccoby soit bien utile, ni qu'elle ajoute quoi que ce soit à sa critique du christianisme à partir de l'histoire de Judas. Mais il y tient, de même qu'il tient à cette critique. Il n'ignore pas ce qu'une telle analyse peut avoir de provocateur, voire d'offensant, pour les chrétiens. Il a longuement réfléchi aux conséquences de ce qui ressemble fort à une mise en accusation de la religion chrétienne pour le meurtre des Juifs commis par Hitler, et il est persuadé que cela doit être dit. Que les chrétiens doivent être placés devant ce qu'il considère comme la haine présente au cœur des évangiles. Pas plus qu'il n'ignore que son insistance sur ce point risque de déranger, voire d'offusquer, bon nombre de Juifs.

Il évoqua un accrochage qu'il eut en 1989, lors d'un colloque à l'University Graduate Center de New York, avec le Juif œcuméniste américain Rabbi Marc Tannenbaum. « Il désapprouvait totalement mon point de vue. Il était très concerné par les relations Juifs-chrétiens. Et en particulier par les discussions avec le pape afin que le Vatican reconnaisse Israël. Et il trouvait mon attitude contre-productive. Eh bien moi, je rejette cette façon de voir, poursuivit-il. C'est ce que j'appelle de la pusillanimité. Voilà que, pour la première fois depuis des siècles, nous [les Juifs] pouvons enfin parler. Auparavant, cela nous était impossible parce que nous courions le risque d'être tués. Et aujourd'hui, nous devons nous taire parce que parler serait de mauvais goût. D'une manière ou d'une autre, nous sommes toujours bâillonnés. Ce que je veux dire, c'est que, si nous ne parlons pas maintenant, quand le ferons-nous ? Nous ne pouvons pas parler dans les périodes de persécutions parce qu'on nous persécute. Mais dans les périodes où nous ne sommes pas persécutés, nous devons nous taire parce que parler serait faire preuve d'ingratitude envers ceux qui nous ont persécutés. Alors quand parlons-nous ? Jamais ?

— D'un autre côté, suggérai-je, votre vision est plutôt sombre, dans la mesure où elle ne laisse place à aucun espoir œcuménique de réconciliation entre Juifs et chrétiens, puisque vous affirmez que l'approbation de la haine et du massacre des Juifs est à la base même du christianisme.

— Comme je réponds toujours à ceux qui prétendent "Vous réclamez la fin du christianisme sous prétexte qu'il reposerait sur le meurtre rituel des Juifs" : "Non, je ne le pense pas, je soutiens un certain *courant* du christianisme contre le christianisme officiel. Ce que je dis, c'est que, tout au long des siècles, il y a eu des chrétiens qui ont contesté le christianisme. Tel Pélage critiquant Augustin. Des gens qui ont cru à l'humanité de Jésus et non à sa divinité. Qui n'ont pas voulu considérer sa mort comme un sacrifice, un sacrifice théologique, mais simplement comme le martyre d'un grand homme défendant la cause de la liberté. Luttant contre Rome et non pas contre les Juifs. Des gens qui ont vu en Jésus un maître à penser. Ce qui lui confère la même place dans le christianisme que Moïse dans le judaïsme ou Mahomet dans l'islam. Celle d'un maître humain. Il n'y a rien d'antireligieux là-dedans."

— Ce n'est donc pas l'idée que le christianisme, s'il était lucide sur lui-même, devrait s'abolir ? Mais plutôt qu'il existe un christianisme d'où la haine des Juifs est exclue ?

— Exactement. En d'autres termes, qui, au lieu d'être tout entier tourné vers la mort de Jésus, est au contraire tourné vers la vie de Jésus. »

Toutefois, c'est là un christianisme que seule une faible minorité de ceux qui se disent chrétiens reconnaîtrait comme tel, essentiellement les unitariens et autres.

Maccoby réplique en citant plusieurs théologiens chrétiens, comme Rosemary Ruether[12], qui semblent abonder dans son sens, qui se sentent à tel point troublés par le rôle de l'antisémitisme chrétien dans le processus de l'Holocauste qu'ils demandent au courant dominant du christianisme de revoir ses dogmes fondamentaux afin d'en évacuer l'animosité antijuive.

Je me demandai s'il songeait également aux théologiens chrétiens allemands qui ont tenté d'intégrer l'Holocauste dans le récit de la Crucifixion en suggérant que les Juifs d'Europe avaient été eux aussi mis en croix, qu'ils avaient été les victimes d'une crucifixion, qu'ils avaient incarné, d'une manière mystique et atemporelle, le vrai corps du Christ.

Mais pour Maccoby, il s'agit d'une idée pernicieuse. « Je proteste vigoureusement contre cette christianisation de l'Holocauste qui fait des Juifs une sorte de figure du Christ souffrant afin de racheter les péchés des chrétiens. » Il y voit une habile rationalisation théologique tendant à récupérer la notion de crucifixion sacrificielle par un bourreau sacré — Hitler jouant en l'occurrence le rôle de crucifieur enfonçant les clous dans le corps du peuple juif. Ce qui aboutirait en fait à renouveler l'histoire de la crucifixion en lui donnant, pour ainsi dire, du sang frais et à « blâmer les Juifs de manière encore plus subtile », affirme Maccoby.

Blâmer les Juifs de manière encore plus subtile : c'est exactement ce que Maccoby reproche à Steiner d'avoir fait. De toutes les critiques adressées à ce dernier à propos de son roman sur Hitler, celle de Maccoby (publiée dans la revue *Encounter*[13]) a été la plus radicale, la plus acérée et celle à laquelle les alliés de Steiner ont mis le plus de soin à répondre. En partie parce que Maccoby possède une excellente connaissance de l'œuvre de Steiner, au point de pouvoir identifier dans ses écrits antérieurs les sources du discours de son Hitler, ce qui l'amène à conclure qu'il s'agit d'un « parfait sosie... dont les propos reprennent mot pour mot d'autres déclarations de Steiner ». Maccoby est également le plus sévère dans son verdict en n'hésitant pas à qualifier le roman de « produit mensonger d'une propagande antijuive d'une espèce hélas contemporaine qui risque de procurer aide et sérénité aux antisémites pendant les années à venir ». Il accuse Steiner non seulement d'avoir conféré à Hitler, en tant qu'individu, « une dignité cosmique », mais de l'avoir « glorifié en l'élevant au rang de principe métaphysique ».

Il est vrai que l'animosité de Maccoby ne semble pas seulement provenir du roman, mais aussi de l'adaptation qui en a été faite en 1981, au Mermaid Theatre, dans une mise en scène de Christopher Hampton, celle dont le Hitler a « collé une frousse terrible » à Steiner lui-même. Toutefois, la critique de Maccoby s'étend bien au-delà du simple discours du personnage forgé par Steiner ; elle vise en réalité toute l'œuvre de Steiner, sinon la personne même de celui-ci, qualifiée d'« erreur colossale », fruit de la « vanité intellectuelle ».

Après une telle critique, je voulus savoir si les deux hommes se connaissaient et avaient discuté ensemble.

« Je l'ai rencontré quelquefois, dit-il. Pas souvent, mais ça m'est arrivé. Nous n'avons pas vraiment le même point de vue », fit-il observer avec une apparente modération, non sans ajouter aussitôt : « Je ne l'ai jamais attaqué, comme l'ont fait certains, en le traitant de charlatan et ainsi de suite. J'admire une partie de son œuvre. Mais je pense que, au sujet des Juifs, il est tombé dans un piège. »

Et même dans plusieurs, d'après lui. Mais avant d'en venir aux pièges en question, il convient de noter l'acidulé « je ne l'ai jamais... trait[é] de charlatan », qui a pour effet de mettre l'accent sur un tel jugement tout en permettant à Maccoby de prendre ses distances avec une vision aussi peu charitable de son adversaire. Même si je le soupçonne de la partager effectivement.

Le premier « piège » dans lequel est tombé Steiner, à la fois personnellement et à travers son roman, me dit Maccoby, concerne moins son image de Hitler que son image des Juifs. « Il s'est laissé avoir en faisant du Juif errant l'archétype du Juif. »

De fait, à peine quelques jours plus tôt, Steiner m'avait parlé d'une voix vibrante de ses affinités avec la figure du Juif errant, avec des parias tels que Freud ou Léon Trotski — en particulier Trotski, inventeur d'une doctrine politique, chassé par l'État monstrueux qu'il avait contribué à bâtir (autre histoire à la Frankenstein) et devenu par la force des choses un dissident dénigré et traqué.

Mais l'assimilation du Juif avec le Juif errant faite par Steiner, comme par tout autre, présente un grave inconvénient aux yeux de Maccoby. « Le Juif errant n'est pas une image juive, c'est une image chrétienne. » Il se réfère en cela à l'origine de la légende, récit de la rencontre imaginaire entre Jésus et un Juif dans les rues de la Jérusalem du premier siècle. Jésus portant sa croix, le front meurtri par la couronne d'épines, demande au Juif de l'eau peu avant d'être crucifié. Le Juif le repousse et, comme punition, se voit condamné à errer à travers le monde, accablé de remords pour l'éternité. Par la suite, dans les contes et les romans, le Juif errant devient une figure beaucoup plus ambiguë, presque héroïque. Mais à la base, fait valoir Maccoby, il s'agit d'une « image chrétienne d'une sorte de Juif idéal » : un Juif avouant qu'il a eu tort de rejeter le Christ et, du même coup, admettant la légitimité des persécutions exercées par les chrétiens contre lui.

« Cela signifie que les chrétiens aimeraient que les Juifs acceptent le rôle de peuple ayant provoqué la mort de Jésus », autrement dit de meurtrier effectif. « Et cela dans un esprit de repentance », voire d'approbation du châtiment qui leur a été infligé. Même et y compris la solution finale ?

Maccoby ne va pas jusqu'à établir un lien entre la reconnaissance par le Juif errant qu'il a mérité son sort et l'argument invoqué apparemment par Steiner à la fin de son roman quant à la responsabilité des Juifs dans leur propre extermination.

Je répondrais volontiers que l'image du Juif errant de Steiner doit davantage à la sensibilité moderne qui préfère voir en lui un perpétuel étranger, ainsi qu'à la revendication par la philosophie existentialiste de la culpabilité comme expression non pas d'une mauvaise conscience, mais bien plutôt d'une conscience plus haute, plus aiguë, plus authentique de la déchéance du monde. Cependant, Maccoby n'a peut-être pas totalement tort, dans la mesure où Steiner semble avoir d'autant moins de scrupules à imputer aux Juifs la responsabilité de l'Holocauste que ce genre de culpabilité fait d'eux un peuple élu dans un sens tragique, ce qui plaît énormément à Steiner, alors qu'il refuse le triomphalisme de la conception traditionnelle de peuple élu.

Les vues de Steiner sur le caractère triomphaliste du concept de peuple élu constituent, à en croire son adversaire, un autre piège dans lequel il est tombé. Je fis part à Maccoby de l'insistance avec laquelle Steiner m'avait déclaré que les questions qu'il soulève dans le discours de son Hitler fictif étaient des questions qu'il jugeait légitimes, des questions pour lesquelles il exigeait des réponses. Comme de savoir si les doctrines racistes de Hitler étaient une « avide imitation » du racisme présumé de l'idée de peuple élu dans le judaïsme.

« En réalité, la doctrine de la race élue diffère fondamentalement d'une doctrine raciste, me dit Maccoby. Elle ne prétend pas que les Juifs soient par essence meilleurs que les autres peuples en vertu de quelque caractéristique raciale. Ce qu'elle dit, au contraire, c'est que les Juifs ont été choisis, non pas pour des qualités qu'ils posséderaient, mais à cause de cette donnée première par laquelle il a été stipulé qu'ils ne seraient jamais à la hauteur. Ce dont il s'agit, c'est de leurs *défauts*. C'est qu'ils retombent sans cesse dans leurs égarements, et cela n'a rien d'une glorification des Juifs. C'est qu'ils échouent d'un bout à l'autre à remplir la mission qui leur a été confiée. C'est leur échec. Et l'on imagine pas Hitler parlant des défauts de la race nordique : bien au contraire, les échecs de ses membres ne sont jamais de leur faute, mais de celle des traîtres ayant comploté contre eux. Tandis que les Juifs en viennent à incarner le péché aux yeux du Seigneur ; la plupart se détournent de Dieu et doivent être rappelés à l'ordre par les prophètes. Cela n'a donc rien à voir avec une conception raciste. C'est l'histoire d'un peuple totalement dégradé qui a été choisi pour développer un concept de liberté. L'idée de peuple élu est aux antipodes de celle de race supérieure. »

Aux antipodes de l'idée de race supérieure peut-être, mais il n'en demeure pas moins qu'un peuple aurait été spécialement choisi, « choisi pour développer un concept de liberté ». Et même si cette liberté fut souvent celle d'échouer, d'agir de manière erronée, c'est une liberté, un pouvoir de décision auquel Dieu accordait une importance particulière, ne serait-ce que comme objet de son courroux. Que Maccoby ait parfaitement raison de nier que la notion de peuple élu corresponde à une « supériorité » sur le plan de l'intelligence, de la beauté ou de la noblesse — toutes qualités attribuées par Hitler à la race nordique —, n'empêche pas qu'elle comporte une signification ou une responsabilité morale peut-être encore plus privilégiée.

On pourrait opposer au raisonnement de Steiner deux arguments bien meilleurs que ceux avancés par Maccoby. Le premier, c'est que toute religion confère d'une certaine manière à une partie de ses initiés une supériorité sur le reste du genre humain : l'être élu et sauvé dans plusieurs versions du christianisme, le sage dans le bouddhisme, le brahmane dans l'hindouisme, l'homme qui a fait le pèlerinage de La Mecque dans l'islam. Présenter cet aspect de la croyance juive comme impliquant les Juifs dans leur propre assassinat est totalement arbitraire.

Le second argument contre Steiner (ou le Hitler de Steiner), c'est qu'il n'existe guère d'indices que Hitler ait emprunté sa théorie de la supériorité aryenne à la notion de peuple élu dans le judaïsme. Il paraît beaucoup plus plausible qu'il ait puisé dans la foultitude de brochures et ouvrages portant sur la supériorité mystique de la race aryenne alors en circulation, depuis le semi-pornographique *Ostara* publié à Vienne jusqu'aux innombrables écrits du gourou de Wagner en matière de science raciale, Houston Stewart Chamberlain.

Maccoby est, à mon avis, beaucoup plus convaincant lorsqu'il critique l'assertion mise par Steiner dans la bouche de son Hitler, d'après laquelle le succès rencontré par la croisade antisémite nazie résulterait d'un triple « chantage à la transcendance » : l'invention de la conscience par Moïse, l'impossible exigence d'un amour parfait par Jésus et la non moins impossible exigence d'une justice sociale par Marx.

« Je suis en total désaccord avec son idée [celle de Steiner] que le judaïsme différerait des autres religions en ce qu'il aurait imposé des critères moraux tellement rigoureux qu'ils en auraient été inacceptables. C'est là une théorie de l'antisémitisme comme révolte des chrétiens contre l'obligation de se conformer aux valeurs morales judaïques. Or je ne pense pas que ce soit le cas. Je pense, au contraire, que ce qui révolte dans le judaïsme, c'est qu'il puisse dire qu'une telle morale est *possible*. Qu'elle n'a rien de difficile et que, par conséquent, toutes les excuses pour ne pas s'y plier ne sont que des prétextes. Car, ce que déclare la Bible, c'est qu'il s'agit de quelque chose qui se trouve, non pas dans le firmament, ou au-delà des mers, mais là à notre portée. La morale est facile : ce qui la rend difficile, ce sont uniquement les excuses des gens. L'une d'elles consistant à prétendre que la seule vertu est l'humilité totale, que nous ne pouvons être bons et que nous avons donc besoin qu'un sauveur descende du ciel pour endurer la mort et racheter nos péchés. Ainsi, ce qui révolte, ce n'est pas la difficulté de la morale juive, mais bien plutôt sa possibilité. »

Étrange diptyque que celui formé par Steiner et Maccoby, tous deux intellectuels brillants et passionnés, défendant des positions totalement contradictoires et jouant l'un comme l'autre avec le feu. Même s'il estime visiblement que Steiner a commis une imprudence en donnant le jour à un raisonnement permettant à Hitler d'incriminer ses victimes, Maccoby n'est pas, en fait, moins imprudent lorsqu'il déclare à l'écrasante majorité chrétienne au milieu de laquelle vit la diaspora juive que sa foi porte en elle-même, lié inextricablement à ses dogmes, le germe funeste du génocide. Et que, pour exorciser réellement le caractère malfaisant d'une telle doctrine, il lui faut, ou bien la transformer de fond en comble, ou bien l'abandonner.

Non seulement tous deux jouent avec le feu à travers leurs explications du phénomène hitlérien, mais on peut dire que, de manière extrêmement différente, tous deux déchargent le dictateur d'une quelconque responsabilité dans l'Holocauste. Qu'ils déplacent cette responsabilité de Hitler lui-même à des forces abstraites, idéologiques et anthropologiques, dont il ne serait que le jouet, le furoncle ou l'interprète. Pour Steiner, Hitler n'a fait que se servir de l'hostilité communément répandue à l'égard des Juifs en raison des tortures morales qu'ils ont inventées. Pour Maccoby, c'est moins Hitler que Judas — non pas le véritable Judas, mais son odieuse représentation chrétienne devenue l'archétype du juif — qui est responsable du massacre de ce peuple. L'image de Judas a rendu possibles les crimes de Hitler, fertilisé le champ de sang moissonné par lui. Hitler n'a été que le catalyseur de l'inévitable cristallisation de la haine chrétienne.

Enfin, Steiner et Maccoby donnent chacun l'impression, sinon de la disculper totalement, du moins d'exclure l'Allemagne comme explication du phénomène hitlérien. Même si Steiner parle d'une violence potentielle inhérente à la langue allemande, il attribue le surgissement en Allemagne du dictateur et de son « étrange génie » à une simple « malchance », dans la mesure où, croit-il, la France était par nature plus propice, plus antisémite dans l'âme que l'Allemagne, que la culture allemande de Goethe et de Heidegger à laquelle, en dépit de toute sa méfiance, Steiner demeure attachée.

Chez Maccoby, le désir d'exonérer l'Allemagne, ou tout au moins sa culture, est peut-être encore plus profond. À la fin de notre entretien, tandis qu'il rassemblait à toute vitesse ses papiers en vue d'une conférence qu'il devait faire, je lâchai la question que j'avais jusque-là hésité à lui poser par crainte de l'embarrasser ou de le froisser. Concernant Leo Baeck, l'astre tragique de la communauté juive allemande, rabbin de Berlin, dont l'institut de Maccoby porte le nom. Cette question avait été soulevée par Richard Rubenstein [14], rabbin américain et l'un des théologiens juifs de l'après-guerre les plus nettement hérétiques. Rubenstein avait déclaré que les Juifs étaient en droit de demander des comptes à Dieu (sinon de le blâmer) pour l'Holocauste, que l'adorer sans mettre en cause son silence et sa passivité face aux camps de la mort constituait quasiment une insulte aux victime juives.

Rubenstein évoque également le silence et la passivité, durant les années 1930, de plusieurs des représentants de la communauté juive allemande qui, s'en remettant à Dieu, avaient incité les Juifs à continuer à vaquer à leurs occupations en dépit du sort qu'on leur préparait. Il cite notamment [15] le rabbin Leo Baeck, chef révéré de la communauté cosmopolite, assimilée et hautement raffinée, des Juifs berlinois, pour son geste ultime avant d'être envoyé au camp de concentration de Theresienstadt lors de la déportation finale des Juifs allemands en 1942.

Ce qui laissait Rubenstein pantois, c'était la trivialité de l'acte accompli par Baeck alors qu'il était sur le point d'être emmené par les SS : il avait réglé sa facture d'électricité. Vous vous rendez compte, s'exclamait Rubenstein, il va rejoindre le reste des Juifs dans les camps de la mort dirigés par le régime nazi et il paie à ce même régime sa note d'électricité avant de partir !

« Pour Rubenstein, dis-je à Maccoby, c'est là le symbole de la passivité juive face à l'Holocauste. Qu'en pensez-vous ? »

Je fus surpris par l'éloquence, comme par la nature, de sa réponse.

« Ce qu'il [Rubenstein] aurait voulu, c'est que Baeck fasse figure de rebelle contre le système tout entier. Alors que ce que montre son geste, c'est que les Juifs s'attendent toujours à être traités avec respect. En vérité, c'est notre problème. C'est la raison pour laquelle tant de Juifs ont refusé de quitter l'Allemagne. Ils ne pouvaient pas croire que ce pays qu'ils aimaient, à l'égard duquel ils se sentaient des obligations... les membres des profesions libérales, par exemple, éprouvaient de la gratitude envers l'Allemagne [pour leur avoir offert plus de possibilités d'avancement et de gratification que tout autre pays d'Europe]. Et ils n'avaient pas de plus cher désir que d'exprimer cette gratitude en se montrant de bons citoyens. »

À cet instant, un adjoint entra et lui murmura quelques mots à l'oreille, probablement pour l'avertir qu'il allait être en retard à sa conférence.

« Oui, oui, nous venons juste de terminer », répondit-il. Mais il tenait à ajouter quelque chose à propos de Baeck et de sa facture d'électricité. « Je dirais que Leo Baeck n'a jamais perdu cet amour pour l'Allemagne, ce sentiment de lui être redevable, d'avoir à son égard des obligations. Et il l'a exprimé en se comportant autant qu'il lui était possible en bon citoyen, alors même que l'Allemagne se trouvait placée sous la coupe de quelqu'un qu'il jugeait contraire à l'esprit de cette nation. »

Hitler était-il contraire à l'esprit de l'Allemagne — et, dans ce cas, comment a-t-il pu rencontrer un tel écho chez les Allemands — ou une émanation de cet esprit ? L'Institut Leo Baeck de Maccoby défend l'idée qu'il existe un esprit de l'Allemagne que les Juifs peuvent encore aimer. « Même aujourd'hui, explique-t-il, vous avez des réfugiés qui possèdent toute une culture juive allemande dépassant largement les frontières de l'Allemagne. Le *Leo Baeck Yearbook* [qui réunit des articles érudits sur la culture juive allemande] est le reflet de cet amour des Juifs pour l'Allemagne. Et c'est quelque chose de bien réel. »

Puis il revint sur cette culture qu'il considère comme bien plus responsable du génocide que l'Allemagne elle-même. « L'Allemagne est une chose. Son côté chrétien en est une autre. Je n'accuse pas l'Allemagne de l'Holocauste ; j'accuse le christianisme. » (Selon Cynthia Ozick[16], fervente admiratrice de Maccoby, celui-ci ne disculpe en rien les Allemands — les criminels allemands — en blâmant le christianisme, car l'Holocauste fut perpétré dans une large mesure par les chrétiens allemands).

Il n'en est pas moins intéressant que deux Juifs, Steiner et Maccoby, n'hésitent pas à nier l'implication de l'Allemagne (sinon des Allemands) dans l'Holocauste. Et à rejeter la responsabilité de Hitler sur de grandes abstractions telles que le « chantage à la transcendance » ou le « christianisme ». Pourquoi tant de répugnance à déclarer coupables, ou en tout cas responsables, les suspects manifestes ? En fait, le caractère central de la responsabilité de Hitler et le degré de celle du peuple allemand dans son ensemble ont donné lieu à l'un des plus houleux et des plus insolubles débats de l'exégèse hitlérienne. Et qui, peu après mes entretiens avec Steiner et avec Maccoby, se transforma en une violente et fratricide querelle de spécialistes concernant les travaux de Daniel Goldhagen.

CHAPITRE 19

DANIEL GOLDHAGEN : BLÂMER LES ALLEMANDS

Dans lequel nous assistons à un lynchage scientifique et où l'explication sert de revanche

Lorsque je rencontrai Daniel Jonah Goldhagen, le jeune historien avait déjà tellement souffert à cause de sa tentative pour expliquer l'Holocauste que je ne voulus pas augmenter sa détresse. Même si, comme le montra la brusquerie avec laquelle il mit fin à notre conversation, de tels scrupules étaient sans doute superflus.

Peut-être aurais-je dû m'attendre à ce que les choses prennent une telle tournure ; j'avais assisté, environ un mois auparavant, à la première étape du supplice de Goldhagen : un incroyable et tumultueux colloque organisé à l'Holocaust Memorial Museum de Washington, qui ne tarda pas à se transformer en tribunal improvisé, avec Goldhagen en situation d'accusé. Et qui suscita une violente offensive contre sa thèse et même sa personne, une sorte de lynchage scientifique dont furent choqués nombre de ceux qui se trouvaient là.

Il eut lieu dans le cadre d'une discussion de quatre heures sur le livre de Goldhagen, *Les Bourreaux volontaires de Hitler*, récemment publié, et la salle de l'auditorium Meyerhoff du musée était archi-comble ce jour-là [1]. Mieux même, de longues files d'attente s'étaient formées devant les portes bien avant leur ouverture, chacun jouant des coudes pour s'assurer une place assise. Si une partie du public était formée de spécialistes et de chercheurs, la grande majorité semblait composée de fervents admirateurs appartenant à ce lectorat qui venait de propulser l'ouvrage de Goldhagen sur la liste des best-sellers, phénomène des plus rares s'agissant d'un travail universitaire (le livre est en effet une reprise de la thèse de doctorat soutenue à Harvard par Goldhagen). Beaucoup avaient apporté leur exemplaire dans l'espoir de le faire dédicacer, et quantité l'entourèrent, avant et après la réunion, séduits par son allure juvénile (il fait plus jeune que ses trente-cinq ans) et par sa bonne mine.

Aussi, bien peu étaient préparés à ce qui se produisit, à la férocité des attaques lancées contre Goldhagen par ses collègues universitaires, férocité d'autant plus surprenante qu'elle contrastait avec l'accueil presque unanimement élogieux des médias, célébrant *Les Bourreaux volontaires de Hitler* comme un nouveau regard porté sur l'Holocauste. Il est vrai que le livre avait soulevé une tempête de protestations dans la presse allemande, de la part d'historiens et d'intellectuels accusant Goldhagen d'avoir remis à flot le mythe d'un « caractère national » démoniaque afin d'expliquer l'Holocauste comme la conséquence inévitable d'un vice propre à l'âme teutonne.

Le premier indice, bref, âpre, saisissant, du ton qu'allait prendre la discussion ce soir-là fut fourni par une image de « strangulation ». Que cette allusion ait été faite par l'animateur du débat, Lawrence Langer, ne la rendait que plus troublante encore. Langer est l'auteur d'une étude sur la littérature et les témoignages concernant l'Holocauste [2] que j'avais lue avec beaucoup d'intérêt et dont les analyses brillantes et remarquablement documentées constitue une mise en garde contre une attitude tentante : celle de trouver dans la terrible réalité décrite par les récits des survivants le réconfort trop facile d'une victoire de l'esprit humain contre l'adversité, argument d'une sentimentalité pompeuse dont se servent les moralistes pour se consoler, et que Langer considère comme une trahison par rapport à l'inconsolable horreur de ceux qui ont réellement vécu ces expériences.

Dans ses remarques préambulaires, Langer laissa échapper une note de sinistre augure en invitant les participants à se conformer, dans leurs interventions, aux « règles de la civilité », ajoutant que certains avaient estimé le moment mal choisi pour un tel débat dans la mesure où le climat de passion entourant le livre ne se prêtait guère à un dialogue courtois. Ce qui n'empêcha pas Langer de donner lui-même le signal de la violence verbale. Sous prétexte que Goldhagen, dans son discours d'ouverture, avait débordé de cinq minutes le temps qui lui était imparti, Langer, non content de le réprimander pour ce dépassement, se livra à un curieux aparté à l'intention de la salle, racontant que, lorsque des étudiants, dans ses cours à l'université, dépassaient ainsi leur temps de parole, il avait « fréquemment envie de les étrangler ».

Ce fantasme de strangulation lourd de sous-entendus — vis-à-vis de Goldhagen — laissa le public le souffle coupé. Il semblait totalement disproportionné avec la nature de la faute. Mais en fait, peut-être la comparaison avec l'étudiant désobéissant et trop zélé qu'on aurait envie d'étrangler préfigurait-elle de manière involontaire le véritable programme de la soirée : la tentative, par certains de ses collègues plus âgés, d'étouffer dans l'œuf les prétentions de l'impudent étudiant Goldhagen, sinon l'étudiant lui-même.

Plus directes étaient les agressions qui suivirent, au point que je me demandai après coup comment Goldhagen avait pu provoquer des réactions aussi brutales et aussi excessives chez ses pairs. Henry Kissinger a déclaré un jour que, si les querelles académiques sont d'une telle violence, c'est parce que « l'enjeu est ridiculement mince ». Dans le cas présent, on peut toutefois affirmer à juste titre — quand bien même la jalousie à l'égard d'un jeune chercheur devenu soudain une vedette des médias n'en aurait pas été totalement absente — que l'enjeu n'était pas mince, qu'il était même considérable. Goldhagen se targuait en effet d'avoir expliqué l'Holocauste, Hitler et toute la tragédie comme on ne l'avait encore jamais fait, d'avoir rectifié les erreurs et anéanti les légendes acceptées sans broncher pendant des générations.

D'où il ressortait clairement qu'il était convaincu d'avoir raison et que les historiens et les penseurs avant lui, même les meilleurs, avaient tort.

En quoi avaient-ils tort ? Qu'est-ce qui rend l'explication de Goldhagen si différente ? Au centre de son argumentation se trouve une métaphore frappante et de fait hautement suggestive, dans laquelle on peut voir une sorte de condensé de la vision générale exprimée par sa thèse : lorsque Hitler prit le pouvoir en 1933, déclare-t-il, l'antisémitisme racial de l'Allemagne était déjà « lourd d'un meurtre ».

C'est une métaphore elle-même lourde de conséquences, à savoir que l'idée du meurtre, de l'assassinat en masse des Juifs, avait grandi en Allemagne (c'est-à-dire dans l'esprit des Allemands et dans leur culture) bien avant l'émergence de Hitler ou l'ascension du parti nazi. Le germe des tueries, l'embryon du génocide, estime Goldhagen, avait été implanté dans la psychologie nationale par des siècles de littérature haineuse d'un genre spécifiquement germanique. Et de donner à ce type de littérature un nom : « l'antisémitisme éliminationniste ». Qu'il définit comme une variété de haine antijuive allant au-delà de l'antagonisme chrétien traditionnel à l'égard du peuple ayant prétendument rejeté ou fait périr le Christ, au-delà de l'hostilité que Hyam Maccoby croit s'être accumulée pendant dix-huit siècles avant de libérer son fruit mortel.

Non, proclame Goldhagen, une autre espèce de haine remplaça en Allemagne l'antisémitisme chrétien, une haine cristallisée au XIXe siècle et se caractérisant d'abord par la dénonciation des Juifs comme fléau racial et biologique, ensuite par la conviction que seule une élimination totale, soit par des mesures d'expulsion, soit par le meurtre, et non des restrictions internes, pouvait solutionner, ou fournir un remède, au problème juif en Allemagne.

C'est cette haine qui, longtemps avant le régime hitlérien, rendit l'Allemagne grosse d'un meurtre, selon la métaphore de Goldhagen, et qui transforma les Allemands en « bourreaux volontaires » du génocide lorsque le dictateur nazi leur en offrit la possibilité. Plutôt que de simples serviteurs dociles, de ternes gratte-papier manifestant cette fameuse « banalité du mal » dont parle Hannah Arendt, ils furent donc des tueurs et des tortionnaires joyeux, enthousiastes, pleins de zèle, n'ayant nul besoin d'être stimulés par Hitler ou par la propagande nazie. Le facteur déterminant, avance Goldhagen, ce ne fut pas la volonté de Hitler de tuer les Juifs, ce fut celle de l'Allemagne, celle des Allemands.

Si l'antisémitisme éliminationniste donna la vie à ce dessein pernicieux avant l'apparition de Hitler sur la scène politique, à ce projet criminel porté par la nation allemande depuis au moins le XIXe siècle, alors Hitler lui-même se trouve relégué dans le rôle d'accoucheur venu aider à la délivrance, voire provoquer les contractions, pour continuer la métaphore. D'un catalyseur puissant, mais non pas d'un instigateur charismatique père du meurtre sur le point de voir le jour. Comme l'a déclaré un critique rendant compte de la thèse de Goldhagen, les Allemands étaient déjà de « petits Hitler ». Et Fritz Stern, de l'Université de Columbia (qui qualifie *Les Bourreaux volontaires* de livre « prétentieux... tapageur et simpliste »), d'ajouter : « Pour Goldhagen, de même que pour les adeptes du national-socialisme, *Hitler était l'Allemagne*[3]. »

La métaphore du meurtre en gestation s'oppose à un certain nombre de théories influentes sur Hitler et l'Holocauste. Celle de Hyam Maccoby, pour qui dix-huit siècles d'antisémitisme chrétien pesèrent davantage dans la balance que l'antisémitisme allemand du XIXe siècle. Celle d'Hannah Arendt et de ses épigones, qui estiment que les Allemands ne furent en majorité que des complices indifférents et bureaucratiques d'une entreprise hitléro-nazie. Ou celle, plus complexe, d'une fraction de la recherche contemporaine, attribuant l'origine de l'Holocauste à un racisme occidental profondément enraciné dont l'antisémitisme nazi ne serait qu'une forme particulièrement virulente.

De manière encore plus significative, la métaphore de Goldhagen contredit la célèbre formule de Milton Himmelfarb « Pas de Hitler, pas d'Holocauste », selon laquelle le génocide n'a pas eu besoin de forces historiques abstraites, d'antisémitisme chrétien, de haine raciale, de tempérament allemand et ainsi de suite, pour advenir. Il n'était pas inévitable, affirme Himmelfarb, et ne serait pas arrivé si un individu bien précis, Hitler, n'en avait éprouvé le désir.

Que Hitler l'ait désiré est moins important pour Goldhagen quc cet autre facteur que fut le désir des Allemands ordinaires. Hitler n'a pas eu à les persuader de tuer les Juifs, il lui a suffi de leur donner l'autorisation qu'ils réclamaient. Les chapitres les plus originaux du livre de Goldhagen concernent la description minutieuse de deux modes d'assassinat beaucoup moins connus pratiqués dans les camps. Les « bataillons du travail », euphémisme obscène pour un système de meurtre témoignant du plaisir pris par les tueurs à transformer le processus d'extermination en une torture lente et impitoyable. Et les horribles marches de la mort survenues à la fin de 1944 et au début de 1945, au cours desquelles les gardiens évacuèrent les camps de concentration avec leurs prisonniers à l'approche des troupes soviétiques et, alors que la guerre était déjà perdue, s'employèrent avec zèle à massacrer les colonnes en marche. Ces recherches pulvérisent en grande partie la rhétorique creuse du lieu commun concernant la banalité du mal. Les tueurs allemands, dont le nombre (pour ceux qui participèrent activement aux exécutions) est évalué par Goldhagen à plus d'un demi-million, accomplirent leur tâche avec ferveur et dévotion, au contraire des bureaucrates placides décrits par Arendt.

Aussi peut-il sembler, comme ce fut mon cas, incompréhensible à première vue qu'un livre déclarant que les Allemands haïssaient les Juifs, qu'ils les haïssaient d'une haine tenace, profonde, et qu'ils voulaient les tuer, ait été jugé contestable par les spécialistes, juifs notamment.

Cela tient pour une bonne part à l'emballage. Plusieurs des détracteurs de Goldhagen ce soir-là s'élevèrent contre sa prétention d'avoir résolu un problème[4] dont les historiens antérieurs n'avaient pu venir à bout. D'avoir mis un point final au débat concernant l'extermination des Juifs. Et de fait, si l'Holocauste est imputable à l'« antisémitisme éliminationniste » allemand, aux ouvrages et pamphlets du XIXe siècle qui auraient répandu dans cette nation l'idée de meurtre, alors non seulement la discussion n'est pas close, mais elle ne fait que commencer : pourquoi les Allemands, pourquoi la culture allemande se montrèrent-ils aussi réceptifs à cette idée de meurtre ?

Par ailleurs, comme toutes les explications trop fortement axées sur un aspect unique, l'hypothèse de l'antisémitisme éliminationniste tend, implicitement et de manière involontaire, à dédouaner les éléments auxquels elle n'accorde pas la primauté : l'antisémitisme chrétien, l'hostilité culturelle européenne à l'égard des Juifs, le parti nazi (qui devient dans cette optique moins l'instigateur pernicieux de la haine allemande qu'un serviteur soumis répondant aux vœux nocifs d'une population conditionnée). Hitler lui-même se trouve dans une certaine mesure disculpé. Si l'Allemagne était déjà grosse d'un meurtre, il ne saurait être responsable de cette monstrueuse grossesse, seulement d'avoir apporté les serviettes chaudes et l'eau bouillante pour procéder à l'accouchement.

Cependant, force était de constater, en entendant les attaques extrêmes — et parfois extrêmement personnelles — lancées ce soir-là contre Goldhagen, que la cause d'une telle colère ne résidait pas tant dans le germanisme que dans le goldhagenisme de sa théorie. Dans son manque de déférence à l'égard des autres chercheurs et dans le peu de cas qu'elle semblait faire de leurs travaux, dans sa certitude d'avoir réfuté des décennies d'idées fausses, de clichés communément répandus, bref dans sa manière de faire passer des affirmations banales pour une vision lumineuse et absolument neuve du passé. À quoi il faut ajouter le ressentiment suscité par un succès commercial immédiat et une abondante couverture médiatique. Par le fait qu'un universitaire nanti d'un doctorat de fraîche date ait pu devenir brusquement le centre d'une discussion engagée depuis des lustres. Un peu comme si le jeune enfant se mettait en tête, lors de la célébration de la pâque juive, non seulement de poser les quatre questions traditionnelles (telles que, pourquoi cette nuit est-elle si différente des autres ?), mais d'apporter les réponses, estimant qu'on ne l'a encore jamais fait correctement.

De sorte que la menace de strangulation, bien que surprenante lorsqu'elle fut proférée, n'était qu'un pâle avertissement de ce qui se préparait. Une simple chiquenaude comparé au flot d'invectives déversé sur Goldhagen par l'orateur suivant. Conformément au programme du colloque, Goldhagen avait parlé en premier, après quoi il retourna s'asseoir en s'efforçant de garder son calme (avec un relatif succès), tandis que les coups des autres participants pleuvaient sur lui. À commencer par l'accusation d'« insignifiance », épithète d'autant plus étonnante pour l'auditorium bondé qu'elle provenait d'un des demi-dieux du panthéon des études sur le génocide : Raul Hilberg. Lequel n'avait pas cru bon de venir dénoncer en personne l'insignifiance du travail de Goldhagen, mais avait transmis ce jugement furibond à un participant, qui le proclama en brandissant une lettre de Hilberg[5], en jetant l'interdit selon la méthode du « j'ai des noms » en faveur sous le maccartisme.

L'ostentatoire porteur de mauvaises nouvelles pour Goldhagen était un chercheur australien au visage rubicond, attaché à l'Holocaust Memorial Museum, Konrad Kweit. Kweit, naturellement, ne se priva pas d'y aller hardiment de sa propre attaque contre Goldhagen. Attaque pouvant se résumer à l'argument bien connu : « Ce qui est vrai n'est pas nouveau et ce qui est nouveau n'est pas vrai. »

Tout d'abord, déclara Kweit, la tentative de découvrir les racines profondes, l'explication authentique de Hitler et de l'Holocauste dans quelque pathologie inhérente à la culture allemande avait été menée dès la fin de la guerre par les intellectuels allemands eux-mêmes. Du reste, le concept de « *Sonderweg* », autrement dit le changement intervenu au moment de la Réforme dans l'histoire et la culture allemande, représentait une des versions de ce qu'il est possible d'appeler l'« exceptionnalisme allemand ». Idée qui, sous une forme encore plus explicite, et plus douloureuse, se manifesterait dans le débat surgi après-guerre à propos de la *Schuldfrage,* la question de la responsabilité, où plusieurs penseurs allemands avanceraient la thèse que la culture allemande n'avait pas simplement quelque chose d'exceptionnel, mais également de profondément néfaste. Que le radicalisme des conceptions de Nietzsche et de Wagner avait rendu Hitler possible, sinon inévitable.

Mais Goldhagen semble aller plus loin et laisser entendre que Hitler n'a pratiquement rien à voir avec le meurtre dont l'Allemagne était porteuse. Que n'importe quelle sage-femme aurait fait l'affaire. Tandis que Kweit, pour ne pas être en reste, accuse Goldhagen à la fois d'ignorer les études antérieures sur l'aspect germanique du génocide nazi et de ressusciter la « notion puérile et totalement discréditée d'un caractère national allemand », non sans lui donner les couleurs d'une théorie révolutionnaire. C'est ce vernis trompeur qui constitue, d'après Kweit, l'élément le plus irritant de la thèse de Goldhagen. Et de faire observer : « Il est vrai que le meilleur moyen de se faire un nom est encore d'exprimer des opinions fracassantes. »

C'est alors qu'il tira la missive de Raul Hilberg et déclara à la foule : « J'ai ici une lettre » du sage installé dans le Vermont. Lettre dans laquelle « Hilberg déclare : “Je suis en total désaccord avec la thèse de Goldhagen, qui est *insignifiante,* malgré tout le battage fait autour d'elle par [son éditeur] Knopf.” »

« Insignifiante » est un mot plutôt fort, presque un anathème. Il est vrai que, dans son livre, Goldhagen semble lui-même en désaccord avec un des axes essentiels de l'œuvre maîtresse de Hilberg, *La Destruction des Juifs d'Europe*[6], sa volumineuse histoire de l'Holocauste, et tout près de la déclarer insignifiante, ou du moins fondée sur une vision inexacte de la réalité. De sorte que l'anathème de Hilberg n'est peut-être pas totalement sans arrière-pensées.

Reste que le conflit qui les oppose est d'une importance cruciale et dépasse largement le cadre de la querelle de personnes. Aussi convient-il de jeter un coup d'œil à la source de leur divergence : la tentative d'expliquer l'empressement et l'efficacité avec lesquels les Allemands chargés des massacres s'acquittèrent de leur mission.

La question est identique à celle de l'extraordinaire virulence qui continue de laisser perplexe au sujet de Hitler : en quoi cet antisémistime était-il différent des autres ? Goldhagen la pose en ce qui concerne les auteurs de l'Holocauste, non pas les ronds-de-cuir servant d'intermédiaires, mais les bourreaux authentiques : qu'est-ce qui les transforma, pas simplement en criminels de sang-froid, mais en adeptes de la cruauté, de la torture et de la dégradation de leurs victimes ?

Goldhagen rejette ce qu'il appelle « les cinq explications classiques » du phénomène : qu'ils étaient forcés d'obéir sous peine d'être eux-mêmes châtiés ; qu'ils suivaient aveuglément les ordres parce qu'ils étaient des « soutiens inconditionnels du pouvoir » ; que les pressions et leur conformisme les amenèrent à adopter cette attitude ; que c'étaient des fonctionnaires subalternes obéissant à des mobiles carriéristes ; et, enfin, qu'ils ne se rendaient pas compte que leurs actes individuels faisaient partie d'un monstrueux projet de tueries en masse.

Toutes ces explications sont fausses, déclare Goldhagen, parce qu'elles partent du principe que, s'ils n'avaient pas été impuissants, s'ils n'y avaient pas été forcés ou s'ils avaient été conscients de l'énormité des crimes auxquels ils participaient, ces citoyens allemands se seraient opposés à l'assassinat des Juifs. Non, répond-il, c'est une erreur de croire qu'ils aient eu besoin d'incitations particulières telles qu'un aveuglement intitutionnalisé ou des pressions de leur entourage pour se joindre aux massacres. Ce que Himmelfarb dit de Hitler, Goldhagen le dit des Allemands ordinaires : ils le voulaient.

Et Goldhagen d'invoquer Raul Hilberg comme « un bon exemple de cette manière de penser », parce que ce dernier pose la question : « Mais comment les bureaucrates allemands surmontaient-ils leurs scrupules moraux ? »

> [Hilberg] pose comme hypothèse que les « bureaucrates allemands » avaient tout naturellement des « scrupules moraux » face au traitement infligé aux Juifs, et que ceux-ci devaient être surmontés dans l'effort pour que le programme exterminationniste allât de l'avant... De telles explications [déclare Goldhagen] ne sauraient rendre compte des initiatives prises quotidiennement par les Allemands d'agir contre leur conviction intime et de tuer les Juifs... [Elles] ne peuvent rendre compte du fait que ce programme à longue portée ait pu se dérouler avec une telle absence d'à-coups, à vrai dire incroyable, alors que sa réalisation dépendait d'un nombre incalculable d'individus, lesquels, s'ils avaient voulu le saboter ou simplement traîner des pieds, auraient accumulé les ratages[7].

Ce qui revient à dire que le travail d'explication, fruit de toute une vie de recherches, accompli par Hilberg n'est pas simplement sans valeur, mais qu'il tente de répondre à ce qui est la *mauvaise question absolue* en voulant découvrir les raisons pour lesquelles les Allemands se sont transformés en tueurs sous l'influence de Hitler et de son parti, alors que, estime Goldhagen, ils n'en avaient nullement besoin.

Mais, derrière les accusations d'insignifiance échangées par Goldhagen et Hilberg, se dissimule, me semble-t-il, un autre enjeu. Concernant cette « absence d'à-coups — l'« incroyable absence d'à-coups » du déroulement de l'extermination — et la manière d'en rendre compte. Si le récit minutieux fait par Hilberg de la mobilisation par les nazis, à l'échelle du continent, de troupes, trains, gardes et ressources ayant permis l'Holocauste a été vivement critiqué, c'est qu'il parle également d'une contribution juive à cette absence d'à-coups. Ainsi déclare-t-il que la coopération, sinon la complicité, des *Judenräte* — les pseudo-conseils juifs des ghettos — en rassemblant les Juifs et en les mettant à disposition pour leur envoi dans les camps de la mort facilita grandement la tâche des criminels allemands. Sur ce point, l'analyse de Hilberg pourrait se résumer, de manière certes quelque peu caricaturale, en disant qu'il voit d'un côté des bourreaux hésitants et de l'autre des victimes volontaires. À partir de quoi, il est possible d'interpréter l'animosité manifestée à son égard par Goldhagen, fils d'un rescapé de l'Holocauste, comme le désir d'imputer le bon déroulement des massacres à l'ardeur zélée des criminels — de rendre responsables de cette « absence d'à-coups » les Allemands plutôt que les Juifs.

Même si telle était la raison profonde de l'accusation d'« insignifiance » proférée par Hilberg, elle ne diminua en rien l'impact de sa critique, et notamment sur un public venu en majorité pour rendre hommage à Goldhagen, et avoir son autographe. On sentit un frémissement indigné et anxieux. Puis ce fut pire. L'orateur suivant — membre non moins prestigieux du panthéon des études sur l'Holocauste — lança une attaque peut-être encore plus rude et plus dévastatrice.

Cet orateur n'était autre que Yehuda Bauer, historien scrupuleux et clairvoyant du génocide, jouissant d'une réputation mondiale. Il venait de passer une année à l'Holocaust Memorial Museum. Nerveux, alerte et plein d'énergie en dépit de ses soixante-dix ans, il sauta sur ses pieds pour s'emparer du micro, irradiant une passion intense en grimpant sur la tribune. J'en ressentis une certaine surprise, dans la mesure où le Bauer que j'avais rencontré à Jérusalem s'était montré extrêmement prudent et réservé, mais ce soir-là il avait l'air d'un possédé, d'un homme investi d'une mission.

Après avoir fait les compliments d'usage sur les aspects les moins polémiques de l'ouvrage de Goldhagen — les chapitres consacrés aux bataillons du travail et aux marches de la mort —, Bauer passa promptement à l'offensive, s'en prenant tout d'abord à la présentation de la thèse en question, et notamment à son caractère prétendument innovateur, à l'affirmation selon laquelle personne jusque-là n'avait osé désigner la véritable source du génocide, que Goldhagen et lui seul avait eu le courage de nommer : l'antisémitisme éliminationniste allemand du XIXe siècle.

Bauer exprima son étonnement que Goldhagen ne se soit pas donné la peine, avant de risquer des hypothèses sur la virulence meurtrière de l'antisémitisme allemand, de replacer celui-ci dans le cadre des autres formes nationales d'antisémitisme existant alors en Europe : et la Russie, la Roumanie, la Pologne ? demanda-t-il. « Et la France ? », et de défendre le point de vue que m'avait exposé George Steiner selon lequel l'antisémitisme français était bien pire, bien plus virulent, enraciné et brutal que celui de l'Allemagne pendant la période précédant la Première Guerre mondiale. Il cita l'historien réputé George Mosse, qui s'était livré à des études comparatives et avait déclaré : « Si quelqu'un était venu me voir en 1914 et m'avait dit qu'un pays d'Europe essaierait d'exterminer les Juifs, j'aurais répondu : "Compte tenu des excès dont les Français sont capables, cela n'aurait rien d'étonnant." »

Bauer fit ensuite observer que, si l'Holocauste avait quoi que ce soit de spécifiquement germanique, cela ne tenait pas au style ou à l'idéologie des écrits allemands du XIXe siècle, dont la véhémence était surpassée par celle des publications d'autres nations européennes. Ce germanisme des tueries devait bien plutôt être recherché, selon lui, dans la sensibilité des Allemands au caractère extrêmement autoritaire du parti nazi et de l'État hitlérien.

Mais Bauer ne s'en tint pas là. Arpentant la tribune de l'auditorium Meyerhoff (avec Goldhagen assis à une table juste derrière lui), il passa de la dénonciation du livre à la dénonciation de l'individu qui en était à l'origine. Non pas Goldhagen, auquel il ne daigna même pas reconnaître la pleine responsabilité de la chose.

« Ce n'est pas sa faute, déclara-t-il au public. C'est celle de son *directeur d'études*. » Ce qui avait provoqué le fiasco de Goldhagen, c'était le système d'enseignement pratiqué à Harvard, dans la mesure où le livre provenait d'une thèse de doctorat de cette université.

« On n'accepte pas un travail pareil, sans la moindre analyse comparative, sans un panorama complet de l'histoire de l'Allemagne. L'opposition est totalement passée à la trappe... pas de sociaux-démocrates, pas de communistes. En lisant Goldhagen, on a l'impression que Hitler est arrivé au pouvoir grâce aux urnes ! Lors des dernières élections libres, les nazis n'obtinrent que trente-trois pour cent des voix ! Soixante-sept pour cent des électeurs n'avaient pas voté pour eux. Et s'ils ont obtenu le pouvoir, c'est précisément parce qu'ils avaient perdu des suffrages dans cette dernière élection, parce qu'ils ne paraissaient plus aussi dangereux à la camarilla entourant le sénile président Hindenburg. »

Ayant ramené Goldhagen au rang d'étudiant buté et mal conseillé par ses maîtres, Bauer reprit son offensive, cette fois en admonestant directement Goldhagen, sans y mêler des tiers. Il parla de la nécessité d'adopter une attitude humble devant l'Holocauste, ajoutant : « Quand vous commencez votre livre en disant : "Je suis le premier, je suis le seul, tous les autres se trompent"... quand vous déclenchez tout un battage médiatique, dites-vous que vous courez le risque de finir comme Arno Mayer » (professeur à l'Université de Princeton, auteur d'un livre dans lequel il avance que l'Holocauste fut moins le résultat de la haine contre les Juifs que de celle contre les bolcheviks [8]). « Balayé, fit-il, commentant le sort subi par le livre de Mayer après son succès initial, et à juste titre. Non, ce n'est pas une façon de s'y prendre. Il faut avoir de l'humilité. On ne commence pas par faire du tam-tam. »

Après cette séance de flagellation, le professeur Langer revint au micro pour offrir à Goldhagen le maigre réconfort que ce qu'il avait reçu de Yehuda Bauer n'était pas une « sentence de mort », mais une « sentence de vie », pour laquelle il devait se sentir soulagé et reconnaissant. Nouvelle allusion à un châtiment généreusement repoussé, même si Goldhagen s'était vu notifier le sombre verdict d'un emprisonnement intellectuel à vie.

Toutefois, le pire était passé. Il y eut certes d'autres attaques : Christopher Browning, rival par excellence et cible fréquente de Goldhagen, eut ainsi l'occasion d'un face-à-face. Mais ses remarques se limitèrent à exposer leurs points de désaccord, sans aborder les mobiles de Goldhagen, le ton de son livre ni la publicité qui l'avait entouré. Comme si les intervenants ultérieurs avaient été anesthésiés par les déclarations foudroyantes de Hilberg et par l'assaut implacable de Bauer.

Au moment de ma rencontre avec Goldhagen, quelques semaines plus tard, ce qui avait été, sinon une tempête dans un verre d'eau, du moins un accès de mauvaise humeur du milieu scientifique, avait franchi de nouveaux degrés, pour atteindre les proportions d'un véritable séisme.

Le livre avait fait les gros titres des journaux et magazines allemands, qui y avaient vu une attaque lancée contre l'esprit national. La couverture de *Der Spiegel*[9] interrogeait de manière dramatique : « *Ein Volk von Dämonem ?* » (Un peuple du démon ?) — expression employée par Hitler pour caractériser les Juifs —, ce qui sous-entendait que Goldhagen se servait de la même rhétorique que le mal collectif qu'il dénonçait.

Parallèlement, *Die Zeit*[10], l'un des principaux quotidiens allemands, s'était mis à publier en feuilleton les critiques formulées contre Goldhagen par les chercheurs juifs de l'Holocaust Memorial Museum, qualifiant la controverse de « nouvel *Historikerstreit* », de nouvelle querelle sur l'histoire, l'identité, la « singulière trajectoire » allemande, querelle aussi considérable, affirmait *Die Zeit,* que celle qui avait agité les intellectuels allemands dans les années 1980. Sauf que, cette fois, elle n'opposait pas les Allemands aux Allemands, mais les Américains, les Juifs aux Allemands (encore qu'à l'Holocaust Memorial Museum, elle opposât surtout les Juifs aux Juifs). Et cet aspect américano-allemand (laissait entendre la presse allemande) risquait d'entraîner un refroidissement, sinon une rupture, des relations entre les deux pays ; ce qui aurait fait du livre de Goldhagen, plus qu'une étude historique, une donnée de l'histoire elle-même.

Ce furent d'ailleurs les répercussions en Amérique de la réaction allemande qui retardèrent mon rendez-vous avec Goldhagen. Je m'étais arrangé avec son agent de publicité chez Knopf pour faire coïncider la séance d'interview avec sa venue à la Maison de Goethe de l'Université de New York, où il devait parler devant un public composé d'historiens et d'écrivains allemands, environ un mois après l'algarade à l'Holocaust Memorial Museum. Mais, à la dernière minute, Goldhagen annula sa conférence et son voyage à New York ; ayant appris qu'un nombre substantiel de représentants des médias allemands seraient présents, il envoya un communiqué[11] déclarant qu'il ne souhaitait pas continuer à discuter avec la presse allemande tant que le livre ne serait pas disponible dans une traduction permettant au public lui-même de juger sur pièces. Cette position n'était pas sans justesse, mais, sur le plan tactique, elle pouvait donner l'impression qu'il espérait ainsi échapper aux critiques.

Lorsqu'une semaine plus tard, Goldhagen arriva enfin à New York, il paraissait quelque peu traumatisé par la dimension internationale prise brusquement par la polémique, traumatisme dont je ne compris toute l'étendue qu'une demi-heure environ après le début de notre entretien, qui se déroula dans le sépulcral salon du Yale Club.

Pas plus que je n'eus conscience tout d'abord de la source de son désarroi. Il me semblait que, dans la mesure où elle était largement prévisible, l'hostilité de la réaction allemande aurait dû l'affecter beaucoup moins que la véhémence de celle de ses collègues juifs. Mais, en définitive, ce qui le tourmentait ce jour-là, ce n'était pas tant la tempête de protestations allemande, qu'une de ses manifestations en particulier : l'interprétation psychologique embarrassante donnée de sa thèse, de son interprétation, de lui-même, par un journaliste allemand, et qui l'avait fortement perturbée. Toutes choses dont je ne me rendis compte que lorsqu'il eut mis fin à l'interview.

Notre conversation démarra pourtant de manière assez prometteuse. J'étais curieux de l'entendre parler d'une figure pratiquement absente de son livre : Adolf Hitler. C'est en vain qu'on chercherait celui-ci dans le portrait brossé par Goldhagen des Allemands et du caractère allemand. Les origines autrichiennes du dictateur nazi n'y étaient-elles pas pour quelque chose et n'avaient-elles pas posé à Goldhagen un problème dans l'attribution du génocide à une nature purement germanique ?

Certains historiens ont prétendu, il est vrai, que l'antisémitisme autrichien ne différait en rien de l'antisémitisme allemand, qu'il était même, à bien des égards, encore plus virulent. D'après une estimation, quarante pour cent des officiers SS composant le personnel des camps de la mort étaient autrichiens, et huit des douze camps de concentration avaient à leur tête un commandement autrichien. Sans compter que l'homme chargé de gérer l'ensemble du processus d'extermination, à savoir Eichmann, était lui aussi autrichien, et se prénommait de surcroît Adolf.

Sir Isaiah Berlin a suggéré que les individus installés à

la périphérie des empires (comme dans le cas des Autrichiens, par rapport au Reich allemand) manifestaient souvent des sentiments xénophobes beaucoup plus accentués que ceux vivant en sécurité dans les frontières de ces empires. Et Norman Cohn, directeur du projet de recherche international sur l'Holocauste à l'Université du Sussex et auteur d'une étude[12] sur *Les Protocoles des sages de Sion,* écrit que « l'attitude raciste-nationaliste était peut-être encore plus forte » en Autriche, « aux confins de ce monde de langue allemande où, depuis la guerre de 1866, l'élément germanophone s'était senti isolé et menacé par l'élément slave prépondérant » du royaume des Habsbourgs.

De fait, Cohn oppose l'autrichianisme de Hitler à son prétendu germanisme : « Il fut l'incarnation d'un siècle entier de frustration, de désappointement et d'insécurité [de l'Autriche] et le désir de revanche sans bornes qui le possédait n'était qu'une version amplifiée du désir qui possédait toute une couche de la société autrichienne. »

Je demandai à Goldhagen s'il considérait cet autrichianisme comme un trait distinguant Hitler de la mentalité des « Allemands ordinaires », ou s'il s'agissait pour lui d'un tout.

« L'antisémitisme présentait des variations même à l'intérieur de l'Allemagne, répondit-il. Mais Hitler a illustré et porté à son apogée la forme particulière de l'antisémitisme éliminationniste apparue au cours de la dernière partie du XIXe siècle. Quelles que soient les différences, on peut dire, me semble-t-il, que les antisémitismes autrichien et allemand forment une seule et même doctrine, caractérisée par un modèle central des Juifs et par la conviction de la nécessité de les éliminer. »

Quant il parle de Hitler, c'est à ce « modèle central » que Goldhagen se réfère en permanence, modèle qui, estime-t-il, imprégnait toute la culture allemande et autrichienne, et qui explique mieux le dictateur que n'importe quel traumatisme ou changement de sa personnalité. Qui prendrait l'apparence d'un penchant individuel au mal, d'une impulsion irrésistible dont la toute-puissance met d'une certaine manière hors de cause la volonté qu'elle usurpe, les caractères particuliers sur lesquels elle joue, rendant inutile l'analyse de la psychologie individuelle des Allemands et de Hitler lui-même.

« Je ne suis pas convaincu par les arguments des psychohistoriens, continua-t-il. On comprend mieux Hitler si l'on considère qu'il a été nourri d'une culture où ce genre d'idées sur les Juifs était monnaie courante. Cela en dit beaucoup plus long sur les raisons pour lesquelles il est devenu antisémite que les divers aspects de sa biographie. Maintenant, si vous tenez à savoir pourquoi il s'est fait le criminel qu'il a été et pourquoi il a poussé de telles idées jusqu'à leurs, en un sens, logiques et fatales conclusions, il vous faut, naturellement, sonder les profondeurs de sa psyché, mais cela dépasse mes compétences. »

Il me sembla que cette remarque de Goldhagen comportait deux points importants, et quelque peu contradictoires.

« Ce que vous dites, au fond, c'est que les psychohistoriens sont perpétuellement à la recherche d'un désordre, d'un traumatisme ou d'une anormalité qui serait à l'origine de l'antisémitisme de Hitler, alors que, en réalité, être antisémite ne nécessitait pas de sortir de la norme, *c'était* la norme.

— Oui, comme de vouloir persécuter et tuer systématiquement les Juifs. À mon avis, la décision de Hitler de les assassiner fut la conséquence de ses conceptions premières. » Ce qui ne l'empêche pas d'accepter la possibilité que le leader nazi ait excédé la norme, excédé la logique, de même que les propres aptitudes de Goldhagen à « sonder les profondeurs de la psychologie » pour expliquer cet excès.

« Manifestement, il était poussé par quelque chose de plus [que la logique de son idéologie], ajoute-t-il, dans la mesure où il ne s'en est pas seulement pris aux Juifs. Il a tué bien d'autres gens. Il s'est servi du meurtre pour résoudre les problèmes sociaux d'une manière biologique, en les extirpant. Ce qui était, bien sûr, tout à fait conforme à sa vision du monde, à son racisme, à son darwinisme social, au biologisme de ses conceptions en général. Et je suis d'accord avec vous que cela n'implique pas obligatoirement un déséquilibre psychologique. Mais cela n'exclut pas non plus l'existence, dans le cas de Hitler, de quelque chose d'autre. »

Quelque chose de plus, quelque chose d'autre. Goldhagen reconnaît ainsi que le « caractère de l'Allemand ordinaire » ou le « modèle central du Juif » ne suffisent pas à expliquer Hitler, à expliquer pourquoi il ne s'est pas contenté du rôle relativement passif d'accoucheur. Ce qui l'a incité à

« arracher prématurément le meurtre du fond des entrailles », pour reprendre une expression shakespearienne.

J'interrogeai alors Goldhagen sur la manière dont sa métaphore du meurtre en gestation s'appliquait à Hitler. « Est-ce que cela ne tend pas à le présenter comme un simple instrument ?

— Oui, ce n'est pas une comparaison très satisfaisante. Cela laisserait supposer que l'enfant pouvait venir au monde tout seul. Or "pas de Hitler, pas d'Holocauste" », dit-il, citant la formule inventée par Milton Himmelfarb en une sorte de défi à ceux qui prétendent que l'Holocauste fut le produit inévitable de forces historiques et d'idéologies abstraites plutôt que de la volonté individuelle du tyran.

Formule avec laquelle Goldhagen semble du reste entretenir une relation difficile. Il ne demanderait pas mieux que de la reprendre à son compte, mais, tout en exprimant son adhésion, il ne peut s'empêcher de la saper inexorablement.

« Vous êtes donc d'accord avec l'analyse de Himmelfarb ? lui demandai-je. Sans Hitler...

— Ou à défaut, quelqu'un *comme* lui, répondit-il. Si les nazis n'avaient pas pris le pouvoir, il n'y aurait pas eu de Hitler. Et s'il n'y avait pas eu de crise économique en Allemagne, les nazis n'auraient pas pris le pouvoir. L'antisémitisme serait resté une potentialité quant à son aspect criminel. Il avait besoin d'un État. La haine ne se transforme pas en violence systématique sans avoir été prise en main par un gouvernement. Tout au plus aurait-elle engendré une violence ethnique, des pogroms. Hitler était un leader puissant, et il ne fait aucun doute qu'il renforça, amplifia, le courant d'antisémitisme existant en Allemagne, avant de lui donner une légitimité et d'entraîner la population derrière lui. »

Autrement dit, ce fut bel et bien Hitler, mais encore une fois, cela aurait pu ne pas être lui. D'ailleurs, ce fut moins Hitler que le parti nazi, moins le parti nazi que l'État ; et le parti nazi lui-même ne s'empara de l'État qu'à cause de l'économie. Une révision du « pas de Hitler, pas d'Holocauste » en ce qui ressemble fort à un « pas de Hitler, mais peut-être quelqu'un d'autre ».

Goldhagen confirma cette impression en procédant à une refonte dans cette optique du célèbre concept de « chef charismatique » avancé par Max Weber pour caractériser le lien existant entre les grands hommes et ceux qui les suivent. « Le charisme, comme on sait, dit Goldhagen, même si ce n'est pas de cette façon qu'on le présente d'habitude, mais plutôt comme l'a fait le premier Max Weber, n'est pas un attribut du chef, c'est en réalité un attribut du peuple. Comme le montre Weber, le degré de charisme d'un chef repose entièrement sur la croyance des citoyens en son infaillibilité et en ses dons de prophétie. Ce sont eux qui lui reconnaissent une qualité charismatique. »

Peu après ma conversation avec Goldhagen, je relus le fameux essai de Weber, « La nature de la domination charismatique », et pus ainsi mesurer l'étendue du remaniement effectué par Goldhagen pour faire passer du chef à ses partisans — en l'occurrence, de Hitler aux « Allemands ordinaires » — le poids de la responsabilité dans le phénomène d'hystérie collective. Certes, la foi, la crédulité de ses adeptes sont nécessaires à la légitimation du choix particulier d'un chef, déclare Weber. Mais « son droit de diriger, ajoute-t-il de manière parfaitement claire, ne dépend pas de leur volonté, comme dans le cas d'un représentant élu ; au contraire, ceux à qui il est donné ont l'obligation de reconnaître ses qualités charismatiques ».

On relève, dans l'analyse du charisme faite par Weber, l'existence d'une ambiguïté, ou plus précisément d'une dynamique. La meilleure analogie à laquelle on peut se référer est sans doute celle de l'hypnotiseur et de son patient. La crédulité du second, sa bonne volonté à se soumettre au premier, sont essentiels. Mais c'est le patient qui est manipulé au gré de l'hypnotiseur et non l'inverse. Ce sont les ordres de celui-ci qui sont exécutés et non pas ceux du patient. Goldhagen tronque ici les propos de Weber de manière à mieux les faire coïncider avec sa propre vision, d'après laquelle ce fut la volonté des Allemands, eux-mêmes esclaves du « modèle central », de l'antisémitisme éliminationniste, qui amena, créa le Hitler dictateur pour servir leur appétit de génocide. Ils furent les ventriloques et lui la marionnette. Naurellement, il ne s'agit pas d'un simple ou bien/ou bien, ou bien Hitler ou bien les Allemands ; toute la question est : où met-on l'accent dans la relation entre les deux ?

Goldhagen réitère son idée que c'étaient les Allemands

plutôt que Hitler qui tenaient les rênes en ce qui concerne le choix des victimes des massacres. Il cite en particulier la différence des réactions à la campagne d'euthanasie lancée par le régime hitlérien et à l'extermination des Juifs.

« Hitler était indéniablement une figure charismatique en ce sens que les gens avaient une foi immense dans ses dons extraordinaires et qu'ils étaient prêts à le suivre, mais pas pour tout. » Lorsque le programme d'euthanasie — qui avait pour objectif d'exterminer les handicapés physiques et mentaux (sans distinction de religion) et qui causa probablement la mort d'une centaine de milliers de personnes entre 1939 et 1940 — finit par être découvert, des protestations s'élevèrent parmi les ecclésiastiques et les simples citoyens, et le programme fut arrêté. Il n'y eut pas de protestations semblables quand la nouvelle du massacre des Juifs commença à se répandre. Distinction qui permet à Goldhagen d'affirmer que la satisfaction, l'enthousiasme, la ferveur manifestés par la population à l'égard du meurtre des Juifs jouèrent un rôle au moins aussi important, sinon plus, que le désir de Hitler de les exterminer.

D'un autre côté, sans les instructions de Hitler, sans les directives données par lui, il est probable qu'il n'y aurait pas eu de programme du tout. De fait, il existe une multitude de témoignages sur les difficultés rencontrées par les fontionnaires nazis dans leurs efforts pour stimuler les ardeurs antisémites de leurs concitoyens. Rares sont les rapports signalant des réclamations de particuliers afin d'accélérer la déportation et l'extermination des Juifs, jugées trop lentes à leur goût. En revanche, la plupart des documents déplorent que la population soit insuffisamment motivée par une solution totale et définitive. À ce sujet, on peut citer une étude [13], dont le choix semble d'autant plus indiqué qu'elle émane du propre père de Goldhagen, Erich Goldhagen, professeur diplômé de Harvard et spécialiste de l'Holocauste, laquelle étude, publiée en 1972 et intitulée « Pragmatisme, fonction et croyance dans l'antisémitisme nazi », décrit la demande d'action antisémite comme allant du haut vers le bas, du parti nazi vers le peuple allemand, plutôt que du bas vers le haut.

Goldhagen père cite de nombreux exemples du besoin éprouvé au cours de la guerre par Goebbels et d'autres responsables de la propagande nazie d'« accroître et d'intensifier l'"éducation" antisémite de la population ». Constatant que la question juive a été relativement négligée dans le travail de propagande, l'un des collaborateurs de Goebbels prévient qu'une telle négligence est « regrettable et dangereuse ». Dangereuse, parce qu'elle risquait d'entraîner une diminution de la haine contre les Juifs, dont le niveau devait être sans cesse soutenu.

Comme son fils, Goldhagen père souligne le décalage entre les réactions provoquées dans l'opinion allemande par la révélation du programme d'euthanasie et par celle du génocide des Juifs. Mais il le fait dans des termes beaucoup plus modérés. S'agissant du génocide, il parle d'« indifférence générale », d'« approbation » ou de « très légère désapprobation ». Le qualificatif le plus fort de la série, celui d'approbation, étant de nature strictement réactive, ce qui contraste fortement avec l'enthousiasme tout ce qu'il a de plus actif des « bourreaux volontaires » décrit par le fils. Dans la vision paternelle, le conditionnement créé par l'idéologie antisémite amena l'Allemand moyen à *ne pas s'opposer* au massacre planifié des Juifs, dont il considérait qu'ils méritaient la mort. Mais la mise en œuvre de l'extermination ne fut pas décidée à sa demande ; il se contenta de l'accepter (accusation déjà bien suffisante !) lorsqu'elle lui fut imposée du sommet. Le père semble ainsi plus proche du « pas de Hitler, pas d'Holocauste » que le fils.

Qui fut le maître et qui le valet, qui l'hypnotiseur et qui le patient ? Pour Goldhagen l'aîné, le sanguinaire parti nazi ne cessa de fustiger les masses dans le but de les dresser contre les Juifs. Pour Goldhagen le jeune, l'idéologie éliminationniste finit par prendre possession de l'esprit et du cœur des Allemands, forçant Hitler et ses séides à réaliser leur rêve collectif.

Démêler les éléments individuels de cette folie à deux entre Hitler et le peuple allemand représente une tâche ardue, et l'on peut supposer que père et fils évoquent en réalité les deux facettes d'un même processus, à savoir que Hitler alimenta les ferments de haine déjà implantés, abolit toute limite, tandis que l'écho qu'il avait fait naître chez le peuple allemand le libérait de la nécessité d'observer lui-même des limites dans la concrétisation de son fantasme meurtrier.

De même qu'il est difficile de distinguer dans l'antisémitisme une composante d'origine chrétienne d'une composante purement allemande. Hyam Maccoby dénonce les aspects (culturels) chrétiens du génocide au bénéfice de ses aspects germaniques. Goldhagen semble y voir un phénomène spécifiquement allemand. (Saul Friedländer a récemment proposé une synthèse pertinente des éléments chrétiens, raciste et wagnérien de l'idéologie hitlérienne à travers ce qu'il appelle l'« antisémitisme rédempteur [14] ».) Comme je mentionnai le fait qu'on l'accusait de ranimer l'idée d'un caractère national allemand démoniaque, il se cabra.

« Je ne crois pas du tout à un caractère allemand », protesta-t-il avec énergie. Son explication de l'antisémitisme ne provenait en aucune façon d'un antigermanisme, contrairement à ce que prétendaient ses détracteurs allemands. Ce dont il parlait, ce n'était pas d'un caractère national allemand, mais d'une conscience nationale allemande, du sentiment précaire d'une unité spécifique éprouvée par l'Allemagne, nation qui n'était apparue sous sa forme actuelle qu'après 1848.

La nouveauté de cette identité nationale allemande, sa stabilité encore extrêmement menacée, bien plus que sa force irrésistible, constituèrent, d'après Goldhagen, le facteur crucial : la fragilité de l'image de soi qu'elle contenait, la faiblesse des liens nationaux internes, favorisèrent l'adoption d'une idéologie définissant ce qu'étaient les Allemands par ce qu'ils n'étaient pas : un autre, un corps étranger toxique (les Juifs), une réaction à une hétérogénéité ethnique caractérisant l'ensemble du pays.

Bien qu'il ne croie pas à un caractère national allemand, Goldhagen semble néanmoins postuler l'existence d'une *sensibilité* allemande particulière à l'antisémitisme du XIXe siècle. Si l'Allemagne était déjà grosse d'un meurtre en 1933, alors la conception avait eu lieu non pas quand Hitler commença à prendre la parole dans les brasseries de Munich, au cours des années 1920, mais au moment où le poison fut injecté dans la culture allemande, c'est-à-dire à la fin du siècle précédent.

C'est cet aspect de sa thèse qui a suscité les critiques les plus probantes. Yehuda Bauer fait valoir, à partir d'une lecture de première main, que la littérature antisémite russe, française, roumaine ou polonaise, était au moins aussi virulente que celle de l'Allemagne. Mieux encore, en Russie, en Pologne et en Roumanie, elle contribua, directement et de manière répétée, à des effusions de sang et à des pogroms, qui se soldèrent par la mort de dizaine de milliers de Juifs, à une période où l'Allemagne en était encore à discuter les idées antisémites et à envisager des mesures de séparation. L'illustration la plus éloquente des difficultés posées aux historiens de l'Holocauste par la théorie du germanisme avancée par Goldhagen est peut-être celle fournie par le professeur Richard Breitmann, successeur de Yehuda Bauer à la direction des *Holocaust and Genocide Studies* et président du département d'histoire de l'Université de Washington, auteur d'une étude des plus nuancées sur les relations Hitler-Himmler, *The Architect of Genocide,* qui met l'accent sur la date et les mobiles de la décision ultime de procéder à l'extermination.

Je rencontrai Breitman le lendemain du tumulte provoqué par le livre de Goldhagen à l'Holocaust Memorial Museum. La raison pour laquelle l'antisémitisme allemand avait abouti à des tueries, me déclara-t-il, ne tenait pas à quelque caractère particulier qu'il aurait eu au XIXe siècle, mais bien plutôt à la nature particulière de l'histoire allemande au XXe siècle : la défaite de la Première Guerre mondiale, la famine, l'inflation et l'humiliation qui en avaient découlé, suivies, après un trop bref intermède, par une crise économique terrifiante. Ces traumatismes infligés à la population accumulèrent en elle un désespoir et une colère que Hitler canalisa avec succès contre les Juifs après qu'il se fut emparé de l'appareil d'État. Ainsi, pour Breitman, les souffrances endurées dans les années 1920 et la propagande antisémite meurtrière dont Hitler abreuva l'Allemagne durant les années 1930 furent bien plus décisives dans le passage des habitants d'une hostilité potentielle à une hostilité active que quoi que ce soit de fondamentalement allemand dans leur antisémitisme au XIXe siècle.

Même si Goldhagen ne néglige pas les facteurs contemporains dans son livre, il déploie des efforts énormes pour démontrer la virulence exceptionnelle de l'antisémitisme allemand au siècle dernier et l'influence de la doctrine éliminationniste y compris auprès de libéraux allemands défendant apparemment les Juifs (mais désireux de les voir s'assimiler et donc, d'une certaine manière, disparaître).

Ce fut cette position concernant les origines du génocide au XIXe siècle qui entraîna, me semble-t-il, la rupture de notre entretien (même si d'autres facteurs entrèrent en ligne de compte). « L'Allemagne était réellement très différente des autres pays, en particulier à la fin du XIXe siècle et au début du XXe, me dit-il, à cause de ce flot extraordinaire d'écrits dénonçant les Juifs et du renforcement des partis politiques ouvertement antisémites. »

Ce dernier propos concernant le « renforcement des partis politiques ouvertement antisémites » méritait, selon moi, quelques précisions. Je citai à Goldhagen l'étude du professeur Richard S. Levy, *The Downfall of the Anti-Semitic Political Parties in Imperial Germany* [15] (L'effondrement des partis politiques antisémites dans l'Allemagne impériale), ouvrage décrivant les revers subis à la fois par ces partis et par leurs dirigeants jusqu'à leur disparition presque complète de la scène politique allemande vers 1912.

« Vous connaissez certainement la thèse de Levy..., commençai-je.

— Oui, répondit-il aussitôt. Mais, voyez-vous, il y a là une question beaucoup plus large, qui est : comment faut-il interpréter le comportement face aux élections ? » Et de se lancer dans une longue dissertation afin de démontrer que le déclin brutal du vote en faveur des partis antisémites ne signifiait pas nécessairement un déclin du *sentiment* antisémite à proprement parler. Ce qui aurait été un point de vue tout à fait défendable si Goldhagen n'avait pas lui-même présenté l'essor de ces partis comme un signe certain de la montée de l'antisémitisme. On ne peut pas dire une chose et son contraire. Si le vote pour les organisations antisémites possède une signification, il en résulte que la chute de ce vote en possède une également, non moins essentielle.

C'est alors que surgit un problème beaucoup plus grave. Ma remarque quelque peu tendancieuse à propos de l'étude de Levy (que Goldhagen omet de citer dans sa bibliographie) en fut-elle la cause ou cette légère mise en cause fut-elle la goutte qui fait déborder le vase après les critiques acerbes de la presse allemande et des historiens juifs de l'Holocauste, toujours est-il que Goldhagen eut soudain l'air de ne pas pouvoir en supporter davantage.

Je venais de lui poser une nouvelle question : que pensait-il de la querelle entre Bullock et Trevor-Roper à propos de la « sincérité » de Hitler — ce dernier était-il un manipulateur cynique ou un antisémite convaincu ? —, quand il s'interrompit brusquement au milieu de sa réponse.

« Je dois mentionner ici quelque chose, déclara-t-il. Cela m'était sorti de la tête, mais j'ai un certain nombre d'obligations. Mon contrat avec Knopf m'interdit de faire quoi que ce soit qui puisse concurrencer mon ouvrage chez eux. »

Je l'assurai que ce livre ne serait probalement pas publié avant deux ans et qu'il ne risquait donc pas de lui faire de la concurrence.

« Oui, bien sûr. Mais je suis très légaliste et je préférerais parler avec Knopf avant d'aller plus loin.

— Vous croyez vraiment que votre contrat vous interdit de discuter avec une personne écrivant un livre ?

— Non, simplement j'aimerais prévenir mon éditeur, le mettre au courant.

— J'ai déjà interviewé quantité de gens ayant écrit des livres ou en train d'en écrire. Et jamais...

— Je sais, mais j'ai l'habitude de respecter mes engagements à la lettre.

— Ai-je dit quoi que ce soit qui vous ait déplu ? Mes questions étaient-elles agressives ?

— Non, pas du tout. Je désire seulement examiner la chose. En fait... en parler avec eux, dans la mesure où cela concerne directement le contrat.

— Et il dit que vous ne pouvez pas accorder d'interview à quelqu'un préparant un livre ?

— Il ne dit pas cela. Non. C'est juste que Knopf est propriétaire du livre et que...

— Mais je suis passé par leur service de publicité pour...

— Je souhaiterais leur en parler. »

Finalement, il fut décidé que Goldhagen m'appellerait pour me dire ce qu'il en était de son contrat. Mais il n'en fit rien, et je n'eus pas le courage de le relancer, au risque d'importuner quelqu'un dont je respectais le travail, surtout après qu'il m'en eut dit un peu plus sur ce qu'il avait enduré au cours des dernières semaines. À la suite des multiples attaques dont il avait été l'objet et du poids des pressions médiatiques exercées sur lui, il avait commencé à manifester des symptômes de stress, tels que des trous de mémoire intermittents. De surcroît, il était ce jour-là sous le choc d'un élément précis du tapage fait par son livre dans la presse allemande. Un article de *Der Spiegel*, qu'il considérait comme une façon inadmissible de présenter ses idées, de le présenter lui, en se servant pour cela de son père.

J'avais vu la couverture de *Der Spiegel* (« *Ein Volk von Dämonen ?* ») le soir précédant ma rencontre avec Goldhagen, mais sans avoir le temps de lire l'article reproduisant en encadré une interview d'Erich Goldhagen, intitulée « Je suis très fier ». L'ensemble formait un morceau assez curieux, dans lequel l'auteur, Henryk Broder, s'abritant derrière les deux Goldhagen pour exprimer son hostilité, avançait d'un ton condescendant une savante explication psychologique de la thèse du fils comme sublimation des désirs et fantasmes du père, du rapport d'amour et de haine entretenu par ce dernier avec la culture allemande.

Broder (Juif allemand) commence par situer le lien père-fils dans le cadre, abondamment débattu et extrêmement sensible, des relations entre les rescapés et leurs enfants. Erich Goldhagen est de fait un survivant du génocide, né en Ukraine. Il gagna l'Amérique à la fin de la guerre, où il devint maître de conférences à Harvard et s'acquit une notoriété grâce à sa manière à la fois lucide et poignante d'évoquer le problème de l'Holocauste. Il est l'auteur de nombreux articles scientifiques, dont plusieurs cités en note dans le livre de son fils. Certains de ces articles mentionnant, entre autres indications biographiques, qu'il travaille à une étude, à paraître, sur l'idéologie du génocide.

Le seul aspect de l'Holocauste dont Erich Goldhagen n'ait jamais parlé, sur lequel il n'ait jamais donné de conférence, est celui de son expérience personnelle, de la manière dont il y a survécu et s'en est évadé. Son fils affirme qu'ils n'en ont jamais parlé ensemble. Et lui-même n'a pas souhaité évoquer l'influence de cette expérience paternelle sur sa vision de l'Allemagne. Cette absence d'information concrète permet à Broder d'énoncer sa lumineuse théorie, à savoir que le livre du fils serait l'expression des aspirations inavouées du père, le produit d'impulsions personnelles étranges vis-à-vis de la culture allemande.

Prétendant fonder ses généralisations concernant les rescapés de l'Holocauste sur la « littérature psychologique », Broder déclare que les parents ayant connu les camps exigent « un prix de leur progéniture ». Une sorte de dévotion destinée à compenser leurs souffrances. Et de spéculer, sans guère de preuves (d'où l'indignation de Daniel Goldhagen), sur l'enfance du rejeton en question. Il imagine le père inculquant à son fils la formidable portée historique de l'Holocauste, lui bourrant le crâne de détails, « si bien que le jeune Daniel en savait plus sur Adolf Eichmann et Heinrich Himmler que sur Huckleberry Finn et Tom Sawyer » (propos dont l'ironie à peine voilée me parut quelque peu singulière venant d'un Juif allemand.)

Broder poursuit en déclarant que le père de Daniel l'investit de la « mission de révolutionner les études sur l'Holocauste, mission dans laquelle lui-même s'était lancé trop tard pour pouvoir la mener à bien ». Broder a une idée tout à fait précise de la nature de cette mission : en fait, non pas se venger des Allemands, assure-t-il, leur « flanquer une raclée », ni même discréditer la culture allemande, mais au contraire *prendre place dans celle-ci.*

Après avoir cité les paroles de ravissement d'Erich Goldhagen quant au tabac fait par le livre de son fils, sa dénonciation de ceux qui l'ont attaqué à l'Holocaust Memorial Museum (Yehuda Bauer était « seulement jaloux du succès de David »), le journaliste rapporte cet éloge de la culture allemande fait par le père : « Les Juifs étaient les dépositaires de la culture allemande en Europe de l'Est... Pour moi, l'usage de la langue allemande était aussi naturel que de se servir du français pour les aristocrates russes. Ma mère connaissait Goethe et Schiller par cœur. » Sur ce, raconte Broder, Goldhagen l'aîné lui récita (sur les lignes de téléphone transatlantiques) les premiers vers du poème de Schiller *Die Glöcke* dans un allemand parfait.

Tout cela conduit Broder à expliquer que la mission des Goldhagen (père et fils) provient en fin de compte non pas d'une animosité à l'égard de la culture allemande, mais bien plutôt d'un amour contrarié pour celle-ci : « une tentative de renouer, après cinquante ans d'absence, avec une culture dont son dépositaire a été banni... Ce rapprochement ne peut être accompli qu'à travers le phénomène de l'Holocauste, point final de l'histoire germano-juive, devenu aujourd'hui le point de départ d'une activité scientifique conjointe, seul lien qui rattache existentiellement Allemands et Juifs ».

C'est là une vision étonnamment autosatisfaite de la l'analyse de Goldhagen et de la relation des Juifs à la culture allemande que cette représentation des victimes d'hier le nez toujours collé à la vitrine de la grande culture germanique et utilisant l'Holocauste, leur propre tragédie, comme une sorte de billet de retour à bord du vaisseau ravitailleur.

Toutefois, la tentation d'expliquer la théorie de Daniel Goldhagen comme une émanation des sentiments du père n'est pas l'apanage des Allemands. J'en eus la démonstration, le soir même de mon entretien avec Goldhagen, en parlant avec Richard S. Levy, éminent professeur d'histoire à l'Université de l'Illinois et animateur d'un groupe de spécialistes débattant sur Internet des questions relatives à l'Holocauste, groupe ayant adopté une position des plus critiques à l'égard du livre de Goldhagen. En outre, Levy est bien sûr l'auteur de *The Downfall of the Anti-Semitic Political Parties in Imperial Germany,* qui jette pour le moins le doute sur l'affirmation de Goldhagen que l'antisémitisme était déjà irrémédiablement implanté dans la psychologie allemande à la fin du XIXe siècle. D'après Levy, l'ouvrage de Goldhagen pouvait être considéré comme une manière de défendre, dans la bataille engagée par le père avec les spécialistes de l'Holocauste, les vues de celui-ci, de justifier son grand projet, le fameux ouvrage sur l'« idéologie du génocide » qu'il n'avait toujours pas produit. Outre le fait qu'en tant que rescapé, il se servait de son fils pour punir les « criminels allemands », pour prendre une sorte de revanche, à cause des massacres auxquels il avait échappé de justesse.

On peut comprendre que des théories le faisant passer pour un simple pion aient indisposé Goldhagen. Néanmoins, l'épisode me laissa assez perplexe, et je me demandai s'il n'y avait pas quelque chose de vrai dans cette idée de l'explication comme revanche. Le hasard voulut que, peu après ma conversation avec Goldhagen, je reçoive par la poste une copie d'un article intitulé « Holocaust Memory and Revenge[16] », écrit par le professeur Berel Lang. Il s'agissait d'une exploration tout à fait originale d'un thème sensible et des plus controversés, en même temps qu'un nouvel échantillon de ce qui fait mon admiration pour le travail de Lang : un style pondéré, sobre, objectif, sans effet de sensationnel. Ce qui ne l'empêche pas de s'attaquer à des questions aussi radicales, sinon sensationnelles, que notre manière d'envisager le mal et d'y réagir. En l'occurrence : « Est-il possible que la vengeance n'ait pas fait partie de la réaction [juive] à la Shoah ? »

En fait, déclare-t-il, il y eut bien quelques exemples isolés de vengeance directe, tels que des représailles contre des prisonniers de guerre allemands par les Juifs chargés de les surveiller. Et aussi l'audacieux projet d'anciens partisans juifs de polluer les approvisionnements en eau des villes allemandes afin de punir l'ensemble de la population pour sa complicité dans le génocide, projet qui alla jusqu'à l'empoisonnement de la nourriture des prisonniers allemands dans au moins un camp de détention. À quoi il faut ajouter la chasse aux nazis menée par des hommes comme Simon Wiesenthal ou les Klarsfeld, mais qui, pour Lang, relève davantage du domaine de la justice et de la loi que de celui de la vengeance.

Ce qui l'intéresse surtout, ce sont les formes indirectes, « détournées », comme il les appelle, de vengeance. Ainsi la proposition faite pendant la guerre par le ministre américain des Finances Henry Morgenthau de réduire l'Allemagne à une économie agraire une fois le conflit terminé, afin d'éviter une résurgence de la frénésie qui jeta par deux fois le monde dans une guerre totale au cours de ce siècle. Ou les boycotts individuels spontanés visant des produits allemands (tels que les véhicules Volkswagen ou Mercedes), ainsi que de grandes figures de la culture allemande (avec le refus de plusieurs orchestres israéliens de jouer les œuvres de Wagner). Lang va même jusqu'à voir, dans le fameux commandement d'Emil Fackenheim enjoignant aux Juifs de ne pas accorder de « victoire posthume à Hitler », et qui exige de rester vigilant à l'égard de l'Allemagne et des Allemands actuels, une sorte de pieuse vengeance de substitution.

Plus surprenant est le fait que Lang ne suit pas la voie traditionnelle en condamnant totalement la vengeance. Au lieu de quoi, à sa manière unique, il examine « l'inhabituelle allégeance entre mémoire et vengeance », n'hésitant pas à suggérer que la vengeance « est utile à la mémoire et à l'identité ». Il oppose deux types de mémoire : la commémoration de l'Holocauste à travers les monuments et les musées, qui tend à réconforter les survivants et à perpétuer leur souvenir dans l'esprit des générations futures. Et la vengeance, qui tend à renforcer le souvenir du crime parmi les héritiers et les successeurs des bourreaux et à consolider l'identité de ceux exerçant cette vengeance.

Lang déclare que la vengeance est en réalité plus profitable lorsqu'elle se manifeste à visage découvert que lorsqu'elle se dissimule derrière des déplacements et des sublimations, au risque d'être sans impact et de perdre sa clarté à la fois pour l'auteur du crime et pour celui de la vengeance. Et Lang de nous demander, de son ton le plus circonspect, de ne pas rejeter la vengeance comme forcément illégitime.

La thèse de Goldhagen concernant la nature germanique de l'Holocauste peut-elle être vue comme une sorte de vengeance détournée, dans le sens donné à ce terme par Berel Lang ? De logique intellectuelle au service d'un désir de revanche en partie inconscient ? Même si tel n'était pas son objectif, c'est pourtant l'impression qu'elle a donnée à certains de ses lecteurs les plus avisés, pour qui Goldhagen a « flétri l'esprit et le caractère allemand de manière parfaitement inique ».

Ces lecteurs ont-ils lu dans son livre quelque chose qui ne s'y trouve pas, comme le prétend Goldhagen, ou au contraire quelque chose dont celui-ci ne s'est pas totalement rendu compte ?

Je dois dire qu'en voyant le gros titre de *Der Spiegel* sur la polémique Goldhagen — « Ein Volk of Dämonen » —, j'eus pour ma part deux réactions opposées. Tout d'abord, je fus indigné par cette façon d'accuser apparemment Goldhagen, un Juif, de tenir le même genre de langage diabolique sur les Allemands que celui dont les Allemands se servaient pour diaboliser les Juifs. Mais je dois avouer qu'à cette indignation se mêlait un certain plaisir à imaginer l'Allemand moyen, debout devant son kiosque à journaux, face à ce titre fracassant, dont le message premier, accusateur — *Un peuple de démon !* — l'emporterait probablement aux yeux de beaucoup sur son ironie implicite.

Force est de constater qu'une grande partie du débat allemand sur l'Holocauste a surtout porté ces dernières années sur la question de savoir comment — bien plus que si — il était possible de « normaliser » l'histoire allemande. De replacer la période hitlérienne dans le contexte plus ancien et plus vaste de l'histoire occidentale, de relativiser ses horreurs (en les comparant, par exemple, aux horreurs « asiatiques » de Staline). Et voilà qu'il était soudain rappelé aux Allemands ordinaires que, aussi normalisés, absous, expliqués par d'autres qu'ils se sentent, pour nombre d'entre eux, il leur restait encore à faire la preuve qu'ils n'étaient pas un peuple du démon.

De sorte qu'on pourrait dire, je suppose, que la satisfaction que me procurait ce titre provenait d'un élan revanchard, ou en tout cas punitif, ce que Berel Lang nomme une « vengeance détournée ». Le désir de faire savoir aux Allemands que contester l'idée d'un caractère national démoniaque ne les mettait pas à l'abri de la possibilité d'un *comportement* national démoniaque. Qu'expliquer Hitler n'était pas moins leur devoir que le nôtre et que, s'ils n'y parvenaient pas, ce n'était pas pour autant qu'ils avaient le droit de l'escamoter.

En conséquence de quoi, il me paraissait difficile de reprocher à Goldhagen la passion de ses propos, quand bien même je comprenais l'irritation ressentie à son encontre par un certain nombre de spécialistes juifs de l'Holocauste. Par ces historiens de la vieille génération, comme Yehuda Bauer, beaucoup plus proches du drame que Goldhagen, qui s'étaient efforcés, et peut-être au prix de difficiles sacrifices, de bannir de leurs commentaires sur les crimes du régime hitlérien et sur l'attitude du peuple allemand toute animosité personnelle et tout esprit de vengeance. Qui s'étaient astreints à respecter le principe d'une impartialité scientifique pronée comme un idéal. Et tout cela pour voir un chercheur en herbe exhumer des faits pour eux évidents et déjà largement connus, et les transformer, sur un mode émotionnel, en un réquisitoire se donnant l'apparence de la nouveauté. Puis être acclamé comme une sorte d'apôtre de la vérité, son livre devenant un best-seller mondial, consécration à laquelle peut rarement prétendre un travail universitaire, et lui-même étant encensé pour avoir eu le courage de dire ce que les autres — ce qu'eux-mêmes — n'ont pas dit.

Néanmoins, il me semblait que la fougue de Goldhagen — qu'elle provienne d'un désir de justice, de revanche ou d'édification — avait quelque chose de respectable. Elle était visiblement sincère et ne pas le discerner à travers sa prose eût été assez malhonnête. Je fus d'autant plus désappointé en apprenant les changements opérés dans la traduction allemande. Trois mois après son premier article, *Der Spiegel* en publia un second [17] (à l'occasion de la sortie du livre et de la tournée en Allemagne de Goldhagen), beaucoup plus amical cette fois, accompagné d'un encadré non moins curieux. À propos d'un certain nombre de modifications majeures affectant le texte, telles que l'atténuation spectaculaire d'expressions clés, à commencer par le titre lui-même. Au lieu des *Bourreaux* (le plus souvent *Scharfrichter*) *volontaires de Hitler*, la traduction préférait parler d'« exécuteurs » (*Vollstrecker*), au sens des exécuteurs d'un legs, d'un testament.

À coup sûr, « exécuteur » suggère une vision beaucoup moins incendiaire, et beaucoup moins féroce, du rôle du citoyen allemand que celle exprimée par le terme de bourreau. Et toute différente est la nature de la volonté dont il se fait le serviteur. On imagine une sorte de fonctionnaire neutre, plus proche du bureaucrate docile d'Hannah Arendt que de la brute sanguinaire adepte enthousiaste de la torture et du meurtre.

On peut citer d'autres changements parmi ceux que signale *Der Spiegel*. La « représentation germanique des Juifs au XXe siècle » dans le texte original devient la « représentation typique au XXe siècle ». L'expulsion d'Allemagne d'un demi-million de Juifs (soit la totalité de la population juive), d'« acte le plus radical commis au cours de plusieurs siècles d'histoire européenne » se transforme, dans l'édition allemande, en « acte le plus radical commis au cours de plusieurs décennies d'histoire européenne », ce qui a un sens totalement différent.

De plus, l'édition anglaise nous dit que « l'élite allemande tout entière accepta avec joie les mesures antisémites éliminationnistes ». Dans la traduction, cette élite allemande fit seulement preuve de complaisance dans son acceptation.

Parmi les articles qu'il m'a été donné de lire concernant le succès obtenu ultérieurement par le livre de Goldhagen — et par Goldhagen lui-même — auprès de l'Allemand moyen, seul Fritz Stern, dans *Foreign Affairs,* déclare que ces atténuations d'une importance considérable jouèrent un rôle probablement aussi grand que le charme personnel, largement remarqué, déployé par Goldhagen dans ses contacts avec le public allemand.

Goldhagen a-t-il été pris de remords quant à ses mobiles profonds ? Son livre était-il au départ un instrument de vengeance ? J'appelai Berel Lang pour lui demander si la théorie de Goldhagen pouvait être assimilée à une « vengeance détournée ».

« Oui », répondit-il simplement. Il venait de rendre compte du livre pour la revue juive *Moment*. Il trouvait la prétention de Goldhagen d'avoir « découvert la cause nécessaire et suffisante » permettant d'expliquer Hitler et l'Holocauste, à savoir l'idéologie antisémite éliminationniste, « tout à fait excessive... personne ne peut se vanter de connaître la cause nécessaire et suffisante du phénomène historique même le plus simple, à plus forte raison d'un épisode aussi complexe », ce qui supposait qu'il y avait là autre chose qu'une analyse purement objective. Quelque chose ressemblant au désir de vengeance inavoué décrit par Lang.

Celui-ci en voit une illustration dans l'estimation, à son avis « totalement incohérente », donnée par Goldhagen du nombre des assassins, ou des « exécuteurs », parmi la poulation allemande. « Tantôt il parle de cent mille, tantôt de cinq cent mille, et dans le même temps il a l'air de dire que les soixante millions d'Allemands restants eurent une participation aussi active que les cent mille invoqués. Il ignore une telle opposition, et si le génocide avait toujours été l'objectif primordial, pourquoi ne s'est-il pas produit avant ? Pourquoi aussi tard qu'en 1941 les mesures d'expulsion furent-elles renforcées au détriment d'une politique d'extermination ? »

Curieusement, le lendemain de ma conversation avec Lang, le débat connut un rebondissement inattendu. L'hebdomadaire juif *The Forward* publia en première page un article sur Élie Wiesel et le désir de vengeance, article intitulé « La rage qu'Élie Wiesel a supprimée de *La Nuit*[18] ».

Naomi Seidman, jeune assistante à l'Institut de théologie de Berkeley, y est citée pour son étude comparative entre le manuscrit original en yiddish de *La Nuit* — premier livre écrit par Wiesel sur son expérience des camps — et la traduction française de 1956, qui devait le rendre célèbre dans le monde entier, et dont découlent les diverses versions anglaises.

Dans la version en yiddish, affirme Seidman[19], Wiesel s'en prend violemment aux Allemands et à la nation allemande, et « s'élève contre un monde qui réhabilite l'Allemagne, où Ilse Koch (la Chienne de Buchenwald) coule des jours heureux à élever ses enfants ». En outre, il évoque sa déception de voir que les survivants n'ont pas essayé après-guerre de se venger de leurs persécuteurs et des nations persécutrices. « Le devoir historique de vengeance n'a pas été accompli », écrit-il.

Toutefois, déclare Seidman, Wiesel a fait disparaître de la version française ces allusions à la vengeance, sur les conseils de l'écrivain François Mauriac, son mentor, qui lui procura un éditeur, écrivit une préface dithyrambique et attira l'attention sur le texte.

Seidman suggère plus loin qu'en revoyant le manuscrit pour la traduction Wiesel a reporté sa colère contre les Allemands sur Dieu, sur la désespérante absurdité de l'univers. Et cela, dit-elle, afin de rendre son récit moins offensant pour la culture et les intellectuels européens. Révision qui inscrit l'Holocauste dans le cadre théologique du problème de la « mort de Dieu », qui impute aux Allemands aussi bien la tragédie de cette mort de Dieu et de la foi que celle de la mort des Juifs.

Seidman semble insinuer qu'une espèce de mauvaise foi expliquerait que Wiesel ait supprimé de son texte l'idée d'une vengeance anti-allemande ; qu'il s'est efforcé de se rendre plus acceptable, plus amène, aux yeux de l'Occident chrétien. Ce que contestent Eli Pfeffercorn et David Hirsch[20], pour qui le « conflit avec Dieu » apparaît clairement dans le livre en yiddish ». Et Wiesel lui-même de déclarer à *The Forward* qu'il n'a jamais eu aucune arrière-pensée en revoyant le texte, qu'il a simplement voulu l'écourter pour l'édition française.

Cela n'exclut pas que ces changements puissent avoir une troisième explication, dont ne parlent ni Seidman, ni

Wiesel : qu'il ait éprouvé le désir de se venger au point que ce désir ait jailli spontanément de sa plume lorsqu'il donna au départ à ses sentiments la forme de mémoires. Et que sa pensée ait réellement changé entre la version yiddish et la version française.

Peut-être en va-t-il de même du revirement de Goldhagen entre les versions anglaise et allemande de son livre, entre les images du citoyen ordinaire en « bourreau » et en « exécuteur ». Entre la condamnation de quelque chose de spécifiquement allemand dans la tragédie et la mise en cause de l'histoire, d'un XXe siècle infiniment plus abstrait que les Allemands du XXe siècle.

Dans tous les cas, et les réflexions de Lang sur la vengeance et la controverse au sujet des modifications faites dans leur texte respectif par Goldhagen et par Wiesel m'incitèrent à examiner de plus près l'éventualité qu'un tel désir de vengeance ne soit pas entièrement absent de mon propre travail, de mon intérêt pour Hitler et pour les explications avancées sur Hitler. Y compris de mon insatisfaction par rapport à la thèse de Goldhagen. Insatisfaction ne concernant pas tant la manière dont elle cloue au pilori les Allemands, que le fait qu'elle puisse servir, au moins implicitement, à disculper Hitler.

Car si le peuple allemand était poussé par la force inexorable de son idéologie antisémite, alors il ne pouvait agir autrement qu'il l'a fait et, n'ayant pas le choix, il n'est donc pas responsable, pas plus que le schizophrène qui entend des voix lui ordonnant de tuer, voix auxquelles il lui est impossible de résister. En mettant l'accent sur le pouvoir écrasant, implacable, de son « modèle central », de cette force abstraite qu'il nomme l'« antisémitisme éliminationniste », Goldhagen commet lui-même un acte éliminationniste celui de soustraire à l'examen, à l'histoire, les individus ou les groupes qui ont bel et bien résisté : les journalistes du *Münchner Post* qui tentèrent de démasquer Hitler, les membres du Pari social-démocrate dont l'échec ne saurait diminuer l'importance du combat, les Allemands qui votèrent contre le parti nazi (comme ce fut le cas de la majorité d'entre eux à chaque élection libre).

À l'évidence, la fixation de Goldhagen sur le déterminisme tout-puissant du « model central » a pour résultat involontaire d'effacer la culpabilité des Allemands eux-mêmes en les présentant comme les instruments impuissants de cette force inexorable, incapables de résister, incapables de faire un autre choix. Et peut-être cela explique-t-il, peut-être est-ce la véritable raison de l'extraordinaire succès de son livre (du moins dans sa version traduite) auprès du public allemand.

Dès lors, sans doute y avait-il en effet une « vengeance détournée » à l'œuvre dans ma réaction à la thèse de Goldhagen sur les Allemands, à savoir mon refus de les absoudre en rejetant la responsabilité des individus sur un « modèle central », en blâmant un esprit allemand abstrait au lieu d'esprits allemands concrets ayant décidé d'agir comme ils l'ont fait.

Et mes réticences à l'égard de certaines des critiques adressées à Goldhagen pourraient sans nul doute être jugées de la même manière. Ce qui expliquerait ma réaction à l'analyse faite par Christopher Browning de l'analyse de Goldhagen.

Parmi la jeune génération de spécialistes de l'Holocauste, Browning fait figure de principal rival de Goldhagen. Lequel s'en est pris violemment, dans les colonnes de *New Republic*[21], au livre publié en 1992 par Browning, *Des hommes ordinaires*[22] (sur un sanguinaire bataillon de la police allemande), accusant son collègue d'avoir cru aux alibis fournis après-guerre par ces auteurs de massacres, cru qu'ils avaient eu du mal à passer de la condition d'« hommes ordinaires » à celle de tueurs. Le sous-titre même du livre de Goldhagen, « Les Allemands ordinaires et l'Holocauste », constitue une réplique au titre de celui de Browning. Ce fut le germanisme des assassins et non leur statut d'individus ordinaires qui, proclame Goldhagen, fut l'élément décisif.

Je rendis visite à Browning quelques jours après l'éreintement dont avait été l'objet Goldhagen. Il avait également pris la parole ce soir-là, mais, évitant toute attaque personnelle, il avait exposé ses critiques avec sérieux et courtoisie. Si profonds qu'aient été ses désaccords, et même s'il avait été froissé par les attaques antérieures de Goldhagen, il ne mit nullement en cause les mobiles ou la bonne foi de ce dernier. Dans son bureau du département de recherches de l'Holocaust Memorial, avec son air juvénile d'étudiant débraillé dont les cheveux coupés en bol font songer à la fois aux Beatles et à un moine, il me parla de l'orientation actuelle de ses travaux, avant d'en arriver au problème Goldhagen.

Browning fait partie de ce groupe international d'historiens qui se sont plus particulièrement intéressés à la question de la décision : quand (et pourquoi à ce moment-là) Hitler fit-il le choix irrévocable de procéder à la solution finale ? Polémique ô combien fascinante, dans la mesure où les théories sur la date exacte de cette décision ne se réduisent pas à de simples chicaneries à propos de mois et de semaines. Où elles se révèlent être presque inévitablement des théories sur la mentalité de Hitler, sur la place occupée chez lui par la haine des Juifs (haine sincère ou opportuniste, débat qui rejoint la querelle Bullock-Trevor-Roper), sur les rouages de sa psychologie — en réalité, sur qui était réellement Hitler.

Il semble, d'une manière générale, que plus un chercheur ou un historien fait remonter loin la décision de Hitler d'anéantir physiquement les Juifs, plus le Hitler qu'il imagine manifeste une obsession des Juifs éclipsant toute autre préoccupation. Au contraire, plus il situe la décision à une date tardive, plus son dictateur donne l'impression d'avoir d'autres soucis en tête, parfois antinomiques — *Lebensraum,* objectifs militaires, problèmes pratiques de transports et de déploiement de troupes —, un Hitler nettement plus pragmatique, conflictuel ou indécis.

Ainsi, pour l'éminente historienne, aujourd'hui disparue, Lucy Dawidowicz, Hitler aurait décidé dès 1918 de consacrer toute sa vie à l'extermination des Juifs. Elle cite une lettre adressée en 1919 par le futur dictateur à un médecin de Munich, dans laquelle il déclare qu'il est indispensable d'éliminer les Juifs pour sauver l'Allemagne, non pas comme quelque principe abstrait, mais comme un but devant être pris au sens littéral. But vers lequel aurait convergé chacun des actes qu'il accomplirait par la suite. C'est pourquoi Dawidowicz intitule son livre *The War Against the Jews.* La Seconde Guerre mondiale, explique-t-elle, ne fut pas tant une guerre contre la Pologne, la France, l'Angleterre et la Russie, qu'une guerre contre les Juifs, devant procurer à Hitler le pouvoir d'appliquer la décision qu'il avait prise vingt ans auparavant.

Goldhagen situe cette décision un tout petit peu plus tôt que Dawidowicz — lors d'un discours prononcé par Hitler en 1920[23] —, la différence entre eux étant que, dans la thèse de Goldhagen, la détermination de Hitler, sa volonté individuelle, joue un rôle beaucoup moins important que le meurtre en gestation implanté dans la population allemande par la littérature haineuse du XIXe siècle.

Entre le pôle 1918-1920 de Dawidowicz /Goldhagen et la position « fonctionnaliste » extrême, d'après laquelle Hitler ne prit jamais une telle décision (mais se contenta d'entériner une logique qui subit une brusque accélération en raison des exigences de bureaucrates affolés de se retrouver avec un si grand nombre d'otages juifs sur les bras qu'ils ne savaient plus quoi en faire), il existe de nombreuses nuances dans l'éventail de théories, de l'« intentionnalisme modéré » au « fonctionnalisme modéré », comme on a désigné les positions convergentes d'une partie des historiens contemporains.

Certains intentionnalistes estiment que, déjà *avant* 1939, Hitler ne songeait qu'à exterminer les Juifs et qu'il attendait le déclenchement de la guerre pour transformer ce rêve en réalité. D'autres font valoir que, même *après* que les événements de 1939 eurent placé des millions de Juifs polonais sous la joug hitlérien, on continua, de manière incohérente, à échafauder des plans afin de déporter les Juifs à Madagascar ou de les regrouper dans le sud de la Pologne. Et que c'est seulement en 1941, lorsqu'il eut conçu et exécuté son projet d'invasion de la Russie, que Hitler décida de leur sort.

Mais même en ce qui concerne l'année 1941, les historiens s'opposent sur le fait de savoir quel mois, quelle semaine, voire quelle fin de semaine, la décision fut prise et pourquoi à ce moment précis. Yehuda Bauer opte pour mars 1941[24]. Les intentionnalistes modérés, à la suite de Richard Breitman[25], préfèrent mai 1941, soit peu de temps avant l'invasion de la Russie, ce qui ferait de la capture des millions de Juifs vivant sur le territoire soviétique et de leur extermination un des principaux objectifs de l'attaque surprise lancée contre ce pays. D'autres intentionnalistes placent la décision un peu plus tard, en juin ou juillet 1941, durant la phase euphorique du début de la campagne de Russie, qui, supposent-ils, aurait incité Hitler, grisé par sa victoire, à donner libre cours à son rêve si longtemps caressé d'exécutions massives. Et cela, en mobilisant les troupes et les trains nécessaires à la transformation des tueries en machine de mort.

Les fonctionnalistes modérés ont tendance à situer la décision deux ou trois mois plus tard, alors que, passé cette première euphorie de la campagne russe, Hitler commençait à éprouver la crainte que la victoire à l'Est ne soit pas aussi rapide, aussi complète, ni aussi certaine qu'on pouvait l'espérer au départ et que les administrateurs des territoires conquis insistaient pour savoir ce qu'ils devaient faire des Juifs capturés. Dans cette optique, la décision du génocide aurait été de la part de Hitler une forme de vengeance ou de consolation pour une victoire perdue.

Telle avait été la position soutenue jusque-là par Browning ; toutefois, lorsque je le rencontrai, il semblait sur le point de changer d'avis, à la lumière d'une étude rédigée par un chercheur allemand, Peter Witte[26], qui réduisait le créneau non plus à un mois, mais à un week-end de la mi-septembre 1941, celui du 16 au 17. Witte déclare que, jusqu'en septembre, soit trois mois après le début de l'offensive allemande, Hitler avait accordé la priorité à l'aspect antisoviétique plutôt qu'antijuif de la guerre sur le front de l'Est : « Tout au long du printemps et de l'été 1941, les consignes de Hitler demeurèrent en vigueur, à savoir qu'aucun juif ne devait être déporté du Reich et du Protectorat [polonais] avant la réussite complète de la campagne de Russie. Il avait lui-même insisté sur ce point à de nombreuses reprises. »

Bien qu'il puisse s'agir d'une attitude purement tactique dictée par des considérations d'ordre militaire, Witte semble d'avis que Hitler n'avait pas encore déterminé s'il transformerait les « actions spéciales » de massacres sporadiques de Juifs en un vaste programme d'extermination. « La décision de Hitler de déporter les Juifs des territoires de la Grande Allemagne alors que les combats continuaient [c'est-à-dire de réaliser une extermination sur une grande échelle] intervint de manière extrêmement soudaine à la mi-septembre 1941]. »

Il mentionne un certain nombre de directives données

par Hitler ce week-end-là — concernant l'allocation de trains et de troupes afin d'évacuer les Juifs d'Allemagne et de France —, comme marquant l'abandon de ses atermoiements et le prélude à un flot ininterrompu de déportés vers les camps de la mort. Il est intéressant de noter que l'analyse de Witte situe la décision après l'euphorie initiale de la campagne de Russie, de même qu'après les premiers déboires qui lui succédèrent : dans un court laps de temps au cours duquel les nouvelles du front de l'Est connurent une embellie passagère, ce qui ferait de cette décision le fruit à la fois de l'amertume et du triomphe. (Un historien allemand, Christian Gerlach, a récemment prétendu que l'ordre ne fut pas donné avant le 18 décembre 1941 [27], ce qui semble résulter d'une mauvaise interprétation [28] de notes rédigées par Himmler, auquel Hitler avait demandé de « verrouiller » le dispositif afin d'empêcher toute possibilité d'échapper aux massacres en cours, les Juifs étant alors tués pour des actions de « partisans ».)

J'examinerai plus en détail dans le chapitre suivant cette question de la décision ; ce qui m'intéresse ici, c'est bien plutôt l'interprétation donnée par Browning du succès considérable rencontré par la thèse de Goldhagen. Et en particulier du contraste entre le concert d'éloges des médias et l'attitude en général hostile de ses confrères historiens.

Cette interprétation, qui constitue une incursion universitaire assez rare dans l'univers médiatico-culturel, met l'accent sur ce que Browning croit être une réaction populaire à certaines orientations récentes des études sur Hitler et l'Holocauste. À savoir la tendance à chercher une explication prétendument plus vaste et plus profonde des crimes du dictateur : plus profonde que la haine des Juifs, plus profonde que le nazisme, plus profonde que l'esprit germanique. À considérer la *totalité* de ces éléments comme le produit fondamental et universel d'un défaut de la civilisation occidentale. À voir le nazisme, l'hitlérisme, non pas comme une aberration, mais au contraire comme l'apogée de certains traits de cette civilisation : le plus souvent, le racisme, l'eugénisme, ou une suprématie esthétique fondée sur des conceptions raciales d'ordre biologique. Ce qu'on appelle aujourd'hui, selon un terme devenu à la mode, le « biopolitique ». La théorie biopolitique exprime une vision des massacres de la Seconde Guerre mondiale qui inclut et explique l'assassinat des tsiganes, des homosexuels et des Slaves, l'euthanasie des « débiles » mentaux et physiques, et autres « catégories inférieures », de la même façon que l'extermination des Juifs. Qui ne donne pas la judaïté, mais *l'autre* en général, comme cible (niant ainsi que les Juifs aient été spécialement visés). De plus, au lieu d'être un adversaire monstrueux des « valeurs de l'Occident », Hitler devient, dans cette représentation, une sorte d'incarnation perverse des pulsions les plus nocives enfouies dans la culture occidentale, pulsions inhérentes à sa nature, inhérentes au « projet occidental », comme se plaisent à l'appeler les post-modernistes.

On pourrait qualifier une telle théorie, qui fait du nazisme une version extrême du racisme occidental, d'explication politiquement correcte des origines de l'Holocauste (même si Browning, qui partage certaines de ces hypothèses, ne va pas jusque-là). Elle tend à étendre, à brouiller, le rôle des principaux acteurs de l'Holocauste, pense Browning. À l'étendre au-delà des Allemands et des Juifs, jusqu'à faire disparaître l'identité spécifique des victimes.

L'énorme succès populaire obtenu par le livre de Goldhagen, par sa thèse sur l'antisémitisme éliminationniste et le tout-puissant « modèle central », véritable panacée explicative, est en réalité, affirme Browning, une réaction contre cette tendance des spécialistes. Réaction qui remet une fois de plus l'accent sur la dualité première Allemands et Juifs.

Avec les théories générales et soi-disant beaucoup plus subtiles des historiens contemporains, « les gens ont perdu *leur* Holocauste », me dit-il. Et d'ajouter d'un ton quelque peu hautain, sinon méprisant : « Ce que fait Goldhagen, c'est de le leur reghettoïser », en le ramenant à une histoire entre Juifs et Allemands, au lieu du conflit séculaire entre l'Occident et la figure de l'Autre.

Il me semble que Browning surestime quelque peu l'impact de la recherche historique sur le public populaire en supposant qu'il ait été assez important pour provoquer un tel sursaut de révolte. Il n'en reste pas moins que, comme il le déclare, la thèse de Goldhagen constitue une espèce de réduction, mon problème — et c'est peut-être ici que se manifeste une vengeance détournée — étant que son auteur ne réduit pas encore assez les choses. Que l'aspect éliminationniste de son livre qui me trouble le plus, c'est qu'il élimine Hitler lui-même.

En décrivant le peuple allemand comme porteur d'un meurtre inéluctable, en ramenant Hitler au rôle accessoire d'accoucheur, Goldhagen fait ce que semblent faire les commentateurs plus raffinés mentionnés par Browning : attribuer le crime à une *abstraction* qui aurait submergé les Allemands ordinaires. C'est ainsi qu'il en arrive à assimiler les bourreaux eux-mêmes à des sortes de victimes, les victimes d'une idéologie pernicieuse qui les aurait rendues incapables de résister, de choisir, de suivre une autre voie que celle dans laquelle ils étaient engagés. Ils n'obéissaient pas aux ordres de Hitler, mais, comme Hitler, se pliaient aux ordres d'une idée impersonnelle qui leur ôtait — ôtait à Hitler lui-même — toute responsabilité et donc toute culpabilité.

L'accent mis par Goldhagen sur la fatalité de l'Holocauste — si cela n'avait pas été Hitler, ç'aurait été quelqu'un comme lui —, sur le caractère irrésistible de la force qui s'était emparée de la population allemande et rendait le génocide inévitable, a été récemment contesté par un livre éclairant sur les circonstances ayant entouré la prise de pouvoir du dictateur. Dans *Hitler's Thirty Days to Power*[29], Henry Ashby Turner, de l'Université de Yale, se livre à un examen minutieux des manœuvres politiques qui jalonnèrent le mois de janvier 1933, au terme duquel Hitler serait appelé à la chancellerie par le président Hindenburg.

Dans le sillage de Bullock, Turner souligne la nature précaire, contingente, d'un tel dénouement : combien la décision fatidique prise par Hindenburg de faire appel à Hitler résulta d'éléments imprévisibles, liés au hasard, à des traits de personnalité et aux rumeurs, bien plus qu'à des abstractions historiques. Turner insiste notamment sur la rivalité opposant le général Kurt von Schleicher, l'intrigant chancelier au pouvoir avant Hitler, à l'ex-chancelier, peut-être encore plus intrigant, Franz von Papen, qui manœuvra pour faire nommer le leader nazi en croyant, à tort, que lui-même continuerait à tirer les ficelles (à tous égards, le calcul le plus désastreux de toute l'histoire du XXe siècle).

Pour Turner, cette accession de Hitler à la chancellerie en janvier 1933 fut largement le fruit (comme le déclare

Yehuda Bauer) de son échec électoral de novembre 1932, deux mois plus tôt, de son recul spectaculaire, au sens (bien réel) où les forces historiques étaient sur le point de le lâcher. Une telle image le rendait moins menaçant, plus maniable pour ceux qui, comme Papen, avaient prévu d'en faire leur homme de paille. Ainsi le triomphe de Hitler, affirme de manière convaincante Turner, était-il bien loin d'être dicté par une logique de l'histoire, un modèle central ou ce genre de choses. « Expliquer l'acquisition du pouvoir par Hitler en termes déterministes conduit à écarter la question de sa responsabilité dans la catastrophe qui suivrait, écrit-il. Si sa nomination au poste de chancelier fut le résultat inexorable de forces impersonnelles échappant au contrôle des individus impliqués, *il serait évidemment injuste de tenir l'un d'entre eux pour responsables* » [souligné par moi].

De fait, on peut dire que, dans ce cas, la responsabilité de Hitler se trouverait considérablement amoindrie, limitée à celle de simple prête-nom de l'inexorabilité historique. Et je présume que quelque vengeance détournée n'est pas sans entrer dans ma préférence pour la vision contingente de Turner, qui rend les instigateurs individuels, les agents immoraux en chair et en os, Hitler lui-même, responsables des crimes hitlériens, plutôt que des forces historiques implacables et désincarnées.

Non que je ne me sois senti guidé par un raisonnement intellectuel en formulant, au fil de ce livre, des critiques à l'égard des théories de l'inévitable (et je suis bien conscient que la causalité historique suppose toujours une interaction complexe de facteurs, d'idées et de forces abstraites aussi bien que d'initiatives humaines). Mais je ne serais pas surpris que ma tendance à me méfier des explications trop abstraites, mon idée même de consacrer un livre aux thèmes et aux motivations des interprétations avancées sur Hitler, ainsi qu'à la manière dont certaines lui ont permis de s'échapper, découlent d'une impulsion vengeresse. Encore que, pour ma part, je serais enclin à y voir un désir plutôt que de se venger de Hitler, de lui rendre justice. Plutôt que de lui interdire une victoire posthume, de lui interdire une fuite posthume.

Ce n'est pas qu'il y ait besoin de noircir davantage le

nom du tyran nazi dans l'imagination populaire, même si d'aucuns n'hésitent pas à parler de sa « grandeur », confondant l'importance de la place qu'il a prise dans l'histoire avec le genre d'histoire auquel il a conféré une place. Demeure également le mythe de son génie de l'économie, de l'efficacité avec laquelle il résolut le problème du chômage en Allemagne dès son entrée en fonction. Et c'est un mérite supplémentaire du livre de Henry Ashby Turner que de démolir ce mythe : il montre en effet que le vaste programme de travaux publics qui diminua de deux millions le nombre de sans-emploi au cours du premier semestre de 1933 avait été conçu en réalité par le chancelier von Schleicher et signé tout juste quarante-huit heures avant qu'il soit remplacé par Hitler. Lequel, avec sa chance étrange, continue d'en recueillir les fruits.

Un autre type d'argument, peut-être encore plus insidieux, émerge d'études hitlériennes récentes, concernant en particulier le problème du moment de décision, à savoir quand et pourquoi Hitler choisit-il de procéder à une extermination totale. Cet axe de réflexion n'exonère pas Hitler en attribuant sa décision à des forces historiques abstraites, mais en le décrivant comme beaucoup trop hésitant pour avoir seulement pris une telle décision. Un Hitler dont la volonté défie l'explication parce que lui-même n'arrivait pas savoir ce qu'il voulait ; un Hitler poussé dans un sens et dans l'autre par des avis divergents, des intérêts contradictoires, des nécessités militaires et des convictions fragiles. Un Hitler qui recula le plus possible le moment de décider de la solution finale. Une figure que j'examinerai dans le chapitre suivant et que l'on pourrait appeler, schématiquement, le Hitler-Hamlet, voire le Hitler nigaud.

CHAPITRE 20

LUCY DAWIDOWICZ : BLÂMER ADOLF HITLER

Dans lequel l'indécis Hitler-Hamlet de Christopher Browning rencontre le Hitler méprisant et narquois de Lucy Dawidowicz

Hitler avait-il honte de sa décision de massacrer les Juifs ? Est-il possible d'imaginer Hitler éprouvant de la honte ? Telles sont quelques-unes des interrogations qui apparurent au cours de ma conversation avec Christopher Browning sur son interprétation de la décision du dictateur nazi [1]. Une interprétation qui constitue le cheval de bataille d'une grande partie de la recherche actuelle, laquelle nous a donné l'image d'un Hitler empoté, d'un Hitler-Hamlet, d'un Hitler incapable de se décider.

Cette idée de la honte de Hitler surgit alors que je m'efforçais d'explorer avec Browning l'usage surprenant qu'il faisait du mot « énormité ». En l'appliquant moins au meurtre des Juifs qu'aux *sentiments* de Hitler, à son inquiétude et à ses appréhensions — du moins dans la vision de l'historien — concernant la mise en œuvre du génocide. Je lui avais demandé comment il se situait dans le débat entre Trevor-Roper et Bullock sur la « sincérité » de Hitler.

« Je pense qu'il y croyait, me répondit-il. Il croyait réellement que les Juifs étaient la source de tous les maux de la terre. Mais je pense également qu'il était conscient de l'*énormité* de son projet, de là toute une série d'hésitations. Les recherches que j'ai menées sur la période de l'automne

1941 montrent que ce ne fut pas une décision brutale, mais, en réalité, une série de décisions. Et qu'il y eut de l'hésitation jusqu'au bout. »

Ce dénouement, cette décision finale, Browning la situe encore plus tard que certains de ses confrères « fonctionnalistes modérés ». Manifestement, il ne peut accepter l'idée que Hitler ait été au fond de lui-même totalement en accord avec l'« énormité » de sa décision. Et de brosser le portrait d'un Hitler répugnant à agir, marchant à reculons : un genre de Hamlet.

« En août 1941, on est allé le voir pour lui demander : "Peut-on commencer les déportations ?" Et il a répondu : "Non, pas avant que la guerre soit gagnée." » Par déportations ils entendaient, bien évidemment, le déplacement des Juifs dans l'Est et leur mise à la mort.

« Puis, continue Browning, pour la mi-septembre 1941, on possède une lettre de Himmler à Arthur Greiser [responsable régional du Warthegau, territoire polonais conquis et intégré au Reich]. Dans cette lettre, Himmler déclare que Hitler est à présent d'avis que tous les Juifs doivent être déportés d'ici la fin de l'année. Alors qu'en août, Heydrich et Goebbels l'avaient interrogé sur les déportations et qu'il leur avait dit : "Non, pas encore". Et finalement, on a cette lettre de Himmler à Greiser [faisant état de l'assentiment de Hitler]. Dans un article récent [2], Peter Witte estime que la résolution fut prise au cours du week-end du 16 au 17 septembre. »

Browning accepte la limite extrême fixée par Witte à la décision de Hitler — limite extrême pour ceux qui pensent que Hitler n'arrivait pas à se décider. Mais Browning estime visiblement que le flottement ne cessa pas pour autant et se prolongea même au-delà du week-end fatidique : « Himmler et d'autres rencontrèrent Hitler ce week-end-là. La réunion eut lieu au quartier général de front de l'Est. Elle fut suivie par la lettre à Greiser. Laquelle est sans ambiguïté. Himmler y informe Greiser : "Le Führer souhaite que le Vieux Reich et le Protectorat soient vidés et libérés des Juifs d'Ouest en Est aussi rapidement que possible." »

Mais, tout en désignant le week-end précédant la lettre à Greiser comme le moment de décision, Browning fournit des indices de l'existence de doutes, de tergiversations encore après les journées semble-t-il décisives du 16-17 septembre.

Le week-end suivant, soit les 23 et 24, explique Browning, « Hitler eut une nouvelle réunion avec Himmler, Goebbels et Heydrich. Il leur déclara qu'il désirait que les villes soient nettoyées [des Juifs]. Et que cela pouvait se faire *dès que la situation militaire se serait éclaircie.* Autrement dit, il continuait à hésiter ! Même après la chute de Kiev, même après l'encerclement complet de Vyazma et de Bryansk le 6 octobre, il dirait encore que l'opération peut être lancée... *dès que nous aurons les moyens de transport nécessaires.* Alors qu'il avait apparemment pris la décision, il demeurait indécis... Il était d'accord sur le principe, mais il ne donnait toujours pas le signal. Il y avait eu des décisions partielles depuis qu'il avait commencé à parler de "guerre de destruction" avec Goebbels en février [1941]. Mais le feu vert ne semble pas être venu avant le 10 octobre.

« Mon impression, conclut Browning, c'est qu'il louvoie tout en ayant réellement le désir d'exterminer les Juifs, et qu'il n'y a pas eu de grande décision : cela été un cheminement extrêmement lent. »

À ce point, je demandai à Browning à quoi il attribuait la source de ces hésitations ; sous-entendait-il que Hitler avait un problème de conscience ? « Vous parlez du sentiment de l'"énormité" d'une telle décision ; or comme vous le savez, le mot "énormité" peut avoir deux sens : d'un côté grand, important, et de l'autre excessif, anormal.

— Les deux ne sont pas contradictoires. Mais énormité signifie ici, me semble-t-il, que ce n'était pas une décision *fortuite*. Une décision qu'il mûrissait depuis longtemps, comme d'aucuns le prétendent, de sorte qu'à la première occasion, il aurait dit : "Maintenant, on y va." À mon avis, il ne l'a prise que parce qu'il pensait que la victoire était à portée de main, qu'il n'y avait plus d'inhibitions susceptibles de constituer des obstacles et qu'il pouvait réellement passer du fantasme à la réalité. L'énormité tient au fait qu'il savait que ce n'était pas une décision ordinaire, comme les lois de Nuremberg. Je veux dire que, même en ce qui concerne la décision arrêtée un peu plus tôt d'approuver le massacre systématique des Juifs russes par les *Einsatzgruppen* [Groupes d'action spéciaux], les consignes étaient très *vagues*.

« Il est probable que tous ceux qui allaient en Russie savaient parfaitement qu'ils n'auraient aucun ennui s'ils tuaient des Juifs, mais il n'y avait pas d'ordre explicite disant : "Tuez *tous* les Juifs, y compris les femmes et les enfants." Ils étaient libres de tuer les Juifs et les communistes, de tuer les Juifs appartenant au parti et à l'appareil d'État, mais personne n'avait encore dit : *"Exterminez-les jusqu'au dernier. Les enfants avec."* Il semble que ce signal n'ait été donné qu'à la mi-juillet 1941, lorsque Hitler fit son discours euphorique sur la manière dont le pays allait être transformé en paradis terrestre.

« Et c'est à ce stade, j'imagine, qu'il s'est tourné vers Himmler en demandant : "Mon cher Heinrich, et les autres ? Est-ce que ce serait possible ?" De sorte que Himmler est reparti avec pour tâche de réaliser une étude de faisabilité. C'est ce que signifie en substance la lettre de Goering. Vous savez, la fameuse directive transmise à la fin juillet par Goering, après que Heydrich est allé le voir, et dans laquelle il dit : "Par la présente, je vous invite à examiner les mesures nécessaires en vue d'une action coordonnée et vous charge de me soumettre un projet aussitôt que possible." Ce n'est pas un ordre. C'est une autorisation à dresser des plans. »

« *Mon cher Heinrich... est-ce que ce serait possible ?* » Il y a quelque chose de saisissant dans cette évocation par Browning d'un Hitler sollicitant, quémandant un avis, atterré par l'ampleur de l'opportunité grandissante qui s'offre à lui de concrétiser une idée qu'il n'a jamais caressée qu'en rêve, et plein d'une soudaine humilité devant les conséquences incalculables d'une telle entreprise. « Mon cher Heinrich... » Telle est la voix du Hitler empoté apparu soudain au grand jour. Un Hitler à la fois grotesque et pathétique, frisant le personnage d'opéra-comique.

« *Mon cher Heinrich... est-ce que ce serait possible ?* » Comme Hamlet, le Hitler de Browning est un être pusillanime. « Il y a ces doutes, ces incertitudes, dit-il. Et puis ce "oui, mais", ce "oui, à condition que", et enfin "oui". » On pense au soliloque de Molly Bloom avec le passage d'une capitulation graduelle à un oui ardent mais néanmoins redouté.

« Et qu'est-ce que cela signifie ? interroge Browning. D'après moi, qu'il y avait une véritable hésitation, qu'en définitive... » Il hésita lui-même, refusant de franchir le pas jusqu'à y voir une remise en cause de soi ou des scrupules. « ... il avait peur de ce qu'il était en train de faire. Et mon interprétation de la chose, ce n'est pas qu'il pensait avoir tort, mais qu'il avait conscience de commettre un acte sans précédent. De s'aventurer dans l'inconnu. »

« *Mon cher Heinrich... est-ce que ce serait possible ?* »

« C'est en ce sens que je parle d'"énormité", sans que cela inclue un jugement sur la nature bonne ou mauvaise d'un tel acte — dont il était du reste convaincu en son for intérieur de la nature bénéfique —, simplement, est-ce que cela pouvait être *fait* ?

— Vous voulez dire que son inquiétude n'était pas d'ordre moral, mais... ?

— En grande partie, elle était logistique et pratique : est-ce que cela marchera ? Vous comprenez, en août 1940, il avait dû arrêter le programme d'euthanasie à cause de la réaction hostile de l'opinion. Partant de là, il savait que des problèmes risquaient de se poser. Le peuple allemand le suivrait-il ? Les autres le suivraient-ils ? Y aurait-il un stade où ils refuseraient d'avancer ? Or ce qu'il découvrit, malheureusement, c'est qu'ils ne demandaient pas mieux que de se lancer. Et une des choses probablement les plus dévastatrices, sur le plan humain, dans tout cela, c'est que la route aurait dû être semée d'obstacles, et qu'il n'y en eut, apparemment, aucun. Mais cela, il ne pouvait pas le deviner, compte tenu de ce qui s'était passé avec le programme d'euthanasie.

« Alors ce qui devait sûrement le tracasser, c'est de savoir s'il était en mesure de réussir son coup. Je pense également — pour continuer dans les suppositions — qu'il avait très bien compris qu'il jouait en quelque sorte son destin. Que du résultat dépendait la place qui serait la sienne dans l'histoire. Ce qui était sans doute grisant d'un côté et angoissant de l'autre. »

Angoisse, inquiétude, doute, hésitation... Est-ce là le Führer charismatique, ou Hitler prince de Danemark ? Cette conception de Browning comporte (au moins) deux éléments troublants, par-delà l'authenticité problématique de ce portrait d'un personnage en proie à l'incertitude.

Le premier réside dans le corollaire implicite d'une telle analyse, à savoir un Hitler qui aurait aussi bien pu ne pas mettre son projet à exécution. Dont l'indécision se serait traduite de manière différente. Qui aurait reculé devant l'énormité de ce qu'il avait en tête. Avec pour conséquence le fait que jusqu'en octobre 1941 l'Holocauste tel que nous le connaissons n'avait absolument rien d'inévitable !

Et cette interprétation, en suggérant une autre possibilité, réussit ce que beaucoup auraient cru impossible, dans la mesure où elle rend le phénomène de l'Holocauste encore plus intolérable : il aurait en effet suffi, pour que le génocide n'ait pas eu lieu, que Hitler fasse un pas en arrière plutôt qu'un pas en avant. Encore plus intolérable parce que, en un sens, nous sommes de nouveau entre les mains de Hitler, en son pouvoir, tandis qu'il réfléchit à sa décision et à l'énormité de celle-ci. Quand Browning se laisse aller à imaginer le débat intérieur de ce Hitler conflictuel — « *Mon cher Heinrich... serait-ce possible ?* » —, que nous entendons Hitler s'interroger sur l'accomplissement d'un tel acte, c'est comme si cet acte ne s'était jamais accompli, qu'il demeurait à l'état d'éventualité. Et, de manière encore plus ignoble, qu'il s'accomplissait une seconde fois.

Cependant, qu'elle puisse nous paraître pénible ou embarrassante ne rend pas la conception de Browning plus juste ni moins juste. Le meilleur moyen de juger son Hitler-Hamlet est sans doute de le confronter à un de ses puissants rivaux pour voir comment il relève le défi.

La vision la plus directement opposée à celle de Browning provient de sa devancière Lucy Dawidowicz. Dans son important ouvrage, aujourd'hui quelque peu négligé, *The War Against the Jews,* publié en 1975, cette dernière s'attache aux mêmes propos, aux mêmes moments de décision, d'action et d'inaction qui révèlent selon Browning de l'hésitation, de l'inquiétude, un sentiment d'énormité et de doute — et en tire la conclusion inverse. Elle déclare en effet que l'utilisation par Hitler d'un « langage codé » et de l'euphémisme vise à créer une fausse apparence d'hésitation et de calcul, dissimulant la résolution implacable d'exterminer les Juifs. Résolution qu'il aurait prise, d'après elle, en 1918 et non à l'automne 1941 comme le prétend Browning. Et qui n'aurait jamais été mise en question par la suite.

Lire Lucy Dawidowicz après avoir entendu Christopher Browning parler de l'indécision supposée de Hitler équivaut à une sorte de gifle thérapeutique. Dans une prose vigoureuse, étayée par de nombreuses notes, elle explique que ceux qui croient que Hitler ne prit sa décision qu'en 1941 méconnaissent la véritable nature de ses intentions et se sont laissé prendre au numéro d'esbroufe qu'il joua à tous sauf à ses plus proches collaborateurs en ce qui concerne la solution finale. Le raisonnement qu'elle oppose à l'image d'un Hitler perplexe avancée par une partie de la recherche contemporaine n'est pas une affaire de degré, de mois ni même d'années, mais de décennies. Ce qui est en question ici, c'est la personnalité elle-même du dictateur nazi.

Tant de textes ont été écrits sur Hitler et l'Holocauste, tant de théories et de débats se sont succédé depuis la publication du livre de Dawidowicz, que l'importance de son argumentation a sans doute échappé en partie à l'attention, malgré l'absence de réfutation convaincante. Son interprétation de la mentalité, de la résolution de Hitler, demeure une hypothèse extrême mais néanmoins solide à laquelle il convient de mesurer les autres interprétations. L'un de mes objectifs en écrivant ce chapitre était d'essayer de redonner à son analyse — à sa vision de Hitler et de ses méthodes délirantes — la place qui est la sienne au cœur de la bataille explicative.

Selon sa théorie, derrière le langage équivoque de la dissimulation — que Browning perçoit comme un langage de l'inquiétude et du doute, le fameux « *Mon cher Heinrich... serait-ce possible ?* » —, se tient, non pas un velléitaire, un Hitler-Hamlet, mais au contraire un Machiavel assez rusé pour avoir forgé de toutes pièces un personnage indécis servant à masquer ses intentions véritables et pour lui avoir conféré une vraisemblance : un Hitler jouant le rôle de Hamlet tout en conduisant avec une détermination sans faille la mise en œuvre de l'extermination.

Autrement dit, elle brosse le portrait d'un Hitler comédien, mais un comédien d'une tout autre espèce que celui décrit par Emil Fackenheim. Ce dernier imagine en effet un Hitler dont le numéro a pour but de recouvrir l'absence de conviction (comme chez l'acteur cynique décrit à l'origine par Bullock). Au contraire, pour Dawidowicz, le numéro de Hitler ne résulte pas de son manque de sincérité, mais bien plutôt de son désir de *dissimuler sa sincérité* en feignant l'indécision, en camouflant ses intentions meurtrières sous le voile de la supputation et du calcul opportuniste. Différence des plus substantielles. De surcroît, elle a patiemment reconstitué le numéro lui-même, le processus, la technique, le langage de la charade. Un numéro extraordinairement ingénieux et qui, estime-t-elle, n'a rien perdu de son pouvoir de persuasion.

La vérité de cette comédie, proclame-t-elle avec une vigueur à peu près unique dans la littérature sur l'Holocauste, est que Hitler se donna pour mission de massacrer les Juifs — non pas de les bannir, de les persécuter, de les exiler ou de les neutraliser, mais de les exterminer purement et simplement —, dès le mois de novembre 1918 à l'hôpital de Pasewalk. Mission qui lui apparut dans ce moment de fièvre où il apprit la nouvelle de la défaite de l'Allemagne et qui lui inspira le désir de venger le coup de couteau dans le dos dont il estimait les Juifs responsables. À partir de quoi, toutes ses hésitations apparentes, ses revirements, ses doutes et ses appréhensions ne furent que des artifices d'acteur, des manœuvres tactiques s'insérant dans une stratégie d'ensemble destinée à lui permettre de mener à bien son projet tout en occultant sa responsabilité personnelle.

Mais avant d'examiner dans le détail la manière dont Dawidowicz conçoit cette mission du dictateur et les méthodes employées par lui, arrêtons-nous un instant sur les circonstances qui l'amenèrent à sa propre mission et qui constituent une histoire assez remarquable en soi. À commencer par le fait que, Juive américaine, elle fit le pèlerinage inverse de celui habituellement pratiqué, lequel la conduisit à Berlin durant le mois fatal de septembre 1939. Née à New York en 1915, tout d'abord résolument laïque, c'était une « étudiante d'anglais lisant Wordsworth et écrivant de la poésie », comme elle le déclara à Diane Cole, qui l'interviewa en 1983 [3] (Dawidowicz est morte en 1990).

Mais voilà qu'en 1937, elle assistait à un séminaire à l'Université de Columbia, « écoutant le professeur discourir d'un ton monotone sur Wordsworth. C'était un moment où l'univers, et en particulier mon univers juif, était sur le point de s'embraser. Je regardais par la fenêtre en songeant : "Qu'ai-je à faire de Wordsworth actuellement ?" ».

Elle ne se contenta pas d'y songer, elle modifia radicalement sa vie. Elle entreprit tout d'abord ce qu'elle appelle « un voyage à rebours, au sens d'une remontée dans l'histoire », jusqu'à Vilna, cité appauvrie et tombant en ruine, mais demeurée le centre bien vivant de la vieille tradition de la science et de la littérature yiddish en Pologne. Elle y alla pour s'immerger dans ce passé, pour aider à le préserver et pour partager la terreur de l'avenir qui s'approchait à grand pas.

« J'y suis restée une année, et cette expérience a tout changé », raconte-t-elle à Cole. Elle parle de son expérience de la gloire et de l'éradication imminente de Vilna, des derniers moments avant que la solution finale ne détruise absolument tout sauf le souvenir de la splendeur de cette civilisation. Et ce qui changea pour elle, c'est que cette expérience attira son attention sur l'existence d'une telle civilisation et sur ceux qui l'exterminèrent.

Mais en quittant la cité vouée à l'anéantissement, elle fit une autre expérience qui, bien que de manière différente, dut également tout changer, façonner le regard qu'elle porte sur les auteurs de la guerre contre les Juifs, ainsi que la précision presque chirurgicale avec laquelle elle dissèque le tissu pernicieux de leur langage et de leurs mensonges.

En août 1939, alors que le pacte entre Hitler et Staline, la préparation de la guerre et de l'invasion mettaient la Pologne en émoi, Lucy Dawidowicz effectua un dangereux et difficile périple de Varsovie à Copenhague, qui allait l'amener dans l'antre de la bête : à Berlin.

« Partir de Varsovie fut un véritable exploit, dit-elle à Diane Cole. La Pologne mobilisait tout ce qui bougeait... Le port de Gdynia était fermé. Aussi je décidai de me rendre à Copenhague, mais pour aller là-bas je devais changer non seulement de train, mais de gare à Berlin. Et voilà qu'à la frontière germano-polonaise, probablement à Posen, un consul allemand monta à bord du train et s'assit dans mon compartiment. Nous nous mîmes à parler anglais. Je lui dis que j'étais américaine ; il ignorait que j'étais juive. Lorsque nous arrivâmes à Berlin, ville effrayante, avec des soldats et l'armée partout, il m'aida à trouver un taxi. »

Un trajet en taxi d'une gare à l'autre, le long de boulevards pavoisés de drapeaux rouge sang orné de la svastika, tel fut son contact direct avec la machine de guerre hitlérienne s'apprêtant à détruire les Juifs.

Il semble, à la lumière de ce que serait sa vision personnelle de Hitler, que sa rencontre avec ce consul allemand ait été en un sens emblématique. Que quelque chose dans son contenu lui ait laissé une impression durable. Peut-être le contraste entre le dit et le non-dit : politesse et courtoisie en surface et néanmoins tromperie de part et d'autre. Dawidowicz cachant son identité juive (de même, peut-on supposer, que son mépris et son hostilité) et le consul allemand cachant... Bien qu'il soit impossible d'être catégorique, son retour à Berlin depuis la Pologne la semaine du déclenchement des hostilités suggère qu'il était au courant de l'horreur sur le point d'advenir : l'invasion, le début de l'extermination.

Leur conversation ambiguë, masquant sous une politesse apparente des vérités cruelles, est un exemple du genre de communication à double facette qui allait devenir pour Dawidowicz la signature, la méthode favorite des acolytes du dictateur connaissant, mais s'efforçant de dissimuler, le projet de massacre des Juifs.

La théorie du langage codé élaborée par Dawidowicz s'ouvre par une hypothèse implicite sur la date de la décision de Hitler qui en fait la limite temporelle la plus précoce dans le champ des interprétations sur le sujet.

« C'est dans l'esprit de Hitler qu'est née la solution finale », écrit-elle:

> Dans *Mein Kampf,* il nous dit avoir pris sa décision de faire la guerre aux Juifs en novembre 1918, lorsque, à l'hôpital militaire de Pasewalk, il apprit, en une succession rapide, la nouvelle de la mutinerie navale de Kiel, celle de la révolution qui aboutit à l'abdication de l'empereur et, enfin, celle de l'armistice. « Ma vue s'obscurcit totalement », raconte-t-il. Et c'est au cours « des journées terribles et des nuits pires encore » qui suivirent, tandis qu'il méditait sur ces « événements cataclysmiques », que « [son] destin [lui] apparut clairement ». Il adopta cette résolution : « Il n'y aurait pas de pactes avec les Juifs ; il n'y aurait qu'un implacable : eux ou nous. Je décidai alors de m'engager dans la politique[4]. »

Pour Dawidowicz, Hitler se serait donc fixé, dès novembre 1918, la destruction des Juifs comme objectif politique, même s'il est possible, admet-elle, que « cette idée ait cheminé en lui avant de prendre forme dans *Mein Kampf*, qu'il rédigea en 1924 ». Elle fait ainsi de 1924 une date butoir au-delà de laquelle il n'est pas nécessaire de chercher, sauf à revenir en arrière, jusqu'à ce fameux mois de novembre 1918 mentionné par Hitler lui-même. Et elle semble visiblement d'avis que, par cet « implacable : eux ou nous », il évoque explicitement une extermination, ou bien de la race aryenne par les Juifs, ou bien des Juifs par les Aryens.

Outre ce choix qu'il aurait fait en novembre 1918, elle pense qu'il adopta un autre parti en se lançant dans la politique l'année suivante, celui de dissimuler son but ultime.

> Comment prôner publiquement une idée ou un programme dont la nouveauté réside dans son radicalisme absolu ? Si antisémite qu'ait pu être la ville de Munich en 1919 et 1920, transformer ouvertement un slogan comme « *Juda verrecke* » [les Juifs doivent périr] en programme politique concret aurait provoqué la censure des autorités locales et discrédité le jeune mouvement national-socialiste, même auprès des antisémites traditionnels. Face à cette situation, Hitler recourut à un procédé ayant largement fait ses preuves : l'emploi d'un langage codé. Chaque fois qu'au cours de l'histoire un gouvernement ou une société ont fixé des limites à la discussion publique, ceux qui désiraient tourner la censure ont en effet usé d'un tel langage. Considéré au premier degré, le texte n'a rien d'exceptionnel, mais pour les initiés qui savent interpréter les mots, le message est révolutionnaire et menace le statu quo [5].

Dawidowicz applique ici au discours ambigu de Hitler le genre d'analyse que le philosophe Leo Strauss est connu pour avoir appliqué à des philosophes et des penseurs tels que Platon et Machiavel. Ce faisant, elle formule par rapport à Hitler deux opinions hérétiques, du moins au regard de l'actuel consensus représenté par Christopher Browning. D'une part, elle prétend que le dictateur décida de massacrer les Juifs beaucoup plus tôt que ne le supposent en général les historiens, soit presque un quart de siècle auparavant. D'autre part, elle laisse entendre que ce que d'aucuns imaginent comme une haine des Juifs (terme qu'elle utilise de préférence à celui d'antisémitisme) fluctuante et opportuniste ne reflète pas une absence de conviction, ni l'existence de priorités contradictoires. Cette apparente indécision, assure-t-elle, n'était que le travestissement délibéré d'un engagement inébranlable.

Considérons tout d'abord son hypothèse selon laquelle Hitler se fixa pour but, dès 1918, de massacrer les Juifs, de les massacrer en totalité, plutôt que de les harceler, de restreindre leur liberté ou de les expulser. Il n'est guère de chercheur ou d'historien qui se soit montré aussi formel, et elle ne peut fournir aucune preuve concluante — que ce soit un témoignage de première main ou des propos rapportés —, en dehors du propre récit de Hitler affirmant que c'est à Pasewalk en 1918 qu'il conçut sa « mission ». Aussi cette hypothèse est-elle souvent présentée comme l'alternative extrême (sous-entendu impossible) dans le débat sur ce point.

Presque toutes les autres théories envisagent un Hitler qui aurait *évolué,* dont les objectifs se seraient consolidés à mesure qu'augmentait son pouvoir, dont la solution concernant la question juive se serait finalement « radicalisée » en 1941 avec l'occasion offerte par la guerre sur le front de l'Est. Qui, jusqu'à ce que les circonstances de la bataille l'obligent à régler le « problème » des millions de Juifs placés brusquement sous son autorité, ne songeait qu'à une émigration forcée, à un déplacement coercitif vers Madagascar et autres mesures du même type. Et qui eut soudain l'idée en 1941 qu'il pouvait également les éliminer tous. Ce ne fut au début qu'une simple chimère — « *Mon cher Heinrich... serait-ce possible ?* » — mais qui, après bien des angoisses et des hésitations, allait devenir réalité.

Au premier rang des ouvrages ayant inspiré les thèses des fonctionnalistes, pour qui l'Holocauste fut imposé à Hitler par la base, par les bureaucrates le pressant de leur dire ce qu'ils devaient faire des Juifs qu'ils avaient sur les bras, se trouve *The Twisted Road to Auschwitz* (La route tortueuse vers Auschwitz) de Karl Schleunes. Et même les intentionnalistes, pour qui Hitler prit sa décision librement et l'imposa du sommet, lui prêtent un parcours psychologique tortueux, au milieu des doutes, des tiraillements, des impulsions contradictoires, et par-dessus tout une attitude circonspecte.

Mais ceux qui avancent ce shéma soi disant ingénieux ne peuvent pas davantage l'étayer sur des preuves solides que

Lucy Dawidowicz pour corroborer le sien. De manière peut-être encore plus pernicieuse, ils croient Hitler sur parole quant au sens de ses hésitations à faire le dernier pas. Tentation d'autant plus risquée que, comme l'a montré Dawidowicz, il arrive que celui-ci révèle au grand jour son usage délibéré d'un langage hypocrite et trompeur.

Compte tenu de ce que nous savons de la monstruosité des actes accomplis ensuite par Hitler, nous demande-t-elle réellement de croire l'impossible lorsqu'elle suggère qu'en novembre 1918 un caporal exalté, traumatisé par les tirs d'artillerie et victime d'une attaque au gaz, peut-être même dans une crise d'hystérie, réagit à l'annonce d'une défaite nationale écrasante en se jurant de faire payer aux Juifs, à tous les Juifs, le prix de ses souffrances ? Est-il si difficile d'imaginer qu'il se soit dit : ils me le paieront, de leur vie, tous autant qu'ils sont !

Naturellement, cela aurait pu être une parole en l'air, un fantasme passager, un souhait extravagant et non un objectif réel. Il aurait pu le dire mais ne pas le penser, ne pas penser à en faire un projet à long terme (comme le croit Dawidowicz).

D'un autre côté, dans la mesure où il l'a vraiment fait, peut-on exclure la possibilité qu'il ait pensé ce qu'il disait et qu'il ait passé le reste de sa vie à concrétiser ses menaces ?

Pour ma part, il me semble que cette idée de Dawidowicz selon laquelle la décision de Hitler d'exterminer les Juifs remonterait à 1918 n'a pas bénéficié de toute l'attention qui convient. Que le rejet auquel elle a donné lieu tient moins à l'existence d'indices contraires qu'à un goût pour des figures historiques complexes, aussi complexes et paradoxales que les historiens eux-mêmes. À l'opinion que les gens ne se conduisent pas « de cette façon », n'imaginent pas une pareille énormité et ne passent pas un quart de siècle à créer les conditions propices à sa réalisation. Et c'est vrai qu'ils n'agissent pas ainsi, en général. Les êtres ordinaires n'orchestrent pas des massacres. Sauf quelques fanatiques. Et Adolf Hitler est de ceux-là.

Toutefois, les historiens préfèrent supposer que l'extermination fut une idée qui s'insinua lentement en lui. Ce qui les conduit à ignorer des emportements occasionnels tels que son évocation en 1921 du « coup de couteau dans le dos », dans laquelle il déclare que le « gazage de quelques dizaines de milliers de Juifs » en 1918 aurait peut-être sauvé l'Allemagne de la trahison. Ou encore ses déclarations en 1922 à un certain Josef Hell de Munich[6], à qui il parle de pendre les Juifs aux réverbères jusqu'à ce qu'il n'en reste plus un seul. Et lorsque de tels débordements sont pris en compte, c'est pour en faire des exceptions à un courant de pensée hitlérien beaucoup plus modéré, d'un caractère plus sobre et plus pragmatique, laissant la question juive de côté pendant de longues périodes, ou évoquant pour l'essentiel des remèdes législatifs tels que la limitation de l'immigration et des droits de citoyenneté, au pire des mesures d'expulsion. Et n'allant jamais jusqu'à préconiser des tueries, du moins comme solution concrète, jusqu'en 1941.

Le fait qu'il soit difficile de réfuter, même intuitivement, la thèse de Dawidowicz ne signifie pas pour autant qu'elle soit facilement démontrable. Néanmoins, il me semble que sa tentative pour accréditer la possibilité que Hitler ait pris sa décision en 1918 ou 1924 (et on devine qu'en son for intérieur elle opte pour 1918) constitue une hypothèse fascinante et à coup sûr un des points de vue les plus originaux et les plus stimulants de l'exégèse hitlérienne, ce qui justifie qu'on l'examine avec soin. Cela d'autant plus que se cache dans son analyse, enfouie dans une longue note, une image latente tout à fait remarquable. Une image unique, qu'elle amène à la surface pour d'autres raisons, un spectre étonnant que je n'avais encore jamais vu esquissé, mais qui n'a cessé de me hanter depuis : la figure de Hitler ricanant.

Rappelons qu'en formulant sa thèse du langage codé du leader nazi Dawidowicz postule que Hitler décida à la fois très tôt l'extermination des Juifs et se mit également très tôt à camoufler ses intentions.

« Comment prôner... une idée... dont la nouveauté réside dans son radicalisme absolu ? demande-t-elle. En la déguisant. »

Son investigation soulève une question de méthode : comment prôner une position (la sienne, sur la question de la décision) dont la nouveauté réside dans le radicalisme ? En partie, cela l'oblige à spéculer sur une absence, à savoir que l'impossibilité pour Hitler d'appeler ouvertement à l'extermination dans les années 1920 suppose qu'il masquait, par des effets de langage, quelque chose qui était là, plutôt que l'alternative contraire : qu'il n'y avait rien.

Elle perçoit la nécessité de donner le change au lendemain de 1918 dans l'attitude de Hitler par rapport aux « craintes » de la Reichswehr, de cette armée allemande en grande partie démobilisée à laquelle il continua d'appartenir au titre d'« instructeur politique » à son retour à Munich en 1919. « Si les talents oratoires de Hitler et les propos antisémites qu'il tenait aux recrues étaient fort appréciés par ses supérieurs, ceux-ci craignaient cependant que de telles déclarations ne soient qualifiées de "propagande antijuive". En conséquence, des consignes furent données pour une présentation plus prudente et pour que soit évitée toute "référence directe" aux Juifs. »

Elle scrute les premiers discours de Hitler dans cette optique d'un langage nécessairement secret, où, déclare-t-elle, « les mots codés dont il se servait pour parler des Juifs surpassaient en nombre les allusions explicites. Des expressions telles que "usuriers", "profiteurs", "exploiteurs", "gros capitalistes", "pouvoir international de l'argent", "communistes", "sociaux-démocrates", "criminels de novembre". » Et de prétendre en définitive que le fait qu'il ne les appelle pas des Juifs est la preuve qu'il se réfère bien aux Juifs.

Deviner les intentions de Hitler est une entreprise des plus périlleuses, surtout lorsqu'on se fonde pour cela sur une absence. Cependant, on peut faire valoir que son analyse renvoie néanmoins à une présence, celle des atrocités commises ultérieurement par Hitler. Et que ses détracteurs ne sont pas moins contraints d'échafauder des hypothèses à partir d'une absence, l'absence de preuves qu'il n'avait pas conçues bien avant ce qu'il réalisa bien plus tard avec tant de férocité.

De là le caractère captivant des analyses souvent brillantes de Lucy Dawidowicz, de ses suppositions audacieuses, des efforts qu'elle déploie pour justifier sa théorie sur la décision et le langage crypté de Hitler. De la manière dont elle applique les procédés de la critique littéraire auxquels elle a été formée — grâce à l'étude des œuvres de Wordsworth et de leurs ambiguïtés sous-jacentes — à la prose d'Adolf Hitler. Que l'on soit d'accord ou non, c'est là un tour de force assez éblouissant. Comme tout son livre, qui, il faut le noter, ne concerne pas exclusivement Hitler, même si c'est l'aspect qui nous intéresse ici. En fait, plus de la moitié est consacrée aux expériences des victimes du dictateur, aux diverses réactions opposées par les communautés juives d'Europe à la force meurtrière s'apprêtant à les broyer. Comme me le déclara son amie et collègue Ruth Wisse, professeur à Harvard, Lucy Dawidowicz pensait profondément, à l'époque où elle rédigea *The War Against the Jews,* qu'on avait trop écrit sur la guerre et trop peu sur les Juifs, situation que son ouvrage éloquent allait contribuer à changer.

Elle commence son analyse de la duplicité de Hitler quant à la manière dont il envisage le destin des Juifs en examinant les termes initialement utilisés par lui pour décrire sa « solution » : « *Entfernung* », « *Aufräumung* » et « *Beseitigung* », signifiant respectivement « déplacement », « nettoyage » et « élimination », avec une progression croissante de la finalité. D'après elle, « Hitler eut recours dès le début » à un vocabulaire volontairement ambigu, susceptible d'être compris à deux niveaux, l'un licite et l'autre clandestin. Ainsi, « déplacement » ou « élimination » pouvaient vouloir dire aussi bien « expulsion », et nul doute qu'une partie des adeptes du leader nazi pensaient que tel était leur sens véritable.

Toutefois, lorsque Hitler écrit en 1919 à un Munichois du nom de Gemlich qu'« un antisémitisme rationnel... ne peut que conduire à une opposition systématique légale et à l'élimination [*Beseitigung*] des privilèges particuliers détenus par les Juifs... Son objectif final sera, inébranlablement, l'éloignement [*Entfernung*] des Juifs dans leur totalité », Dawidowicz affirme que cet « objectif final » était clairement, dans l'esprit de Hitler, l'extermination, si ambigu ou moins radical qu'il ait pu apparaître à certains de ses lecteurs ou de ses auditeurs.

Elle cite un passage d'un discours de Hitler où il semble démentir, sur le mode goguenard, que l'extermination soit son but, et elle montre, à partir d'une analyse de son style sibyllin, qu'il est précisément en train de communiquer à ceux qui sont de connivence son intention d'exterminer.

C'est ainsi qu'en août 1920, il déclare dans un meeting[7] qu'il est partisan de l'« éloignement [*Entfernung*] des Juifs de notre nation, non pas parce que nous leur reprochons d'exister... nous félicitons le reste du monde d'une telle compagnie [hilarité], mais parce que l'existence de notre propre nation est mille fois plus importante pour nous que celle d'une race étrangère ». Selon Dawidowicz, la véritable fonction de ces propos est à l'opposé de leur signification apparente. Elle explique que l'ironie et l'« hilarité », le rire rapporté par un témoin du discours, ne concernent pas la « plaisanterie » évidente du « nous félicitons le reste du monde d'une telle compagnie [celle des Juifs] », mais en réalité la phrase qui précède : « non pas parce que nous leur reprochons d'exister ». Dawidowicz y voit un clin d'œil adressé aux membres du parti qui en connaissent le sens secret, à savoir que nous leur « reprochons » effectivement d'exister et que nous sommes bien décidés à les éradiquer de la surface de la terre. D'après elle, « l'ambiguïté est calculée ». Hitler ne nie pas ses desseins à l'encontre des Juifs, il pose une dichotomie : « leur existence » opposée à « l'existence de notre propre nation ».

Elle déploie des trésors d'ingéniosité pour trouver, jusque dans le déni ou l'élision, une référence à l'extermination, à une volonté de meurtre. Elle cite par exemple un discours d'avril 1922 dans lequel Hitler proclame : « Il ne peut y avoir de compromis. Il n'y a que deux possibilités : ou bien la victoire des Aryens, ou bien l'anéantissement des Aryens et la victoire des Juifs. » Notant que Hitler omet dans le premier terme de son antithèse « l'anéantissement des Juifs », elle affirme que cette omission elle-même représentait « une indication pour les adeptes » de ce qu'il voulait vraiment dire. Et elle reconstruit la phrase telle qu'il fallait l'entendre : « Ou bien la victoire des Aryens *et l'anéantissement des Juifs*, ou bien l'anéantissement des Aryens et la victoire des Juifs. » Même si l'on a parfois l'impression qu'elle s'évertue à trouver des preuves là où il n'y en a pas, les assertions de Dawidowicz sur les objectifs de Hitler et leur dissimulation ne tiennent pas, comme me le fit remarquer Ruth Wisse, à l'habileté d'une analyse de type straussien. « En tant qu'historienne, écrit Wisse, elle n'ignore pas qu'un événement aussi monstrueux que la destruction d'un peuple par un autre a ses racines dans l'histoire et qu'il est nécessairement l'aboutissement d'un processus de longue durée. » Simplement, elle ne s'arrête pas là, déclare Wisse, et son analyse du langage sibyllin est une manière de dévoiler « ce que Hitler et d'autres ont essayé d'occulter » avec une duplicité sibylline.

L'argumentation de Dawidowicz prend davantage de force lorsqu'elle en vient à examiner le langage utilisé par Hitler après son arrivée au pouvoir pour définir ses intentions et ses méthodes.

Ainsi l'étonnante allocution qu'il fit à des militants en avril 1937 (alors que Dawidowicz songeait en regardant par la fenêtre de sa salle de cours de Columbia que Wordsworth ne pouvait suffire à l'heure où son univers s'embrasait). Lors de cette réunion locale du parti nazi, Hitler « aborda lui-même la question juive et parla d'un ton méprisant des sollicitations de ceux qui, à l'intérieur du parti, réclamaient une action plus énergique contre les Juifs », écrit Dawidowicz. « Il assura que personne n'était mieux qualifié que lui pour envisager les dispositions à prendre à l'égard des Juifs, qu'il savait où il allait, mais qu'il devait tenir compte de facteurs tactiques pour être sûr de réussir. "Le but final de toute notre politique est parfaitement clair pour chacun d'entre nous", déclarait-il. »

> Ma préoccupation essentielle a toujours été de ne pas avancer d'un pas d'où il me faudrait peut-être battre en retraite, de ne pas faire un pas qui nous causerait du tort. Je vous le dis, je suis toujours allé jusqu'à l'extrême limite du risque, mais jamais au-delà. Cela exige un certain flair pour savoir : « Que puis-je faire encore ? »... Dans un combat, je ne demande pas un ennemi qui ait la force de se battre. Je ne lui dis pas : « Bats-toi ! » pour le plaisir de me battre. Au lieu de cela, je lui dis : « Je te détruirai ! Et fasse le ciel que j'arrive à t'acculer dans un coin où il te sera impossible de te défendre et alors tu recevras le coup en plein cœur. »

Ce que Hitler décrit ici à ses partisans ressemble à s'y méprendre à cette stratégie du double langage que Dawidowicz l'accuse précisément d'employer. Il n'y a aucun doute, aucune hésitation, aucune incertitude quant à l'objectif final : la destruction de l'ennemi. Et d'informer son auditoire de son intention de dissimuler aux étrangers, à l'ennemi, ce but ultime en faisant le chemin prudemment, pas à pas. Des pas qui n'auront l'apparence de l'hésitation que pour ceux qui ne sont pas dans le secret ; une prudence qui n'aura l'air d'être de l'inquiétude que pour ceux qu'elle vise à tromper.

C'est sous ce jour, me semble-t-il, qu'il convient d'examiner la principale objection à laquelle se heurte la thèse de Dawidowicz : le sérieux avec lequel Hitler considéra les plans dressés par les responsables nazis à l'échelon inférieur en vue de l'émigration et de l'expulsion forcées (au lieu du meurtre pur et simple) des Juifs allemands, et cela jusqu'à l'invasion de l'Union soviétique en juin 1941. Ainsi que me le déclara son exécuteur littéraire, Neal Kozodoy (aujourd'hui directeur de *Commentary*), loin de brosser le portrait d'un individu inconscient de la nécessité d'une certaine prudence, d'un certain machiavélisme, Lucy Dawidowicz décrit un Hitler qui, sans jamais perdre de vue son but principal, qu'il devait fréquemment voiler, était à la recherche de la solution la plus radicale possible.

On peut bien sûr se demander si ce qu'elle croit saisir est réellement le projet suprême de Hitler et ses méthodes machiavéliques, ou si elle ne prend pas pour argent comptant les rodomontades de ce dernier, son désir d'apparaître comme un formidable stratège, qui auraient pu l'inciter à présenter à ses partisans une attitude beaucoup moins cohérente et déterminée en un plan grandiose soigneusement mis au point ? Mais le tableau qu'elle trace des événements survenus l'année qui suivit le discours de 1937, la longue suite d'humiliations, de restrictions et d'interdictions qui allait frapper les Juifs d'Allemagne (symbolisée par ce qu'elle considère à juste titre comme l'un des plus sinistres décrets antisémites, l'obligation pour les Juifs de prendre le prénom d'Israël ou de Sarah, sorte de destruction de leur identité visant à faire de chacun d'eux un seul et même Juif) fait ressortir l'image, non pas d'une hostilité ponctuelle et de timides demi-mesures, mais bien plutôt d'une progression vers une mise à mort programmée.

Elle voit l'un des points culminants de ce processus dans le progrom massif, à l'échelon de tout le pays, représenté par la fameuse Nuit de cristal. Certains historiens considèrent encore aujourd'hui cet événement comme une explosion spontanée d'antisémitisme, encouragée par les sous-fifres de Hitler, mais sans que lui-même en ait été pleinement informé ou qu'il ait donné sa caution. Pour Dawidowicz, il s'agit au contraire d'un parfait exemple du manteau de dénégation que revêtirait le rôle décisif, bien qu'en partie occulte, de Hitler dans l'Holocauste. De même que pour l'extermination future, il n'existe, dans le cas de la Nuit de cristal, aucun ordre écrit de Hitler, ni de témoignage de consignes verbales. Toutefois, ce déchaînement prétendument inattendu de rage meurtrière contre les Juifs en novembre 1938 apparaît à Dawidowicz comme s'inscrivant dans le cadre de la stratégie à long terme élaborée par Hitler. Et de l'imaginer contrôlant d'une main vigilante ce qui a l'air d'une violence incontrôlée.

Elle replace la Nuit de cristal dans le contexte des accords de Munich conclus deux mois plus tôt, en septembre 1938. Généralement présentés comme une victoire diplomatique pour Hitler, ces accords signifiaient néanmoins un ajournement, sinon un « ratage », comme elle l'écrit, d'une guerre représentant à ses yeux la solution finale. Elle le dépeint en quête d'un autre moyen de prendre des mesures « énergiques », encore que moins spectaculaires, contre les Juifs, quand « une opportunité se présenta soudain de façon imprévue... avec l'assassinat, le 7 novembre 1938, du troisième secrétaire de l'ambassade d'Allemagne à Paris, Ernst vom Rath, par un étudiant juif polonais de dix-sept ans, Herschel Grynszpan ». Les parents de Grynszpan avaient été déportés dans un no man's land situé entre l'Allemagne et la Pologne, où ils vivaient dans des conditions équivalentes à celles d'un camp de concentration, ce qui avait conduit leur fils à ce geste de protestation[8].

« Hitler n'a jamais fait la moindre allusion en public à l'assassinat de vom Rath ni aux événements de la Nuit de cristal », note-t-elle. Mais, alors que certains ont interprété ce silence comme la preuve de son ignorance, de son désintérêt ou de sa désapprobation à l'égard des violences qui suivirent, et que d'autres ont mis l'accent sur le différend existant entre Goering, Goebbels et Himmler quant à l'ampleur et aux limites à donner aux persécutions, Dawidowicz voit dans ce mutisme de Hitler l'ombre de sa main tutélaire.

Elle le montre à Munich, lors de la célébration par le parti nazi de l'anniversaire du putsch de 1923, dînant pendant la Nuit de cristal « en compagnie de ses vieux camarades et s'entretenant longuement avec Goebbels. La coutume voulait que Hitler prononce le discours principal, mais ce soir-là il partit de bonne heure. Quelqu'un l'aurait même entendu déclarer que “les SA avaient bien le droit d'avoir leur petite fête” ».

Une fois de plus, elle voit là une preuve : « Son départ des festivités avait été prévu à l'avance afin qu'on ne puisse pas l'accuser — et le gouvernement avec lui — d'être responsable des événements ultérieurs... Goebbels exhorta en des termes enflammés les membres du parti à se mobilier, appela à des manifestations « spontanées »... et les SA prirent les paroles de Goebbels dans le sens souhaité, à savoir que les Juifs devaient payer de leur sang la mort de vom Rath. »

Le scénario, pour Dawidowicz, est clair : l'absence de Hitler, l'absence d'ordre donné par lui, dissimulent, derrière une façade d'innocence officielle, la réalité tenue secrète, à savoir la recommandation faite par Hitler à Goebbels de verser le sang juif. Acceptant comme vraie cette innocence apparente, la plupart des historiens mettent en avant le conseil des ministres tenu peu après à Berlin, en raison des réactions indignées du reste du monde face à de tels actes de barbarie. Goering et d'autres se déclarèrent stupéfaits, oui supéfaits, par l'étendue des dégâts et par l'irrationalité de la colère. La mise en cause de subalternes servit, déclare Dawidowicz, à masquer le rôle capital joué par Hitler, rôle qui apparaît dans son intervention peu connue mais néanmoins primordiale au moment où se répandait la violence : lorsque Himmler, chef des SS, voulut intervenir pour modérer les incitations à la brutalité prodiguées par Goebbels aux SA, Hitler l'en dissuada, laissant Goebbels continuer à jeter de l'huile sur le feu, et à exaucer ses propres désirs sans que lui-même ait à se compromettre.

Avec cette présence-absence de la Nuit de cristal pour modèle, Dawidowicz examine ensuite la funeste succession d'euphémismes qui, estime-t-elle, a de la même façon abusé les historiens quant aux intentions du dictateur et à son rôle dans la décision d'accomplir le génocide. Elle explique que l'offensive militaire que Hitler s'apprêtait à lancer en 1939, plus qu'une agression contre les Polonais, constituait la première étape vers un objectif plus vaste : la guerre contre les Juifs. Elle cite à l'appui une déclaration de Hitler lui-même, qu'elle a exhumée au cours de ses recherches dans les archives et les témoignages, déclaration étonnante faite en privé, au début du mois de janvier 1939, à Frantisek Chvalkovsky ministre des Affaires étrangères du gouvernement tchèque inféodé aux nazis, et dans laquelle il annonce d'un ton catégorique : « Nous allons détruire les Juifs. » Avant de poursuivre en faisant remonter sa résolution à l'époque ayant la faveur de Dawidowicz : « Ils [les Juif] ne s'en tireront pas comme ça, après ce qu'ils ont fait le 9 novembre 1918. L'heure du jugement a sonné. » Propos confidentiels, qui ne seraient connus qu'après la guerre.

Il faut rappeler qu'il existe une puissante école (illustrée notamment par le livre d'A. J. P. Taylor, *The Origins of the Second World War*[10]) qui voit en Hitler un homme d'État fanatique, mais d'un genre conventionnel, dont les objectifs tout au long de la période précédant 1939 auraient été on ne peut plus « classiques » : conquête du pouvoir, accroissement du territoire et de l'influence de la nation, et accès aux différents marchés. Or dans cette remarque de Hitler au ministre tchèque se trouve pour Dawidowicz le lien qui justifie sa propre conviction que le dictateur avait conçu son projet dès 1918 et que ses véritables intentions ne relevaient pas d'une politique étrangère traditionnelle, avec la guerre comme moyen ultime. Mais que la guerre avait toujours été son but — la guerre contre les Juifs.

Ce but, Hitler l'avait dévoilé à son pantin tchèque sous le sceau du secret, mais vingt-neuf jours plus tard, indique-t-elle, il prononça un discours devenu célèbre où il proférait publiquement la menace de détruire les Juifs, destruction qu'il associait au déclenchement de la guerre à venir et qui visait, avant toute chose, le rire des Juifs.

C'est ainsi que le 30 janvier 1939, à l'occasion du sixième anniversaire de son accession au pouvoir, Hitler fit à Berlin, devant les députés du Reichstag, sa « déclaration de guerre aux Juifs », comme l'appelle Dawidowicz :

> Et une autre chose que j'aimerais préciser en ce jour mémorable et peut-être pas seulement pour nous autres Allemands. J'ai souvent fait des prophéties et on a ri de moi. Dans ma lutte pour le pouvoir, les Juifs ont toujours ri très fort quand je prophétisais qu'un jour, je serais le chef de l'État allemand, et qu'alors, entre autres choses, je trouverais la solution du problème juif. *Je présume... que le rire alors sonore de la juiverie en Allemagne s'étrangle à présent dans sa gorge.*

> Aujourd'hui je vais encore faire le prophète : si la finance juive internationale, en Europe et ailleurs, réussissait à plonger une fois encore les nations dans une guerre mondiale, la conséquence ne serait pas la bolchevisation de la planète, et donc la victoire des Juifs, mais bien l'anéantissement de la race juive en Europe. [Souligné par moi.]

On sent, dans cette focalisation sur le rire, quelque chose de typiquement hitlérien, qui fait partie de la manière dont il personnalise sa guerre contre les Juifs. Et aussi de la joie féroce qu'il ressent en imaginant, de manière extrêmement imagée, le « rire sonore de la juiverie s'étranglant dans sa gorge ».

De sorte qu'on se demande quels Juifs se sont moqués de lui. Il se peut qu'un certain nombre l'aient sous-estimé, aient vu en lui un pogromiste de province plutôt que le futur conquérant du monde. Mais avaient-ils tellement envie de rire ces Juifs auxquels une histoire encore trop récente avait appris que même les pogromistes de province (comme ceux de Pologne et de Russie) arrivent à massacrer des familles innocentes ?

Est-il concevable que Hitler ait été sincèrement blessé par ce rire hypothétique ? Ou est-ce là un outrage contrefait ? Et le rire qu'il évoque de manière si obsessionnel en parlant de l'extermination des Juifs n'est-il pas le sien bien plutôt que celui des Juifs ?

Dans une longue note tout à fait fascinante ajoutée à son compte rendu du discours en question — et qui, de toutes les notes qui remplissent la littérature sur Hitler, est celle qui, selon moi, donne le plus à penser —, Dawidowicz, avec son regard d'aigle, cite pas moins de trois autres exemples dans lesquels Hitler lie le rire des Juifs à leur extermination. Exemples qui représentent, étalée sur une période de deux ans, la peinture par le dictateur lui-même du processus d'extermination à travers le langage codé du rire.

Mais Dawidowicz passe rapidement sur ce portrait, car elle s'efforce de mener à bien une de ses analyses les plus impressionnantes, celle qui lui permet d'appréhender Hitler, de mettre au jour son être véritable en même temps que le principal motif de la guerre, grâce à ce qu'elle nomme une série d'étranges « lapsus ». Lapsus qu'elle invoque afin de prévenir toute remise en question de sa grande thèse : la guerre que Hitler livrait à tous les pays qu'il envahissait ne servait qu'à dissimuler son objectif réel : la guerre contre les Juifs.

Le problème spécifique qu'elle aborde est encore une fois celui d'une absence apparente : le fait que, dans son discours du 1er septembre 1939 au Reichstag, dans sa déclaration de guerre à la Pologne quelques heures après le début du *Blitzkrieg*, Hitler ne déclare pas la guerre aux Juifs. En réalité, comme elle le signale, « ce fut un des rares discours où il ne les mentionnait pas ».

C'est alors qu'elle recourt à une stratégie remarquable pour expliquer cette absence, à savoir que les « lapsus » contenus dans les allusions ultérieures de Hitler à son discours de septembre 1939 révéleraient la nature réelle de son action. Pas moins de quatre fois au cours des trois années suivantes, il « se référa à son discours de ce jour-là [dans lequel il ne parle pas des Juifs] comme à celui où il avait menacé les Juifs de destruction en cas de conflit, alors qu'il s'agissait en réalité du discours qu'il avait fait le 30 janvier 1939 ».

Elle cite dans sa note les quatre « lapsus » et en tire la conclusion qu'« il [Hitler] associait mentalement sa déclaration de guerre du 1er septembre 1939 avec sa promesse de détruire les Juifs ».

Toutefois, ce qui me frappa dans cette note reproduisant de larges extraits des fameux « lapsus », ce n'est pas seulement l'obstination de Hitler à se référer aux Juifs à travers un discours où ils ne figuraient pas, mais aussi son obstination à parler de leur *rire*.

C'est ainsi que, le 30 janvier 1941, il déclara : « Et je n'ai aucunement le désir d'oublier ce que j'ai déjà dit le 1er septembre 1939... que si le reste du monde était plongé dans une guerre générale par la juiverie, c'en serait fini du rôle de la juiverie en Europe ! » Une menace qu'il avait formulée sept mois plus tôt, le 30 janvier 1939, et qui, dans sa harangue de 1941, semble moins lui importer que le rire dont il continue à percevoir l'écho : « Ils peuvent encore rire aujourd'hui, comme ils ont ri de mes prophéties antérieures, mais les mois et les années qui viennent prouveront que j'ai eu raison. »

De nouveau, une année plus tard, le 30 septembre 1942, il mêle, ou confond, la menace visant les Juifs et la déclaration de guerre à la Pologne :

> Lors de la séance du Reichstag du 1er septembre 1939, j'ai dit... que si la juiverie trame une guerre mondiale internationale pour anéantir les peuples aryens d'Europe, alors ce ne sont pas les peuples aryens qui seront anéantis, mais la juiverie... Naguère, en Allemagne, les Juifs ont ri de ma prophétie. J'ignore s'ils rient encore aujourd'hui, ou si l'envie de rire leur a déjà passé. Mais, à présent, je ne peux aussi qu'assurer : partout l'envie de rire leur passera.

Enfin, le 8 novembre, pour la troisième fois, apparaît le même lapsus, la même référence obsessionnelle au rire, dans une dernière déclaration, la plus terrifiante de toutes, où la mort des Juifs ressort clairement de l'extinction de ce rire devant la perspective de massacres brandie avec ironie par Hitler. Là encore, il revient sur la fameuse séance au Reichstag, où il prétend avoir déclaré :

> Si la juiverie s'imagine, par exemple, pouvoir fomenter une guerre mondiale internationale pour exterminer les races européennes, alors son résultat ne sera pas l'extermination des races européennnes, mais l'extermination de la juiverie en Europe. *De tous ceux qui riaient alors, innombrables sont ceux qui ne rient plus aujourd'hui et ceux qui rient encore ne le feront peut-être plus dans quelque temps.* [Souligné par moi.]

Il est alors possible de reconstituer le tableau personnel brossé par Hitler de son extermination des Juifs en suivant la progression de sa sinistre thématique du rire — l'anéantissement des Juifs à travers l'anéantissement de leur rire.

À commencer par le discours du 30 janvier 1939, où le rire « sonore » des Juifs s'étrangle de manière non moins perceptible dans leur gorge. En 1941, il les imagine continuant de rire, à défaut de s'étrangler, mais les mois à venir changeront cela. Et, une année plus tard, il déclare ne pas savoir si les Juifs « rient encore ». Mais dans un cas comme dans l'autre, il se dit certain que, « si l'envie de rire ne leur a pas déjà passé », elle « leur passera » bientôt. Et pour finir, il nous confirme que, non seulement le rire lui-même, mais aussi ceux qui riaient jadis, ont été supprimés : « innombrables sont ceux qui ne rient plus aujourd'hui et ceux qui rient encore ne le feront peut-être plus dans quelque temps ».

Si Dawidowicz cite ces passages, ce n'est pas pour le rire qu'ils contiennent, mais pour les « lapsus », pour l'amalgame fait par Hitler entre sa menace d'anéantir les Juifs du 30 janvier 1939 et sa déclaration de guerre du 30 septembre qui lançait ses armées à l'Est et rendait possible Auschwitz. Cependant, on pourrait avancer que cette imagerie du rire est en elle-même une espèce de lapsus, lapsus qui corrobore la thèse de Dawidowicz sur Hitler bien plus puissamment que les confusions de ce dernier touchant les dates de ses discours. Qui renforce le portrait qu'elle donne du dictateur comme quelqu'un ayant toujours nourri les mêmes intentions à l'égard des Juifs, et non pas hésitant, doutant ou rendu nerveux par l'énormité de ses desseins. Quelqu'un de sûr de lui et que cela faisait rire.

Le déplacement implicite que révèlent ces passages n'est pas tant, à mon avis, d'une date de discours à une autre, que d'un genre de rire à un autre. Le rire mourant dans la gorge des Juifs sans cesse évoqué par Hitler trouve son incarnation dans son propre rire. Ce rire tenace n'est pas le rire du peuple juif, mais celui du Führer. Ce n'est pas le rire d'un individu inquiet quant à la conduite à tenir. Ce n'est pas le rire de quelqu'un déclarant jusqu'au dernier moment : « *Mon cher Heinrich... serait-ce possible ?* »

Non, c'est le rire d'un homme qui sait très bien ce qu'il fait et qui s'en délecte, se délecte de son langage codé, de l'idée que la plaisanterie ne sera comprise que par un très petit nombre. Délectation comparable à celle éprouvée par Hitler, Himmler et Heydrich, les trois artisans de la solution finale, en démentant de manière théâtrale l'odieuse « rumeur » selon laquelle les Juifs seraient victimes de tueries, dans ce passage des « Libres propos » qui les montrent goûtant le plaisir secret de leur commune mystification.

Et ce n'est pas davantage le rire d'un individu « convaincu de sa propre rectitude », comme le voudrait Trevor-Roper. Bien plutôt celui d'un vainqueur savourant sa victoire, d'autant plus pimentée qu'elle est d'une nature profondément illicite et quelle ne saurait être appréciée pleinement que par de fins connaisseurs, n'ignorant rien de l'acte monstrueux caché derrière l'image ambiguë du rire étranglé. Un acte dont l'« énormité » n'effrayait nullement Hitler, dont il se réjouissait au contraire avec une jubilation obscène.

On connaît l'histoire du Juif allant au combat et qui interroge un rabbin sur ce qu'il doit faire au cas où il serait capturé par l'ennemi et qu'il n'aurait pas d'autre alternative que de mourir de faim ou de manger du porc. Le rabbin lui répond que, si c'est pour sauver sa vie, alors oui, il a le droit de faire ce qui, en d'autres circonstances, serait un péché, un sacrilège abominable : manger du porc. Mais de lui interdire d'en profiter : « Ne lèche pas les os ! » Par son rire, ce rire léché sur la gorge des Juifs agonisants, Hitler exprime son plaisir obscène de commettre un sacrilège. Par son rire, il révèle que l'extermination n'est pas pour lui une affaire de rectitude, une tâche ingrate commandée par un sombre idéal. Par son rire, il montre à la fois sa connaissance et sa satisfaction de la transgression qu'il accomplit. Sa totale conscience de faire le mal.

Mais qu'est-ce au juste qui lui procure cette joie intense ? Pas simplement la chose elle-même, l'organisation de massacres, mais la délicieuse, l'exquise — du moins, pour lui — ironie, qui fait que ceux qui riaient jusque-là se voient à présent verser la mort à l'aune de leur rire déclinant par celui-là même dont ils se moquaient. En un sens, il y a là une confirmation de la thèse de Berel Lang selon laquelle c'est dans le plaisir du meurtre comme expérience esthétique, dans le goût des meurtriers pour ces piquantes et insidieuses ironies que se trouve le plus haut degré de conscience du mal.

Ce chapitre avait commencé avec la question : Hitler avait-il honte, ou du moins, comme semble le penser Browning, était-il troublé par l'énormité de sa décision, de sorte qu'il aurait été en proie au doute, à une inquiétude « sincère » ? En fait, on ressort de la puissante démonstration de Lucy Dawidowicz avec l'impression que ce que Hitler éprouvait intérieurement (aussi bien qu'extérieurement : le journal de Goebbels regorge d'anecdotes où tous deux s'amusent du sort qu'ils réservent à leurs ennemis) relève davantage de l'impudence que de la honte, du rire arrogant que de l'inquiétude. Et il n'est sans doute pas exagéré de dire que, s'il avait pu deviner le portrait que feraient de lui, un demi-siècle après sa mort, certains historiens — celui d'un être émotif, tourmenté — il aurait ri sans vergogne une dernière fois.

Comment réagir à ce Hitler ricanant, à la profondeur de son cynisme et de son ignominie, au plaisir odieux qu'il semble prendre à caresser le projet d'anéantir un rire déjà étranglé ?

On pourrait dire que cinquante ans de tentatives pour « expliquer » Hitler ont servi, en un sens, à éviter la confrontation avec le spectre de ce Hitler narquois, de ce Hitler totalement conscient de sa turpitude.

Cinquante ans d'efforts qui, d'une manière considérable, encore que souvent contradictoire, ont enrichi, élargi, approfondi, contextualisé, historicisé notre vision de Hitler. Mais qui nous ont également éloignés, détournés, de sa personne, de son rôle spécifique, de son désir, du fait que, comme le déclare Milton Himmelfarb, il n'avait aucun besoin de tuer les Juifs, qu'il n'y était pas simplement poussé par des forces abstraites, mais qu'il l'a choisi, qu'il le *voulait*.

Les études contemporaines ont eu tendance à écarter la responsabilité personnelle de Hitler, son action consciente (selon une expression devenue à la mode) en posant comme principe, ou bien que sa volonté n'était pas décisive (s'il ne l'avait pas fait, de profonds courants de l'histoire auraient amené un alter ego à le faire). Ou bien qu'il n'en avait pas vraiment la volonté. Il ne prit pas la décision, ou elle lui inspirait des doutes, ou il avait peur de la prendre, ou il était en conflit avec lui-même et paralysé à la manière de Hamlet devant une telle énormité. Ou encore, cette décision fut en quelque sorte produite, engendrée spontanément, par d'autres, par le cercle de ses intimes, par la bureaucratie, par les exigences de sous-fifres tatillons qui la lui imposèrent « de la base ».

Autant d'opinions sincères et, dans bien des cas, relativement convaincantes en elles-mêmes. Mais avec un peu de recul, on s'aperçoit qu'elles représentent une forme de consolation, une manière d'éviter le face-à-face avec l'inexplicable horreur d'un Hitler narquois et retors. En rapetissant celui-ci, en le présentant comme le jouet de forces plus profondes, plus abstraites, comme un robot programmé par l'idéologie, la bureaucratie ou le matérialisme dialectique, programmé pour incarner et accomplir l'« inévitable », nous rendons son rire de triomphe à nos dépens moins blessant, plus proche du rire pitoyable d'une poupée de ventriloque faussement autonome, dont les ficelles seraient en réalité tirées par l'histoire. À défaut, un Hitler hésitant, partagé, reste encore acceptable, dans la mesure où cela nous permet de l'imaginer torturé par le doute, miné par l'indécision, rongé par l'inquiétude. Non, il ne riait sûrement pas pour de vrai, sachant l'énormité de ce qu'il s'apprêtait à faire, il devait avoir bien plus peur qu'envie de rire à l'idée de commettre son crime.

Pour autant, ceux qui amoindrissent Hitler ou ses actes ne le font pas nécessairement pour se réconforter. Peut-être est-ce un penchant propre à tout effort de compréhension d'une réalité énigmatique que d'aller vers une complexité de plus en plus grande, au point que chaque chose, chaque individu finissent par avoir l'air responsables, et à la fois personne, pas même Hitler.

On peut réagir à la manière de Claude Lanzmann, par un rejet total de *toute* explication en tant que justication ultime. Ou en se servant de la « double manœuvre » d'Emil Fackenheim : pousser l'explication le plus loin possible, et parallèlement, à un autre niveau, *résister* à l'explication, ou du moins au type d'explication qui donnerait à Hitler une « victoire posthume » en le disculpant, en mettant sa malignité sur le compte de parents indignes, d'une société corrompue, d'un Juif rencontré jadis, d'une perversion sexuelle, d'idées pernicieuses ou de facteurs historiques nuisibles.

À travers la notion de « victoire posthume », ce que suggère Fackenheim, c'est que, quel que soit notre désir de comprendre Hitler, il est important, en un sens, de rester en guerre avec lui. Et que continuer de résister à l'ennemi, voire le haïr, peut être bénéfique. Est-il vraiment légitime de haïr encore Hitler, ou est-ce le genre de réaction primaire que l'explication, la compréhension auraient dû, dans l'idéal, nous aider à dépasser ? Est-ce une attitude anormale, périmée, un signe d'obscurantisme chez le citoyen instruit, civilisé, du monde d'après l'Holocauste que de haïr le tyran nazi ? Ou, au contraire, n'est-ce pas un étrange échec moral que de ne pas le haïr ?

L'idée de haine, la question de savoir si haïr Hitler et

l'expliquer s'excluent mutuellement furent les thèmes d'une fascinante conversation que j'eus avec Milton Himmelfarb, que j'étais allé voir après avoir découvert la figure du Hitler narquois dans la note de Lucy Dawidowicz.

L'article polémique publié par Himmelfarb dans *Commentary*, avec sa formule provocatrice « Pas de Hitler, pas d'Holocauste », m'avait fortement impressionné lorsque je l'avais lu en 1984. Autant que d'autres écrits, il m'avait incité à examiner de plus près la manière dont nous concevons Hitler, et j'avais souhaité savoir ce qui avait amené son auteur à adopter une telle position, à affirmer que Hitler n'avait pas tué les Juifs parce qu'il lui était impossible de faire autrement, qu'il y était contraint par des forces irrésistibles, mais parce qu'il le voulait, à cet instant précis.

Dans le salon de sa demeure de White Plains, dans l'État de New York, Himmelfarb me déclara, avec son solide bon sens qui cache une intelligence subtile et pénétrante, qu'il avait été troublé à l'époque par une tendance apparue dans la littérature hitlérienne, jusque — et en particulier — parmi les Juifs. Tendance qui consistait à minimiser l'hostilité personnelle de Hitler à l'égard des Juifs comme motif principal de l'Holocauste, à « élargir » et à « universaliser » la tragédie. Derrière cette attitude, il lui semblait percevoir une sorte de gêne éprouvée par les Juifs à l'idée d'avoir été la cible d'une haine aussi meurtrière, de même qu'une répugnance à accepter des explications « trop juives », selon l'expression colorée de Himmelfarb. Au lieu de quoi, estimait-il, se manifestait un désir de faire de cet événement un drame plus universel, de voir dans l'antisémitisme de Hitler une nouvelle et terrifiante illustration du proverbe selon lequel l'homme est un loup pour l'homme, plutôt qu'une haine personnelle dirigée de manière spécifique contre les juifs.

Devait-on, que l'on soit juif ou non, haïr Hitler, la question surgit à la fin de la conversation, dans le cadre plus général d'une discussion sur le caractère exceptionnel du phénomène hitlérien, problème qui est à l'origine d'une division majeure entre les spécialistes, avec d'un côté ceux pour qui Hitler relève de systèmes d'explication déjà connus ayant servi à analyser d'autres drames de l'histoire. Et ceux pour qui il représente une singularité, une exception, dont on ne saurait rendre compte à la lumière du passé. Cet argument de l'exceptionnalisme se retrouve un peu partout dans notre histoire intellectuelle. Ainsi l'« exceptionnalisme américain », qui recèle la croyance, ou l'espoir, que la société américaine n'aura pas à subir les épreuves de la société européenne, qu'elle n'est pas une conséquence du passé de celle-ci, mais bien plutôt un nouveau départ. Ou l'exceptionnalisme shakespearien, qui attribue aux œuvres de Shakespeare une originalité particulière les mettant au-dessus du reste de la littérature.

Emil Fackenheim, comme nous l'avons vu, formule un argument exceptionnaliste à partir de Hitler et de la nature humaine : il est impossible de situer Hitler sur le continuum humain ordinaire ; impossible de dire simplement qu'il est un individu mauvais, incroyablement mauvais, peut-être le plus mauvais de tous, mais néanmoins explicable comme un produit de la même nature humaine, des mêmes forces psychologiques qui engendrèrent, mettons, un premier être mauvais, puis un autre plus mauvais, puis un troisième pire encore et ainsi de suite jusqu'à nous. Non, pour Fackenheim, Hitler est hors de la chaîne, hors de cette grille, dans une autre catégorie, celle du mal absolu.

Himmelfarb en arriva au thème de l'exceptionnalisme, et de la haine, à propos non pas de Hitler mais de Staline, cette figure que beaucoup n'hésitent pas à placer à côté du leader nazi pour ce qui est de la malfaisance. Dans l'évolution politique de Himmelfarb, Staline demeure un personnage d'une certaine importance. Lorsque je lui parlai, il était âgé de soixante-seize ans, et toujours batailleur, intellectuellement combatif, dans le style inimitable de ces Juifs de gauche des années 1930, émules de Staline et de Trotski, qui renonceraient au matérialisme dialectique pour former le noyau du libéralisme anticommuniste des années 1950 et du néo-conservatisme des années 1970 et 1980. Dans sa jeunesse, Himmelfarb avait été marxiste, même s'il devait rejoindre plus tard sa sœur, Gertrude Himmelfarb, aujourd'hui éminente spécialiste de l'histoire sociale, et le futur mari de celle-ci, Irving Kristol, dans les rangs des néo-conservateurs.

Plus encore que son beau-frère, me confia-t-il, il avait été un militant de gauche enthousiaste. Adepte du système d'explication « scientifique » suprême que constituait le matérialisme dialectique, qui n'admettait pas d'exception. Selon lequel chaque phénomène de l'histoire et de la conscience humaine était un produit déterminable presque mathématiquement en fonction de sa place dans la dialectique de la lutte des classes. Et qui donnait alors Hitler comme une étape nécessaire de la consolidation du capitalisme et de son effondrement final, lequel entraînerait inévitablement la dictature du prolétariat, dont la Russie de Staline représentait l'avant-garde.

Himmelfarb et moi buvions du thé dans la cuisine à l'atmosphère glaciale de sa vaste maison en bois pleine de courants d'air (que son propriétaire, doué d'une santé robuste, ne chauffait qu'en partie malgré le froid intense régnant à l'extérieur). Sa femme eut la bonté de nous apporter un radiateur, qu'elle mit entre la table et le poêle où il avait préparé le thé. La nuit commençait à tomber, nous parlions de Staline, et la scène avait quelque chose de russe, sinon de dostoïevskien, tandis que nous approchions de la question de la haine.

Nous discutions du mal comparé, de la position relative de Hitler et de Staline sur le continuum, et des critères invoqués pour déclarer impossibles de telles questions. J'avais lu récemment l'ouvrage remarquable de Robert Conquest sur les crimes de Staline [11]. Aucun historien ne s'était encore montré aussi sévère à l'égard du dictateur soviétique. Toutefois, Conquest me déclara par la suite que, s'il devait comparer les deux, force lui était de reconnaître, en dépit de ses hésitations et du caractère subjectif d'un tel jugement, que la malfaisance de Hitler « paraissait pire » que celle de Staline. Même si Himmelfarb n'est pas tendre avec Hitler, c'est le moins qu'on puisse dire, il s'en prit cet après-midi-là à ceux qui se refusent encore à admettre toute l'étendue de l'ignominie de Staline et qui rejettent l'idée qu'elle ait pu égaler celle de Hitler.

« Si l'on a refusé de voir Staline tel qu'il était, me dit-il, c'est peut-être par *déformation professionnelle*. On a voulu appliquer les catégories universelles des sciences politiques, de l'économie, à ce qui se passait, et il a fallu Soljenitsyne pour nous apprendre ce qu'était le goulag. Mais on l'a mis à l'écart en quelque sorte... “Ses livres n'ont pas la rigueur méthodologique, a-t-on prétendu. C'est de l'anecdote, il ne parle pas du *système*."

— Parce qu'il disait quelque chose de beaucoup plus sinistre que, simplement, "c'était un système défectueux", ou "Staline a trahi le marxisme" ? suggérai-je. Qu'il disait, "ceci est l'enfer sur la terre", et le goulag, comme les camps de concentration, ne s'accorde pas avec les catégories explicatives qui prennent le système au sérieux ? »

En guise de réponse, Himmelfarb me raconta l'histoire de sa rencontre avec un certain « Schlomo Dykman, poète et spécialiste de la littérature classique, qui traduisait l'*Énéide* en hébreu. Et ce n'était pas facile, parce que l'hébreu ne se prête pas à... » Il se mit à réciter les premiers vers de l'épopée (qui décrit une évasion d'une sorte d'Holocauste du monde antique) dans un latin parfait. « Dykman arriva en Israël comme réfugié après avoir quitté le goulag, où il était resté emprisonné depuis que les Russes s'étaient emparés de l'est de la Pologne. Il y avait passé de longues, longues années. Et il me cita la remarque d'un hasid nommé Lubavitch dont il avait fait la connaissance au cours de sa détention. Le hasid lui avait dit en yiddish : "Un pays pareil ! Ce serait un *mitzvah* [commandement divin] que d'en partir en train, à un Yom Kippour tombant un samedi !" »

Himmelfarb se mit à rire. « J'ignore comment on pourrait expliquer cela à un spécialiste des sciences politiques...

— En fait, ce dont il parlait, c'était d'un exceptionnalisme, n'est-ce pas ? D'un endroit si abominable qu'il aurait été légitime, pour le laisser derrière soi, de désobéir aux préceptes le plus sacrés. Et c'est également ce que vous vous voulez dire, je présume, par "Pas de Hitler, pas d'Holocauste" : que Hitler n'était pas le fruit d'un système ou d'un pays funeste, qu'il n'était pas l'expression de forces qui nous sont familières...

— Et ce n'est même pas que les Allemands étaient un peuple particulièrement cruel ou disposé à tuer les Juifs.

— L'exception, ce n'était pas le peuple allemand, c'était Hitler ?

— Oui. Du moins, c'est mon point de vue. Et je pense que c'est aussi le vôtre, n'est-ce pas ? »

C'était là une bonne question. Jusqu'à cet instant, sans doute n'étais-je pas prêt à reconnaître mon allégeance à l'un des deux camps dans cette controverse des plus cruciales agitant l'exégèse hitlérienne, celle de l'exceptionnalisme du phénomène nazi. Mais en entendant Himmelfarb me dire « je pense que c'est aussi [votre point de vue] », je sentis que cette remarque n'était pas dénuée de vérité. À quelques nuances près : je pourrais répondre que, si je suis un exceptionnaliste, c'est plus par défaut que par une croyance métaphysique à l'impossibilité d'expliquer Hitler au moyen d'instruments rationnels. Après avoir passé près de dix ans à examiner les théories, souvent ambitieuses et souvent inadéquates, des écoles rivales et de leurs représentants, tous persuadés d'avoir expliqué Hitler, je doute qu'il ait été réellement expliqué, sans être pour autant certain qu'il soit inexplicable. Et je serais assez d'accord avec Yehuda Bauer pour penser que nous manquons de preuves suffisantes concernant nombre de questions clés. Encore que je ne sois pas aussi convaincu qu'en disposant de telles preuves nous serions enfin capables de l'expliquer. Que nous ne serions pas, même avec tous les faits en main, bernés une fois de plus par Hitler, comme le pense Emil Fackenheim.

Pour ma part, j'adopterai une position plus prudente, nourrie de la doctrine de l'« aptitude négative » et de scepticisme épistémologique, à savoir que, même si nous possédions toutes les preuves du monde, nous ne pouvons être sûrs que, d'une certaine manière, Hitler ne continuerait pas à nous échapper, à échapper à notre compréhension. Et que nous n'avons aucun moyen de savoir lequel, de Bauer ou de Fackenheim, a raison à propos de sa duplicité. De sorte qu'il est fort possible que nous soyons condamnés pour toujours à éprouver un sentiment de doute profondément troublant, à être hantés par l'évanescence de Hitler.

De plus, on ne saurait tenir pour établi qu'il soit métaphysiquement explicable, et nier qu'il ait quelque chose d'exceptionnel, dans la mesure où, jusqu'à présent, personne n'a réussi à l'enfermer dans un cadre.

Comment réagir à une exception comme Hitler ? L'impossibilité de l'expliquer en termes humains a conduit Fackenheim à qualifier le dictateur d'« irruption du diabolisme dans l'histoire ». Et certains spécialistes n'ont pas manqué de dénoncer ce qu'ils appellent une tendance à le « diaboliser », à le présenter comme une exception suprême échappant à l'analyse historique. Laquelle accusation a parfois servi à dénigrer toute tentative d'examiner sa responsabilité personnelle, sous prétexte qu'il s'agirait là d'une attitude rudimentaire, ignorant les explications historiques générales qui font de lui moins une figure des forces du mal que l'instrument de celles-ci.

Je demandai à Himmelfarb ce qu'il pensait de ceux qui parlent d'une volonté de « diabolisation ».

« Que voulez-vous dire par diabolisation ? s'exclama-t-il. Que c'était un type banal et qu'on lui a mis une queue et des cornes ? »

En quelque sorte. « Je veux dire le fait de classer Hitler dans une catégorie unique, exceptionnelle, du mal, une catégorie sans précédent.

« Ceux qui appellent cela de la diabolisation acceptent au fond la thèse d'A. J. P. Taylor, selon laquelle Hitler était un homme d'État ayant les mêmes buts que les autres. Ou les allégations des spécialistes des sciences politiques, qui prétendent qu'il ne fut qu'un agent accidentel d'une transformation nécessaire de la société allemande. Et que se focaliser sur lui en tant qu'individu, c'est perdre de vue une vérité plus vaste. Ne jamais se laisser distraire par les individus ! Mais pour moi, ce n'était pas un homme d'État. Ni un agent accidentel. C'était un être malfaisant, un génie du mal.

« Certains historiens hésitent à utiliser le terme de mal à son sujet. »

Pour toute réponse, il se lança dans une anecdote concernant le philosophe Leo Strauss. « Je ne suis pas un disciple de Strauss, je l'ai seulement rencontré deux ou trois fois, mais un de mes amis philosophes m'a raconté l'histoire suivante. Il avait dit à Strauss qu'il partait pour l'Allemagne — cela se passait après la guerre. Où il devait aller voir... comment s'appelle-t-il déjà ? » me demanda Himmelfarb, feignant (je suppose) d'avoir oublié le nom pour se donner le plaisir de formuler la question sous cette forme : « Vous savez bien, le petit copain nazi de Hannah Arendt ?

— Heidegger ?

— C'est ça. Mon ami expliqua à Strauss que Heidegger lui avait écrit pour l'inviter à venir le voir. » C'était avant que la phase de sycophante nazi de Heidegger et son attitude impénitente ne soient largement connues. « Et Strauss répondit à cet ami : “N'y allez pas !” Pourtant, il n'y avait pas d'esprit plus subtil que Leo Strauss. N'empêche qu'il détestait les nazis ! lança Himmelfarb, haussant brusquement le ton. Et là-dessus, il ne s'embarrassait pas de subtilités. *Il les haïssait carrément !* Il était juif. Et c'était pour lui une raison essentielle de les détester. Il s'occupait de philosophie politique, mais il était juif et *il haïssait les nazis* ! Et cela ne le rendait pas moins intelligent. »

Himmelfarb a presque l'air de dire que le summum de la vraie subtilité, de celle qui ne tombe pas dans le piège de l'explication pseudo-intellectuelle comme légitimation, comme généralisation évacuant le rôle personnel de Hitler, est d'être capable de le haïr. D'une haine qui ne serait pas un point de départ, mais un point d'arrivée : le résultat d'une compréhension plus profonde. Au mot « haine », on pourrait substituer le terme moins brutal de « résistance ». C'est celui qu'utilise Emil Fackenheim pour caractériser la « double manœuvre » qu'il convient d'effectuer quand on essaie d'expliquer Hitler : chercher l'explication et lui résister.

Résister non pas à l'analyse, ou à la réflexion, mais aux conséquences trompeuses et complaisantes de l'explication. Résister à la manière dont elle peut devenir une fuite, ou une consolation, une façon de conférer à la décision de Hitler d'agir comme il l'a fait un aspect moins intolérable, moins haïssable, en reportant sa responsabilité sur des abstractions anonymes, des forces inexorables ou des pulsions invincibles qui ne lui laissaient pas d'autre choix ou rendaient son choix inutile. Résister à ces excuses explicatives qui permettent à Hitler de s'échapper, de savourer la victoire posthume d'un dernier ricanement.

INTRODUCTION : LES PHOTOS D'ENFANT ET L'ABÎME

1. Voir la passionnante étude de Donald M. McKale, *Hitler : The Survival Myth*, New York, Stein and Day, 1981.

2. Voir l'analyse convaincante, sinon définitive, d'Ada Petrova et Peter Watson, *The Death of Hitler*, New York, W. W. Norton, 1995.

3. Pour une discussion détaillée de ces différences, voir chapitres 4 et 5.

4. Voir chapitre 20.

5. Ce rapport fut révélé par Lev Bezymenski dans *The Death of Adolf Hitler*, New York, Harcourt, Brace and World, 1968.

6. Discours de Bill Clinton lors de l'inauguration de l'Holocaust Memorial Museum, 22 avril 1993.

7. Milton Himmelfarb, « No Hitler, No Holocaust », *Commentary*, mars 1984, pp. 37-43.

8. *Ibid.*, p. 37.

9. Entretien avec l'auteur.

10. Entretien avec l'auteur.

11. Alvin H. Rosenfeld, *Imagining Hitler*, Bloomington, Indiana University Press, 1985, p. xx.

12. Claude Lanzmann, conférence au Western New England Institutes of Psychoanalysis, avril 1990, publiée sous le titre « The Obscenity of Understanding : An Evening with Claude Lanzmann », *American Imago*, avril 1991, pp. 473-495.

13. Heinrich Hoffmann, *Hitler wie ihn keiner kennt*, Berlin, Zeitgeschichte Verlag, 1932. Ce portrait est donné comme la « première photographie » dc Hitlcr.

14. Michael André Bernstein, *Forgone Conclusions : Against Apocalyptic History*, Berkeley et Los Angeles, University of California Press, 1994.

15. Entretien avec l'auteur.

16. Voir, par exemple, Alvin Plantinga, « God, Evil and the Metaphysis of Freedom », *The Nature of Necessity*, Oxford, Clarendon Press, 1974, pp. 164-193.

17. Gordon A. Craig, *The Germans*, New York, Meridian Books, 1991, et « The War of the German Historians », *The New York Review of Books*, 15 janvier

1987 (sur l'*Historikerstreit*) ; John Lukacs, *The Hitler of History*, New York, Alfred A. Knopf, 1997, en particulier le chapitre 3, « Reactionary and/or Revolutionary ».

18. Saul Friedländer, *Nazi Germany and the Jews*, vol 1, *The Years of Persecution, 1933-1939*, New York, Harper Collins, 1997 ; Ian Kershaw, *The Hitler Myth : Image and Reality in the Third Reich*, Oxford, Oxford University Press, 1987, et *Hitler : essai sur le charisme en politique*, trad. de l'anglais, Paris, Gallimard, 1995.

19. David H. Fischer, *Historians' Fallacies*, New York, Harper and Row, 1970.

20. Voir chapitre 17.

21. Voir chapitre 18.

22. Voir chapitre 16.

23. Voir chapitre 5.

24. Voir chapitre 8.

25. Voir chapitre 11.

26. Voir chapitre 12.

27. Don DeLillo, *Bruit de fond*, trad. de l'américain, Paris, Stock, 1986.

28. Michael Howard, conversation avec Thomas Powers.

29. Irving Kristol, « The Study of Man : What the Nazi Autopsies Show », *Commentary*, septembre 1948, pp. 271-282.

30. Dietrich Güstrow, *Tödlicher Alltag*, Berlin, Severin et Seidler, 1981.

31. Alice Miller, *C'est pour ton bien : racines de la volonté dans l'éducation de l'enfant*, trad. de l'allemand, Paris, Aubier-Montaigne, 1984.

32. Erich Fromm, *La Passion de détruire : anatomie de la destructivité humaine* [1973], trad. de l'américain, Paris, Robert Laffont, 1975.

33. John H. Walters, « Hitler's Encephalitis : A Footnote to History », *Journal of Operational Psychiatry*, février 1975, pp. 99-112.

34. A. Wimmer, « Zur Kriminalitaet der Encephalitiker », *Acta Psychiatrica*, Copenhague, mai 1930.

35. Simon Wiesenthal, *Justice not Vengeance : Recollections*, New York, Grove Press, 1990.

36. Voir Alan Levy, *The Wiesenthal File*, Londres, Constable, 1993.

37. Voir chapitres 1 et 2.

38. Voir chapitres 7 et 10.

39. Voir chapitre 13.

40. Helmut Schmeller, « Hitler's View of History », thèse de doctorat, Université du Kansas, 1975.

41. Brigitte Hamann, *Hitlers Wien*, Munich, Piper, 1996.

42. Voir Nicholas Goodrick-Clarke, *The Occult Roots of Nazism : The Ariosophists of Austria and Germany, 1890-1935*, Wellingborough, Thorson Publishing Group, 1985. C'est l'étude la plus sérieuse (et pratiquement la seule) sur un sujet — Hitler et l'occulte — où règnent le mythe et la superstition. De l'examen des faits, Goodrick-Clarke conclut : « Il semble très probable que Hitler ait été un lecteur assidu d'*Ostara*, même si la fameuse rencontre mentionnée par Liebenfels en 1951 n'est nullement attestée. »

43. John Lukacs, *The Hitler of History, op cit*, p. 59.

44. Voir Albert Lee, *Henry Ford and the Jews*, New York, Stein and Day, 1980, notamment en ce qui concerne l'accusation formulée par la diète bavaroise dans un rapport au président allemand en 1922 : « La Diète de Bavière a été informée il y a déjà un certain temps que le mouvement de Hitler était en partie financé par un antisémite américain, Henry Ford. » Lee déclare que la question de savoir si et comment Ford aidait matériellement Hitler (hormis le fait d'appor-

ter son prestige à l'idéologie antisémite nazie) « ne sera peut-être jamais résolue », mais il pense que le soutien de Ford est « hautement vraisemblable », p. 57.

45. Voir Alan Levy, *Wiesenthal File, op. cit.*, pp. 17-18.

46. Michael André Bernstein, « The Lasting Injury », *TLS*, 7 mars 1997, p. 3.

47. Robert Grant, « No Conjuring Tricks », *TLS*, 14 novembre 1997, p. 3.

48. Ron Rosenbaum, « Explaining Hitler », *The New Yorker*, 1er mai 1995, pp. 50-70.

49. Erwin von Aretin, *Fritz Michael Gerlich : Ein Martyr unserer Tage*, Munich, Schnell et Steiner, 1949.

50. Ernst Weiss, *The Eyewitness*, avant-propos de Rudolph Binion, Boston, Houghton Mifflin, 1977.

51. Voir Ernst Hanfstaengl, *Hitler : The Missing Years* [1957], New York, Arcade Publishing, 1994, p. 163.

52. Voir, entre autres, Charles Wighton, *Heydrich*, Londres, Odhams Press, 1962, p. 132.

53. Ron Rosenbaum, « Tales from the Cancer Cure Undeground », *Travels with Dr. Death*, New York, Viking Penguin, 1991.

Chapitre 1 : Le mystérieux étranger, la servante et le roman familial des biographes de Hitler

1. William Patrick Hitler dans *Paris-Soir*, 5 août 1939, cité par John Toland, *Adolf Hitler*, trad. de l'américain, Paris, Laffont, 1983.

2. Werner Maser, *Prénom Adolf. Nom : Hitler*, trad. de l'allemand, Paris, Club français du livre, 1973.

3. Alan Bullock, *Hitler ou les mécanismes de la tyrannie*, trad. de l'anglais, Verviers, Marabout-Université, 1962, 2 vol.

4. Sir Isaiah Berlin, *Against the Current : Essays in the History of Ideas*, New York, Penguin Books, 1982.

5. Helmut Heiber, *Adolf Hitler*, trad. anglaise, Londres, Oswald Wolff, 1961.

6. Sigmund Freud, « Le Roman familial des névrosés » [1909], dans Otto Rank, *Le Mythe de la naissance du héros*, Paris, Payot, 1983.

7. Voir le résumé qu'en donne Robert G. L. Waite dans *The Psychopathic God : A Biography of Adolf Hitler*, New York, Basic Books, 1977, pp. 149-150n.

8. Rudolf Olden, *Hitler*, New York, Covici-Friede, 1936. Il semble que cet astucieux journaliste soit Willi Frischauer. Voir sa lettre au *Sunday Telegraph* de Londres du 17 décembre 1972.

9. Franz Jetzinger, *Hitler's Youth*, Londres, Hutchinson, 1958.

10. Werner Maser, *Prénom : Adolf. Nom : Hitler, op. cit.* Mais voir aussi la déclaration du général de la Wehrmacht Knittersched, commandant du district militaire de Döllersheim, qui décrit les préparatifs pour un bombardement de Döllersheim en 1938, dans Robert Waite, *The Psychopathic God, op. cit.*, p. 186.

11. Robert Waite, *The Psychopathic God, op. cit.*, p. 149.

11. *Ibid.*, citant Gerhard L. Weinberg, éd., *Hitlers Zweites Buch*, Stuttgart, 1960. Waite déclare que les « faits » allégués par Hitler concernant le père juif d'Erzberger sont inexacts, ce qui rend son obsession encore plus étrange.

Chapitre 2 : Le film noir de la famille Hitler

1. Werner Maser, *Prénom : Adolf. Nom : Hitler, op. cit.*

2. Bullock, entretien avec l'auteur. Joachim Fest, *Hitler,* trad. de l'allemand, Paris, Gallimard, 1973, 2 vol. Fest doute de l'authenticité du contenu de la découverte de Frank, mais juge le compte rendu fait par lui à Hitler « d'une importance cruciale sur le plan psychologique ».

3. Cité par Joseph Persico, *Nuremberg Infamy on Trial,* New York, Penguin Books, 1995, pp. 323-325.

4. Voir G. M. Gilbert, *Nuremberg Diary* [1947], New York, Da Capo Press, 1995.

5. Hans Frank, *Im Angesicht des Galgens,* Munich, Alfred Beck Verlag, 1953.

6. Voir, par exemple, celles que cite Randall L. Bytwerk, *Julius Streicher,* Briarcliff Manor, Stein and Day, 1983.

7. The Toland Papers, FDR Library, Hyde Park, N.Y.

8. Walter C. Langer, *The Mind of Adolf Hitler : The Secret Wartime Report,* New York, Basic Books, 1972 ; trad. fr. : *Psychanalyse d'Adolf Hitler,* Paris, Denoël, 1973.

9. Norbert Bromberg et Verna Volz Small, *Hitler's Psychopathology,* New York, International Universities Press, 1983.

10. Alice Miller, *C'est pour ton bien, op. cit.*

11. *Le Cabinet du docteur Caligari,* film réalisé par Robert Wiene en 1919. On notera que l'histoire ne dit pas si Caligari est un brillant médecin ou un charlatan, ce qui ne l'a pas empêché de devenir l'incarnation du sombre expressionnisme gothique de la république de Weimar.

12. « OSS Sourcebook », National Archives, Washington, pp. 926-927.

13. Entretien téléphonique avec l'auteur, 1984.

Chapitre 3 : La cuisine aux poisons

1. Voir par exemple la première page du *Völkischer Beobachter,* le journal officiel du parti nazi le matin du putsch de Munich, le 9 septembre 1923. Sous le titre « DESTRUCTION DU MÜNCHNER POST » est annoncée la nouvelle que « la cuisine aux poisons d'Alterimereck a été détruite ».

2. Lorsque éclata l'affaire Geli Raubal, Hitler s'emporta à propos des « détails empoisonnés » donnés par le *Münchner Post.*

3. Lucy S. Dawidowicz, *The War Against the Jews, 1933-1945,* New York, Holt, Rinehart and Winston, 1975.

4. « Adolf Hitler-Verrater », *Münchner Post,* 8 août 1921.

5. *Münchner Post,* 7 décembre 1921.

6. *Münchner Post,* 9 novembre 1932.

7. Hans Frank, *Im Angesicht des Galgens, op. cit.*

8. *Münchner Post,* 9, 12 et 19 avril 1932.

9. Hans Dollinger, *Edmund Goldschagg, 1886-1971,* avant-propos de Rolf Goldschagg, Munich, Süddeutscher Verlag, 1986.

10. *Münchner Post,* 22 ainsi que 23, 24 et 26 juin 1931.

11. *Ibid.*, 24 juin 1931.
12. *Ibid.*, 16, 17 avril 1932.
13. Mais pas tous, dont Henry Ashby Turner, *Hitler's Thirty Days to Power : January 1933,* Reading, Addison Wesley, 1996.
14. *Münchner Post,* 2 janvier 1933.
15. *Münchner Post,* 27, 28, 29, 30 décembre 1933 ; 2, 3, 4 et 21 janvier 1933.
16. *Münchner Post,* 13, 18-19 et 20 février 1933.
17. Intitulée « L'escroquerie du coup de couteau dans le dos », la série d'articles du *Münchner Post* commença le 25 avril 1924 et se poursuivit les 26, 27, 28 avril et 2 mai, complétée les 21, 22 novembre et 9 décembre 1925 par le compte rendu du procès et du jugement du tribunal. C'était une réplique à l'article de Nikolaus Cossman, « Der Dolchstoss », *Süddeutsche Monatschefte,* avril 1924.
18. Norman Cohn, *Histoire d'un mythe : la « conspiration » juive et les « Protocoles des sages de Sion »,* trad. de l'anglais, Paris, Gallimard, 1967.
19. Konrad Heiden, *Der Führer, Boston, Houghton Mifflin,* 1944, pp 1-20, 141.
20. Karl Robert (pseud.), *Hitler's Counterfeit Reich,* avant-propos de M. W. Fodor, New York, Alliance Books, 1941.

Chapitre 4 : H. R. Trevor-Roper

1. Hugh R. Trevor-Roper, *Les Derniers Jours de Hitler,* trad. de l'anglais, préface d'André François-Poncet, Genève, Famot, 1975.
2. Hugh R. Trevor-Roper, « Hitler revisited : A Retrospective », *Encounter,* décembre 1988.
3. Alvin H. Rosenfeld, *Imagining Hitler, op. cit.,* p. 23.
4. *Hitler's Secret Conversations, 1941-1944,* New York, Farrar, Strauss and Young, 1953 ; *Libres propos sur la guerre et la paix,* Paris, Flammarion, 1952-1954.
5. J. P. Stern, *Hitler, le Führer et le peuple,* trad. de l'américain, Paris, Flammarion, 1985 ; Eberhard Jäckel, *Hitler idéologue,* trad. de l'allemand, Paris, Calmann-Lévy, 1973.
6. Robert Harris, *Selling Hitler,* New York, Pantheon, 1986.

Chapitre 5 : Alan Bullock

1. Alan Bullock, *Hitler ou les mécanismes de la tyrannie, op. cit.*
2. Alan Bullock, *Hitler et Staline, vies parallèles,* trad. de l'anglais, Paris, Albin Michel et Robert Laffont, 1994, 2 vol.
3. Voir chapitre 11.
4. Voir chapitre 16.
5. Alan Bullock, « The Evil Dream », *Times Literary Supplement,* 5 février 1993.
6. David Irving, *Hitler's War,* n[lle] éd. New York, Avon Books, 1990. Voir aussi plus loin, chapitre 12.

Chapitre 6 : Hitler était-il anormal ?

1. Documents de la police municipale de Munich, Archives de Bavière. Le rapport est daté du 28 septembre 1931.
2. Hermann Rauschning, *Hitler m'a dit, confidences du Führer sur son plan de conquête du monde,* trad. de l'allemand, Paris, Coopération, 1939.
3. Klaus Theweleit, *Male Fantasies,* Minneapolis, University of Minnesota Press, 1987.
4. « Adolf Hitler's Bindness : A Psychological Study », documents de l'OSS, Archives nationales de Washington.
5. *Münchner Post,* 21 septembre 1931.
6. *Die Fanfare*, septembre 1931.
7. Günther Peis, « L'amante inconnue », *Stern,* n° 24, 1959.
8. Voir Rudolf Herz, *Hoffmann und Hitler : Fotografie als Medium des Führer-Mythos,* Munich, Fotomuseum im Munich Stadtmuseum, 1994.

Chapitre 7 : L'oiseau chanteur de Hitler et le registre des suicides

1. Otto Strasser, *Hitler et moi,* Paris, Bernard Grasset, 1940.
2. 18 août 1994.
3. Anton Joachimsthaler, *Korrectur einer Biographie : Adolf Hitler, 1908-1920,* Munich, Herbig Verlag, 1989.
4. Louis Snyder, *Encyclopedia of the Third Reich,* New York, Paragon House, 1989, p. 282.
5. Ernst Hanfstaengl, *Hitler : The Missing Years, op. cit.,* p. 162.
6. John Toland, *Adolf Hitler, op. cit.*
7. Konrad Heiden, *Der Führer, op. cit.*
8. Entretien avec l'auteur.
9. Voir Walter C. Langer, *The Mind of Adolf Hitler, op. cit.,* p. 29. Les cinq « collaborateurs de cette étude » estiment que « la version de Strasser est probablement vraie, compte tenu de leur expérience clinique et de leur connaissance du caractère de Hitler ».
10. Wulf Schwarzwäller, *The Unknown Hitler,* trad. américaine, New York, Berkeley Books, 1990.

Chapitre 8 : Le corps noir

1. *Hitlers Zweites Buch,* Stuttgart, 1960 ; titre anglais : *Hitler's Secret Book,* New York, Grove Press, 1961.
2. Lettre à Adolf Gemlich, citée par Joachim Fest, *Hitler, op. cit.*

3. Voir Lev Bezymenski, *The Death of Adolf Hitler, op. cit.*, p. 47.
4. Robert G. L. Waite, *The Psychopathic God, op. cit.*, p. 173.
5. Peter Blos, « Comments on the Psychological Consequences of Cryptorchism », *Psychoanalytic Study of the Child,* 1960, 15, pp. 408-420.
6. Norbert Bromberg et Verna Volz Small, *Hitler's Psychopathology, op. cit.*, p. 219.
7. Robert G. L. Waite, *The Psychopathic God, op. cit.*, p. 182.
8. *Ibid.*, p. 183.
9. W. G. Niederland, « Narcissistic Ego Impairment in Patient with Early Physical Malformations », *The Psychoanalytic Study of the Child,* 1965, 20, pp. 518-534.
10. Norbert Bromberg et Verna Volz Small, *Hitler's Psychopathology, op. cit.*, p. 254.
11. Betty Kurth, *Eine für Viele. Aus dem Tagebuch eines Mädchens*, Leipzig, Seeman, 1902.
12. Gertrude Kurth, « The Jew and Adolf Hitler », *Psychoanalytic Review*, 1947, 16, pp. 11-32.
13. *The Psychopathic God, op. cit.*, p. 188.
14. Hans W. Gatzke, « Hitler and Psycho-history », *American Historical Review,* avril 1973, pp. 394-401.
15. John Lukacs, *The Duel,* New York, Ticknor and Fields, 1990.

Chapitre 9 : Fritz Gerlich et le procès du nez de Hitler

1. *Der Gerade Weg,* 17 juillet 1932.
2. Hans P. F. Günther, *Rassenkunde des deutschen Volkes* (Caractéristiques raciales du peuple allemand), Munich, J. F. Lehman, 1923.
3. Gitta Sereny, *Albert Speer : son combat avec la vérité,* trad. de l'américain, Paris, Le Seuil, 1997.
4. Voir Erwin von Aretin, *Fritz Michael Gerlich, op. cit.*
5. Johannes Steiner, *Therese Neumann,* trad. américaine, Staten Island, Alba House, 1967.
6. Hilda Graef, *The Case of Therese Neumann,* Westminster, Newman Press, 1951. Le fait que son livre et celui de Steiner aient été tous deux publiés par des maisons d'édition catholique indique un clivage persistant au sein de l'Église quant à l'authenticité de la jeune stigmatisée.
7. Publiée dans *Nachum Tim Gidal : Photographs, 1929-1991,* Jérusalem, The Open Museum, 1992, p. 59.
8. *Der Gerade Weg,* 24 juillet 1932.
9. Richard Breitmann, *The Architect of Genocide : Himmler and the Final Solution, New York,* Alfred Knopf, 1991.
10. Michael Prawdin, *Tschingis-Chan Der Sturm aus Asien* et *Das Erbe Tschingis-Chan,* Stuttgart, Deutsche Verlags-Anstalt, 1934, 1935.
11. Cité par Richard Breitmann, *The Architect of Genocide, op. cit.*, p. 43.
12. *Ibid.*, p. 177.
13. *The New York Times,* 26 janvier 1991, p. 1.
14. *The Forward,* 26 janvier 1996.

Chapitre 10 : Le Hitler fantôme, sa « haine primitive » et le « lien mystérieux »

1. « The OSS Sourcebook on Adolf Hitler », National Archives, Washington.
2. Thomas Powers, *Heisenberg's War : The Secret History of the German Bomb*, New York, Alfred Knopf, 1993.
3. Le document de la police bavaroise IV n° 2427 (22 septembre 1924) contenu dans le Recueil de l'OSS déclare que Hitler « demeurera un danger perpétuel pour la sécurité intérieure et extérieure de l'État » et suggère que, en tant qu'« âme » du « mouvement racial », il soit déporté plutôt que libéré.
4. « OSS Sourcebook », entretien avec A. Zeissler, pp. 921-925.
5. Walter C. Langer, *The Mind of Adolf Hitler, op. cit.*
6. « OSS Sourcebook », p. 639.
7. *Ibid.*, pp. 656-662.
8. Frederick Oechsner, *This is the Ennemy,* cité dans l'« OSS Sourcebook », pp. 665-697.
9. Charles Higham, *Trading with the Ennemy : An Exposé of the Nazi-American Money Plots, 1933-1949,* New York, Delacorte Press, 1983, donne une intéressante relation de son rôle ambigu à partir des dossiers de divers services de renseignement.
10. Louis Snyder, *Encyclopedia of the Third Reich, op. cit.*, p. 380.
11. Daniel Jonah Goldhagen, *Les Bourreaux volontaires de Hitler,* trad. de l'américain, Paris, Le Seuil, 1997. Pour une discussion de sa thèse, voir plus loin, le chapitre 19.
12. John Toland, *Adolf Hitler, op. cit.*
13. Voir respectivement les chapitres 11 et 20.
14. Ronald Hayman, *Hitler and Geli,* Londres, Bloomsbury, 1997.
15. Robert Waite, dans *The Psychopathic God, op. cit,* pp. 501-503, a été le premier à contester cette allégation, découverte et mise en avant par Robert Payne, *The Life and Death of Adolf Hitler,* New York, Praeger, 1973.
16. *The Memoirs of Bridget Hitler,* Michael Unger, éd., Londres, Duckworth, 1979, p. 185.

Chapitre 11 : Au chalet de la Gestapo

1. Helm Stierlin, *Adolf Hitler : Familien Perspektiven,* Frankfort, Suhrkamp, 1978.
2. Berel Lang, *Act and Idea in the Nazi Genocide,* Chicago, University of Chicago Press, 1990.
3. Berel Lang, « The History of Evil and The Future of The Holocaust », dans *Lessons and Legacies : The Meaning of the Holocaust in a Changing World,* Peter Haynes, éd., Evanston, Northwestern University Press, 1991, pp. 90-105.
4. Lettre à Adolf Gemlich, citée par Lucy Dawidowicz, *The War Against the Jews, op. cit.*, pp. 16-17.
5. *Libres propos sur la guerre et la paix, op. cit.*
6. Notamment dans sa conférence au Yad Vashem Institute en 1994.

7. Hannah Arendt, *Eichmann à Jérusalem : rapport sur la banalité du mal,* trad. de l'américain, Paris, Gallimard, 1966.

8. Gordon A. Craig, *The Germans, op. cit.,* p. 67.

9. Debórah Dwork et Robert Jan van Pelt, *Auschwitz : 1270 to the Present,* New York, W. W. Norton, 1996.

10. George L. Hersey, *The Evolution of Allure,* Cambridge, Mass., MIT Press, 1996.

11. Ingo Hasselbach et Tom Reiss, *Führer-ex,* New York, Random House, 1996.

12. Berel Lang, *Heidegger's Silence,* Ithaca, Cornell University Press, 1996.

Chapitre 12 : David Irving

1. *The Independent,* 27 novembre 1991. Voir : *Das Ringen mit der Wahrheit. Albert Speer und das deutsche Trauma*, Munich, Kindler, 1995.

2. 12 janvier 1992.

3. Le jugement fut prononcé le 5 mai 1992 et confirmé en appel en 1993.

4. David Irving, *The Destruction of Dresden*, Londres, William Kimber, 1963.

5. Voir la réfutation totale de la « science » de Leuchter dans *Truth Prevails,* Shelly Shapiro, éd., New York, Beate Klarsfeld Foundation, 1990.

6. Voir *Action Report,* 5 mars 1996, p. 1.

7. David Irving, *Goebbels : Mastermind of the Third Reich,* Londres, Focal Point Publications, 1996.

Chapitre 13 : Le conte des trois Kafka

1. Bradley Smith, *Adolf Hitler : His Family, Childhood and Youth,* Stanford, Hoover Institution, 1967.

2. Rudolph Binion, *Hitler et l'Allemagne : l'envers de l'histoire,* trad. de l'américain, Paris, Point hors ligne, 1994.

3. Rudolph Binion, *Love Beyond Death : The Anatomy of a Myth in the Arts,* New York, University Press, 1993.

4. Lawrence Langer, « Kafka as Holocaust Prophet : A Dissenting View », dans *Admitting the Holocaust,* New York, Oxford University Press, 1995, pp. 109-124.

5. Voir chapitre 17.

6. Voir chapitre 14.

7. Rudolph Binion, *Hitler et l'Allemagne, op. cit.*

8. Entretien téléphonique avec l'auteur.

9. John Kafka, *Multiple Realities in Clinical Practice,* New Haven, Yale University Press, 1989.

10. Ernst Günter Schenck, *Patient Hitler*, Düsseldorf, Droste, 1989.

11. Voir, par exemple, George M. Kren et Rodler F. Morris, « Race and Spi-

rituality : Arhtur Dinter's Theosophical Antisemitism », *Holocaust and Genocide Studies,* 6. 3, 1991, pp. 233-252 ; George M. Kren et Leon Rappoport, *The Holocaust and the Crisis of Human Behavior,* New York, Holmes and Meier, 1980.

Chapitre 14 : Claude Lanzmann et la guerre contre la question pourquoi

1. Primo Levi, *Si c'est un homme,* Paris, Julliard, 1987, Presses-Pocket, 1988, p. 29 ; cité par Claude Lanzmann, « Hier ist kein warum », *Nouvelle Revue de psychanalyse,* n° 38, automne 1988.

2. Commentaire de Shoshana Felman, reproduit dans « The Obscenity of Understanding », *op. cit.,* pp. 473-495.

3. Le plus spectaculaire témoignage présenté dans *Shoah* est celui du barbier de Treblinka qui rasait les femmes du camp juste avant qu'elles soient gazées. Il se faisait un point d'honneur de ne pas leur dire qu'elles se préparaient à la mort, et prétendait qu'il s'agissait d'une mesure d'hygiène, privant ainsi ces femmes de la liberté de réagir à leur manière face à la vérité. Cette attitude reposait sur un sentiment paternaliste — le barbier savait ce qui était bon pour elles (les tenir dans l'ignorance de leur sort imminent). Procédé apparemment noble, et peut-être l'était-il effectivement, même si l'intérêt personnel n'est jamais évoqué, à savoir que le barbier protégeait son travail et sa vie en trompant les détenues et en évitant du même coup à l'administration les éventuelles complications dans le processus de mise à mort qu'aurait pu provoquer la découverte de la vérité. Le refus de Lanzmann de voir la moindre ambiguïté dans l'attitude du barbier n'est peut-être pas totalement dénué d'arrière-pensée non plus — il a en effet déclaré dans plusieurs interviews que le barbier de Treblinka était la « vedette » de *Shoah,* celui auquel il doit, en tant que réalisateur, sa séquence la plus dramatique.

4. Claude Lanzmann, compte rendu sur *La Liste Schindler,* dans *Le Monde,* 3 mars 1994.

5. Emil Fackenheim, *To Mend the World : Foundations of Future Jewish Thought,* New York, Schocken Books, 1982.

6. Docteur Sean Wilder, entretien téléphonique avec l'auteur.

7. *Yale French Studies,* 79, 1991, p. 94.

8. Sabine Prokhoris, « Une histoire en quête de Führer », *Les Temps modernes,* n° 555, octobre 1992, pp. 92-109.

9. Yehuda Bauer, « Is the Holocaust Explicable ? », *Holocaust and Genocide Studies,* 5.2, 1990, pp. 145-155.

10. Roger Cohen, « Book on Nazi Murder Industry Stirs French Storm », *The New York Times,* 28 octobre 1993, p. 3.

11. Yehuda Bauer, « On The Place of The Holocaust in History », *Holocaust and Genocide Studies,* 2.2, 1987, pp. 209-220.

12. *Au sujet de Shoah,* Paris, Belin, 1990.

Chapitre 15 : Le docteur Louis Micheels

1 Louis J. Micheels, *Docteur N° 117641 : An Holocaust Memoir*, New Haven Yale University Press, 1989.

2. Rolf Orthel et Hans Fels.

3. Robert Lifton, *The Nazi Doctors : Medical Killing and the Psychology of Genocide*, New York, Basic Books, 1986.

4. « The Obscenity of Understanding », *op. cit.*

5. Ses propos n'ont pas été reproduits dans « The Obscenity of Understanding ».

6. Tzvetan Todorov, *Face à l'extrême*, Paris, Le Seuil, 1996.

Chapitre 16 : Emil Fackenheim et Yehuda Bauer

1. On trouvera un exemple de formulation classique du problème de la toute-puissance dans J. L. Mackie, « Evil and Omnipotence », *Mind*, n° 64, 1955, pp. 200-212.

2. Alvin Plantinga, « God, Evil and the Metaphysics of Freedom », *op. cit.*

3. Bill Bruinooge, « The Holocaust as a Challenge to Belief », *Journal of the American Academy of Religion*, 1989. L'expression « n'exclut pas Dieu du banc des accusés » est empruntée à John Roth, *When God and Man Failed.*

4. Emil Fackenheim, *To Mend the World, op. cit.*, pp. 206-207.

5. Voir Laurie McRobert, « Emil Fackenheim and Radical Evil », *Journal of the American Academy of Religion*, 58.339, été 1989. La notion de mal radical employée par Fackenheim diffère de celle de Martin Buber et de Hannah Arendt en ce que le mal radical n'a pas son origine dans l'homme.

6. Terrence Des Pres, *The Survivor*, New York, Oxford University Press, 1976.

7. Rudolf Höss, *Le Commandant d'Auschwitz parle*, trad. de l'allemand, Paris, Maspero, 1979.

8. Laurie McRobert, « Emil Fackenheim and Radical Evil », *op. cit.*

9. Elizabeth Domansky· « "Kristalnacht", the Holocaust, and German Unity », *History and Memory*, 4.1, printemps-été 1992.

10. Heinz Höhne, *The Order of the Death's Head : The Story of the Hitler's SS*, New York, Coward McCann, 1970.

11. Emil Fackenheim, *To Mend the World, op. cit.*, p. 211.

12. Felix Kersten, *The Memoirs of Dr. Felix Kersten*, Herma Briffaut, éd., Garden City, Doubleday, 1947.

13. Élie Wiesel, *La Nuit*, Paris, Minuit, 1958.

14. Élie Wiesel, « A Prayer for the Days of Awe », *The New York Times*, 2 octobre 1997.

15. Richard L. Rubenstein, *After Auschwitz*, nlle éd. Baltimore, John Hopkins University Press, 1992.

Chapitre 17 : George Steiner

1. George Steiner, *Le Transport de A. H.*, trad. de l'anglais, Paris, Julliard, 1981.
2. 21 février 1982. L'article est de Victoria Radin.
3. Nathan A. Scott, dans *Reading George Steiner*, Baltimore, Johns Hopkins University Press, 1994.
4. Steiner a été nommé depuis à une chaire de littérature comparée à Oxford.
5. George Steiner, *Langage et Silence*, trad. de l'anglais, Paris, Le Seuil, 1969 ; *Après Babel, une poétique du dire et de la traduction*, trad. de l'anglais, Paris, Albin Michel, 1991.
6. Lawrence Langer, *Admitting the Holocaust, op. cit.*, pp. 109-124.
7. Voir chapitre 18.
8. Adaptation de Christopher Hampton, Mermaid Theater, Londres, février 1982.
9. Stanley Fish, *Surprised by Sin : The Reader in Paradise Lost* [1967], Cambridge, Mass., Harvard University Press, 1998.
10. Sidney Hook, « On Being a Jew », *Commentary*, 88.4, octobre 1989, pp. 28-36.
11. Hook déclare : « Je me suis mis à réfléchir à ces fous de zélotes... Et si toute la population juive de Palestine avait été, à cette époque, tuée au combat ? Songeons à ce que cela nous aurait épargné, deux mille ans d'excès antisémites... Dans certaines circonstances, j'estime qu'il est préférable de ne pas être que d'être. »
12. Dans *The Origins of the Inquisition in Fifteenth Century Spain*, New York, Random House, 1995.
13. Beryl Bainbridge, *Young Adolf* [1978], New York, Carroll and Graf, 1995.

Chapitre 18 : Du côté du christianisme

1. Voir notamment « Theologian of the Holocaust », *Commentary*, 74, décembre 1982 ; « Christianity's Break with Judaism », *Commentary*, 78.2, août 1984.
2. « Theologian of the Holocaust », et le courrier des lecteurs dans *Commentary*, 75, mars 1983.
3. John Charmley, *Churchill : The End of Glory*, Londres, Hodder and Stoughton, 1993.
4. Cité par Hyam Maccoby, *Judas Iscariot and the Myth of Jewish Evil*, New York, Free Press, 1992, p. 6.
5. Marc, XIV, 21.
6. Actes des apôtres, I, 18-19.
7. Luc, XXII, 3.
8. Jean, XIII, 2.
9. *New York Post*, 4 décembre 1994, p. 25.
10. Voir chapitre 19.
11. Hyam Maccoby, *The Sacred Executioner : Human Sacrifice and the Legacy of Guilt*, New York, Thames and Hudson, 1982.

12. Rosemary Ruether, *Faith and Fratricide,* San Francisco, Seabury Press, 1974.
13. Hyam Maccoby, « George Steiner's Hitler », *Encounter,* mai 1982, pp. 27-34.
14. Richard Rubenstein, *After Auschwitz, op. cit.*
15. Entretien téléphonique avec l'auteur.
16. Lettre à l'auteur.

Chapitre 19 : Daniel Goldhagen

1. Le débat eut lieu le 8 avril 1996 à l'Holocaust Memorial Museum.
2. Lawrence Langer, *Admitting the Holocaust, op. cit.*
3. Fritz Stern, « The Goldhagen Controversy », *Foreign Affairs,* novembre-décembre 1996.
4. D'après Goldhagen, « expliquer pourquoi l'Holocauste est advenu implique une révision radicale de ce qui a été écrit jusqu'à présent. Tel est le but que s'est fixé ce livre ».
5. Cette lettre était en réalité de Henry Friedlander, auteur de *The Origins of Nazi Genocide,* Chapel Hill, University of North Carolina Press, 1995.
6. Raul Hilberg, *La Destruction des Juifs d'Europe,* trad. de l'américain, Paris, Fayard, 1988.
7. Daniel J. Goldhagen, *Les Bourreaux volontaires de Hitler, op. cit.,* p. 381.
8. Arno J. Mayer, *La Solution finale dans l'histoire,* trad. de l'américain, Paris, La Découverte, 1990. Le livre de Mayer a pourtant des défenseurs, même s'il me paraît être une manière assez curieuse de récupérer le marxisme en décrivant les Juifs comme des martyrs à cause de leur bolchevisme plus que de leur judaïté.
9. 20 mai 1996.
10. Le journal publia des articles sur le débat Goldhagen du 11 avril au 24 juin, puis une réponse de Goldhagen à ses détracteurs le 2 août.
11. « Forum on Holocaust Canceled After Author Wihdraws », *The New York Times,* 7 mai 1996.
12. Norman Cohn, *Histoire d'un mythe, op. cit.*
13. Erich Goldhagen, « Pragmatism, Function, and Belief in Nazi Anti-Semitism », *Midstream,* décembre 1972.
14. Saul Friedländer, *Nazi Germany and the Jews, op. cit.*
15. Richard S. Levy, *The Downfall of the Anti-Semitic Political Parties in Imperial Germany,* New Haven, Yale University Press, 1975.
16. Berel Lang, « Holocaust Memory and Revenge : The Presence of the Past », *Jewish Social Studies*, 2, hiver 1996.
17. *Der Spiegel,* 12 août 1996, pp. 40-55.
18. E. J. Kessler, « The Rage that Elie Wiesel Edited Out of *Night* », *The Forward,* 4 octobre 1996, p. 1, 10.
19. Naomi Seidman, « The Scandal of Jewish Rage », *Jewish Social Studies,* 3.1, automne 1996, pp. 1-19.
20. Eli Pfeffercorn et David Hirsch, « Elie Wiesel's Wrestle with God », *Midstream,* 43.8, novembre 1997.

21. Daniel Jonah Goldhagen, « The Evil of Banality », *The New Republic,* 13-20 juilllet 1992, pp. 49-52.

22. Christopher R. Browning, *Des hommes ordinaires : le 101e bataillon de réserve de la police allemande et la solution finale en Pologne,* trad. de l'américain, Paris, Les Belles Lettres, 1994.

23. Discours de Hitler du 13 août 1920, « Pourquoi nous sommes antisémites », cité par Goldhagen dans *Les Bourreaux volontaires.*

24. Entretien avec l'auteur.

25. Richard Breitman, *The Architect of Genocide, op. cit.*

26. Peter Witte, « Two Decisions Concerning the "Final Solution to the Jewish Question" : Deportations to Lodz and Mass Murder in Chelmno », *Holocaust and Genocide Studies,* 9.3, hiver 1995, pp. 318-345.

27. Voir *The New York Times,* 21 novembre 1998, p. 4.

28. Conversation de l'auteur avec Richard Breitman. Breitman ne parle pas explicitement de mauvaise interprétation, c'est mon interprétation de ses commentaires.

29. Henry Ashby Turner, *Hitler's Thirty Days to Power, op. cit.*

Chapitre 20 : Lucy Dawidowicz

1. Voir en particulier Christopher R. Browning, « Beyond Intentionalism and Functionalism : The Decision for the Final Solution Reconsidered », dans *The Path to Genocide,* New York, Cambridge University Press, 1992.

2. Peter Witte, « Two Decisions », *op. cit.*

3. Dans *Present Tense,* automne 1983, pp. 22-25.

4. Lucy Davidowicz, *The War Against the Jews, op. cit.,* p. 150.

5. *Ibid.,* p. 151.

6. Cité par John Toland, *Adolf Hitler, op. cit.,* d'après les notes de Hell conservées à l'Institut für Zeitgeschichte, ZS 640, folio 6. La description des projets de Hitler donnée par Hell mérite d'être mentionnée, dans la mesure où elle s'inscrit en faux contre les théories de ceux pour qui l'antisémitisme aurait été, dans l'esprit de Hitler, une question secondaire ou purement tactique. « Si j'arrive un jour au pouvoir, dit-il à Hell, la destruction des Juifs sera ma première et plus importante tâche... Je ferai dresser des rangées de potences... Les Juifs seront pendus l'un après l'autre et ils resteront accrochés là jusqu'à ce qu'ils puent... Dès qu'on les aura décrochés, un autre groupe suivra et cela continuera ainsi jusqu'à ce que le dernier Juif... ait été exterminé. »

7. Hitler, « Pourquoi nous sommes antisémites ».

8. Pour une reconsidération du rôle de Herschel Grynspan, voir Michael Marrus, « The Strange Story of Herschel Grynspan », *American Scholar,* 57.1, hiver 1988, pp. 69-79.

9. Citant Hans Bucheim, dans Helmut Krausnick *et al., Anatomie des SS-Staates,* Olten, 1965.

10. A. J. P. Taylor, *The Origins of the Second World War* [1961], New York, Macmillan, 1982.

11. Robert Conquest, *The Great Terror : A Reassessment,* New York, Oxford University Press, 1990.

INDEX

TABLE DES MATIÈRES

Partie III

GELI RAUBAL ET LE « SECRET SEXUEL » DE HITLER

Partie IV

HAINE COMPLEXE ET PRIMITIVE

Partie V

L'ART DU MAL ET SON AVENIR

Partie VI

LA GUERRE CONTRE LA QUESTION POURQUOI

Partie VII

BLÂME ET ORIGINES

Impression réalisée sur CAMERON
par BRODARD ET TAUPIN
La Flèche
en septembre 1998

Imprimé en France
Dépôt légal : septembre 1998
N° d'édition : 98180 — N° d'impression : 6529U